오토데스크 아태지역 수석 부사장 추천도서

Fusion 360 & 3D Printing
거침없이 배우기

국제 인증 자격증
Autodesk Certified User
50% 할인권 포함

스케치부터 3D 프린팅까지 한 번에 가능한
업계 최초의 클라우드 기반 3D CAD/CAM 솔루션

SB CK
SoftBank Group

SBCK 이상학 · 메카피아 조성일 공저 | 에이팀벤처스 고산 감수

Fusion360 & 3D Printing 거침없이 배우기

초판 1쇄 인쇄 · 2016년 8월 16일
초판 1쇄 발행 · 2016년 8월 22일

저　자 · 조성일, 이상학
감　수 · 고산
펴낸이 · 이승근

펴낸곳 · (주)에스비씨케이
주　소 · 서울특별시 강남구 논현동 82-18 벤처캐슬 4층
전　화 · 02-2187-0114
팩　스 · 02-2187-0191
홈페이지 · www.sbck.com
출판등록 · 제2010-000300호
등록일 · 2010년 10월 11일

판매, 공급처 · (주)메카피아
대표전화 · 1544-1605
팩　스 · 02-2624-0898
홈페이지 · www.mechabooks.co.kr

정　가 · 30,000원
ISBN · 979-11-85276-76-2 (13550)

Copyright(C) 2016 SBCK Corp. All rights reserved.

· 이 책은 저작권법에 의해 보호를 받는 저작물로 무단 전재나 복제를 금지하며, 이 책 내용의 전부 또는 일부를 이용하려면 반드시 저작권자나 발행인의 서면동의를 받아야 합니다.

· 파본 및 낙장은 구입하신 서점에서 교환하여 드립니다.

국립중앙도서관 출판예정도서목록(CIP)

이 도서의 국립중앙도서관 출판예정도서목록(CIP)은 서지정보유통지원시스템 홈페이지(http://seoji.nl.go.kr)와 국가자료공동목록시스템(http://www.nl.go.kr/kolisnet)에서 이용하실 수 있습니다.
(CIP제어번호: CIP2016018968)

Fusion 360 & 3D Printing 거침없이 배우기

추천사

Autodesk Fusion 360

오토데스크는 사물을 만드는 사람을 위한 소프트웨어를 만듭니다. 고성능 자동차를 운전해보거나, 고층 빌딩을 바라보며 감탄해 본 적 있으십니까? 또 스마트폰을 사용하거나 멋진 영화를 보신 적도 있다면, 여러분은 전세계 오토데스크 고객들이 우리의 소프트웨어 제품을 통해 만든 것을 경험했을 확률이 높습니다.

오토데스크는 30여 년 전 오토캐드(AutoCAD)를 선보이며 조촐하게 출발했습니다. 현재는 100개가 넘는 제품을 보유하고 있으며, 디자인 전문가, 엔지니어, 건축가, 디지털 아티스트부터 학생, 일반 사용자까지 전세계 2억 이상 고객이 오토데스크 제품을 사용할 정도로 성장했습니다.

오토데스크의 주요 솔루션 중 하나인 퓨전360(Fusion 360)은 동종 업계 최초의 3D CAD, CAM, CAE 통합 도구입니다.

제품 개발 세계의 진입 장벽을 낮추는 것이 바로 오토데스크가 열정을 다해 추구하는 목표입니다. 혁신적인 하드웨어 스타트업 및 제조업체로 구성된 초창기 얼리어답터들은 퓨전360이 CAD 시장을 완전히 변화시킬 것을 인정했으며, 퓨전360은 이들에게 효율적인 커넥티드 제품 개발 환경을 제공함으로써 힘을 실어주었습니다.

한국이 사물인터넷(IoT, Internet of Things)과 인더스트리 4.0(Industry 4.0)에 지속 투자하고 이 분야를 선도함에 따라, 제품을 설계하고 제조하는 새로운 방식을 통해 개발되면서 액세스가 용이한 통합 커넥티드 플랫폼을 활용하는 디자이너와 제조업체들이 계속 증가하고 있습니다.

"Fusion 360 & 3D Printing 거침없이 배우기"를 발행한 SBCK Corp에게 진심으로 축하 드리며, 이 기업이 어떻게 3D 디자인 기술을 활용해 아이디어를 실현할 수 있었는지에 관심이 있으신 분은 누구든지 이 매뉴얼을 적극 읽어보시기 추천합니다.

감사합니다.

패트릭 윌리엄스 (Patrick Williams) 오토데스크 아태지역 수석 부사장

머리말

Autodesk Fusion 360

2009년과 2014년 초 3D 프린터에 대한 일부 주요 핵심 특허 기간이 만료가 되고 누구나 쉽게 모델링을 해서 나만의 아이디어를 제품으로 만들수 있게 되면서부터 3차원 캐드의 일반화 혹은 대중화는 아주 자연스러운 현상이 되었습니다.

틴커캐드, 123D Design 등 누구나 쉽게 배울수 있는 모델링 툴들이 점차 보편화가 되고, 그러다보니 개인 사업자나 스타트업 기업들이 쉽게 제품 제작에 뛰어들수 있게 되고 이는 자연스럽게 대중화된 3차원 전문 캐드가 필요로 이어지게 되었습니다. 이에 Autodesk는 2000년 초반에 존재하던 애드인 혹은 보조 프로그램이었던 Inventor Fusion 프로그램을 전체적으로 업그레이드를 해서 Autodesk Fusion 360이란 이름으로 출시하게 됩니다.

누구나 쉽게 배울 수 있고 가격도 저렴한 데다가 최근 소프트웨어의 트렌드가 되고 있는 클라우드 기반을 채택하고 있습니다. 하지만 성능은 여타 3D 저가/무료 소프트웨어하고는 차원이 다를 정도로 막강합니다. 오히려 가격이 꽤 높은 여타 상용 소프트웨어와 견주어도 거의 손색이 없을 정도로 기능은 막강하며, 어떤 면에 있어서는 오히려 훨씬 나은 기능을 갖추고 있습니다.

또한 기능 자체의 안정성, 차별성, 혁신 자체의 레벨이 차세대급이기 때문에 오히려 이 Fusion 360으로 인해 3차원 캐드 소프트웨어 시장 자체의 흐름이 바뀔 것이라고 감히 예상해 봅니다.

Fusion 360은 그 자체에 모델링, 조립품, 도면, 렌더링, 애니메이션, CAM, 시뮬레이션, MeshMixer 등의 기능이 모두 포함되어 있어 3차원 캐드의 완전체라고 불리기에 손색이 없는 프로그램입니다. 게다가 앞으로도 다른 기능들이 추가될 예정이라는 것이 더욱 더 놀라울 따름입니다.

제가 이 책을 집필하면서 가장 아쉬웠던 점이 이 책 한권으로 Fusion 360을 설명하기엔 지면이 모자라도 한참 모자란다는 것입니다. 그래서 이책의 모든 기능을 설명하기를 과감히 포기하고, 누구나 쉽고 즐겁게 따라할 수 있는 수준의 모델링을 직접 수행해 보면서 마지막에 제작까지 함께하는 순서로 구성하였습니다. 그리고 되도록 Fusion 360이 가지고 있는 기능들을 한번씩 연습삼아 체험해 볼 수 있도록 구성하였습니다. 모쪼록 독자들이 이 책을 보면서 재미있게 Fusion 360을 배울 수 있기를 희망합니다.

2016년 8월 저자 조성일

Intro

이 책을 학습하는 방법　　　　　　　　　　　　　　　　　　Autodesk Fusion 360

이 책을 공부하기 전에 먼저 책의 구성에 대해 알아보도록 하겠습니다. 이 책은 예제중심으로 내용을 풀어나가며, 기본 명령어들을 자연스럽게 익힐 수 있도록 구성하였습니다.

본문 학습하기

❶ **섹션 제목** : 현재 진행하는 섹션의 제목을 표시합니다.

❷ **레슨 제목** : 현재 진행하는 레슨의 제목을 표시합니다.

❸ **클릭 포인트** : 언제 어디에서 어떤 작업을 수행해야 하는지 상세하게 표시해 줍니다.

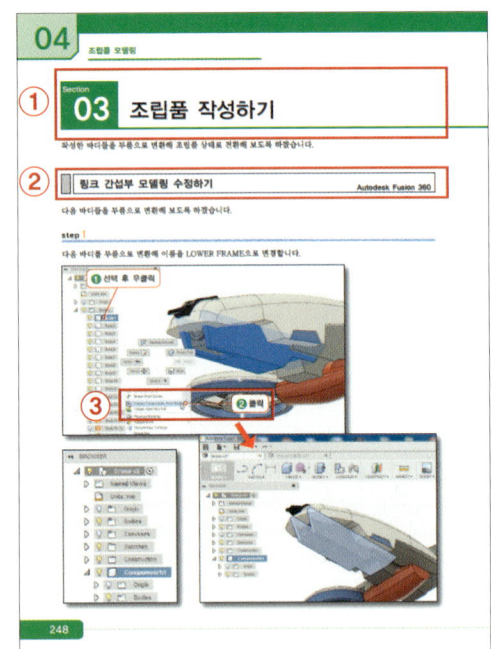

키 포인트

본문에서 학습한 내용 중에서 꼭 이해하고 넘어가야 하는 부분에 대해서 상세하게 설명합니다.

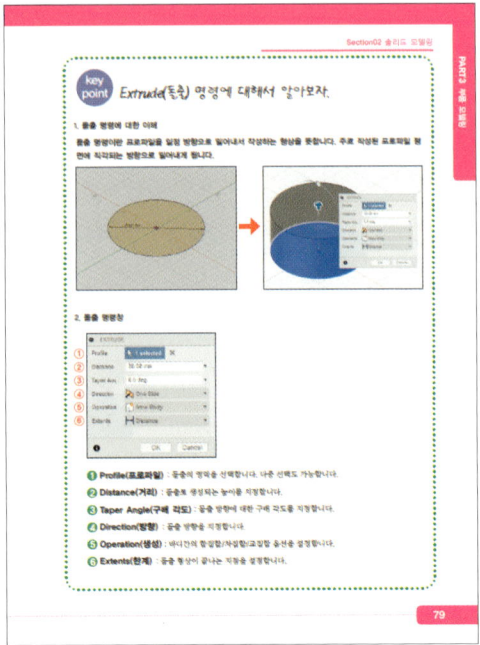

Fusion 360 교육 카페 소개

Autodesk Fusion 360

Fusion 360 교육 카페에 대한 소개를 해 드리도록 하겠습니다.

Fusion 360 교육 카페란 Fusion 360 교육에 대한 정보, 예제 파일, 교육 일정, 질문과 응답, 포트폴리오 게재, 무료 맛보기 동영상 강좌 등 다양한 정보를 담고 있는 카페입니다.

직접 이 카페를 찾아가는 방법에 대해 알아보도록 하겠습니다.

네이버 홈페이지에서 카페 버튼을 클릭합니다.

카페 검색 창에서 Fusion 360으로 검색합니다.

카페 목록에서 퓨전360[Fusion 360] 마스터하기 카페를 클릭합니다.

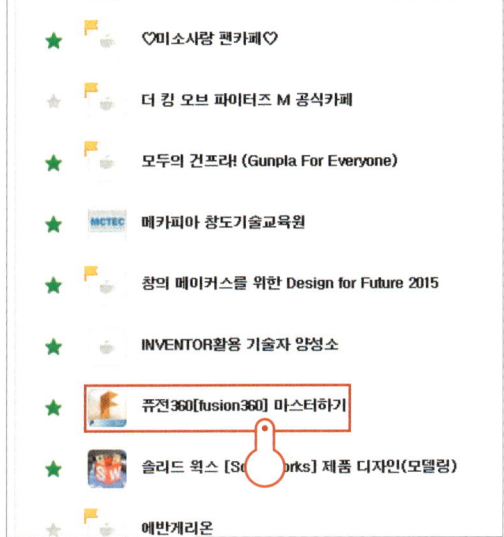

Fusion 360 교육 카페로 이동합니다. Fusion 360 교육에 대한 다양한 정보를 알아보세요!

Intro

예제 파일 다운로드 하기

Autodesk Fusion 360

앞서 소개한 Fusion 360 교육 카페의 메뉴트리에서 **실습서 예제파일란**을 클릭합니다.

예제파일 게시글이 나타나게 되면 각각의 파트에 맞는 게시물을 선택해 **클릭**합니다.

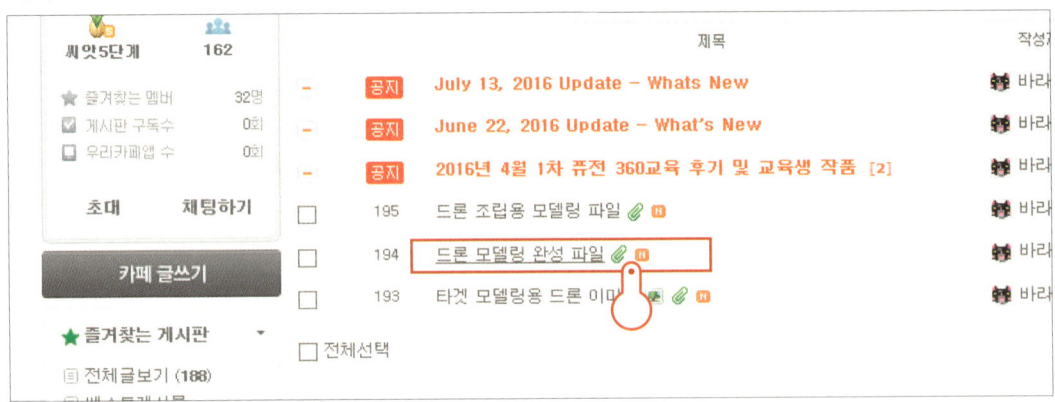

게시글 우측 위의 **첨부파일**을 클릭한 후 **내 PC저장**을 클릭합니다.

화면 하단부의 파일 다운로드 바에서 저장-**다른 이름으로 저장**을 클릭합니다.

원하는 폴더 위치에 파일을 **저장**합니다.

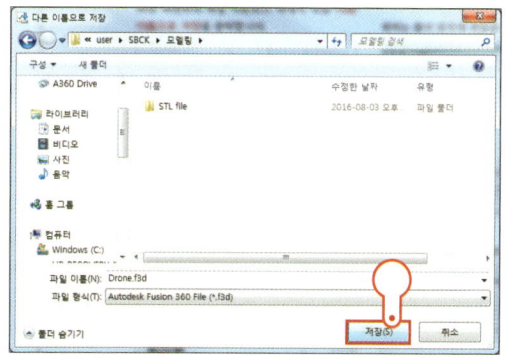

데이터 패널에서 **Upload** 버튼을 클릭합니다.

Select Files 버튼을 클릭합니다.

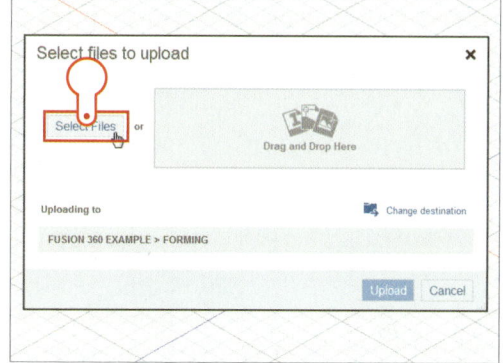

다운 받은 파일을 선택해서 열기 버튼을 클릭합니다.

Upload 버튼을 클릭합니다.

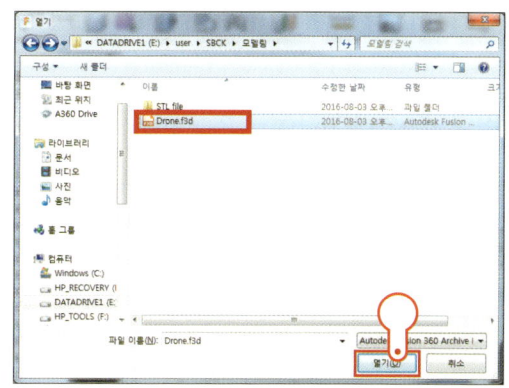
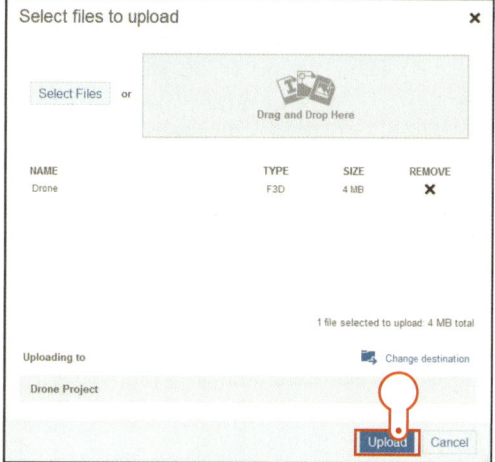

Intro

파일 업로드가 시작됩니다.

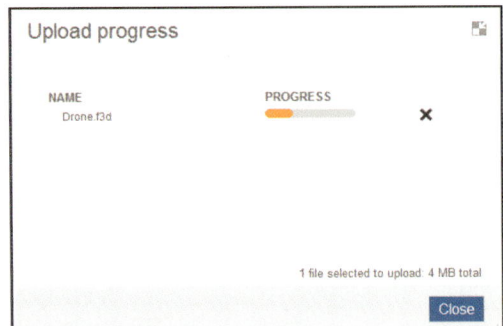

업로드 완료가 확인되면 Close 버튼을 클릭합니다.

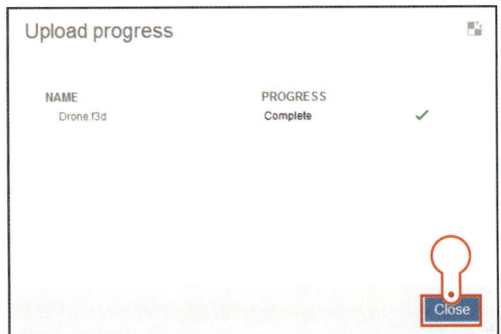

데이터 패널에 등록된 예제파일을 확인할 수 있습니다.

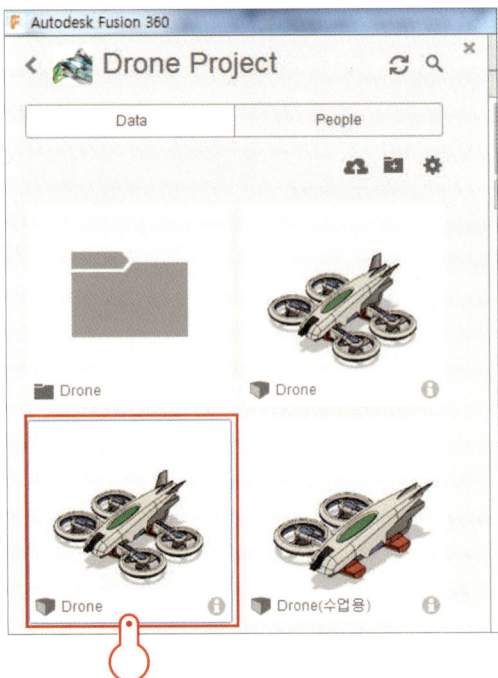

파일을 열면 다음과 같이 예제파일을 확인할 수 있습니다.

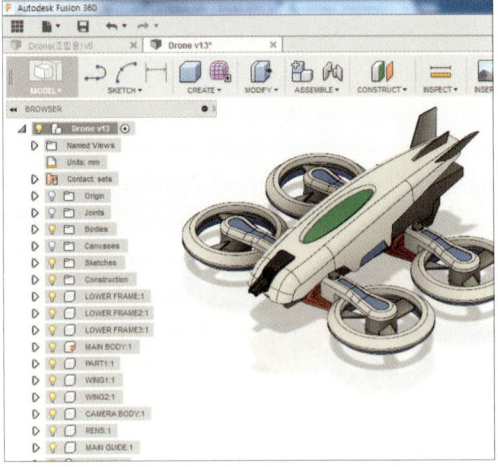

| Fusion 360 ACU 50% 할인 쿠폰 | Autodesk Fusion 360 |

ACU(Autodesk Certified User) DISCOUNT COUPON

50% Discount

SAVE UP TO

45,000원

응시료 90,000원 -> 45,000원

◎ 쿠폰 종류 : ACU 국제 인증 자격시험 할인쿠폰

◎ 쿠폰 할인 : 45,000원 할인 (50% Discount)

◎ 유효 기간 : 2017년 7월 24일

◎ 사용 방법 :

　❶ www.sbeducation.co.kr 접속 및 회원가입

　❷ ACU Autodesk Certified User 화면 클릭 or 빠른시험 접수하기 과목 및 지역 선택 후 조회하기 클릭

　❸ 시험 선택 > 과목, 언어, 시험장소, 일시 선택 후 다음 클릭

　❹ 정보 입력 및 결제 > 정보 입력 후 3. 그외할인적용에서 오프라인쿠폰란에 기입 후 적용

　❺ 응시료 확인 후 다음 클릭

　❻ 접수 완료

ACU 자격증 취득을 위한 쿠폰 사용 및 상세한 방법은

아래 시험접수 사이트를 참조해 주십시오

SBCK 교육센터 ACU 공식 사이트 www.sbeducation.co.kr

문의메일 info@sbeducation.co.kr

문의전화 02-2187-0114

목 차

Autodesk Fusion 360

Part 1 서문 - 메이커 무브먼트(Maker Movement)

section 1 메이커 무브먼트(Maker Movement) 20 page

Part 2 시작하기

section 1 Fusion 360 입문하기 26 page

FUSION 360의 소개　26 page

Design을 위한 Fusion 360　27 page

Engineering을 위한 Fusion 360　28 page

Fabrication을 위한 Fusion 360　29 page

공동 작업 및 관리　30 page

Fusion 360을 위한 시스템 권장 사양　31 page

Fusion 360 설치 및 실행하기　32 page

사용권 활성화 하기　36 page

Fusion 360의 Help 메뉴 알아보기　38 page

Fusion 360의 인터페이스 소개　39 page

section 2 화면 제어와 환경설정 40 page

화면 제어 타입 설정하기　40 page

Fusion, Alias, Inventor 타입의 화면 제어　41 page

Solidworks 타입의 화면 제어　41 page

뷰 큐브(View Cube) 활용하기　42 page

화면 제어 바와 화면 세팅 바 활용하기　43 page

화면 설정 바 알아보기　43 page

Visual Style(비주얼 스타일)　44 page

Environment(환경) 45 page

Effects(효과) 46 page

Object Visibility(객체 가시성) 47 page

Camera(카메라) 48 page

Grid and Snaps(그리드와 스냅) 48 page

Viewpotrs(뷰포트) 49 page

작업 환경 전환하기 50 page

단축 버튼 등록하기 51 page

선택 필터 알아보기 52 page

환경 설정 메뉴 52 page

section 3 A360 클라우드 서버 활용하기 54 page

A360 클라우드 서버란? 54 page

A360 브라우저 열기 55 page

프로젝트 확인하기 56 page

프로젝트 작성하기 58 page

폴더 작성 및 파일 업로드하기 59 page

파일 보기 61 page

Part 3 부품 모델링

section 1 컨셉 이미지 배치하기 64 page

스케치 명령 알아보기 64 page

드론 모델링 이미지 66 page

밑바탕 스케치 작성하기 67 page

컨셉 이미지 배치하기 70 page

Intro

section 2 솔리드 모델링 74 page

솔리드 모델링 명령 알아보기 74 page

베이스 피처 작성하기 78 page

날개 베이스 피처 작성하기 90 page

날개 회전부 작성하기 107 page

메인 스케치 수정하기 117 page

메인 바디 솔리드 작성하기 120 page

기수 바디와 날개 솔리드 작성하기 125 page

저장하기 131 page

section 3 곡면 모델링 132 page

곡면 명령 알아보기 132 page

분석 명령 알아보기 133 page

평면 곡면 작성하기 134 page

옆면 곡면 작성하기 148 page

section 4 자유형 모델링 154 page

자유형 명령 알아보기 154 page

정면 형상 작성하기 158 page

가이드 부품 작성하기 171 page

section 5 응용 모델링 180 page

FAN UNIT 부품 모델링하기 180 page

CAMERA 부품 모델링하기 203 page

MAIN BODY 부품 다듬기 209 page

전면부 부품 작성하기 213 page

날개 부품 다듬기 218 page

각 부품의 세부 디테일 작성하기 223 page

Part 4 조립품 모델링

section 1 색상 입히기 234 page

기본 색상 입히기 234 page

색상 편집하기 236 page

나머지 색상 입히기 237 page

section 2 조립부 모델링 수정하기 242 page

링크 간섭부 모델링 수정하기 242 page

하단 프레임 형태 보강하기 247 page

section 3 조립품 작성하기 250 page

바디를 부품으로 변환하기 250 page

서브 조립품 작성하기 256 page

가이드 핀 부품 작성하기 262 page

가이드 핀 조립부 작성하기 268 page

세부 부품 다듬기 271 page

FAN UNIT 조립품 복사 배치하기 274 page

WING 부품 대칭 복사하기 278 page

section 4 조인트 작성 및 조립부 모델링하기 280 page

조립품 명령 알아보기 280 page

ADD-INS 명령 알아보기 280 page

INSERT(삽입) 명령 알아보기 281 page

MAKE(제작) 명령 알아보기 281 page

고정 그룹 작성하기 282 page

FAN UNIT 조인트 작성하기 283 page

FAN UNIT와 MAIN GUIDE에 조인트 작성하기 288 page

가이드 핀 조립 및 조인트 작성하기 292 page

Intro

접촉 검사 및 부품 수정하기　296 page

간섭 분석 및 부품 수정하기　299 page

메인 바디 부품 수정하기　304 page

Part 5　ETC Application

section 1　렌더링 환경　312 page

렌더 명령 알아보기　312 page

물리적 재질 창 알아보기　313 page

렌더 환경 전환하기　314 page

환경 설정하기　315 page

렌더링 이미지 작성하기　316 page

Environment(환경) 옵션 설정하기　317 page

클라우드 렌더링 하기　320 page

section 2　애니메이션 환경　322 page

애니메이션 환경 전환하기　322 page

애니메이션 명령 알아보기　323 page

애니메이션 작성하기　323 page

동영상 파일로 게시하기　330 page

section 3　시뮬레이션 환경　332 page

시뮬레이션 명령 알아보기　332 page

부품 선별 및 저장하기　336 page

시뮬레이션 작성을 위한 추가 모델링하기　337 page

시뮬레이션 작성하기　342 page

시뮬레이션 결과 보기　347 page

section 4 도면 환경 350 page

도면 명령 알아보기 350 page

도면 환경으로 전환하기 353 page

여러가지 뷰 작성하기 360 page

주석 작성하기 364 page

부품 리스트 작성하기 366 page

도면 내보내기 369 page

Part 6 3D 프린터 활용하기

section 1 STL 파일로 내보내기 372 page

조립부 추가 모델링하기 372 page

STL 파일로 내보내기 373 page

section 2 G-code 파일로 변환하기 376 page

큐라 다운로드 받기 (win/mac) 376 page

G-code 파일로 내보내기 - Cura 385 page

section 3 3D 프린터로 출력하기 390 page

CREATABLE D3 프린터로 출력하기 390 page

section 4 후처리하기 396 page

서포트 제거 및 사포질하기 396 page

서페이서 올리기 399 page

도료 올리기 401 page

마스킹 작업하기 402 page

마감제 올리기 404 page

최종 조립하기 405 page

Autodesk Fusion 360

PART 1
서문 – 메이커 무브먼트

Section1　서문 – 메이커 무브먼트(Maker Movement)

서문 – 메이커 무브먼트

Section 01 메이커 무브먼트(Maker Movement)

필자가 창업한 에이팀벤처스는 3D프린터를 제조하는 스타트업이다. 하지만 엄밀히 말해 에이팀은 3D 프린터 회사가 아니라 오픈소스 하드웨어 분야에서 중요한 역할을 담당하고 싶은 회사이다.

리눅스와 같은 오픈소스 소프트웨어 프로젝트는 이미 그 역사가 오래 된 반면 오픈소스 하드웨어에는 2000년대 초반부터 급속히 발전하고 있는 트렌드이다. 오픈소스 하드웨어에 열광하는 사람들은 전자회로와 그 위에서 구동되는 소프트웨어를 개발하고 그 설계도와 소스코드를 공개한다. 그들은 집단지성의 힘을 믿으며 혁신을 가속화 시켜주는 공유문화를 쿨하다고 생각한다.

오픈소스 하드웨어 로고

DIY 3D 프린터 예시

현재 전세계적으로 주목을 받고 있는 3D 프린터 열풍도 사실 하나의 오픈소스 하드웨어 프로젝트에서 시작되었다. 2009년 3D 프린터 분야의 중요한 특허가 만료되면서 그 동안 한 회사가 독점적으로 사용할 수 밖에 없었던 기술을 누구나 활용해도 좋은 상황이 만들어 졌고 이에 발 맞추어 영국의 아드리안 보이어 박사 등이 저가에 제작 가능한 3D 프린터의 구조와 설계 그리고 소프트웨어를 개발하여 오픈소스로 공개함으로서 누구나 마음만 먹으면 3D 프린터를 만들 수 있는 시대가 열렸다. 이들이 제작한 첫번째 프린터의 이름이 다윈, 두번째 프린터의 이름이 멘델과 같은 저명한 유전학자인 것을 보면 애초에 그들이 꿈꿨던 것이 무엇인지 엿볼 수 있다.

집단 지성은 빠른 속도로 진화 발전하고 있다. 사람들은 이제 코딩을 시작하기 전에 먼저 온라인 검색을 한다. 수많은 프로젝트가 온라인에 공유되어 있기 때문에 이제 카피 페이스트만 해도 왠만한 기능은 구현 할 수 있을 정도가 되었고 시간이 갈수록 공유의 양은 기하급수적으로 증가하고 있다.

오픈소스 하드웨어 덕분에 전자회로를 구성하는데 필요한 전문성의 수준이 매우 낮아졌다. 이제 예술가들 처럼 기술과 거리가 있는 일반인들 까지도 부담없이 인터렉티브 아트나 미디어 아트 작업에 오픈소스 하드웨어를 활용하는 사례가 늘어나고 있다.

예술가 뿐이 아니다. 요즘엔 '메이커'라고 스스로를 규정하는 사람들이 늘어가고 있다. 예전에 세운상가에서 라디오 부품을 사서 조립했던 사람들을 생각하면 된다. 하지만 요즘의 메이커는 이전에 비교할 수 없을 정도로 수준이 높다. 오픈소스 하드웨어로 무장하여 쉽게 핵심 기능을 구현하고 컴퓨터로 그린 도면으로 3D 프린터나 레이져커터, CNC등의 디지털 제작장비를 활용하여 빠르게 시제품을 만들어 낸다.

드론 시제품 제작 예시

이제 상상이 눈깜짝할 사이에 현실이 되는 세상이 열리고 있다. 이러한 거대한 흐름을 메이커 무브먼트라고 부르기도 한다. 미국의 오바마 정부는 일찍 부터 이러한 메이커 무브먼트가 단순한 취미의 수준을 넘어 혁신과 창조의 요람이라는 사실을 잘 인지하고 있는 듯 하다. 제작년 6월에 이미 백악관에서 오바마 대통령이 직접 참석한 가운데 수많은 메이커들이 모이는 메이커 페어가 성대하게 개최되었다.

이러한 메이커들이 모여 함께 협업하는 공간으로 메이커 무브먼트의 한 축을 담당하는 것이 바로 Fab Lab과 같은 메이커 스페이스이다. MIT Fab Lab의 닐 거센필드(Neil Gershenfeld) 교수는 1998년 레이저커터, CNC 조각기, 3D 프린터 등의 디지털 제작장비들을 이용해 사물을 만드는 법을 가르치는 수업 'How to make (almost) anything(거의 모든 것을 만드는 방법)'을 개설하였다. 학생들은 한 학기 동안 매주 다양한 디지털 공작기계를 다루며 어떻게 코드를 사물로 변환할 수 있는지를 배우게 된다.

Fab Lab 메이커 스페이스

팹랩(Fab Lab, Fabrication Laboratory의 준말)은 앞서 말한 디지털 제작 장비들을 한곳에 모아놓은 공작소를 말한다. 수업에 대한 학생들의 관심과 학생들이 보여준 창의성에 고무된 거센필드는 미국 과학 재단(National Science Foundation)과 국방성의 지원을 받아 2002년 인도, 가나, 아프가니스탄, 노르웨이, 코스타리카, 스페인 등지에 앞서 말한 제작 장비들을 갖춘 팹랩을 설립하여 대중들이 자유롭게 이용할 수 있도록 개방하였다. 이곳에서 사람들은 장비 사용법을 교육받고 자신들이 만들고 싶은 물건을 직접 제작할 수 있다.

01 서문 – 메이커 무브먼트

공장에서나 사용하던 첨단 제작 장비들을 접하게 되자 사람들은 이전에 볼 수 없었던 창의적인 발명품들을 만들어내기 시작했다. 여기에 공학교육을 받지 않았던 학생들뿐만 아니라 최신 기술로부터 소외되어 왔던 저개발국의 시민들이 디지털 기술 교육을 통해 스스로 자신들의 문제를 해결하는 과정은 미래의 산업형태와 교육에 대해 많은 가능성을 제시하였다.

우리나라에는 세운상가에 최초의 Fab Lab 이 설치되어 운영되고 있다. 한 바퀴 돌면 탱크도 만들 수 있다던 세운상가에 새로운 변화와 혁신의 기운이 도입되고 있으며 이를 감지한 서울시도 도심재개발사업의 일환으로 팹랩을 적극 후원하고 있다.

서울 세운상가에 위치한 Fab Lab

Autodesk 와 같은 영리 기관도 메이커 무브먼트에 동참하고 있다는 사실도 고무적이다. Autodesk는 이미 잘 알려져 있는 3D 모델링 소프트웨어 뿐 아니라 메이커와 관련된 회사들을 합병하면서 메이커 씬에서 중요한 위치를 선점해 가고 있다. 또한 Autodesk는 Fab Lab의 전세계 조직인 Fab Foundation과 협약을 통해 팹랩에서 사용하는 자사의 소프트웨어를 전세계 팹랩에서는 무료로 사용할 수 있도록 조치 하였다. 실제로 팹랩 서울에서는 Autodesk의 소프트웨어 교육이 진행되고 있다.

Autodek사가 교육용으로 무료 배포 및 교육중인 소프트웨어

이처럼 메이커 무브먼트에 전방위적으로 훈풍이 불고 있는 이때 더 많은 사람들이 그것을 경험하고 자신의 상상력을 더욱 해방시킬 수 있으면 하는 바람을 갖고 이번에 출간되는 **Fusion 360 & 3D Printing 거침없이 배우기**를 감수하고 추천한다.

2016년 8월 고산

Autodesk Fusion 360

PART 2
시작하기

Section1	Fusion 360 입문하기
Section2	화면제어와 환경설정
Section3	A360 클라우드 서버 활용하기

02 시작하기

Section 01 Fusion 360 입문하기

Fusion 360의 소개 — Autodesk Fusion 360

Fusion 360은 단일 패키지에 산업 및 기계 설계, 공동 작업 및 가공을 결합한 제품 개발을 위한 클라우드 기반의 3D CAD / CAM 도구입니다. Fusion 360은 통합된 컨셉에서 생산 플랫폼 디자인 아이디어를 쉽고 빠르게 탐색할 수 있습니다.

Fusion 360은 프로젝트에서 모든 팀원이 협업할 수 있는 단일 공간도 제공합니다. 내장 및 자동 데이터 관리 기능을 갖추고 있고, 모든 모델, 디자인, 정보 등을 자동으로 보관, 수정, 관리하고 관계자들과 공유도 가능합니다.

또한 클라우드를 기반으로 하고 있어 디자이너와 엔지니어들이 사무실이든 이동 중이든 언제 어디에서나 Fusion 360에 접속할 수 있습니다.

http://www.autodesk.com/products/fusion-360/ 에 접속하시면 Fusion 360에 대한 다양한 소개와 해당 소프트웨어를 다운로드 할 수 있습니다.

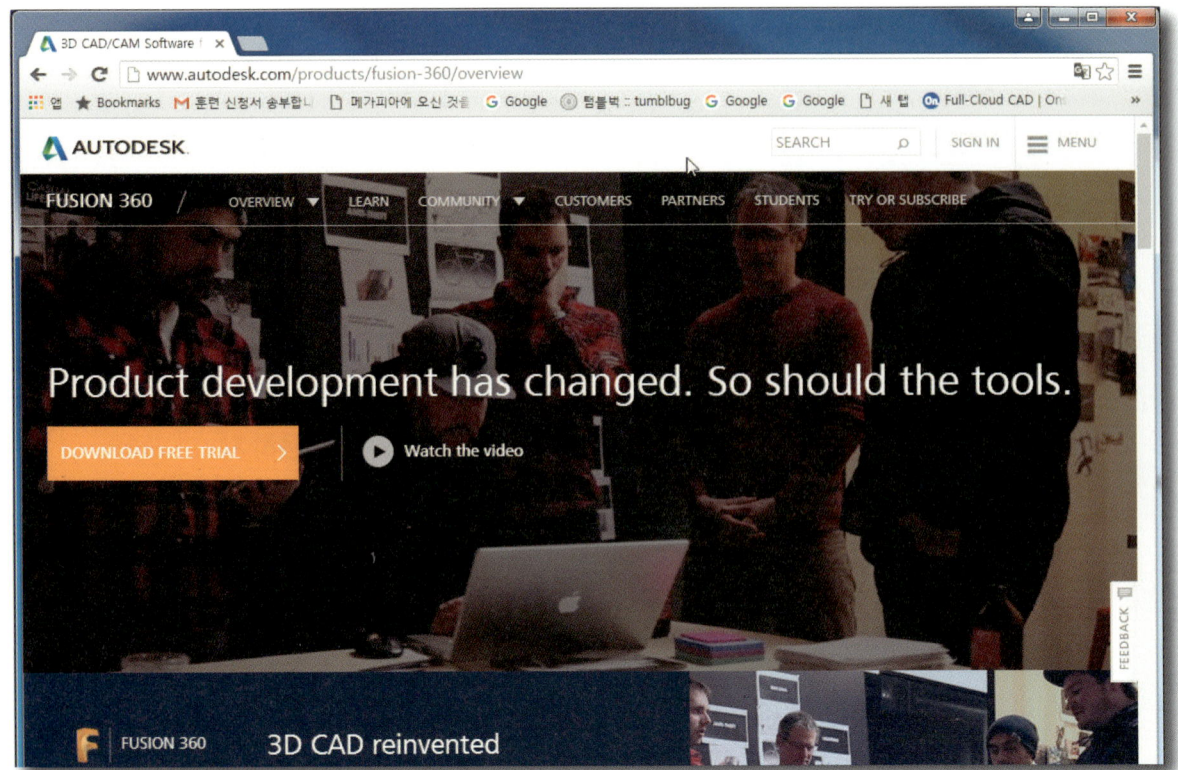

Design을 위한 Fusion 360

Autodesk Fusion 360

01 Freeform(자유) 모델링과 Sculpting(조각)

T-스플라인 기술 또는 스케치 곡선, 패치 및 돌출과 같은 명령으로 부드럽고 정밀한 표면을 만듭니다. 모델의 면, 모서리 및 정점을 편집하여 모델에서 원하는 곡률의 정확한 양을 얻는 모델링을 할 수 있습니다.

02 Solid(솔리드) 모델링

Fusion 360의 히스토리 모델링인 타임 라인 방식으로 구성되어 있습니다. 타임 라인은 모델링을 진행하는 명령어들을 나열합니다. 사용자는 해당 히스토리로 복귀해서 자동으로 업데이트를 수행할 수 있습니다. 이러한 히스토리-프리 방식의 타임라인 구성은 탑-다운 디자인을 위한 초석이 됩니다. 이러한 유기 디자인을 만들 수 있도록 지원되는 강력한 솔리드 모델링 도구는 상세한 기계 부품뿐만 아니라, 이들의 조합에 사용되는 전반의 엑세스 모델링을 지원합니다. 또한 강력한 부울 연산을 수행하고 웹, 로프트, 패턴 및 기존 모델에 더 많은 기능을 추가할 수 있습니다.

03 Parametric(파라메트릭) 모델링

스케치 또는 피처의 수치에 해당하는 요소에 정확한 매개 변수를 설정합니다. 이러한 매개변수는 특정 값 뿐만 아니라, 이에 관계되는 모델 치수 혹은 이전에 만든 기계적인 기능을 유지 혹은 업데이트함으로써 매개변수 및 모델을 변경합니다.

04 Mesh(메쉬) 모델링

스캔 데이터인 STL 또는 OBJ 등의 데이터를 가져와 Fusion 360의 디자인할 때 참조로 사용할 수 있습니다. T-스플라인은 객체 스냅을 사용하여 복잡한 곡면 디자인 시에 메쉬 몸에 정점을 스냅으로 인식해 끌어오기 명령을 사용할 수 있습니다. 또한 그에 준하는 모델의 T-스플라인을 편집할 수 있습니다.

05 부품 라이브러리 & 컨텐츠

퓨전 (360) 등 ISO, ANSI, DIN, 기반으로 엔지니어링 표준 부품의 라이브러리를 새 파일로 사용하거나 기존 디자인에 삽입할 수 있습니다.

Engineering을 위한 Fusion 360

Autodesk Fusion 360

01 해석과 검사(Simulation & testing)

당신의 디자인을 제조전에 어떻게 작동하는지 이해함으로써 시간을 절약할 수 있습니다.
디자인 중에서 가장 약한 부분이나 실패할 가능성이 가장 높은 부분을 찾아내서 테스트하고 그 결과를 애니메이션으로 표시합니다. 공유나 뷰 및 A360을 통해서 그 결과를 공유할 수 있습니다.
다음과 같은 시뮬레이션 유형을 사용할 수 있습니다.
-선형 정적 해석
-모달 주파수 해석
-열 해석
-열 응력 해석

02 Data translation(데이터 변환)

Fusion 360은 SLDPRT, SAT, IGES, STEP, STL, OBJ와 같은 표준 CAD 형식 파일 가져오기를 지원합니다. 또한 원본 파일은 그대로 유지한 상태에서 F3D(Fusoin 360 표준 파일)을 생성합니다.
또한 클라우드를 이용해 변환된 파일을 다운로드 받을 수 있으며 이메일로 알림을 받을 수도 있습니다.
· 로컬 파일 내보내기 형식은 IGES, SAT, SMT, 단계, F3D, 및 DXF를 포함합니다.
· 클라우드 내보내기 파일 형식은 Inventor, IGES, SAT, SMT, STEP, DWG, DXF, STL, FBX, 및 F3D를 포함합니다.

03 Joints(조인트) & motion studies(모션 스터디)

조립품에 있는 모션 스터디는 현재 작성된 조인트를 활성해서 프로토타입의 동작을 수행할 수 있게 해줍니다.
· 구동되는 순서를 설정하여 관절 움직임의 애니메이션을 수행할 수 있습니다.
· 처음부터 끝까지 움직임을 재생하거나, 역으로 재생합니다.

04 Rendering(렌더링)

Fusion 360은 로컬 상태에서 실시간 레이 트레이싱 렌더링 엔진을 지원하며 또는 클라우드에서 강력한 기능의 사실적인 렌더링을 생성합니다.
· 반투명 플라스틱, 페인트, 목재, 금속, 유리 및 복합 재료와 같은 다양한 재질을 지원합니다.
· 기존 재질을 다양한 방법으로 편집할 수 있습니다.
· 초점 거리, 피사계 심도, 광원 및 환경 등의 다양한 카메라 설정을 할 수 있습니다.

05 Animations(애니메이션)

당신의 제품을 자동 분해 기능 뿐만 아니라 함께 제공되는 기능인 카메라 보기, 페이드 인/페이드 아웃으로 완벽한 애니메이션을 작성할 수 있습니다. 또한 MP4 동영상으로 다른 사람과 공유할 수도 있습니다.

Section01 Fusion 360 입문하기

Fabrication을 위한 Fusion 360

Autodesk Fusion 360

01 2축 및 2.5 축 가공

Fusion 360의 캠 기능은 HSMWorks나 인벤터 HSM의 입증된 캠 커널과 동일한 기능을 가짐으로써, 싸이클 타임을 단축함으로써 빠른 절단 공구 경로를 생성합니다. 또한 공구 마모를 감소시키고, 높은 품질의 완성품을 생산합니다. 2D 가공은 드릴링, 카운터 보링, 포켓팅, 페이싱, 어댑티브 클리닝 명령을 포함합니다.

02 3-axis machining(3축 가공)

기존의 모든 2 축 가공뿐만 아니라, 3축 CAM 도구는 parallel toolpaths, horizontal clearing, penciling, scallop/constant stopover strategies, 그리고 유기 디자인을 위한 spiral/morphed spiral을 제공합니다.

03 3D printing utility(3D 프린팅 유틸리티)

3D 프린팅을 하기 위한 메쉬 구조를 미리 인쇄 상세 검색을 통해 자동으로 최적화된 지원 구조를 만듭니다. 또한 한 번에 여러개의 다른 디자인을 인쇄할 수 있습니다.

Fusion 360은 쉽게 3D 프린팅 유틸리티를 사용할 수 있으며, 포함되어 있는 Autodesk Print Studio, powered by Spark 를 통해 Autodesk Ember™ 3D printer와 직접 통신할 수 있습니다. 또한 이것은 Dremel, MakerBot, Ultimaker와 같은 제조사들의 장비와 호환됩니다.

04 Drawings(도면)

빠른 뷰 생성, 치수, 공차 등의 명령을 포함한 한 번의 클릭으로 업데이트 할 수 있는 연관 2D 도면이 지원되며, 해당 도면은 DWG 또는 PDF 파일로 내보내는 것도 가능합니다.

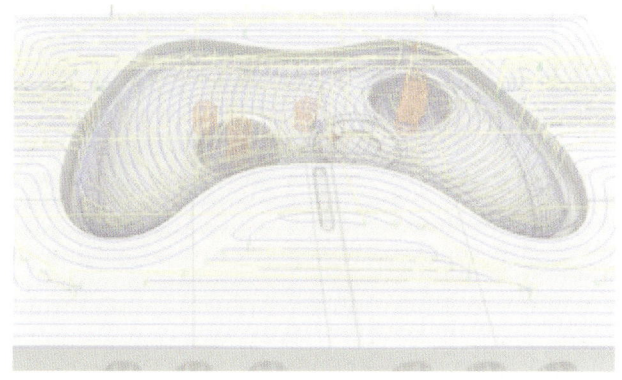

공동 작업 및 관리

Autodesk Fusion 360

01 Distributed design(분산 디자인)

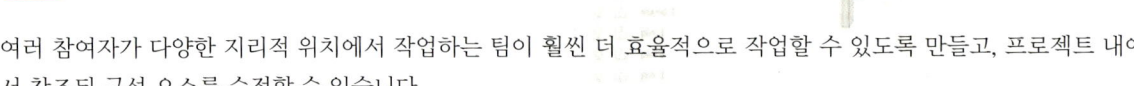

여러 참여자가 다양한 지리적 위치에서 작업하는 팀이 훨씬 더 효율적으로 작업할 수 있도록 만들고, 프로젝트 내에서 참조된 구성 요소를 수정할 수 있습니다.

분산 디자인은 하나의 Fusion 360 디자인을 삽입하고, 둘 사이의 연관 링크를 유지 관리할 수 있습니다. 링크된 디자인이 변경되는 경우에는 변경 사항을 반영하기 위해 참조 디자인의 업데이트 여부를 선택할 수 있습니다. 화면 왼쪽에 표시된 디자인 패널은 팀원들이 분산 디자인한 파일의 미리보기 및 수정 사항에 대한 정보를 표시합니다.

02 Synchronous design reviews(설계 검토의 동기화)

실시간으로 여러 위치에서 팀 구성원과 고객과 디자인을 검토합니다. 라이브 리뷰 세션에서, 팀은 퓨전360 내에서 모델에 대한 수정 사항을 볼 수 있습니다. 뿐만 아니라 웹 브라우저에서 모델과 상호 작용합니다.

03 Track, comment, and share(트랙, 주석 그리고 공유)

프로젝트에 무제한 팀 구성원을 초대할 수 있습니다. 버전을 추적하고, 다른 사람들이 라이브 활동 피드를 통해 프로젝트 내에서 수행한 작업을 볼 수 있습니다. 또한 당신의 웹 브라우저에서 A360 팀 응용 프로그램을 통해 진행 및 팀 활동을 확인할 수 있습니다.

04 Version management(버전 관리)

팀이 Fusion 360에서 작업하고 있는 버전을 확인할 수 있습니다. A360에서 작성하고 있는 디자인이나 현재 로컬 컴퓨터에서 작업하고 있는 디자인을 여러 디자인으로 저장할 수 있습니다.

또한 이전 파일 버전을 검토하고 버전에 대한 히스토리의 바로 가기를 지원해서 해당 버전을 확인해 작업을 수정할 수 있습니다.

통합 검색 엔진을 사용하여 복잡한 설계 파일 및 데이터 아카이브에 포함된 구성 요소를 쉽게 발견할 수 있습니다.

05 Mobile viewing & management(모바일 보기 및 관리)

아이폰 OS(IOS)나 안드로이드 장치에서 A360 팀 응용 프로그램 앱을 설치해 프로젝트를 탐색할 수 있습니다.

모바일 장치에서 액세스 프로젝트를 검토하고 3D로 디자인과 상호 작용할 수 있습니다. 최신 업데이트를 참조하십시오.

코멘트를 게시하거나 디자인 검토 영역을 표시하여 팀의 의견을 제시할 수 있습니다.

06 Share or publish data & designs(데이터 공유 및 게시)

데이터 패널에서 공개 공유 링크를 사용하여 특정 개인과 디자인을 공유하는 커뮤니티 갤러리에 당신의 디자인을 안전하게 업로드할 수 있습니다. 링크는 오토데스크 계정이 없는 사람들도 웹 브라우저 내에서 공개된 무료 3D와 디자인을 다운로드 할 수 있습니다. 당신이 볼 수 있는 액세스, 댓글 또는 편집 프로젝트를 가지고 있는 사람의 통제를 유지 할 수 있습니다. 또한 3D 웹 뷰어에서 측정, 마크업 혹은 디자인 체크 표시를 바로 할 수 있으며, 별도의 다운로드나 플러그인 없이 퓨전 360에서 65개 이상의 2D 및 3D 파일을 볼 수 있습니다.

07 API extensibility(API 확장)

내장된 API 편집 기능으로 퓨전 360에서 사용자 지정 작업을 자동화 할 수 있습니다. 퓨전 360내에서 자바 스크립트나 파이썬을 사용하여 사용자 정의 스크립트를 작성합니다. 샘플 스크립트로는 볼트 발전기, 스퍼 기어 발전기, 간단한 부품표(BOM) 추출기가 있습니다.

08 Design variations with branching & merging(분기와 병합을 통한 디자인 바리에이션)

같은 마스터 디자인에서 여러 가지를 만들고 팀 구성원이 어떤 중단없이 반복할 수 있습니다. 또한 모든 사람이 서로의 일을 알고 있도록 새로운 설계 변경이 된 경우 팀 전체에 통지되며, 다른 지점 뿐만 아니라 직관적인 변화 충돌 감지와 기본 설계와 병합할 수 있습니다.

Fusion 360을 위한 시스템 권장 사양   Autodesk Fusion 360

- **시스템** : Apple Mac® OS® X Mountain Lion (10.9.5) or later production versions
- **운영 체제** : Microsoft® Windows® 7 SP1 or Microsoft® Windows® 8.1
- **CPU** : 64-bit processor (32-bit not supported)
- **Memory(메모리)** : 3GB RAM (4GB recommended)
- **Network(네트워크)** : ADSL internet connection or faster
- **Disk space(설치 공간)** : ~2GB
- **Graphics Card(그래픽 카드)** : 512MB GDDR RAM or more, except Intel GMA X3100 cards
- **Pointing device(위치 지정 도구)** : Microsoft-compliant mouse, Apple Mouse, Magic Mouse, MacBook Pro trackpad

02 시작하기

Fusion 360 설치 및 실행하기　　　　　　　　　　　Autodesk Fusion 360

*학생, 교사, 에반젤리스트(멘토), 스타트업(년 매출 US$100,000 이하)등은 교육용 다운로드 링크에서 바로 다운 받으실 수 있습니다. (www.autodesk.co.kr/fusion_edu)

step 1

본문에서 직접 배우게 될 Fusion 360 프로그램을 다운로드 받는 법을 알아보도록 하겠습니다.

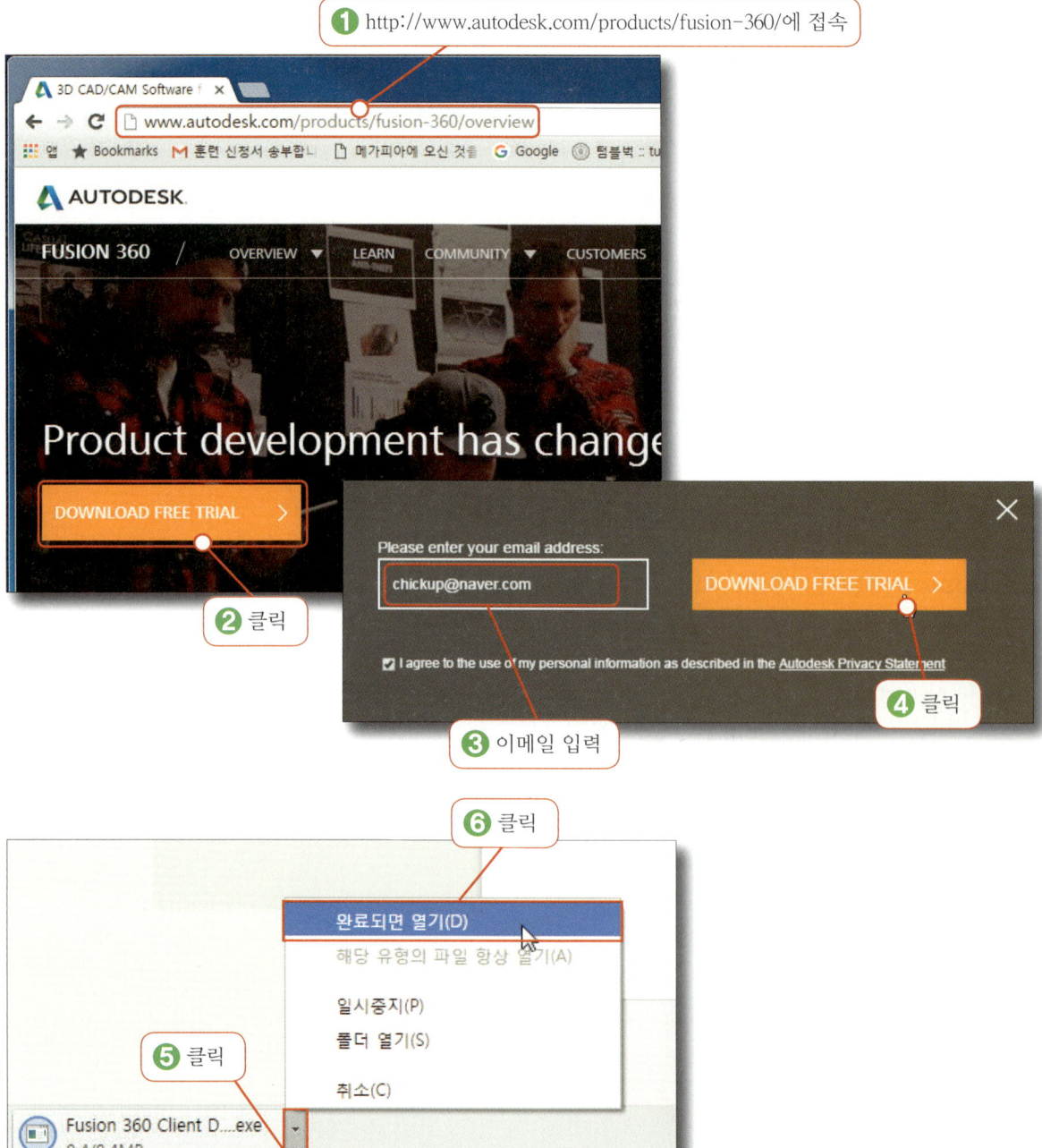

Section01 Fusion 360 입문하기

step 2

다음과 같이 설치가 진행됩니다.

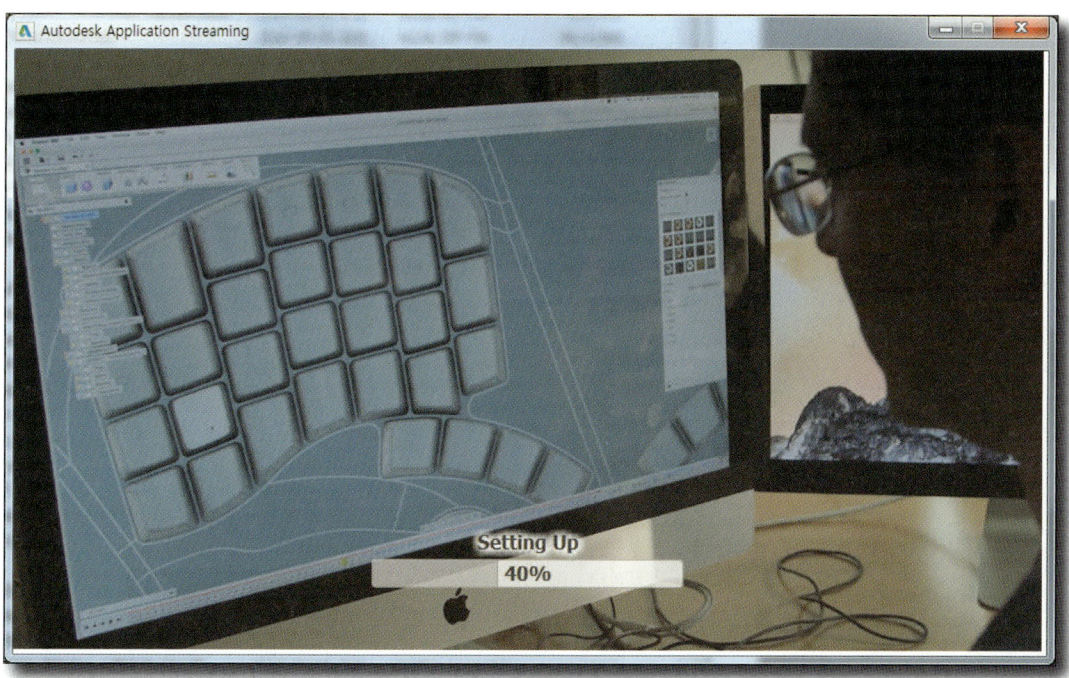

Tips

학생, 교사, 에반젤리스트(멘토), 스타트업(년 매출 US$100,000 이하)등은 교육용 다운로드 링크에서 바로 다운 받으실 수 있습니다. (http://www.autodesk.co.kr/fusion_edu)

33

02

시작하기

step 3

설치가 완료되면 다음과 같이 이메일과 비밀번호를 입력하여 Sign-In 합니다. 만약 Autodesk 계정이 없다면 다음 순서에 따라 계정을 생성합니다.

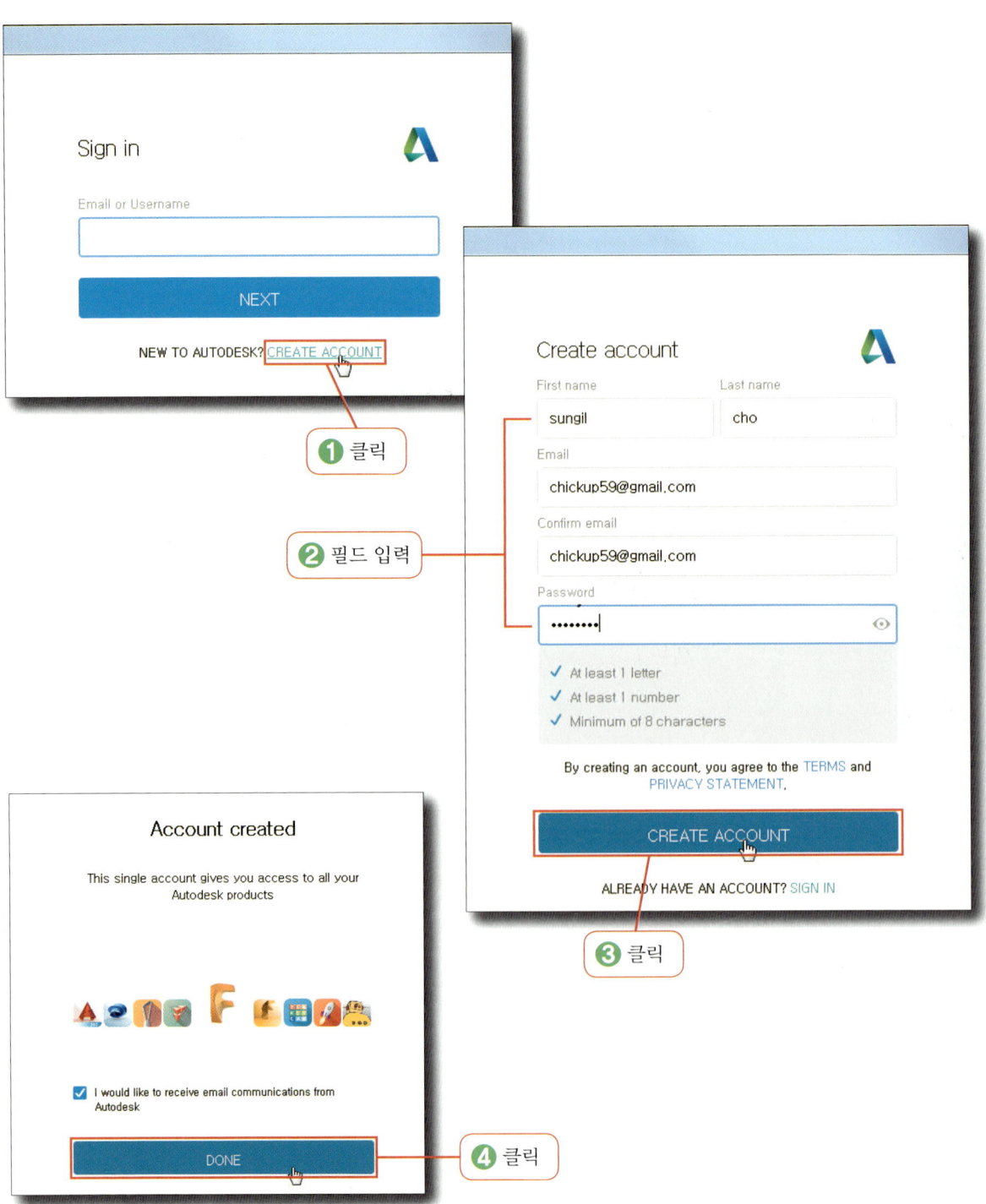

step 4

계정 생성이 완료되면 다음 절차에 따라 Fusion 360이 실행됩니다.

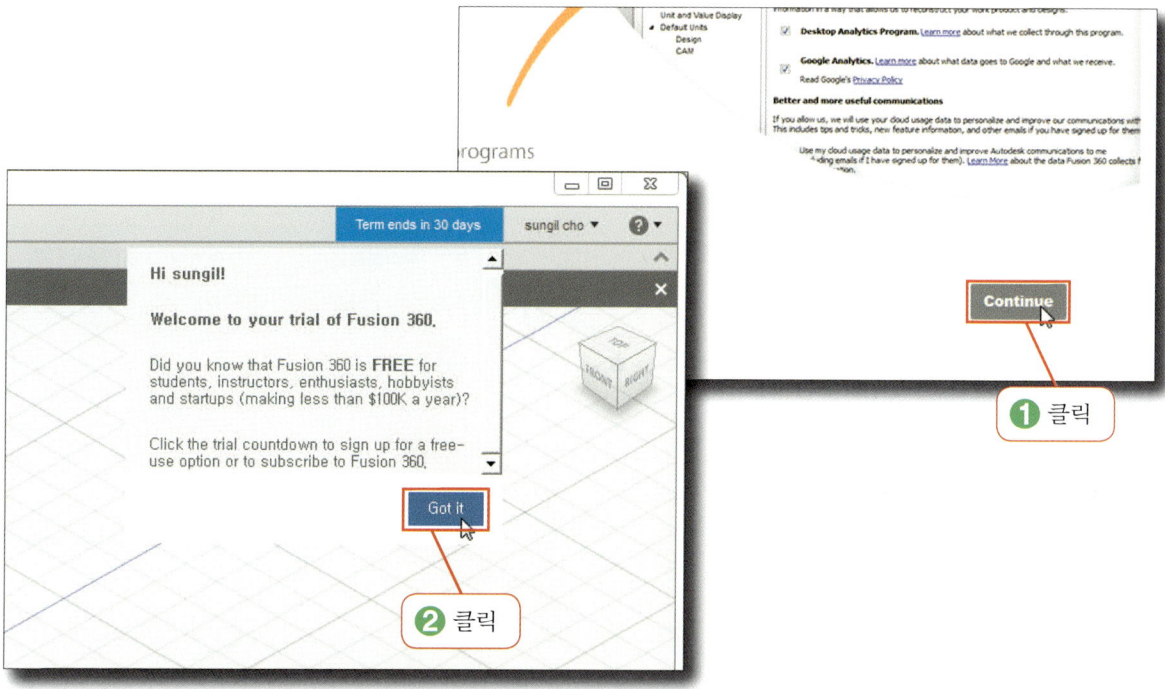

❶ 클릭
❷ 클릭

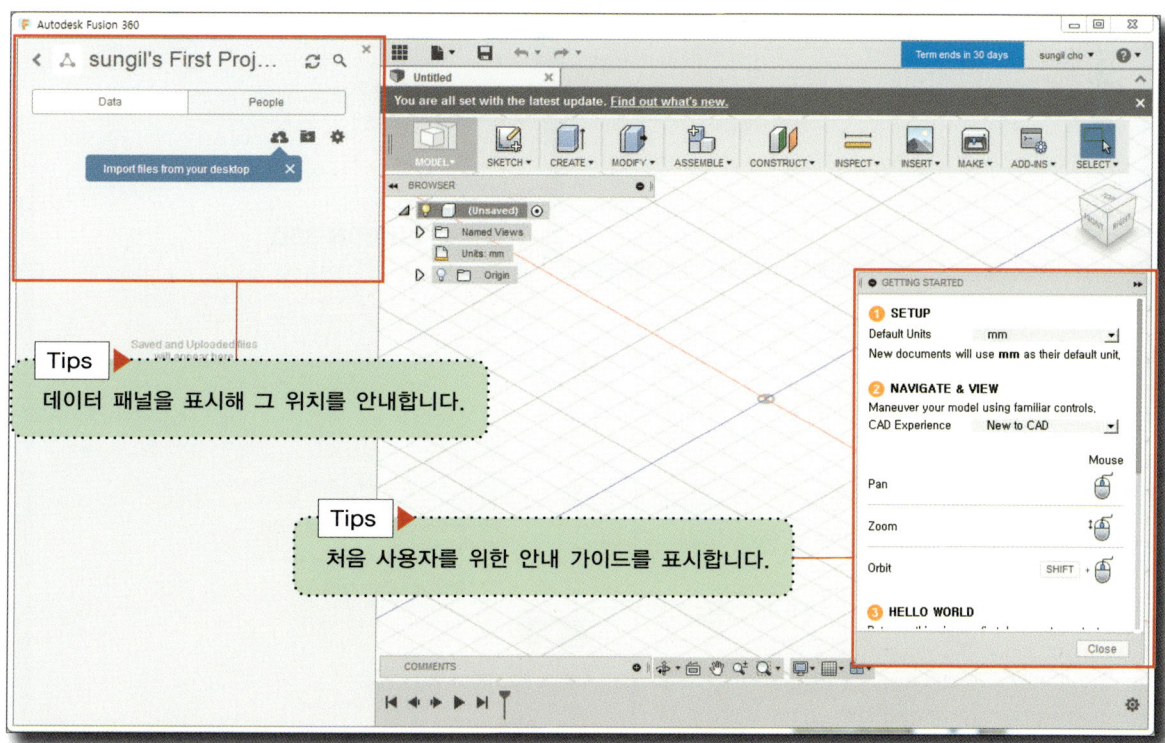

Tips ▶ 데이터 패널을 표시해 그 위치를 안내합니다.

Tips ▶ 처음 사용자를 위한 안내 가이드를 표시합니다.

02 시작하기

사용권 활성화 하기
Autodesk Fusion 360

step 1

Fusion 360은 처음 사용자는 1년, 학생용으로는 3년의 무료 사용권환이 주어집니다. 다음 절차를 따라서 사용권을 활성화 하는 방법에 대해 알아보도록 하겠습니다.

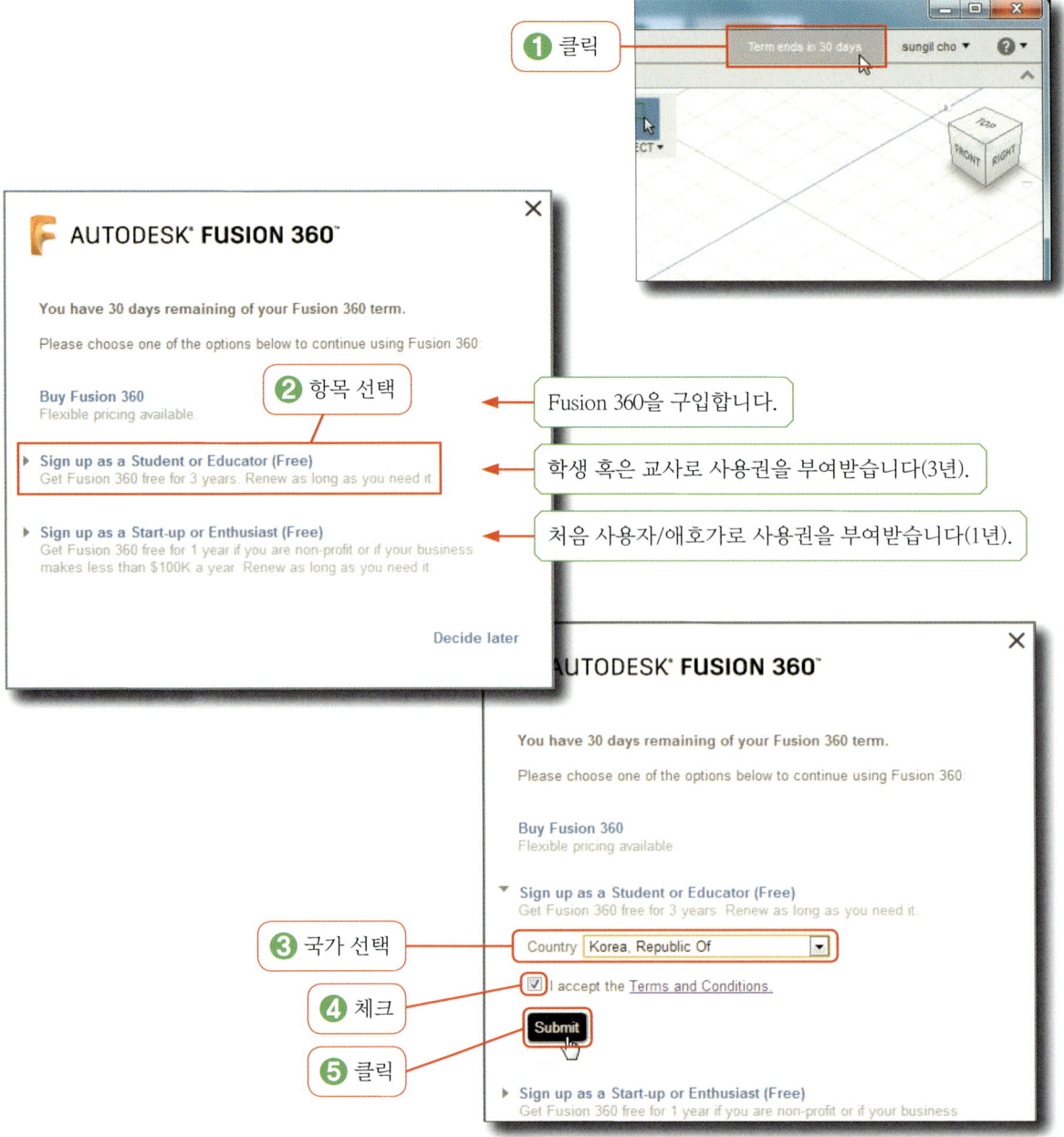

Section01 Fusion 360 입문하기

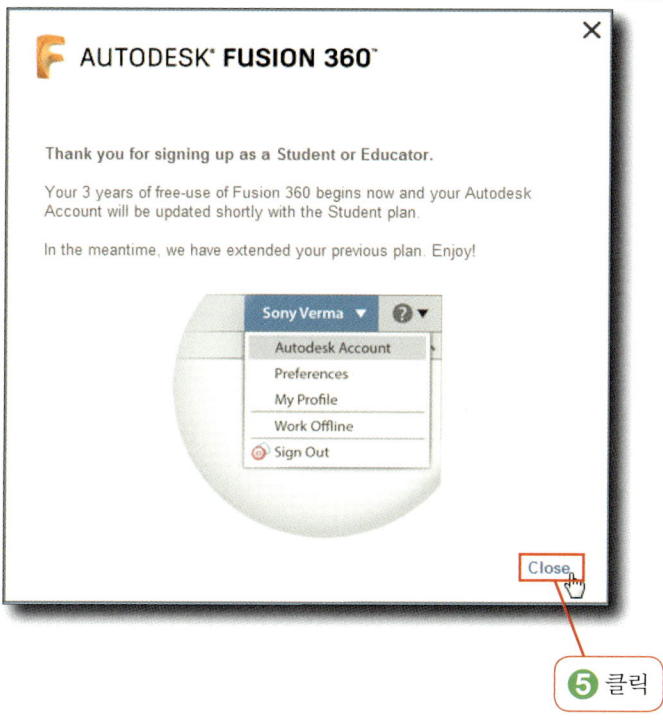

❺ 클릭

step 2

다음과 같이 Fusion 360의 사용권이 활성화됩니다.

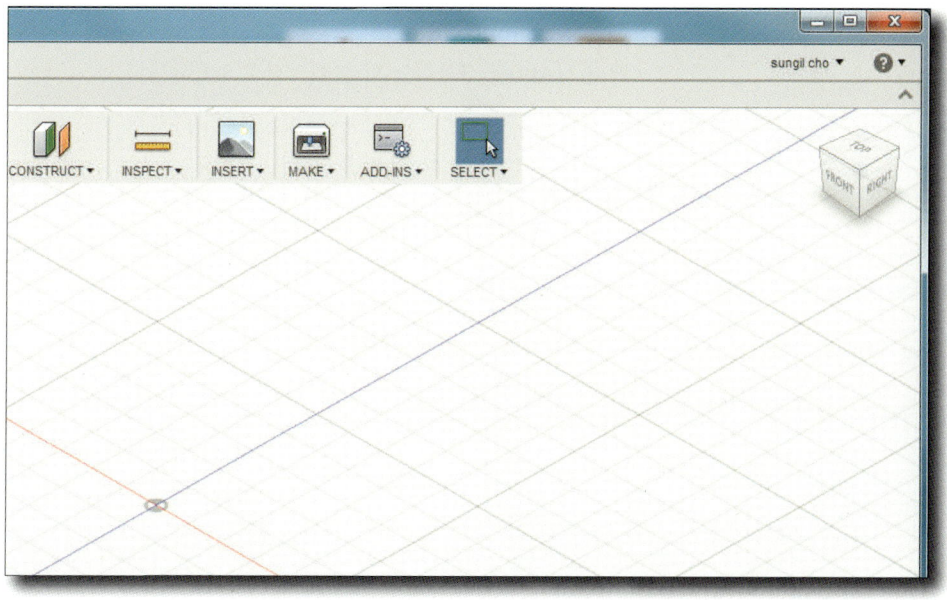

37

Fusion 360의 Help 메뉴 알아보기

Autodesk Fusion 360

FUSION 360은 사용자와의 커뮤니케이션을 적극적으로 받아들이면서 굉장히 빠르게 업데이트되고 변화하는 프로그램입니다. 사용자들이 어떻게 개발자들과 커뮤니케이션을 하는지 Help 메뉴를 통해 알아보도록 하겠습니다.

화면 우측 위의 물음표 버튼을 클릭하면 다음과 같은 메뉴들이 표시됩니다.

❶ **Search Help** : 도움말 검색 창입니다.

❷ **Learn Fusion 360** : Fusion 360의 온라인 학습 페이지로 이동합니다.

❸ **Getting Started** : 도움말 창을 표시합니다.

❹ **Community Forum** : 커뮤니트 포럼 페이지로 이동합니다.

❺ **Gallery** : 사용자들이 작품을 게시한 갤러리 페이지로 이동합니다.

❻ **Product Roadmap** : Fusion 360의 개발 일지와 업데이트에 중점을 둔 사항을 게시한 로드맵 페이지로 이동합니다.

❼ **Submit an Idea** : Fusion 360의 아이디어 스테이션 페이지로 이동합니다.

❽ **Programming Interface** : Fusion 360의 프로그래밍 인터페이스(API)를 사용하는 학습 페이지로 이동합니다.

❾ **Diagnostic Log Files** : Fusion 360의 로그 파일을 진단합니다.

❿ **Graphics Diagnostic** : 사용자의 그래픽 카드를 진단하고 현재 상황에 어떠한 영향을 주는지에 대한 노트를 표시합니다.

⓫ **Clear user cache data** : 사용자의 캐쉬 데이터를 초기화합니다.

⓬ **Tell Us What You Think** : Fusion 360의 피드백 페이지로 이동합니다.

⓭ **About** : Fusion 360 프로그램의 기본 정보를 표시합니다.

Section01 Fusion 360 입문하기

Fusion 360의 인터페이스 소개

Autodesk Fusion 360

FUSION 360 프로그램의 인터페이스에 대해서 알아보도록 하겠습니다.

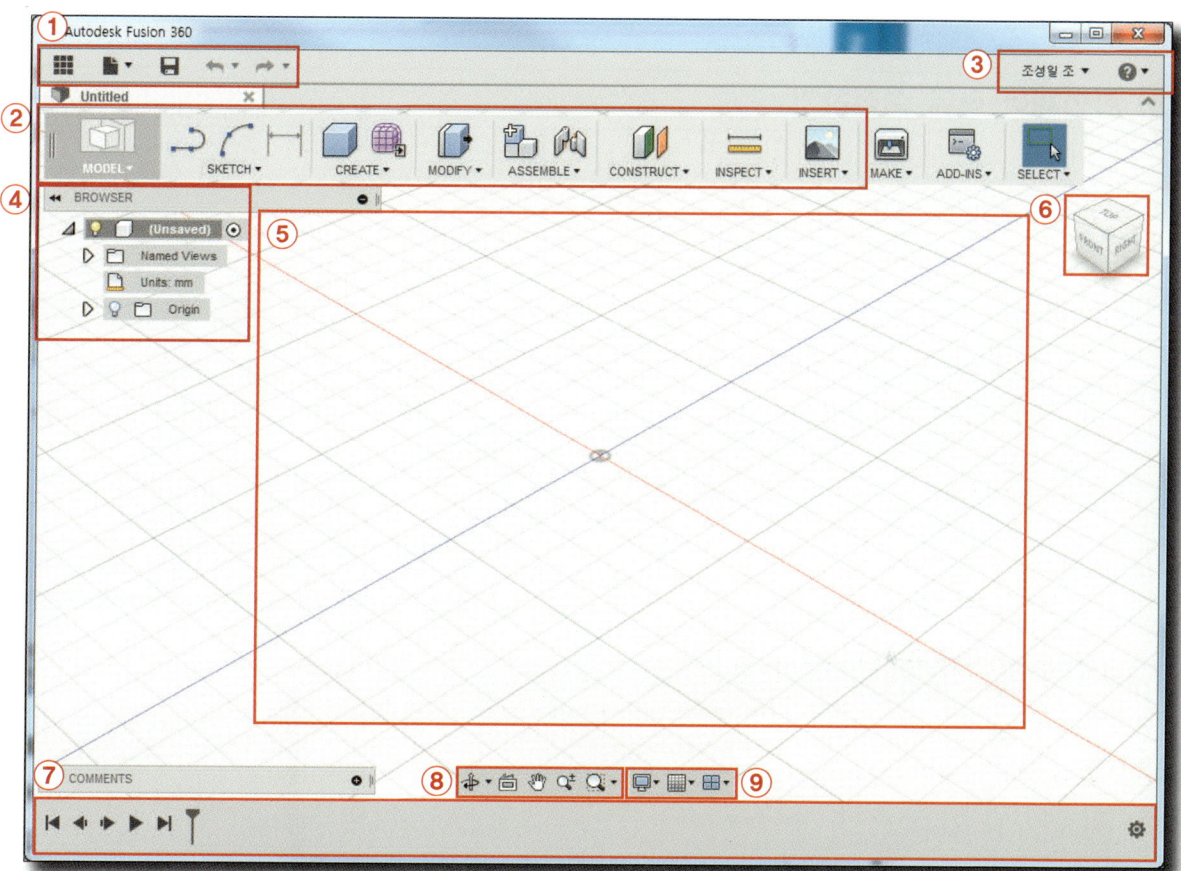

❶ **어플리케이션 메뉴** : 파일에 관련된 메뉴를 표시합니다.(새로 만들기, 열기, 저장, 내보내기 등)

❷ **아이콘 바** : Fusion 360의 명령어들이 모여있습니다.

❸ **로그인 정보 창** : 웹에 로그인 되어 있는 사용자 정보가 표시됩니다.

❹ **브라우저** : 작업창에 작성된 스케치, 바디 및 원점 항목들을 표시합니다.

❺ **작업 창** : 실제 모델링을 하는 작업 창입니다.

❻ **뷰 큐브** : 표시된 박스의 면, 모서리, 점을 클릭해 화면의 방향을 바꿉니다.

❼ **Timeline & Feature Tree(타임라인과 피처트리)** : 피처 트리와 피처의 생성 과정을 애니메이션으로 재생할 수 있는 타임라인 명령어들이 모여있습니다.

❽ **화면 제어 바** : 좀 더 정밀한 화면제어를 위한 명령어들이 모여있습니다.

❾ **화면 세팅 바** : 디스플레이와 그리드 제어 및 화면 표시 상태를 제어합니다.

시작하기

Section 02 화면제어와 환경설정

화면제어 타입 설정하기
Autodesk Fusion 360

Fusion 360은 기존 3DCAD(Inventor, Solidworks...) 사용자들을 위해 화면제어 타입을 여러개로 설정해 놓았습니다.

step 1

다음 절차를 통해 화면제어 타입을 선택하는 방법에 대해 알아보도록 하겠습니다.

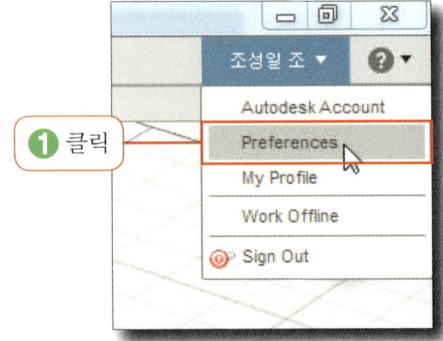

❶ 클릭

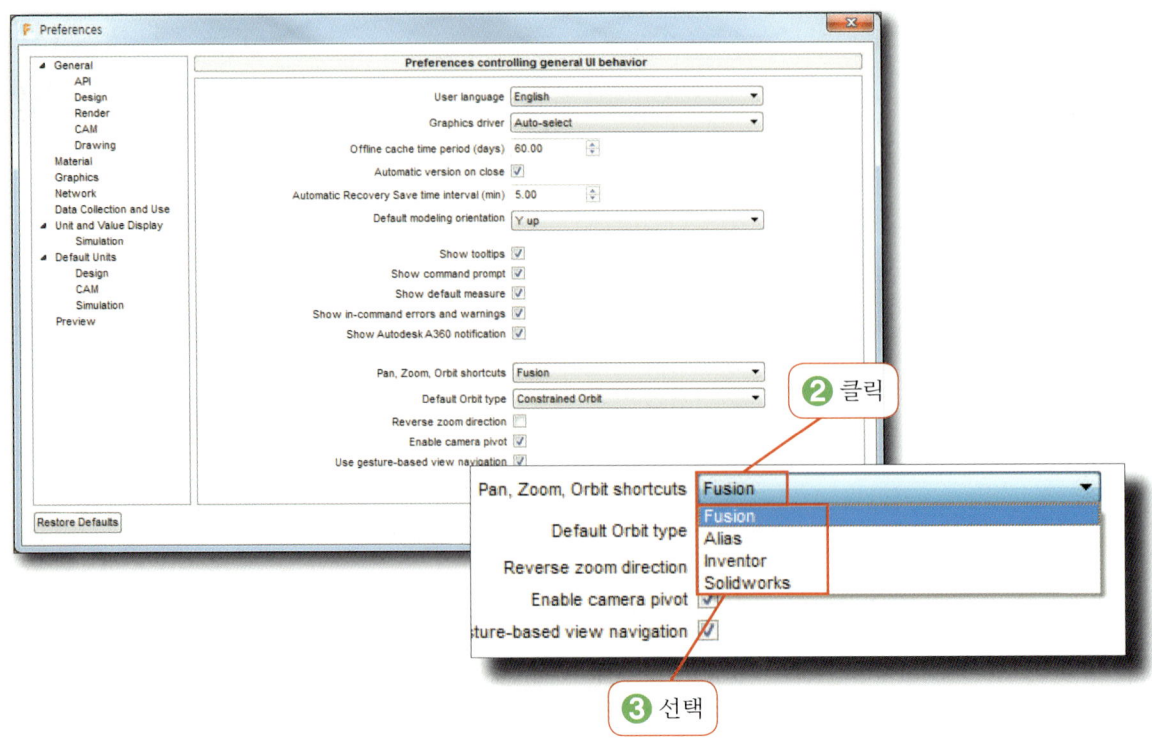

❷ 클릭

❸ 선택

Section02 화면제어와 환경설정

Fusion, Alias, Inventor 타입의 화면 제어
Autodesk Fusion 360

01 확대/축소

❶ **전체확대** : 휠 버튼을 더블 클릭합니다.

❷ **마우스 휠버튼** : 위로 굴리면 화면이 확대, 아래로 굴리면 마우스 커서를 중심으로 화면이 축소됩니다.

02 시점 이동

마우스 휠 버튼을 클릭해서 드래그하면 화면 시점이 이동합니다.

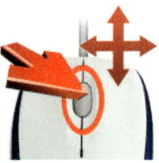

03 화면 회전

❶ Shift 버튼을 누른 채로 마우스 휠버튼을 드래그 합니다.

Solidworks 타입의 화면 제어
Autodesk Fusion 360

01 확대/축소

❶ **전체확대** : 휠 버튼을 더블 클릭합니다.

❷ **마우스 휠버튼** : 위로 굴리면 화면이 확대, 아래로 굴리면 마우스 커서를 중심으로 화면이 축소됩니다.

시작하기

❸ 화면이 부드럽게 확대/축소 : Shift 키를 누른 채로 마우스 휠 버튼을 드래그합니다.

02 시점 이동

좌측 Ctrl 키와 마우스 휠 버튼을 누르고 드래그하면 화면 시점이 이동합니다.

 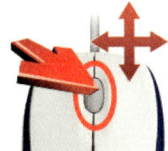

03 화면 회전

마우스 휠 버튼을 누르고 드래그하면 화면이 회전합니다.

뷰 큐브(View Cube) 활용하기   Autodesk Fusion 360

화면 우측 상단에 위치한 상자 모양의 박스입니다. 실제 상자라고 생각하고 각 면이나 모서리 및 꼭지점을 마우스로 클릭합니다. 상자의 각 표면에는 해당 방향에 대한 이름표가 쓰여져 있습니다.

왼쪽 위의 홈 마크를 누르면 Fusion 360이 기본 방향으로 삼고 있는 방향으로 화면이 회전 배치됩니다.

정투상일 때에는 뷰 큐브에 90도씩 회전 마크와 시계/반시계 방향으로 틸팅 버튼이 표시됩니다.

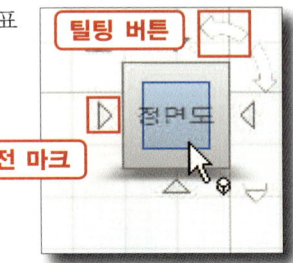

Section02 화면제어와 환경설정

화면 제어 바와 화면 세팅 바 활용하기   Autodesk Fusion 360

① **Orbit(화면 회전)** : 화면을 회전하는 명령 아이콘입니다.
② **Look At(면 보기)** : 선택한 면을 화면에 수직되게 회전시킵니다.
③ **Pan(시점 이동)** : 화면의 시점을 이동할 수 있습니다.
④ **Zoom(줌)** : 화면의 확대 축소 명령 아이콘입니다.
⑤ **Fit(줌 전체)** : 모델의 전체모습을 화면에 꽉 차게 나타내 줍니다.
⑥ **Display Settings(화면 설정)** : Fusion 360의 화면 설정을 합니다.
⑦ **Grid and Snaps(그리드와 스냅)** : 화면 그리드와 스냅 설정을 합니다.
⑧ **Viewports(뷰포트)** : 화면 뷰포트 설정을 합니다.

화면 설정 바 알아보기   Autodesk Fusion 360

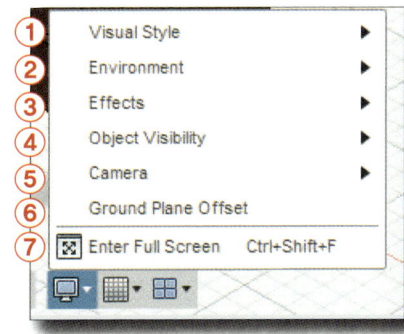

① **Visual Style(비주얼 스타일)** : 모델 표시를 설정합니다.
② **Environment(화면 설정)** : 화면 색상 스타일을 지정합니다.
③ **Effects(효과)** : 화면의 여러가지 효과를 설정합니다.
④ **Object Visibility(객체 가시성)** : 여러가지 객체의 가시성 여부를 결정합니다.
⑤ **Camera(카메라)** : 원근/직교 뷰를 설정합니다.
⑥ **Ground Plane Offset(바닥면 설정)** : 바닥면 거리 설정을 합니다.
⑦ **Enter Full Screen(풀 스크린 모드)** : 풀 스크린 모드로 화면을 사용합니다.

02 시작하기

Visual Style(비주얼 스타일)　　　　　　　　　　　Autodesk Fusion 360

① Shaded
② Shaded with Hidden Edges
③ Shaded with Visible Edges Only
④ Wireframe
⑤ Wireframe with Hidden Edges
⑥ Wireframe with Visible Edges Only

01 Shaded(음영처리)

02 Shaded with Hidden Edges (숨겨진 모서리로 음영처리)

03 Shaded with Visible Edges Only (모서리로 음영처리)

04 Wireframe(와이어 프레임)

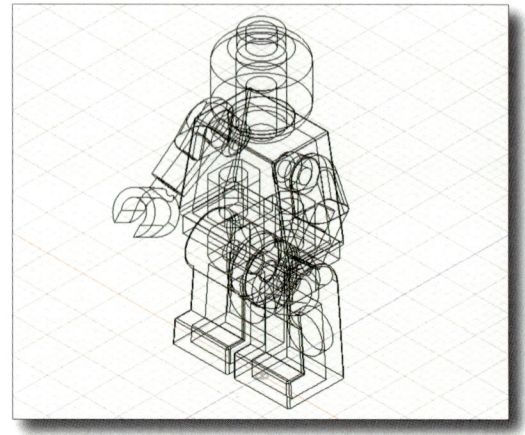

Section02 화면제어와 환경설정

05 Wireframe with Hidden Edges
(숨겨진 모서리가 있는 와이어 프레임)

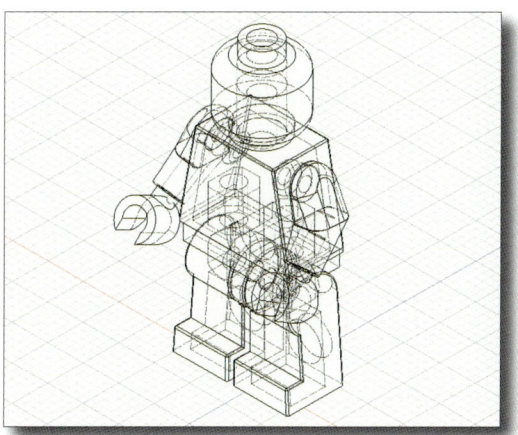

06 Wireframe with Visible Edges Only
(가시적 모서리만 있는 와이어 프레임)

Environment(환경) Autodesk Fusion 360

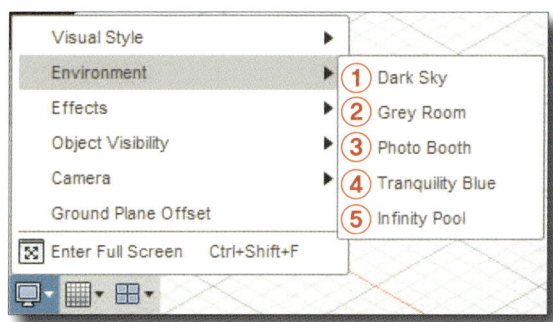

① Dark Sky
② Grey Room
③ Photo Booth
④ Tranquility Blue
⑤ Infinity Pool

01 Dark Sky

02 Grey Room

02 시작하기

03 Photo Booth

04 Tranquility Blue

05 Infinity Pool

Effects(효과) Autodesk Fusion 360

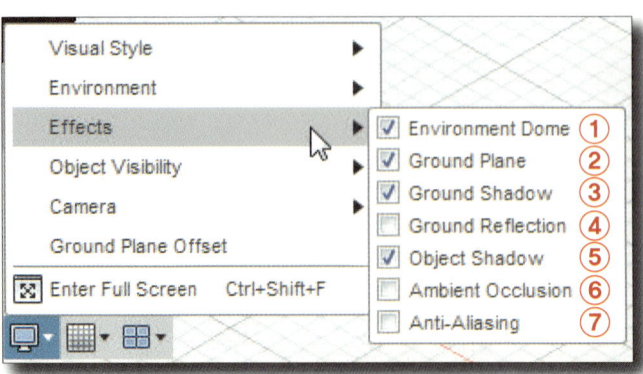

① Environment Dome
② Ground Plane
③ Ground Shadow
④ Ground Reflection
⑤ Object Shadow
⑥ Ambient Occlusion
⑦ Anti-Aliasing

Section02 화면제어와 환경설정

❶ **Environment Dome(환경 돔)** : 모델 환경에 돔을 표시합니다.
❷ **Ground Plane(바닥 평면)** : 바닥면을 표시합니다.
❸ **Ground Shadow(지면 그림자)** : 바닥에 그림자를 표시합니다.
❹ **Ground Reflection(지면 반사)** : 바닥이 모델을 반사합니다.
❺ **Object Shadow(객체 그림자)** : 객체에 그림자를 표시합니다.
❻ **Ambient Occlusion(앰비언트 그림자)** : 모델의 색상 포톤이 퍼지는 그림자를 표시합니다.
❼ **Anti-Aliasing(안티 앨리어싱)** : 안티 앨리어싱 모드를 사용합니다.

Object Visibility(객체 가시성)   Autodesk Fusion 360

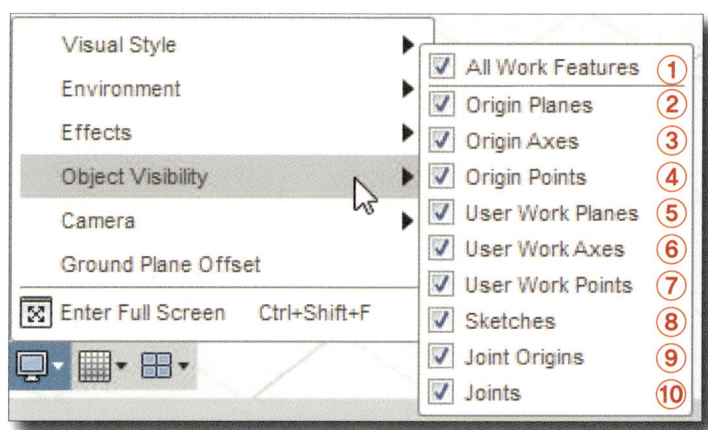

❶ **All Work Features(모든 작업 피처)** : 아래 항목의 모든 피처의 표시 여부를 설정합니다.
❷ **Origin Planes(원점 평면)** : 원점 평면의 표시 여부를 설정합니다.
❸ **Origin Axes(원점 축)** : 원점 축의 표시 여부를 설정합니다.
❹ **Origin Points(원점)** : 원점의 표시 여부를 설정합니다.
❺ **User Work Planes(사용자 작업 평면)** : 사용자 작업 평면의 표시 여부를 설정합니다.
❻ **User Work Axes(사용자 작업 축)** : 사용자 작업 축의 표시 여부를 설정합니다.
❼ **User Work Points(사용자 작업 점)** : 사용자 작업점의 표시 여부를 설정합니다.
❽ **Sketches(스케치)** : 작성한 스케치의 표시 여부를 설정합니다.
❾ **Joint Origins(조인트 원점)** : 조인트 원점의 표시 여부를 설정합니다.
❿ **Joints(조인트)** : 조인트의 표시 여부를 설정합니다.

Camera(카메라)   Autodesk Fusion 360

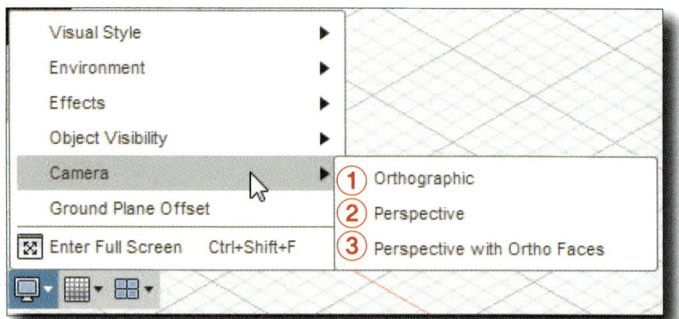

❶ **Orthographic(직교)** : 직교 상태로 화면을 표시합니다.

❷ **Perspective(원근)** : 원근법이 표시된 상태로 화면을 표시합니다.

❸ **Perspective with Ortho Faces(원근과 직교)** : 일반 뷰에서는 원근법이 적용되고 Look At 명령으로 면을 직교로 바라봤을 때는 직교 상태로 표시합니다.

Grid and Snaps(그리드와 스냅)   Autodesk Fusion 360

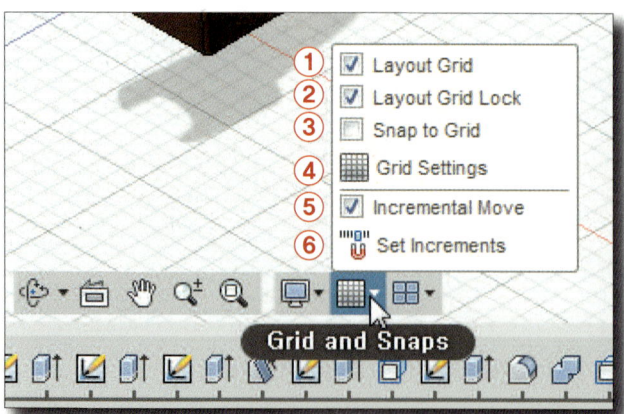

❶ **Layout Grid(레이아웃 그리드)** : 화면에 그리드를 표시합니다.

❷ **Layout Grid Lock(레이아웃 그리드 잠금)** : 화면에 그리드 표시를 잠금합니다.

❸ **Snap to Grid(그리드에 맞춰서 스냅)** : 객체 작성시나 이동시 그리드에 맞추어 작성/이동합니다.

❹ **Grid Settings(그리드 설정)** : 그리드의 세부 설정을 합니다.

❺ **Incremental Move(증분 이동)** : 화면의 줌인/줌아웃 상태에 따라서 작성 증분이 조정되게 합니다.

❻ **Set Increments(증분 설정)** : 증분 이동에 대한 상세 설정을 합니다.

Viewports(뷰포트)

Autodesk Fusion 360

화면 하단의 Multiple Views(다중 뷰) 명령을 클릭합니다.

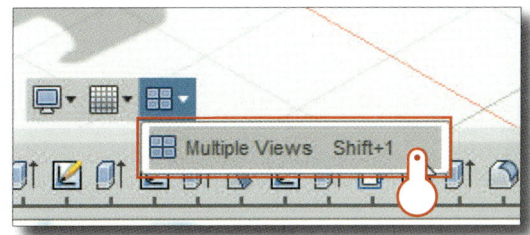

다음과 같이 다중 뷰로 전환됩니다.

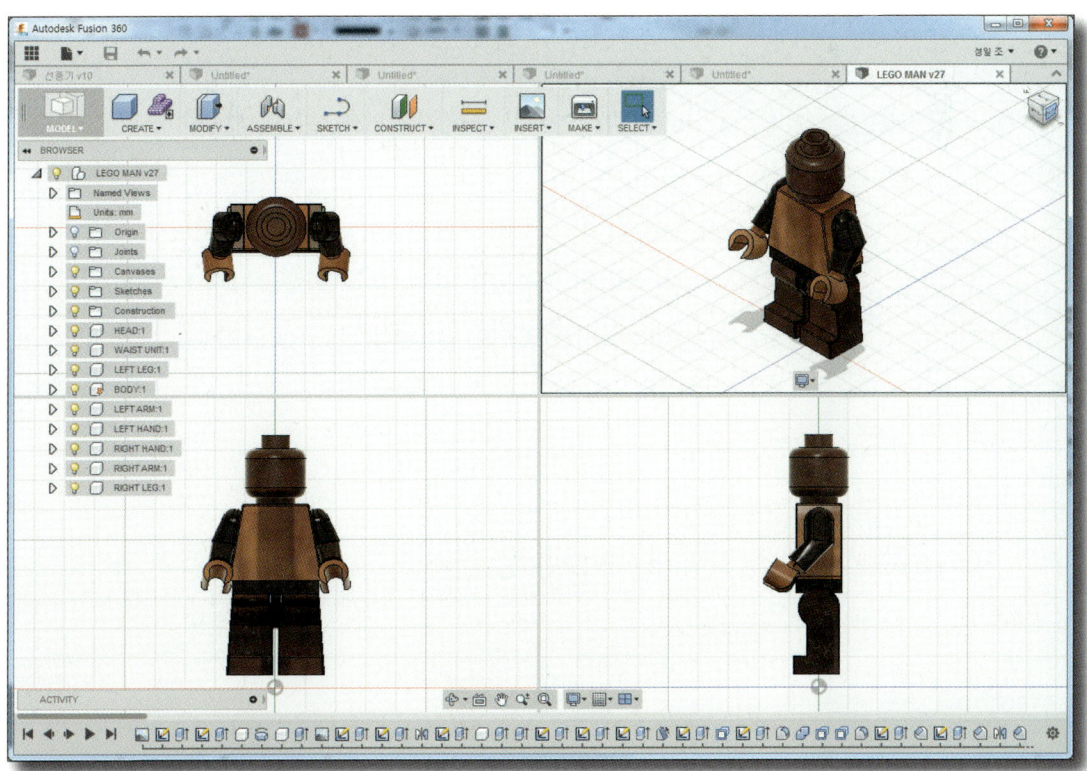

02 시작하기

다중 뷰 상태에서는 뷰포트 메뉴가 다음과 같이 변경됩니다.

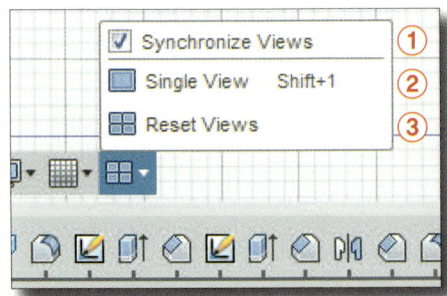

❶ **Synchronize Views(싱크로나이즈 뷰)** : 각 뷰의 줌인/줌아웃 상태가 링크됩니다.

❷ **Single View(단일 뷰)** : 단일 뷰 상태로 전환됩니다.

❸ **Reset Views(리셋 뷰)** : 뷰의 위치 및 방향이 초기 상태로 되돌아갑니다.

작업 환경 전환하기(Change Workspace) — Autodesk Fusion 360

Fusion 360은 여러가지 작업 환경을 제공합니다. 환경 버튼을 클릭하면 여러가지 환경으로 전환할 수 있는 환경 버튼이 표시됩니다.

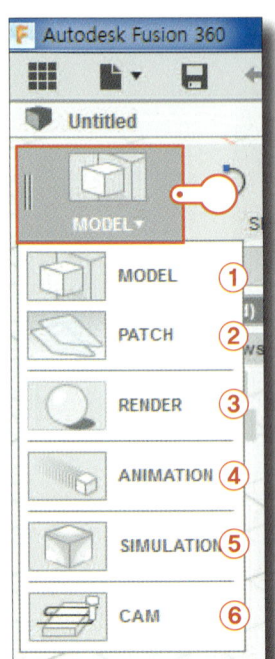

❶ **Model(모델)** : 솔리드 모델링 환경으로 전환합니다.

❷ **Patch(패치)** : 곡면 모델링 환경으로 전환합니다.

❸ **Render(렌더)** : 렌더링 이미지 작성 환경으로 전환합니다.

❹ **Animation(애니메이션)** : 애니메이션 작성 환경으로 전환합니다.

❺ **Simulation(시뮬레이션)** : 시뮬레이션 작성 환경으로 전환합니다.

❻ **Cam(캠)** : 캠 작성 환경으로 전환합니다.

> **Tips**
> 그 외의 Sculpt(조각) 환경은 Model 환경의 Form 작성 명령으로 들어갈 수 있고, Drawing 환경은 부품 브라우저 항목을 마우스 우측 버튼으로 클릭해 들어갈 수 있습니다.

단축 버튼 등록하기

Autodesk Fusion 360

Fusion 360 작업시 자주 쓰는 명령어 버튼은 다음과 같이 맨 상단에 등록하거나 제외시킬 수 있습니다.

01 단축 버튼 등록하기

명령어를 확장해서 등록하고자 하는 버튼 우측의 회전 화살표를 클릭합니다.

다음과 같이 단축 버튼이 등록됩니다.

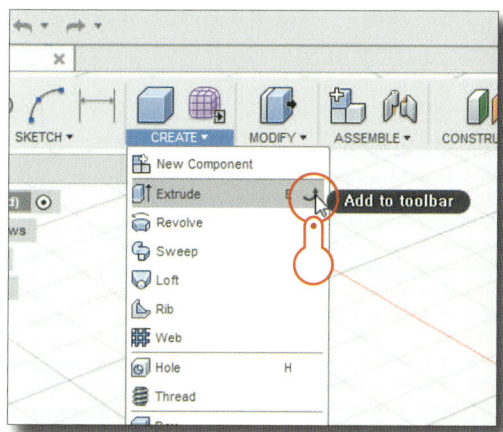
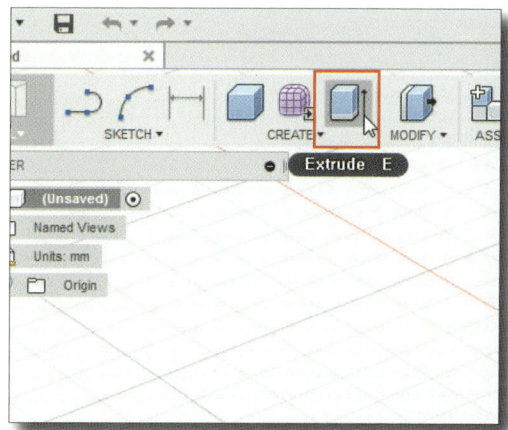

02 단축 버튼 해제하기

명령어를 확장해서 이미 등록되어 있는 단축 버튼 오른쪽의 X표시를 클릭합니다.

다음과 같이 단축 버튼이 해제됩니다.

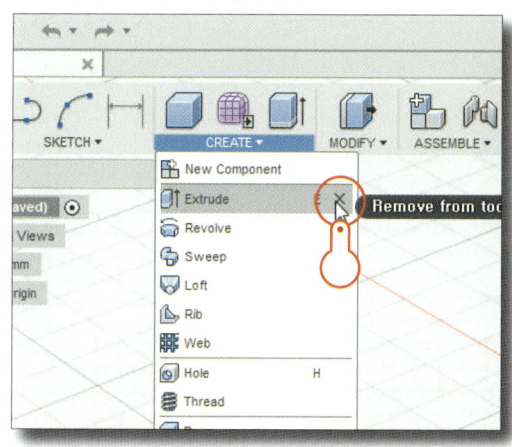
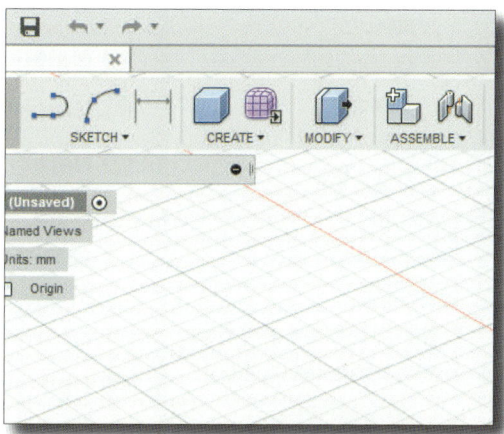

02 시작하기

선택 필터 알아보기　　　　　　　　　　　　　　　　　　　Autodesk Fusion 360

Fusion 360의 선택 필터에 대해서 알아보도록 하겠습니다.

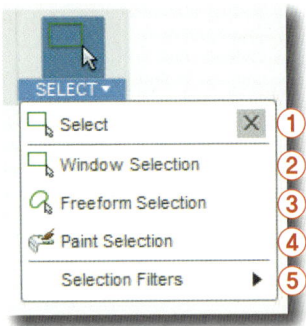

❶ **Select(선택)** : 일반 선택 모드입니다. 오른쪽으로 드래그해서 선택하면 창 선택이 되고, 왼쪽으로 드래그해서 선택하면 걸침 선택이 됩니다.

❷ **Window Selection(창 선택)** : 드래그하면 사각박스 타입으로 선택이 됩니다.

❸ **Freeform Selection(자유 선택)** : 선택 영역을 자유 형태로 그려서 선택이 됩니다.

❹ **Paint Selection(페인트 선택)** : 객체 위에 붓으로 그리듯이 미끄러지면서 선택이 됩니다.

❺ **Selection Filters(선택 필터)** : 사용자가 선택할 객체의 종류를 선택합니다.

환경 설정 메뉴　　　　　　　　　　　　　　　　　　　　　Autodesk Fusion 360

Fusion 360의 환경 설정 메뉴에 대해서 알아보겠습니다.

❶ **General(일반)** : 일반적인 환경 설정을 합니다. 언어와 파일 저장 및 화면 제어에 대한 설정을 합니다.

❷ **Material(재질)** : 기본 재질 설정을 합니다.

❸ **Graphics(그래픽)** : Fusion 360의 기본 화면 상태를 설정합니다.

❹ **Network(네트워크)** : Fusion 360의 네트워크 설정을 합니다.

❺ **Data Collection and Use(데이터 수집과 사용)** : 사용자가 Fusion 360을 어떻게 사용하고 어떤 기능을 주로 사용하는지에 대한 데이터를 수집해 차후 소프트웨어를 어떻게 업데이트 시키는지에 대한 설명과 그에 대한 정보를 자세히 담은 URL을 표시합니다.

❻ **Unit and Value Display(단위와 정밀도 표시)** : 화면에 표시할 단위와 정밀도를 설정합니다.

❼ **Default Units(기본 단위)** : Design/Cam 항목의 기본 단위계를 설정합니다.

❽ **Preview(미리보기)** : Fusion 360에 업데이트 될 새로운 기능에 대한 체험 설정을 써보고 피드백을 보냅니다.

01 General(일반)

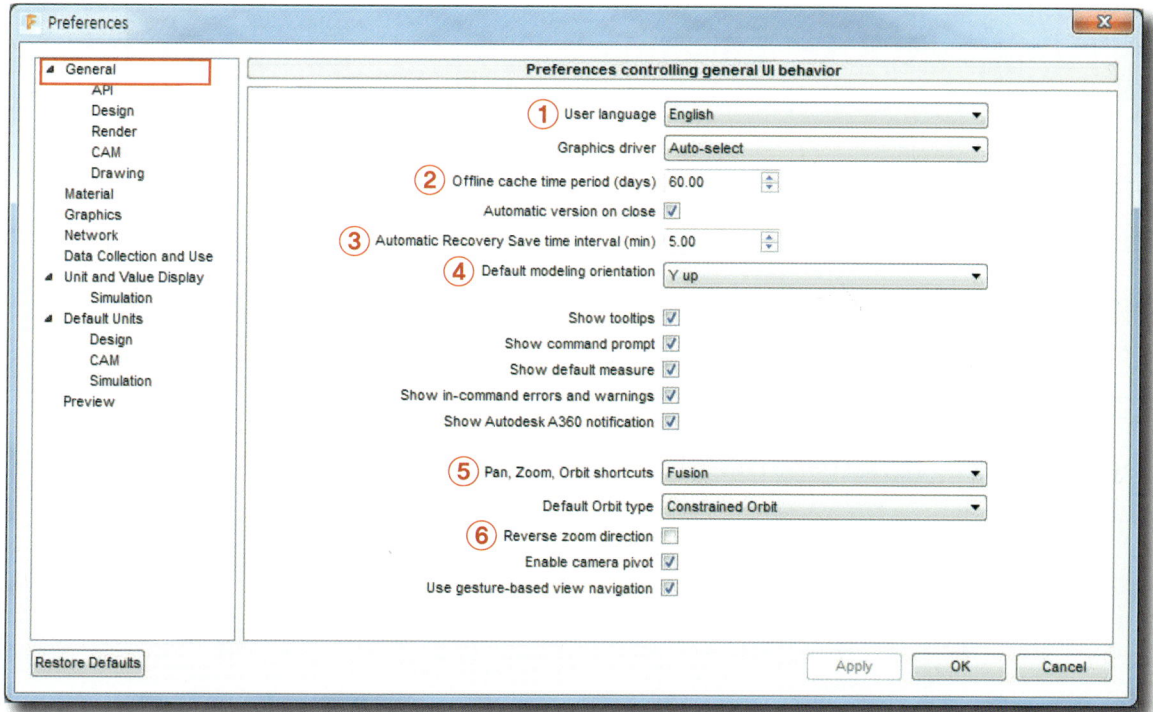

① User language : 사용자 언어를 설정할 수 있습니다. 현재 한글화가 되어 있지 않으므로 English를 기본값으로 설정해 놓습니다.

② Offline cache time period (days) : 오프라인 모드에서 작업시 메모리에 저장해 놓는 데이터의 기간을 설정합니다.

③ Automatic Recovery Save time interval (min) : 작업중인 파일의 버전을 갱신하는 인터벌 시간을 설정합니다.

④ Default modeling orientation : 기본적인 위쪽 방향을 설정하는 메뉴입니다. 기본으로는 Y축으로 설정이 되어 있습니다.

⑤ Pan, Zoom, Orbit shortcuts : 앞 장에서 설명했었던 화면제어 타입을 설정하는 옵션입니다.

⑥ Reverse zoom direction : 마우스 휠 버튼을 위아래로 드래그할 때, 확대 축소되는 방향을 반전하는 옵션입니다.

Section 03 A360 클라우드 서버 활용하기

A360 클라우드 서버란? — Autodesk Fusion 360

Fusion 360의 파일 시스템을 관리하는 A360 서버는 오토데스크 계정을 가진 사용자라면 누구나 사용할 수 있는 가장 강력한 보기 기술과 설계 및 다양한 도구가 결합된 제품입니다.

A360 서버를 이용하면 클라우드 서버에 등록되어 있는 2D 및 3D 설계를 확인 측정 및 체크를 할 수 있으며 모바일에서도 어플리케이션을 설치하면 같은 기능을 수행할 수 있습니다. 또한 팀원 초대를 통해서 다른 구성원과 공동 작업을 할 수 있는 장점이 있습니다. 전세계 어디에서나 설계 구성원들끼리 서로 설계를 협업하고 메시지를 전달하고 디자인을 체크할 수 있습니다.

또한 온라인 워크플로우와 오프라인 워크플로우를 둘 다 사용할 수 있으며, 설계 시각화, 시뮬레이션 및 작업 공유 방식을 개선하여 생산성을 높이는 데 크게 기여할 수 있습니다.

또한 A360 서버는 다음과 같이 다양한 형식의 외부 파일을 Upload할 수 있으며, 이 데이터를 Fusion 360의 설계 데이터로 이용할 수 있습니다.

- AutoCAD, Inventor, Revit, Navisworks, Fusion 360
- Solidworks, CATIA
- CREO, NX, Solidedge
- PDF, STL, STEP, IGES, OBJ, SAT
- BMP, Jpeg, PNG 등 다양한 포맷의 이미지 파일

Section03 A360 클라우드 서버 활용하기

A360 브라우저 열기

Autodesk Fusion 360

step 1

다음 절차를 통해 A360 브라우저를 여는 방법에 대해 알아보도록 하겠습니다.

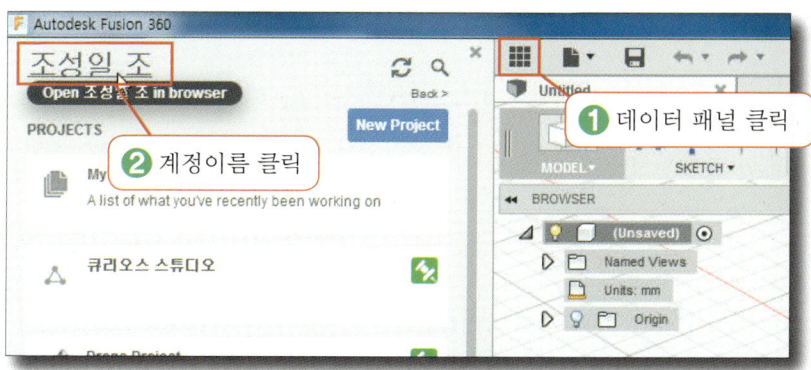

step 2

인터넷 브라우저를 통해서 A360 클라우드 서버에 접속됩니다.

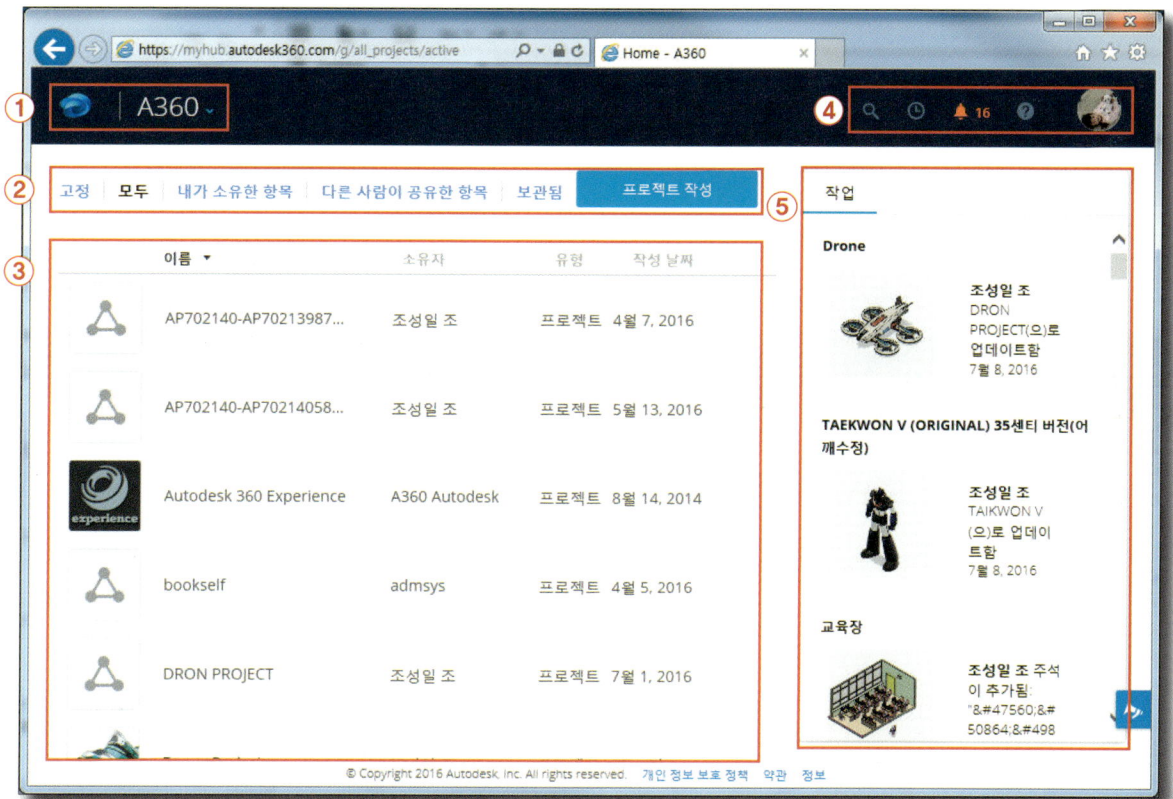

02 시작하기

❶ **A360 홈** : A360과 A360 드라이브 환경을 전환합니다.
❷ **데이터 필터 설정** : 현재 사용자가 보유한 A360 데이터 목록의 필터를 설정합니다.
❸ **프로젝트 리스트** : 현재 사용자가 보유한 프로젝트 리스트를 표시합니다.
❹ **사용자 계정 리스트** : 사용자 계정의 파일 검색과 작업 리스트 및 사용자 정보를 표시합니다.
❺ **작업 리스트** : 현재 사용자의 최근 작업 리스트를 표시합니다.

프로젝트 확인하기   Autodesk Fusion 360

step 1

다음 절차를 통해 A360 브라우저를 여는 방법에 대해 알아보도록 하겠습니다.

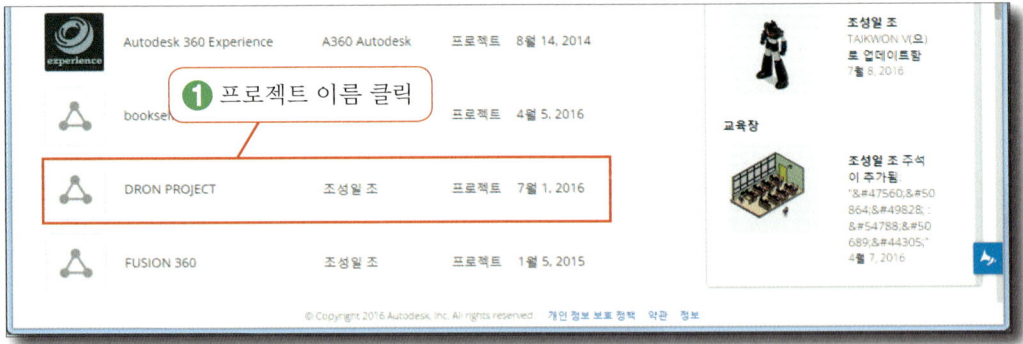

step 2

다음과 같이 프로젝트 상세 페이지가 표시됩니다.

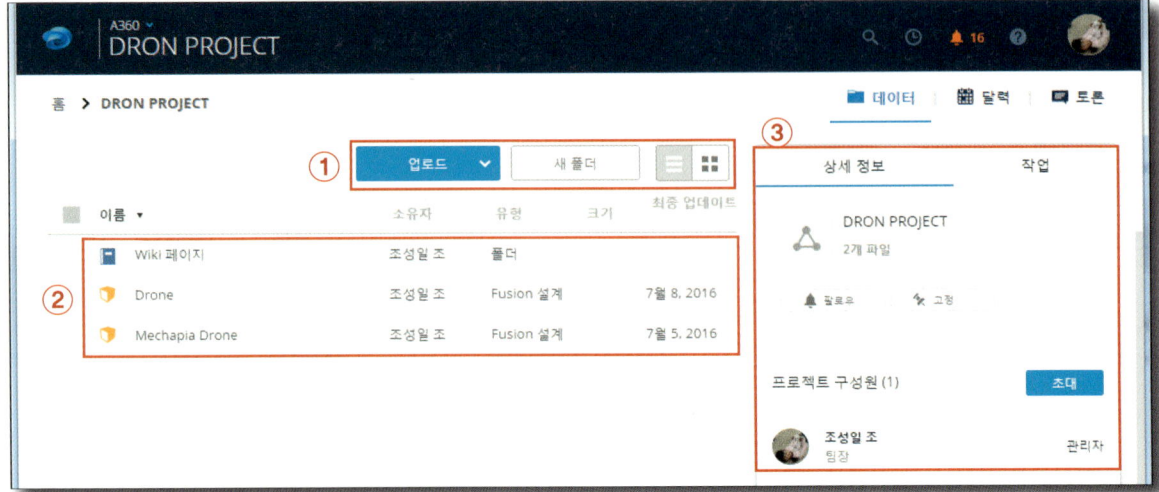

56

Section03 A360 클라우드 서버 활용하기

❶ **데이터 추가 및 표시 형태** : 파일 업로드, 새폴더 작성, 표시 형태 변경을 합니다.
❷ **데이터 리스트** : 현재 프로젝트의 데이터 리스트를 표시합니다.
❸ **상세 정보** : 현재 프로젝트의 상세 정보를 표시합니다.

step 3

파일 앞의 체크 박스에 체크하면 다음과 같은 작업을 수행할 수 있습니다.

❶ **이동** : 현재 파일을 다른 위치로 이동합니다.
❷ **복사** : 현재 파일을 다른 위치로 복사합니다.
❸ **삭제** : 현재 파일을 삭제합니다.
❹ **공유** : 현재 파일을 다른 위치나 URL로 공유합니다.
❺ **내보내기** : 현재 파일을 다른 형식의 파일로 사용자의 데스크탑에 내보내기합니다.
❻ **ETC** : 현재 파일의 추가 작업을 수행합니다(편집/새 버전 업로드/복사/이동/이름바꾸기/삭제).

step 4

다음 절차를 통해 다른 Fusion 360 사용자를 프로젝트에 초대할 수 있습니다.

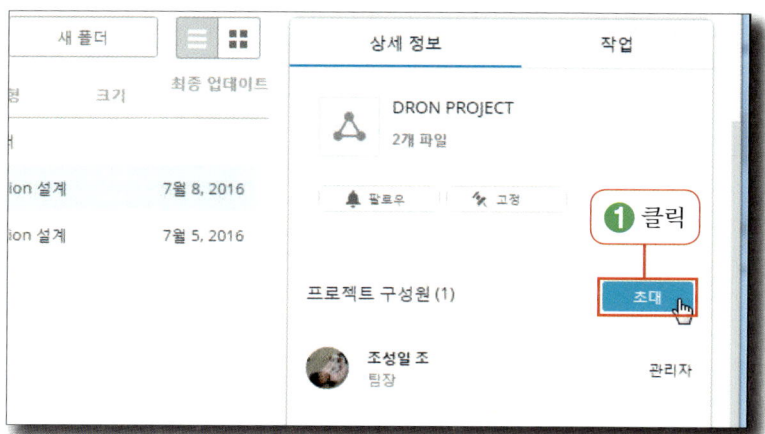

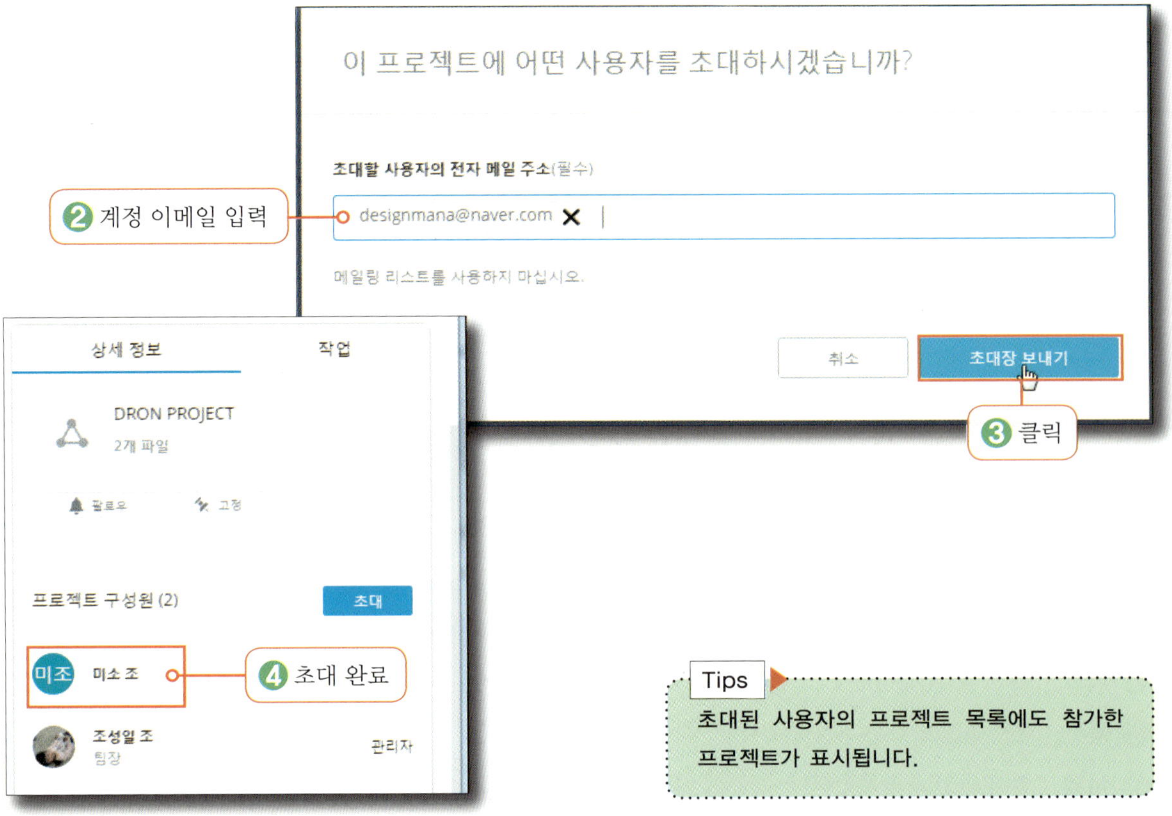

02 시작하기

❷ 계정 이메일 입력

❸ 클릭

❹ 초대 완료

Tips ▶
초대된 사용자의 프로젝트 목록에도 참가한 프로젝트가 표시됩니다.

프로젝트 작성하기　　　　　　　　　　　　　　　　Autodesk Fusion 360

step 1

다음 절차를 통해 A360 브라우저를 여는 방법에 대해 알아보도록 하겠습니다.

❶ 클릭

58

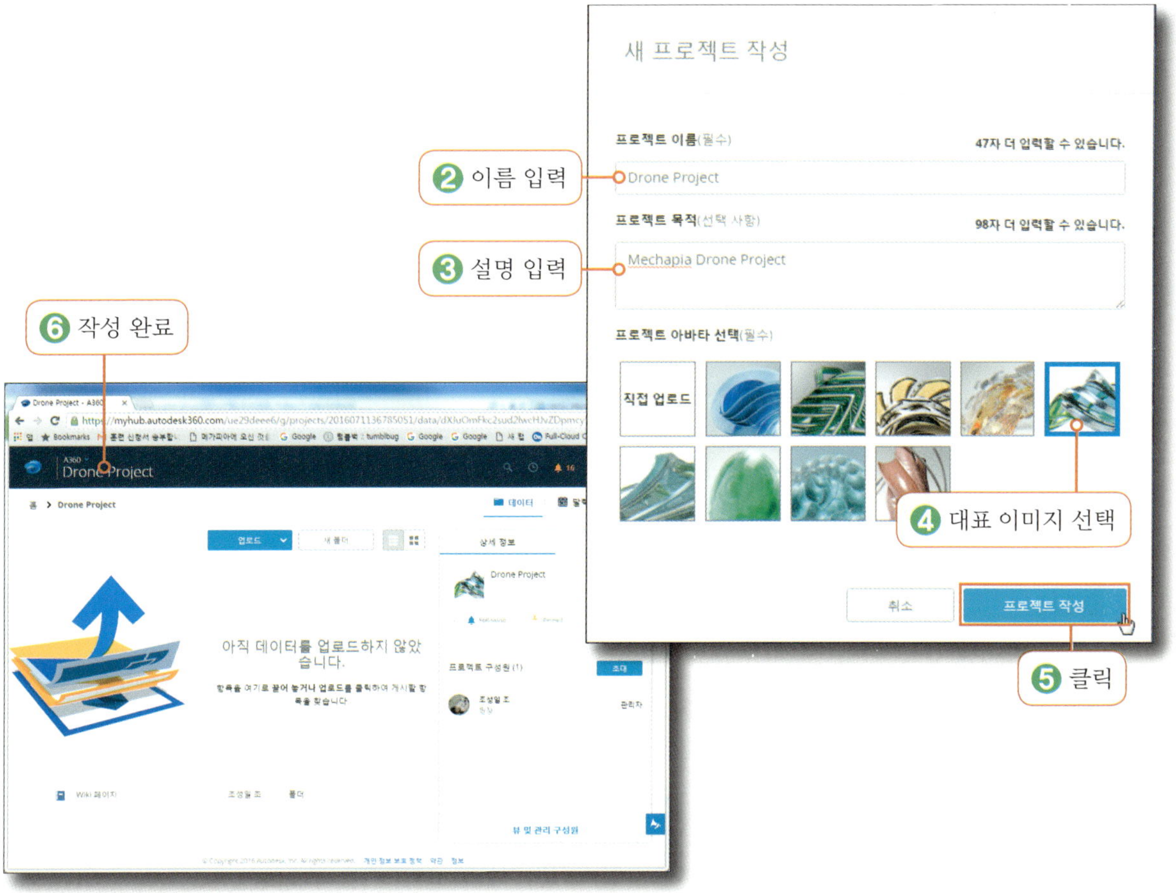

Section03 A360 클라우드 서버 활용하기

폴더 작성 및 파일 업로드하기
Autodesk Fusion 360

step 1

다음 절차를 통해 새폴더를 작성해 보도록 하겠습니다.

02 시작하기

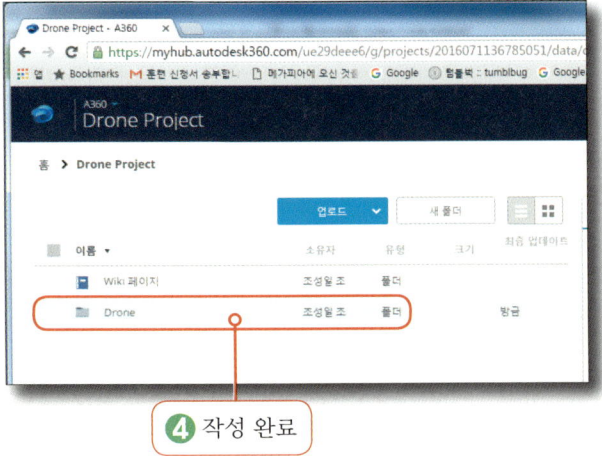

❹ 작성 완료

step 2

다음 절차를 통해 파일을 업로드 해 보도록 하겠습니다.

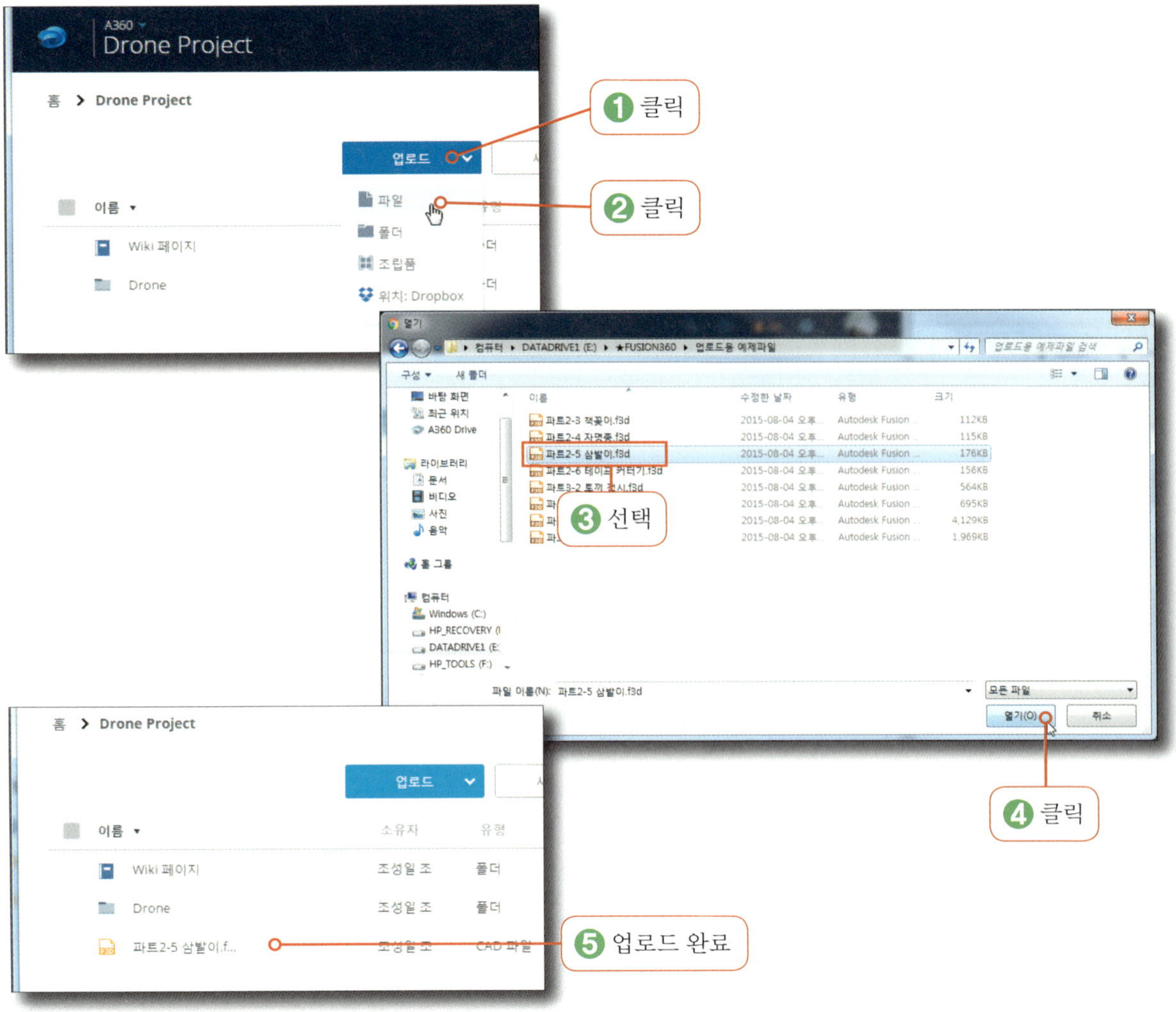

❶ 클릭

❷ 클릭

❸ 선택

❹ 클릭

❺ 업로드 완료

Section03 A360 클라우드 서버 활용하기

파일 보기

Autodesk Fusion 360

step 1

다음 절차를 통해 A360 서버에서 직접 파일을 확인해 보도록 하겠습니다.

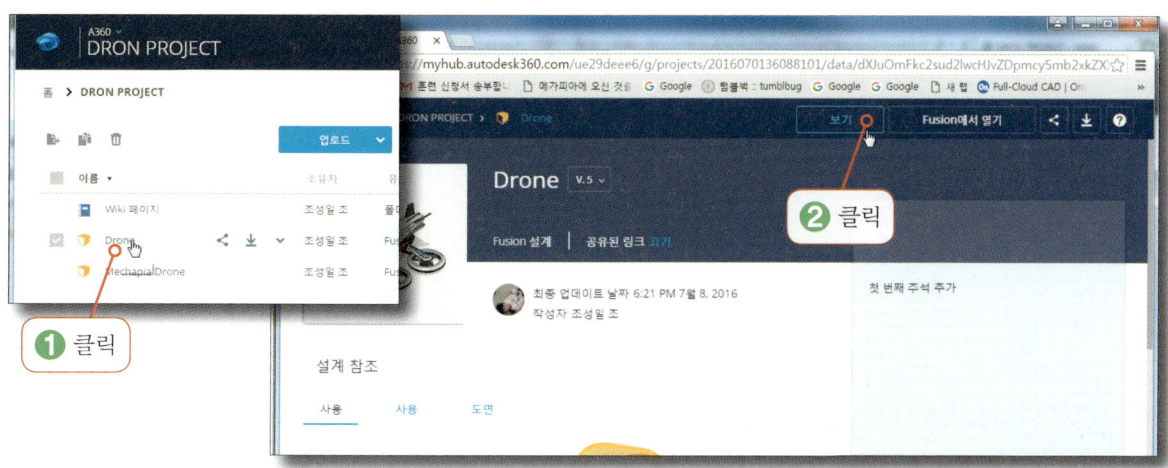

step 2

다음과 같이 브라우저에서 직접 뷰어가 표시됩니다.

Autodesk Fusion 360

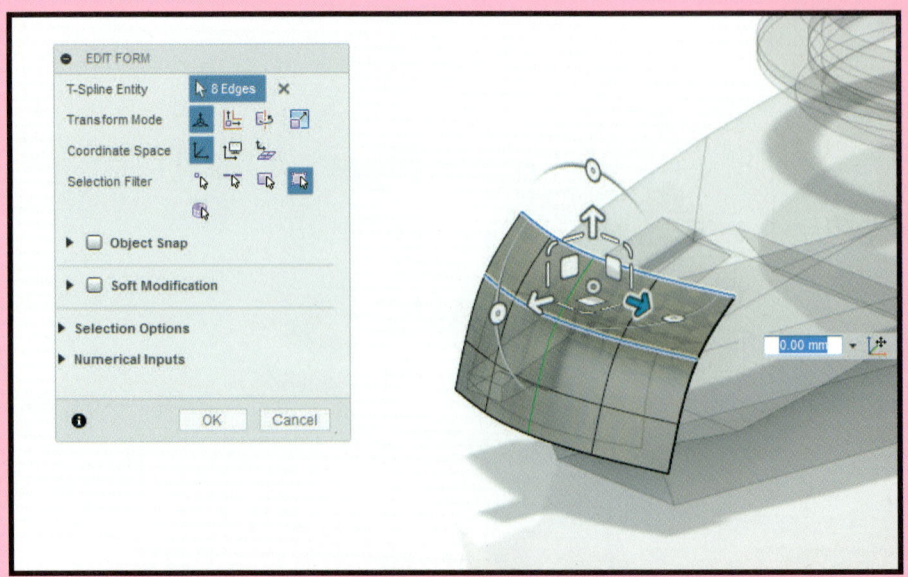

PART 3
부품 모델링

Section1   컨셉 이미지 배치하기
Section2   솔리드 모델링
Section3   곡면 모델링
Section4   자유형 모델링
Section5   응용 모델링

03 부품 모델링

Section 01 컨셉 이미지 배치하기

원래의 컨셉 이미지는 직접 스케치를 하거나 대략적인 디자인을 종이 또는 스케치 도구로 그린 다음에 시작하게 됩니다. 여기서는 이미 완성되어 있는 모델링 이미지를 기본으로 모델링을 진행하도록 하겠습니다.

스케치 명령 알아보기 Autodesk Fusion 360

01 그리기 명령

그리기 명령에는 다음과 같은 것들이 있습니다.

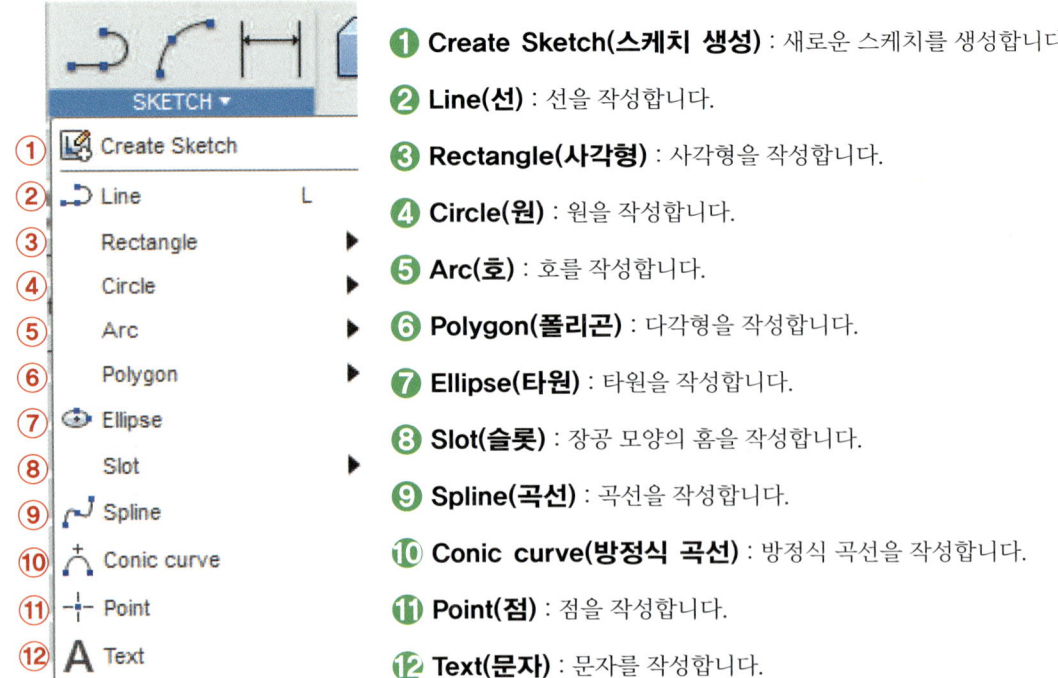

① **Create Sketch(스케치 생성)** : 새로운 스케치를 생성합니다.
② **Line(선)** : 선을 작성합니다.
③ **Rectangle(사각형)** : 사각형을 작성합니다.
④ **Circle(원)** : 원을 작성합니다.
⑤ **Arc(호)** : 호를 작성합니다.
⑥ **Polygon(폴리곤)** : 다각형을 작성합니다.
⑦ **Ellipse(타원)** : 타원을 작성합니다.
⑧ **Slot(슬롯)** : 장공 모양의 홈을 작성합니다.
⑨ **Spline(곡선)** : 곡선을 작성합니다.
⑩ **Conic curve(방정식 곡선)** : 방정식 곡선을 작성합니다.
⑪ **Point(점)** : 점을 작성합니다.
⑫ **Text(문자)** : 문자를 작성합니다.

Section01 컨셉 이미지 배치하기

02 편집 명령

편집 명령에는 다음과 같은 것들이 있습니다.

① **Fillet(모깎기)** : 스케치 모깎기를 작성합니다.
② **Trim(잘라내기)** : 교차된 스케치 요소를 잘라냅니다.
③ **Extend(연장)** : 스케치 요소를 연장합니다.
④ **Break(분할)** : 스케치 요소를 분할합니다.
⑤ **Offset(간격띄우기)** : 스케치 요소를 간격띄우기 합니다.
⑥ **Mirror(대칭)** : 대칭 구성요소를 작성합니다.
⑦ **Circular Pattern(원형 패턴)** : 원형 패턴을 작성합니다.
⑧ **Rectangular Pattern(직사각형 패턴)** : 직사각형 패턴을 작성합니다.
⑨ **Project/Include(형상 투영/포함)** : 모델의 모서리나 다른 스케치의 요소를 현재 평면의 스케치 요소로 투영합니다.
⑩ **Sketch Dimension(스케치 치수)** : 스케치 요소에 치수를 작성합니다.
⑪ **Stop Sketch(스케치 종료)** : 스케치 작성을 마칩니다.

03 스케치 팔레트 명령

스케치를 생성하면 화면 우측에 생성되는 팔레트입니다.

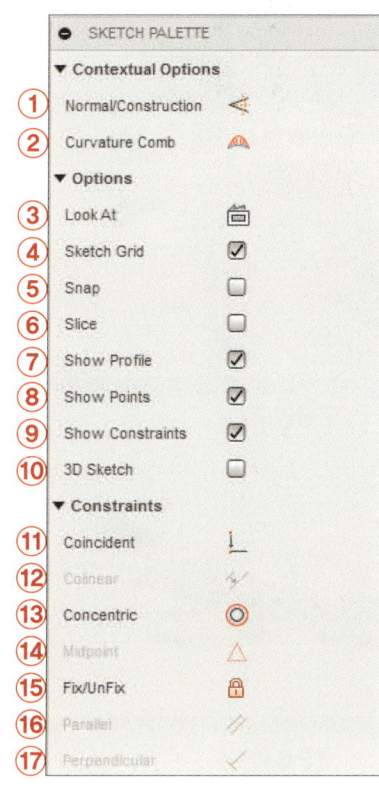

01) Contextual Options(객체 옵션)

① **Normal/Construction(일반선/구성선)** : 선택한 선의 상태를 일반선/구성선으로 변경합니다.
② **Curvature Comb** : 스케치 객체의 곡률 상태를 표시합니다.

02) Options(옵션)

③ **Look At(보기)** : 현재 스케치 평면을 화면에 정렬되게 표시합니다.
④ **Sketch Grid(스케치 격자)** : 스케치 모눈종이를 표시합니다.
⑤ **Snap(스냅)** : 스케치 스냅을 활성화합니다.
⑥ **Slice(단면 보기)** : 스케치 섹션 모드를 활성화합니다.
⑦ **Show Profile(프로파일 보기)** : 폐곡선 프로파일 영역을 채워진 색으로 표시합니다.
⑧ **Show Points(점 보기)** : 원호의 중심점을 화면에 표시합니다.
⑨ **Show Constraints(구속조건 보기)** : 화면에 구속조건을 표시합니다.
⑩ **3D Sketch(3D 스케치)** : 공간 스케치 작성 환경을 활성화합니다.

03
부품 모델링

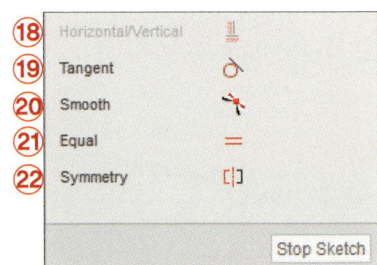

03) Constraints(구속조건)

⑪ **Coincident** : 일치 구속조건을 작성합니다.
⑫ **Colinear** : 동일선상 구속조건을 작성합니다.
⑬ **Concentric** : 동심 구속조건을 작성합니다.
⑭ **Midpoint** : 중간점 구속조건을 작성합니다.
⑮ **Fix/UnFix** : 고정/고정해제 구속조건을 작성합니다.
⑯ **Parallel** : 평행 구속조건을 작성합니다.
⑰ **Perpendicular** : 직각 구속조건을 작성합니다.
⑱ **Horizontal/Vertical** : 수평/수직 구속조건을 작성합니다. 객체의 정렬 포인트가 수평/수직에 가까우면 그에 맞는 구속조건이 적용됩니다.
⑲ **Tangent** : 탄젠트(접선) 구속조건을 작성합니다.
⑳ **Smooth** : 곡률 연속 조건을 스플라인에 적용하는 구속조건을 작성합니다.
㉑ **Equal** : 동일 구속조건을 작성합니다.
㉒ **Symmetry** : 대칭 구속조건을 작성합니다.

드론 모델링 이미지   Autodesk Fusion 360

우리가 이 책을 보면서 직접 따라할 드론 모델링 이미지를 보도록 하겠습니다.

〈등각투상도〉

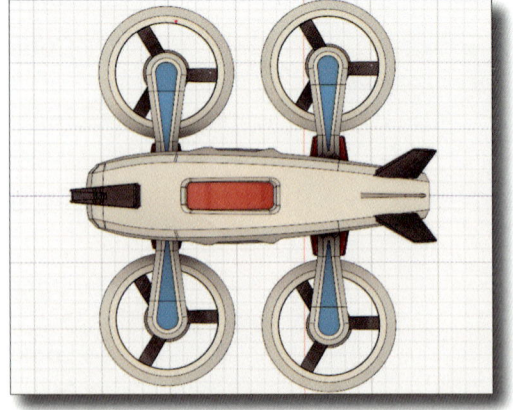
〈평면도〉

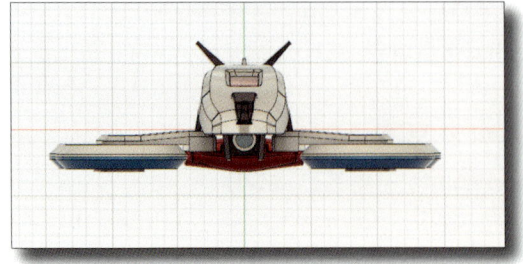
〈정면도〉

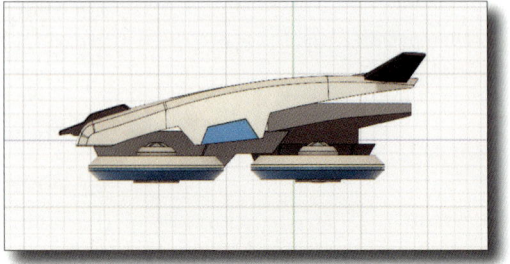
〈우측면도〉

Section01 컨셉 이미지 배치하기

밑바탕 스케치 작성하기   Autodesk Fusion 360

컨셉 이미지를 배치하기 전에 모델의 대략적인 크기를 정해놓고 시작하는 것이 좋습니다. 따라서 먼저 전체 크기에 대한 스케치를 작성한 후에 컨셉 이미지를 배치하는 순서로 진행하도록 하겠습니다.

step 1

다음 과정을 통해 우측면도에 스케치를 작성합니다.

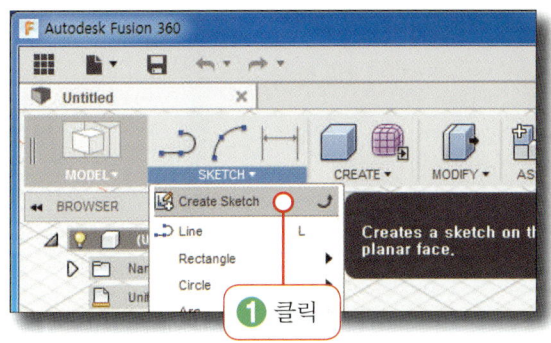
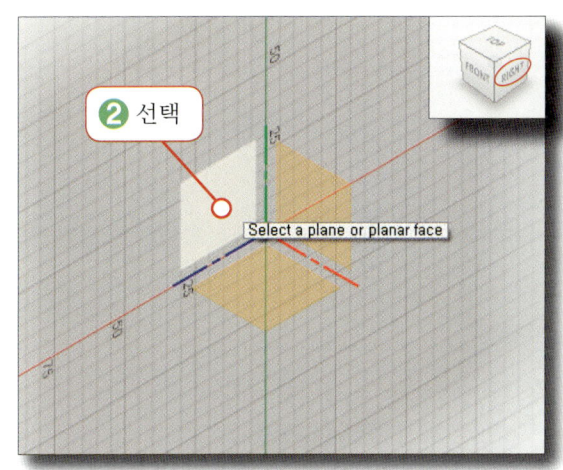

step 2

다음 과정을 통해 전체 크기에 해당하는 스케치 선을 작성해 보도록 하겠습니다.

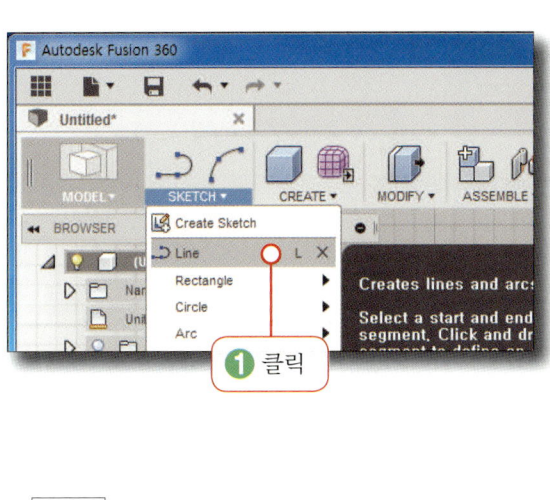
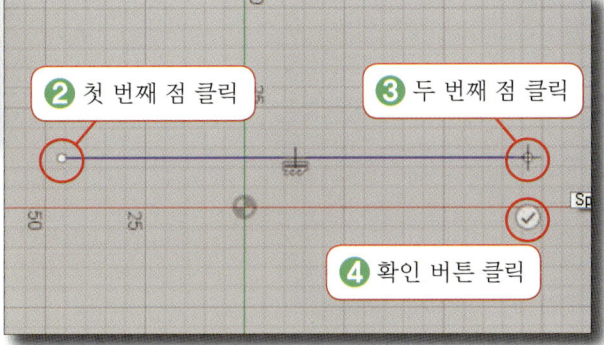

> **Tips** ▶
> Esc키를 눌러서 선 명령을 마쳐도 됩니다.

03 부품 모델링

step 3

다음 과정을 통해 원점과 선의 중간점에 구속조건을 부여합니다.

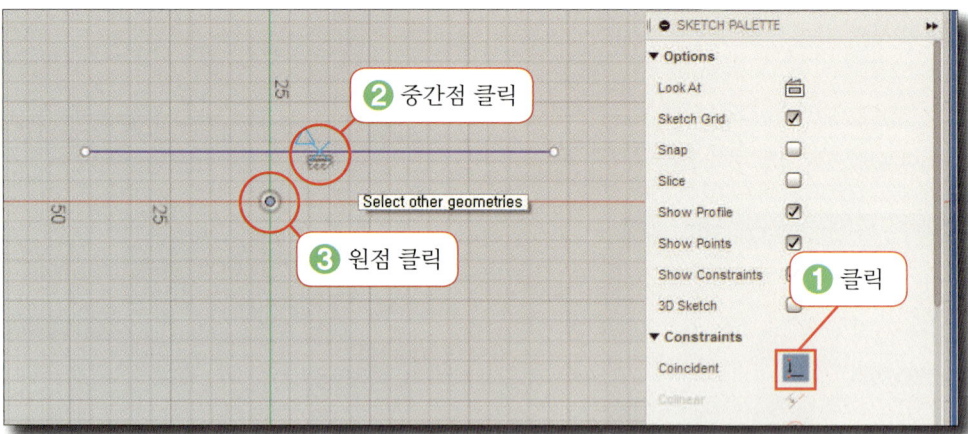

step 4

작성한 선에 치수를 부여합니다.

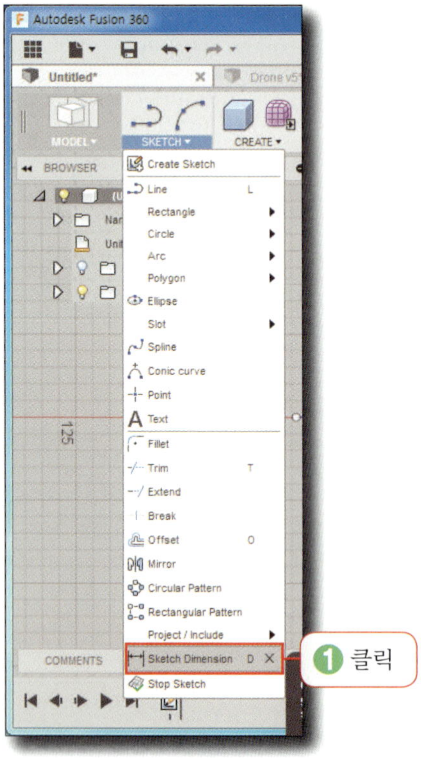

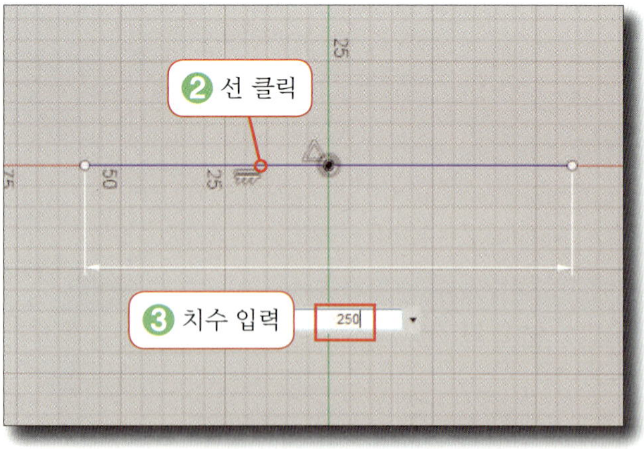

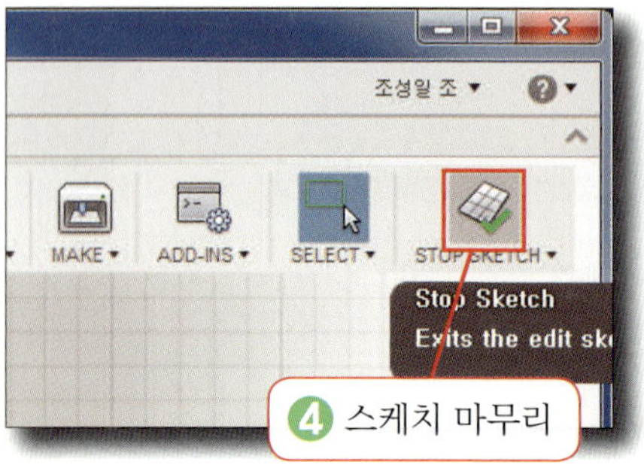

> **Tips**
> 치수 명령의 단축키는 "D" 입니다.

Section01 컨셉 이미지 배치하기

 스케치 완전구속 미리보기 설정하기

◎ 스케치 완전구속이란?

하나의 스케치 상에서 모든 스케치 요소들이 원점에 대해서 치수, 혹은 구속조건으로 위치가 완전히 정해진 상태를 말합니다.

◎ 스케치 완전구속을 해야 하는 이유는?

디자인을 제외한 기계/건축 같은 설계의 영역에서는 모든 형상의 치수나 위치가 완벽해야 하므로, 스케치 작성시에는 반드시 완전구속 상태를 만드는 것이 좋습니다.

◎ 완전구속 미리보기 설정하기

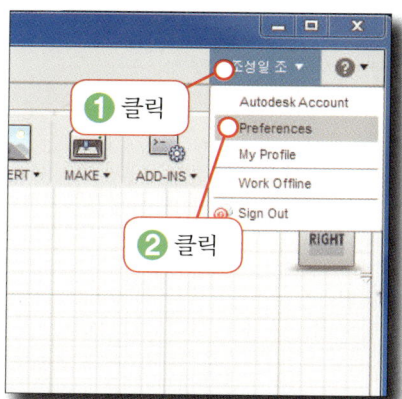
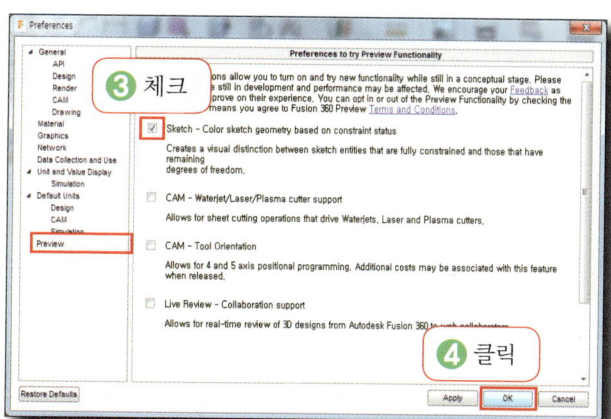

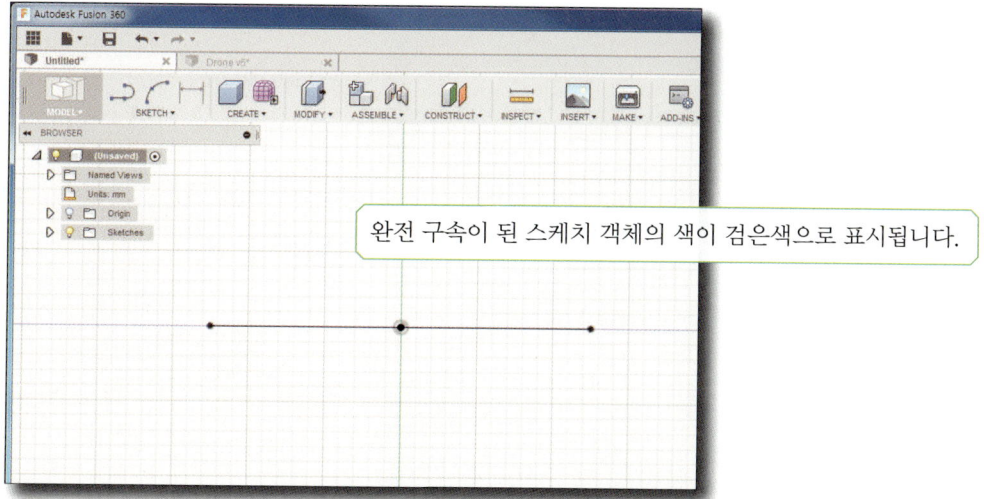

완전 구속이 된 스케치 객체의 색이 검은색으로 표시됩니다.

03 부품 모델링

컨셉 이미지 배치하기　　　　　　　　　　　　　　　　　Autodesk Fusion 360

이전에 작성한 밑바탕 스케치의 전체 크기에 맞추어 그림을 배치합니다.

step 1

다음 과정을 통해 우측면도에 컨셉 이미지를 배치하도록 하겠습니다.

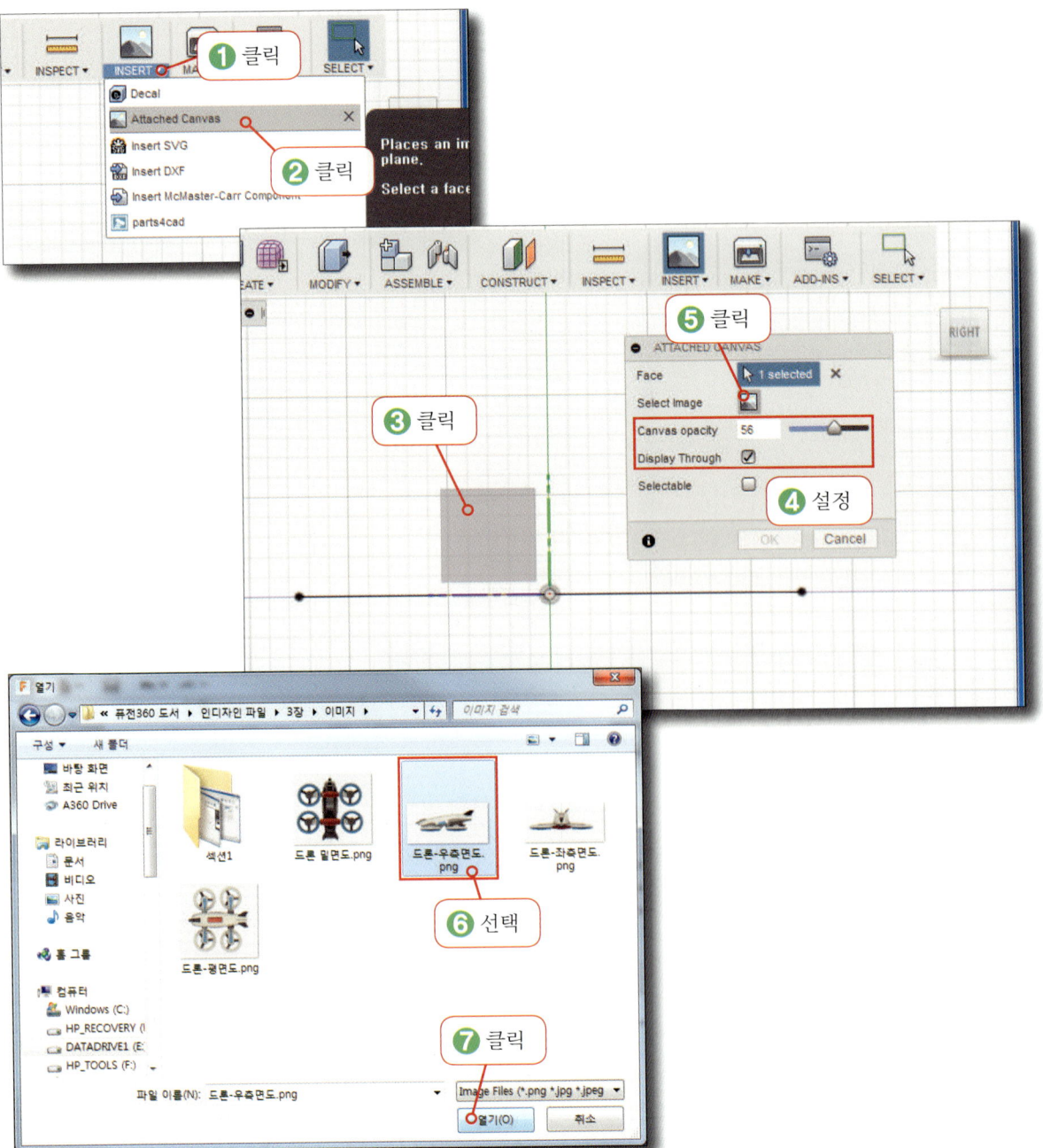

Section01 컨셉 이미지 배치하기

step 2

화면에 이미지가 표시되면 이동, 회전, 축척 핸들을 조정해 알맞은 크기로 조정해 배치한 후 OK 버튼을 클릭합니다.

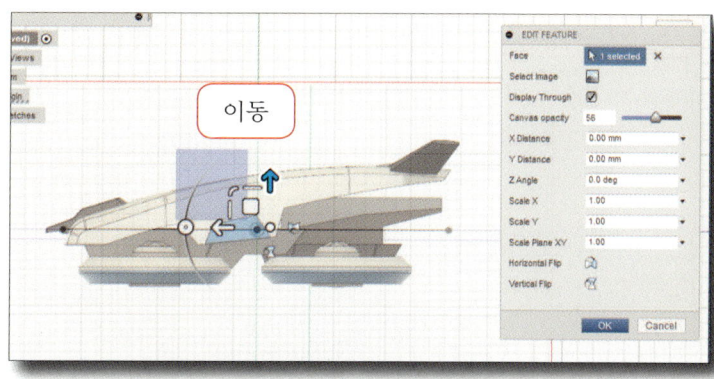

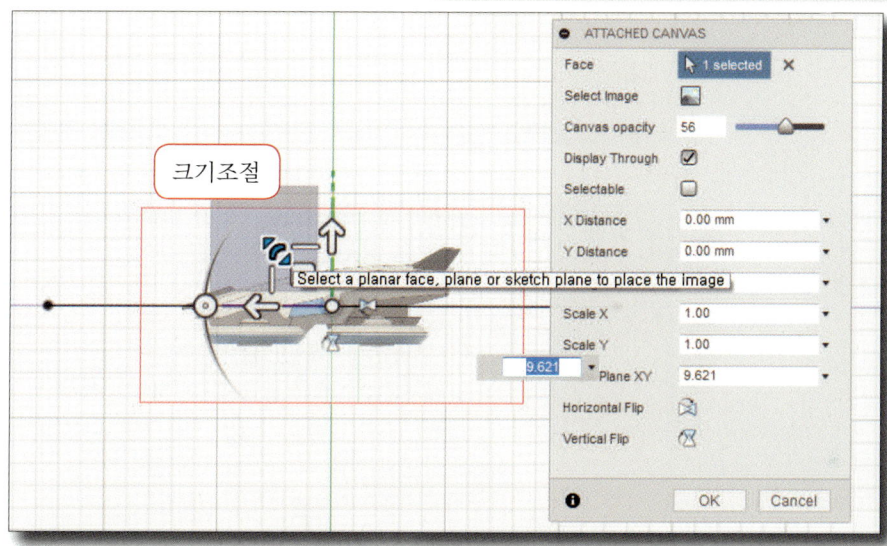

key point 제어 핸들에 대해서

◎제어 핸들이란?
Fusion 360의 모든 객체를 제어할 때 나타나는 핸들입니다.
이동/회전/축척의 기능을 할 수 있습니다.

① **핸들 원점** : 제어 핸들의 원점입니다. 전체 축척을 담당하기도 합니다.
② **이동 핸들** : 선택한 객체를 이동할 수 있는 핸들입니다.
③ **회전 핸들** : 선택한 객체를 회전할 수 있는 핸들입니다.
④ **면 이동 핸들** : 해당 평면 방향으로 문지르듯이 이동할 수 있는 핸들입니다.
⑤ **축척 핸들** : 해당 축 방향이나 평면 방향으로 크기 조절을 합니다.

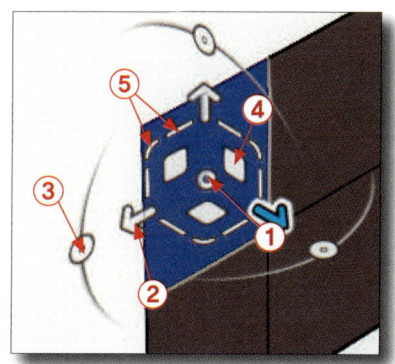

03 부품 모델링

step 3

화면을 회전해서 이미지가 어떻게 배치 되었는지 확인합니다.

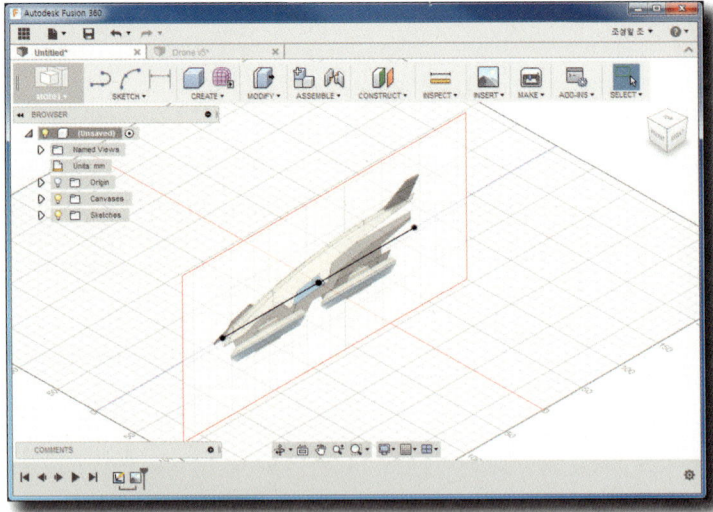

step 4

평면도에 해당하는 이미지도 다음 위치에 맞게 배치합니다.

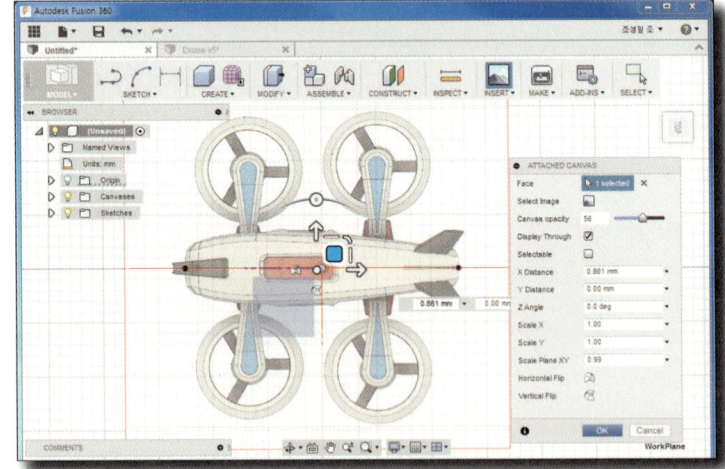

step 5

정면도에 해당하는 이미지도 다음과 같이 배치해서 정면도, 평면도, 우측면도에 해당하는 이미지를 서로 위치와 크기를 맞추어 다음과 같이 배치시킵니다.

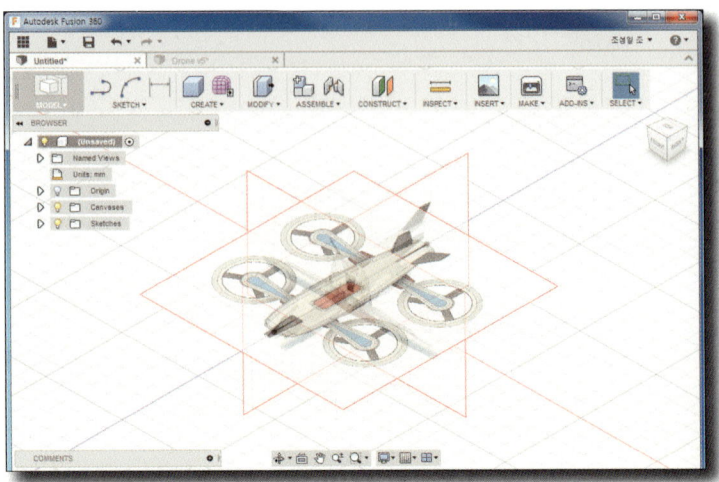

Section01 컨셉 이미지 배치하기

Fusion 360의 단축키를 알아보자

Fusion 360에는 다음과 같이 명령어를 빠르게 실행할 수 있는 단축키가 등록되어 있습니다.

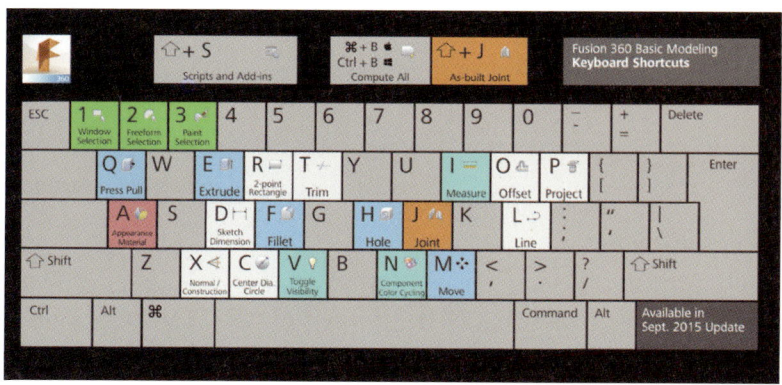

Command(명령어)	Key Combinations(단축키)
Extrude	E
Hole	H
Press Pull	Q
Fillet	F
Move	M
Toggle Visibility	V
Toggle Component Color Cycling	N
Appearance	A
Compute All	Command + B (Mac) or Ctrl + B (Windows)
Joint	J
As-built Joint	Shift + J
Line	L
2-point Rectangle	R
Center Diameter Circle	C
Trim	T
Offset	O
Measure	I
Project	P
Normal / Construction	X
Sketch Dimension	D
Scripts and Add-ins	Shift + S
Window Selection	1
Freeform Selection	2
Paint Selection	3

03 부품 모델링

Section 02 솔리드 모델링

이번 섹션에서는 Fusion 360의 솔리드 모델링 명령어를 이용해 모델링을 시작해 보도록 하겠습니다.

솔리드 모델링 명령 알아보기

Autodesk Fusion 360

솔리드 모델링에는 다음과 같은 명령어들이 있습니다.

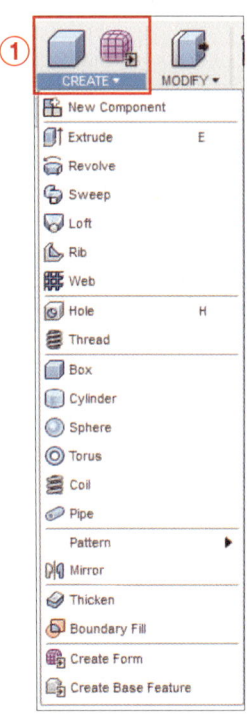
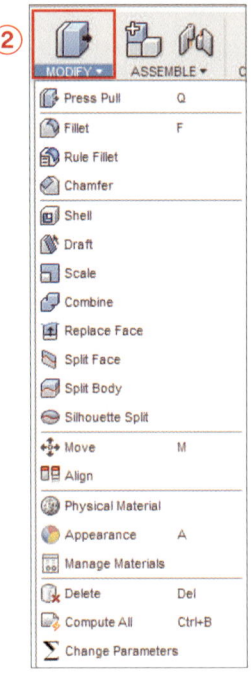
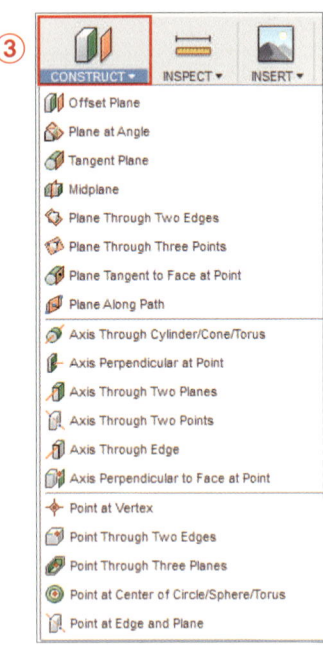

❶ **CREATE(작성)** : 형상을 작성합니다.

❷ **MODIFY(편집)** : 형상을 편집합니다.

❸ **CONSTRUCT(작업 피처)** : 모델링 작성에 참조가 되는 평면, 축, 점을 작성합니다.

01 CREATE(작성) 명령

작성 명령에는 다음과 같은 것들이 있습니다.

① **New Component(새 부품)** : 새로운 부품을 작성합니다.

② **Extrude(돌출)** : 스케치 프로파일을 한 방향으로 밀어내 형상을 작성합니다.

③ **Revolve(회전)** : 프로파일이 선택한 축을 중심으로 회전시키는 형상을 작성합니다.

④ **Sweep(스윕)** : 프로파일이 경로를 따라가는 형상을 작성합니다.

⑤ **Loft(로프트)** : 두 개 이상의 프로파일을 연결하는 형상을 작성합니다.

⑥ **Rib(보강대)** : 보강대 형상을 작성합니다.

⑦ **Web(망)** : 스케치 프로파일 선을 이용해서 일정한 두께를 가지는 망을 작성합니다.

⑧ **Hole(구멍)** : 스케치 점이나 형상을 참조해 구멍 피처를 작성합니다.

⑨ **Thread(스레드)** : 원통면에 스레드를 작성합니다.

⑩ **Box(상자)** : 상자 모양의 솔리드를 작성합니다.

⑪ **Cylinder(원통)** : 원통 모양의 솔리드를 작성합니다.

⑫ **Sphere(구)** : 공 모양의 솔리드를 작성합니다.

⑬ **Torus(도넛)** : 도넛 모양의 솔리드를 작성합니다.

⑭ **Coil(코일)** : 나선형 코일 모양의 솔리드를 작성합니다.

⑮ **Pipe(파이프)** : 파이프 모양의 솔리드를 작성합니다.

⑯ **Pattern(패턴)** : 직사각형/원형/곡선 패턴 피처를 작성합니다.

⑰ **Mirror(대칭)** : 선택한 피처/솔리드 객체를 기준 평면에 대칭되게 복사합니다.

⑱ **Thicken(두껍게)** : 부품의 면이나 곡면에 두께를 주는 형태를 작성합니다.

⑲ **Boundary Fill(조각)** : 솔리드/곡면 요소들로 밀폐된 공간에 독립된 솔리드 덩어리를 생성합니다.

⑳ **Create Form(폼 생성)** : 자유형 모델링 작성 환경으로 변환합니다.

㉑ **Create Base Feature(기본 피처 작성)** : 기본 피처를 그룹 항목으로 작성합니다.

03 부품 모델링

02 MODIFY(수정) 명령

수정 명령에는 다음과 같은 것들이 있습니다.

❶ **Press Pull(밀고 당기기)** : 솔리드에 포함된 면을 밀거나 당깁니다.

❷ **Fillet(모깎기)** : 솔리드의 모서리에 모깎기를 작성합니다.

❸ **Rule Fillet(규칙 모깎기)** : 솔리드의 면에 규칙 모깎기를 작성합니다.

❹ **Chamfer(모따기)** : 솔리드의 모서리에 모따기를 작성합니다.

❺ **Shell(쉘)** : 솔리드의 내부 재질을 제거하여 입력한 두께의 벽으로 속이 빈 형태를 작성합니다.

❻ **Draft(기울기)** : 선택한 면에 기울기를 줍니다.

❼ **Scale(축척)** : 작성한 형상의 축척을 변경합니다.

❽ **Combine(합치기)** : 두 개 이상의 솔리드를 이용해 합집합/차집합/교집합 형상을 작성합니다.

❾ **Replace Face(면 대체)** : 작성된 솔리드 면을 다른 면으로 대체합니다.

❿ **Split Face(면 분할)** : 면을 분할합니다.

⓫ **Split Body(바디 분할)** : 바디를 분할합니다.

⓬ **Silhouette Split(실루엣 분할)** : 평면을 이용해 분할합니다.

⓭ **Move(이동)** : 작성한 형상을 이동하거나 회전합니다.

⓮ **Align(정렬)** : 작성된 스케치, 바디, 부품을 다른 요소 포인트를 인식하여 이동합니다.

⓯ **Physical Material(물리적 재질)** : 작성된 형상에 재질을 부여합니다.

⓰ **Apperance(색상)** : 작성된 형상에 색상을 부여합니다.

⓱ **Manage Materials(재질 관리)** : Material Browser를 표시해 재질을 작성/편집/삭제합니다.

⓲ **Delete(삭제)** : 작성된 스케치/면/피처/바디/부품을 삭제합니다.

⓳ **Compute All(재생성)** : 현재 작업한 객체를 재생성합니다.

⓴ **Change Parameters(매개변수 편집)** : 매개변수 편집창을 표시해 매개변수들을 관리합니다.

03 CONSTRUCT(작업 피처) 명령

작업 피처 명령에는 다음과 같은 것들이 있습니다.

❶ **Offset Plane** : 평면에서 간격띄우기

❷ **Plane at Angle** : 모서리를 중심으로 평면에 대한 각도

❸ **Tangent Plane** : 곡면에 접하는 평면

❹ **Midplane** : 두 평면 사이의 중간 평면

❺ **Plane Through Two Edges** : 두 개의 동일평면상 모서리를 이어주는 평면

❻ **Plane Through Three Points** : 세 개의 점을 지나는 평면

❼ **Plane Tangent to Face at Point** : 점을 통과하여 곡면에 접하는 평면

❽ **Plane Along Path** : 점에서 곡선에 수직하는 평면

❾ **Axis Through Cylinder/Cone/Torus** : 원통/원뿔/도넛 형상의 중심을 지나는 축

❿ **Axis Perpendicular at Point** : 점을 통과하여 평면에 수직하는 축

⓫ **Axis Through Two Planes** : 두 평면을 교차하는 축

⓬ **Axis Through Two Points** : 두 점을 지나는 축

⓭ **Axis Through Edge** : 모서리를 지나는 축

⓮ **Axis Perpendicular to Face at Point** : 면 위에 위치한 점에 수직하는 축

⓯ **Point at Vertex** : 스케치 점 위에 작성되는 점

⓰ **Point Through Two Edges** : 두 개의 모서리의 교차지점에 작성되는 점

⓱ **Point Through Three Planes** : 세 개의 평면이 교차하는 지점에 작성되는 점

⓲ **Point at Center of Circle/Sphere/Torus** : 원/구/도넛의 중심에 작성되는 점

⓳ **Point at Edge and Plane** : 모서리를 지나면서 평면에 접하는 점

03 부품 모델링

베이스 피처 작성하기   Autodesk Fusion 360

드론의 전체적인 모양을 잡기 위해서 대략적인 형상을 작성합니다.

step 1

다음 과정을 통해 우측면도에 스케치를 작성합니다.

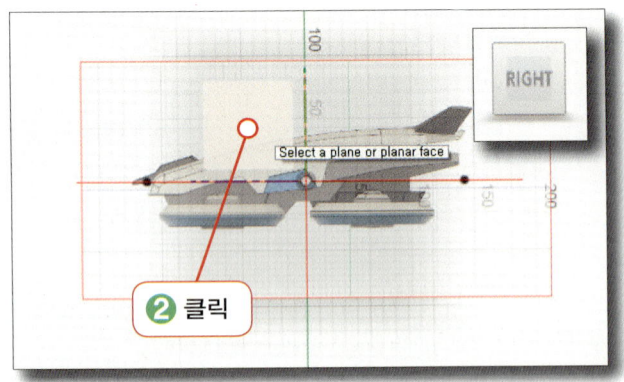

step 2

Line(선) 명령을 이용해서 다음과 같이 스케치를 작성합니다.

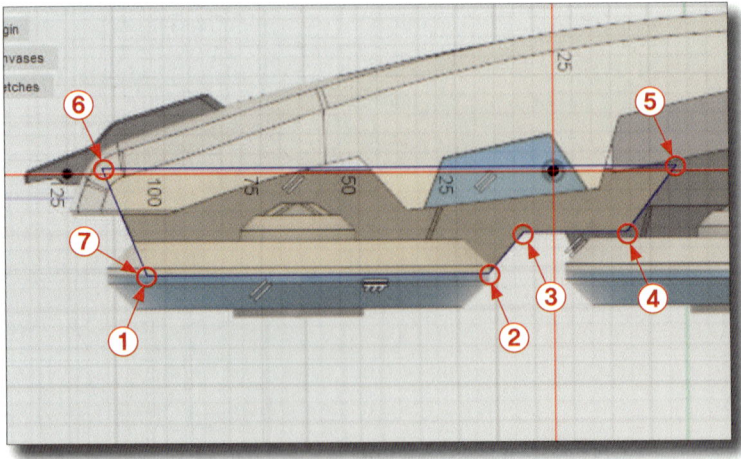

78

Section02 슬리드 모델링

step 3

Extrude(돌출) 명령으로 다음과 같이 형상을 작성합니다.

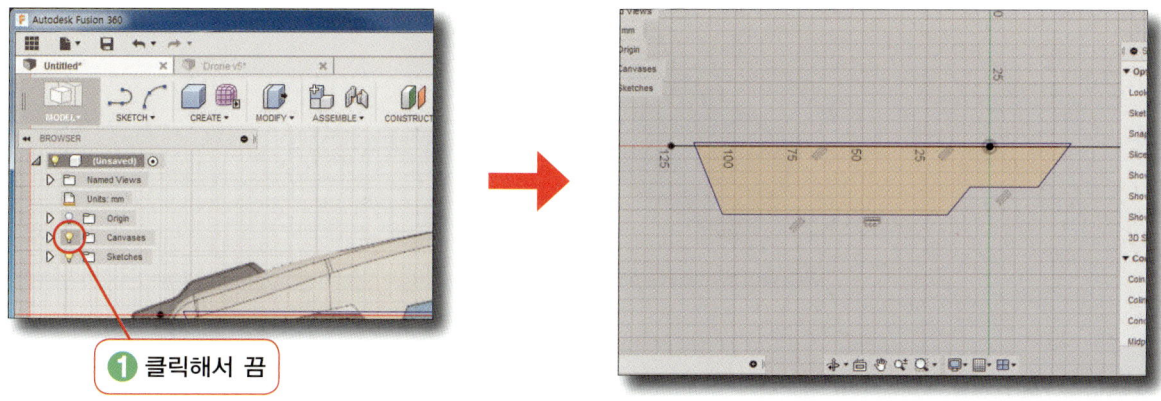

❶ 클릭해서 끔

> **Tips**
> 스케치 영역에서 폐곡선 영역이 되면 프로파일이 되므로 자동으로 색상영역으로 표시됩니다.

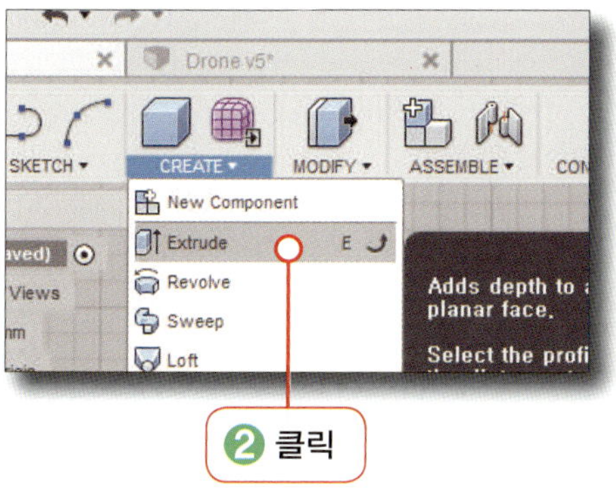

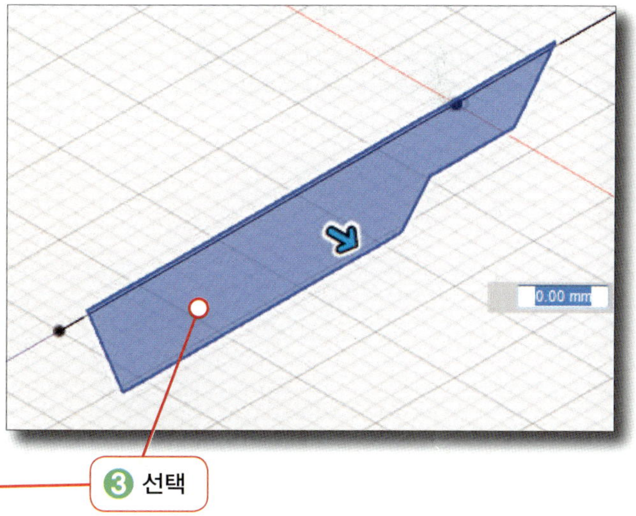

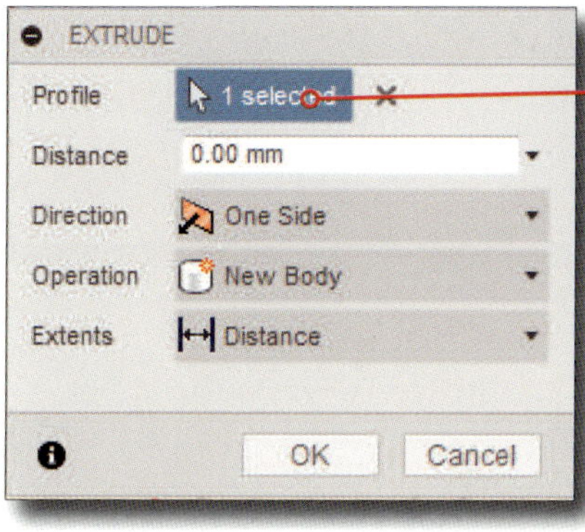

❷ 클릭

❸ 선택

> **Tips**
> Extrude(돌출) 명령은 시작과 동시에 Profile(프로파일)을 선택할 수 있는 상태가 되어 있습니다.

03 부품 모델링

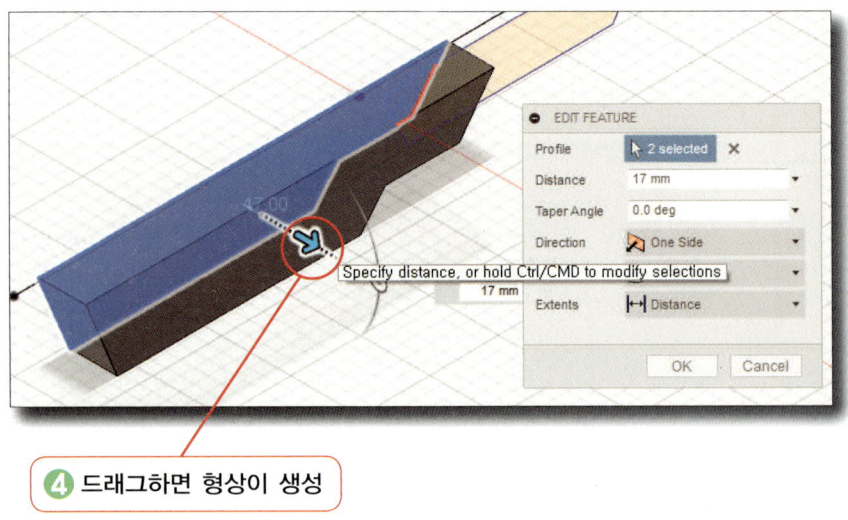

❹ 드래그하면 형상이 생성

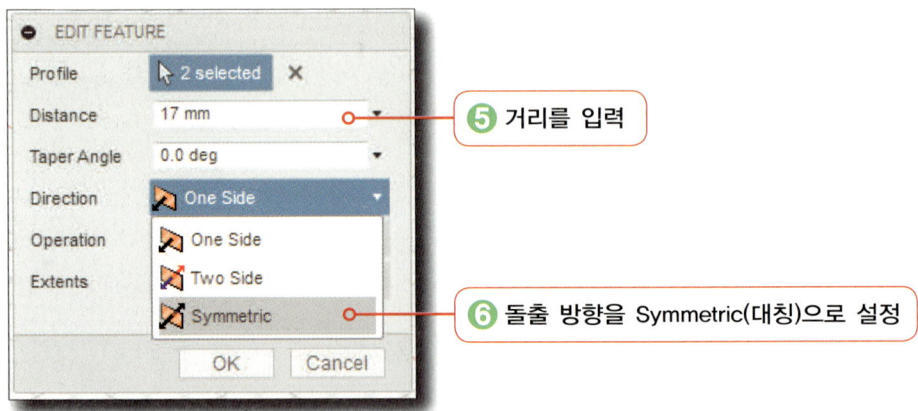

❺ 거리를 입력

❻ 돌출 방향을 Symmetric(대칭)으로 설정

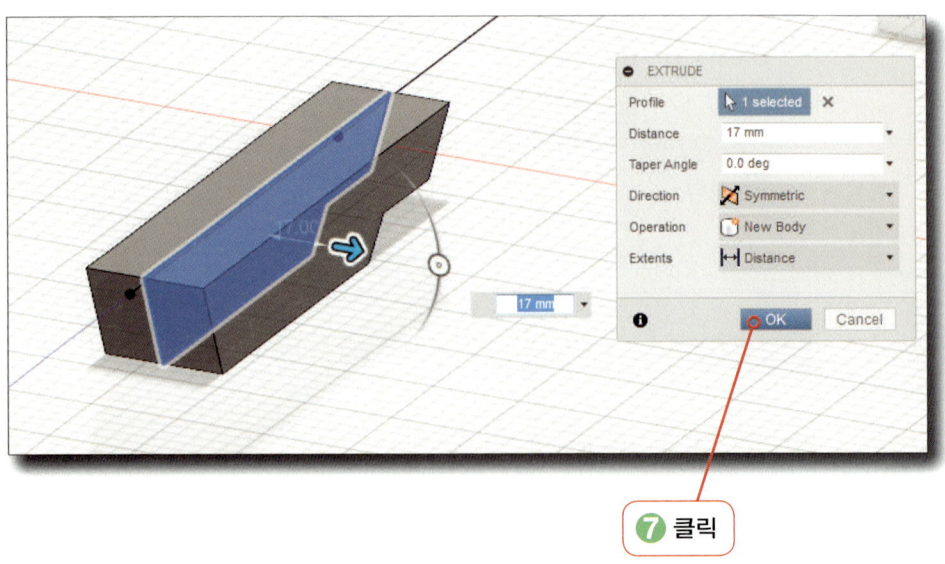

❼ 클릭

 Extrude(돌출) 명령에 대해서 알아보자

1. Extrude(돌출) 명령에 대한 이해

Extrude(돌출) 명령이란 프로파일을 일정 방향으로 밀어내서 작성하는 형상을 뜻합니다. 주로 작성된 프로파일 평면에 직각되는 방향으로 밀어내게 됩니다.

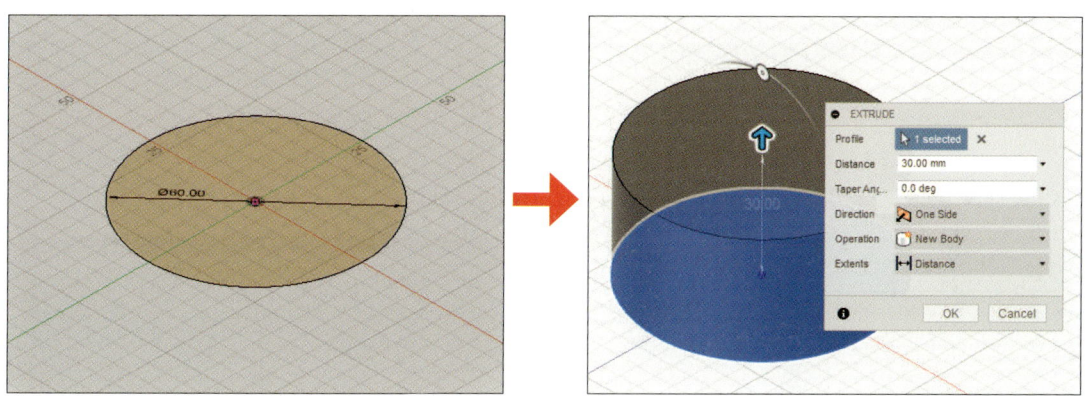

2. Extrude(돌출) 명령창

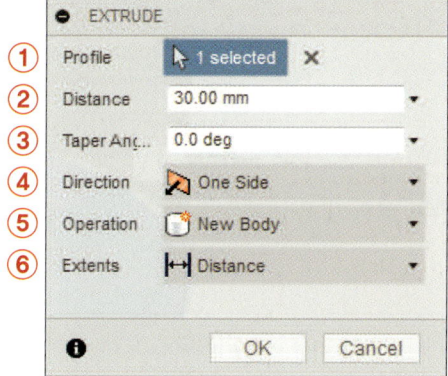

❶ **Profile(프로파일)** : 돌출의 영역을 선택합니다. 다중 선택도 가능합니다.

❷ **Distance(거리)** : 돌출로 생성되는 높이를 지정합니다.

❸ **Taper Angle(구배 각도)** : 돌출 방향에 대한 구배 각도를 지정합니다.

❹ **Direction(방향)** : 돌출 방향을 지정합니다.

❺ **Operation(생성)** : 바디간의 합집합/차집합/교집합 옵션을 설정합니다.

❻ **Extents(한계)** : 돌출 형상이 끝나는 지점을 설정합니다.

03
부품 모델링

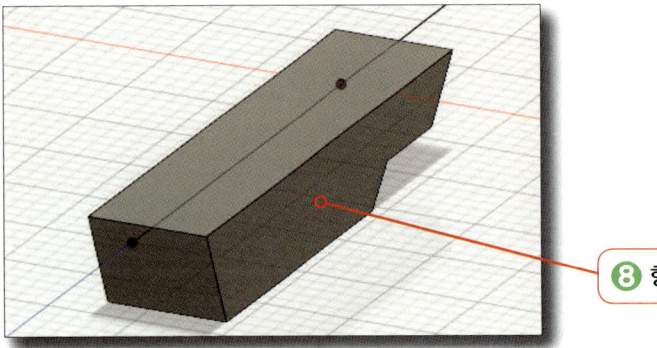

❽ 형상 작성 완료

step 4

정면도 방향에서 컨셉 이미지와 작성된 형상의 크기를 비교해봅니다.

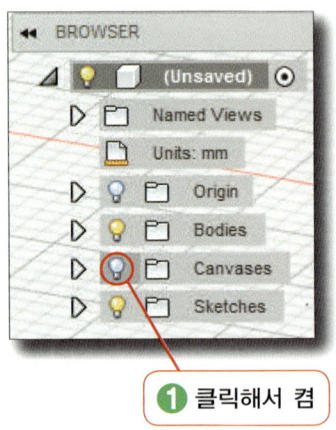

❶ 클릭해서 켬

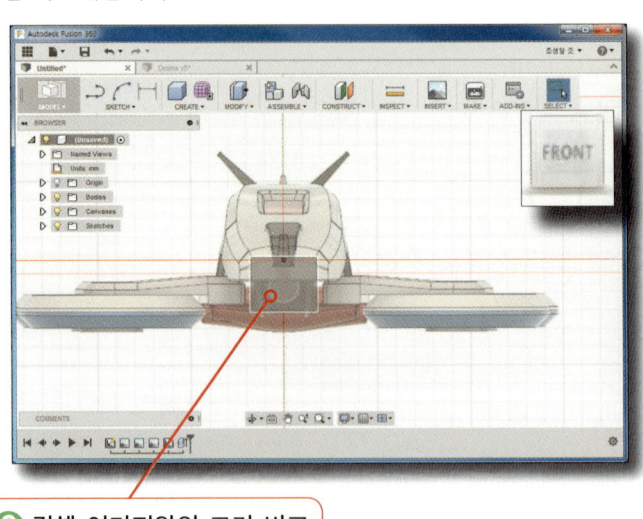

❷ 컨셉 이미지와의 크기 비교

---

key point 전구 버튼에 대해서

Fusion 360에서 작성한 목록은 좌측의 브라우저 메뉴에 등록되게 됩니다. 이 요소들은 옆에 붙어있는 전구 아이콘을 클릭하면 보기/숨김 상태로 전환할 수 있어 상당히 간편하게 모든 요소들의 보기/숨김 상태를 바꿀 수 있습니다.

보기 상태

숨김 상태

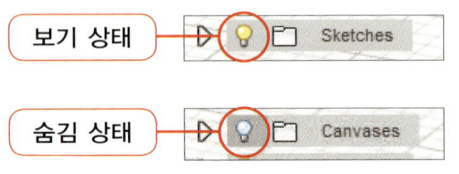

step 5

이전 Extrude(돌출) 피처를 작성하는 데 썼던 스케치를 편집합니다.

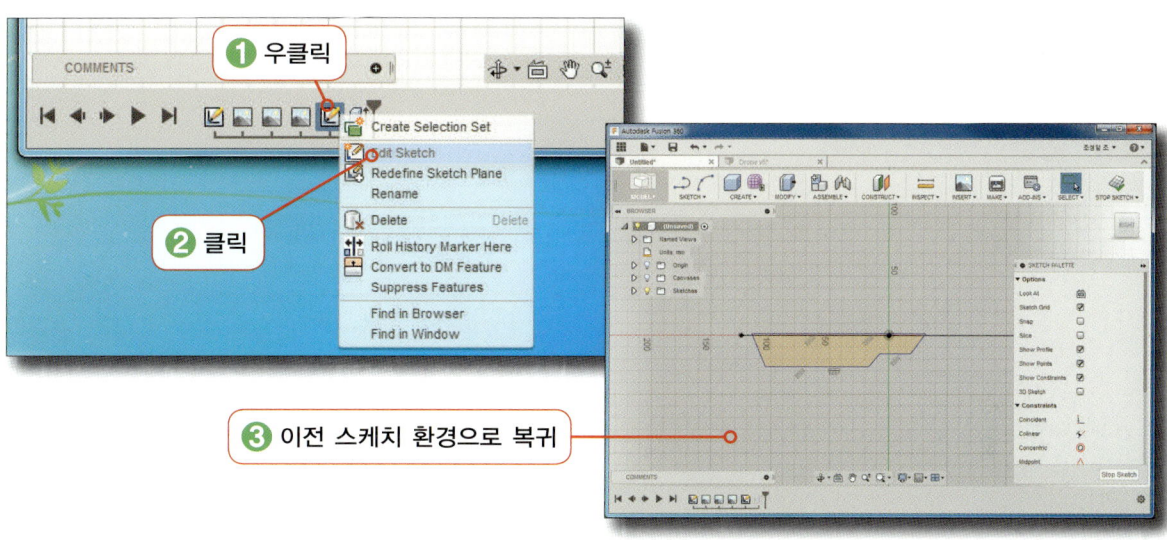

① 우클릭
② 클릭
③ 이전 스케치 환경으로 복귀

key point : 퀵 메뉴에 대해서

퀵 메뉴란 여러가지 상황에서 마우스 우측 버튼을 클릭했을 때 표시되는 메뉴입니다.

01 일반 상태에서의 퀵 메뉴

일반 상태에서 마우스 우측 버튼을 클릭하면 다음과 같이 자주 쓰는 명령어 일람과 전체 메뉴의 바로가기가 표시됩니다.

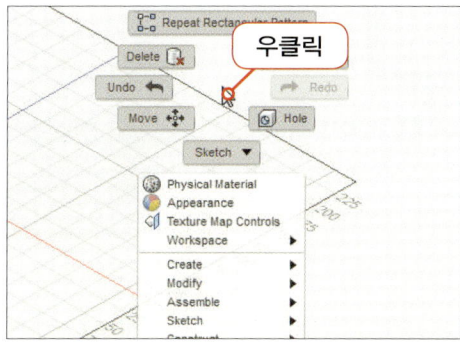

우클릭

02 특정 객체를 선택했을때의 퀵 메뉴

특정 객체를 선택한 후 마우스 우측 버튼을 클릭하면 해당 객체를 이용해서 할 수 있는 명령어가 나열됩니다.

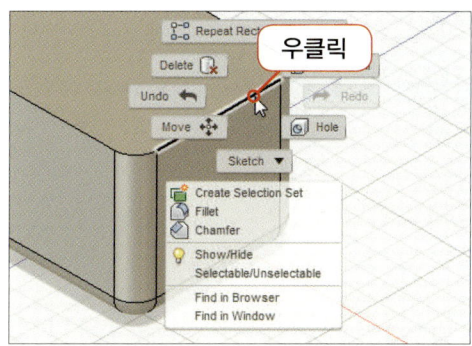

우클릭

03

부품 모델링

step 6

Line(선) 명령으로 추가 프로파일을 작성합니다.

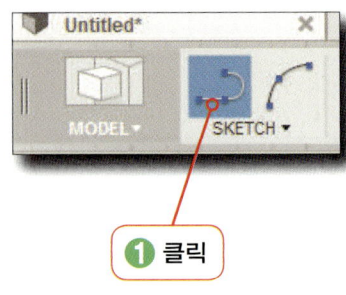

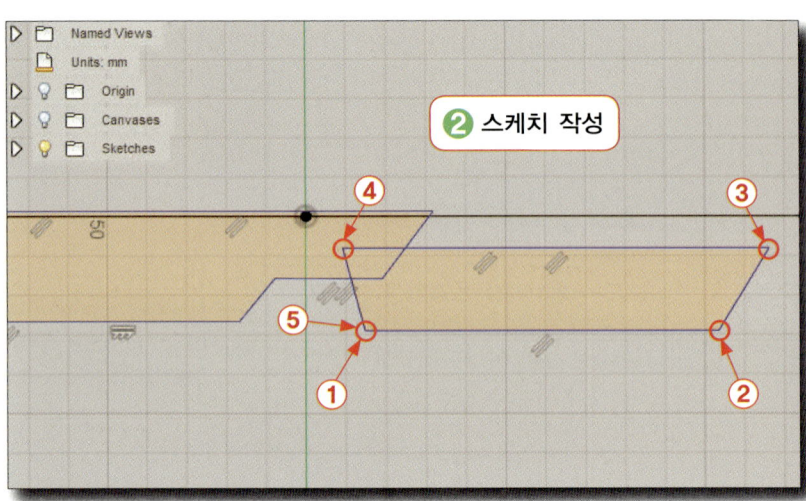

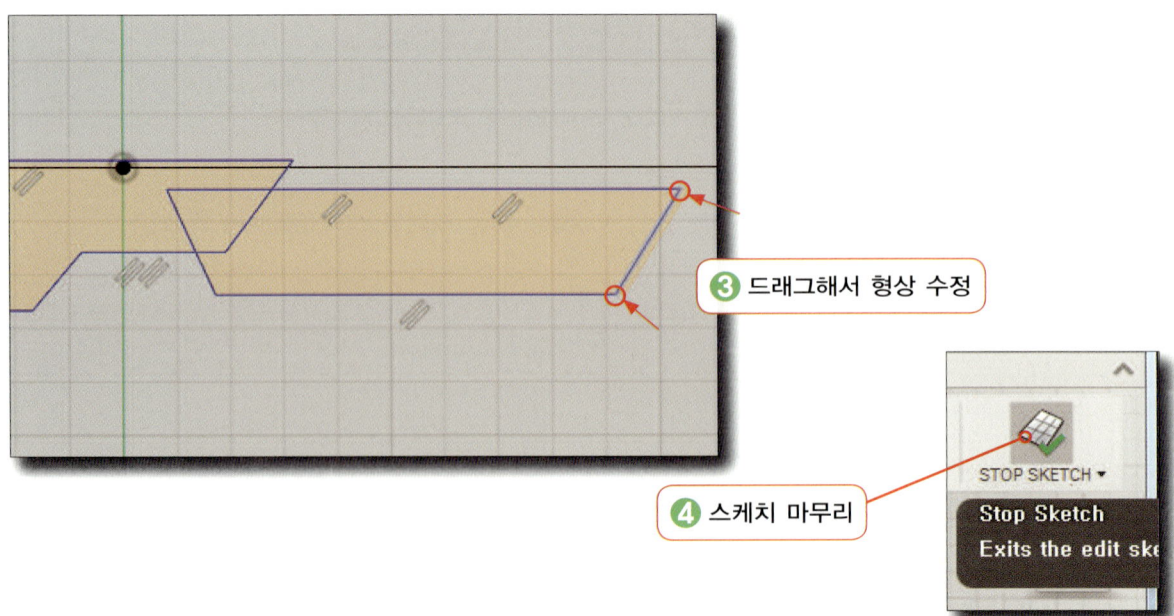

Tips
최초로 스케치 작성시와는 달리 스케치를 편집한 후에 종료하려면 Stop Sketch(스케치 종료) 버튼을 클릭합니다.

84

Section02 솔리드 모델링

⑤ 클릭해서 켬

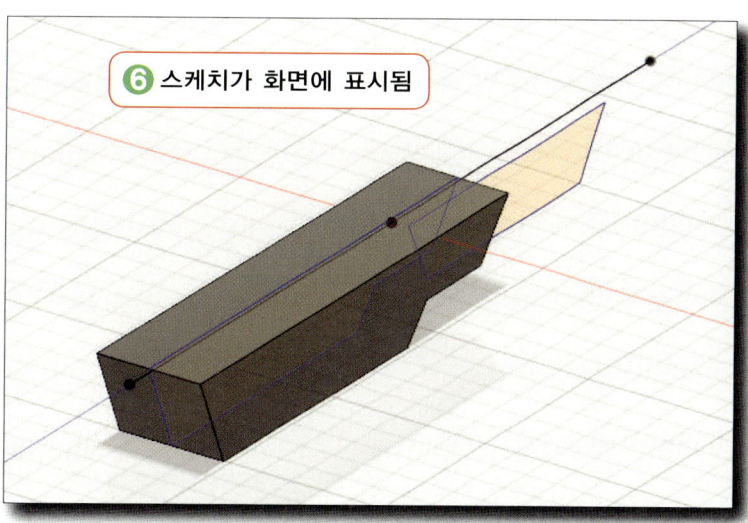

⑥ 스케치가 화면에 표시됨

| Tips |
브라우저 항목의 객체들은 해당 항목의 이름을 두 번 클릭하면 수정할 수 있습니다.

step 7

Extrude(돌출) 명령으로 두 번째 피처를 작성합니다.

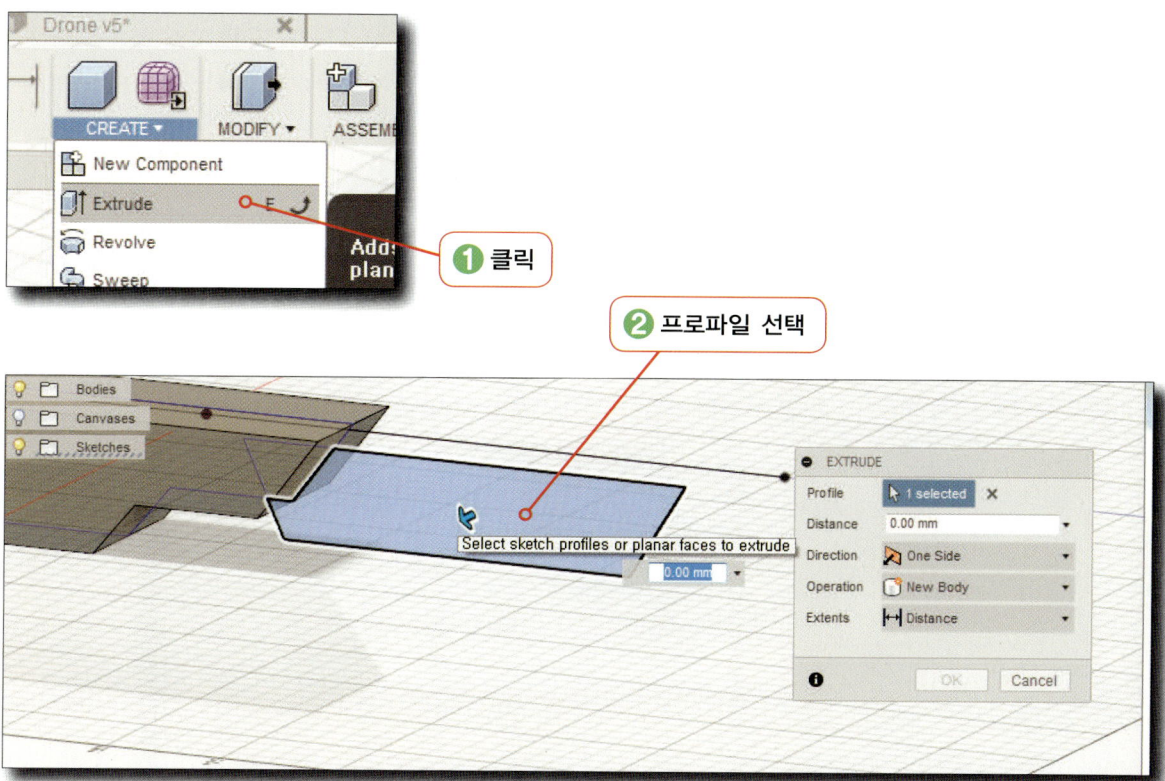

① 클릭

② 프로파일 선택

85

03 부품 모델링

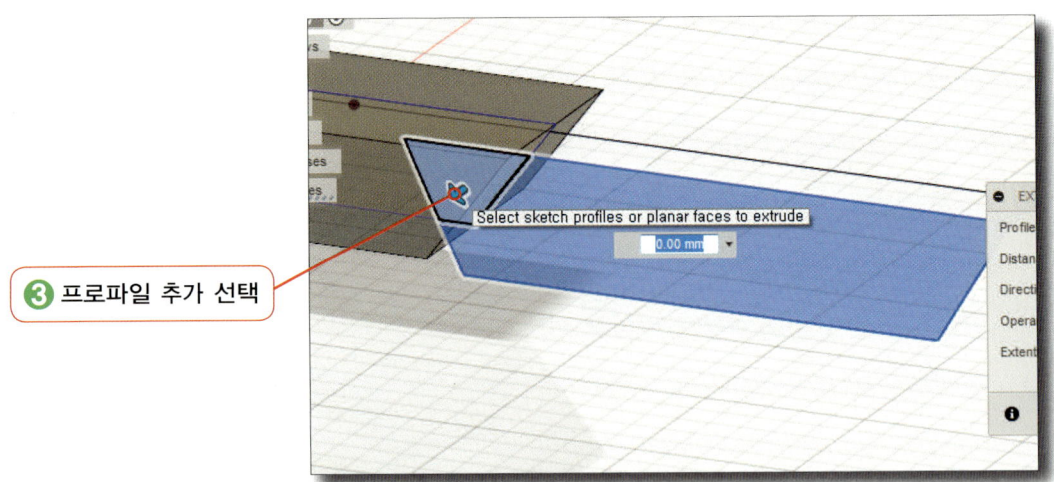

❸ 프로파일 추가 선택

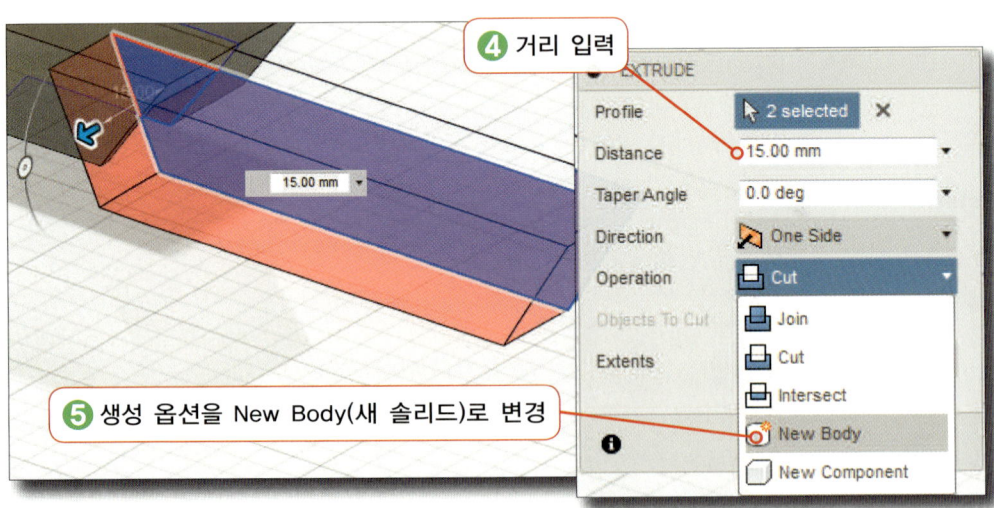

❹ 거리 입력

❺ 생성 옵션을 New Body(새 솔리드)로 변경

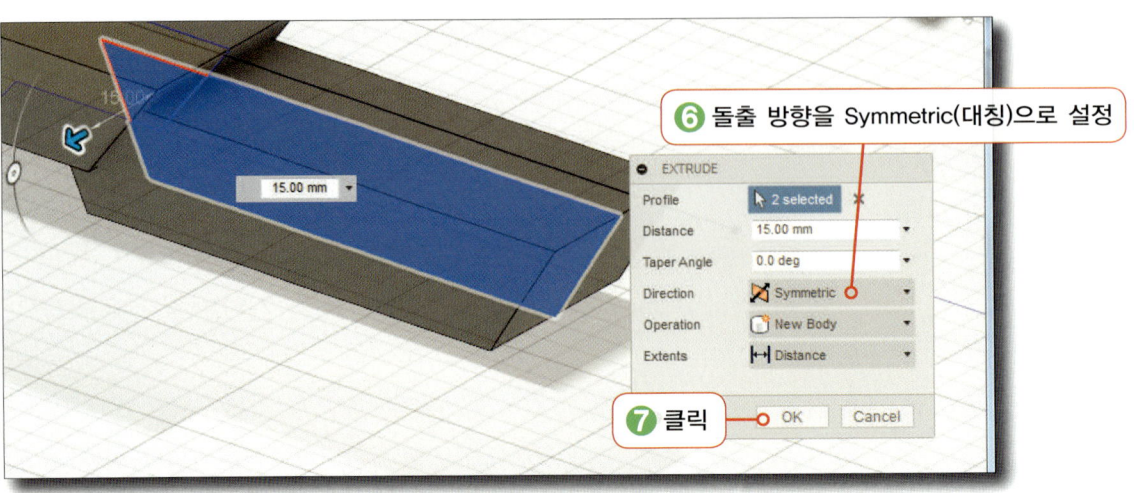

❻ 돌출 방향을 Symmetric(대칭)으로 설정

❼ 클릭

Section02 솔리드 모델링

 Operation(생성) 옵션의 종류

피처 명령으로 새로운 형상이 작성될 때 그 형상의 생성 상태를 정의하는 옵션입니다. 이 옵션은 피처 명령으로 새로운 형상이 작성되는 명령어에 일괄적으로 포함되어 있습니다.

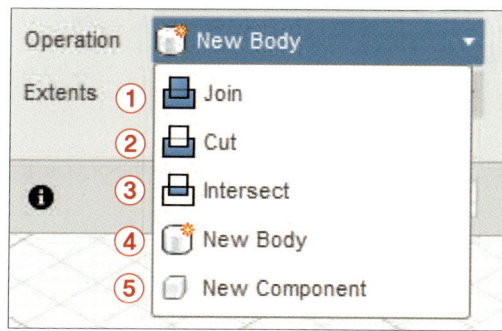

❶ **Join(조인)** : 합집합
❷ **Cut(컷)** : 차집합
❸ **Intersect(인터섹트)** : 교집합
❹ **New Body(뉴 솔리드)** : 새 솔리드
❺ **New Component(뉴 컴퍼넌트)** : 새 부품

01 Join(조인)

이미 작성된 솔리드와 한 덩어리가 된다.

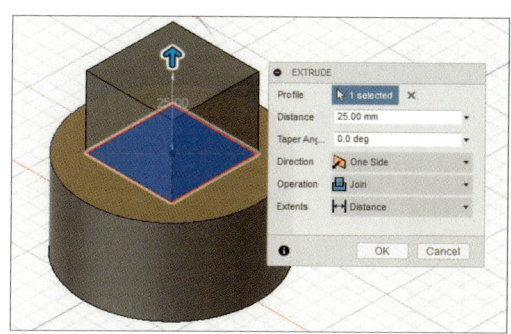

02 Cut(컷)

이미 작성된 솔리드와 겹치는 구간이 삭제된다.

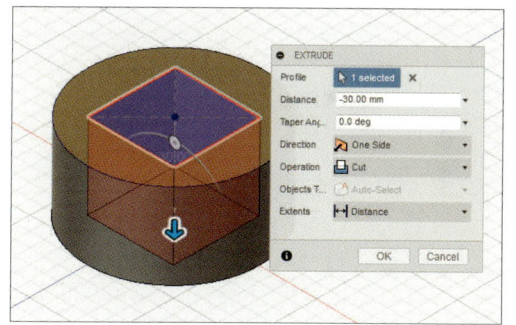

03 Intersect(인터섹트)

이미 작성된 솔리드와 겹치는 구간만 남는다.

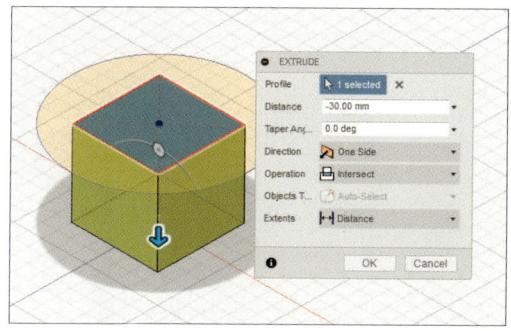

04 New Body(뉴 솔리드)

새로운 덩어리로 작성된다.

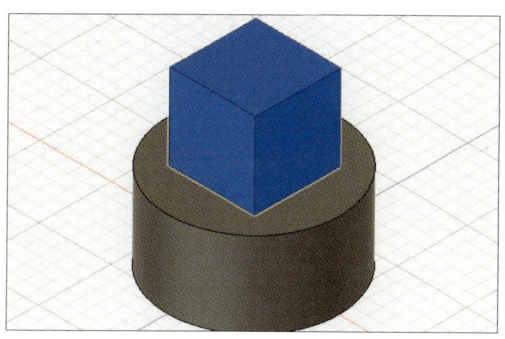

03 부품 모델링

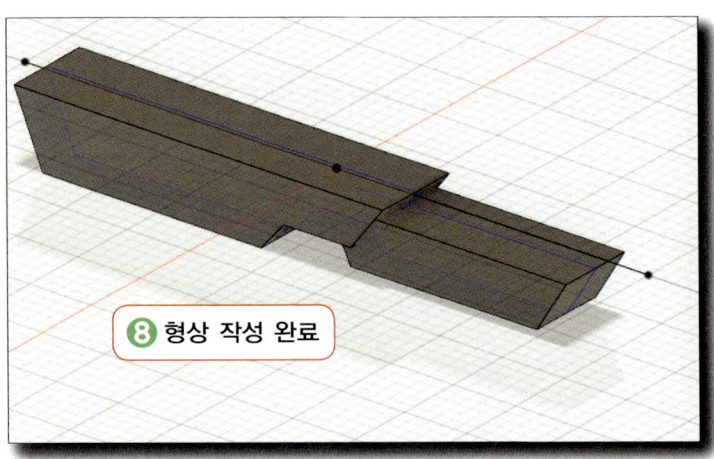

❽ 형상 작성 완료

step 8

위와 같은 방법으로 세 번째 피처를 작성합니다.

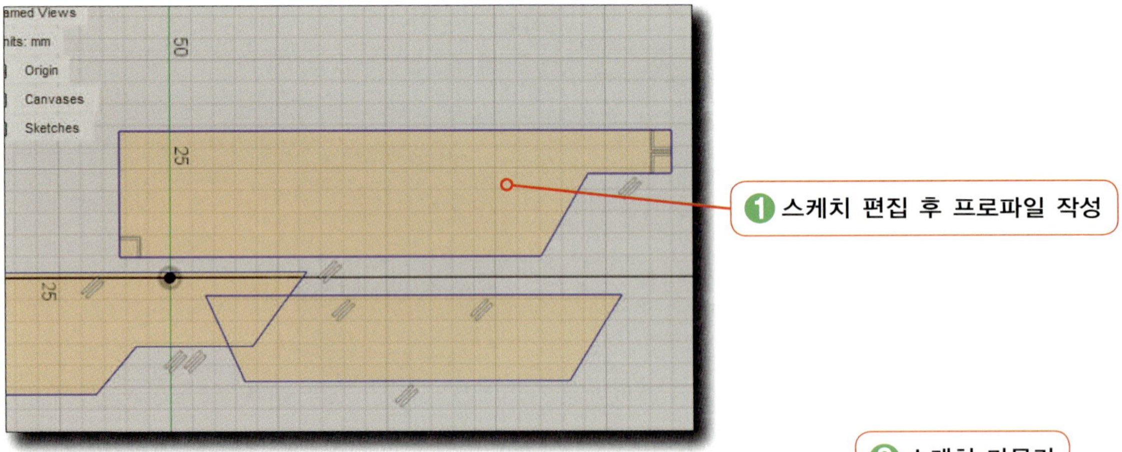

❶ 스케치 편집 후 프로파일 작성

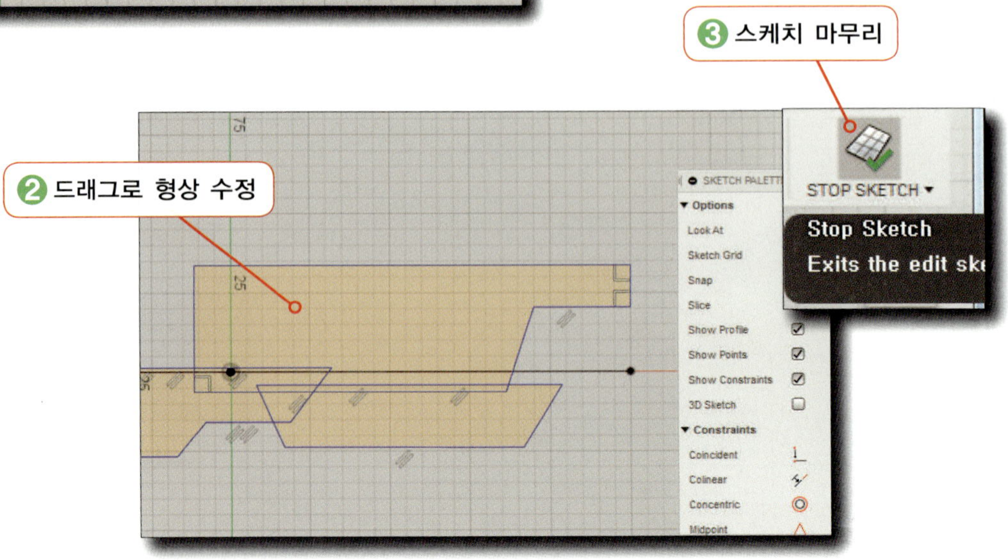

❷ 드래그로 형상 수정

❸ 스케치 마무리

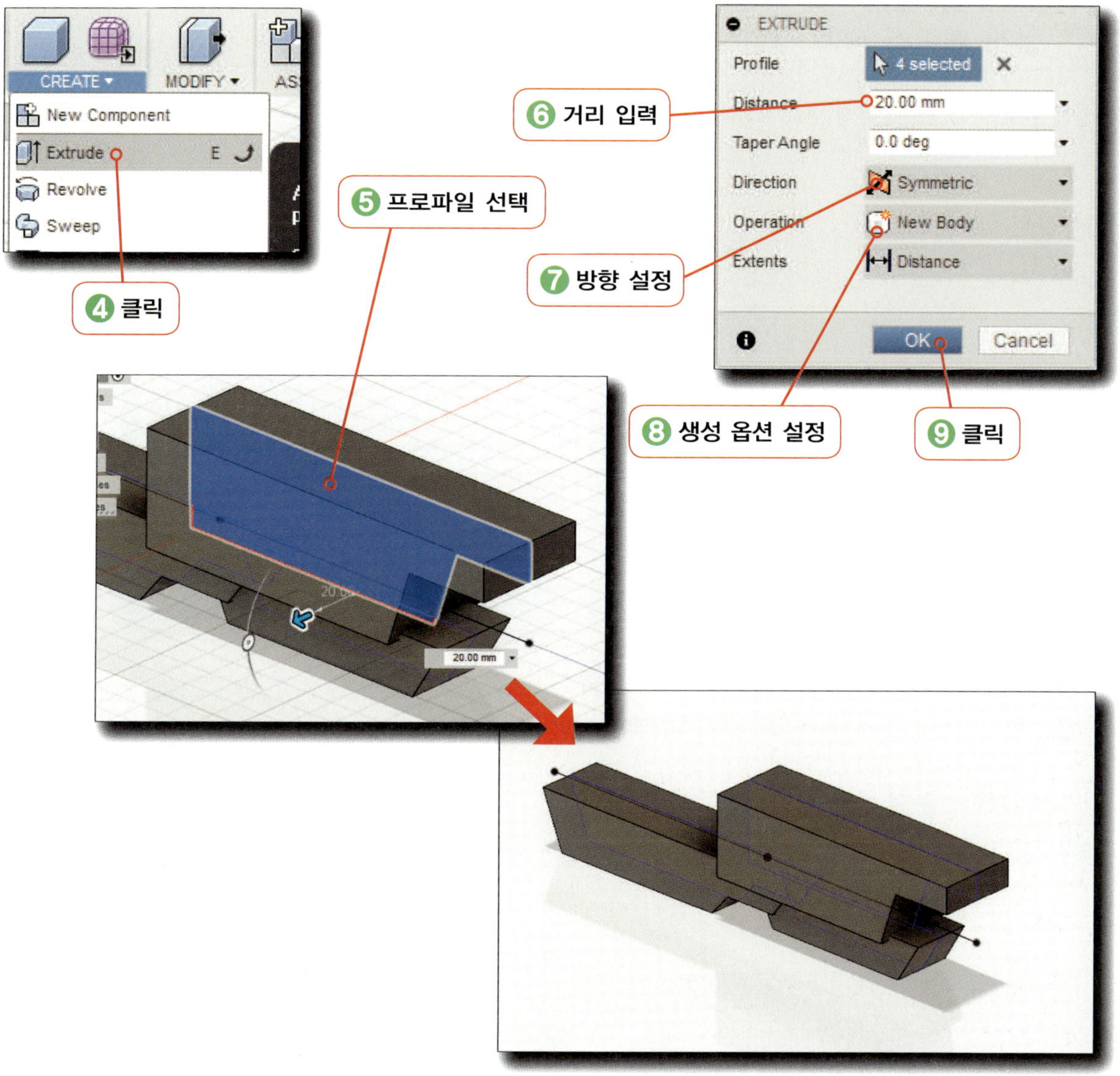
CREATE
MODIFY
New Component
Extrude E
Revolve
Sweep
④ 클릭
⑤ 프로파일 선택
⑥ 거리 입력
⑦ 방향 설정
⑧ 생성 옵션 설정
⑨ 클릭
EXTRUDE
Profile 4 selected
Distance 20.00 mm
Taper Angle 0.0 deg
Direction Symmetric
Operation New Body
Extents Distance
OK Cancel
20.00 mm

BROWSER
(Unsaved)
Named Views
Units: mm
Origin
Bodies
Canvases
Sketches
Sketch1
Sketch2
⑩ 클릭해서 끔

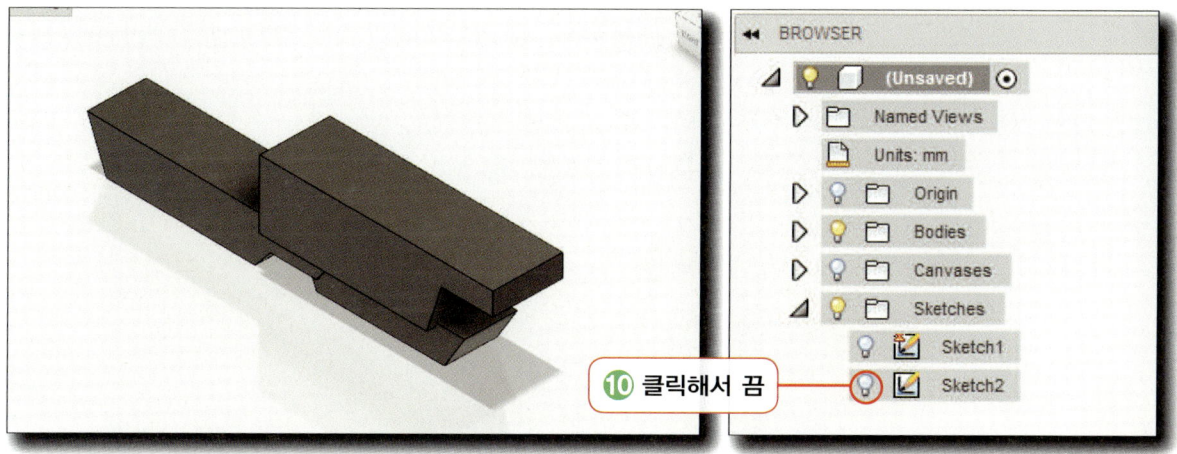

03

부품 모델링

날개 베이스 피처 작성하기
Autodesk Fusion 360

날개 형상의 피처를 작성해 보도록 하겠습니다.

step 1

다음과 같은 순서로 스케치를 작성합니다.

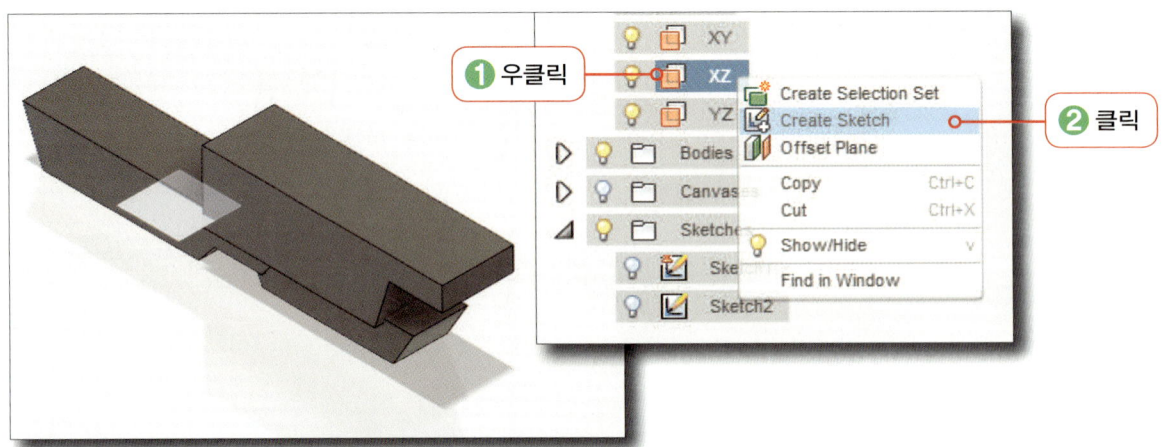

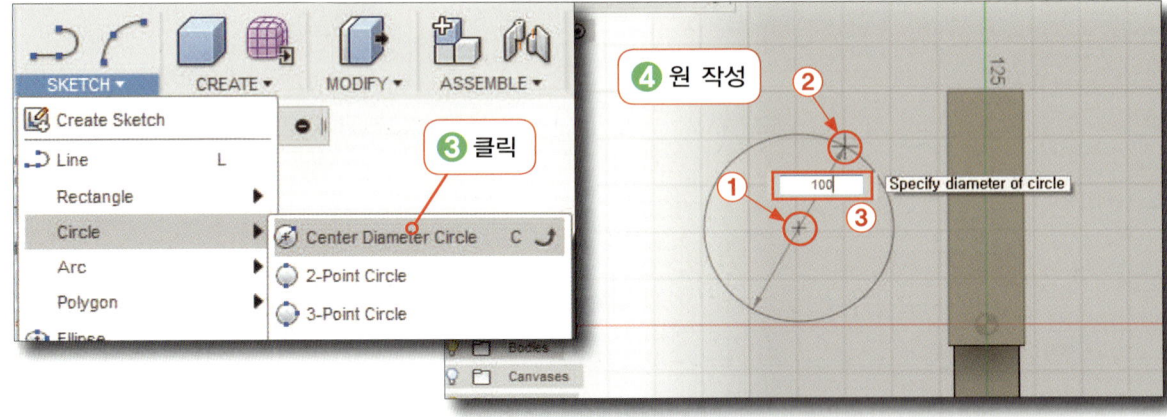

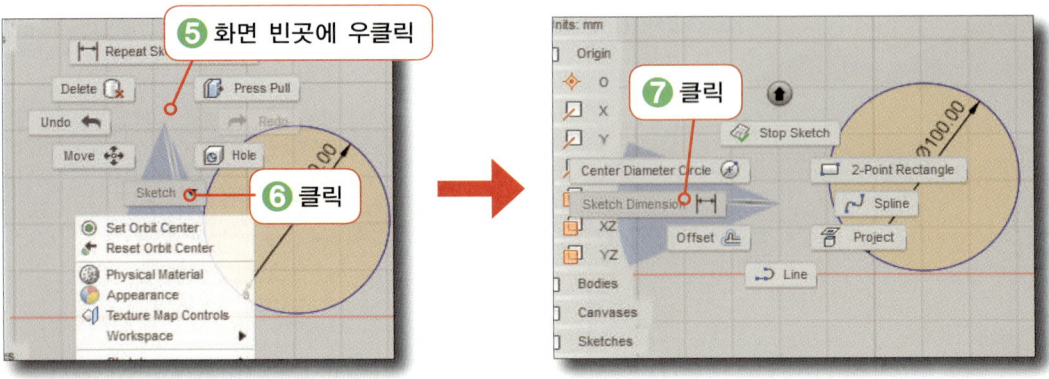

Section02 솔리드 모델링

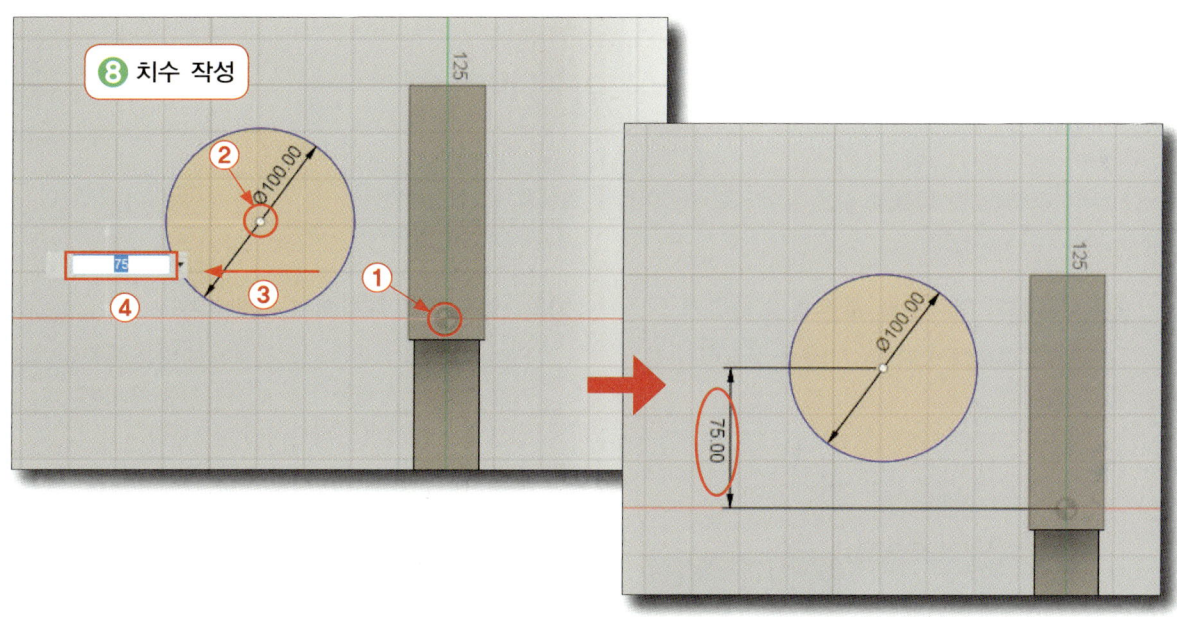

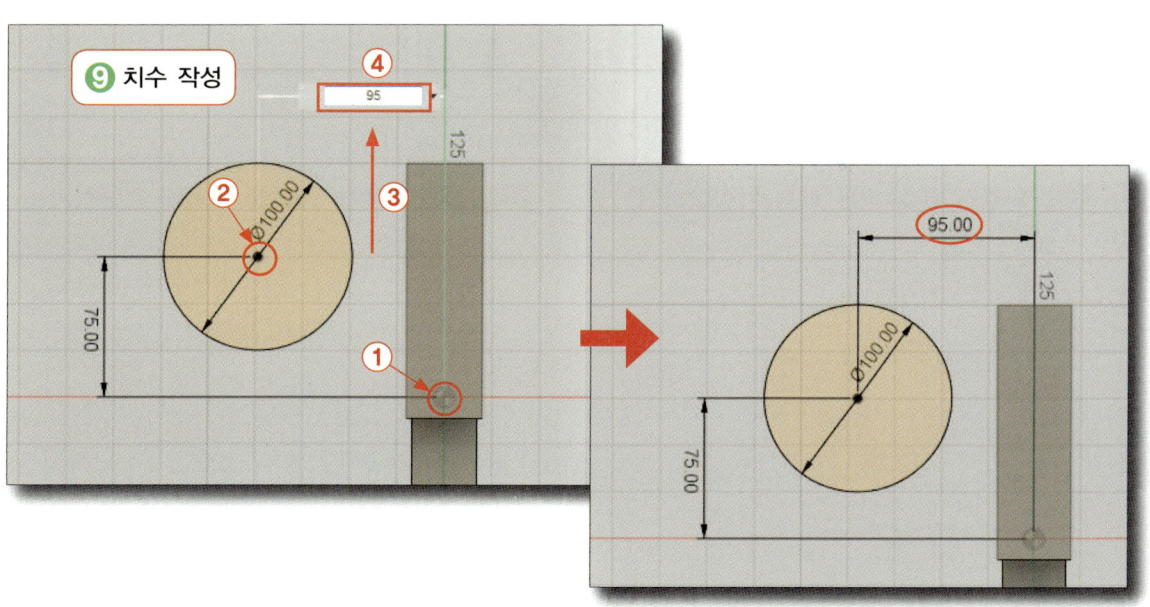

> **Tips**
> 치수 명령으로 두 점을 찍은 후, 수평 방향으로 움직이면 수직 치수를, 수직 방향으로 움직이면 수평 치수를 작성할 수 있습니다.

03 부품 모델링

key point 명령어를 실행하는 네 가지 방법

Fusion 360에서는 다음과 같은 방식으로 명령어들을 실행할 수 있습니다.

01 명령어 아이콘을 클릭해 실행하기

아이콘 툴바에서 직접 아이콘을 클릭해서 실행합니다.

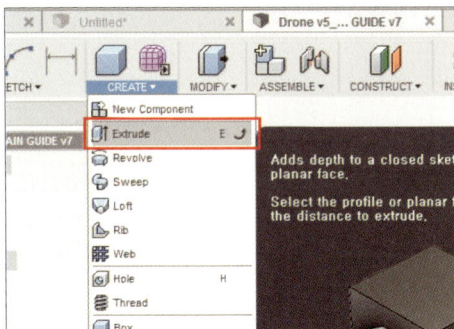

02 단축키를 클릭해서 실행하기

Fusion 360에 기본적으로 등록되어 있는 단축키를 눌러서 실행합니다. 단축키가 등록되어 있지 않은 명령어는 해당하지 않습니다.

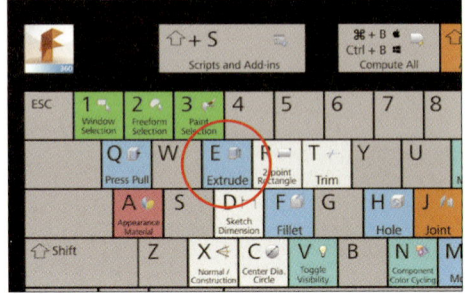

03 마우스 우측 버튼 메뉴로 실행하기

마우스 우측 버튼 메뉴로 팝업 트리에서 직접 명령어를 클릭합니다.

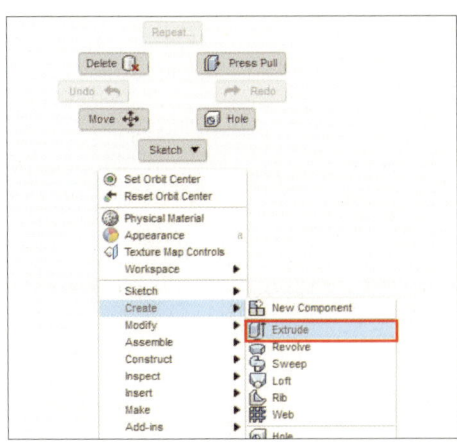

04 상황에 맞는 객체를 선택해 실행하기

어떠한 객체를 선택한 후, 마우스 우측 버튼을 클릭했을 때 나타나는 실행 명령을 클릭합니다.

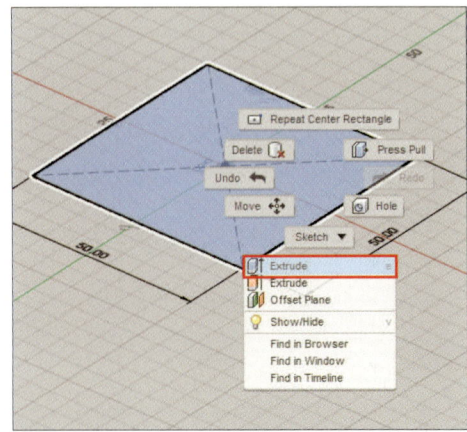

Section02 솔리드 모델링

step 2

Offset(간격 띄우기) 명령으로 다음과 같이 작성합니다.

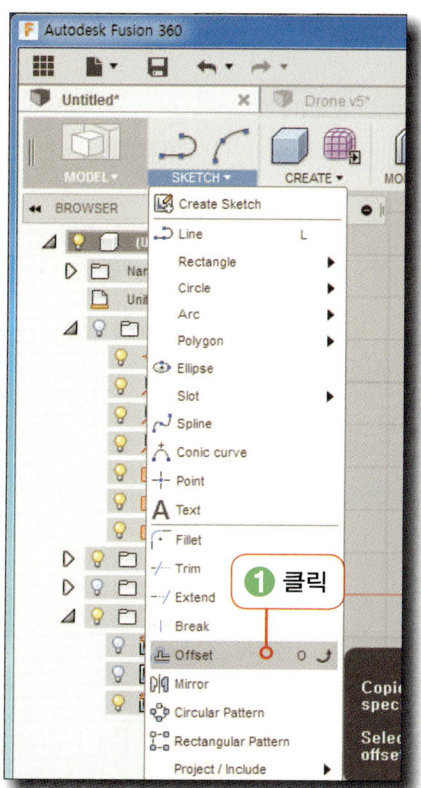

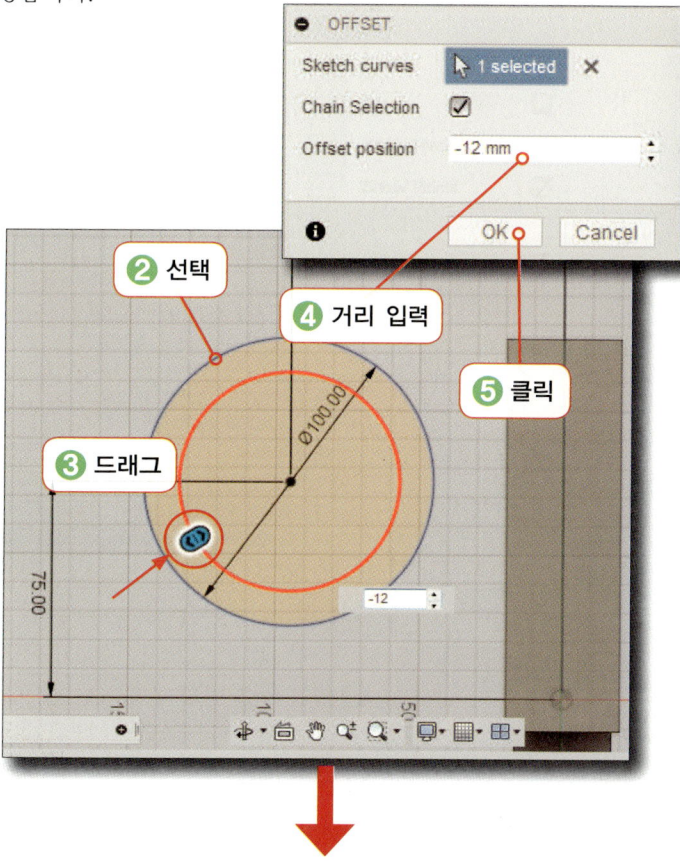

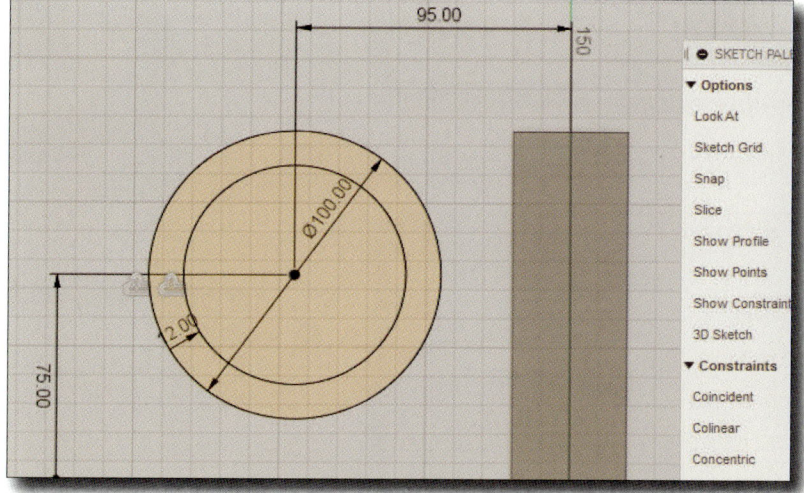

Tips ▶ 반대쪽 방향으로 간격 띄우기하면 치수가 마이너스(-)가 됩니다.

03 부품 모델링

step 3

Extrude(돌출) 명령으로 다음과 같이 작성합니다.

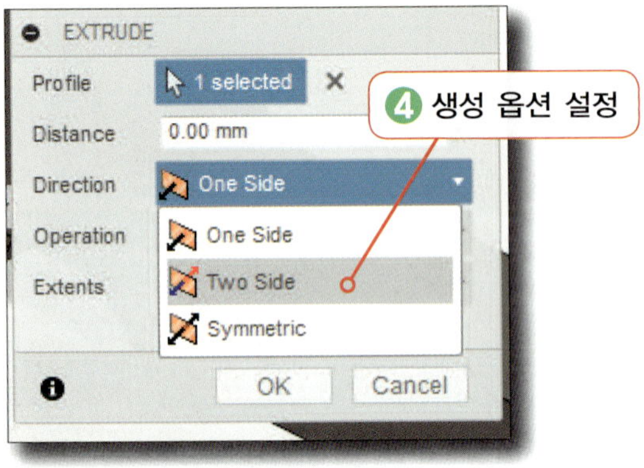

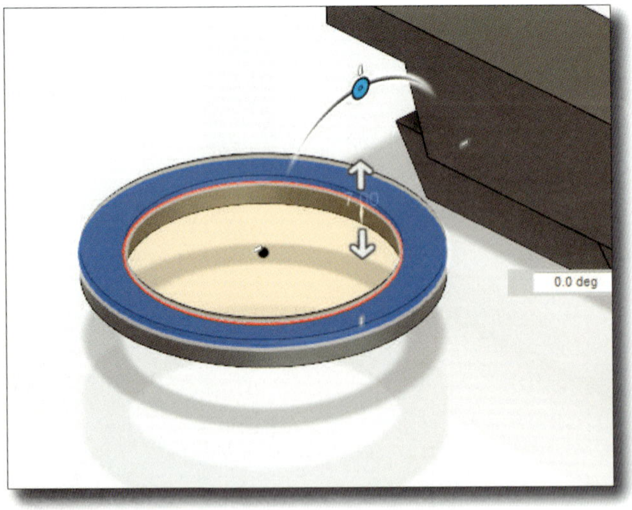

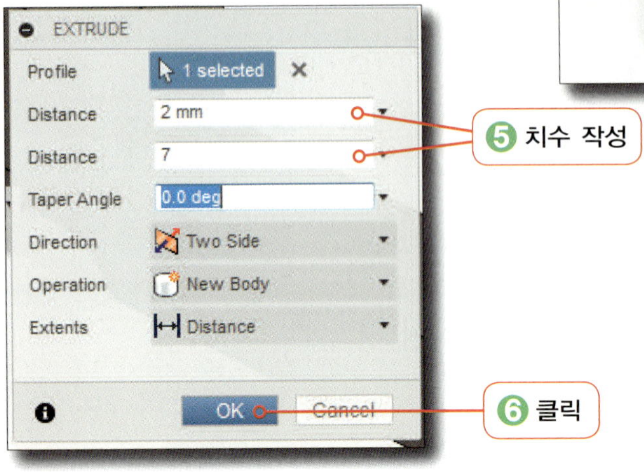

Section02 솔리드 모델링

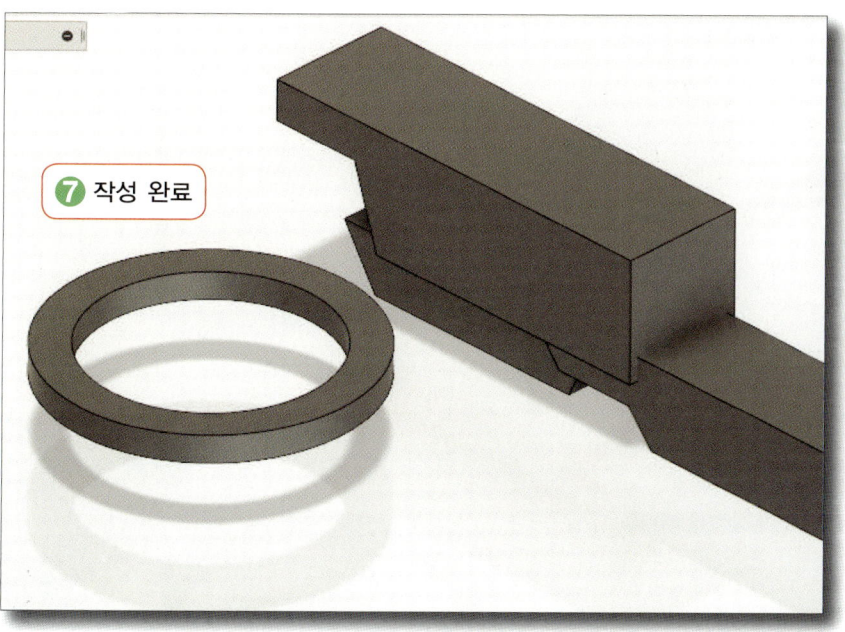

step 4

Chamfer(모따기) 명령으로 다음과 같이 작성합니다.

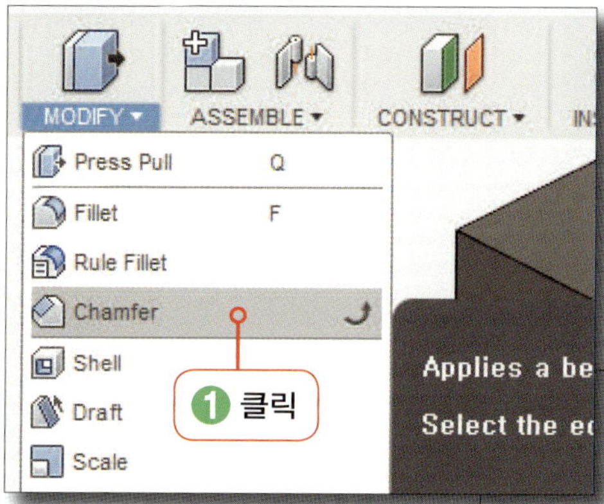

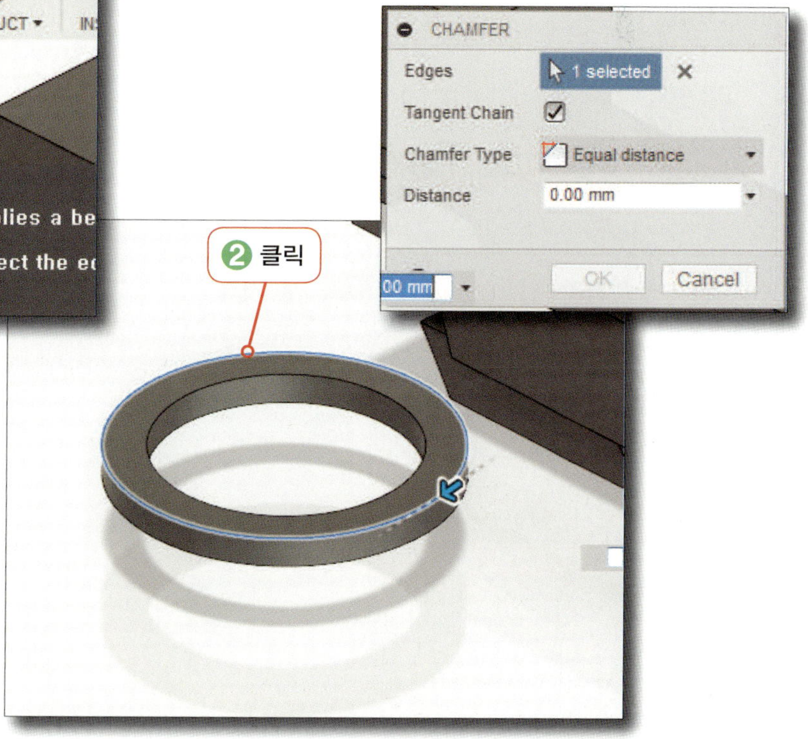

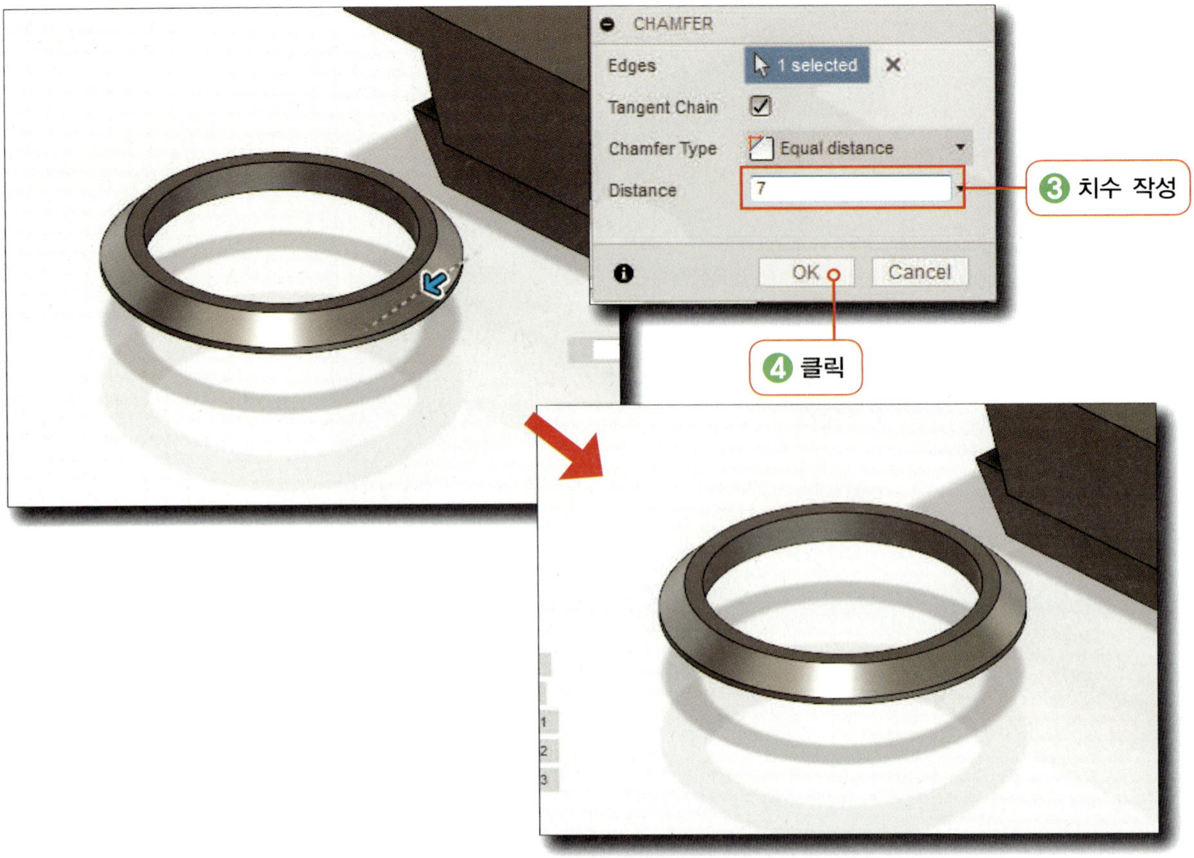

03

부품 모델링

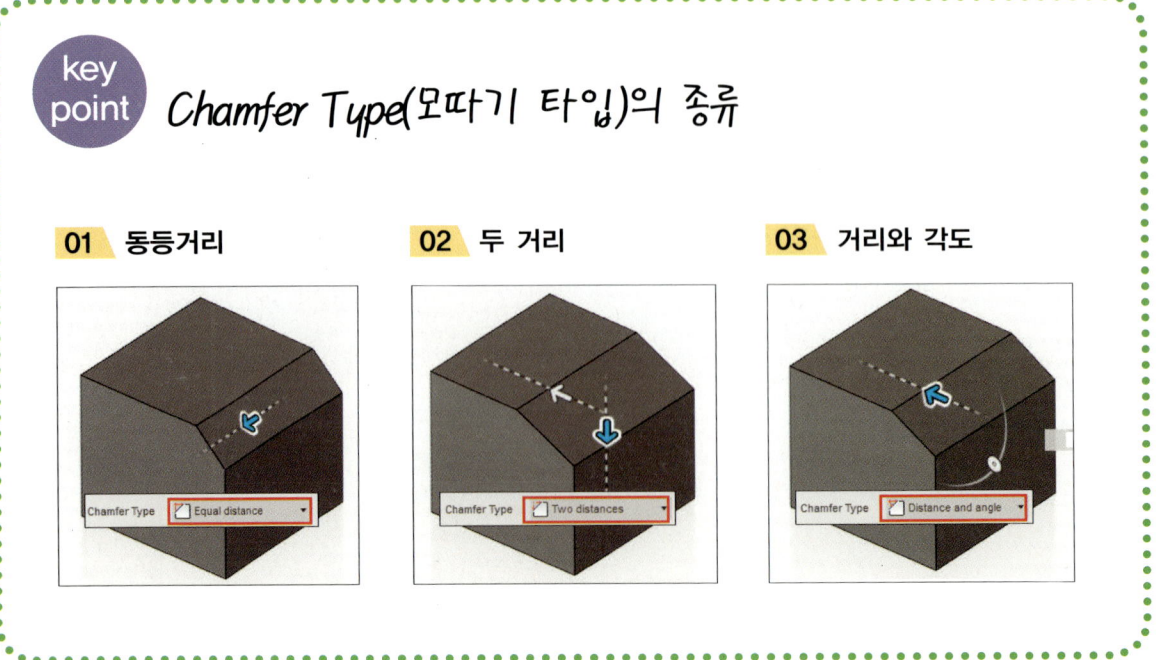

key point   Chamfer Type(모따기 타입)의 종류

01 동등거리

02 두 거리

03 거리와 각도

Section02 솔리드 모델링

step 5

다음과 같은 순서로 날개 가이드 스케치를 작성합니다.

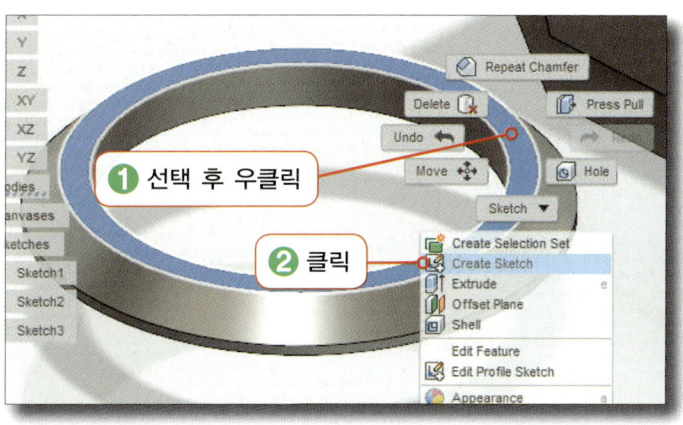

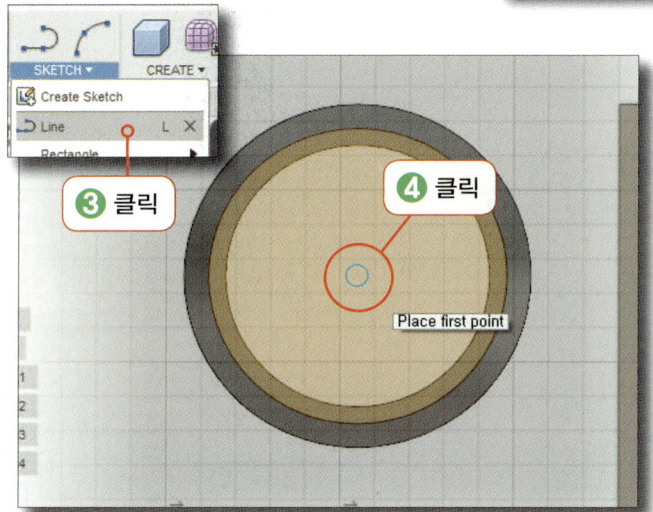

> **Tips**
> 원의 중심에 마우스 커서를 갖다대서 원의 중심점 스냅이 인식되도록 합니다.

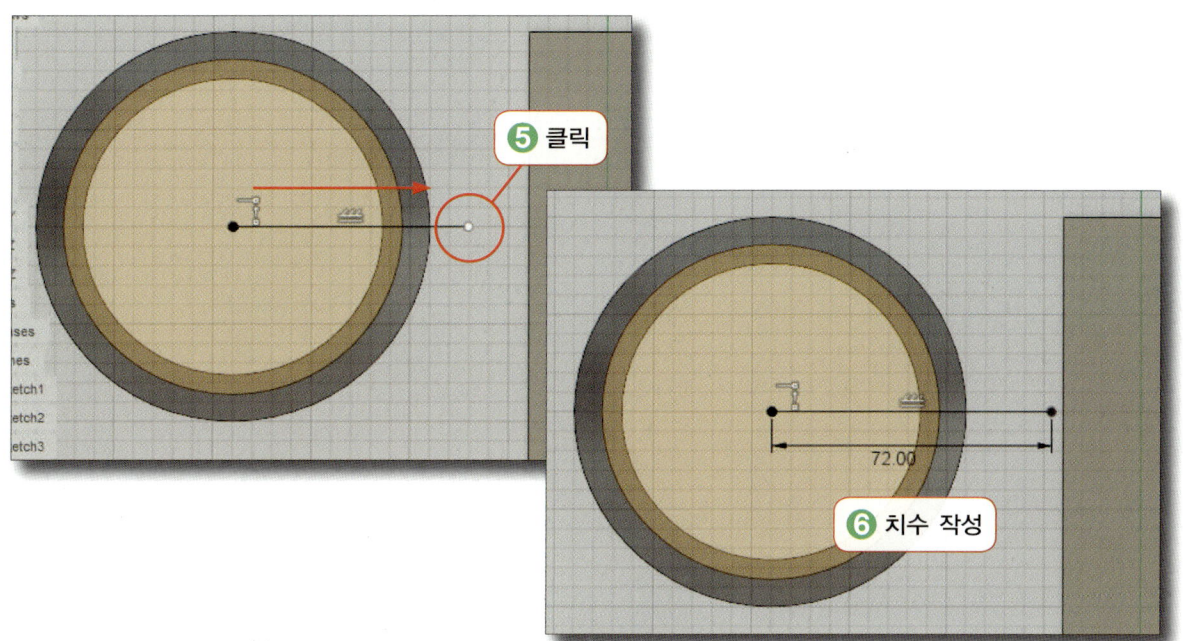

03

부품 모델링

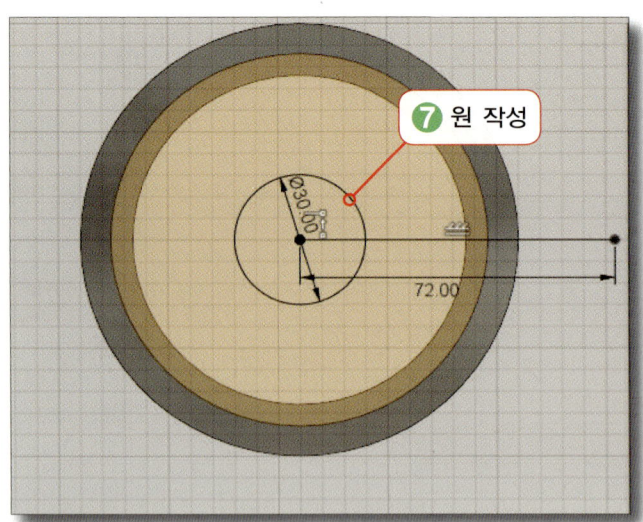

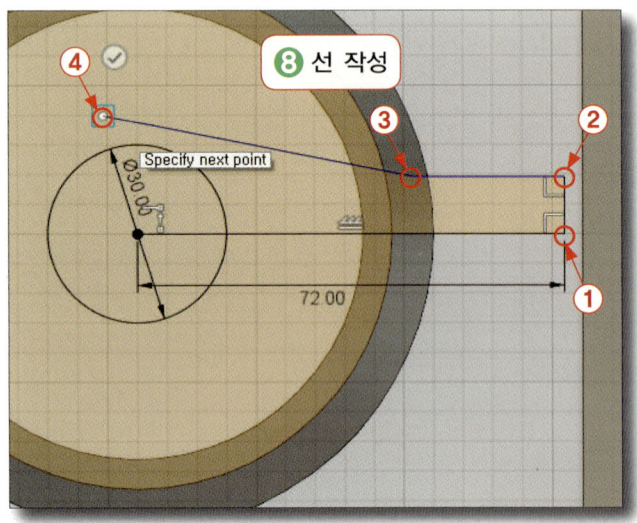

> **Tips**
> Esc키를 눌러 선 작성을 마무리합니다.

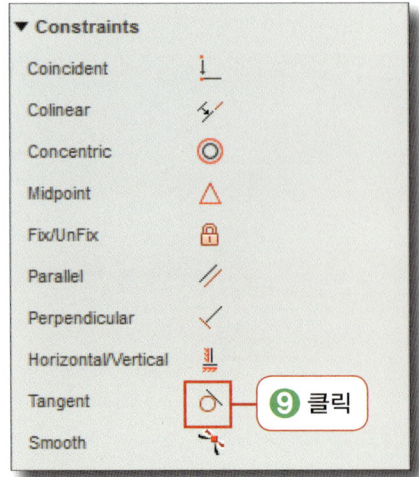

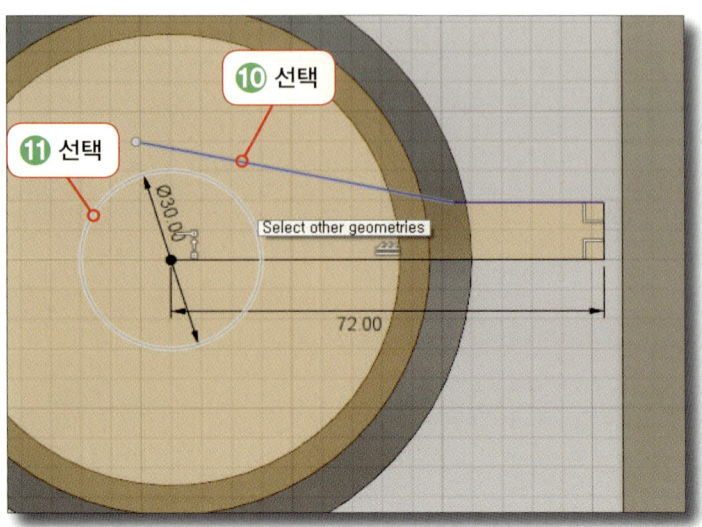

98

Section02 솔리드 모델링

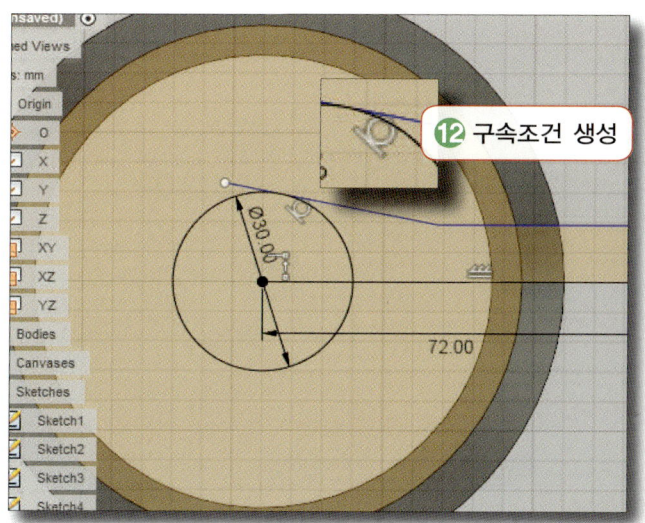

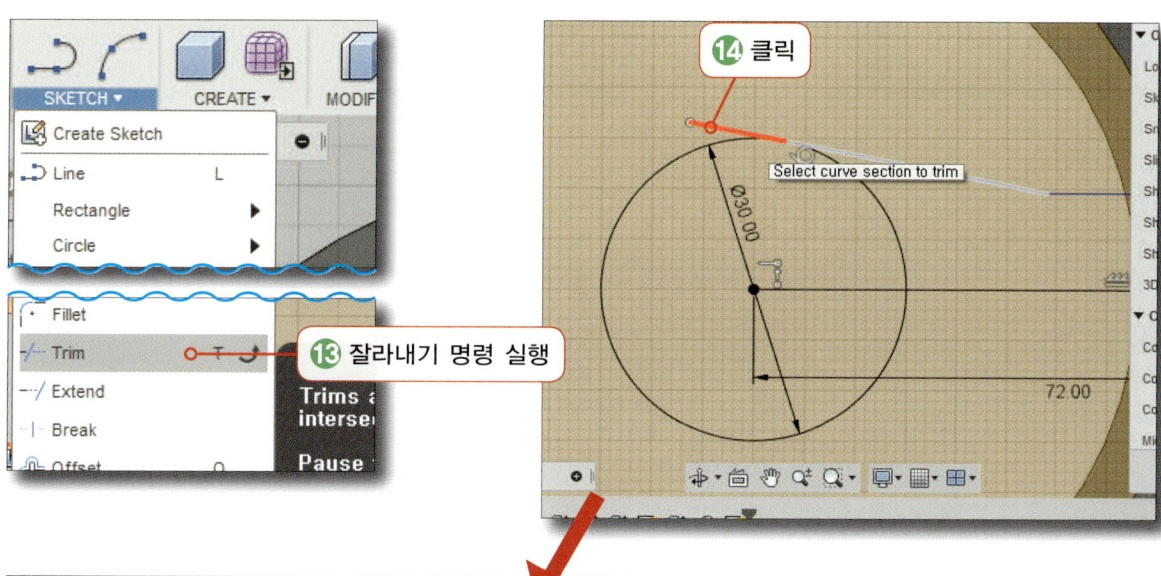

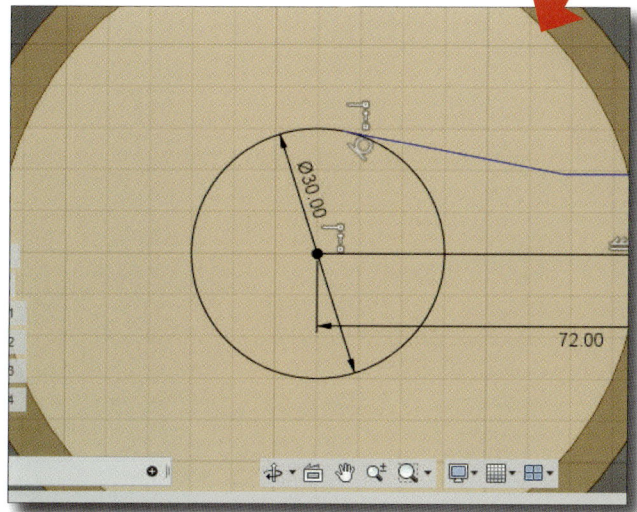

03 부품 모델링

step 6

다음과 같은 순서로 작성한 스케치 객체를 대칭합니다.

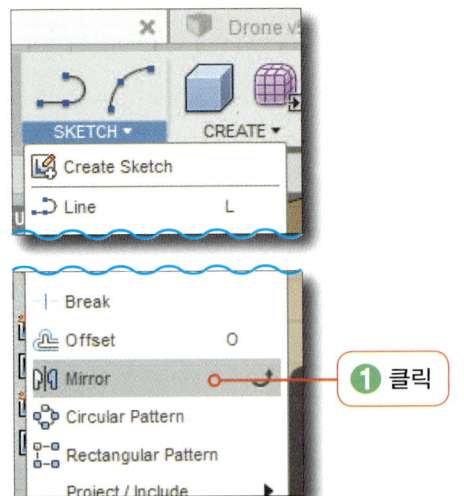
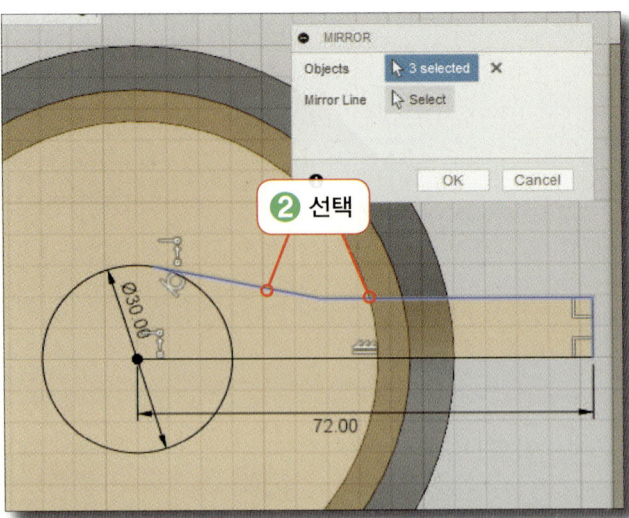

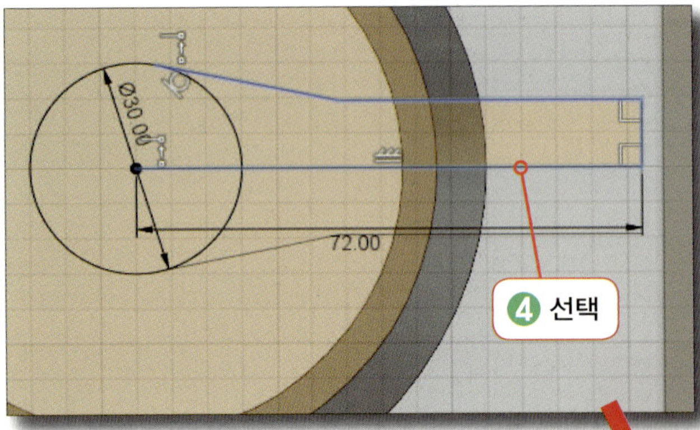

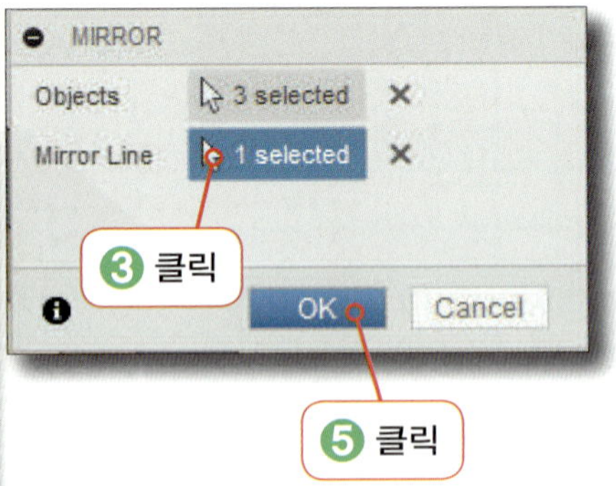

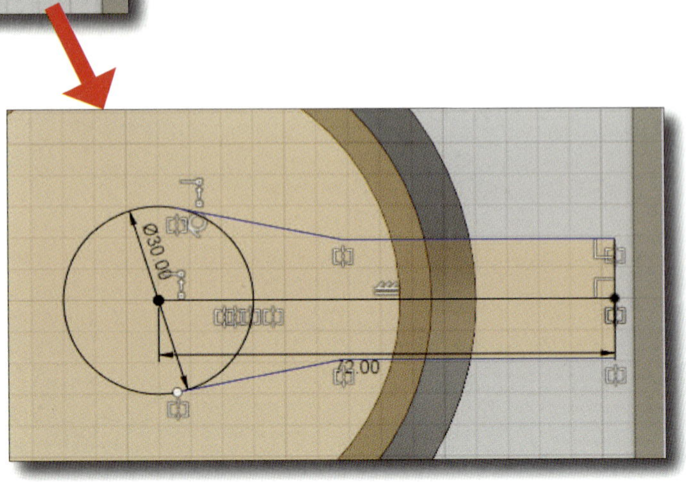

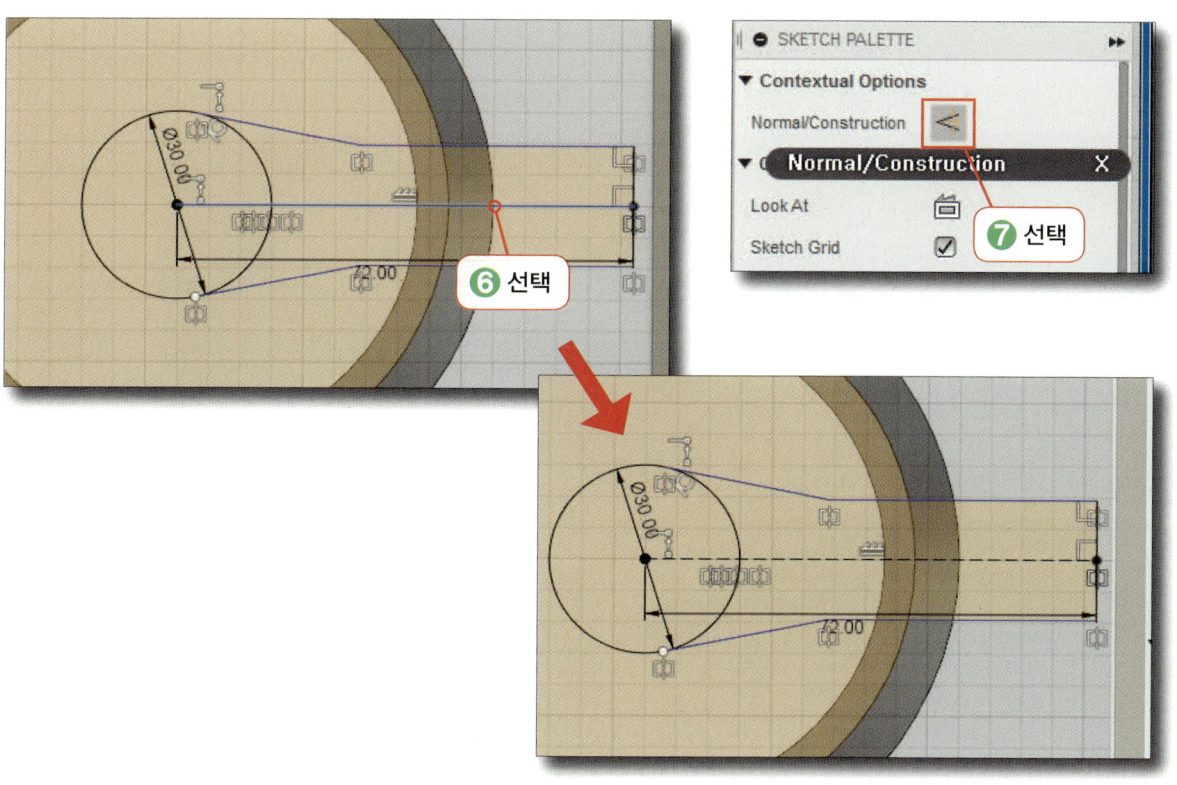

 Construction(구성) 객체에 대해서

스케치 프로파일 영역에 포함되지 않는 보조선, 혹은 가상선의 역할을 가진다고 보면 됩니다.

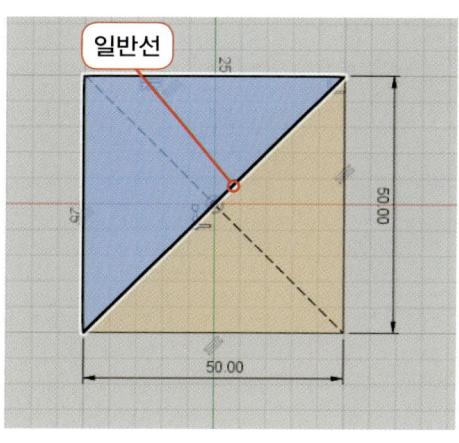 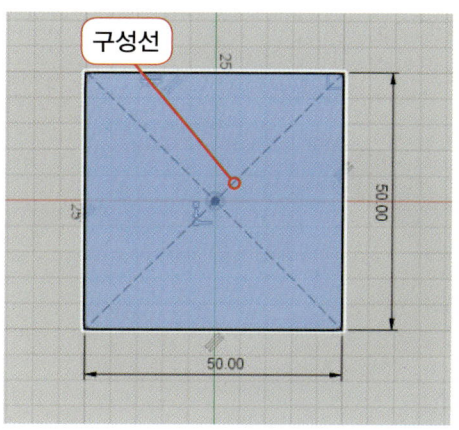

step 7

Extrude(돌출) 명령으로 다음과 같이 작성합니다.

① 프로파일 선택
② 거리 입력
③ 생성 옵션 설정
④ 클릭

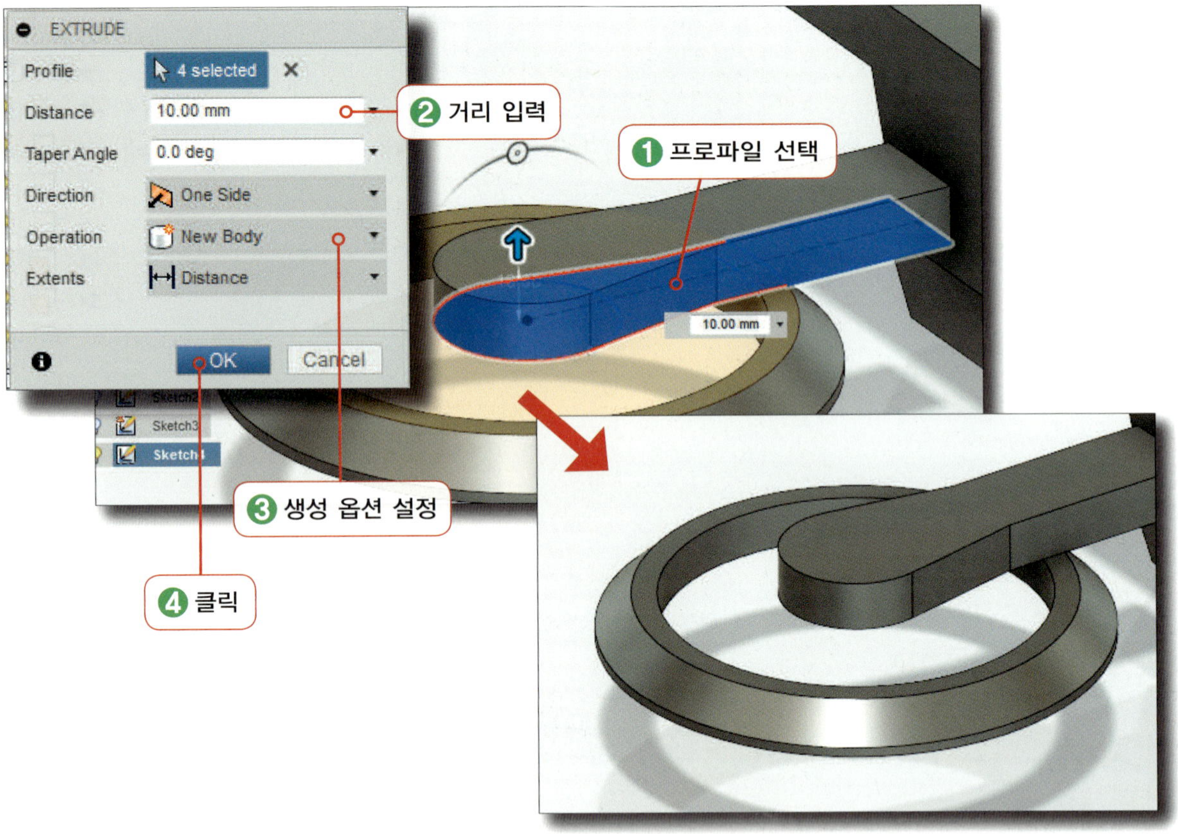

step 8

Split Body(바디 자르기) 명령으로 다음과 같이 작성합니다.

① 선택 후 우클릭
② 클릭

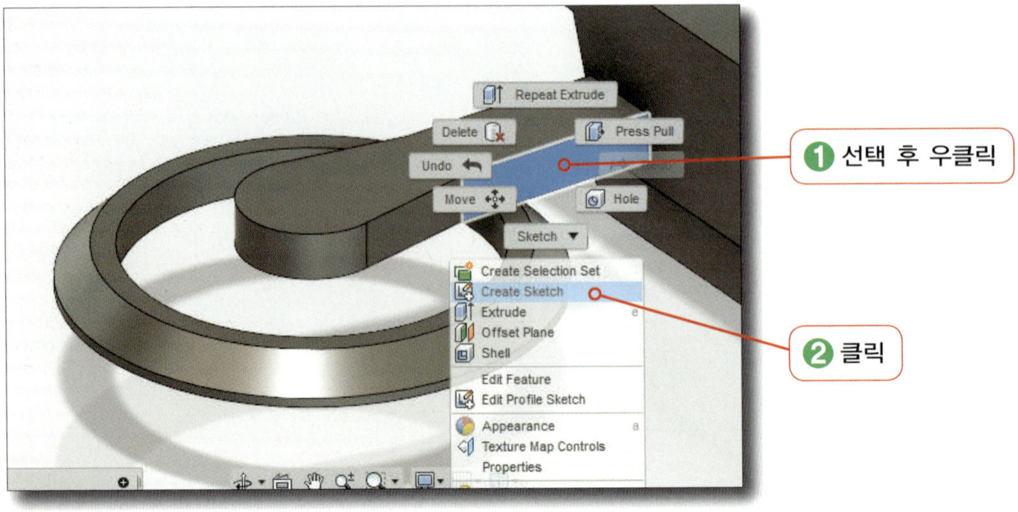

Section02 솔리드 모델링

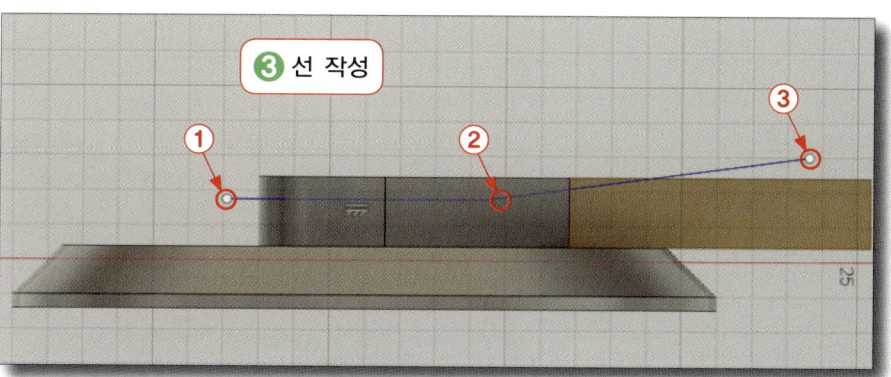

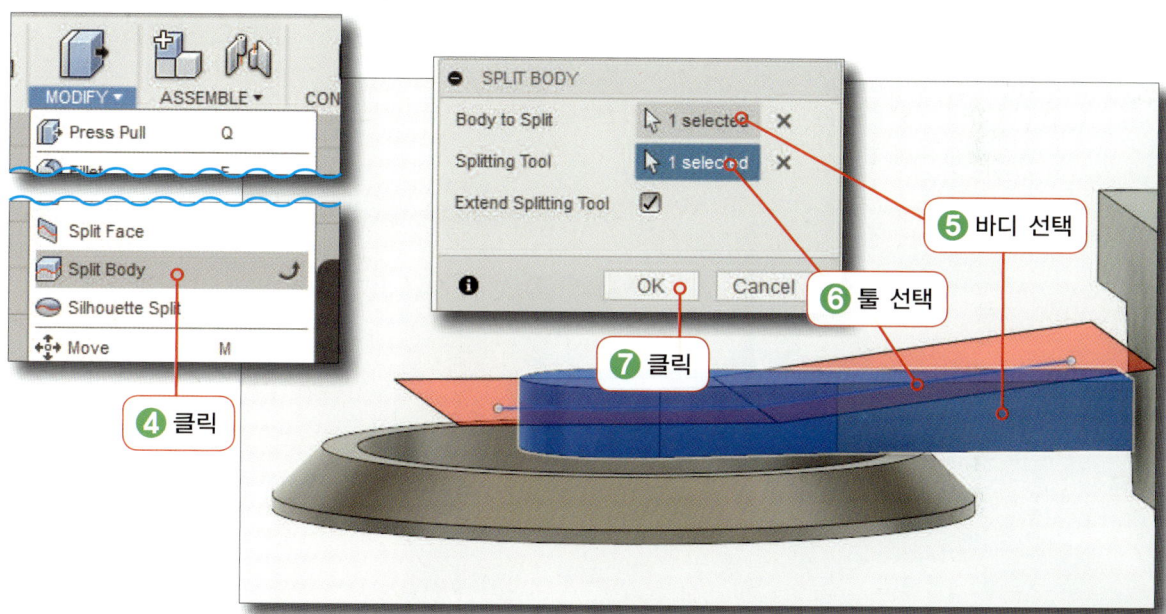

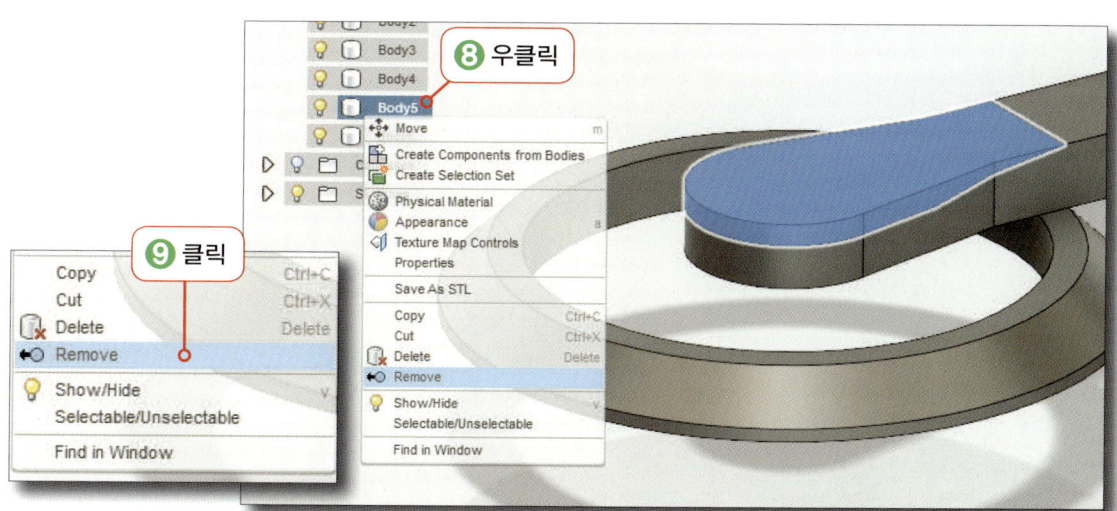

03 부품 모델링

step 9

Chamfer(모따기) 명령으로 다음과 같이 작성합니다.

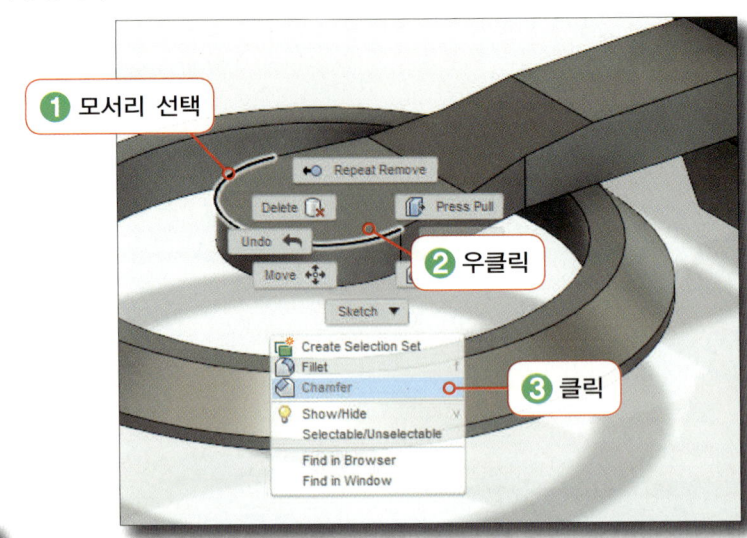

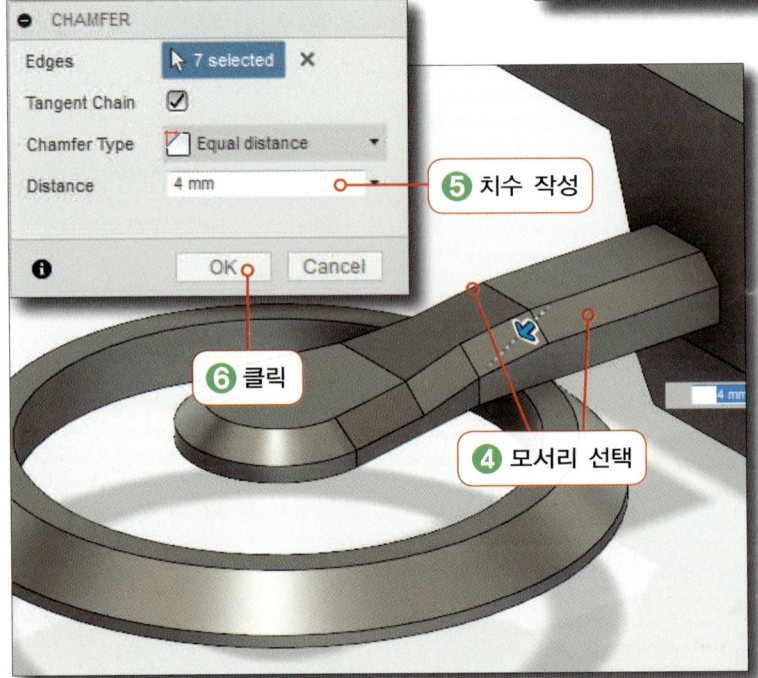

> **Tips**
> 모서리를 선택할 때 탄젠트 조건에 의해서 서로 루프하게 연결된 모서리는 한꺼번에 선택됩니다.

Section02 솔리드 모델링

step 10

Mirror(대칭) 명령으로 다음과 같이 작성합니다.

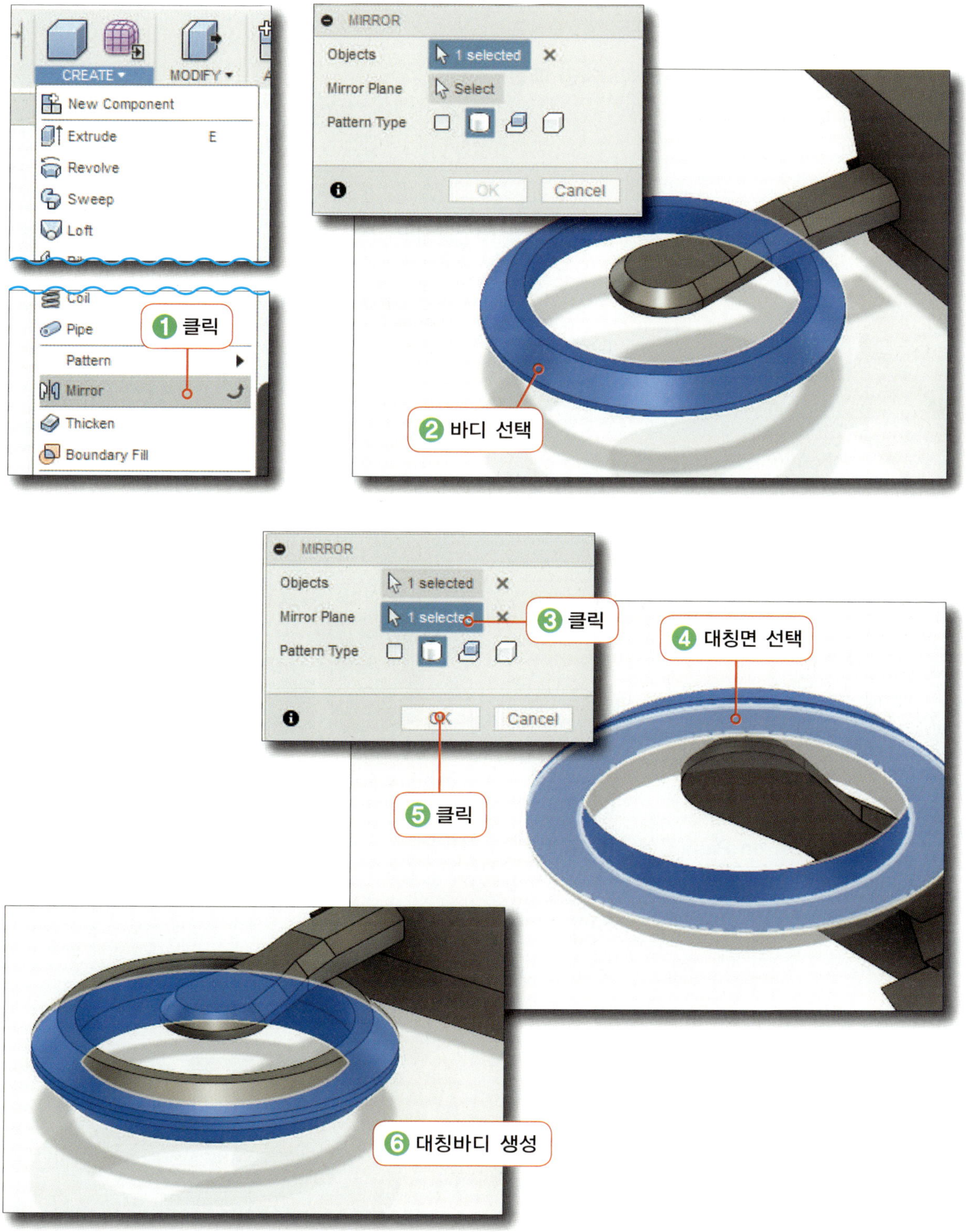

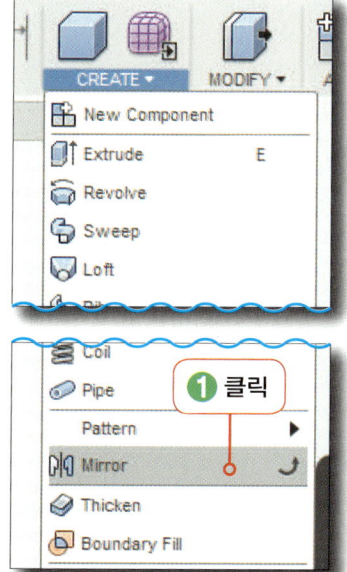
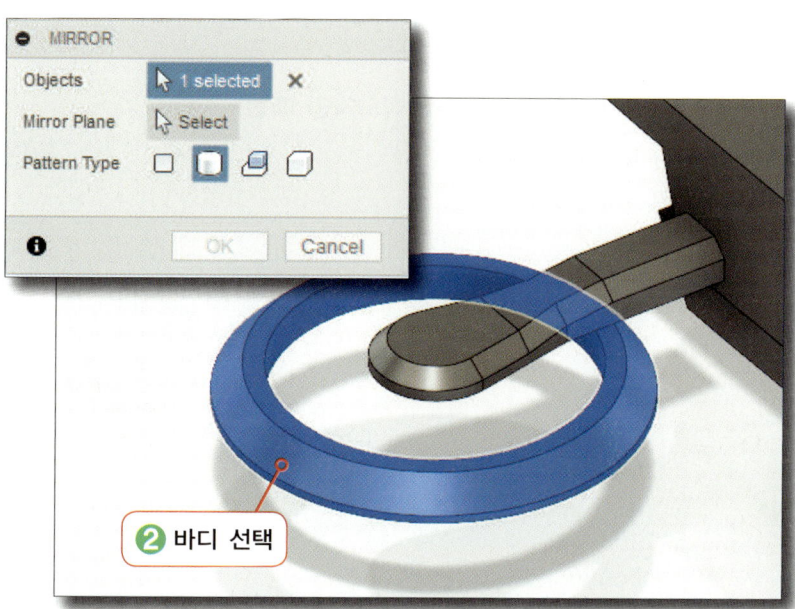

03

부품 모델링

key point 패턴 타입에 대해서 알아보자

01 Rectangular Pattern(직사각형 패턴)

직선 방향으로 패턴합니다.

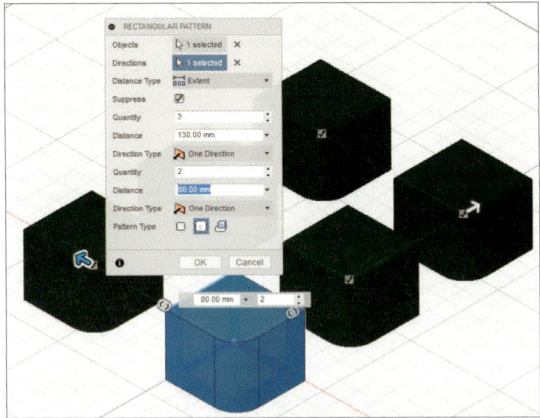

02 Circular Pattern(원형 패턴)

원형 방향으로 패턴합니다.

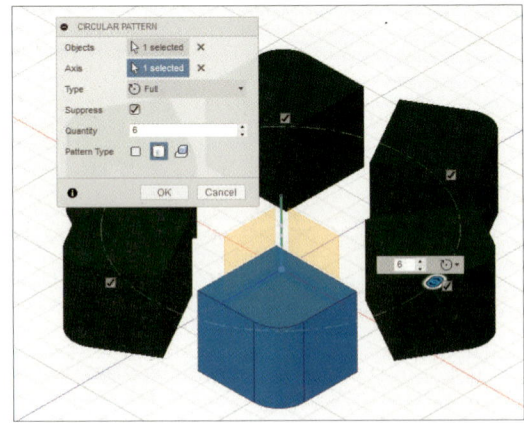

03 Pattern on Path(곡선 이용 패턴)

곡선을 따라서 패턴합니다.

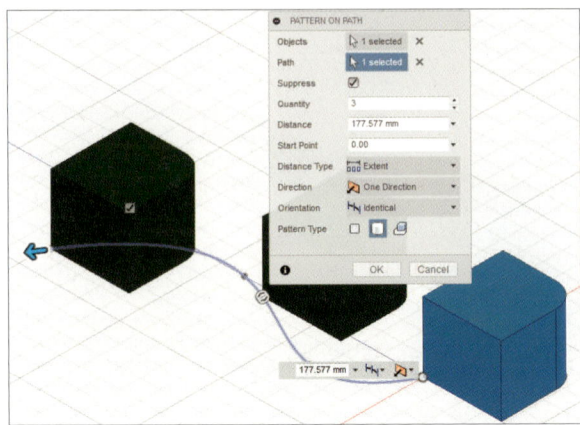

날개 회전부 작성하기

Autodesk Fusion 360

step 1

Pipe(파이프) 명령으로 다음과 같이 작성합니다.

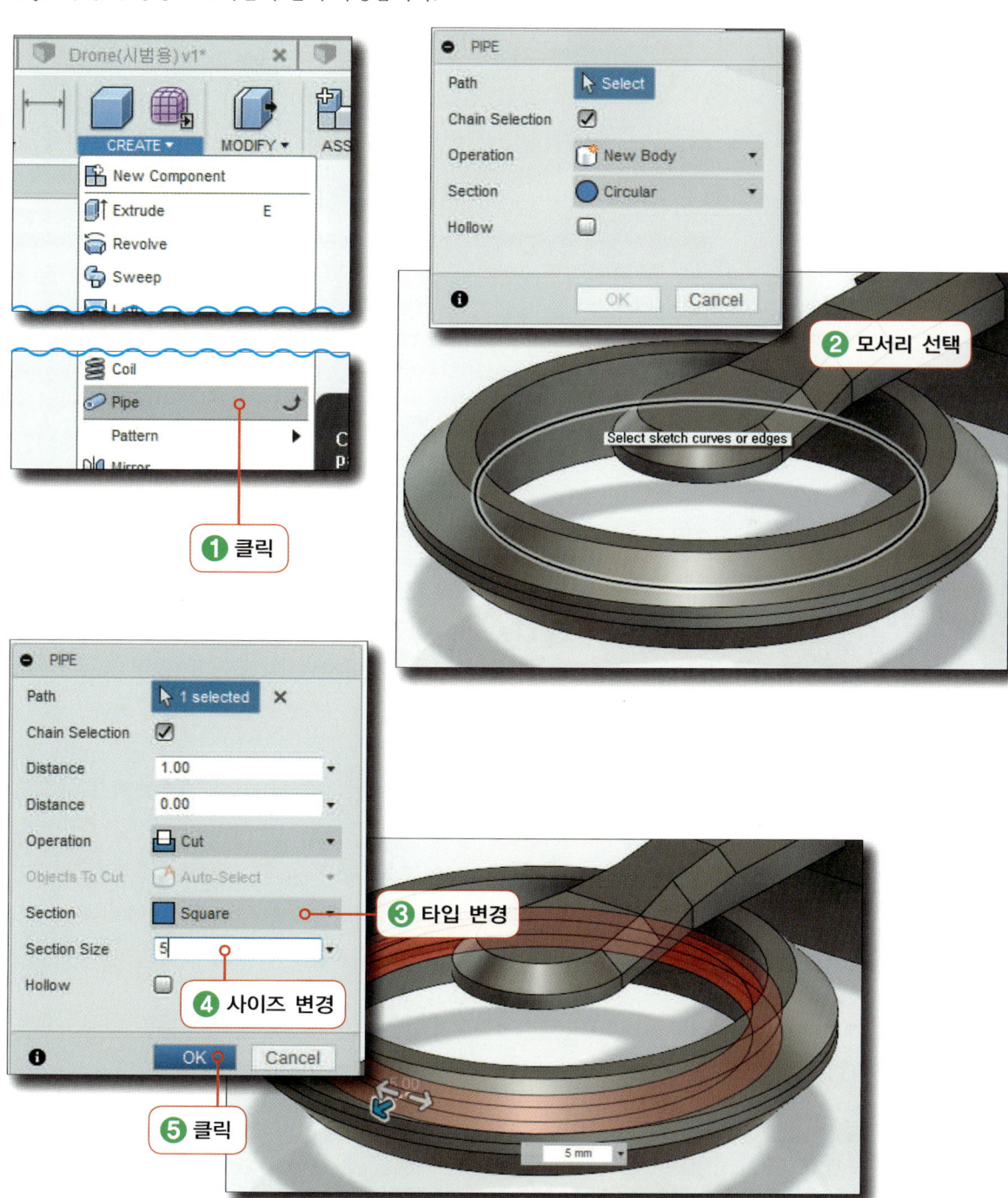

03 부품 모델링

❻ 형상작성 완료

 **Pipe(파이프) 명령에 대해서 알아보자**

Pipe(파이프) 명령이란 정해진 형태의 프로파일이 경로를 따라가는 형상을 작성하는 명령입니다.

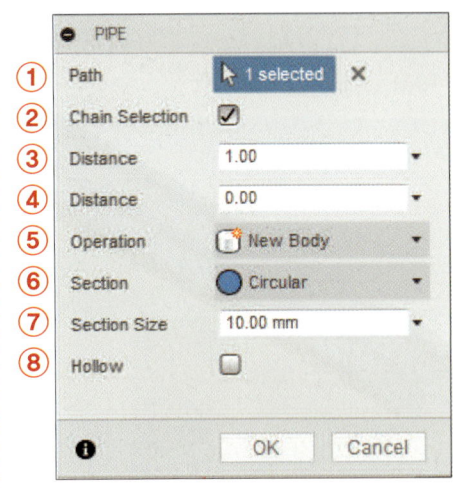

❶ **Path(경로)** : 파이프 형상을 작성할 경로를 선택합니다.

❷ **Chain Selection(체인 선택)** : 체크하면 선택한 경로와 연결된 모든 선이 선택됩니다.

❸ **Distance1(거리1)** : 선택한 경로에 대해서 파이프 끝 지점을 선택합니다.

❹ **Distance2(거리2)** : 선택한 경로에 대해서 파이프 시작 지점을 선택합니다.

❺ **Operation(생성)** : 파이프 생성 옵션을 지정합니다.

❻ **Section(단면)** : 파이프의 단면 형상을 선택합니다.

❼ **Section Size(단면 크기)** : 파이프 단면의 크기를 설정합니다.

❽ **Hollow(중공 타입)** : 단면의 형상을 두께를 가진 속이 빈 형상 타입으로 설정합니다.

step 2

작업평면 명령중의 Midplane(중간평면) 명령으로 다음 평면을 작성합니다.

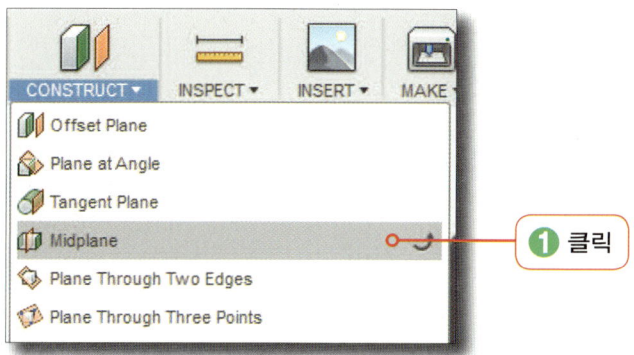

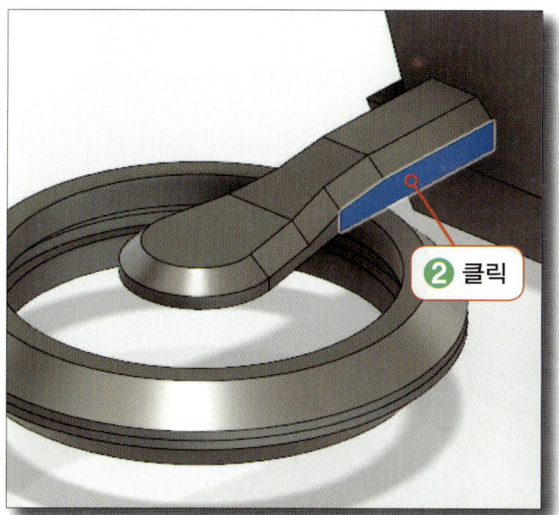

03 부품 모델링

step 3

작성된 평면에 스케치를 작성합니다.

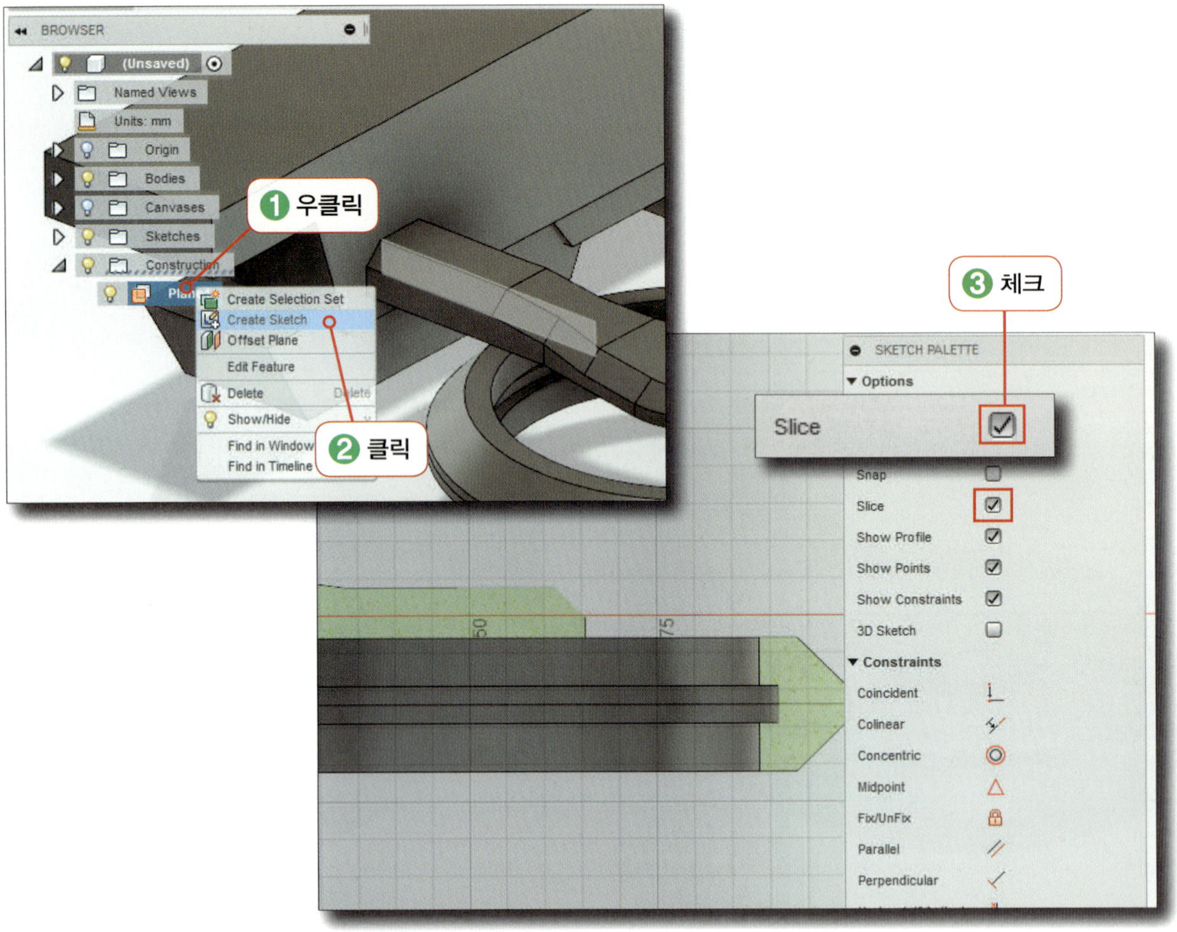

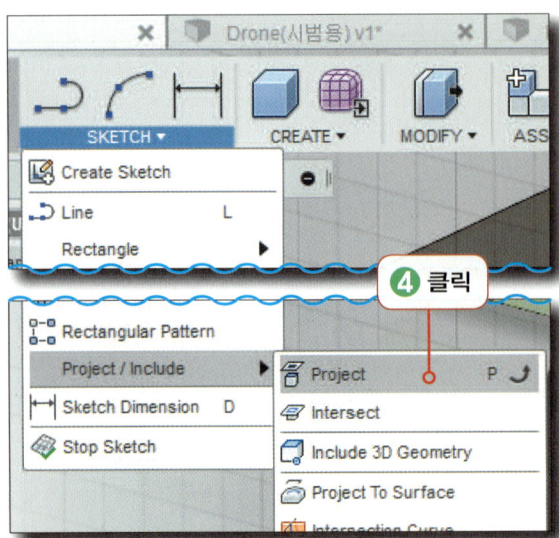

Tips
Slice를 체크하면 현재 스케치가 단면 상태로 변경 됩니다.

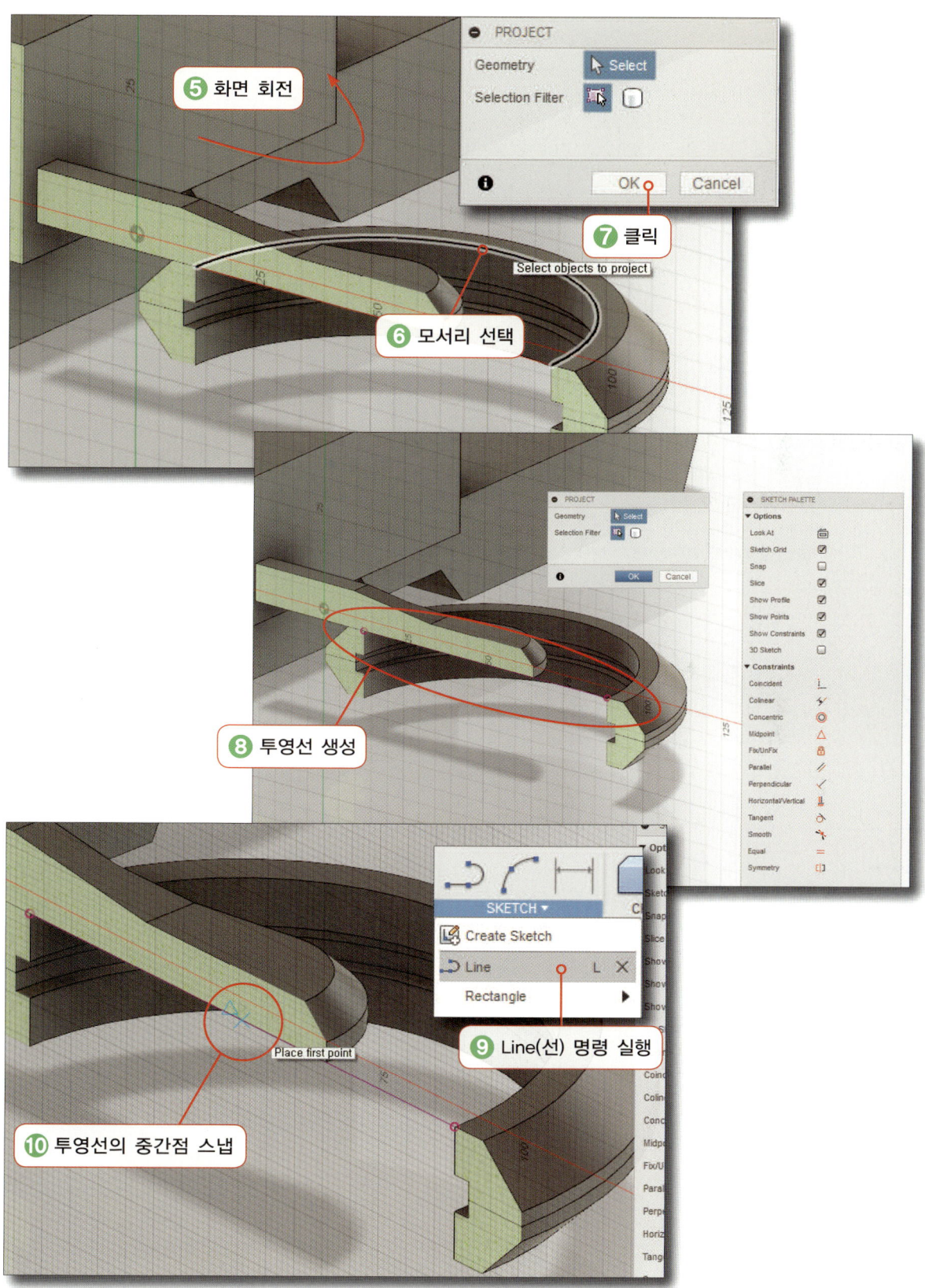

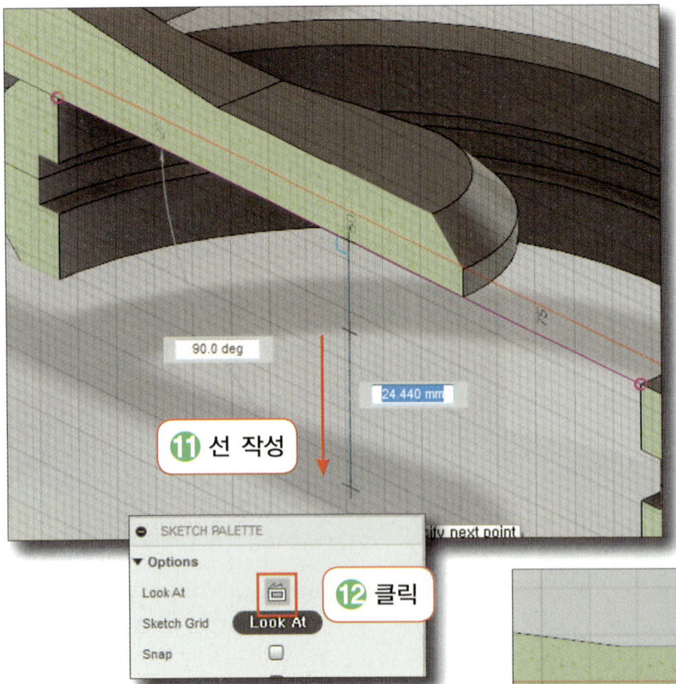

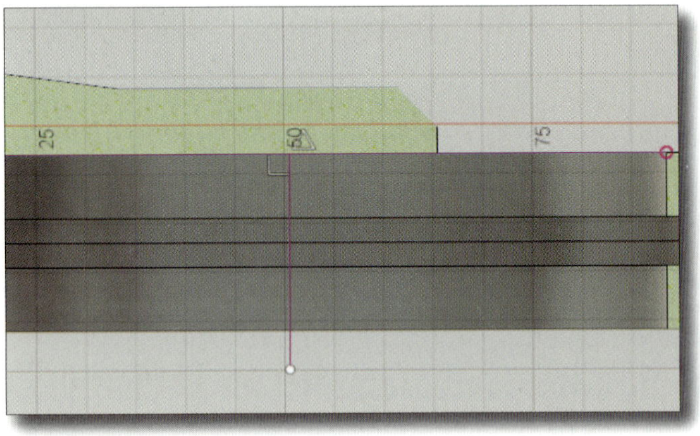

03 부품 모델링

⑪ 선 작성

⑫ 클릭

Tips
Look At 버튼을 클릭하면 현재 작성중인 스케치를 화면상에 정면으로 표시합니다.

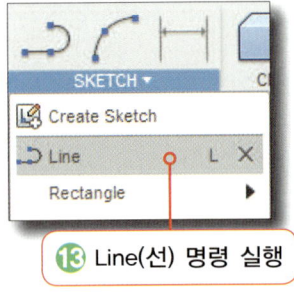

⑬ Line(선) 명령 실행

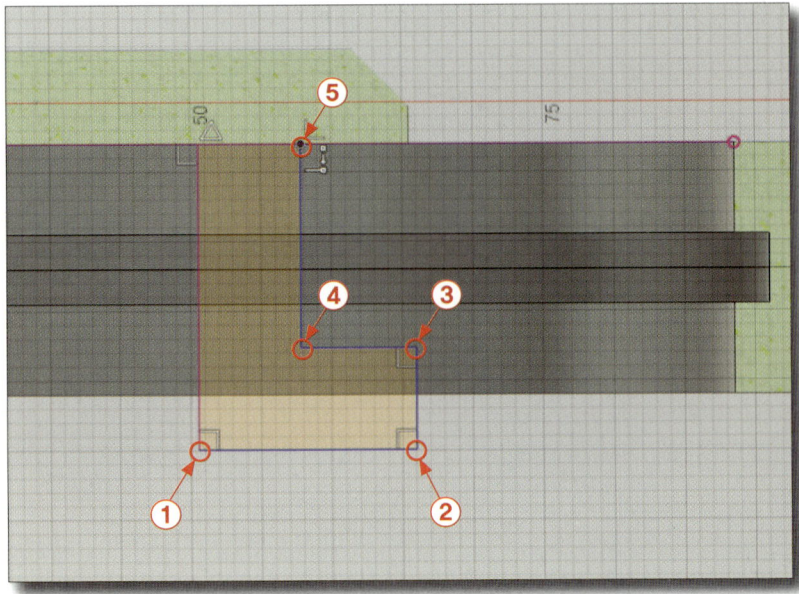

Section02 솔리드 모델링

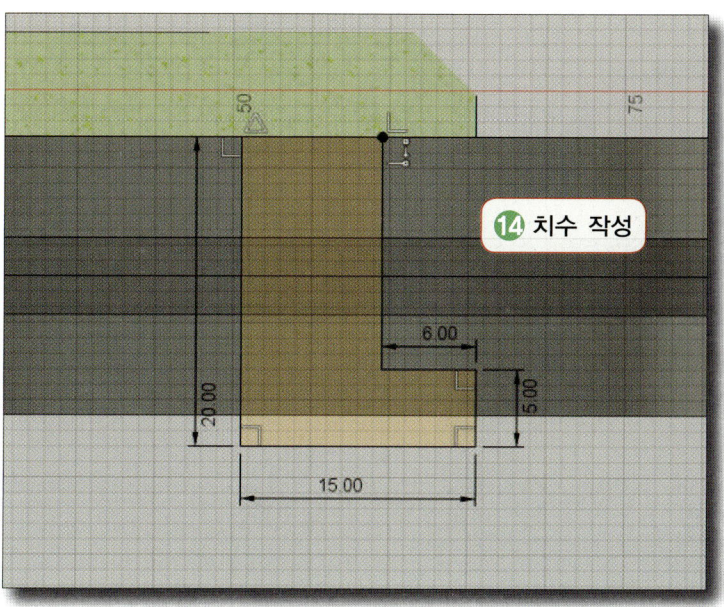

step 4

Revolve(회전) 명령으로 다음과 같이 작성합니다.

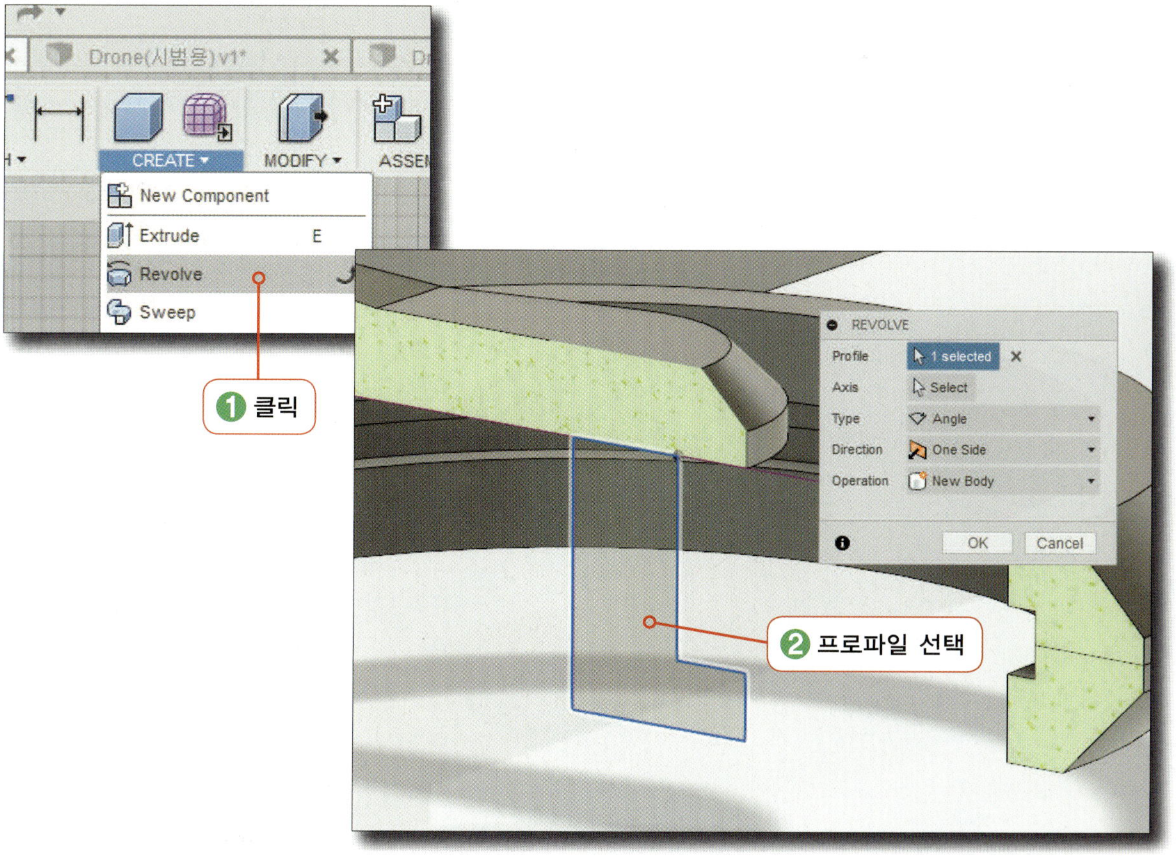

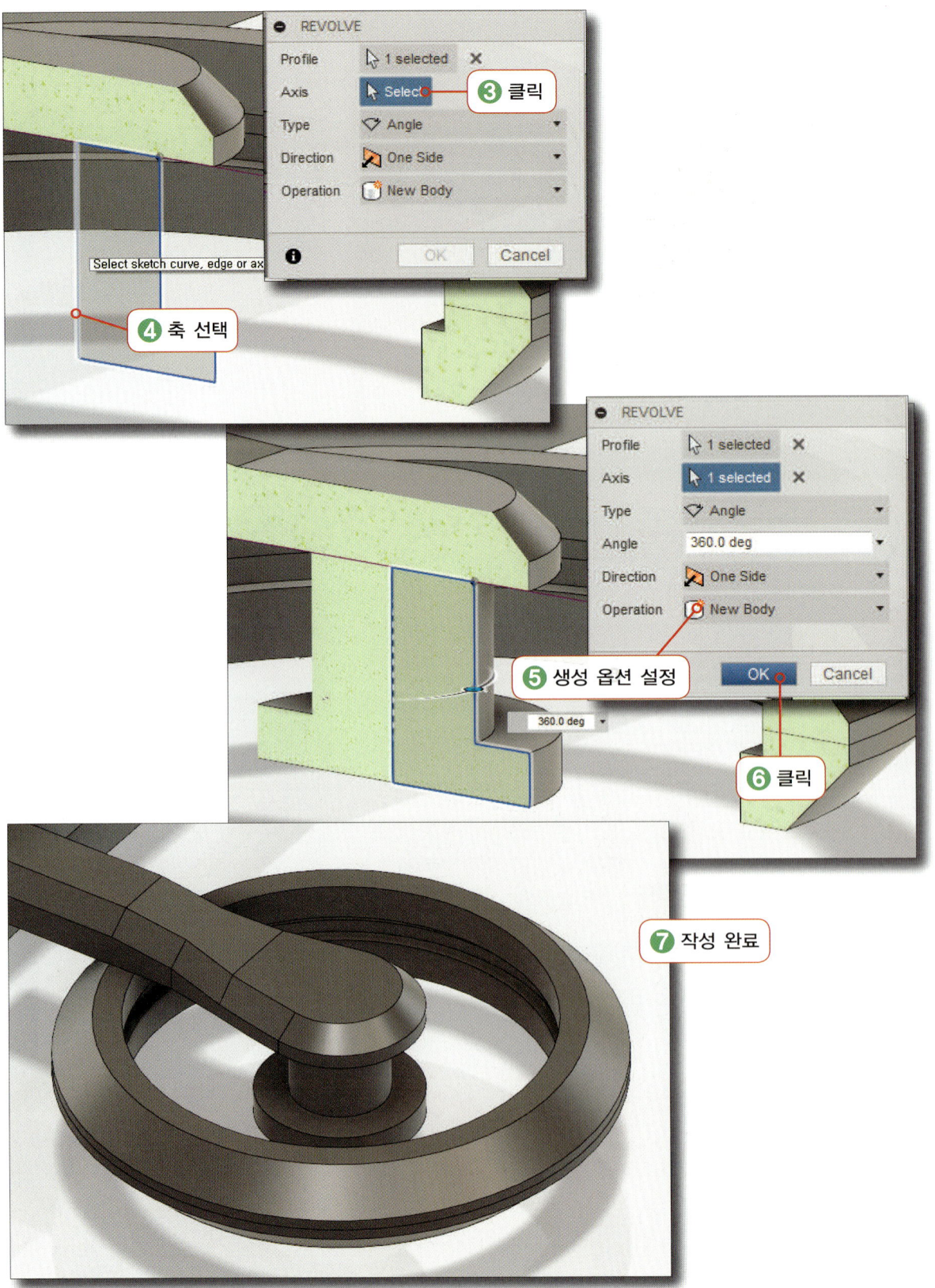

step 5

Extrude(돌출) 명령으로 다음과 같이 작성합니다.

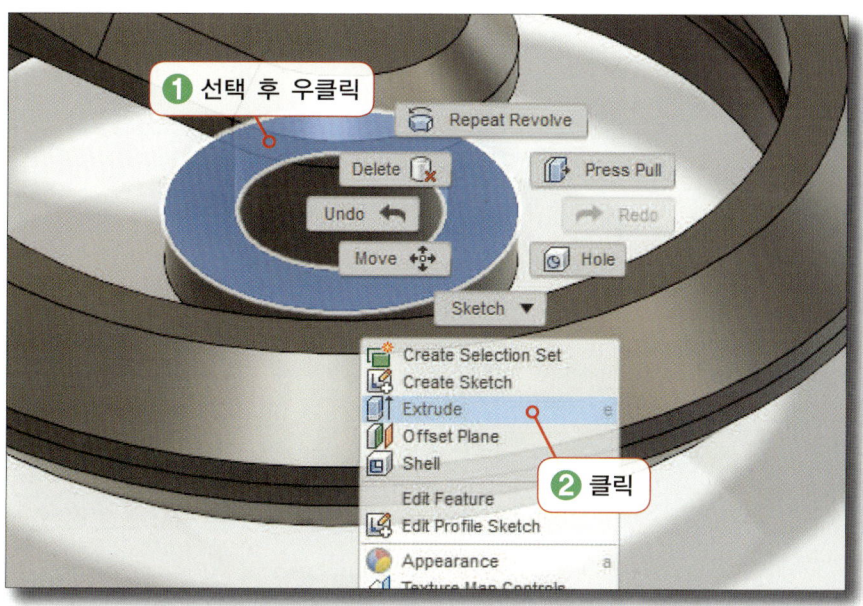

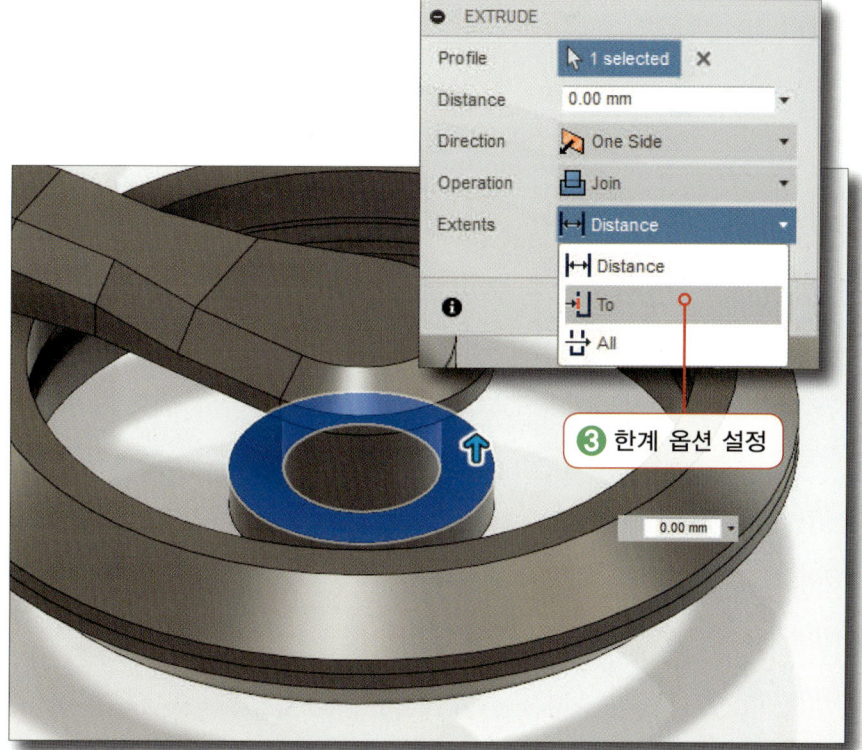

03
부품 모델링

116

Section02 솔리드 모델링

❼ 형상작성 완료

> **Tips**
> 스케치를 작성하지 않아도 면을 이용해 돌출 피처를 작성할 수 있습니다.

메인 스케치 수정하기   Autodesk Fusion 360

컨셉 이미지와 비교해서 잘못된 형상을 수정해 보도록 하겠습니다.

step 1

다음 순서에 의해서 메인 스케치를 수정해 보도록 하겠습니다.

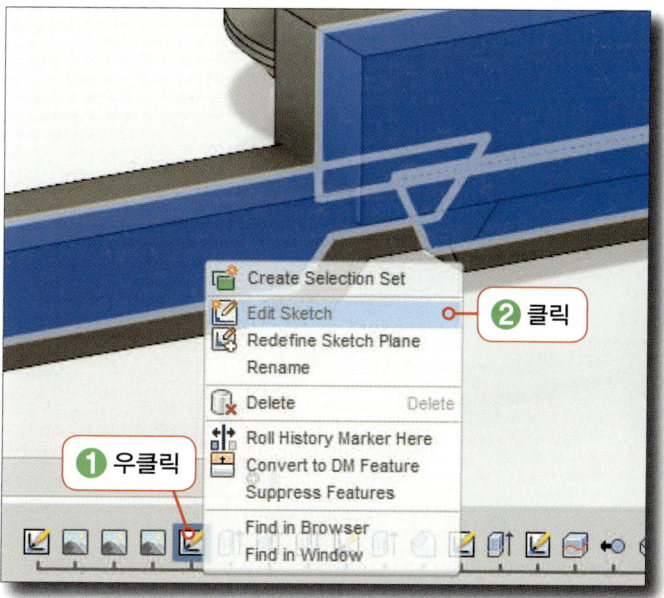

❶ 우클릭
❷ 클릭

117

BROWSER
(Unsaved)
Named Views
Units: mm
Origin
Canvases
Sketches
③ 클릭해서 켬

⑤ 클릭
④ 선택후 우클릭
Repeat...
Delete
Press Pull
Undo
Redo
Move
Hole
Sketch
Create Selection Set
Find in Browser
Find in Window
⑥ 드래그로 형상 수정

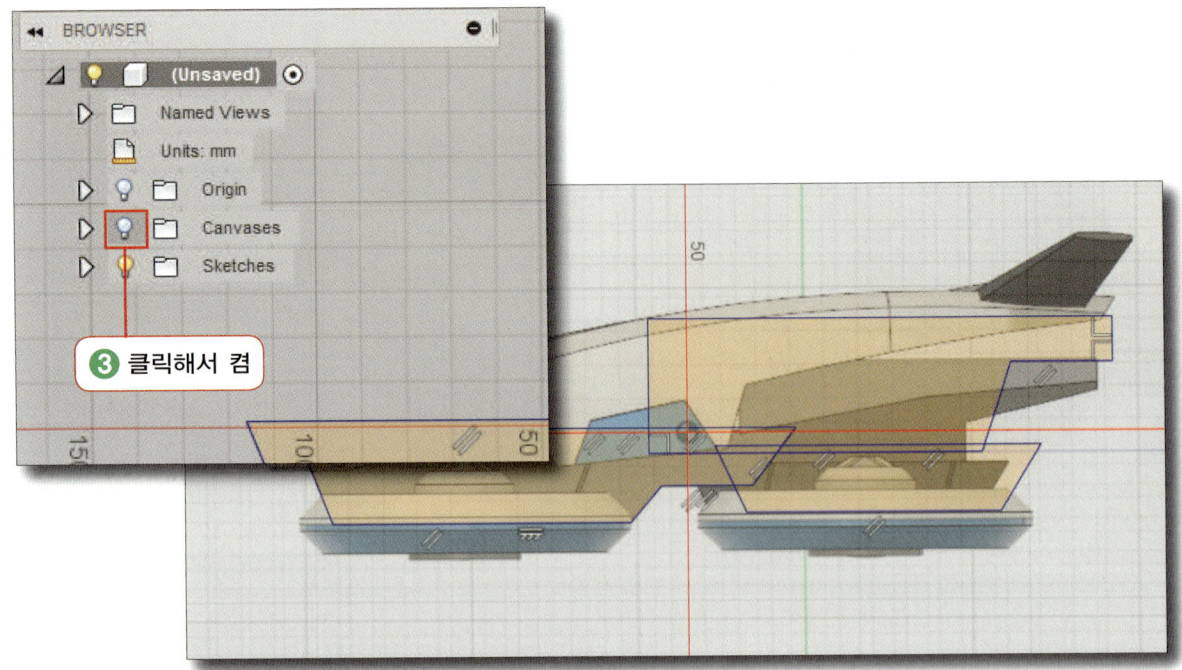

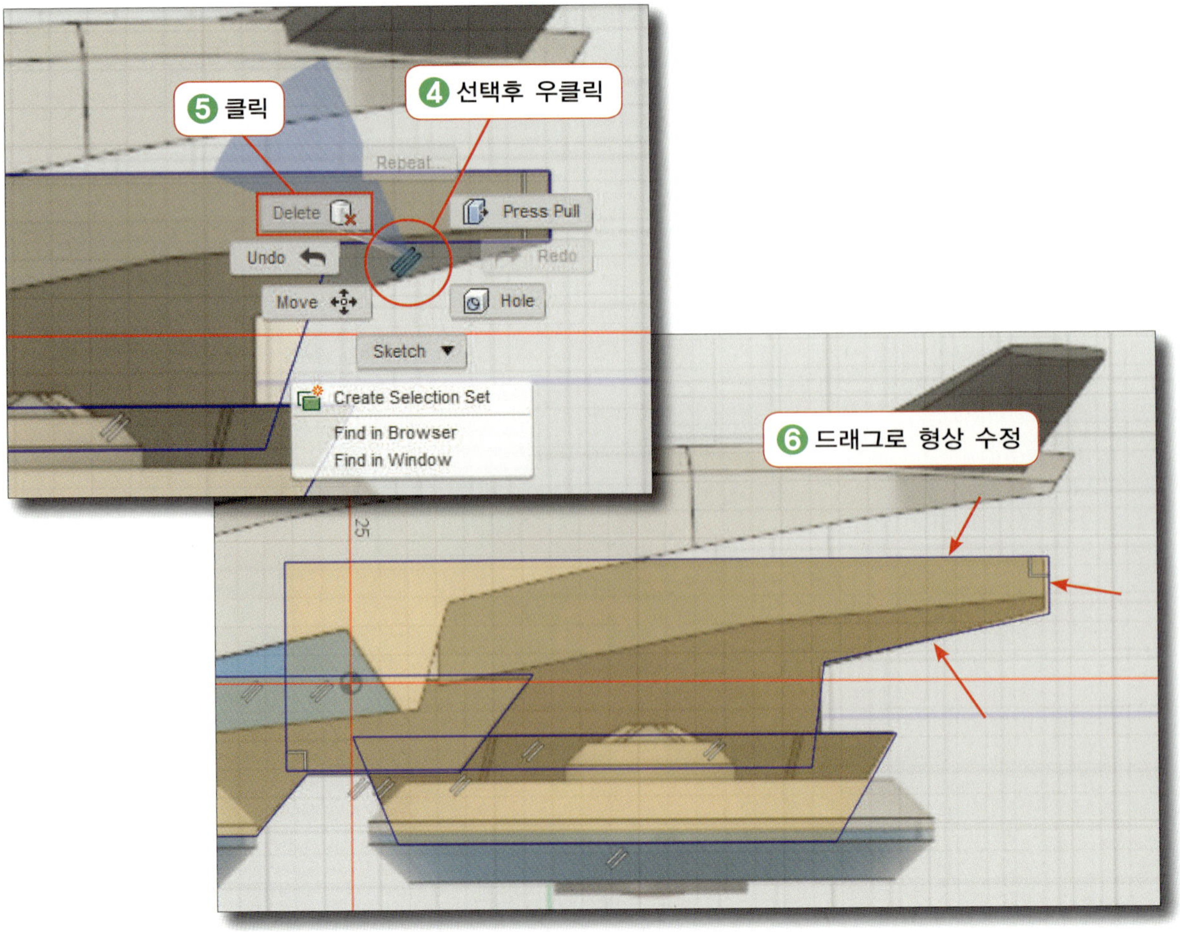

 구속조건에 대해서

스케치 객체 자체의 조건 혹은 스케치 객체끼리의 관계 조건을 의미합니다.

01 일치
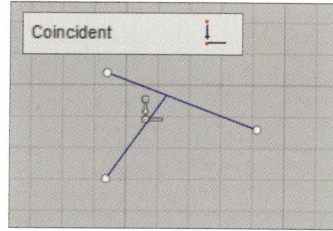

02 동일선상
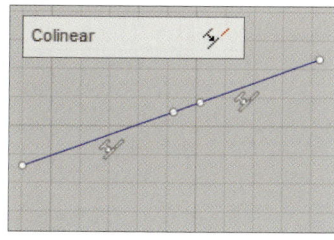

03 동심
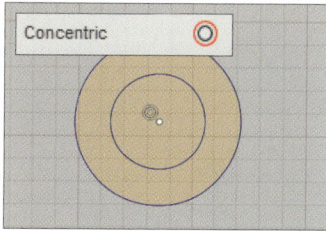

04 중간점
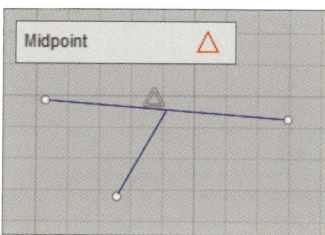

05 고정
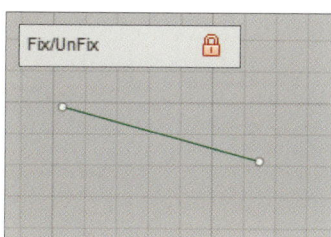

06 평행
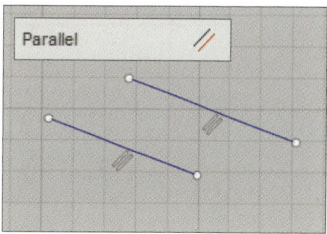

07 직각
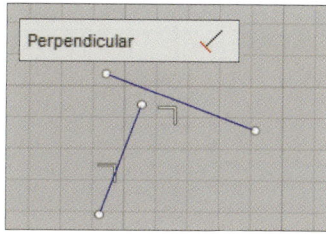

08 수직/수평
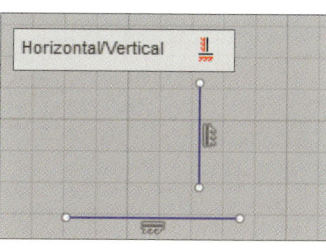

09 접선

10 동일
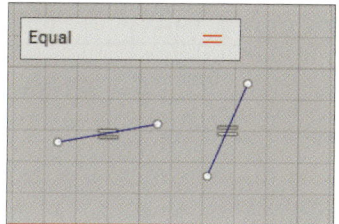

11 대칭
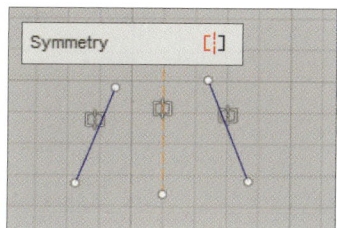

03 부품 모델링

메인 바디 솔리드 작성하기　　　　　　　　　　Autodesk Fusion 360

메인 바디 솔리드를 작성해 보도록 하겠습니다.

step 1

다음 순서에 의해서 메인 바디 스케치 프로파일을 작성해 보도록 하겠습니다.

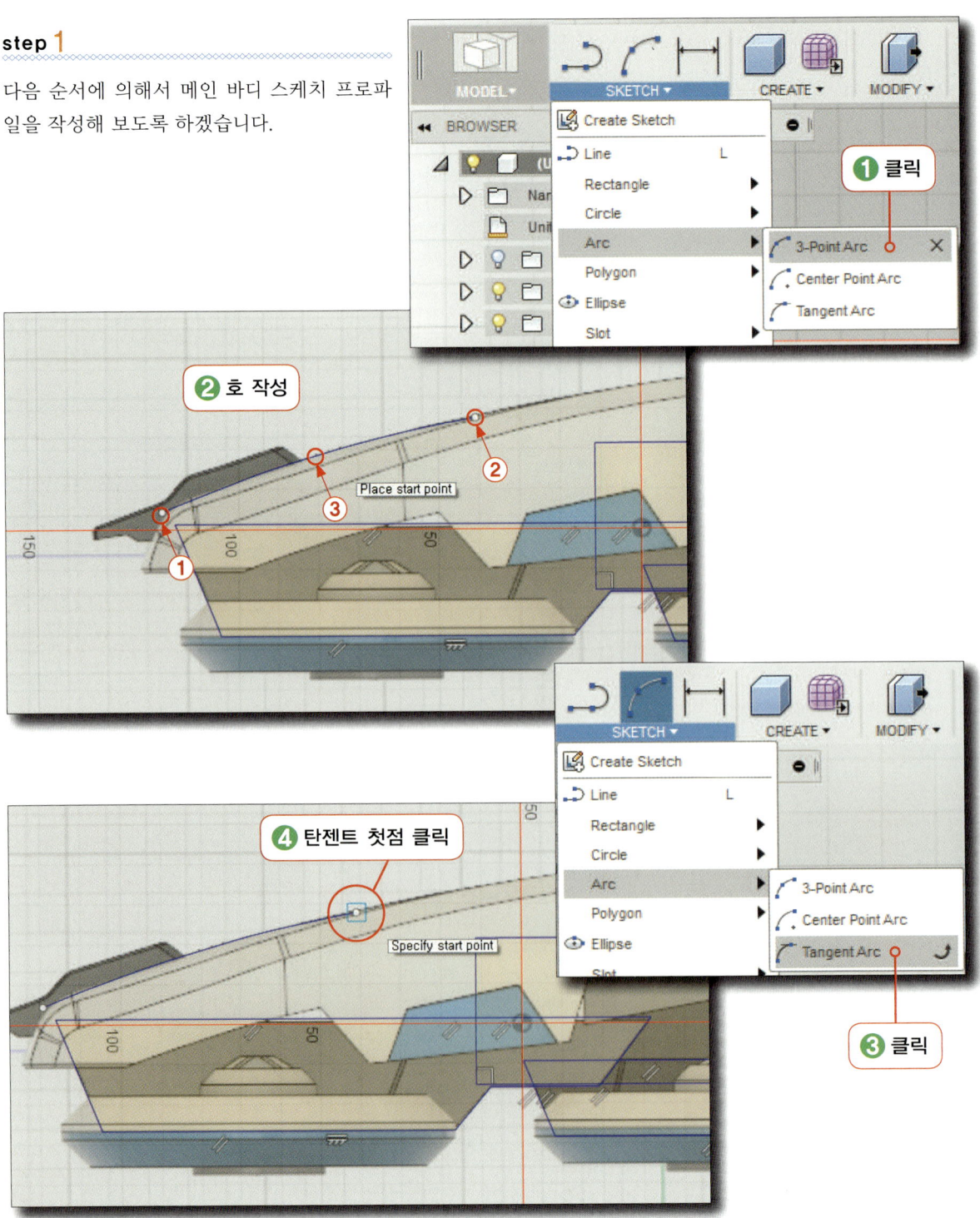

Section02 솔리드 모델링

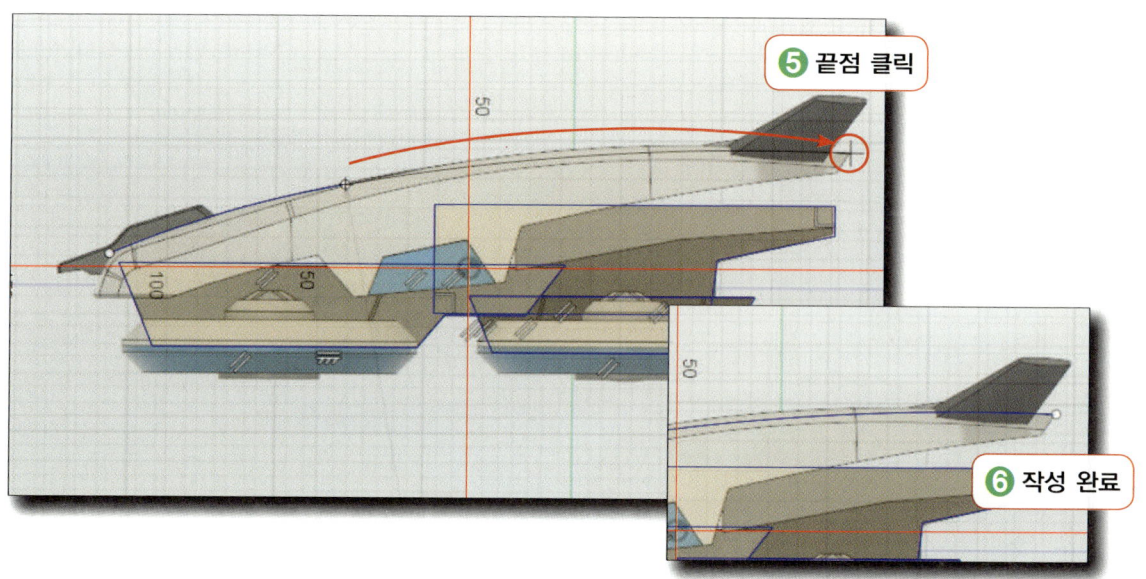

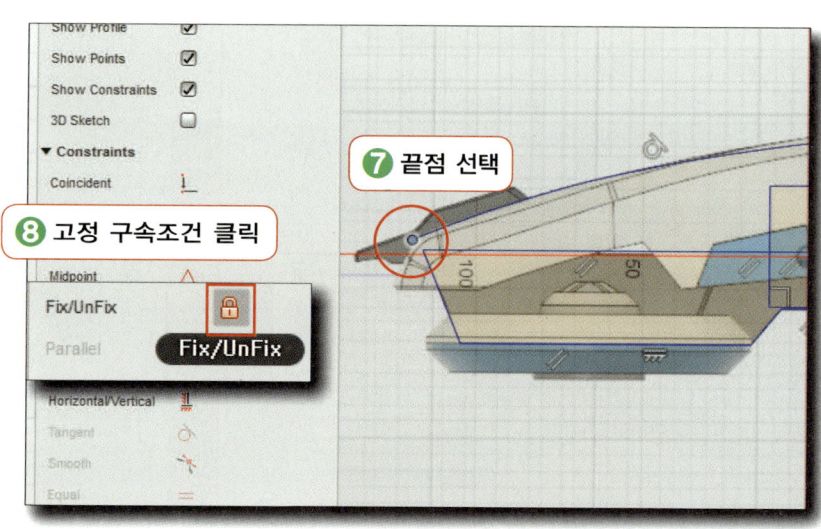

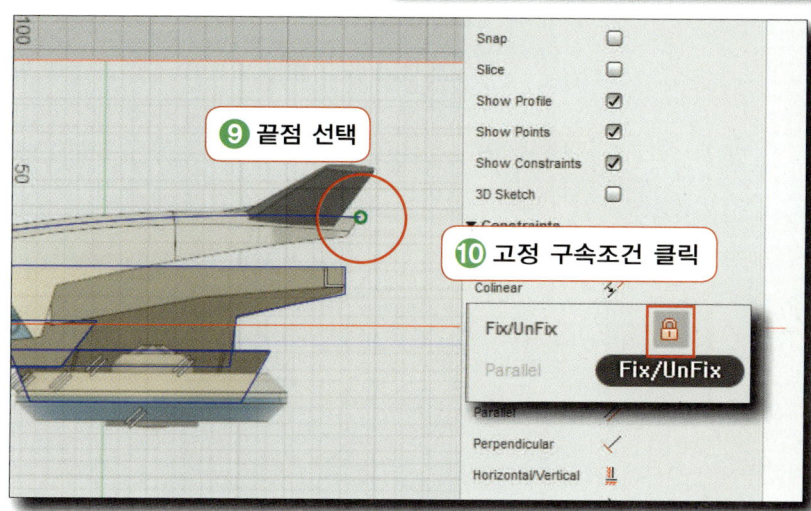

Tips ▶
위치가 정해진 양쪽 끝점에 고정 구속조건을 주면 그 두 점을 기준으로 중간의 커브를 자유롭게 조절할 수 있습니다.

03 부품 모델링

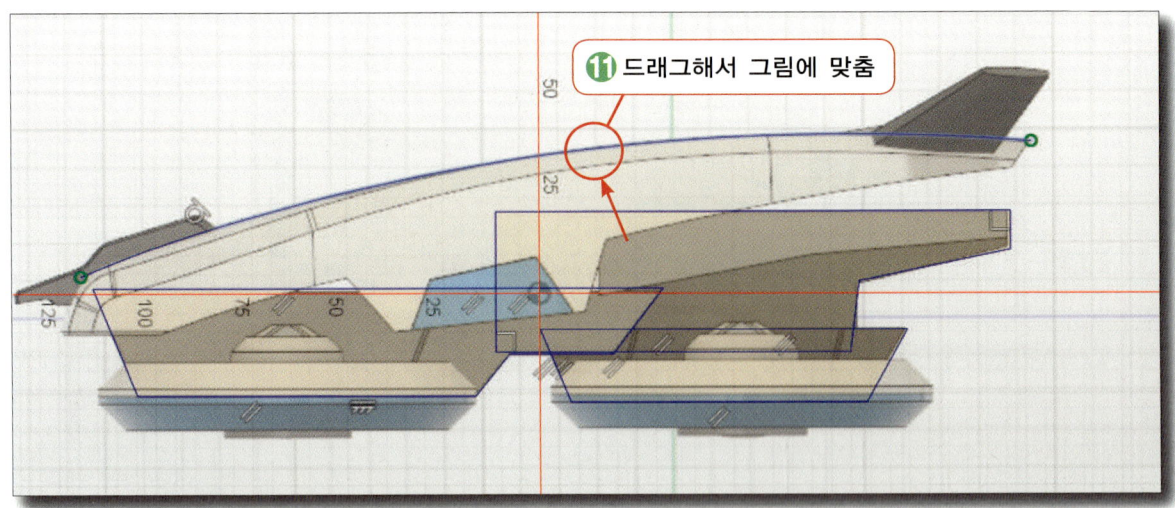

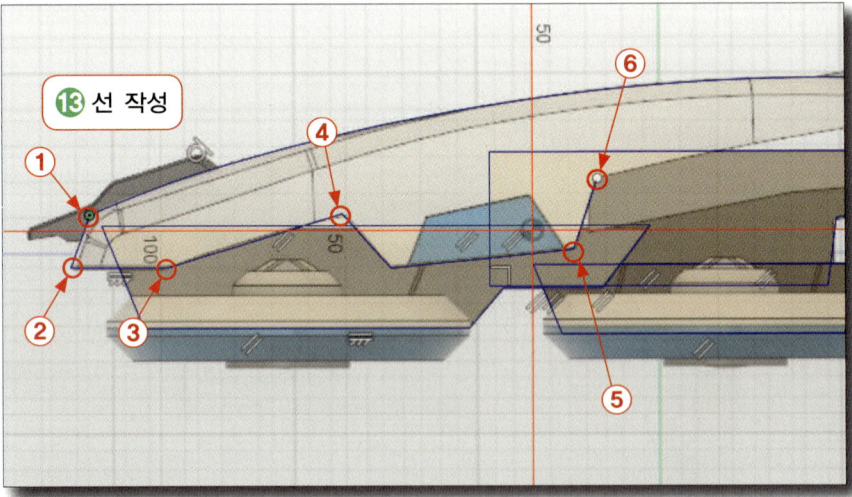

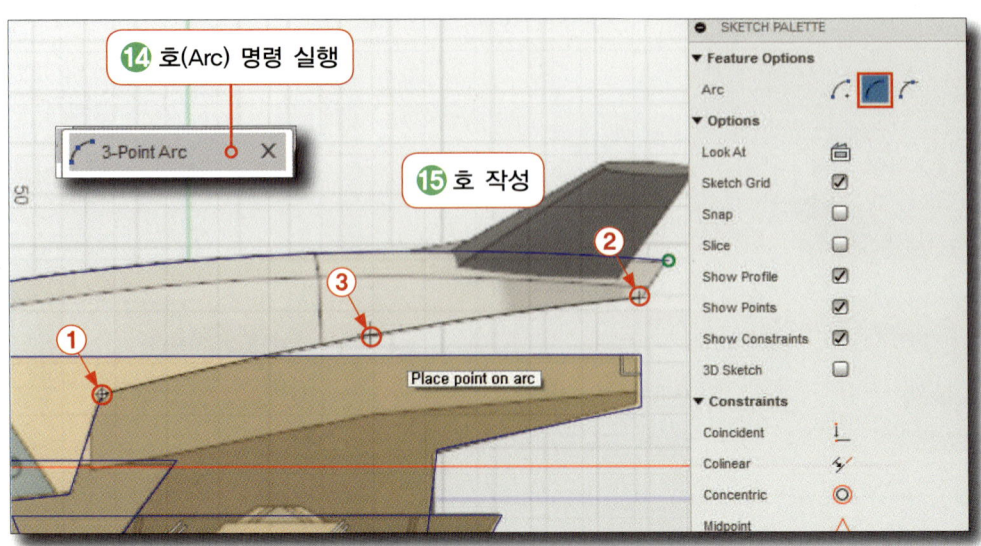

Section02 솔리드 모델링

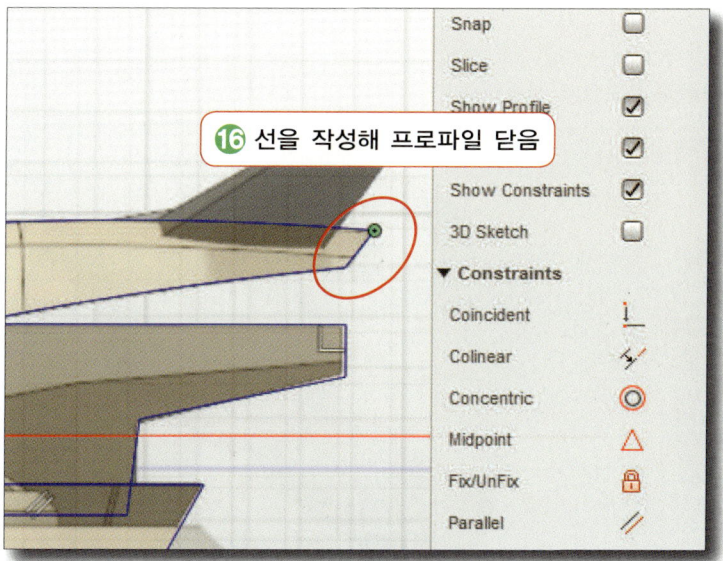

⑯ 선을 작성해 프로파일 닫음

⑰ 스케치 마무리

Tips
첫 점과 끝점이 만나서 폐곡선 영역이 생기면 그 영역을 폐곡선 프로파일이라고 부릅니다.

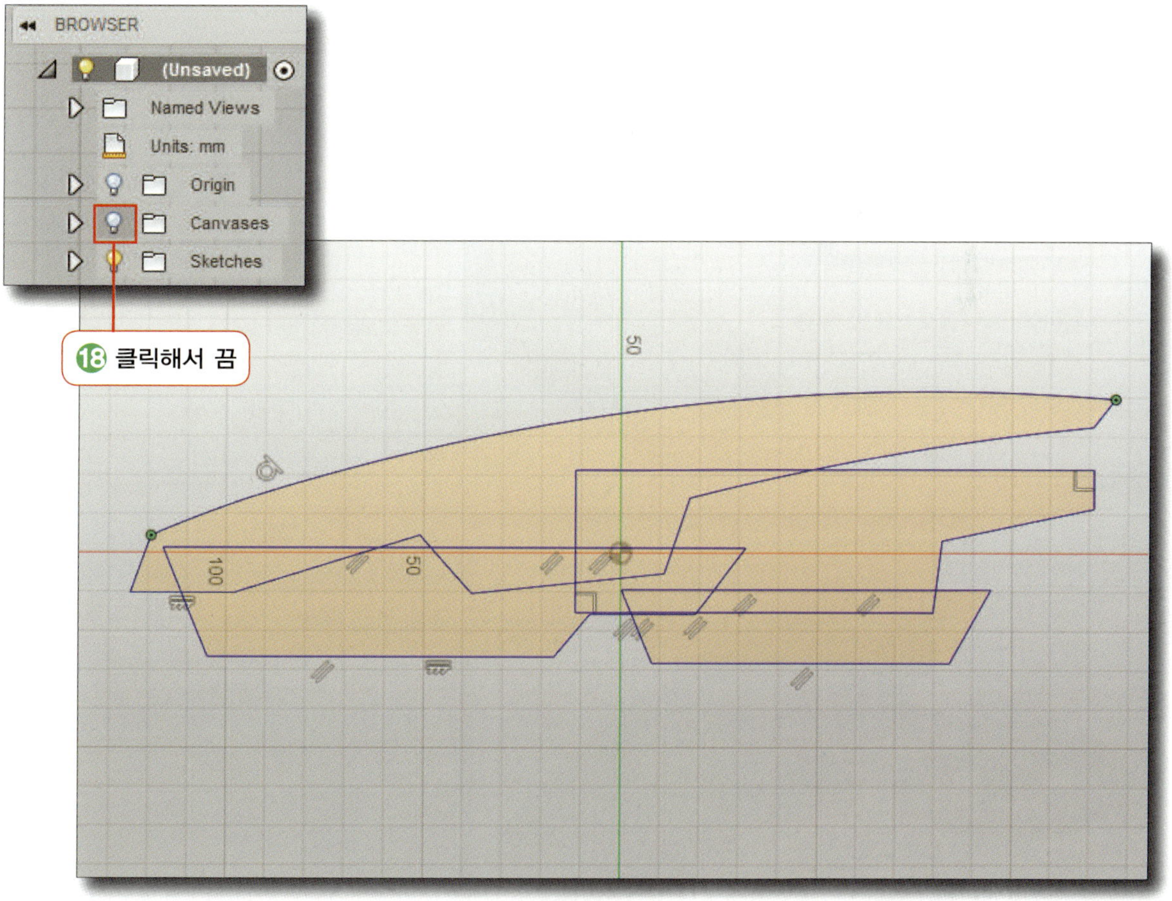

⑱ 클릭해서 끔

03 부품 모델링

step 2

Extrude(돌출) 명령을 실행해 다음과 같이 작성해 보도록 하겠습니다.

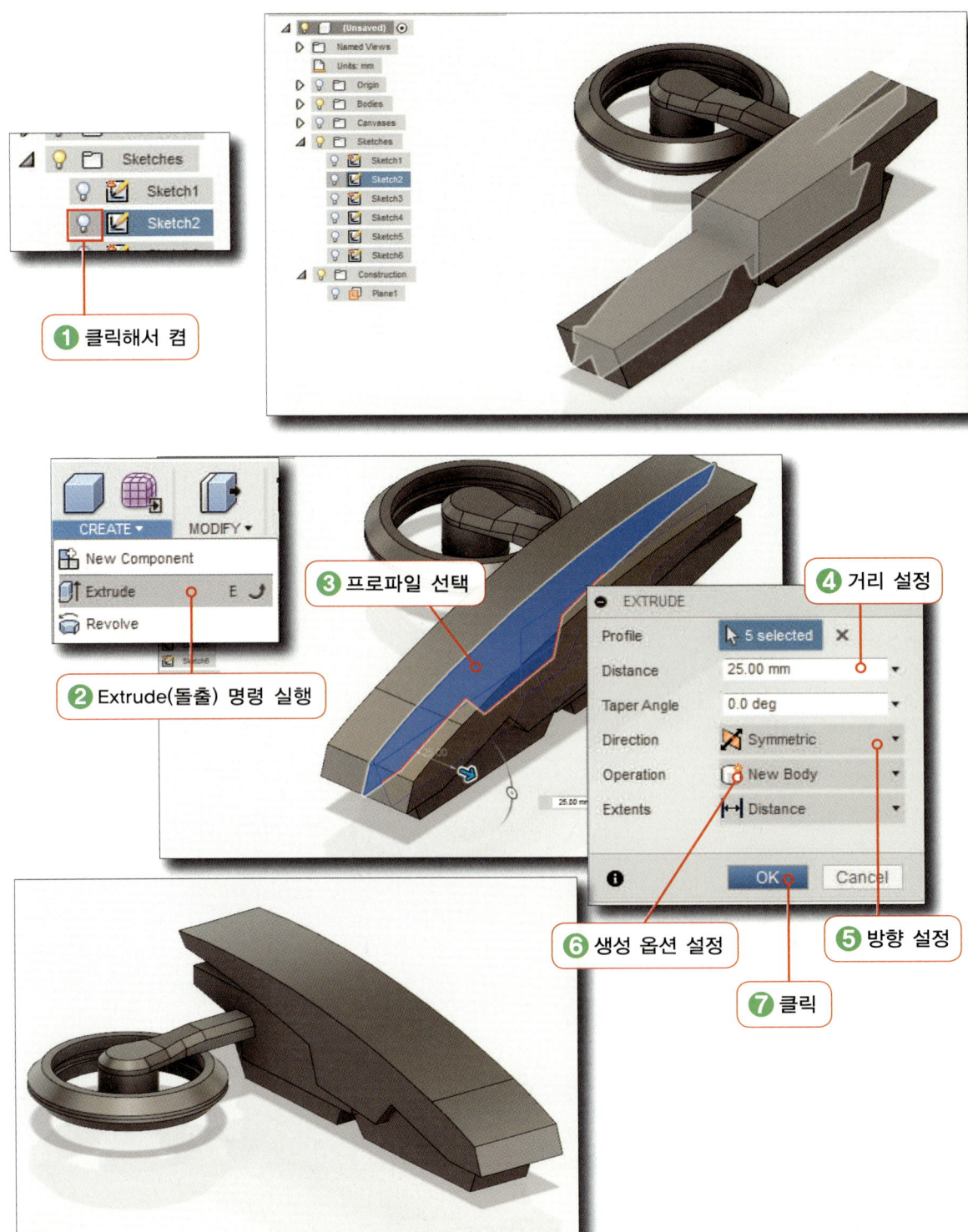

Section02 솔리드 모델링

기수 바디와 날개 솔리드 작성하기

Autodesk Fusion 360

기수 바디와 날개 솔리드를 작성해 보도록 하겠습니다.

step 1

다음 순서에 의해서 스케치를 작성해 보도록 하겠습니다.

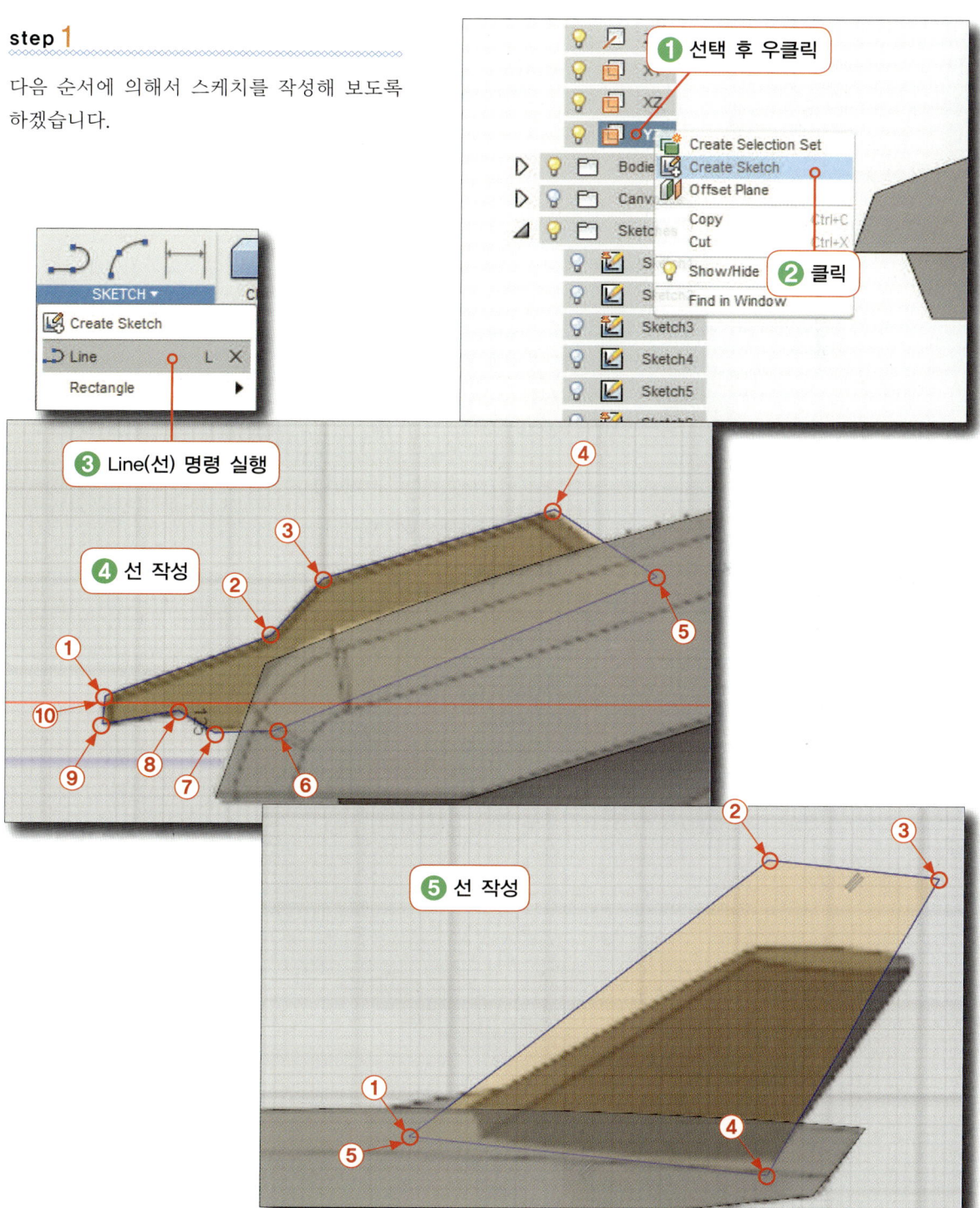

125

03 부품 모델링

step 2

Extrude(돌출) 명령으로 다음과 같이 작성합니다.

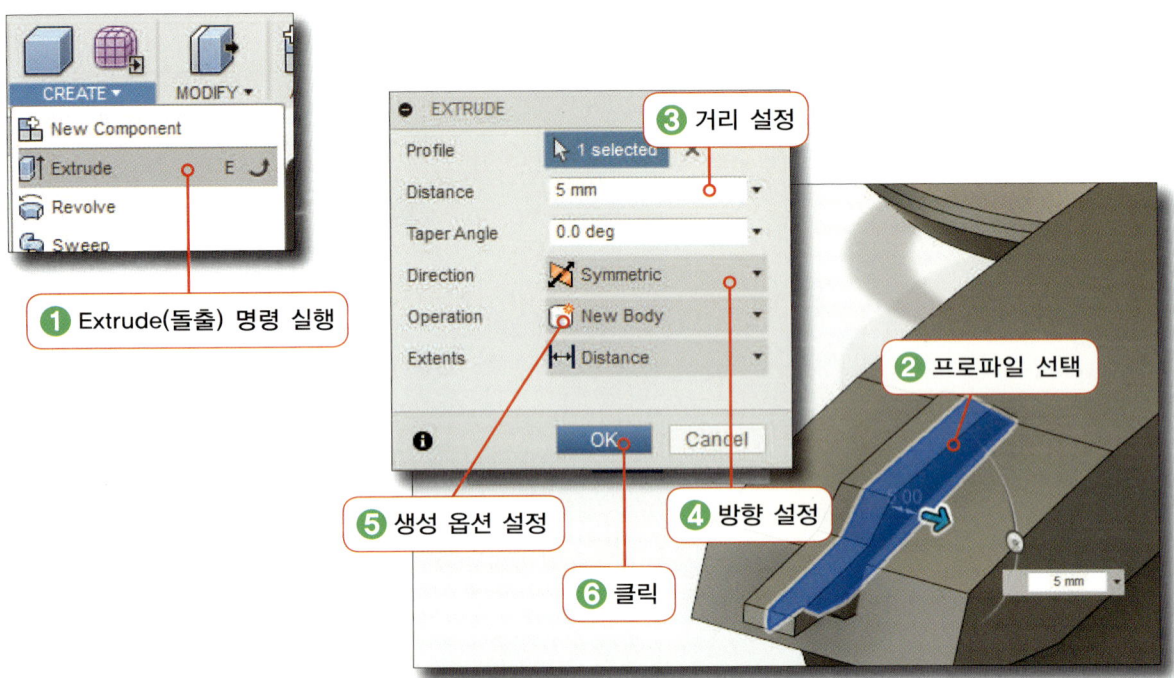

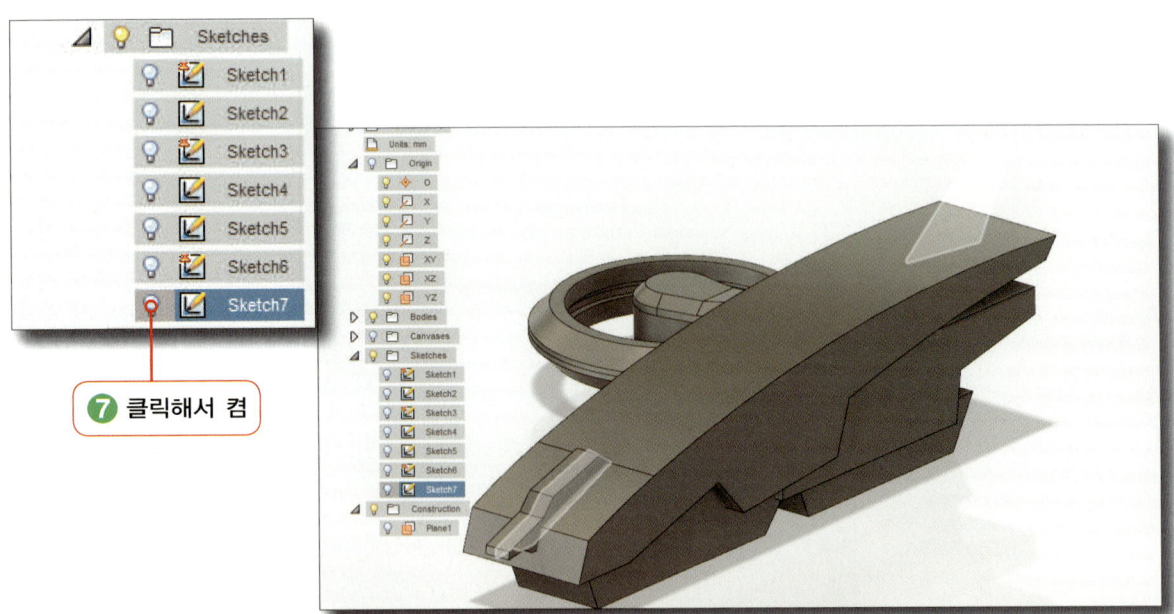

Tips
피처 작성 시, 프로파일로 인식되려면 반드시 화면상에 표시가 되어 있어야 합니다.

Section02 솔리드 모델링

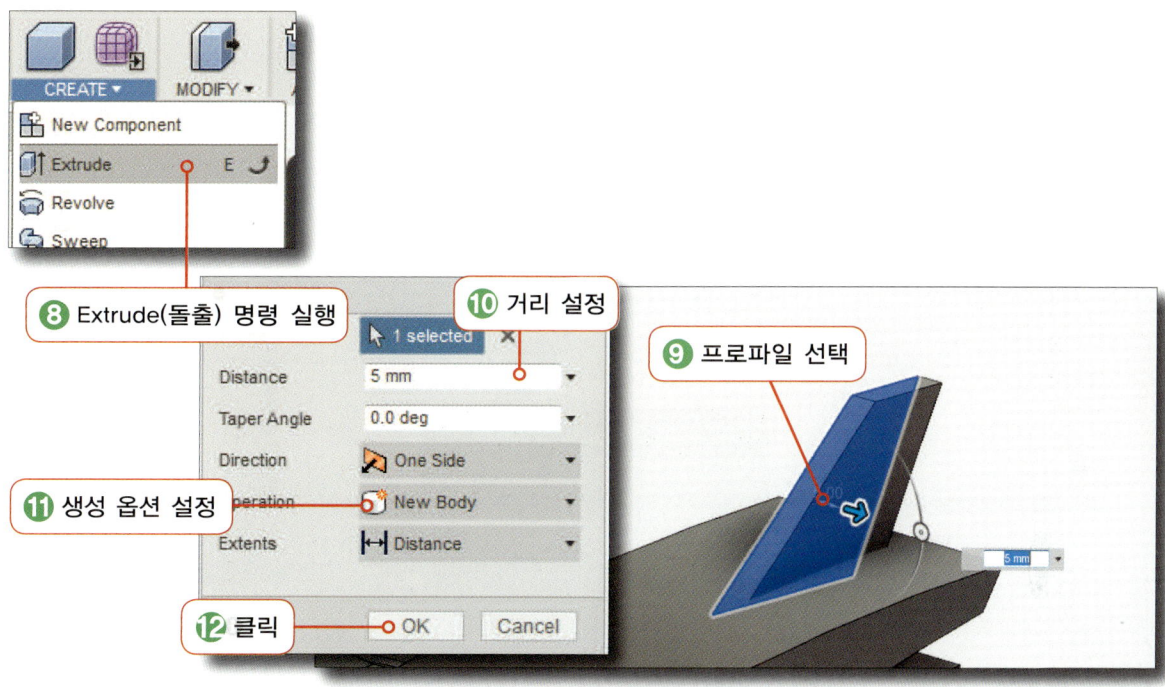

step 3

Move(이동) 명령으로 작성된 바디를 다음 위치로 이동합니다.

03 부품 모델링

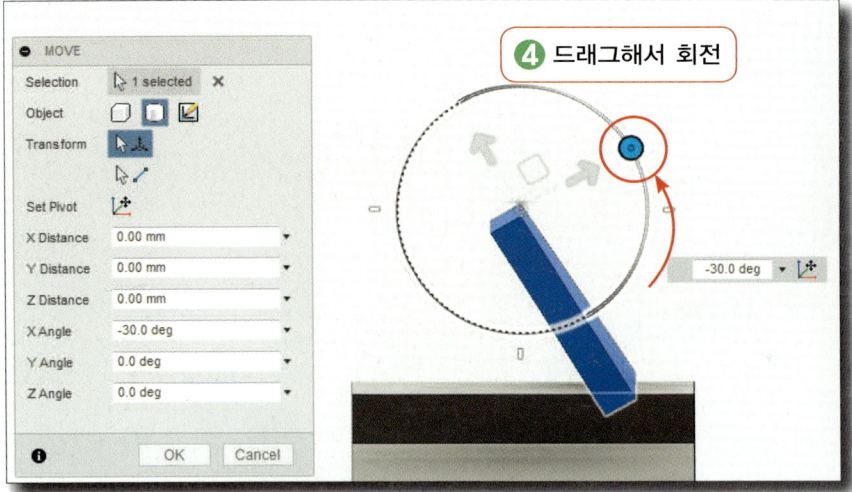

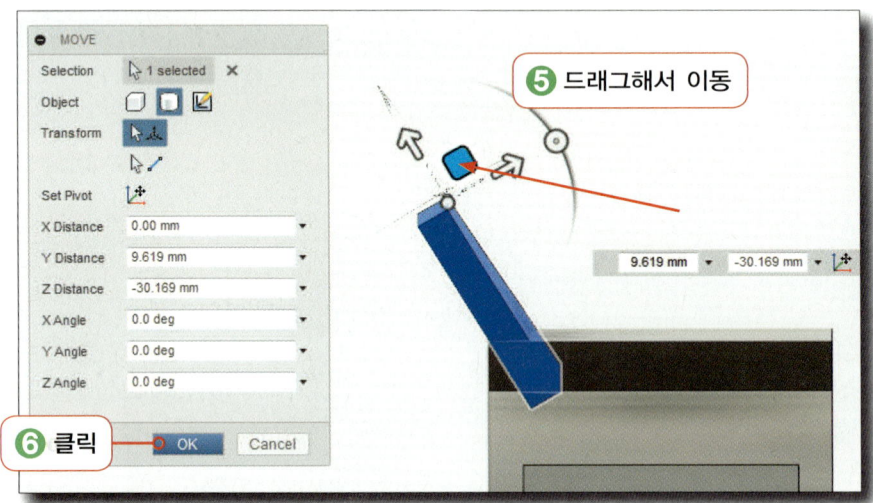

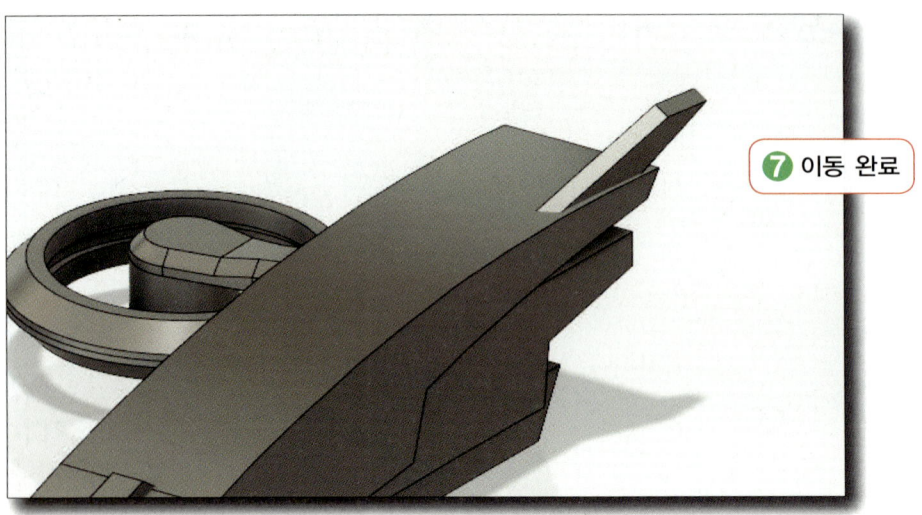

Section02 솔리드 모델링

step 4

Extrude(돌출) 명령으로 작성된 바디를 다음 위치로 이동합니다.

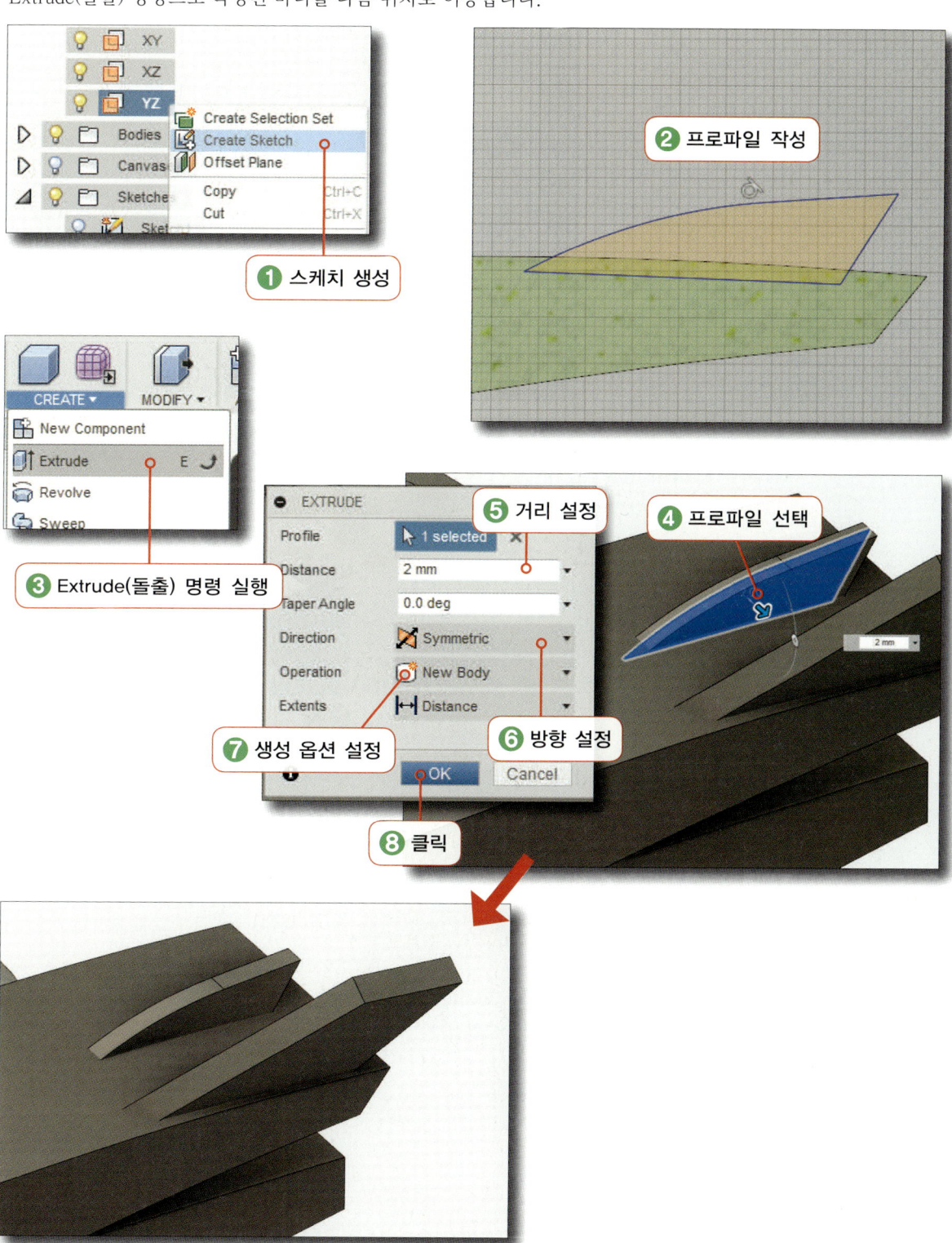

03 부품 모델링

 **Move (이동) 명령에 대해서 알아보자**

1. Move(이동) 명령에 대한 이해

Move(이동) 명령은 Fusion 360에서 작성된 독립 객체(스케치, 바디)를 이동하거나 회전하는 명령을 뜻합니다.

Fusion 360의 모든 개체는 이 Move 명령 하나로 일괄적으로 이동 및 회전을 할 수 있습니다. 부품이나 스케치 개체 자체에 구속이 걸려있는 경우에는 이동할 수 없습니다.

① 스케치의 이동

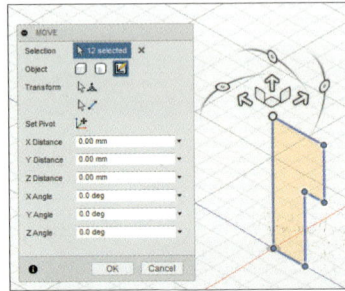

② 바디의 이동

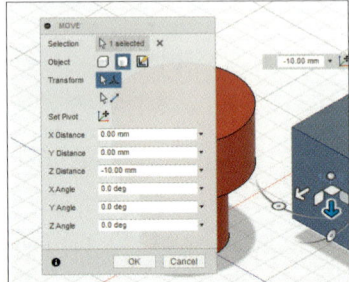

③ 부품의 이동

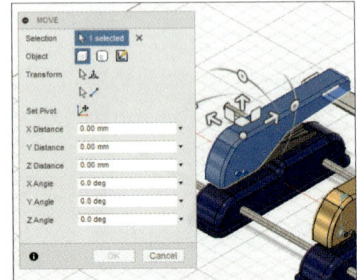

2. 이동 명령창

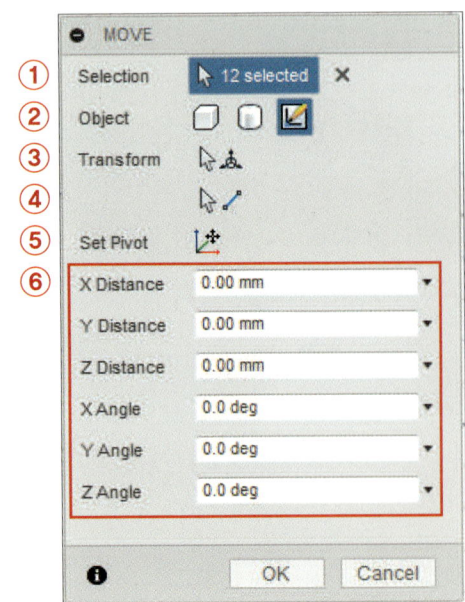

❶ **Selection(선택)** : 이동할 객체를 선택합니다.

❷ **Object(객체 타입)** : 선택할 객체의 타입을 설정합니다.

❸ **Transform Manipulator(핸들 타입 이동)** : 제어 핸들을 이용해 이동합니다.

❹ **Point to Point(스냅점 이동)** : 시작점과 도착점의 스냅으로 이동합니다.

❺ **Set Pivot(핸들 원점 세팅)** : 제어 핸들의 위치를 설정합니다.

❻ **Positopn(위치)** : 현재 객체의 이동 및 회전 좌표를 표시합니다.

저장하기

Autodesk Fusion 360

여태까지의 작업 내역을 저장합니다.

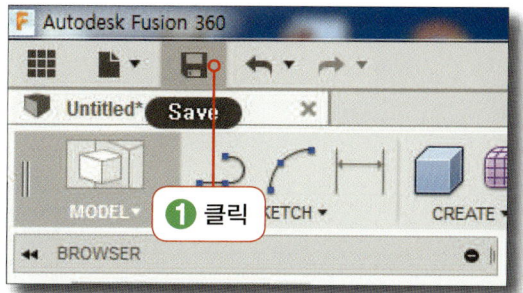

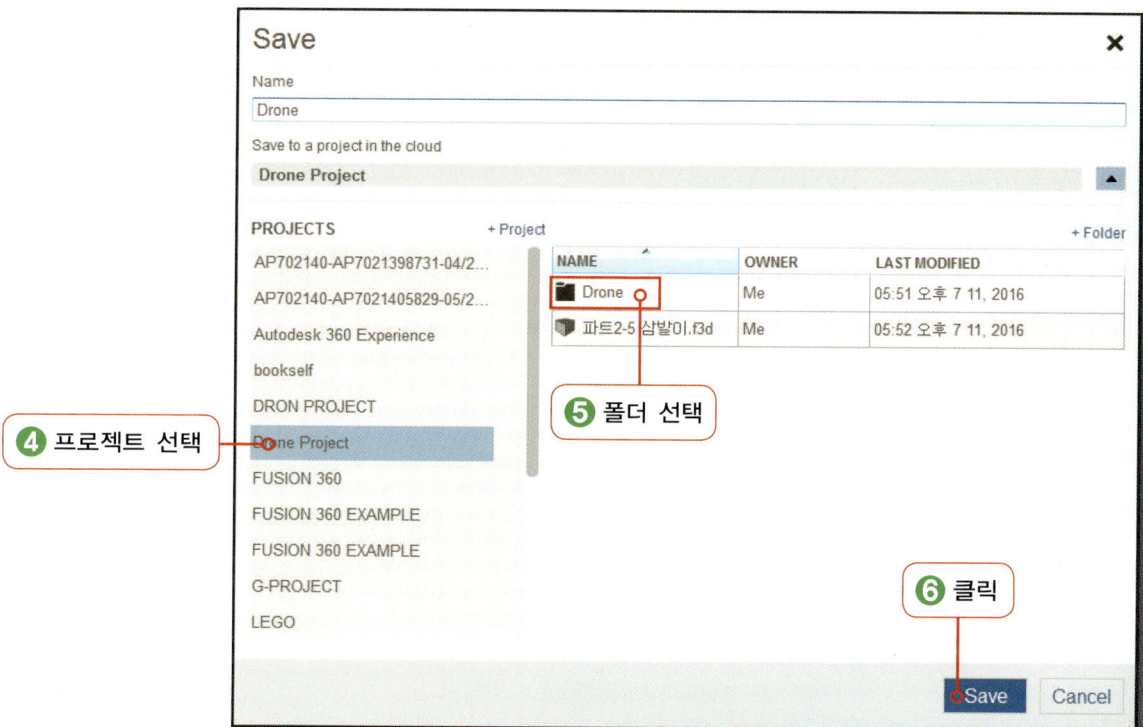

03 부품 모델링

Section 03 곡면 모델링

이번 섹션에서는 Fusion 360의 곡면 모델링 명령어를 이용해 모델링을 시작해 보도록 하겠습니다.

곡면 명령 알아보기 Autodesk Fusion 360

곡면 모델링에는 다음과 같은 명령어들이 있습니다.

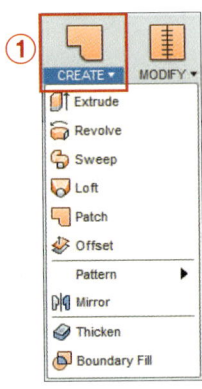
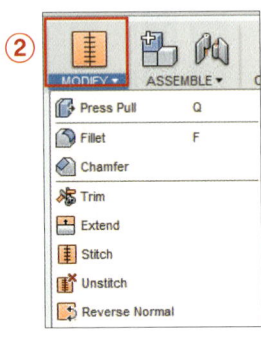

❶ **CREATE(작성)** : 형상을 작성합니다.
❷ **MODIFY(편집)** : 형상을 편집합니다.

01 CREATE(작성) 명령

CREATE(작성) 명령에는 다음과 같은 것들이 있습니다.

❶ **Extrude(돌출)** : 스케치 프로파일을 한 방향으로 밀어내 곡면 형상을 작성합니다.

❷ **Revolve(회전)** : 프로파일이 선택한 축을 중심으로 회전시키는 곡면 형상을 작성합니다.

❸ **Sweep(스윕)** : 프로파일이 경로를 따라가는 곡면 형상을 작성합니다.

❹ **Loft(로프트)** : 두 개 이상의 프로파일을 연결하는 곡면 형상을 작성합니다.

❺ **Patch(패치)** : 닫힌 루프의 경계를 인식해 평면 혹은 곡면을 작성합니다.

❻ **Offset(간격 띄우기)** : 솔리드의 면, 혹은 곡면을 지정한 거리만큼 간격 띄우기 된 곡면을 작성합니다.

02 MODIFY(수정) 명령

MODIFY(수정) 명령에는 다음과 같은 것들이 있습니다.

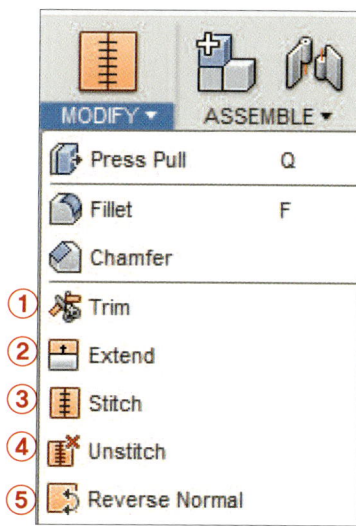

① **Trim(자르기)** : 교차하는 곡면을 잘라냅니다.

② **Extend(연장)** : 곡면의 모서리를 곡률에 맞게 연장/축소합니다.

③ **Stitch(스티치)** : 여러 개의 곡면 바디를 하나로 합칩니다.

④ **Unstitch(언스티치)** : 하나의 솔리드/곡면 바디를 여러개로 나눕니다.

⑤ **Reverse Normal(면 반전)** : 곡면의 방향을 반전합니다.

분석 명령 알아보기

Autodesk Fusion 360

INSPECT(분석) 명령에는 다음과 같은 명령어들이 있습니다.

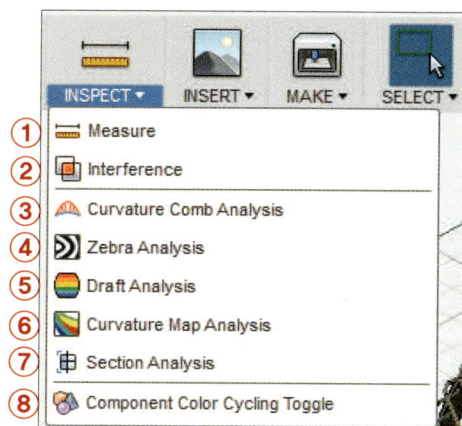

① **Measure(측정)** : 모델의 거리, 각도, 면적 등을 측정합니다.

② **Interference(간섭 분석)** : 부품끼리의 간섭을 검사합니다.

③ **Curvature Comb Analysis(곡률 분석)** : 표면 곡률과 표면의 부드러운 정도를 분석합니다.

④ **Zebra Analysis(얼룩줄 분석)** : 줄무늬 패턴을 사용하여 곡면의 연속성을 분석합니다.

⑤ **Draft Analysis(기울기 분석)** : 제작 가능한 몰드 또는 주조의 기울기 각도에 대해서 모형을 분석합니다.

⑥ **Curvature Map Analysis(곡면 분석)** : 색상 그라데이션을 사용하여 표면 곡률을 표시합니다.

⑦ **Section Analysis(단면 분석)** : 지정한 면에 대해서 잘라진 단면을 표시합니다.

⑧ **Component Color Cycling Toggle(부품 색상 순환 표시)** : 피처 트리에서 각각의 부품에 속한 피처를 구분하여 색상바를 표시합니다.

03 부품 모델링

평면 곡면 작성하기　　　　　　　　　　　　　　Autodesk Fusion 360

평면 곡면을 작성해서 기존의 솔리드 면과 대체해 보도록 하겠습니다.

step 1

다음 과정을 통해 스케치의 이름을 수정합니다.

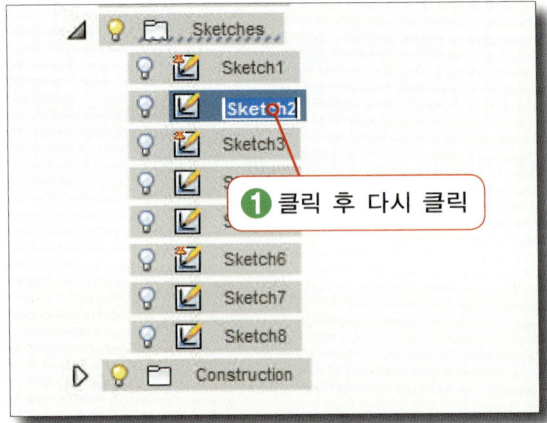

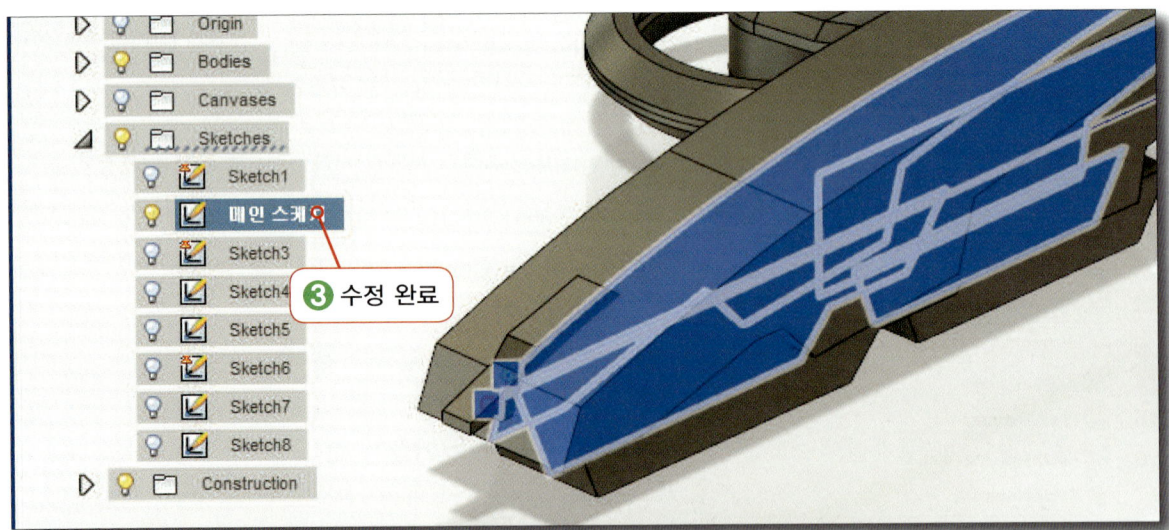

> **Tips**
> 브라우저 항목의 객체들은 해당 항목의 이름을 두 번 클릭하면 수정할 수 있습니다.

step 2

다음 과정을 통해 첫 번째 곡선 프로파일을 작성합니다.

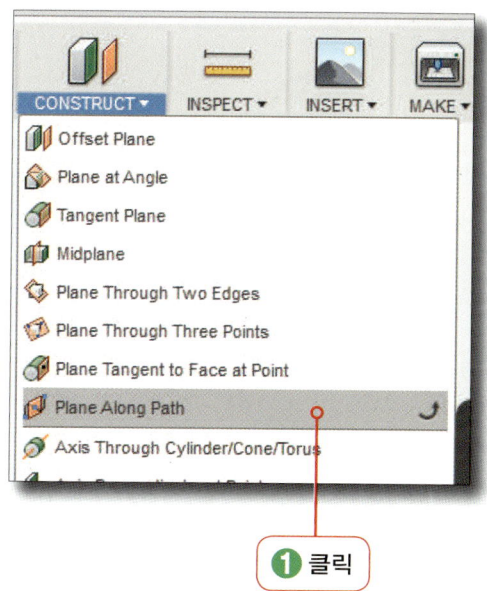

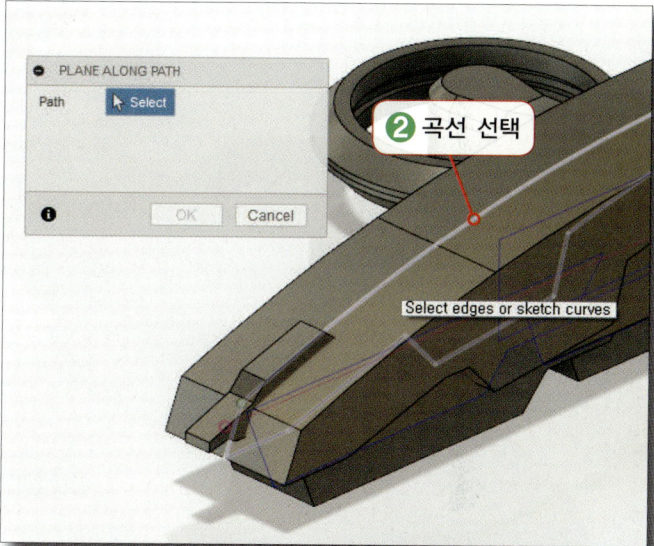

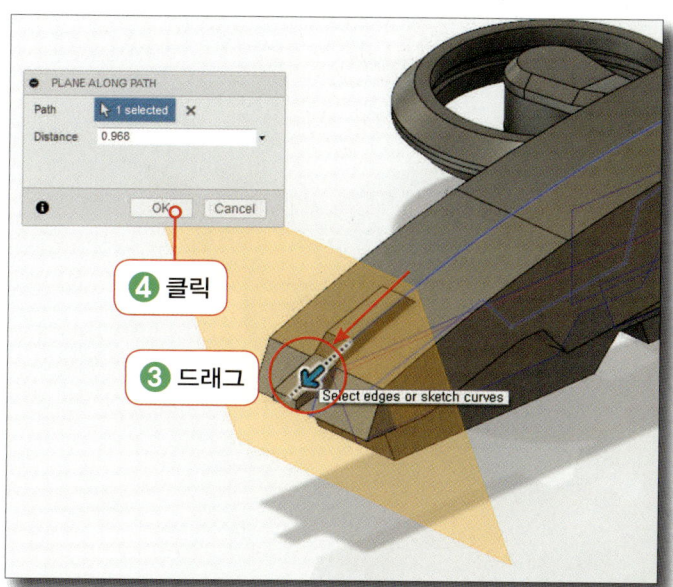

> **Tips**
> Distance 항목의 수치는 선택한 곡선의 백분율 위치를 뜻합니다.

03 부품 모델링

step 3

같은 방법으로 두 개의 평면을 추가로 작성합니다.

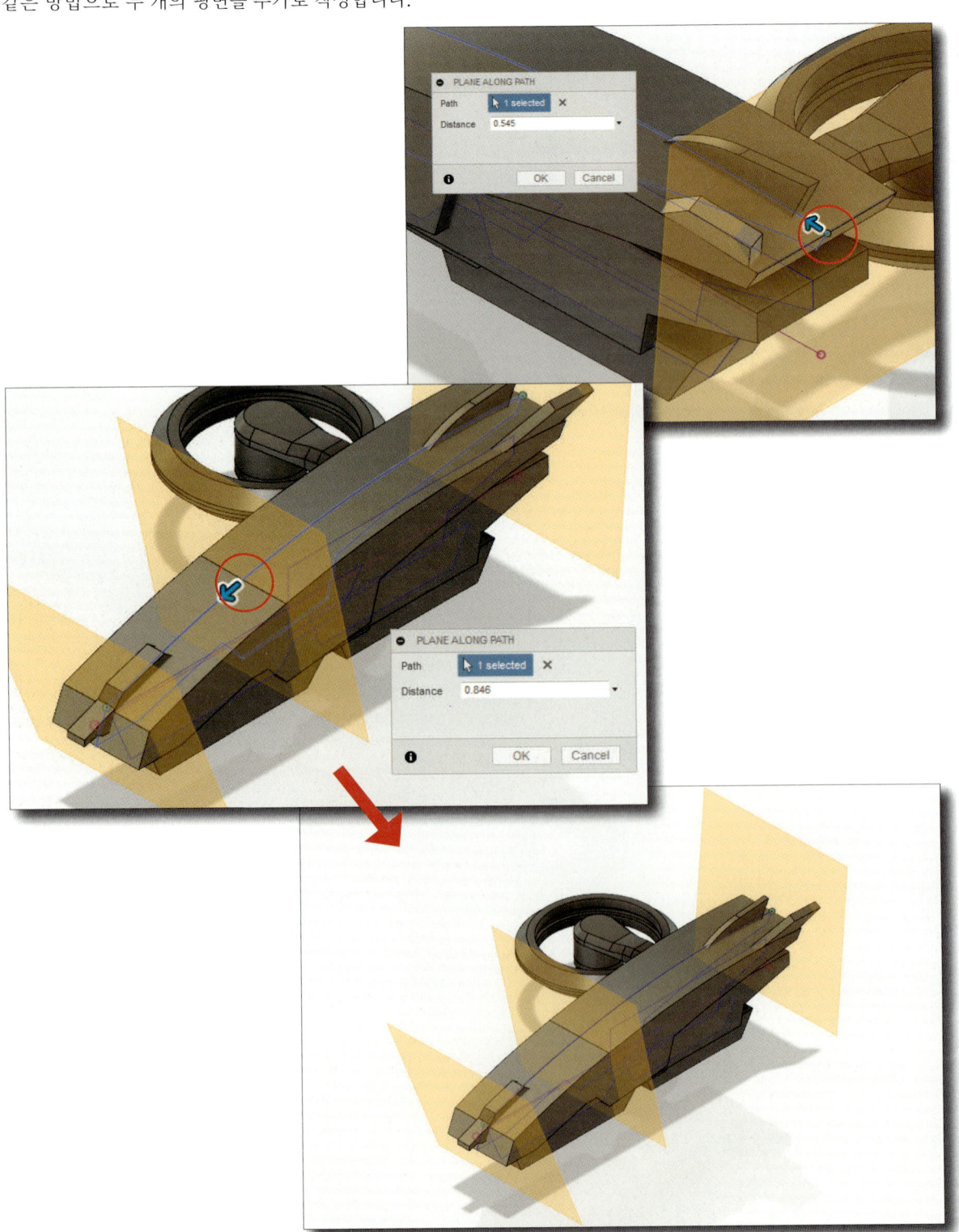

step 4

다음 과정을 통해 작성한 평면에 첫 번째 스케치 프로파일을 작성합니다.

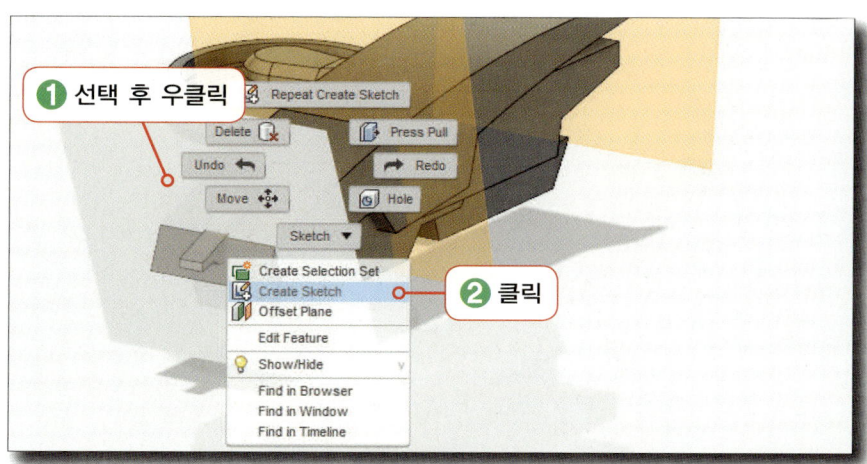

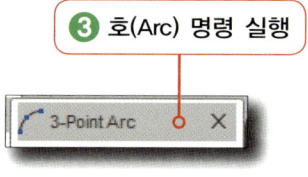

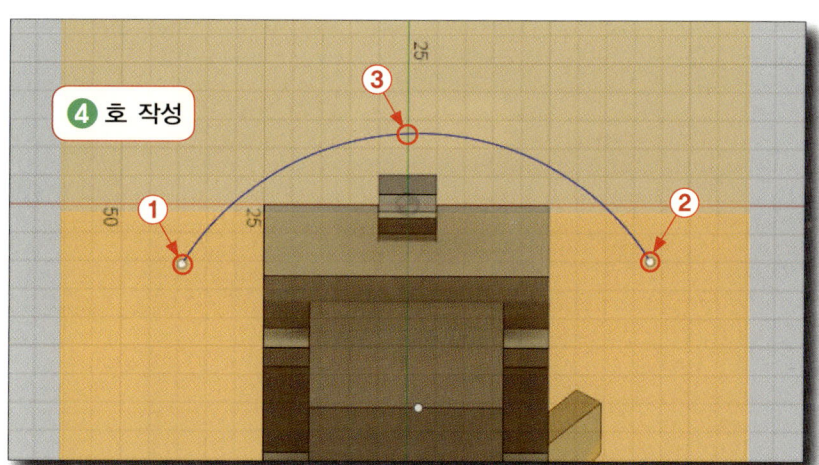

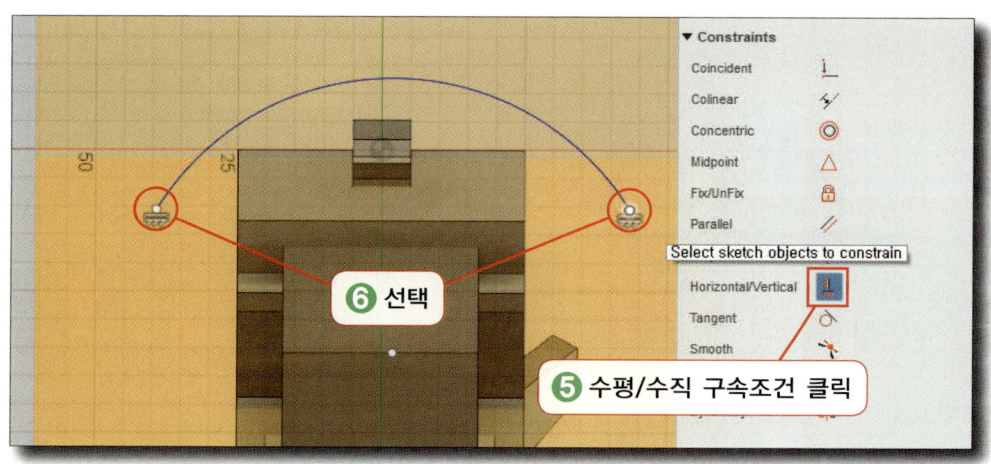

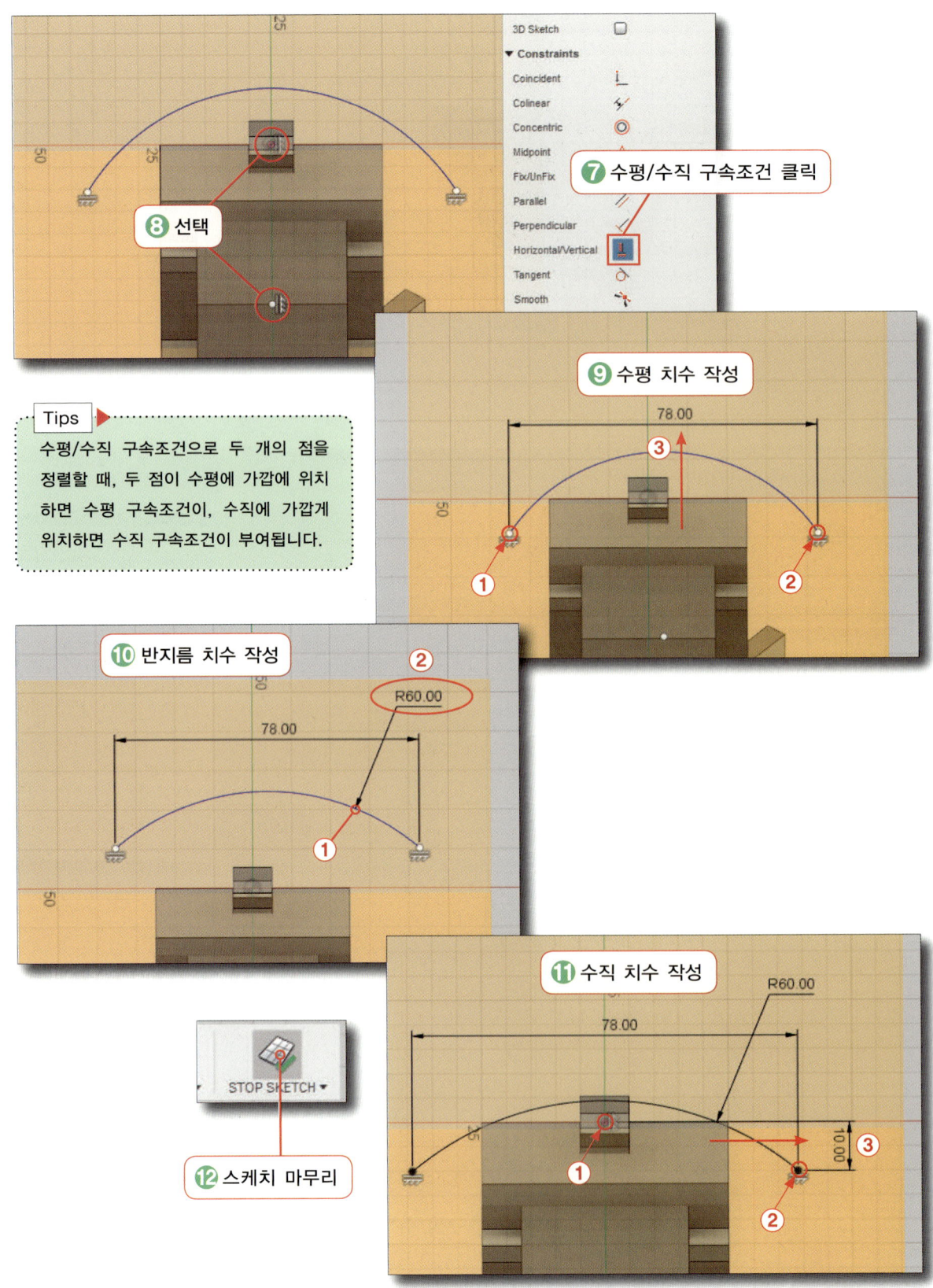

step 5

다음 과정을 통해 작성한 평면에 두 번째 스케치 프로파일을 작성합니다.

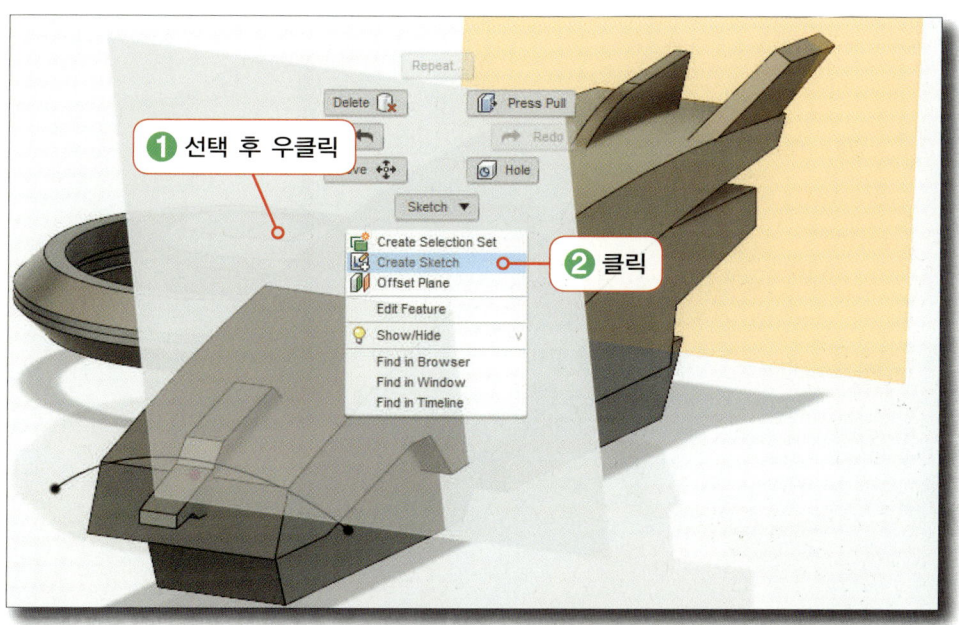

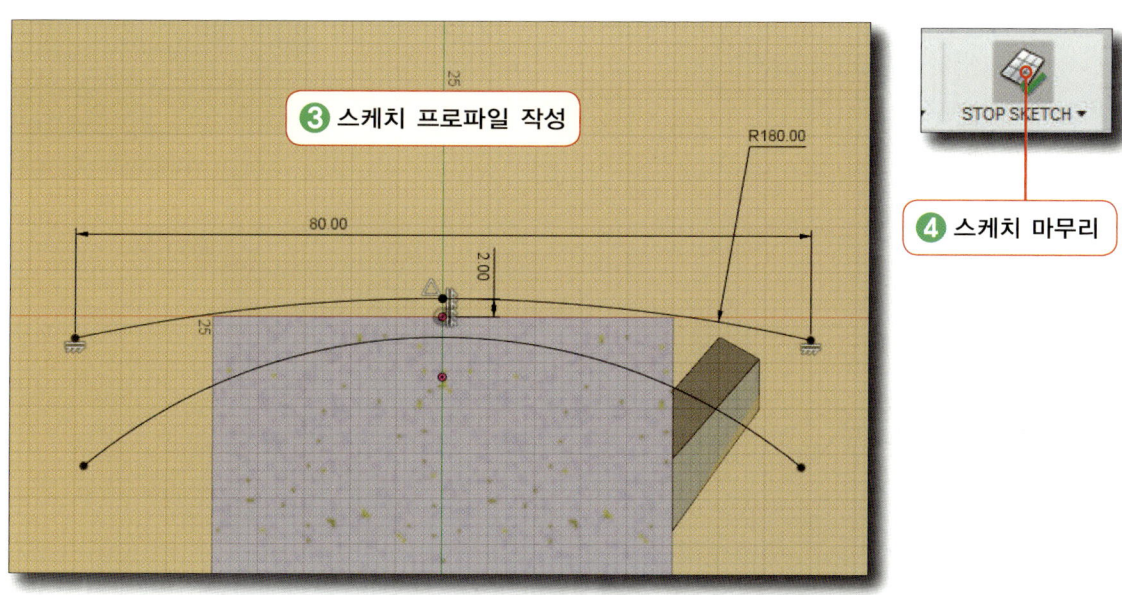

> Tips ▶
> 작성 순서는 첫 번째 스케치 프로파일과 동일합니다.

03 부품 모델링

step 6

다음 과정을 통해 작성한 평면에 세 번째 스케치 프로파일을 작성합니다.

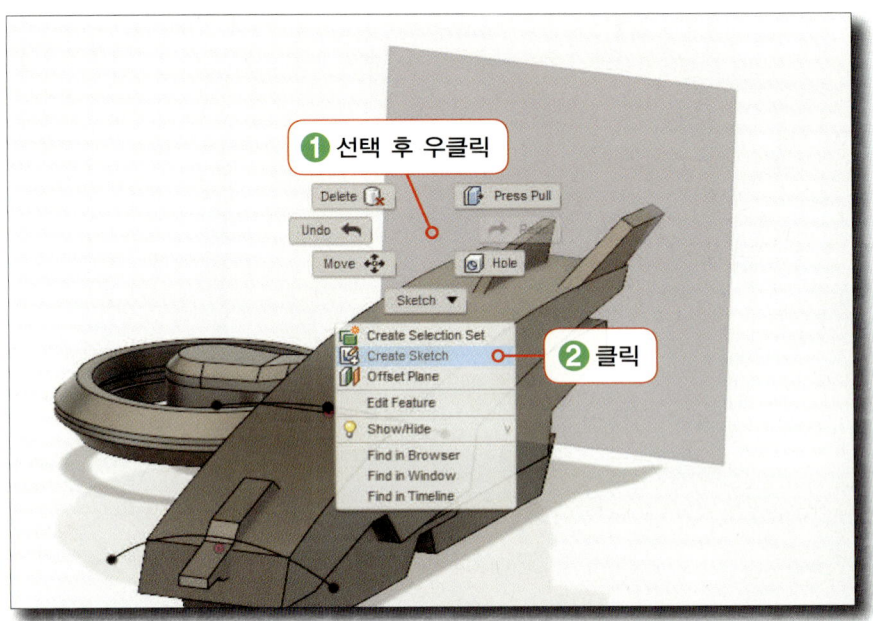

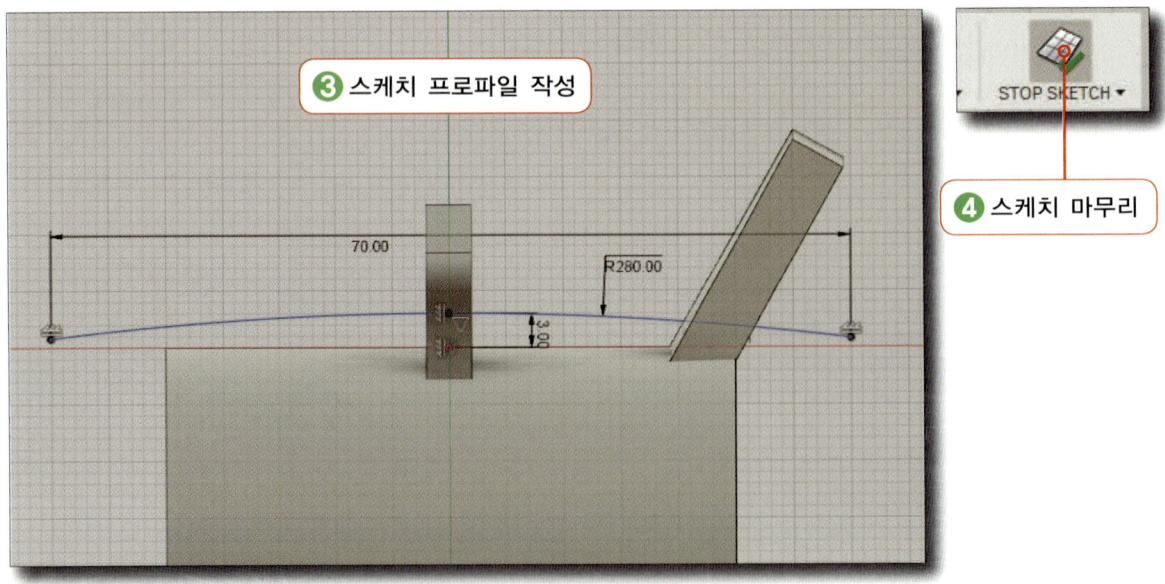

> **Tips**
> 작성 순서는 첫 번째 스케치 프로파일과 동일합니다.

Section03 곡면 모델링

step 7

다음과 같이 세 개의 곡선 프로파일이 작성됩니다.

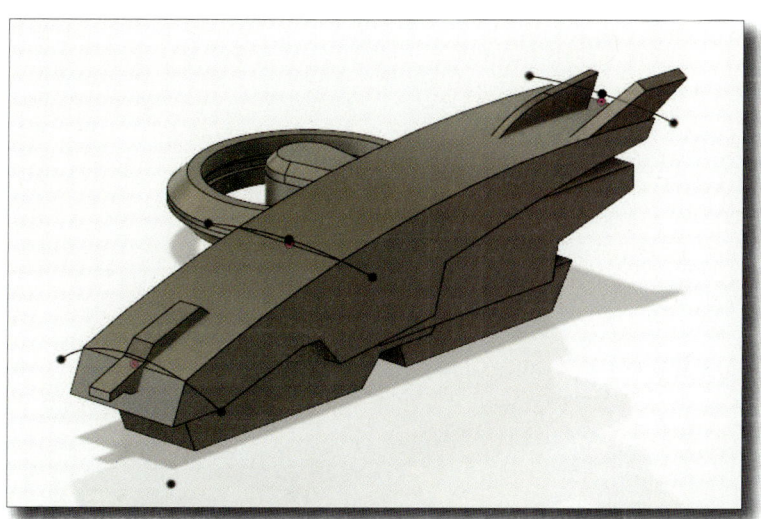

step 8

Change Workspace(작업공간 변경) 항목에서 PATCH(곡면) 환경을 클릭합니다.

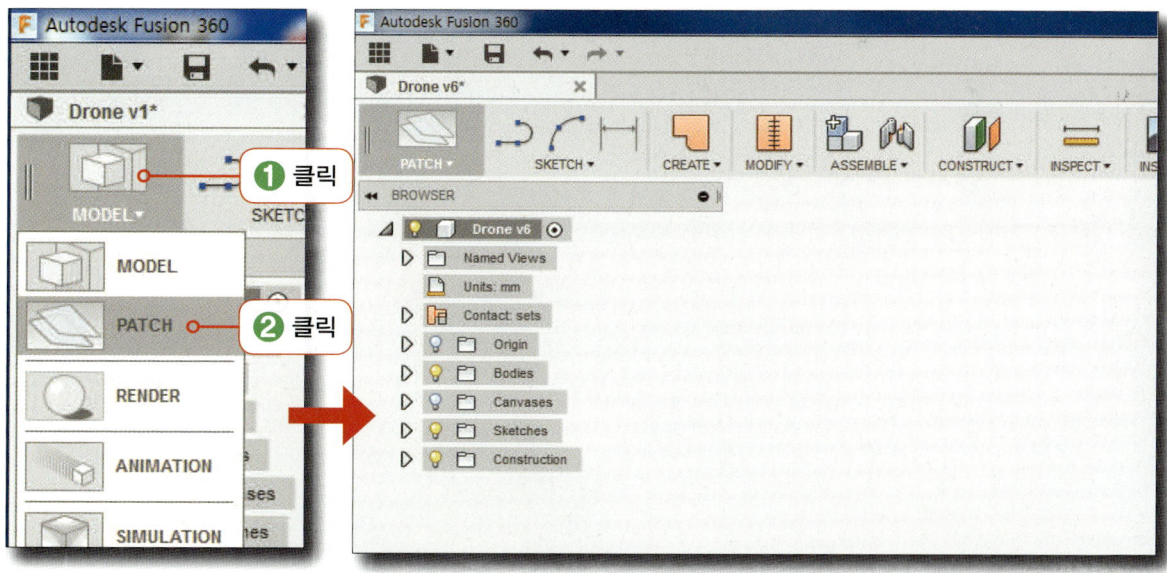

> **Tips**
> 곡면 환경에서 작성한 피처도 타임라인에 동일하게 등록됩니다.

03 부품 모델링

step 9

Loft(로프트) 명령을 실행해 다음과 같이 작성합니다.

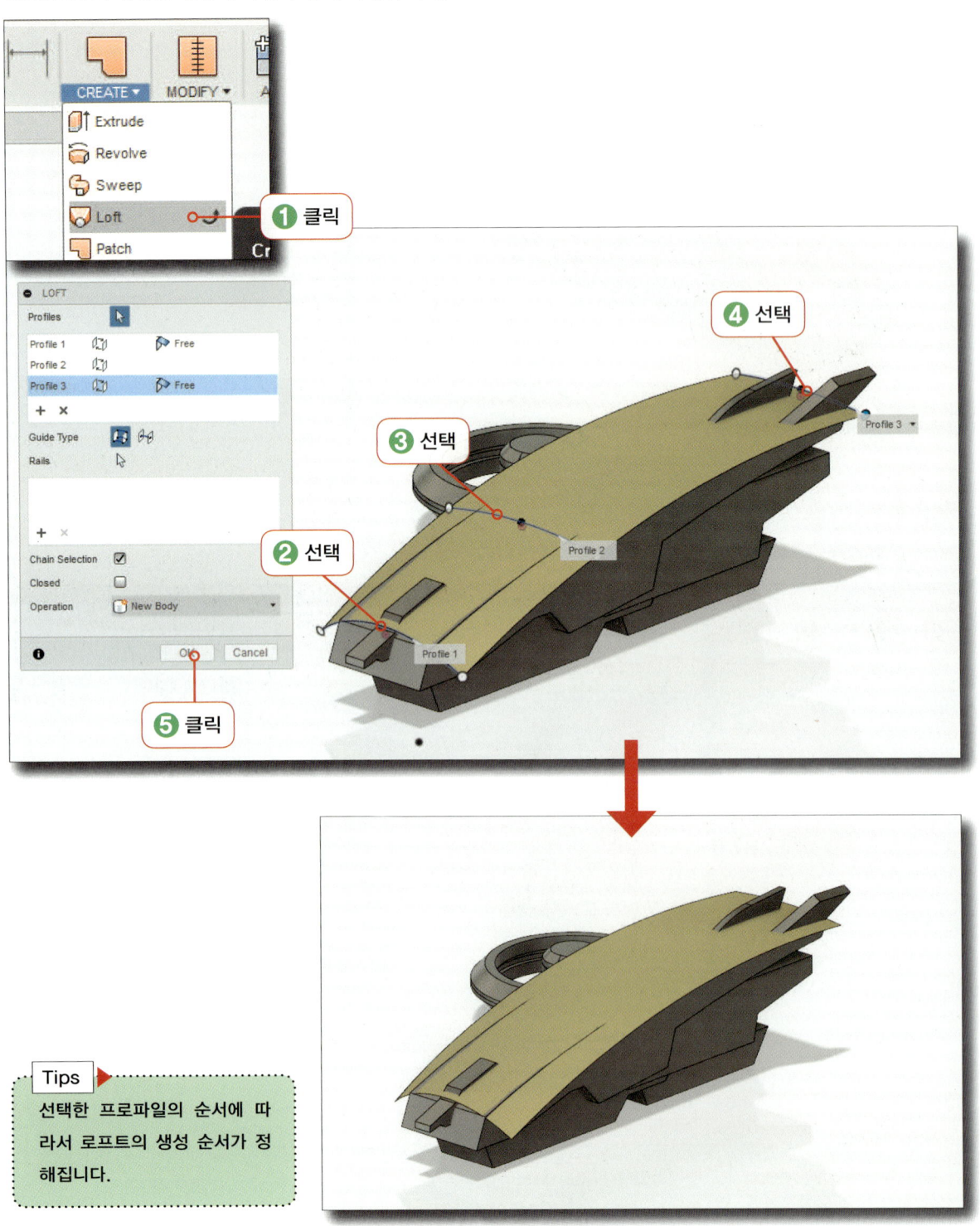

Tips 선택한 프로파일의 순서에 따라서 로프트의 생성 순서가 정해집니다.

Section03 곡면 모델링

 Loft(로프트) 옵션에 대해서 알아보자

Loft(로프트) 명령어의 옵션에 대해서 알아보도록 하겠습니다.

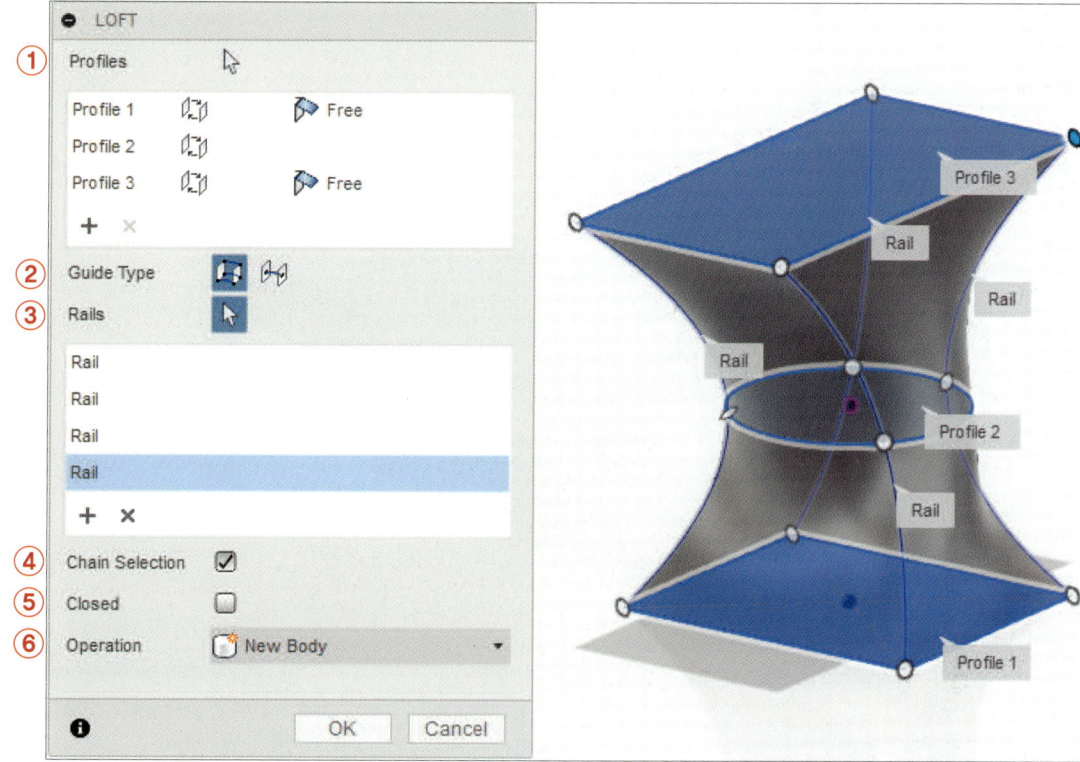

① **Profiles(프로파일)** : 로프트의 단면으로 쓸 프로파일을 선택합니다.

② **Guide Type(가이드 타입)** : 중심 레일 옵션을 선택합니다.

③ **Rails(가이드 레일 선택)** : 가이드로 쓸 레일을 선택합니다.

④ **Chain Selection(체인 선택)** : 프로파일이나 레일을 선택할 때, 루프로 선택된 객체를 한꺼번에 선택합니다.

⑤ **Closed(닫기)** : 첫 번째 프로파일과 마지막 프로파일을 이어주는 형상을 작성합니다. 기하학적인 모양이 성립되지 않으면 이 옵션은 작동하지 않습니다.

⑥ **Operation(생성 옵션)** : 생성 옵션을 설정합니다.

03 부품 모델링

step 10

Extend(연장) 명령을 실행해 다음과 같이 작성합니다.

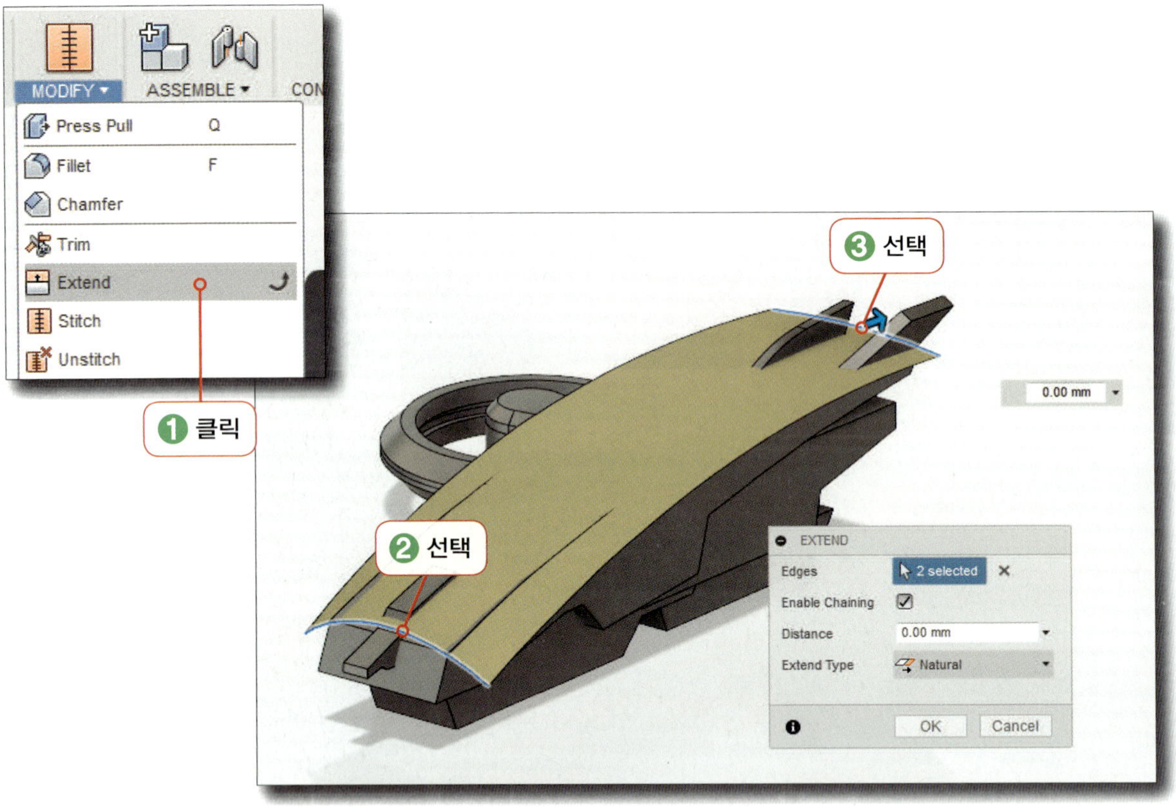

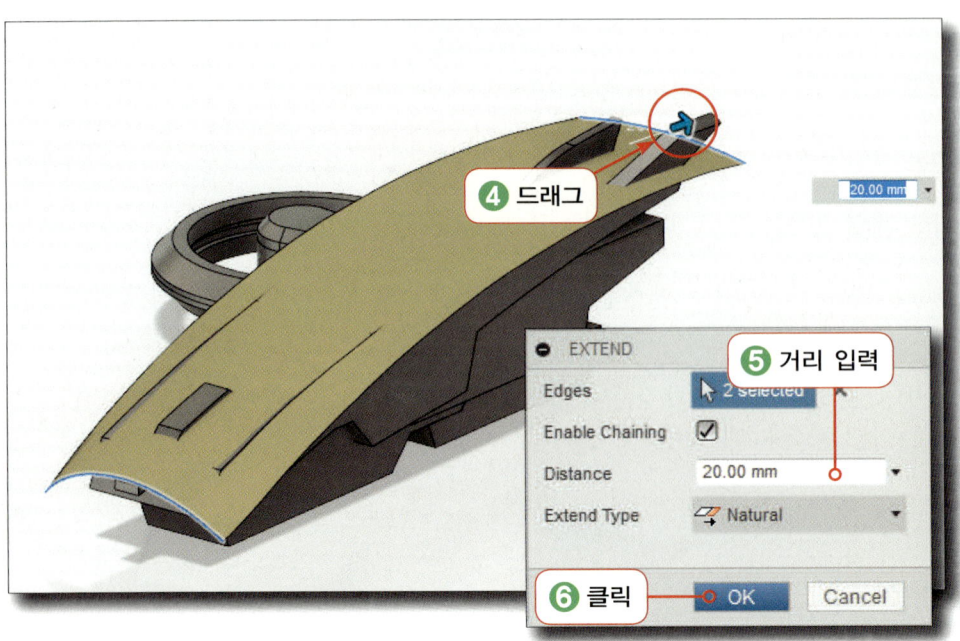

Section03 곡면 모델링

step 11

Reverse Normal(면 뒤집기) 명령을 실행해 다음과 같이 작성합니다.

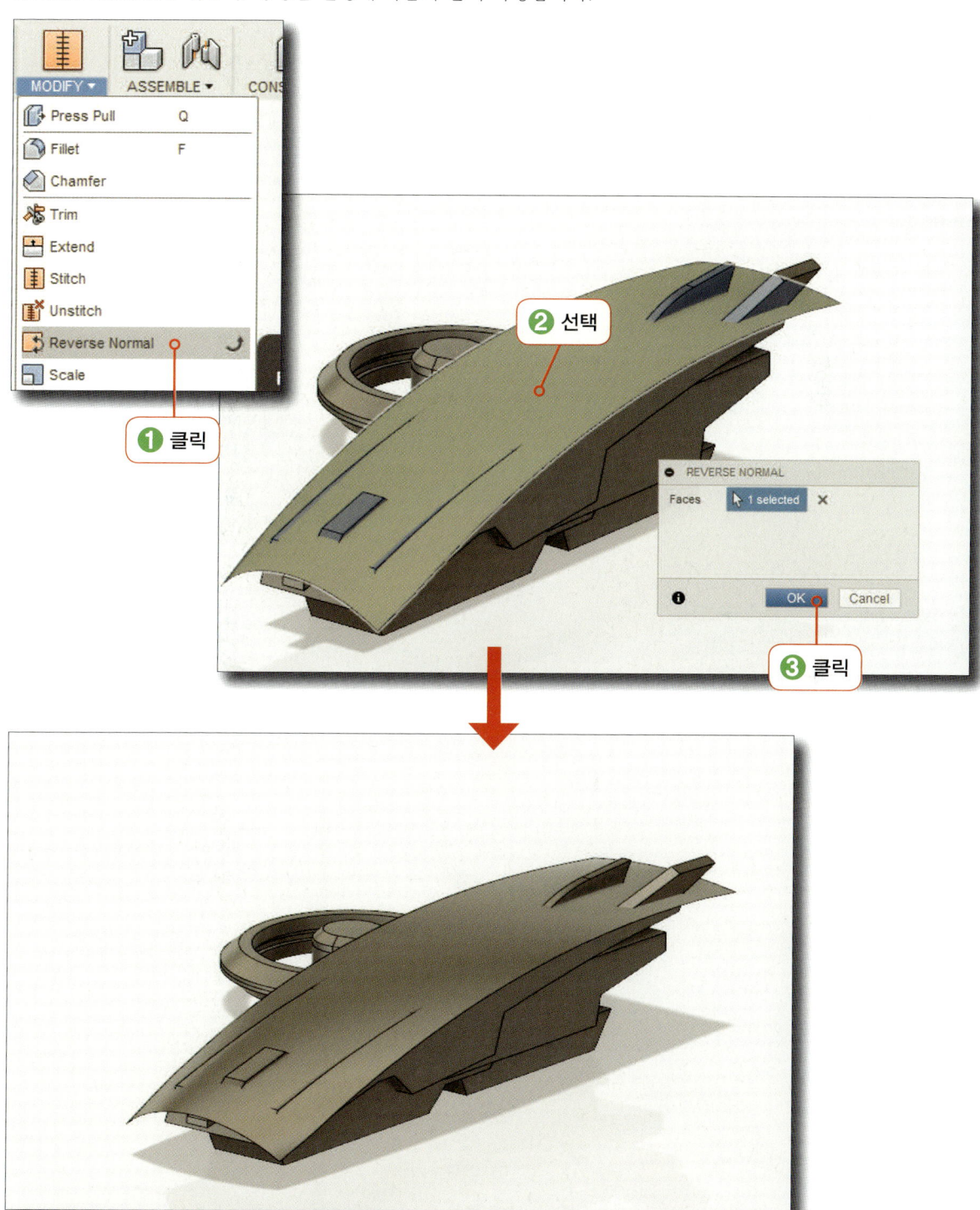

03 부품 모델링

step 12

Replace Face(면 대체) 명령을 실행해 다음과 같이 작성합니다.

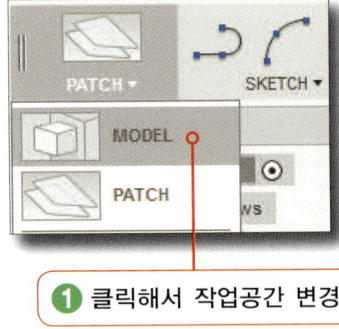

❶ 클릭해서 작업공간 변경

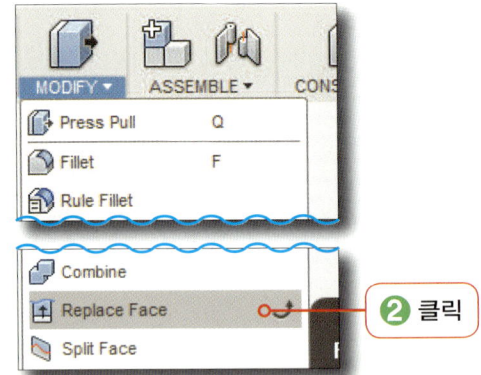

❷ 클릭

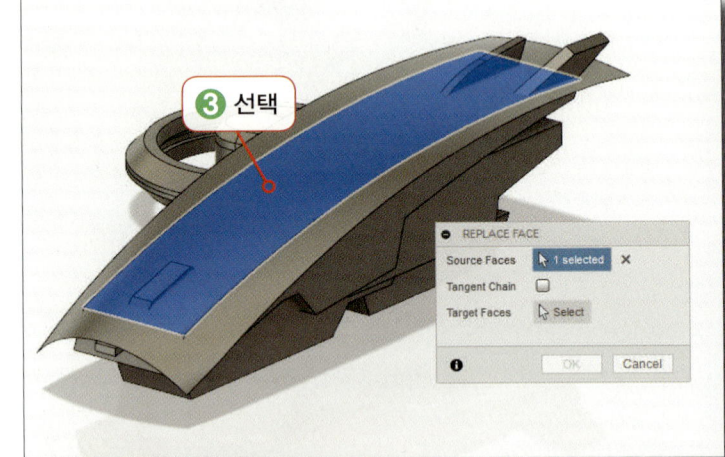

❸ 선택

> **Tips**
> 대체할 면이 원본 면보다 크기가 작으면 면 대체가 적용되지 않습니다.

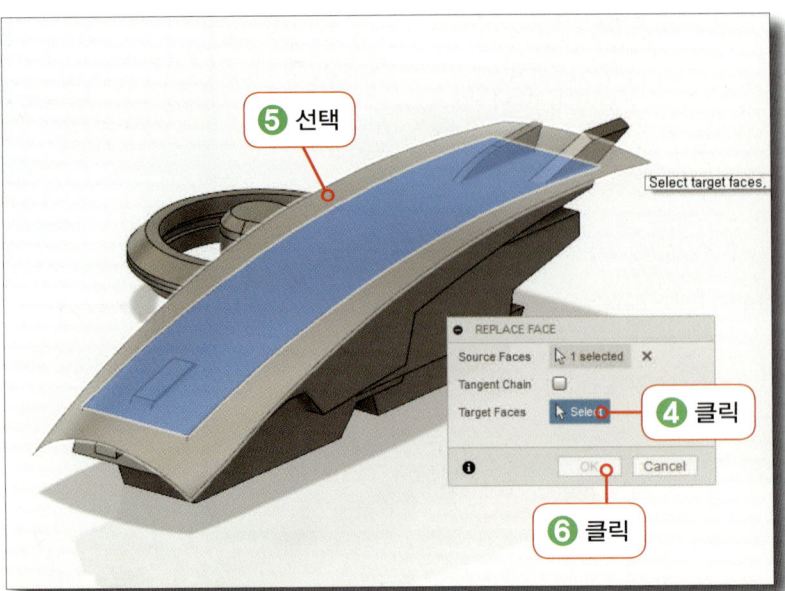

❺ 선택

❹ 클릭

❻ 클릭

step 13

기존에 작성된 곡면 개체를 화면에서 숨김으로써 평면 곡면의 작성을 마무리합니다.

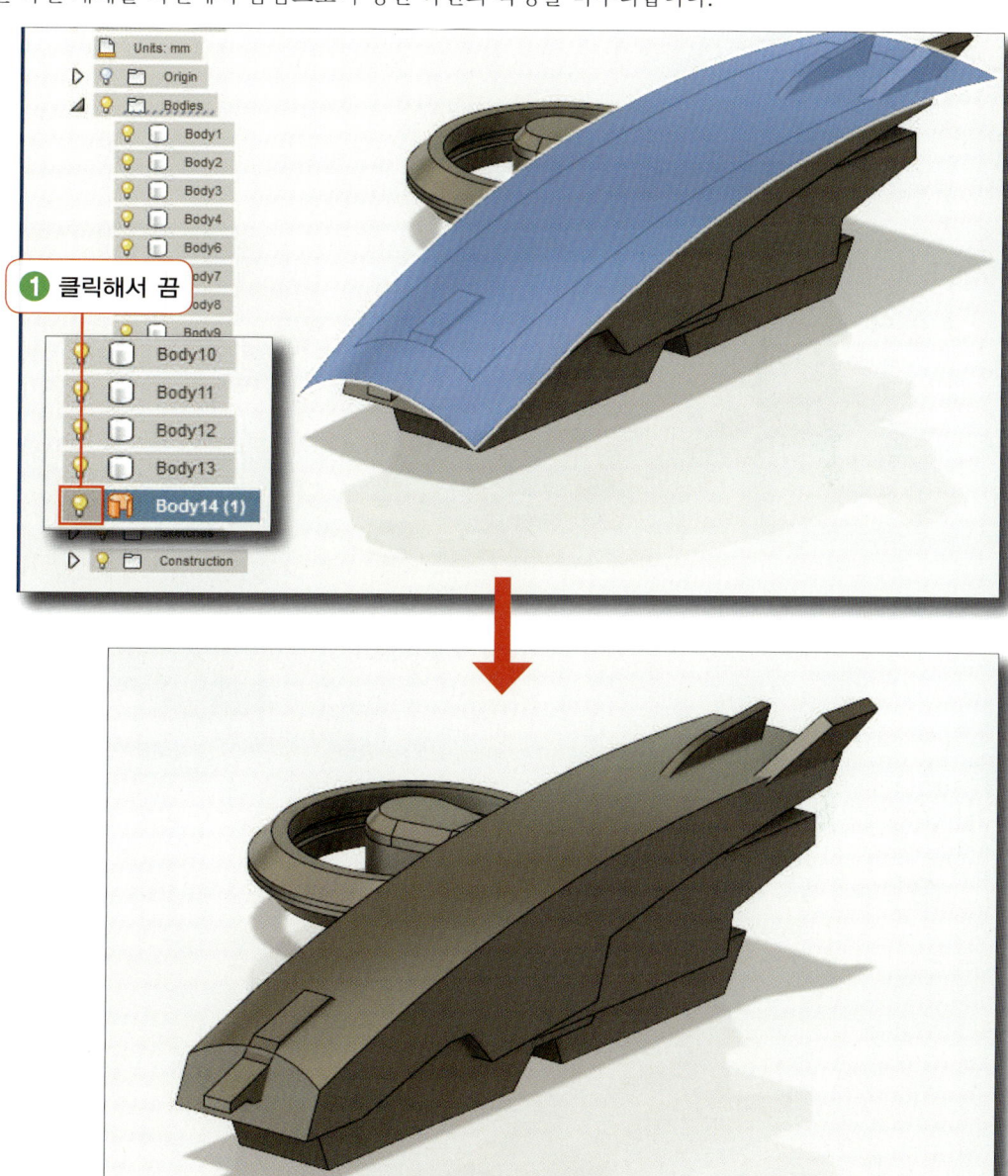

① 클릭해서 끔

03 부품 모델링

옆면 곡면 작성하기 Autodesk Fusion 360

옆면 곡면을 작성해서 기존의 솔리드 면과 대체해 보도록 하겠습니다.

step 1

작업 환경을 곡면으로 변경한 후, 다음과 같이 스케치를 작성합니다.

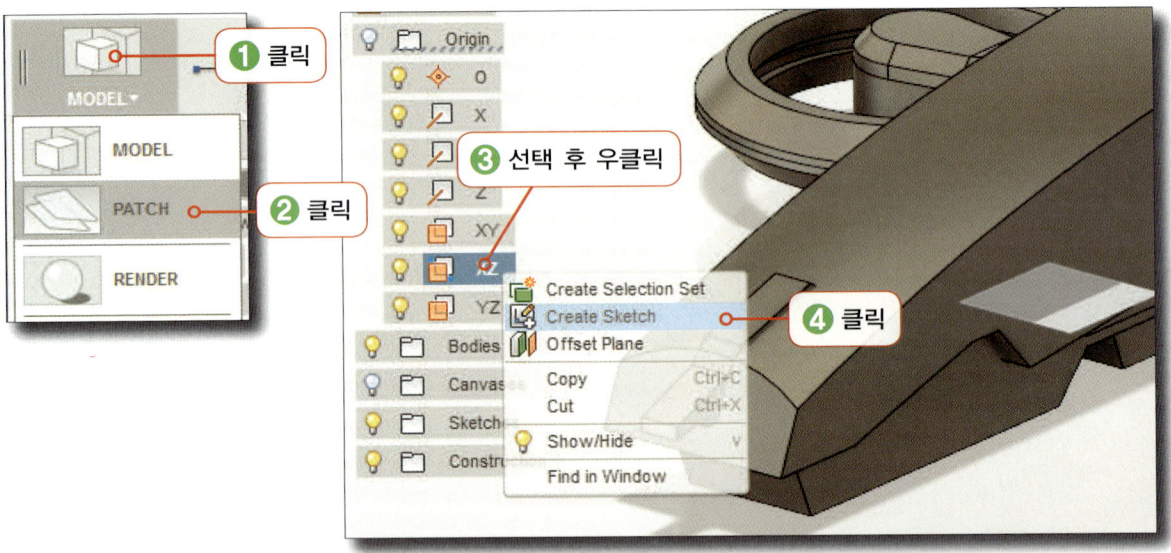

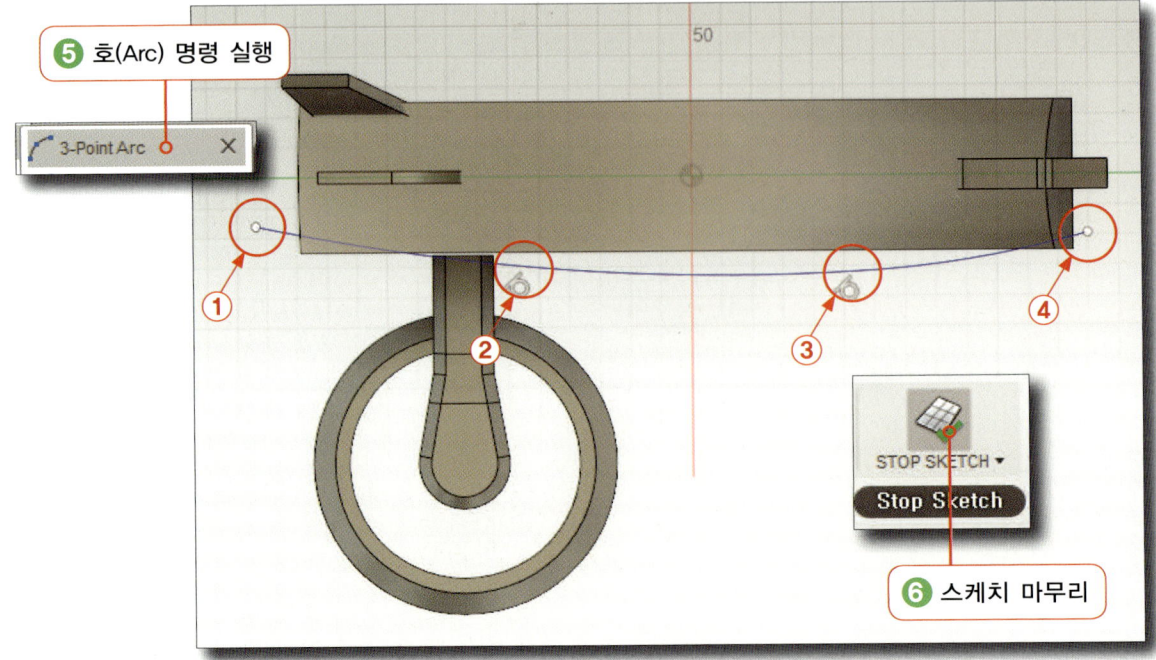

step 2

Extrude(곡면 돌출) 명령을 실행해 다음과 같이 작성합니다.

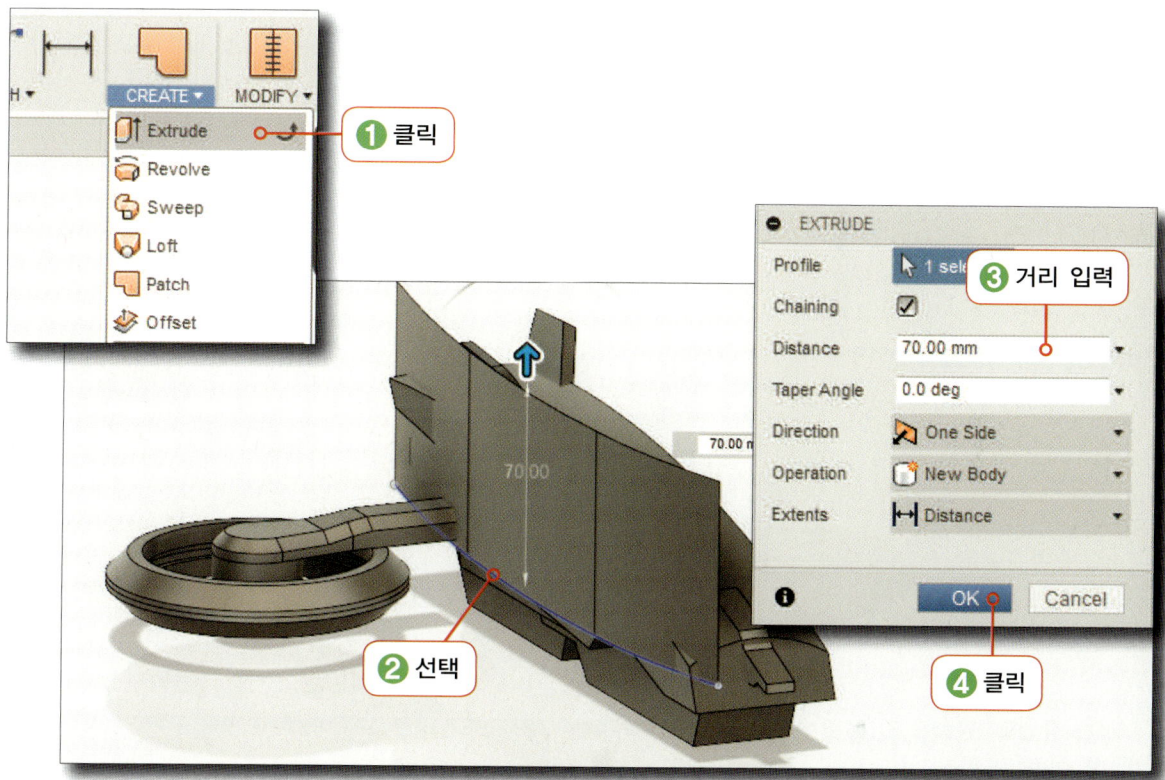

step 3

Move(이동) 명령을 실행해 작성된 곡면을 다음과 같이 이동합니다.

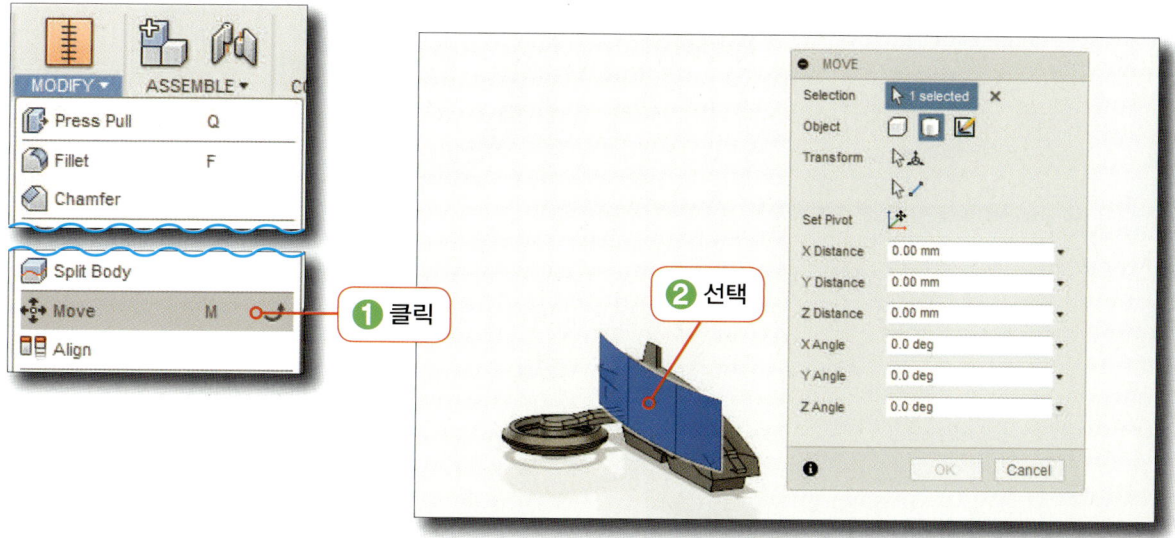

03

부품 모델링

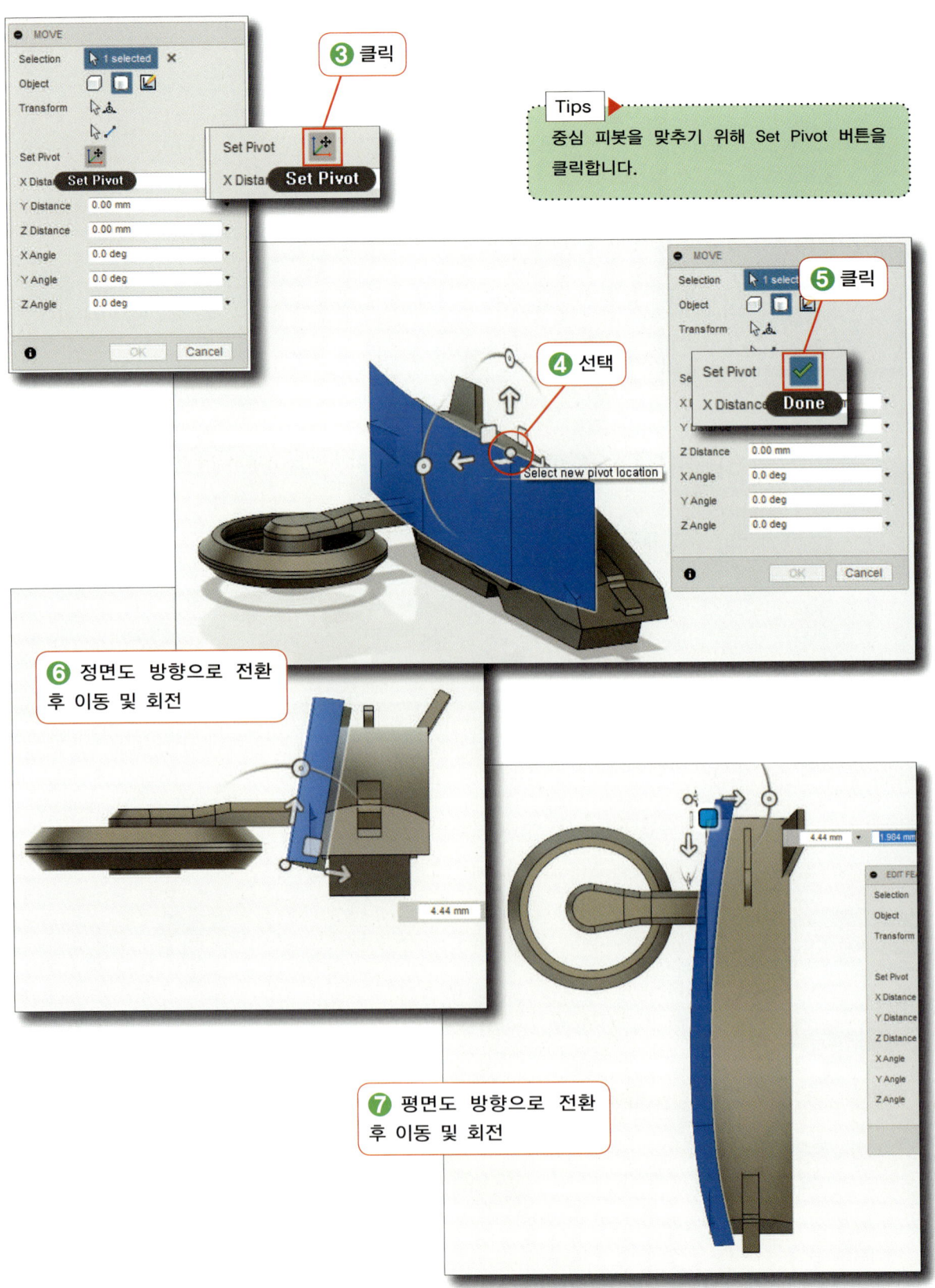

Tips ▶ 중심 피봇을 맞추기 위해 Set Pivot 버튼을 클릭합니다.

Section03 곡면 모델링

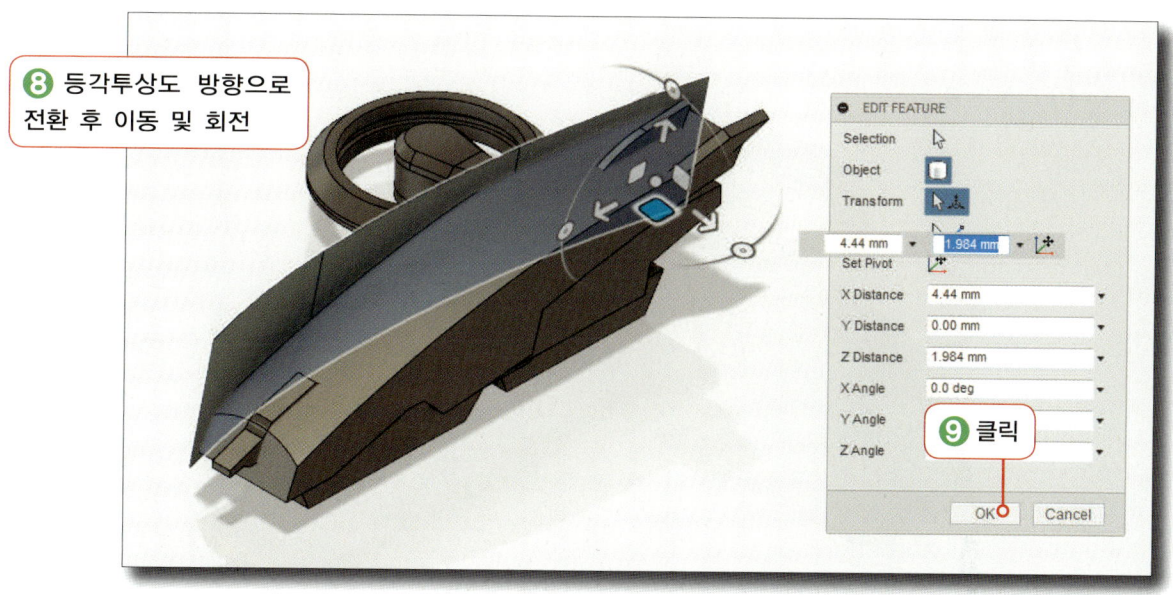

step 4

Mirror(대칭) 명령을 실행해 다음과 같이 작성합니다.

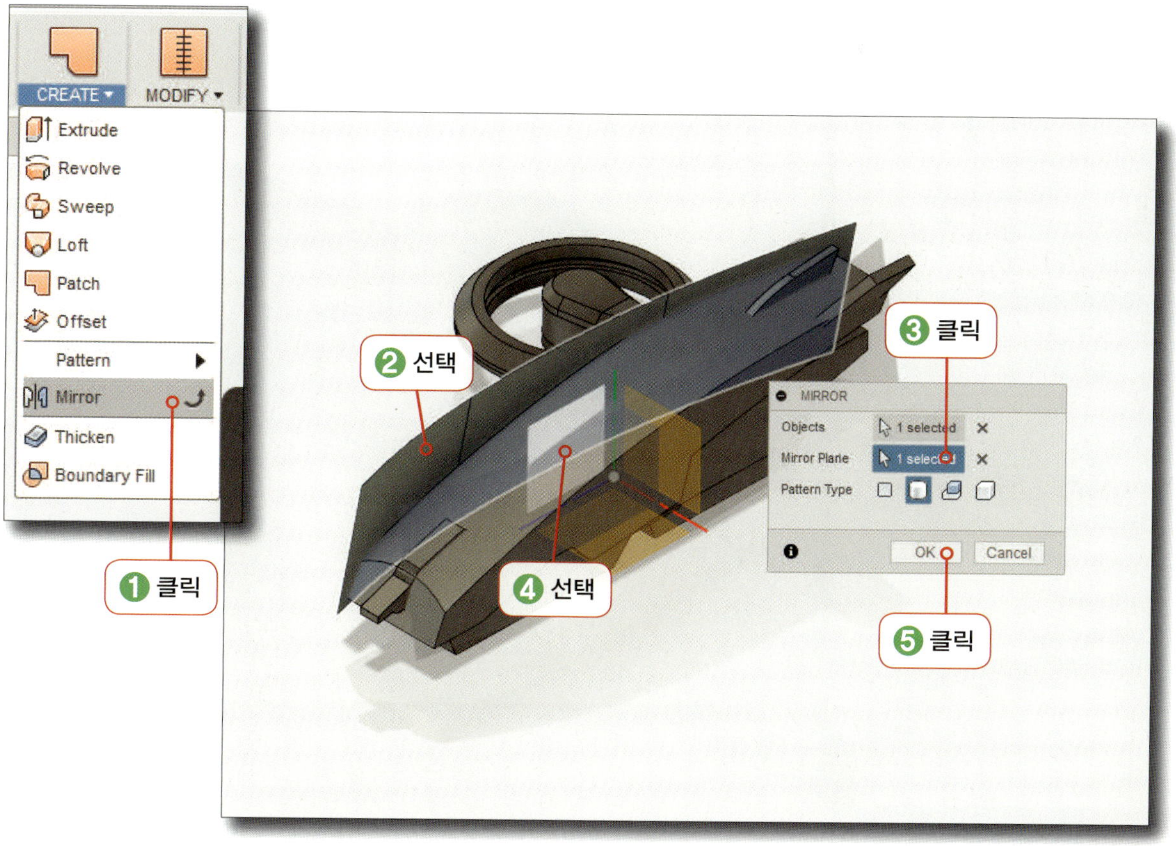

03
부품 모델링

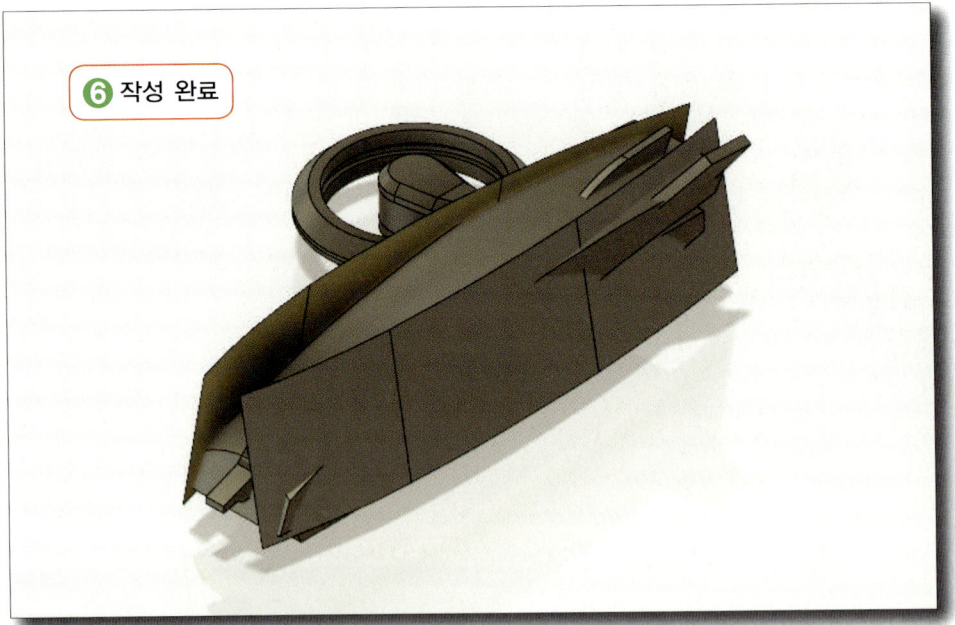

step 5

Replace Face(면 대체) 명령을 실행해 다음과 같이 작성합니다.

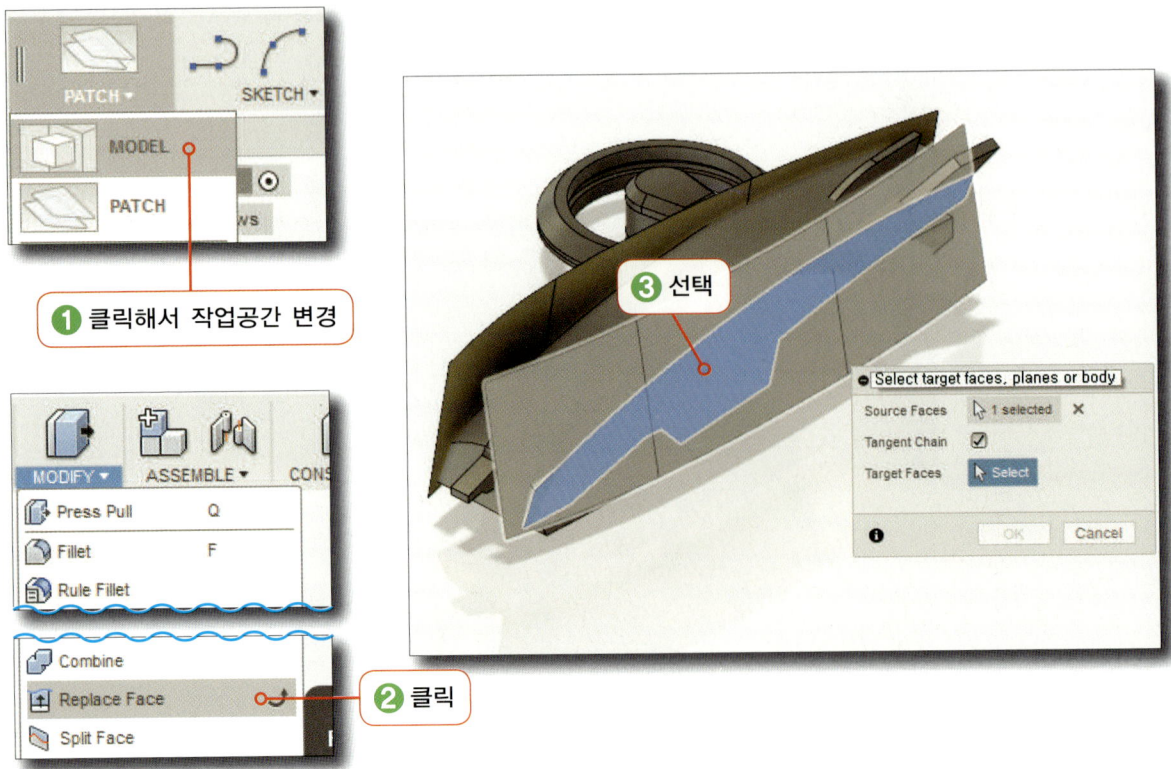

Section03 곡면 모델링

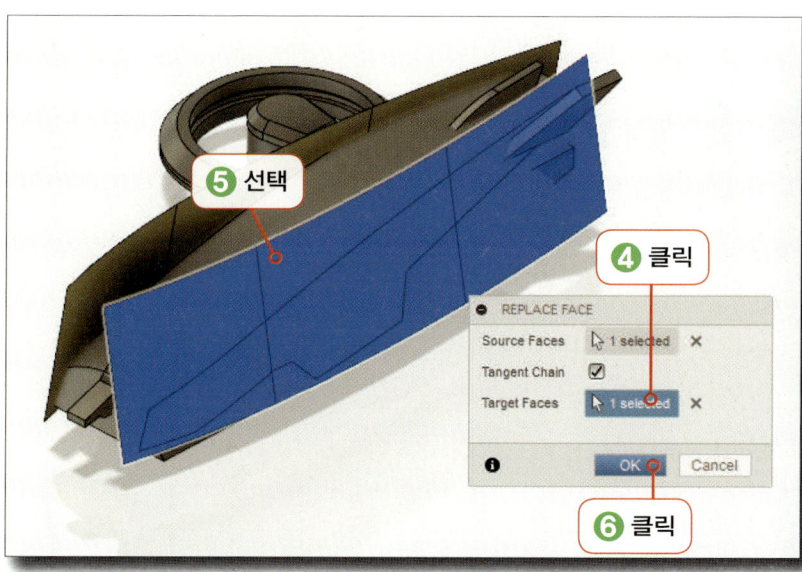

Tips
동일한 작업을 반대편 면에도 수행합니다.

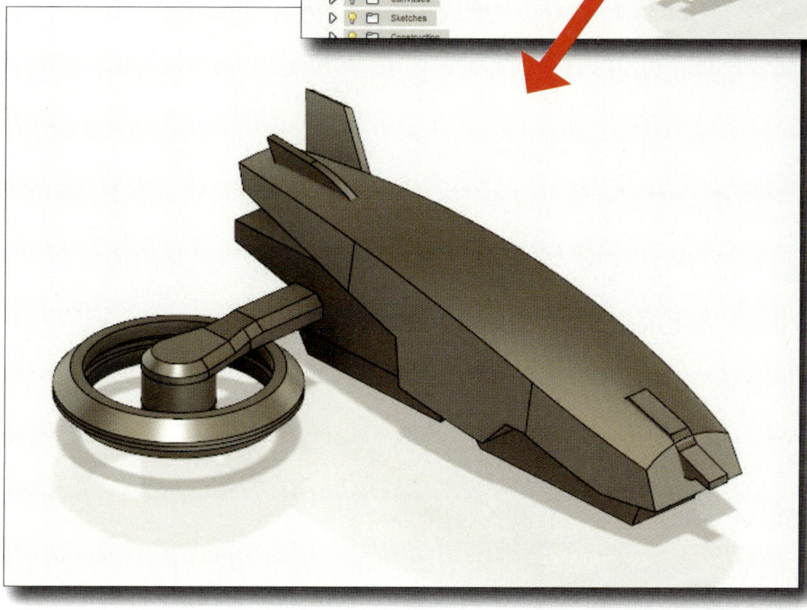

153

03 부품 모델링

Section 04 자유형 모델링

이번 섹션에서는 Fusion 360의 자유형 모델링 명령어를 이용해 모델링을 시작해 보도록 하겠습니다.

자유형 명령 알아보기 — Autodesk Fusion 360

자유형 모델링에는 다음과 같은 명령어들이 있습니다.

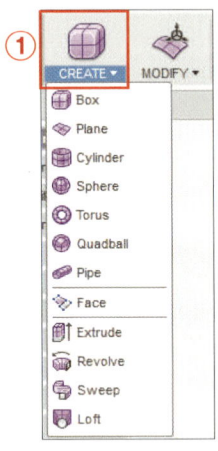
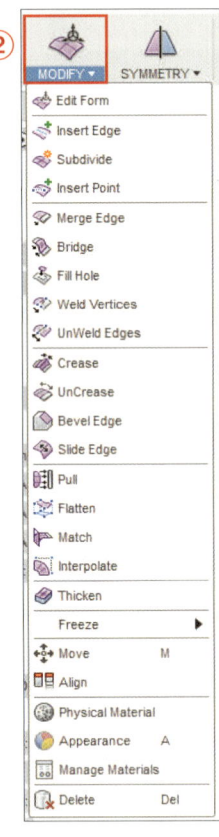
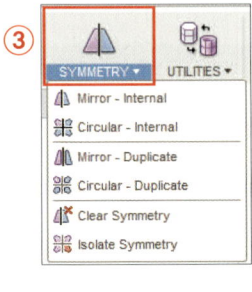
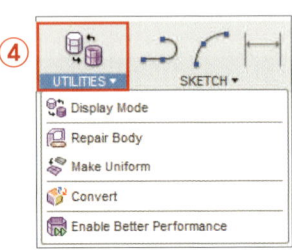

❶ **CREATE(작성)** : 형상을 작성합니다.

❷ **MODIFY(편집)** : 형상을 편집합니다.

❸ **SYMMETRY(대칭)** : 형상을 대칭 작성하거나 대칭 제어합니다.

❹ **UTILITIES(유틸리티)** : 기타 다양한 기능을 하는 유틸리티에 대한 명령들이 모여있습니다.

01 CREATE(작성) 명령

작성 명령에는 다음과 같은 것들이 있습니다.

① **Box(상자)** : 상자 모양의 조각을 작성합니다.

② **Plane(평면)** : 평면 모양의 조각을 작성합니다.

③ **Cylinder(원통)** : 원통 모양의 조각을 작성합니다.

④ **Sphere(구)** : 공 모양의 조각을 작성합니다.

⑤ **Torus(도넛)** : 도넛 모양의 조각을 작성합니다.

⑥ **Quadball(쿼드볼)** : 쿼드격자로 된 공 모양의 조각을 작성합니다.

⑦ **Pipe(파이프)** : 파이프 모양의 조각을 작성합니다.

⑧ **Face(면)** : 여러 가지 형태의 면 조각을 작성합니다.

⑨ **Extrude(돌출)** : 스케치 프로파일을 한 방향으로 밀어내 조각을 작성합니다.

⑩ **Revolve(회전)** : 프로파일이 선택한 축을 중심으로 회전시키는 조각을 작성합니다.

⑪ **Sweep(스윕)** : 프로파일이 경로를 따라가는 조각을 작성합니다.

⑫ **Loft(로프트)** : 두 개 이상의 프로파일을 연결하는 조각을 작성합니다.

03 부품 모델링

02 MODIFY(수정) 명령

수정 명령에는 다음과 같은 것들이 있습니다.

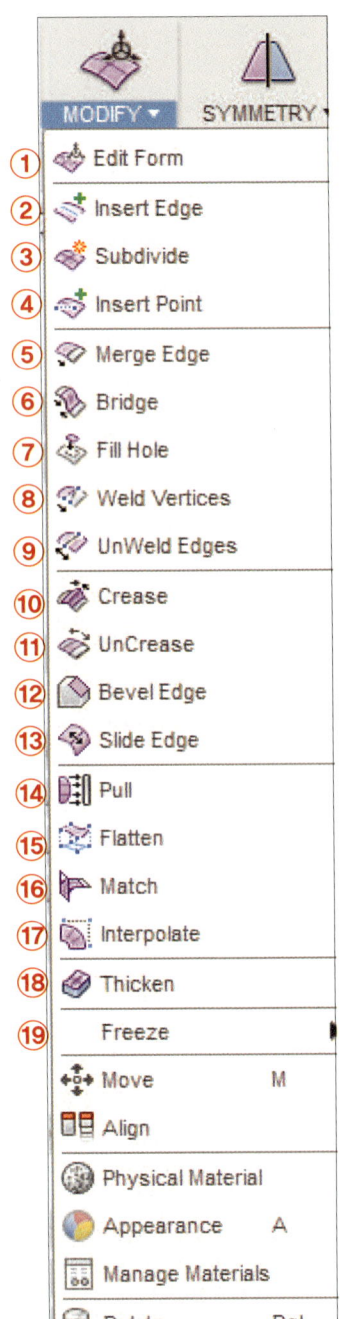

① **Edit Form(조각 편집)** : 작성된 조각을 편집합니다.

② **Insert Edge(모서리 삽입)** : 모서리를 추가합니다.

③ **Subdivide(면 분할)** : 면을 분할합니다.

④ **Insert Point(점 삽입)** : 모서리에 점 포인트를 삽입합니다.

⑤ **Merge Edge(모서리 합치기)** : 서로 떨어져 있는 모서리를 결합합니다.

⑥ **Bridge(형상 잇기)** : 서로 떨어져 있는 형상을 연결합니다.

⑦ **Fill Hole(구멍 채우기)** : 비어있는 면을 채웁니다.

⑧ **Weld Vertices(점 병합)** : 서로 떨어져 있는 점을 결합합니다.

⑨ **UnWeld Edges(점 분할)** : 모서리를 분할해 점으로 나눕니다.

⑩ **Crease(날카롭게)** : 부드러운 모서리를 날카롭게 변경합니다.

⑪ **UnCrease(날카롭게 해제)** : 날카로운 모서리를 부드럽게 변경합니다.

⑫ **Bevel Edge(모서리 모따기)** : 모서리에 경사를 줘서 둘로 나눕니다.

⑬ **Slide Edge(모서리 이동)** : 모서리를 이동합니다.

⑭ **Pull(당기기)** : 선택한 제어점들을 원하는 평면/곡면상으로 이동합니다.

⑮ **Flatten(평평하게)** : 선택한 제어점들을 서로 같은 평면 위치로 이동합니다.

⑯ **Match(맞추기)** : 선택한 모서리를 다른 면의 모서리와 일치시킵니다.

⑰ **Interpolate(채우기)** : 선택한 곡면을 부드러운 상태로 보정합니다.

⑱ **Thicken(두께 주기)** : 두께가 없는 면에 두께를 주는 형상을 작성합니다.

⑲ **Freeze(고정)** : 선택한 객체를 현재 위치에 고정합니다.

03 SYMMETRY(대칭) 명령

대칭 명령에는 다음과 같은 것들이 있습니다.

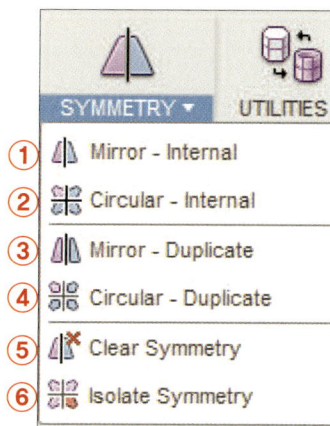

① **Mirror-Internal(내부 대칭)** : 덩어리 내부에서 대칭된 면을 설정합니다.

② **Circular-Internal(내부 원형패턴)** : 덩어리 내부에서 원형패턴된 면을 설정합니다.

③ **Mirror-Duplicate(대칭 복제)** : 대칭된 조각을 만듭니다.

④ **Circular-Duplicate(원형패턴 복제)** : 원형패턴된 조각을 만듭니다.

⑤ **Clear Symmetry(대칭 삭제)** : 대칭 형상에 대해서 대칭 옵션을 삭제합니다.

⑥ **Isolate Symmetry(대칭 격리)** : 대칭 요소 중 선택한 요소만 대칭 옵션을 삭제합니다.

04 UTILITIES(유틸리티) 명령

유틸리티 명령에는 다음과 같은 것들이 있습니다.

① **Display Mode(표시 모드)** : 현재의 자유형 모델의 표시 상태를 설정합니다.

② **Repair Body(덩어리 복구)** : 생성 오류가 난 바디의 형상을 복구합니다.

③ **Make Uniform(균일하게 만듦)** : 곡률이 급격한 구간을 균일하게 보강합니다.

④ **Convert(변환)** : 외부 개체의 면을 자유형 개체로 변환합니다.

⑤ **Enable Better Performance(성능 향상)** : 원활한 작업을 위한 빠른 처리속도가 가능한 모드로 변환합니다.

03 부품 모델링

정면 형상 작성하기   Autodesk Fusion 360

정면 곡면을 자유형 명령으로 작성해서 기존의 솔리드 면과 대체해 보도록 하겠습니다.

step 1

다음과 같이 자유형 모델링 환경으로 들어갑니다.

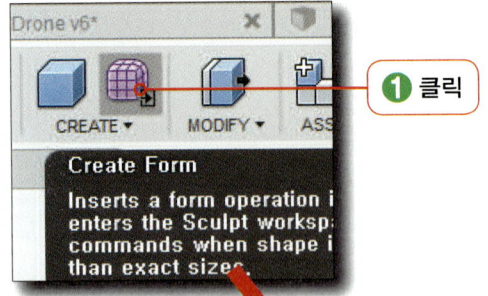

❶ 클릭

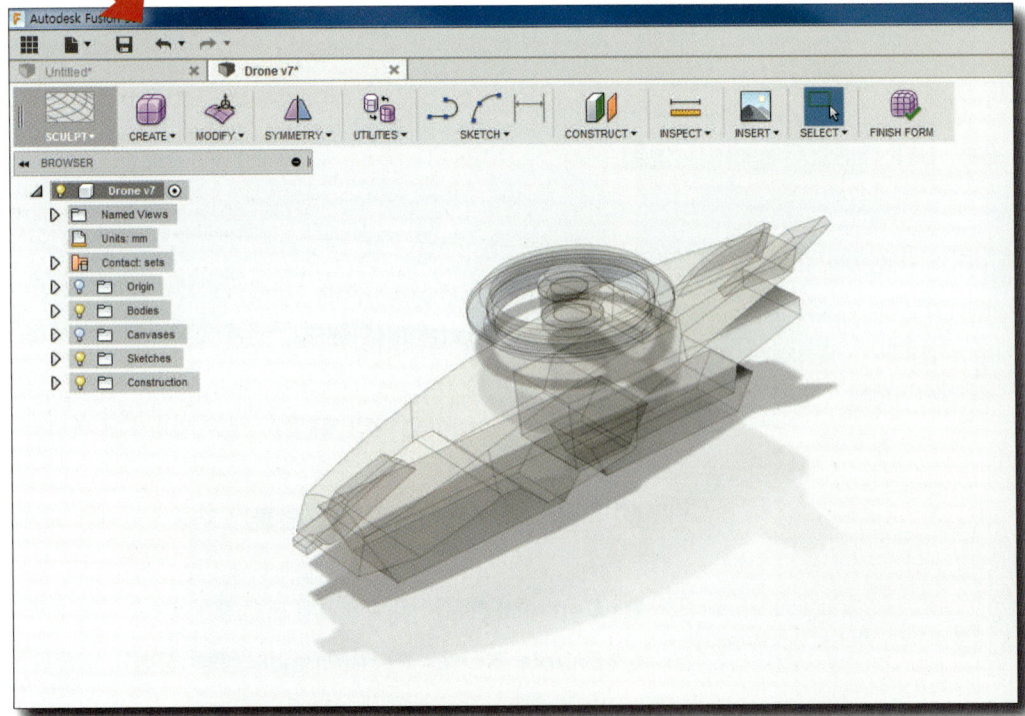

158

step 2

다음과 같이 Plane(평면) 명령으로 기본 평면을 작성합니다.

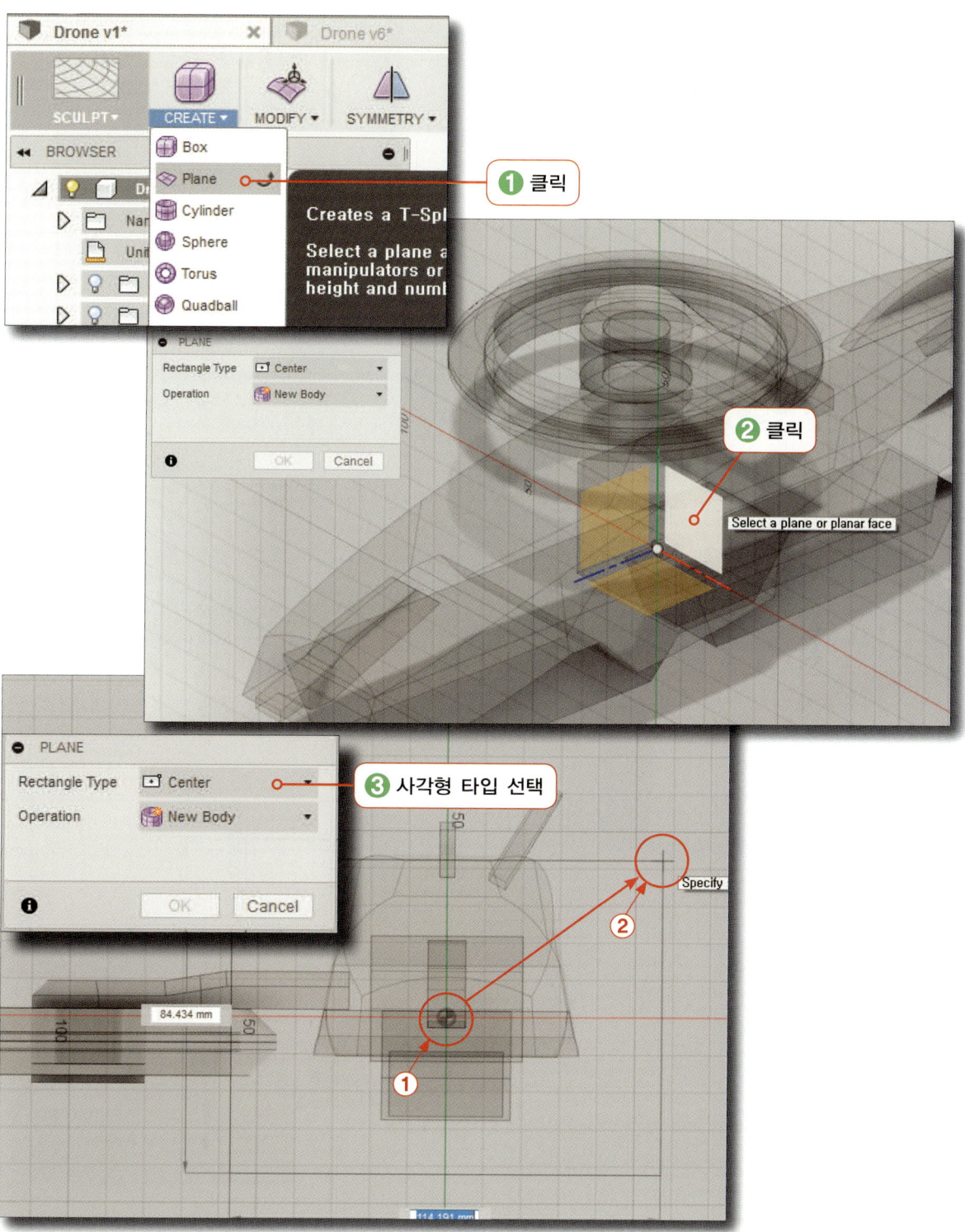

03 부품 모델링

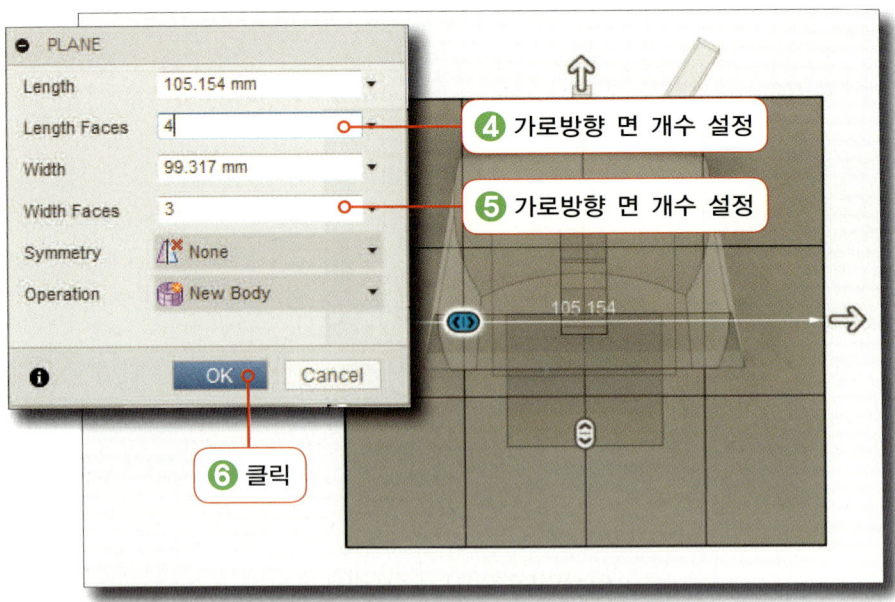

❹ 가로방향 면 개수 설정
❺ 가로방향 면 개수 설정
❻ 클릭

step 3

다음과 같이 Mirror - Internal(내부형상 대칭) 명령으로 형상을 대칭 변경되게 합니다.

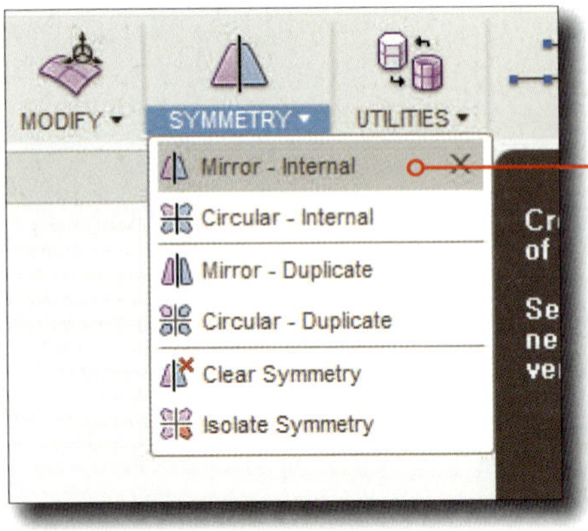

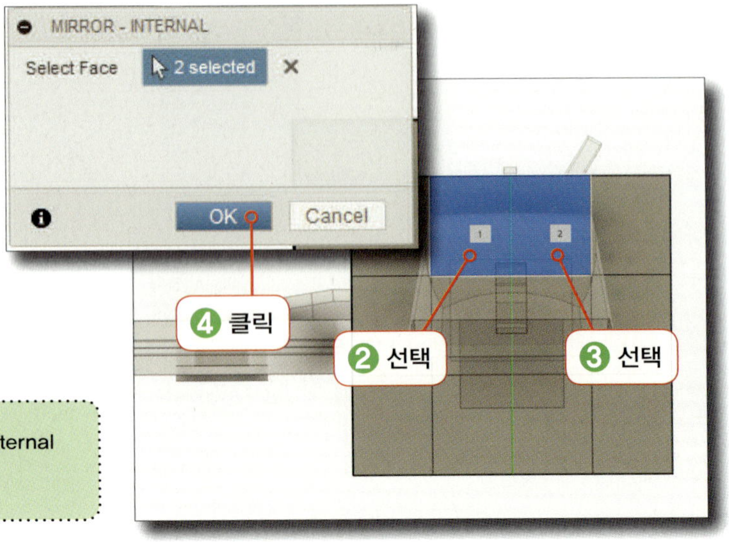

❶ 클릭
❷ 선택
❸ 선택
❹ 클릭

Tips
양쪽 형상이 대칭형태가 아니면 Mirror - Internal 명령이 실행되지 않습니다.

Section04 자유형 모델링

step 4

다음과 같이 Edit Form(폼 편집) 명령으로 작성된 평면의 형상을 변경합니다.

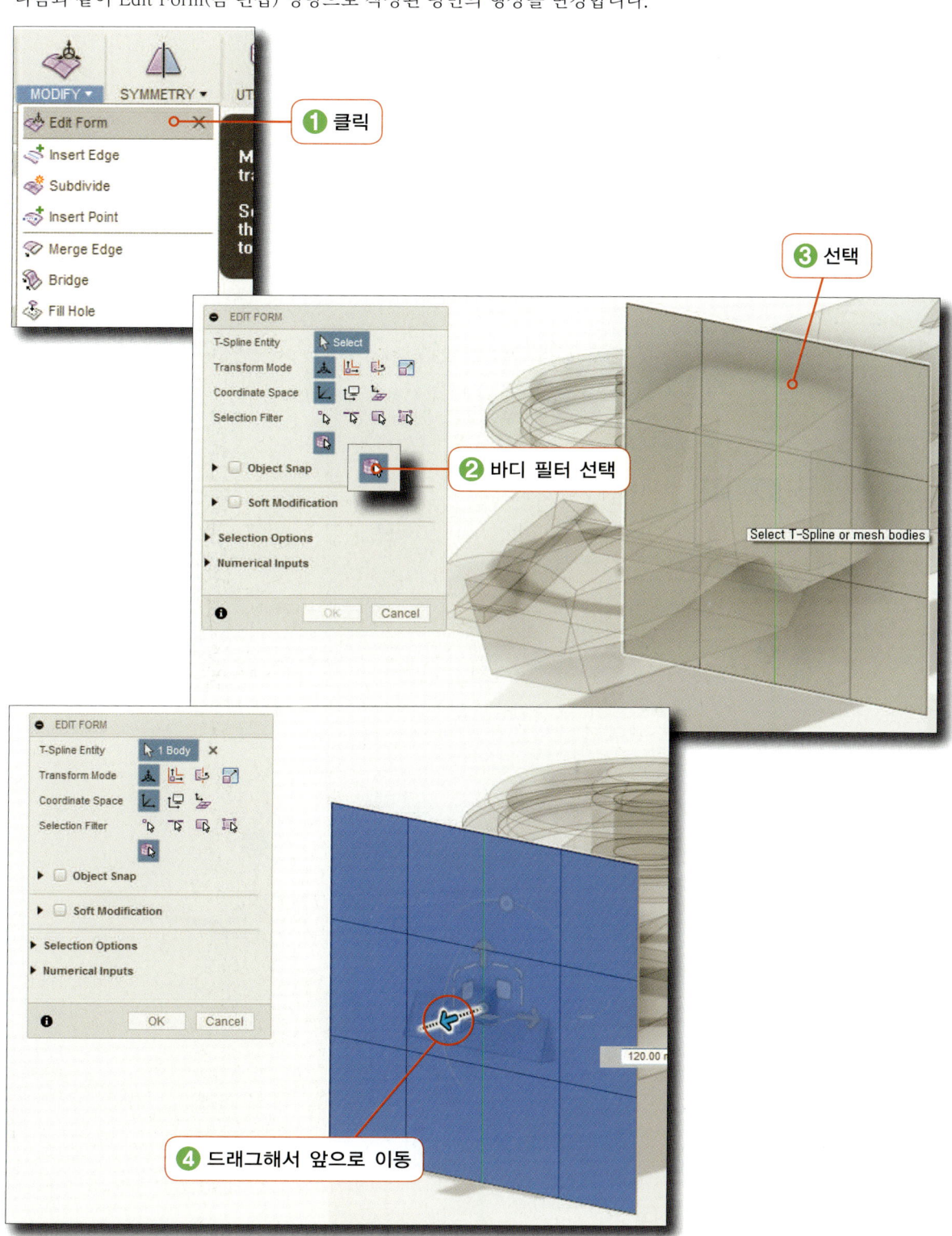

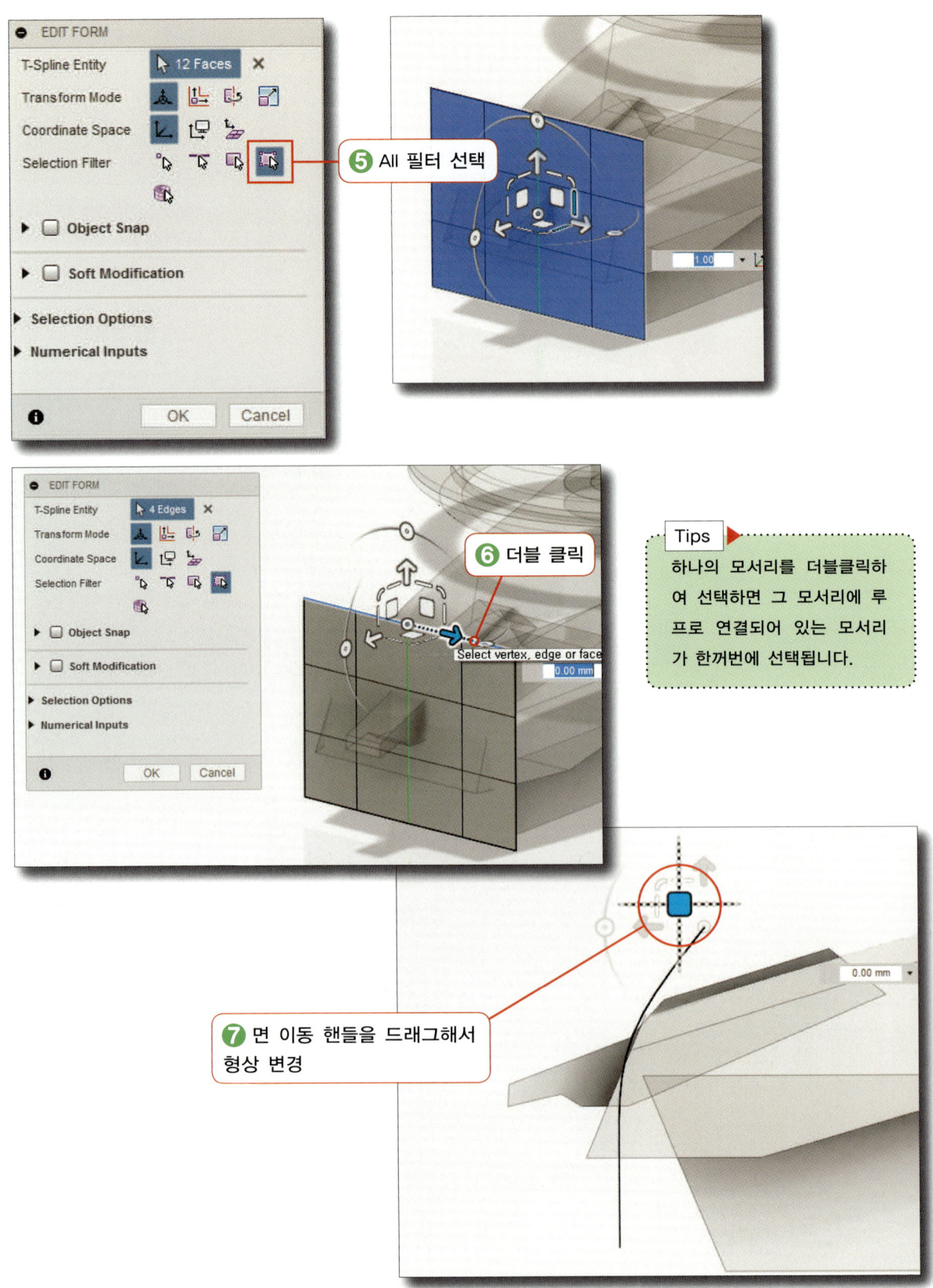

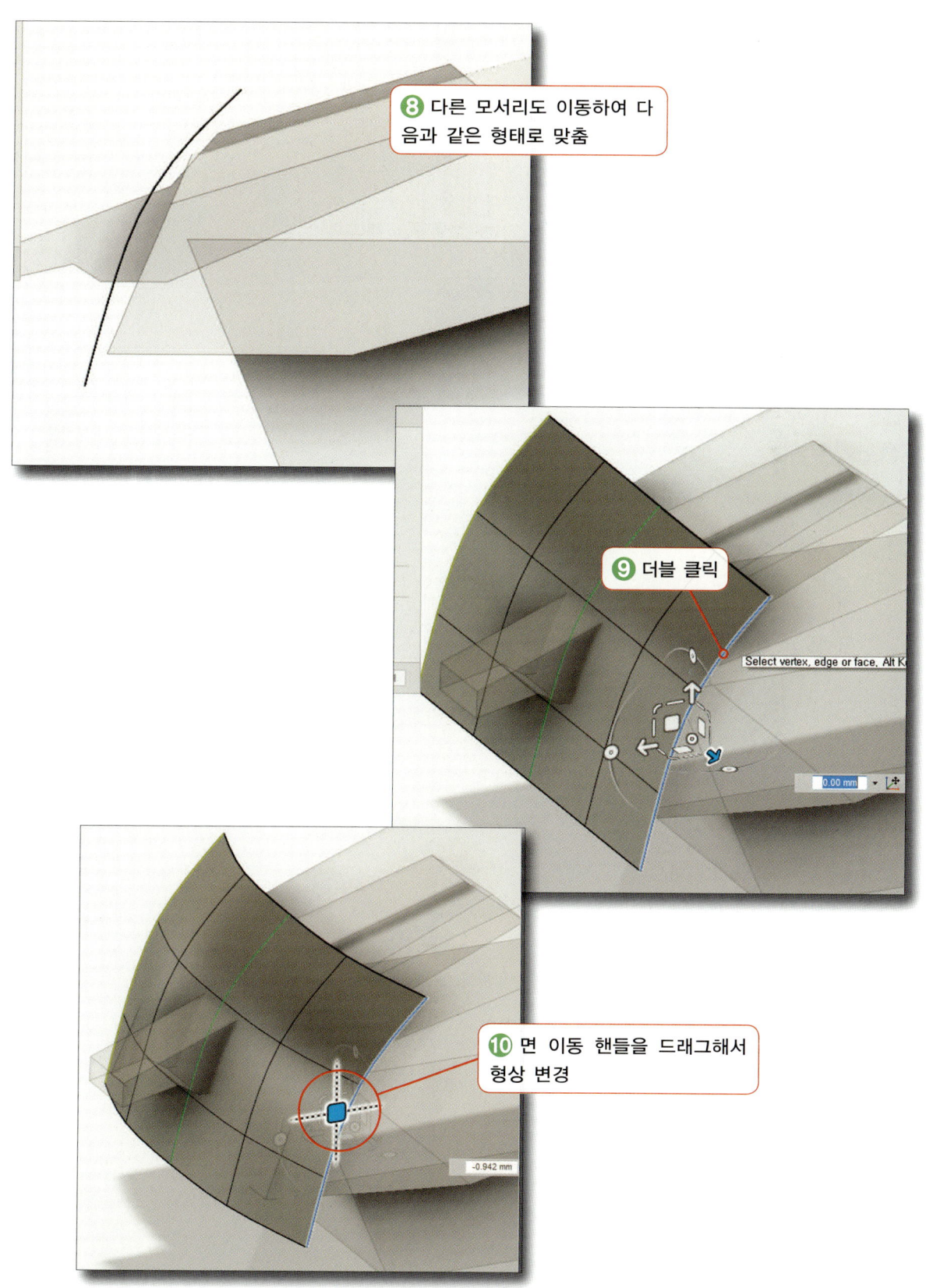

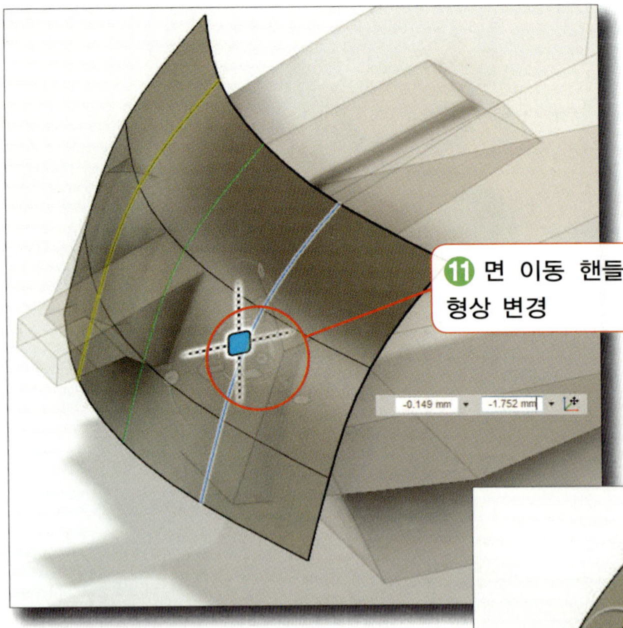

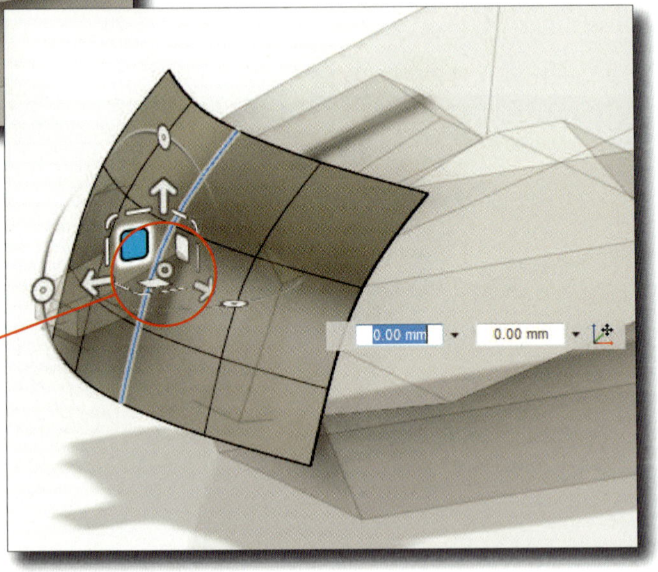

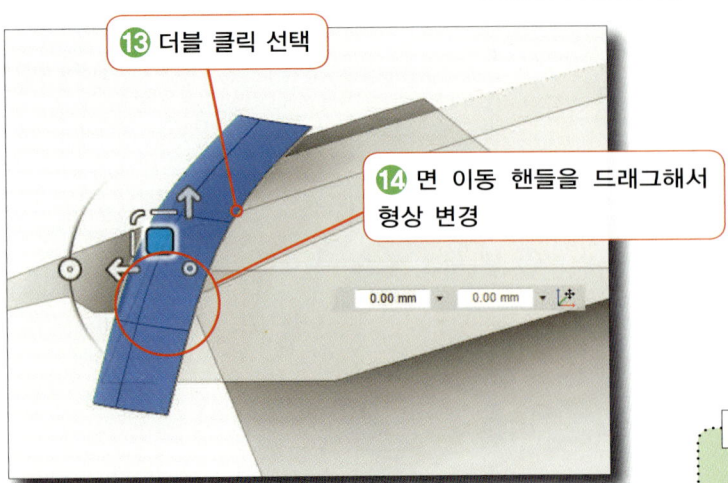

⑪ 면 이동 핸들을 드래그해서 형상 변경
-0.149 mm
-1.752 mm

⑫ 면 이동 핸들을 드래그해서 형상 변경
0.00 mm
0.00 mm

⑬ 더블 클릭 선택
⑭ 면 이동 핸들을 드래그해서 형상 변경
0.00 mm
0.00 mm

Tips

하나의 면을 더블클릭하여 선택하면 같은 바디인 덩어리가 한꺼번에 선택됩니다.

Section04 자유형 모델링

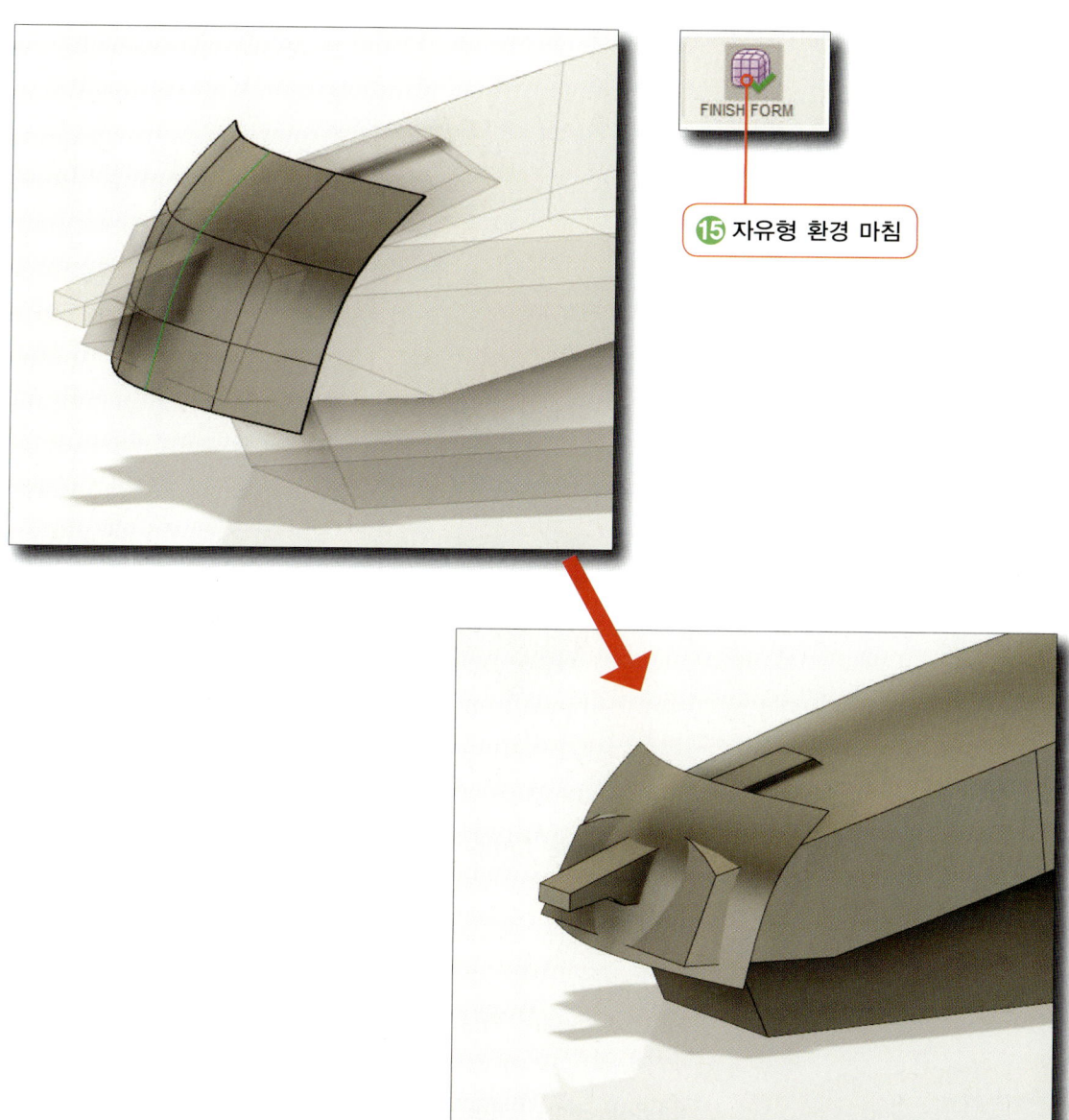

15 자유형 환경 마침

03 부품 모델링

Edit Form (폼 편집) 명령창의 인터페이스

1. Edit Form(폼 편집) 명령에 대한 이해

작성된 폼 객체의 덩어리/면/모서리/꼭지점을 이동/회전/축척 시킵니다.

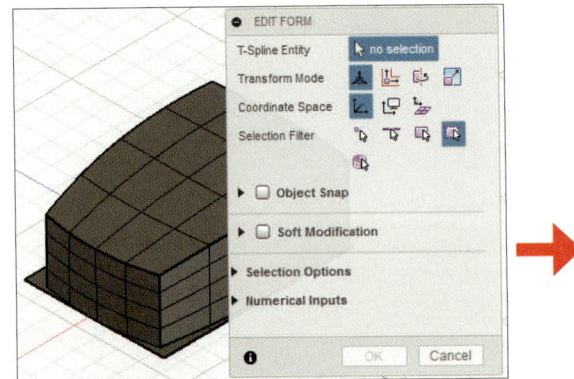 →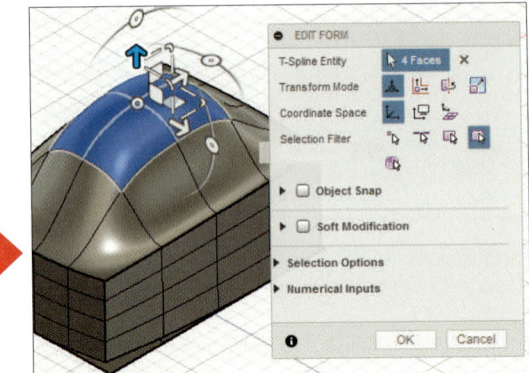

2. Edit Form(폼 편집) 명령창

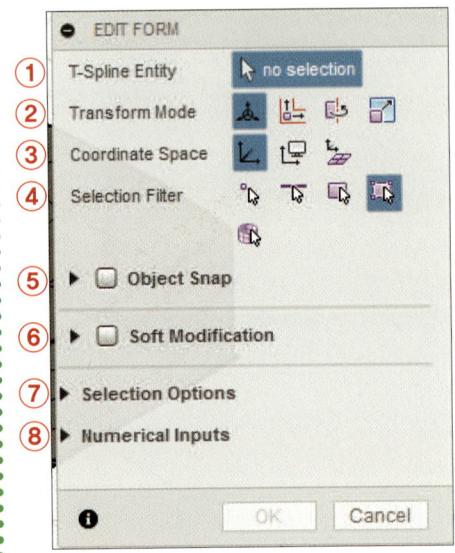

❶ **T-Spline Entity** : 편집할 점/모서리/면 객체를 선택합니다.

❷ **Transform Mode(변형 모드)** : 이동/회전/축척 모드를 선택합니다.

❸ **Coordinate Space(좌표 공간)** : 선택한 객체의 좌표계 타입을 설정합니다.

❹ **Selection Filter(선택 필터)** : 선택되는 객체 타입을 설정합니다.

❺ **Object Snap(객체 스냅)** : 객체 스냅되는 방향과 간격띄우기 거리를 설정합니다.

❻ **Soft Modification(부드럽게 변형)** : 객체 변형의 부드러움 타입을 설정합니다.

❼ **Selection Options(선택 옵션)** : 객체를 선택할 때의 상세 설정을 합니다.

❽ **Numerical Inputs(선택 좌표)** : 선택한 객체의 이동, 회전, 축척 좌표를 표시합니다.

3. Transform Mode(변형 모드)

❶ **Multi(멀티)** : 이동/회전/축척 핸들이 동시에 표시되며 그 작업들을 한번에 수행할 수 있습니다.

❷ **Translation(이동 모드)** : 선택한 객체를 이동합니다.

❸ **Rotation(회전 모드)** : 선택한 객체를 회전합니다.

❹ **Scale(축척 모드)** : 선택한 객체의 크기를 조절합니다.

4. Cordinate Space(좌표 공간)

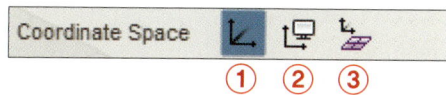

❶ **World Space(표준)** : XYZ 축 방향에 대한 표준 좌표계가 표시됩니다.

❷ **View Space(보기)** : 항상 사용자가 보고 있는 화면에 평행하게 표시됩니다.

❸ **Local(로컬)** : 선택한 객체에 맞추어 좌표계가 정렬되어 나타납니다.

5. Selection Filter(선택 필터)

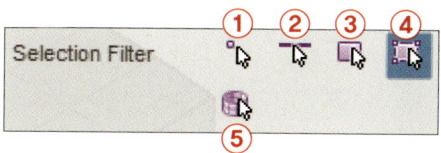

❶ **Vertex(점)** : 점 객체만 선택됩니다.

❷ **Edge(모서리)** : 모서리 객체만 선택됩니다.

❸ **Face(면)** : 면 객체만 선택됩니다.

❹ **All(모두)** : 선택하는 상황에 따라서 점/모서리/면이 모두 선택됩니다.

❺ **Body(바디)** : 바디 객체가 선택됩니다.

step 5

Replace Face(면 대체) 명령을 실행해 다음과 같이 작성합니다.

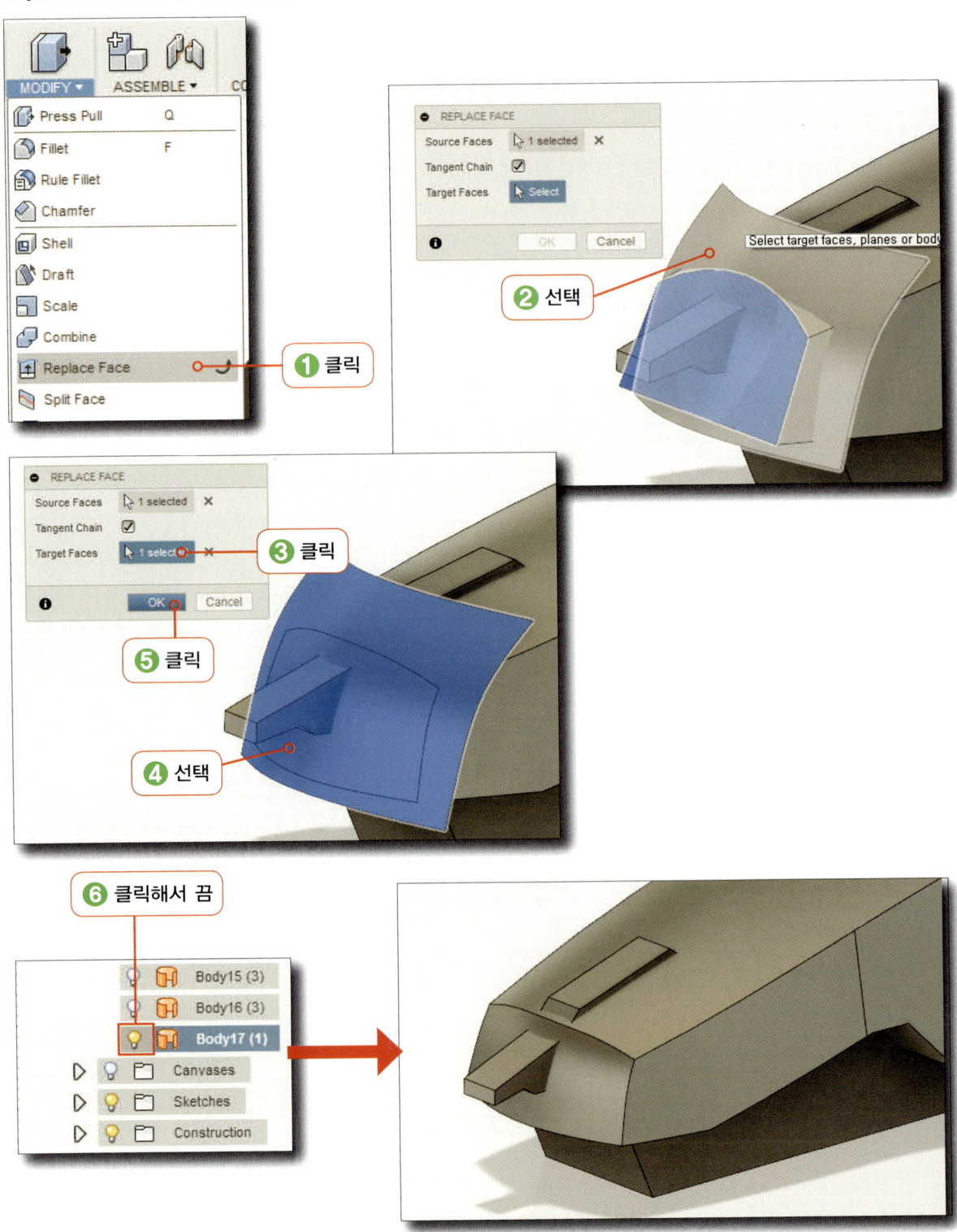

Section04 자유형 모델링

step 6

다음과 같이 Edit Feature(피처 편집) 기능을 이용해 형상을 변경합니다.

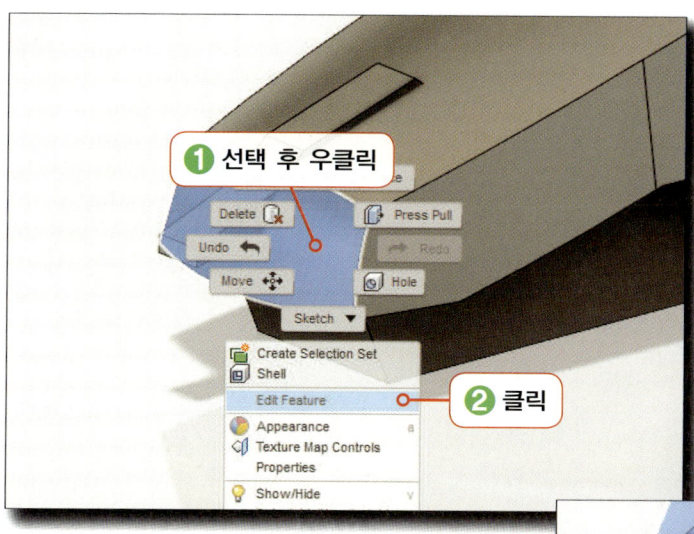

Tips

Edit Feature 명령은 해당 형상이 작성되는 데 이용했던 피처 목록을 표시합니다. 사용자는 이로 인해서 타임라인에서 힘들게 피처를 찾지 않고도 손쉽게 피처 편집을 할 수 있습니다.

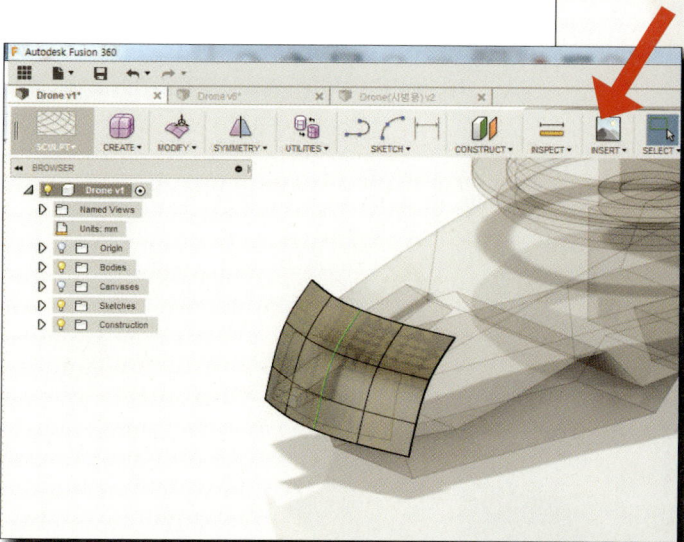

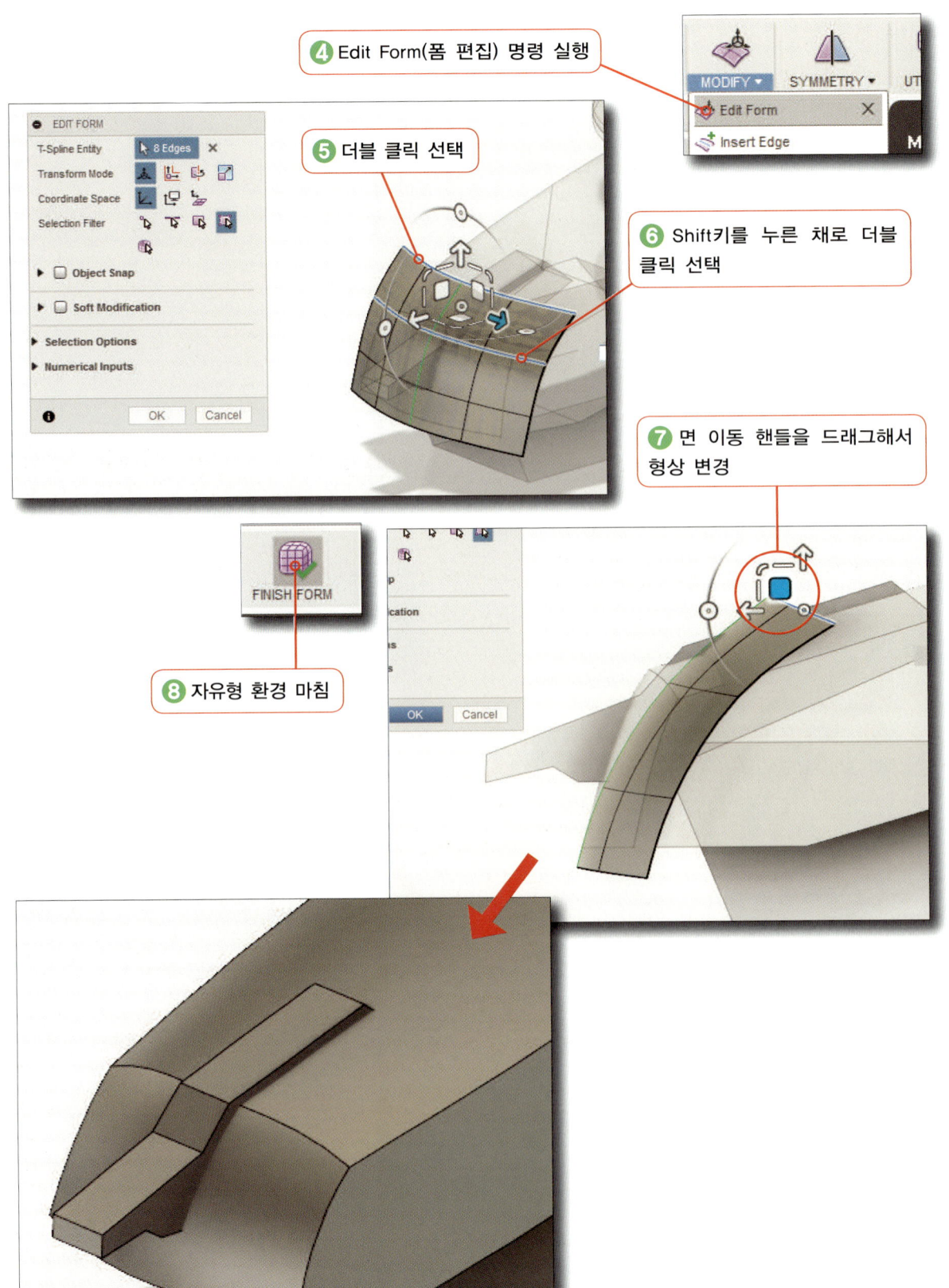

Section04 자유형 모델링

가이드 부품 작성하기
Autodesk Fusion 360

FreeForm(자유형) 환경의 Cylinder(원통) 형상을 이용해 가이드 부품을 작성해 보도록 하겠습니다.

step 1

다음과 같이 Cylinder(원통) 명령을 이용해 기본 형태를 작성합니다.

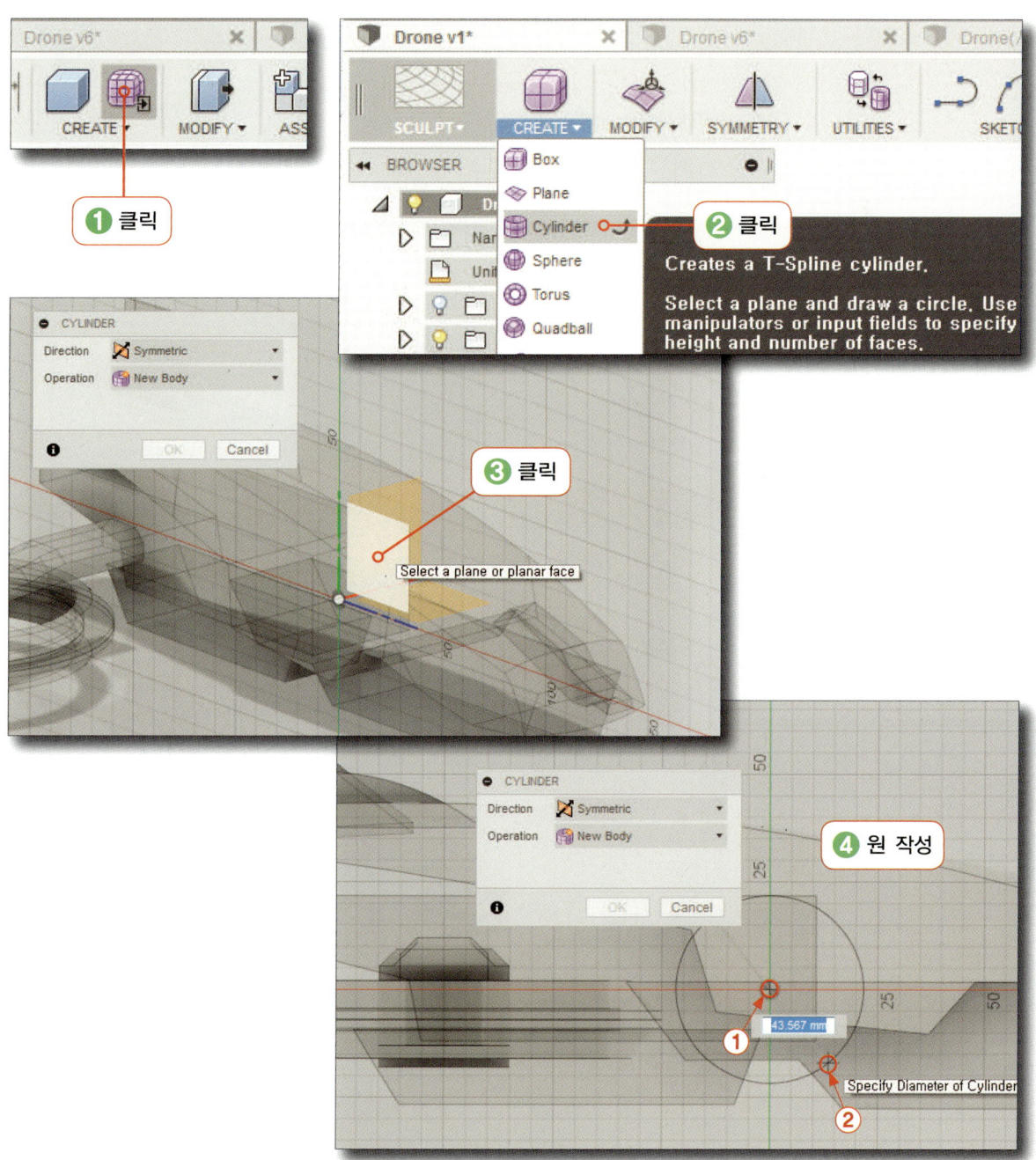

03 부품 모델링

step 2

다음과 같이 Mirror – Internal(내부형상 대칭) 명령으로 형상을 대칭 변경되게 합니다.

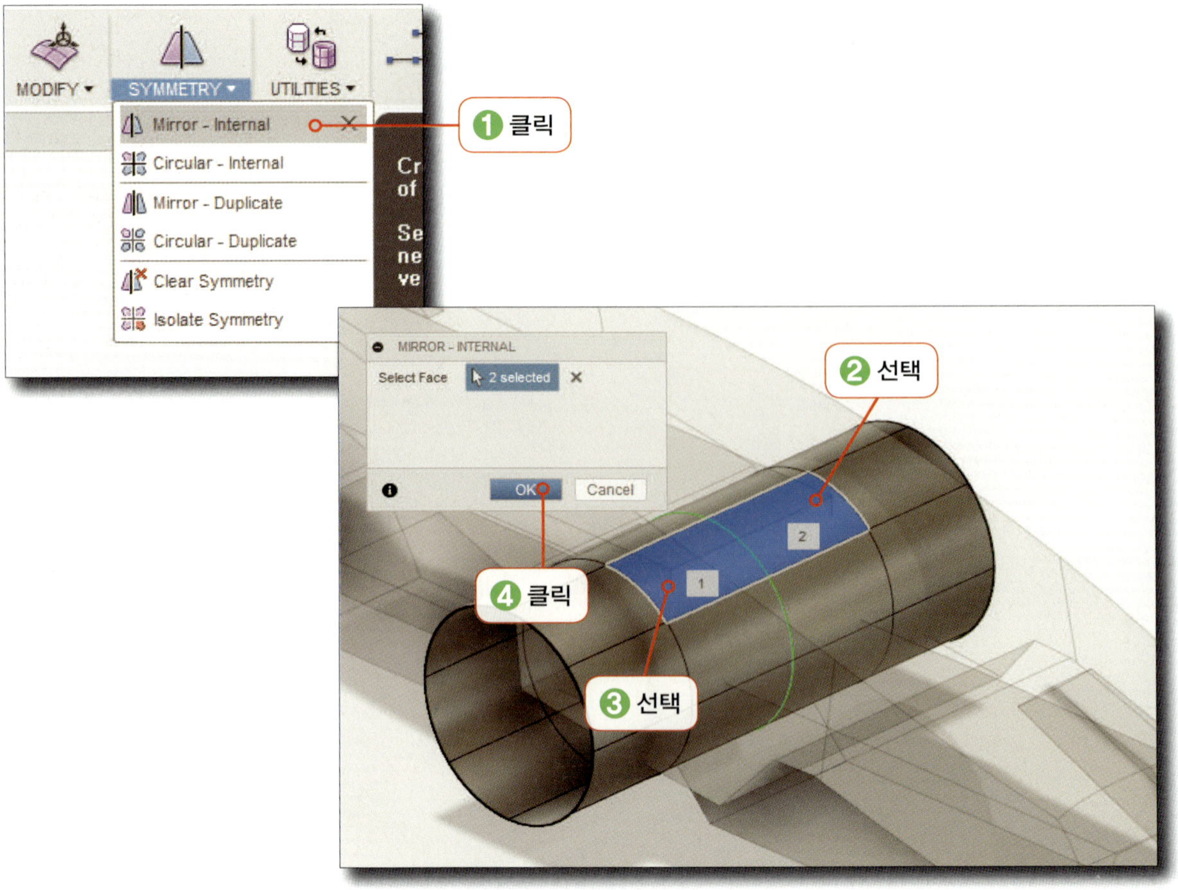

Section04 자유형 모델링

step 3

다음과 같이 Edit Form(폼 편집) 명령으로 작성된 원통의 형상을 변경합니다.

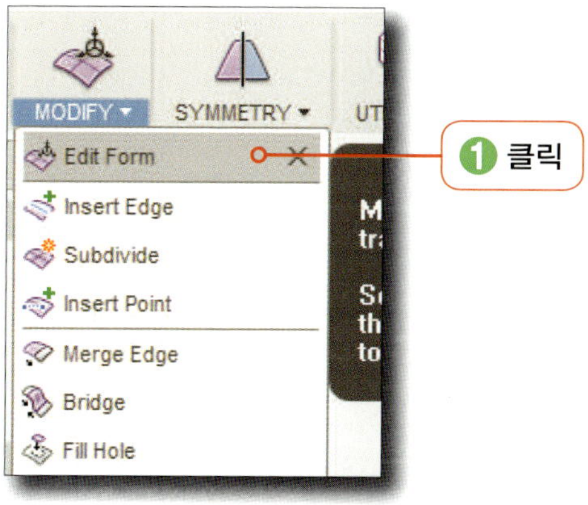

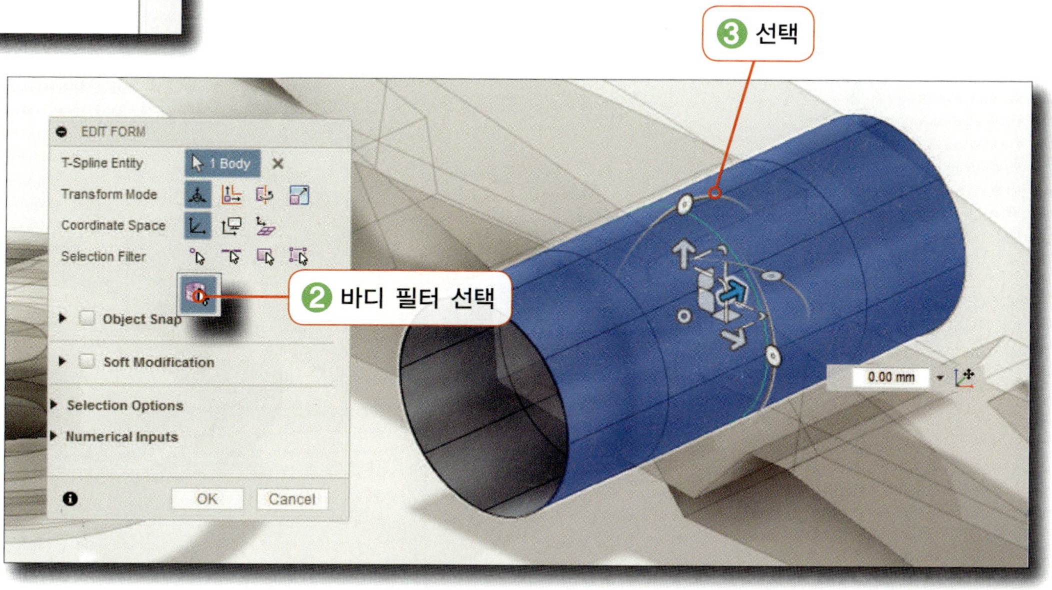

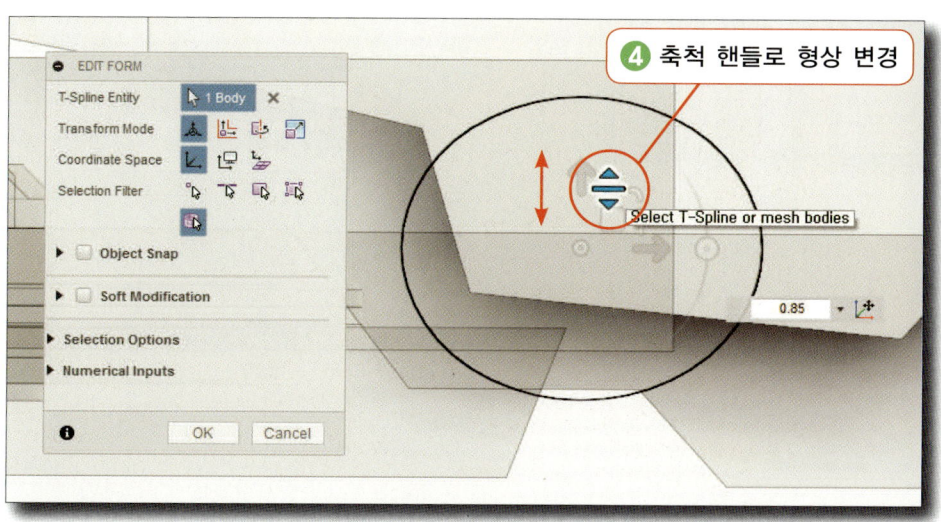

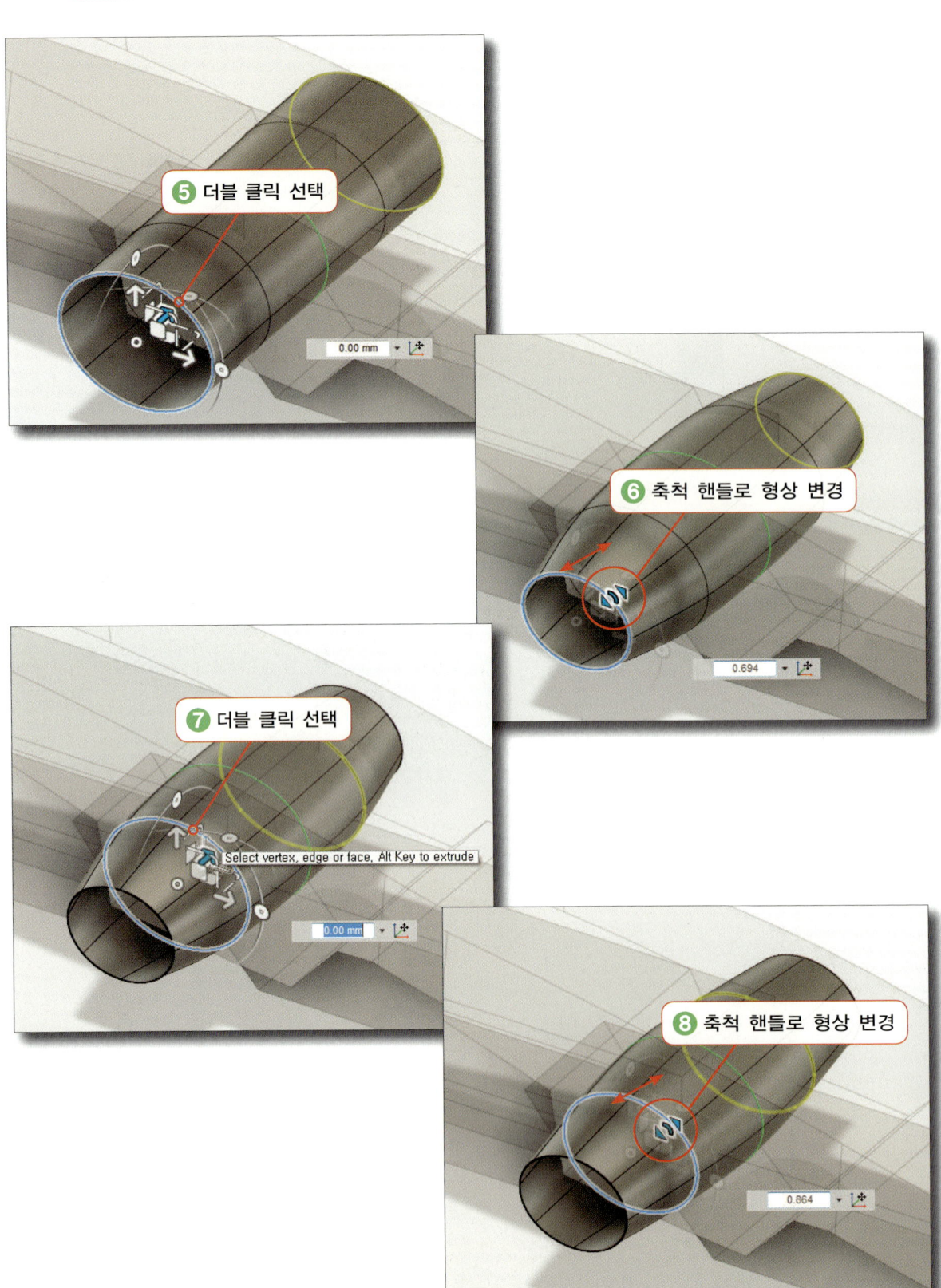

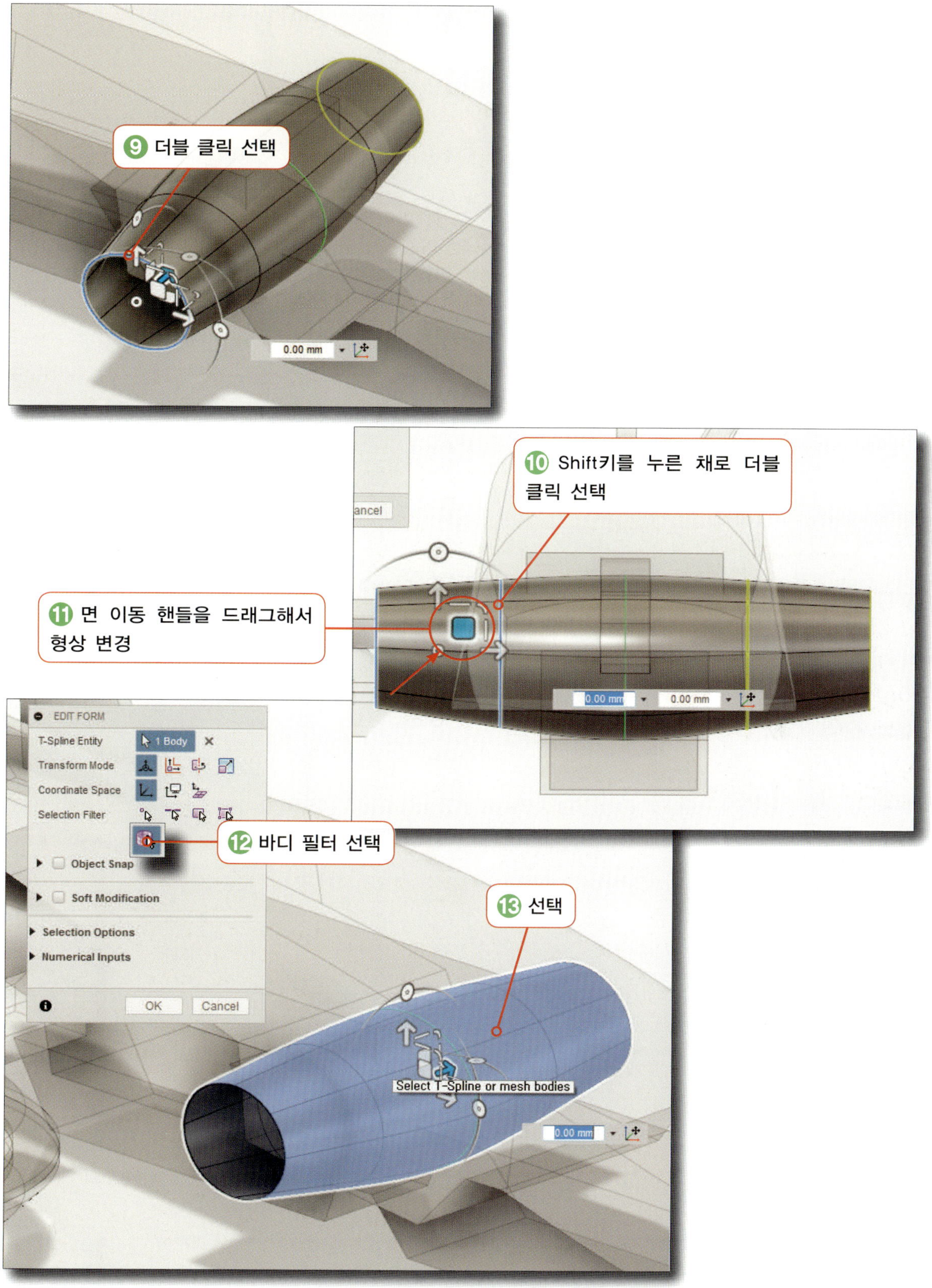

9 더블 클릭 선택
0.00 mm
10 Shift키를 누른 채로 더블 클릭 선택
ancel
11 면 이동 핸들을 드래그해서 형상 변경
0.00 mm
0.00 mm
EDIT FORM
T-Spline Entity
1 Body
Transform Mode
Coordinate Space
Selection Filter
12 바디 필터 선택
Object Snap
Soft Modification
Selection Options
Numerical Inputs
OK
Cancel
13 선택
Select T-Spline or mesh bodies
0.00 mm

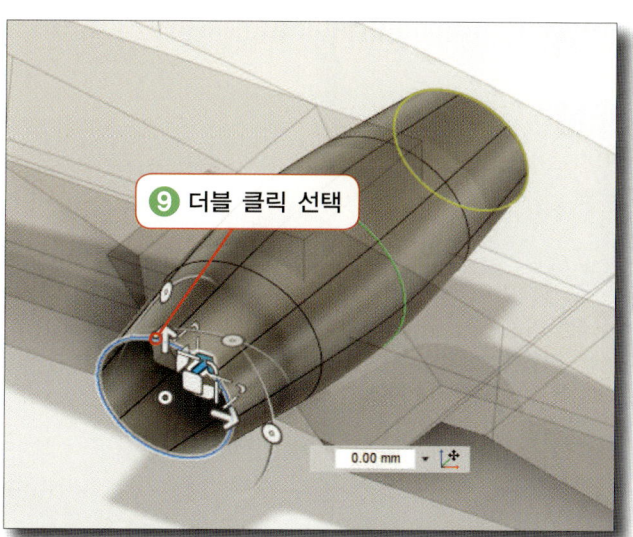

03

부품 모델링

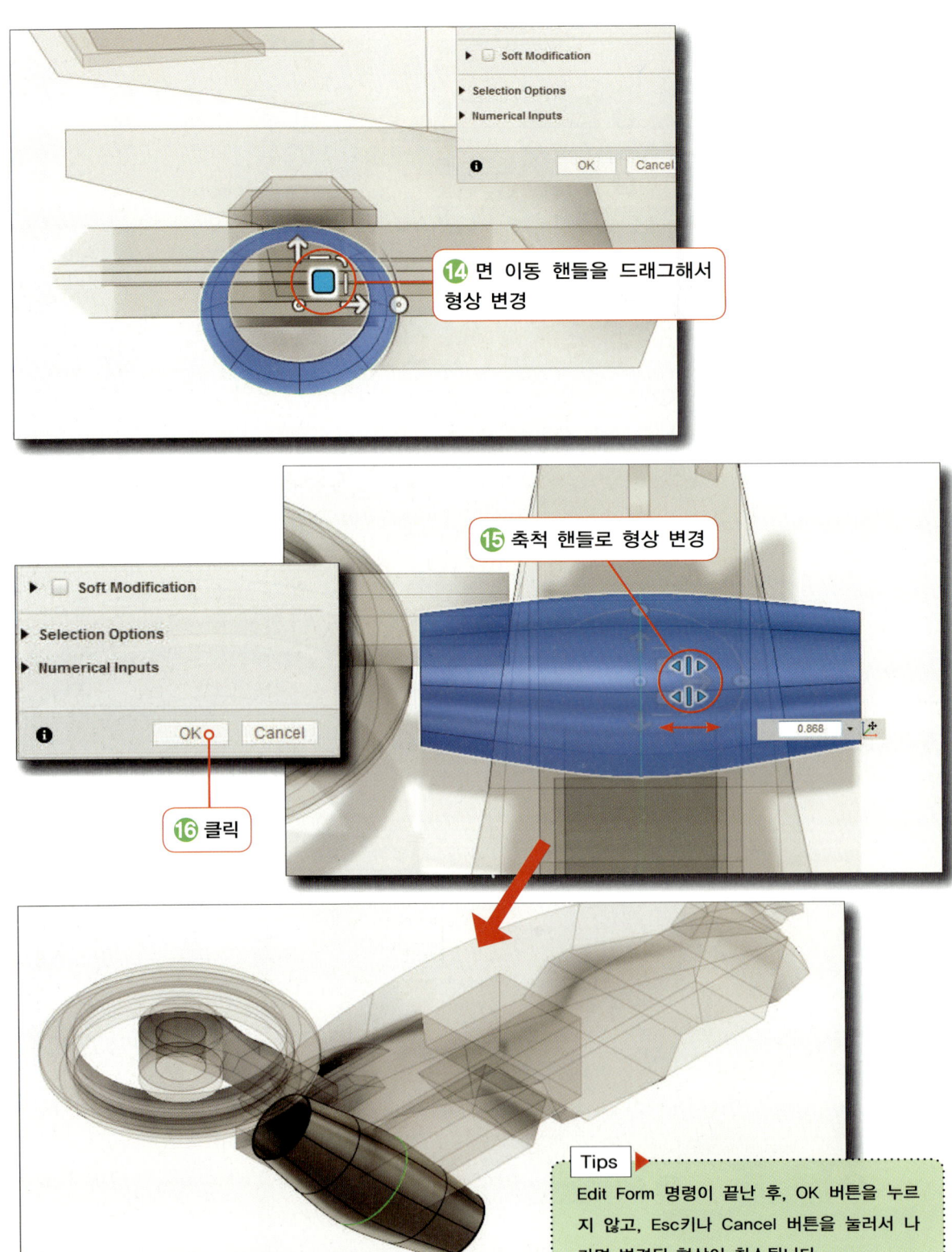

⓮ 면 이동 핸들을 드래그해서 형상 변경

⓯ 축척 핸들로 형상 변경

⓰ 클릭

Tips
Edit Form 명령이 끝난 후, OK 버튼을 누르지 않고, Esc키나 Cancel 버튼을 눌러서 나가면 변경된 형상이 취소됩니다.

step 4

Fill Hole(구멍 메우기) 명령으로 다음과 같이 작성합니다.

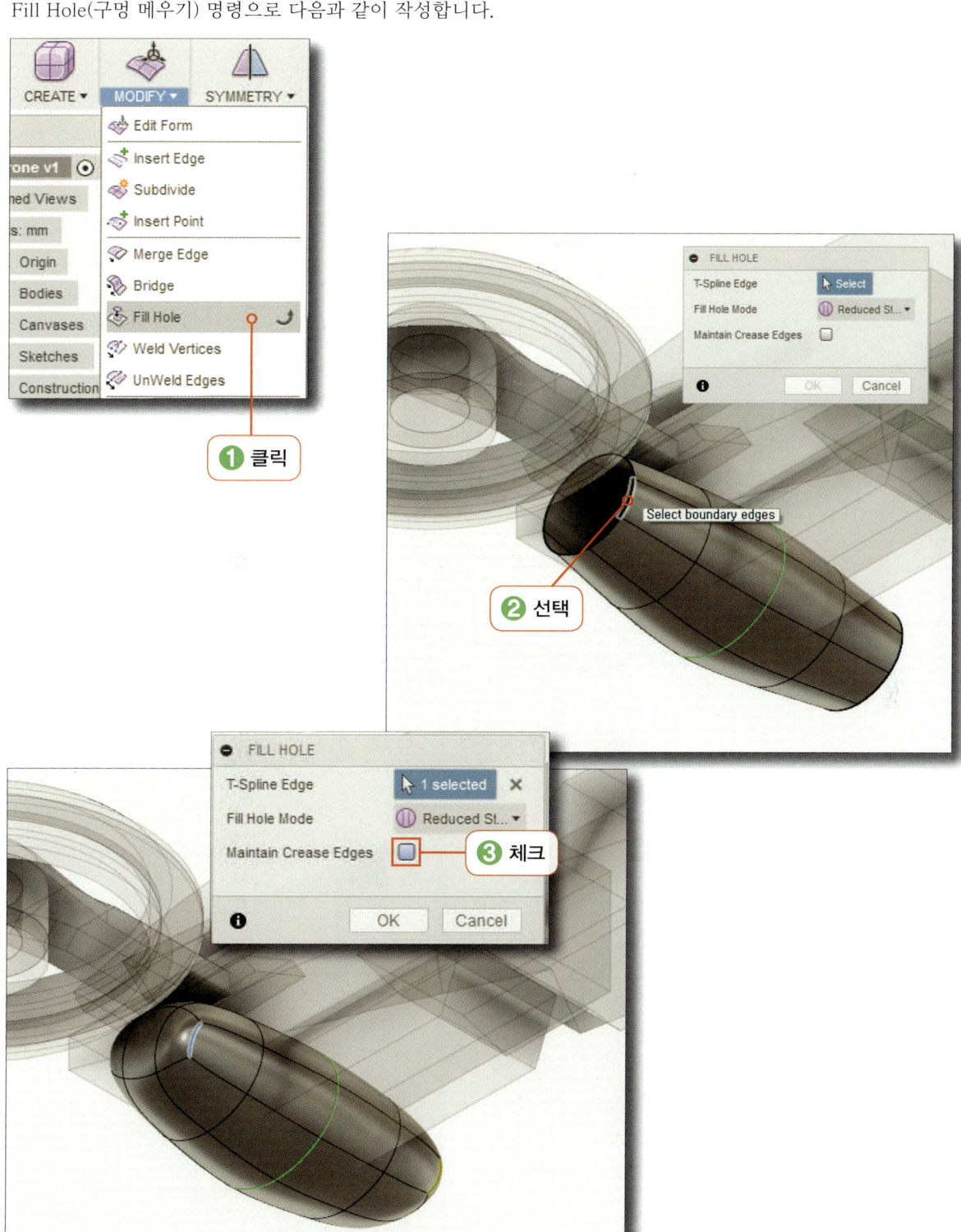

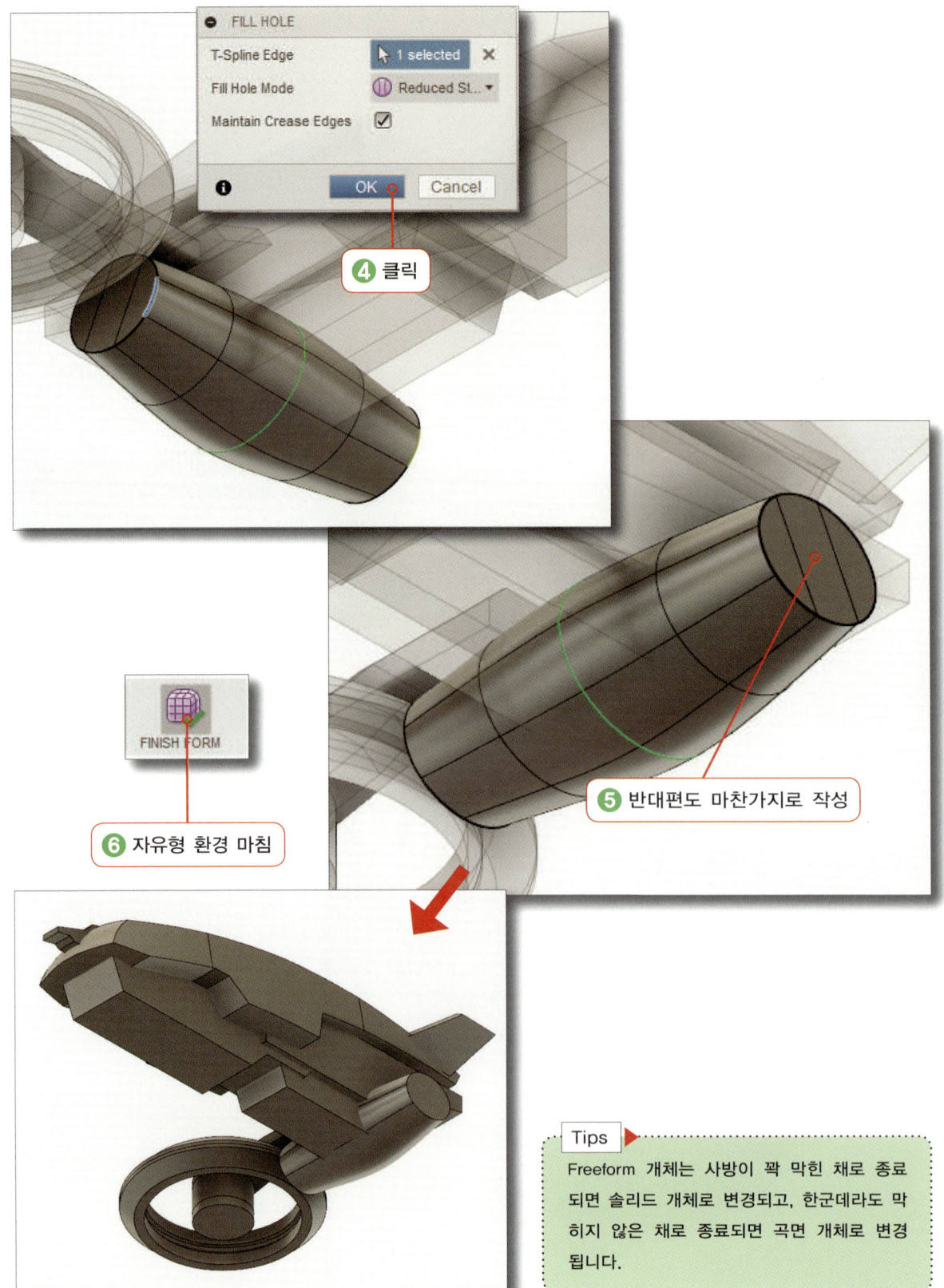

Section04 자유형 모델링

 Fill Hole (구멍 메우기) 명령과 Patch (면 채우기) 명령의 차이

곡면의 열린 구간에 면을 생성해 막아주는 명령으로 자유형 모델링에서는 Fill Hole이 있고, 곡면 모델링에서는 Patch 명령이 있습니다.

01 Fill Hole(구멍 메우기)

자유형 모델링 환경에서 열린 구간을 막아줍니다.

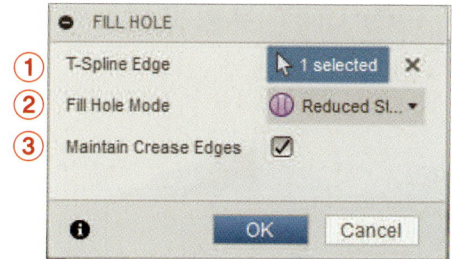

❶ **T-Spline Edge** : 열린 구간을 막을 모서리를 선택합니다.

❷ **Fill Hole Mode** : 열린 구간을 막을 형태를 선택합니다.

❸ **Maintain Crease Edges** : 체크하면 막힌 면의 모서리가 각지게 생성됩니다.

02 Patch(면 채우기)

곡면 모델링 환경에서 열린 구간을 막아줍니다.

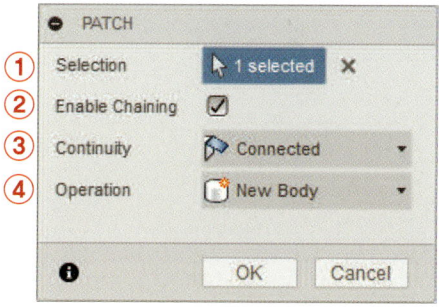

❶ **Selection** : 열린 구간을 막을 모서리를 선택합니다.

❷ **Enable Chaining** : 루프 상태로 연결된 모서리를 한번에 선택합니다.

❸ **Continuity** : 새로 생성된 면과 기존 면과의 관계를 모서리를 두고 어떻게 연결할지 설정합니다.

❹ **Operation(생성 옵션)** : 생성 옵션을 설정합니다.

03 부품 모델링

Section 05 응용 모델링

이번에는 Fusion 360의 다양한 모델링 명령어를 이용해서 나머지 부분의 디테일 모델링을 해 보도록 하겠습니다.

FAN UNIT 부품 모델링하기 Autodesk Fusion 360

FAN UNIT 부품의 형상을 작성해 보도록 하겠습니다.

step 1

다음과 같은 순서로 형상을 가리고 있는 바디를 숨깁니다.

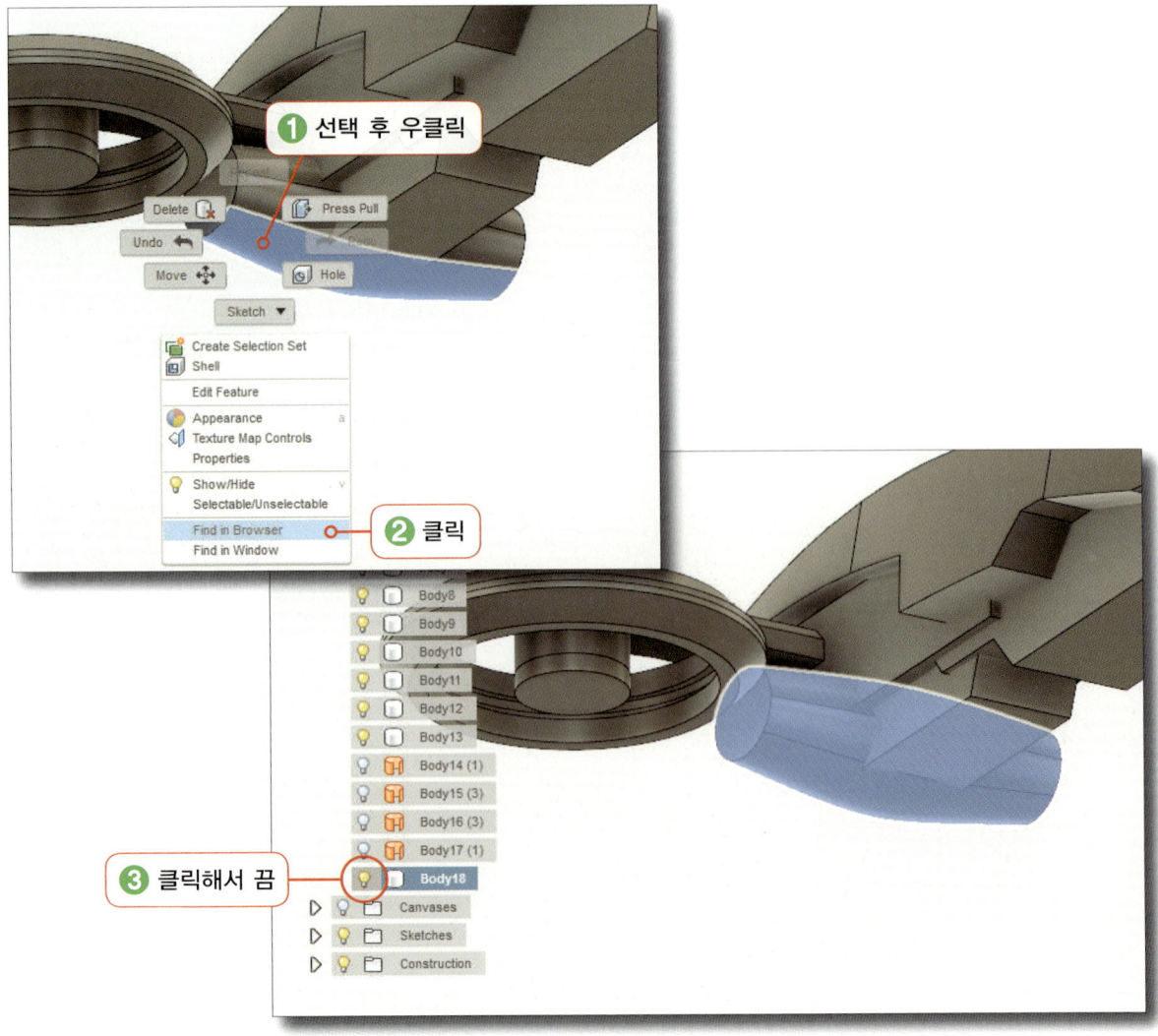

Section05 응용 모델링

step 2

다음과 같은 순서로 FAN BRACKET 부품에 다음과 같이 형상을 작성합니다.

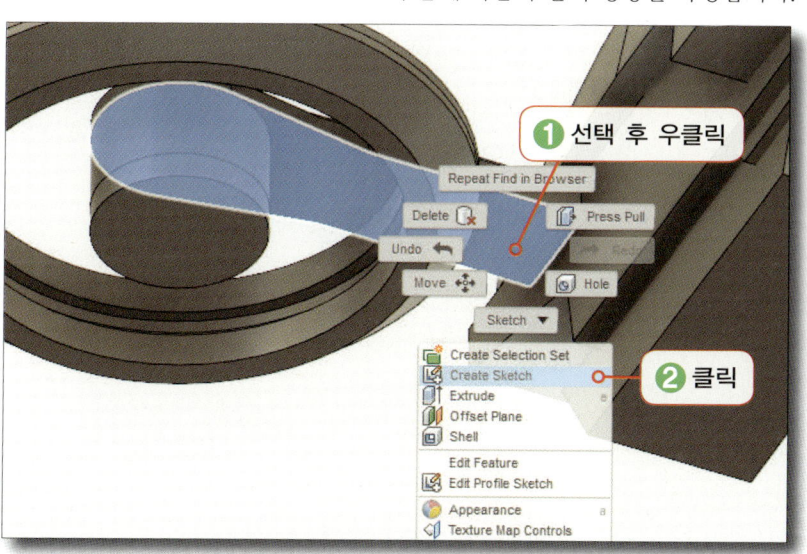

❶ 선택 후 우클릭

❷ 클릭

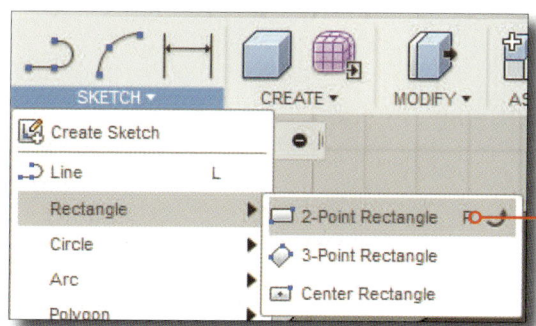

❸ 2-Point Rectangle(2점 사각형) 명령 실행

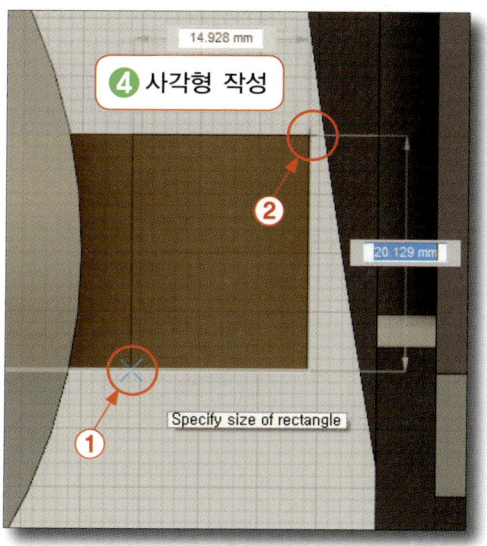

❹ 사각형 작성

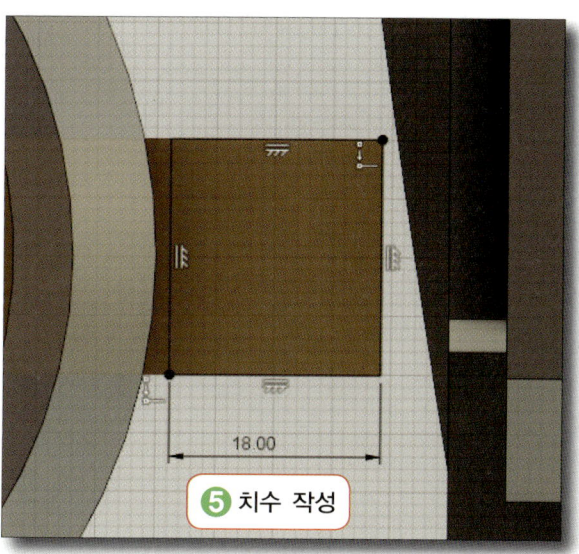

❺ 치수 작성

03 부품 모델링

step 3

다음과 같은 순서로 FAN 날개의 첫 번째 스케치 프로파일을 작성합니다.

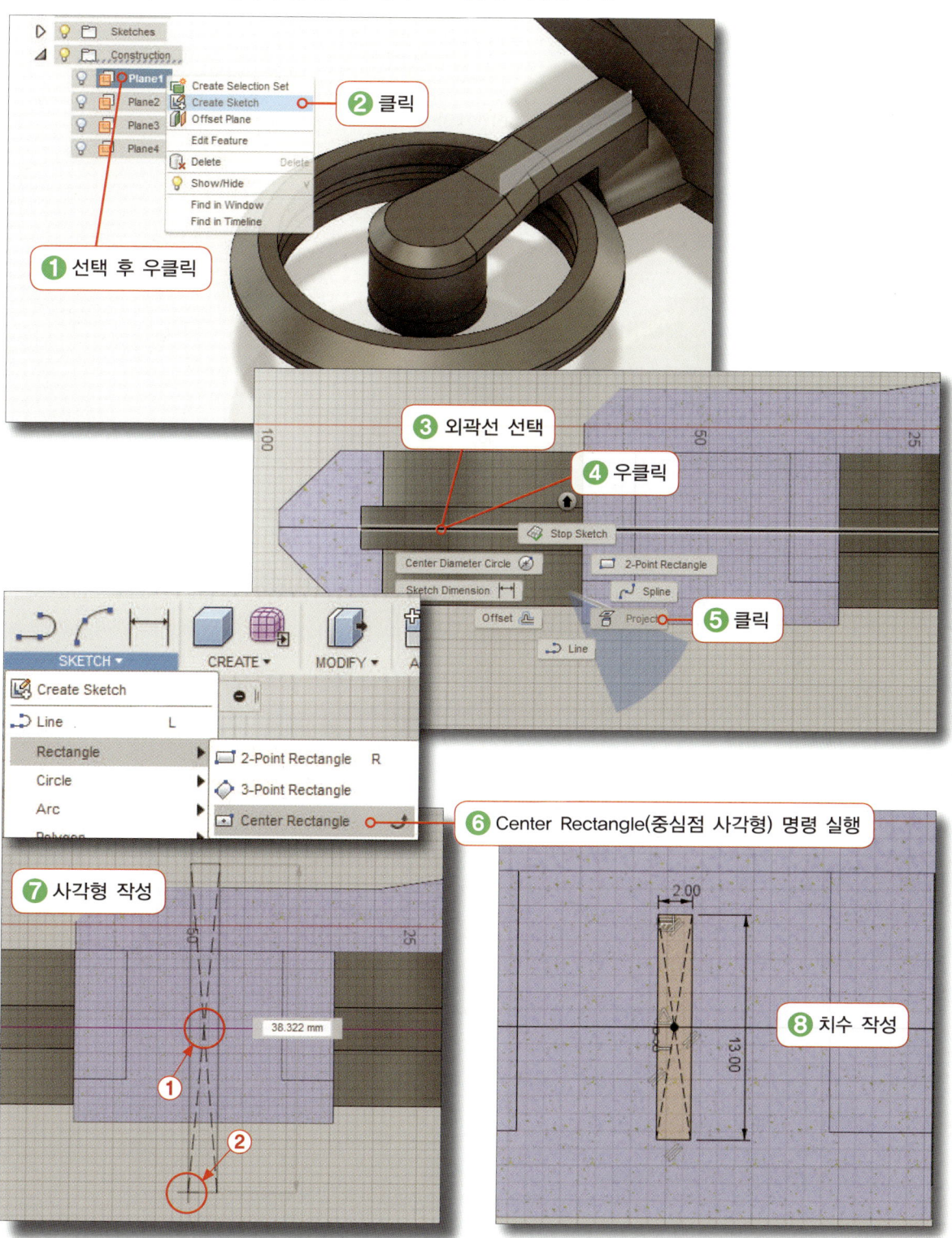

Drone v6*
Drone(시범용) v2
CREATE
MODIFY
ASSEMBLE
Press Pull Q
Fillet F
Silhouette Split
Move M
Align
⑨ 클릭
⑩ 창 선택
①
②
MOVE
Selection
Select
Object
OK
Cancel
2.00
13.00
50
Select sketch geometry to move

MOVE
Selection
11 selected
Object
Transform
Set Pivot
⑪ 클릭
X Distance 0.00 mm
Y Distance 0.00 mm
Z Distance 0.00 mm
X Angle 0.0 deg
Y Angle 0.0 deg
Z Angle 0.0 deg
OK
Cancel
⑫ 중심 피봇 선택
2.00
13.00
50

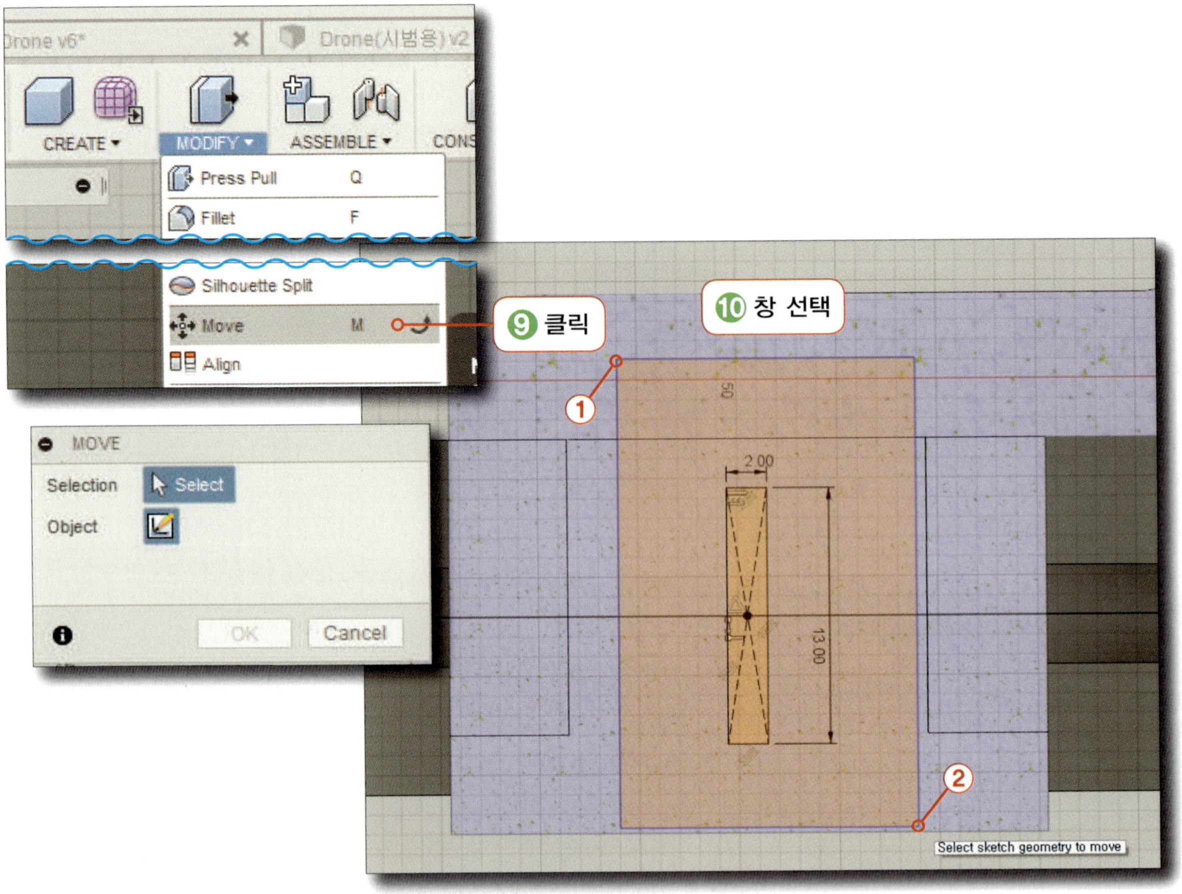

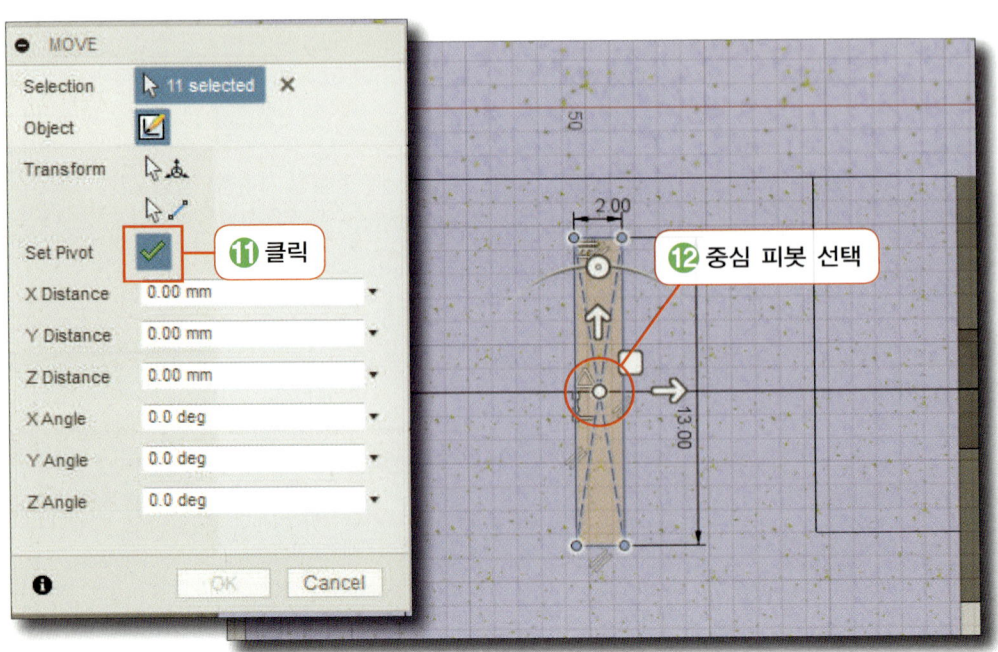

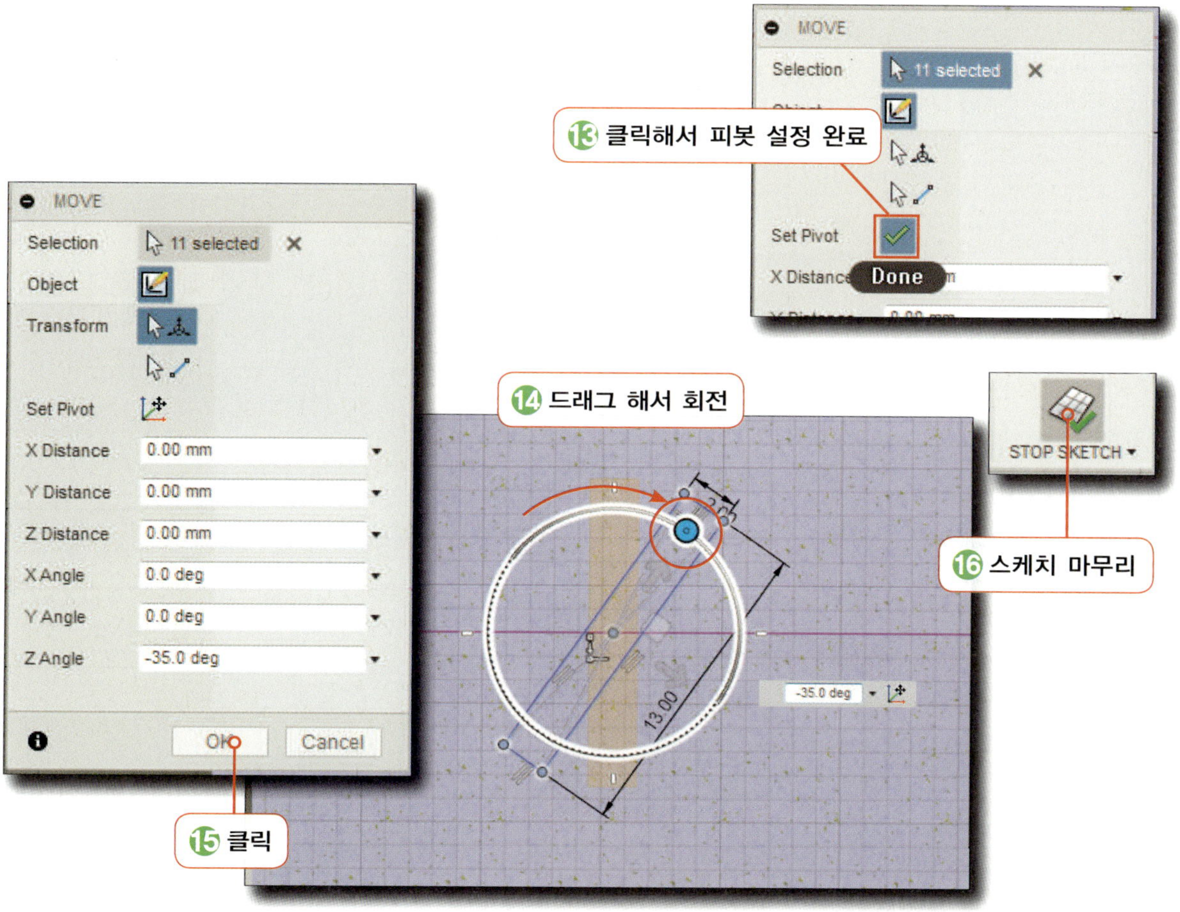

step 4

다음과 같은 순서로 FAN 날개의 두 번째 스케치 프로파일을 작성합니다.

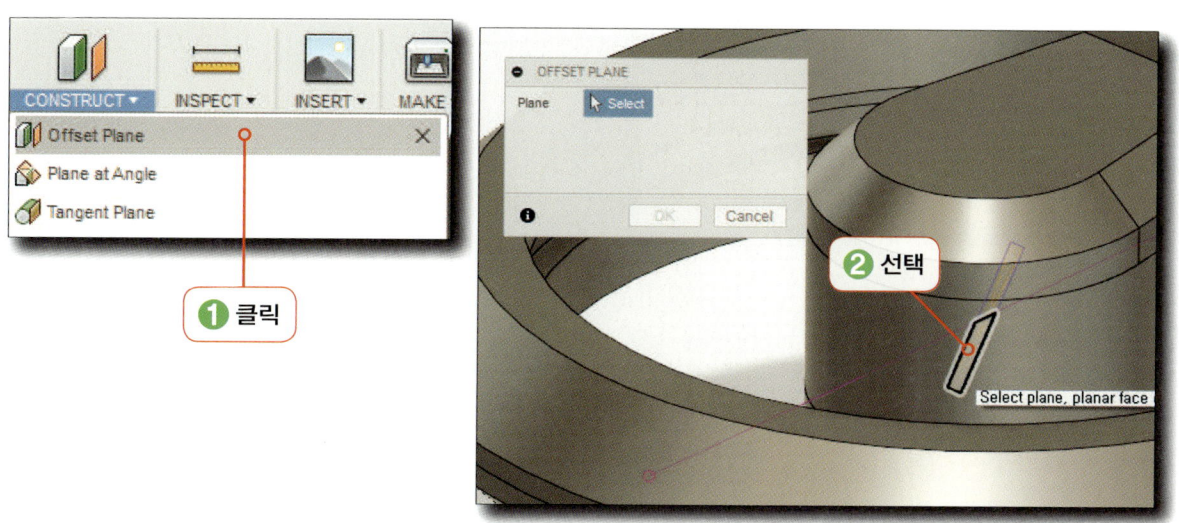

OFFSET PLANE
Plane
1 selected
Distance
20.00 mm
OK
Cancel
④ 거리 입력
⑤ 클릭
③ 드래그
20.00
Select pla

⑥ 선택 후 우클릭
Repeat
Delete
Press Pull
Undo
Redo
Move
Hole
Sketch
Create Selection Set
Create Sketch
Offset Plane
Edit Feature
Show/Hide
Find in Browser
⑦ 클릭

SKETCH
CREATE
MODIFY
Create Sketch
Line L
Rectangle
Circle
Arc
Polygon
2-Point Rectangle R
3-Point Rectangle
Center Rectangle
⑨ 사각형 작성
2.00
15.00
⑧ Center Rectangle(중심점 사각형) 명령 실행

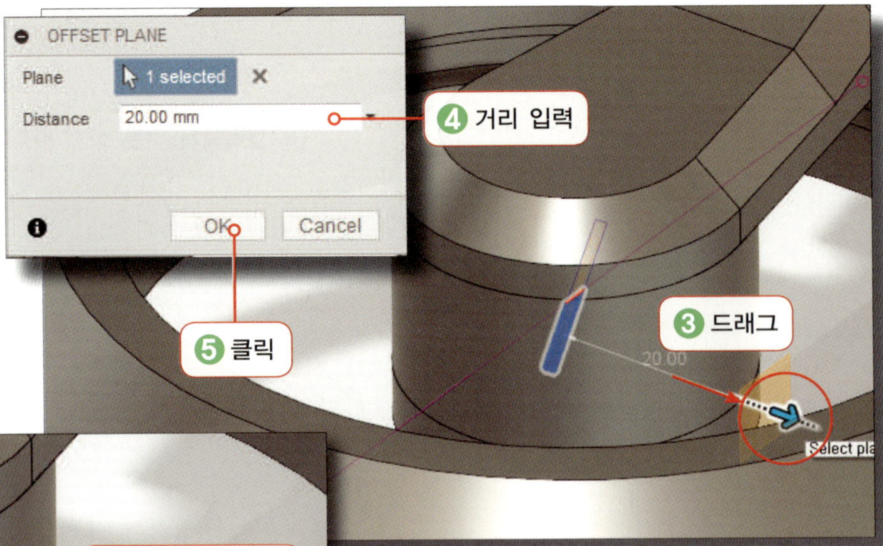

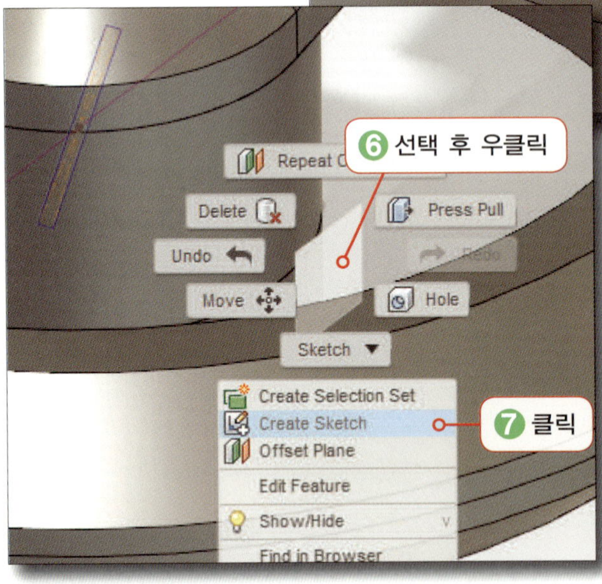

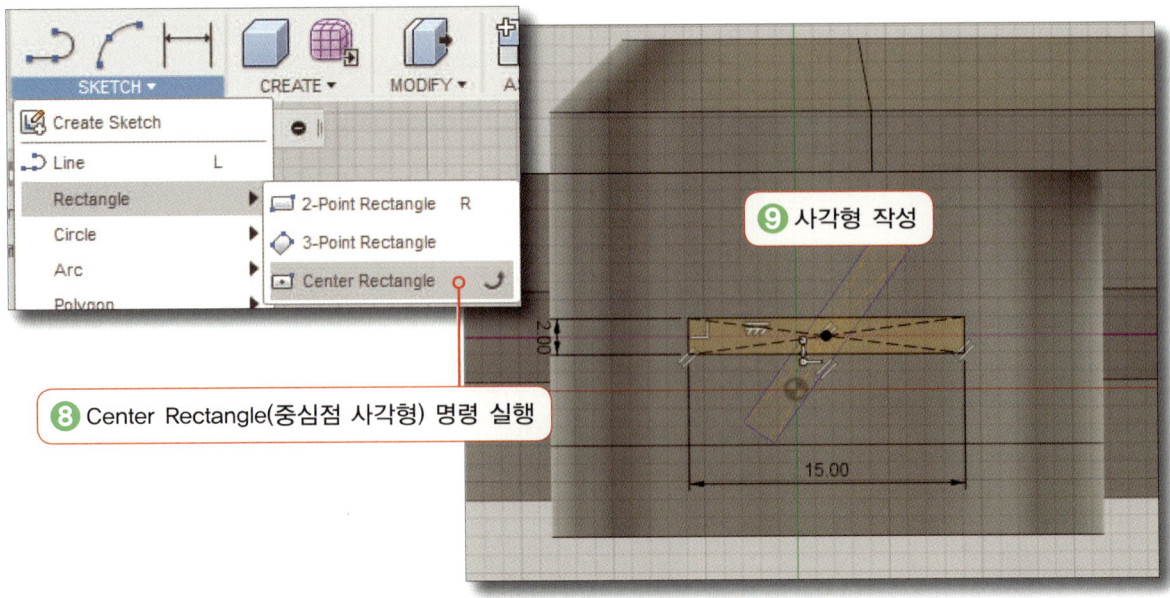

Section05 응용 모델링

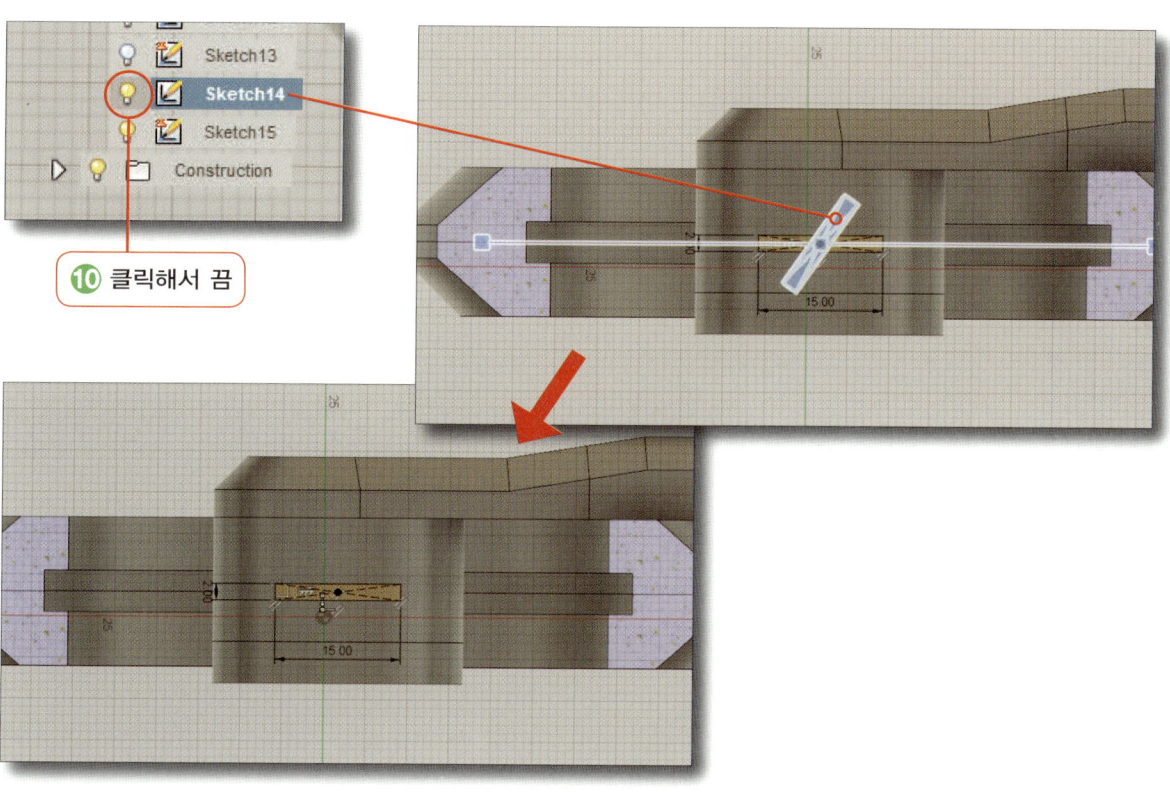

⑩ 클릭해서 끔

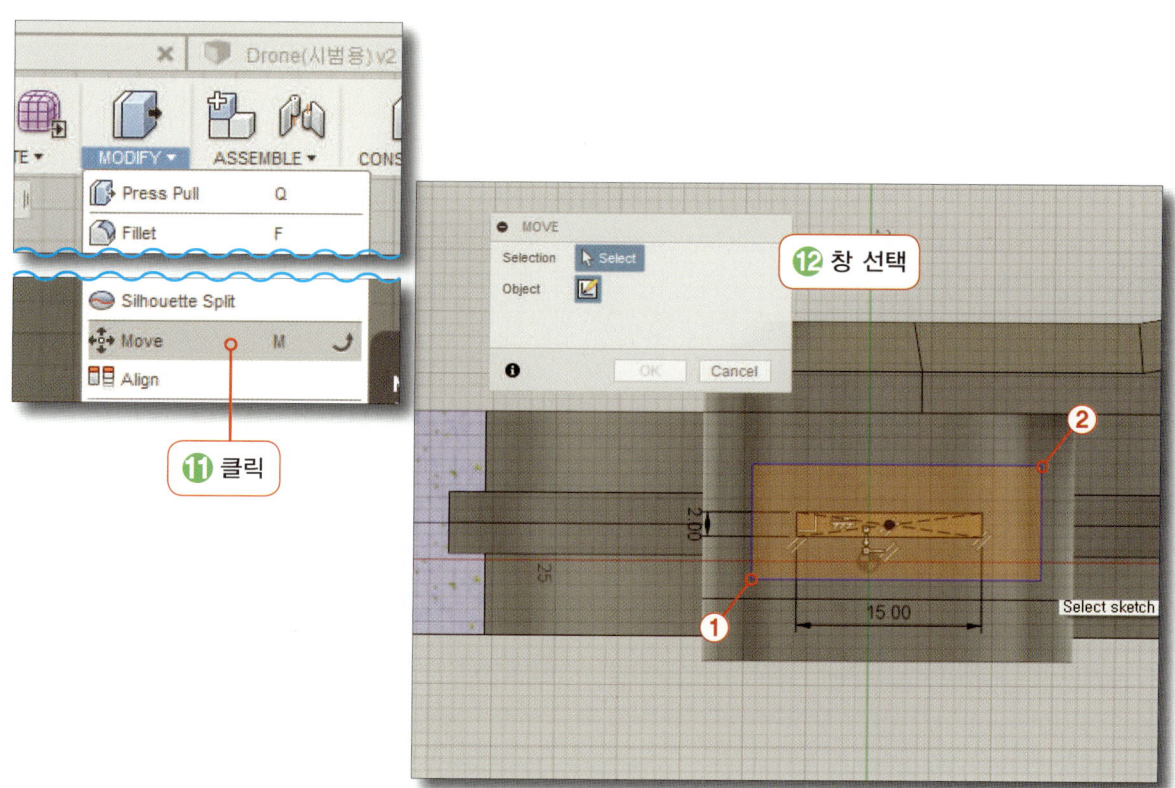

⑪ 클릭

⑫ 창 선택

03
부품 모델링

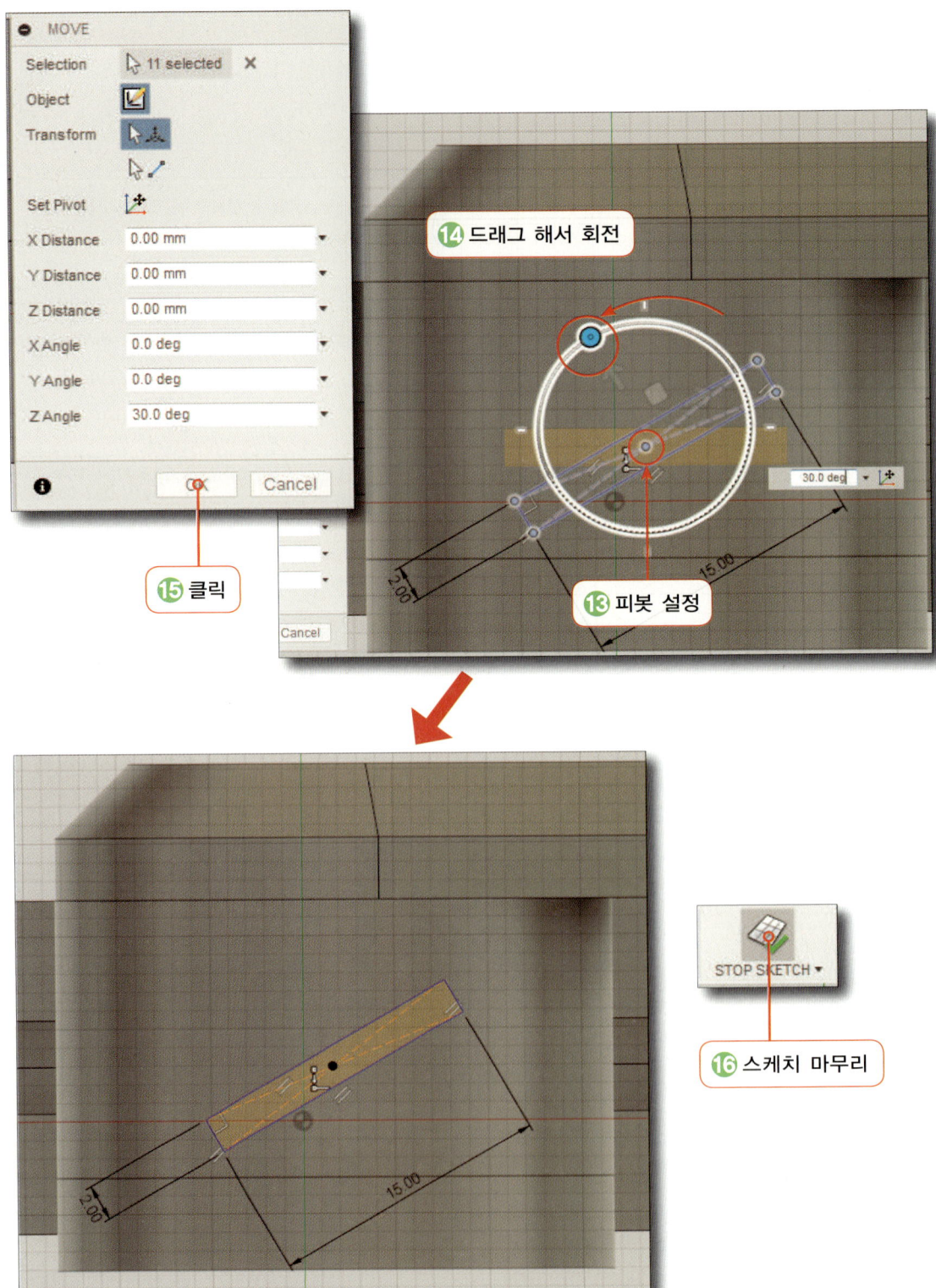

step 5

다음과 같은 순서로 FAN 날개의 세 번째 스케치 프로파일을 작성합니다.

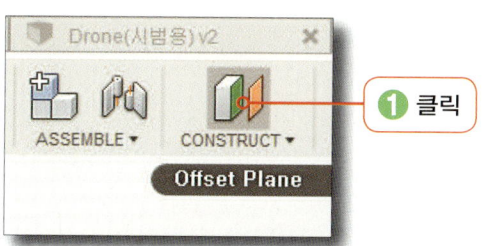

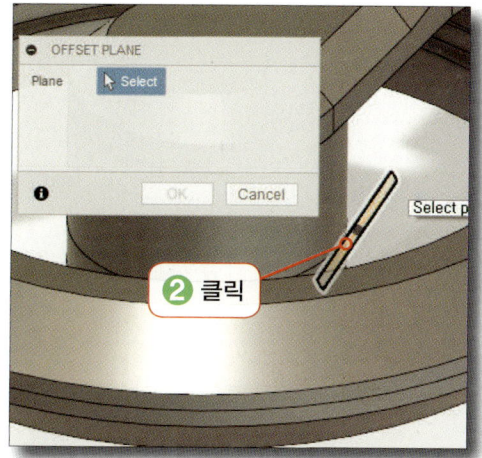

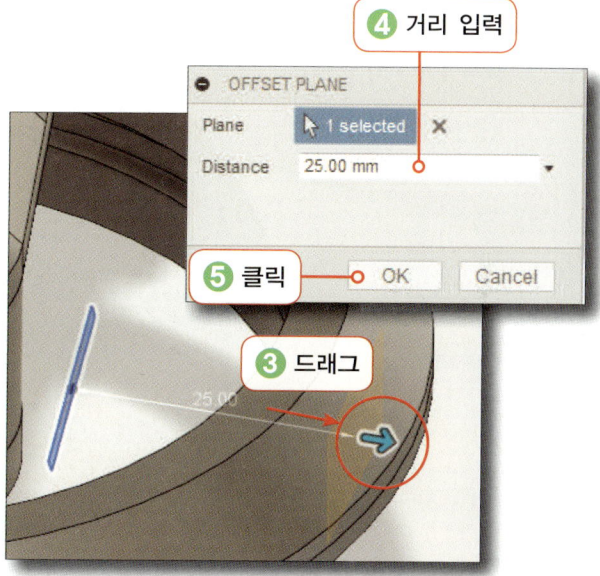

SKETCH
CREATE
MODIFY
Create Sketch
Line L
Rectangle
Circle
Arc
Polygon
2-Point Rectangle R
3-Point Rectangle
Center Rectangle
8 사각형 명령 실행
9 사각형 작성
2.00
20.00
STOP SKETCH
10 스케치 마무리

Named Views
Units: mm
Origin
Bodies
Canvases
Sketches
Sketch1
메인 스케치
Sketch3
Sketch4
Sketch5
Sketch6
Sketch7
Sketch8
Sketch9
Sketch10
Sketch11
Sketch12
Sketch13
Sketch14
Sketch15
Sketch16
Construction
11 클릭해서 켬

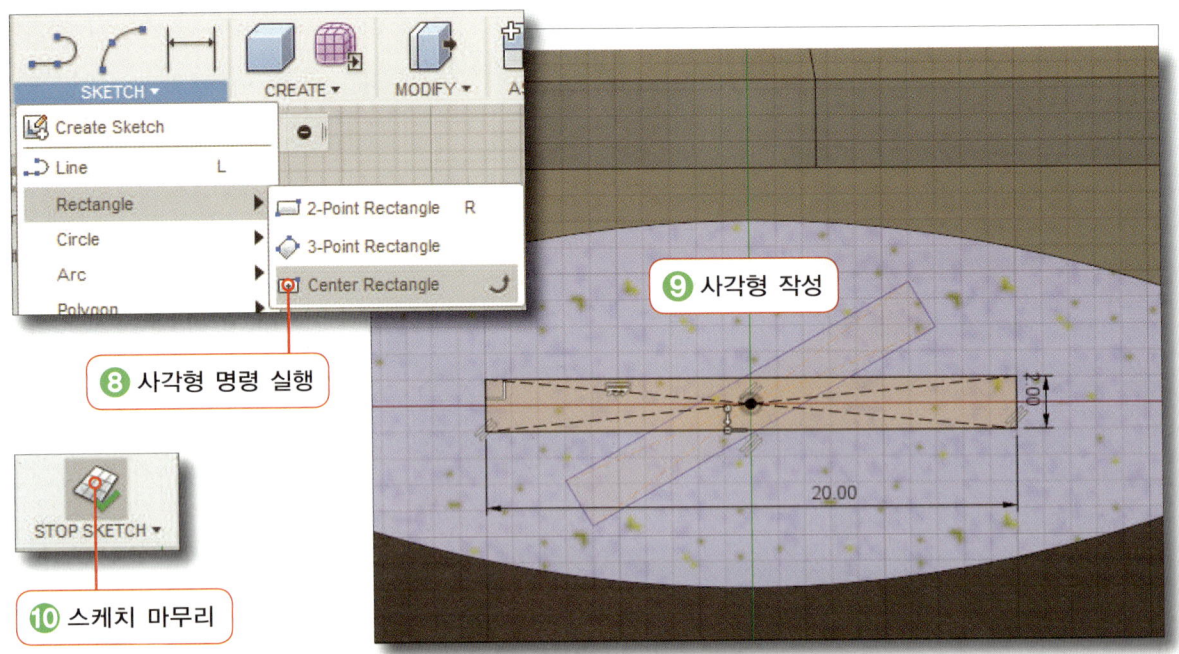

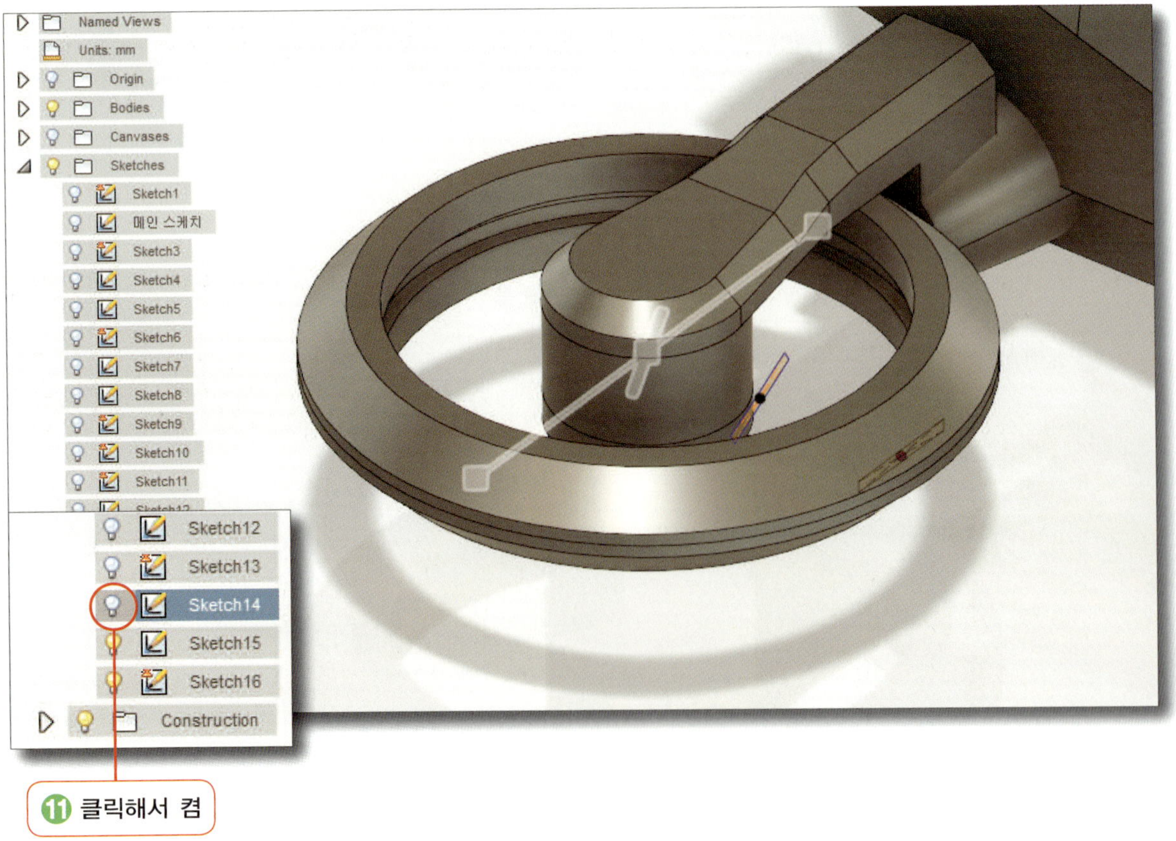

Section05 응용 모델링

step 6

Loft(로프트) 명령을 실행해 다음과 같이 작성합니다.

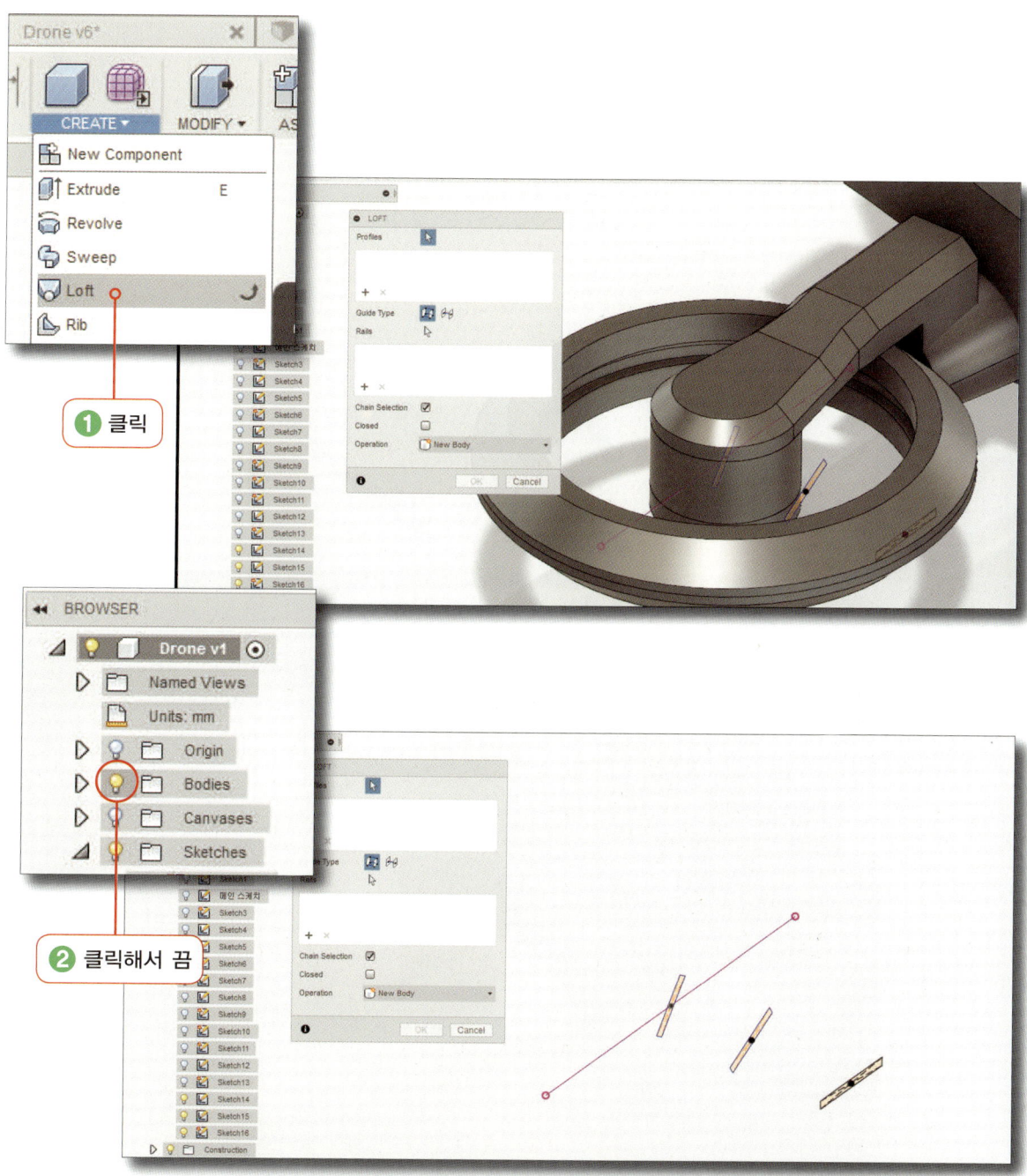

❶ 클릭

❷ 클릭해서 끔

> **Tips**
> 브라우저의 바디 항목 메인 전구를 끄면 모든 바디가 한꺼번에 숨김 상태가 됩니다.

03 부품 모델링

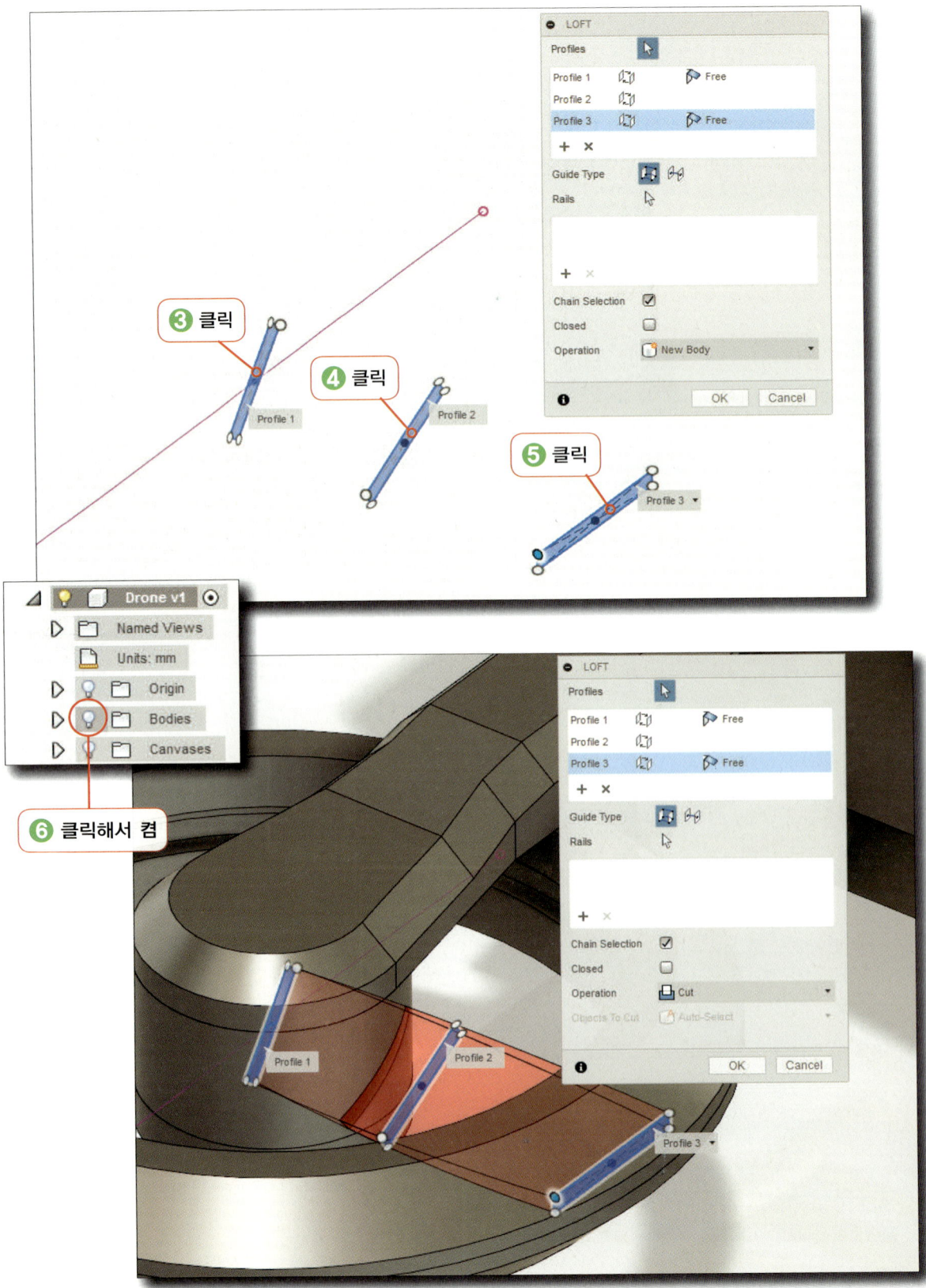

Section05 응용 모델링

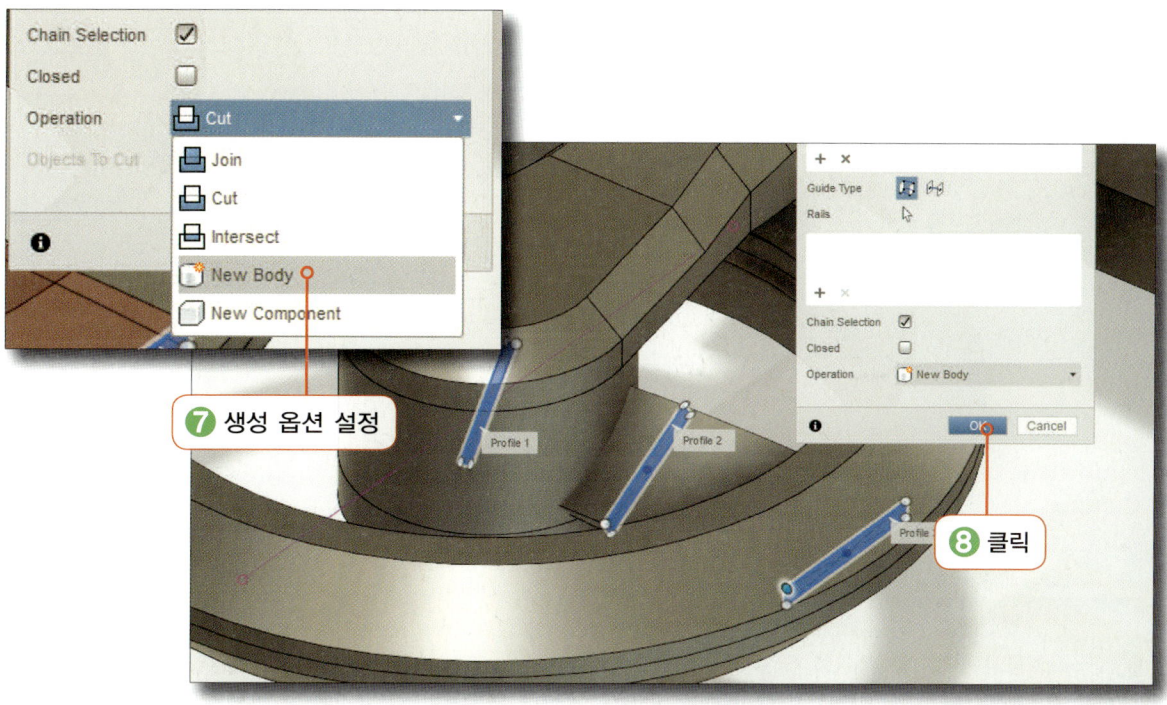

step 7

FAN 외곽 링을 다음과 같이 작성합니다.

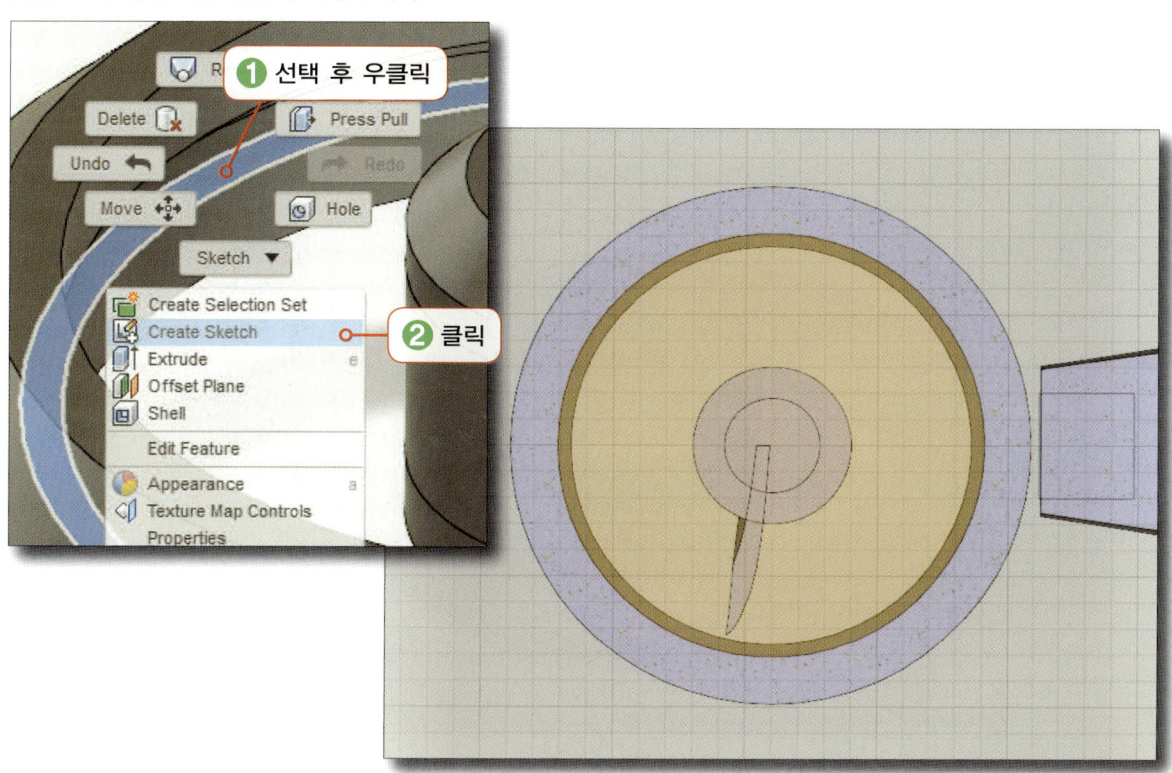

03 부품 모델링

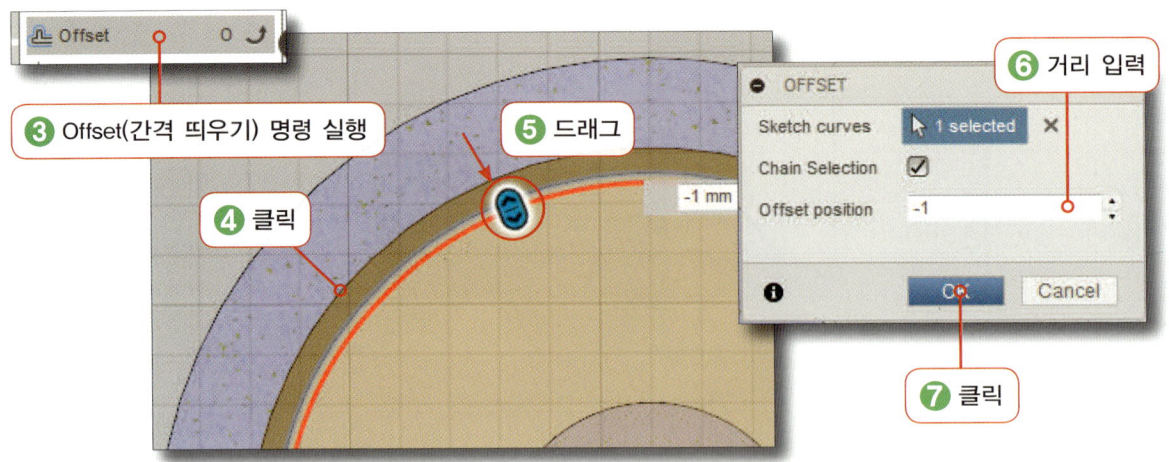

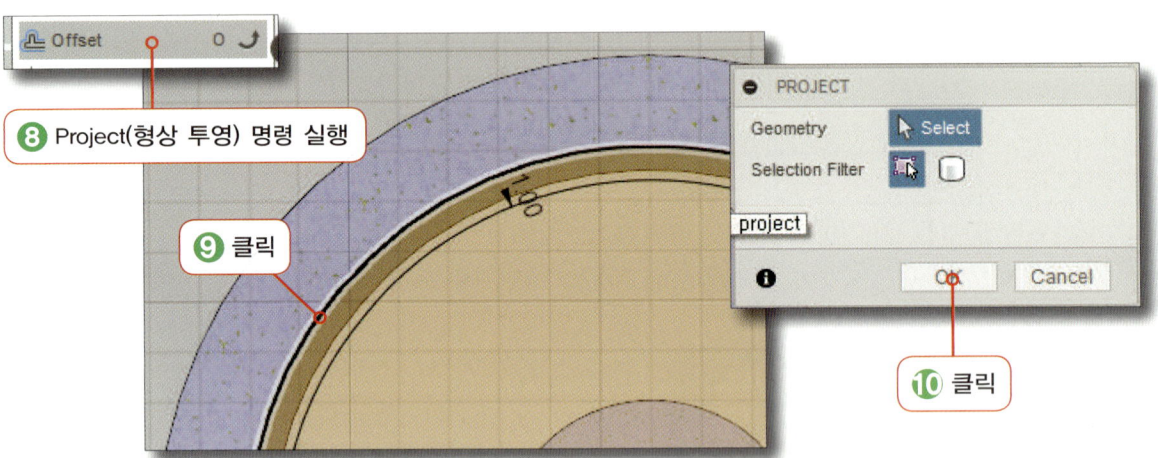

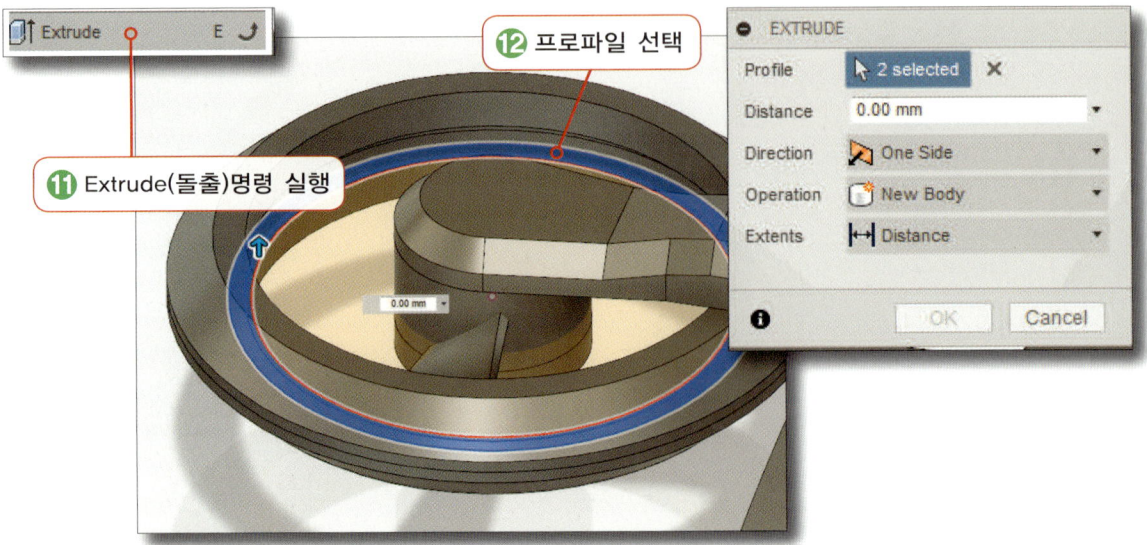

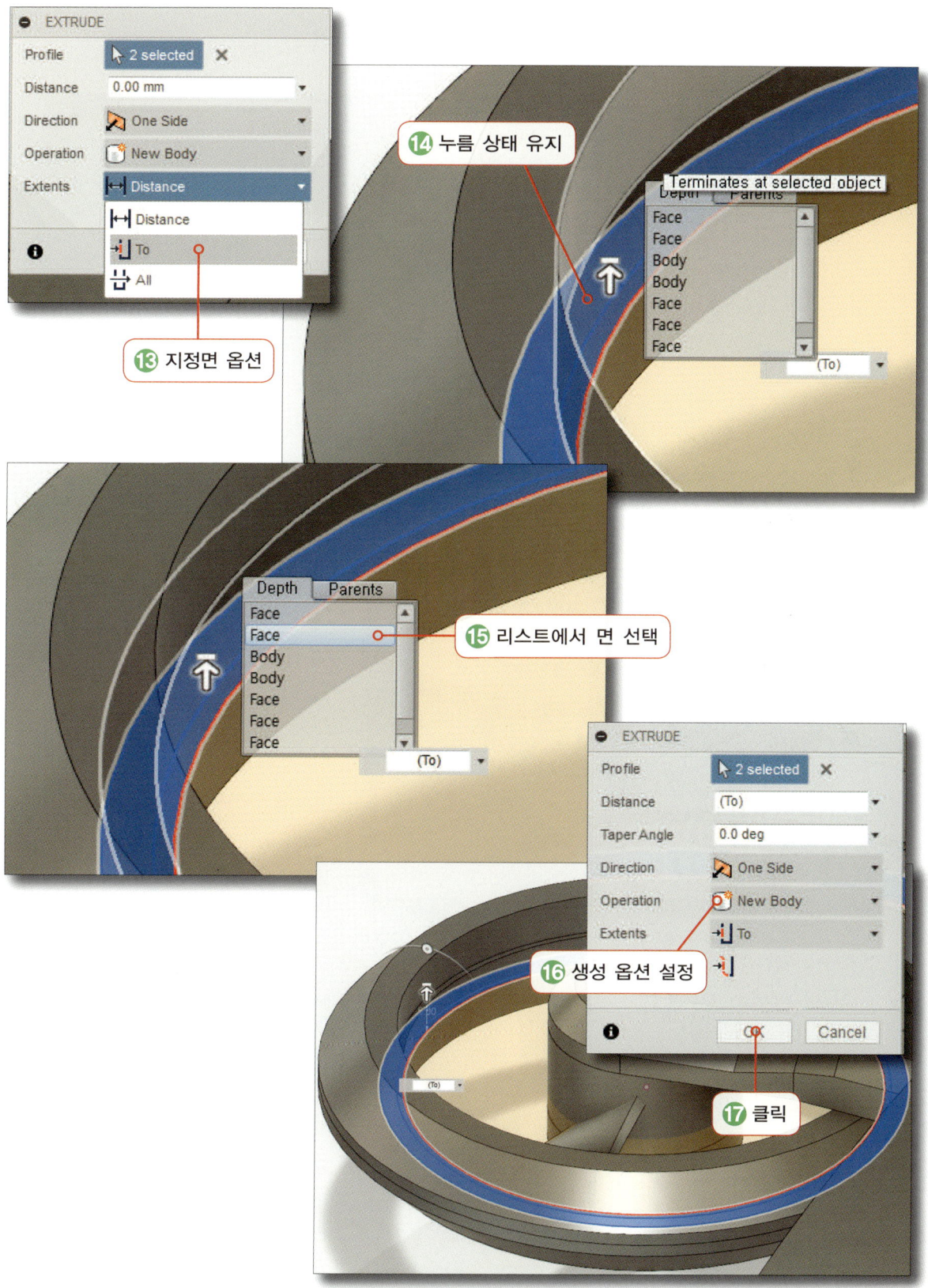

03 부품 모델링

step 8

다음 과정을 통해 FAN 날개를 외곽에 맞추어 잘라냅니다.

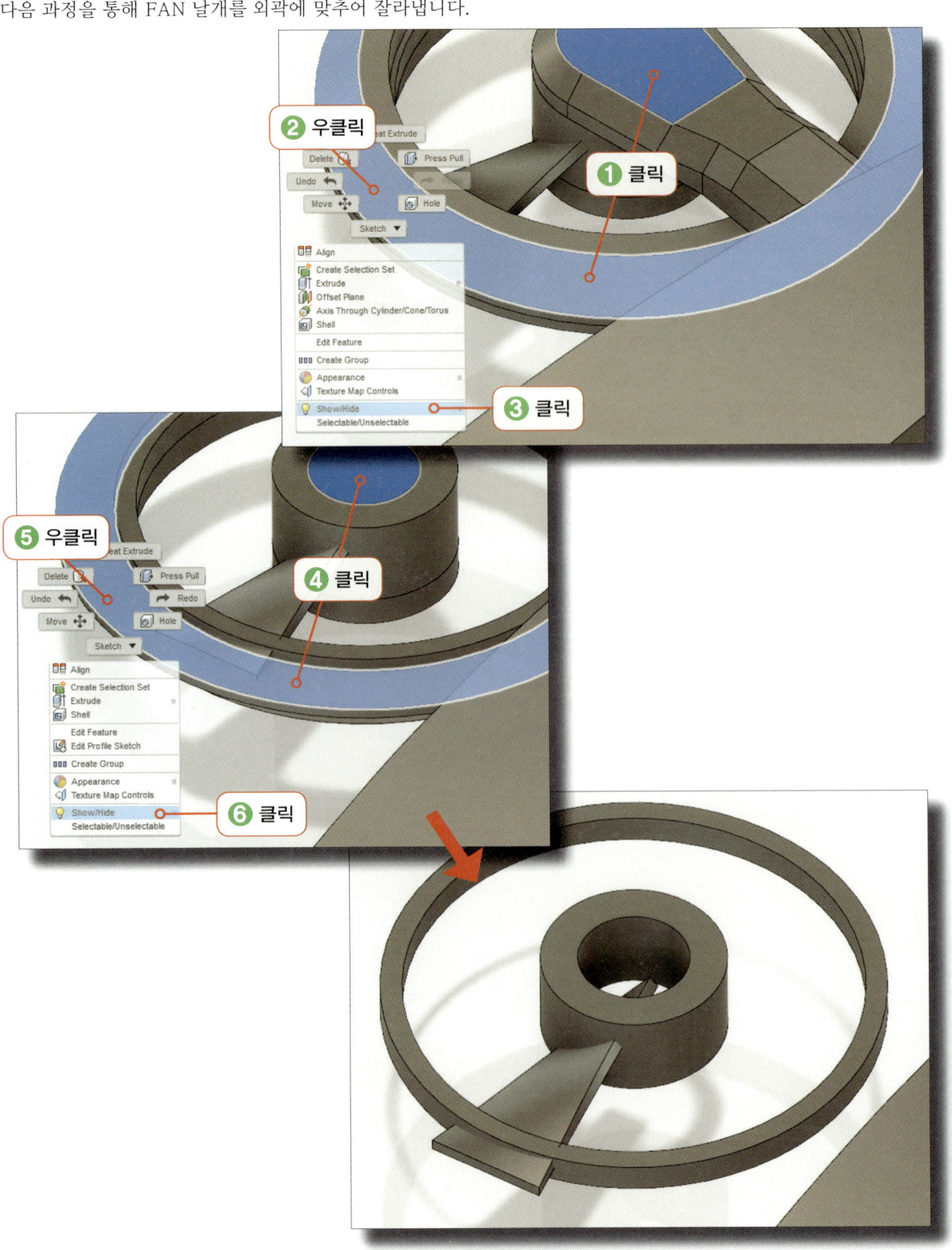

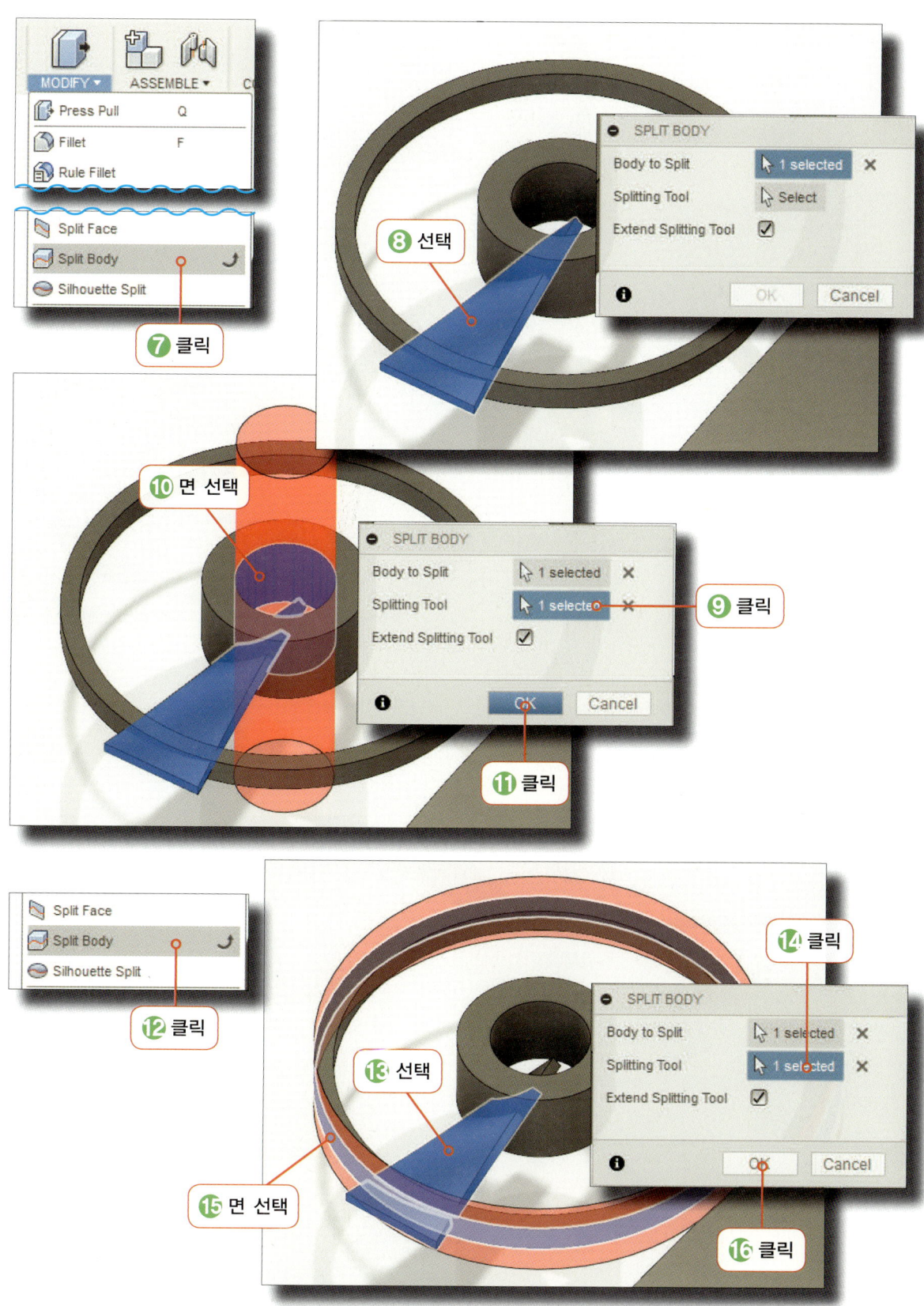

03 부품 모델링

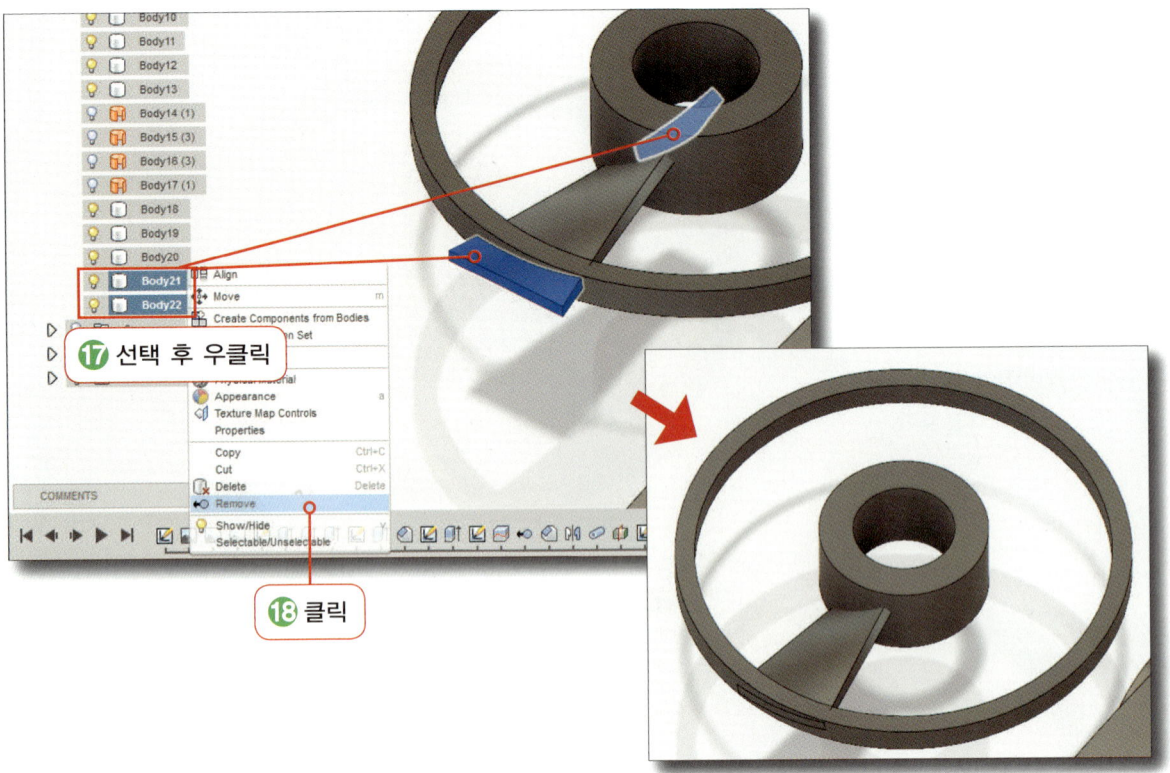

step 9

다음 과정을 통해 FAN 날개에 모깎기를 추가합니다.

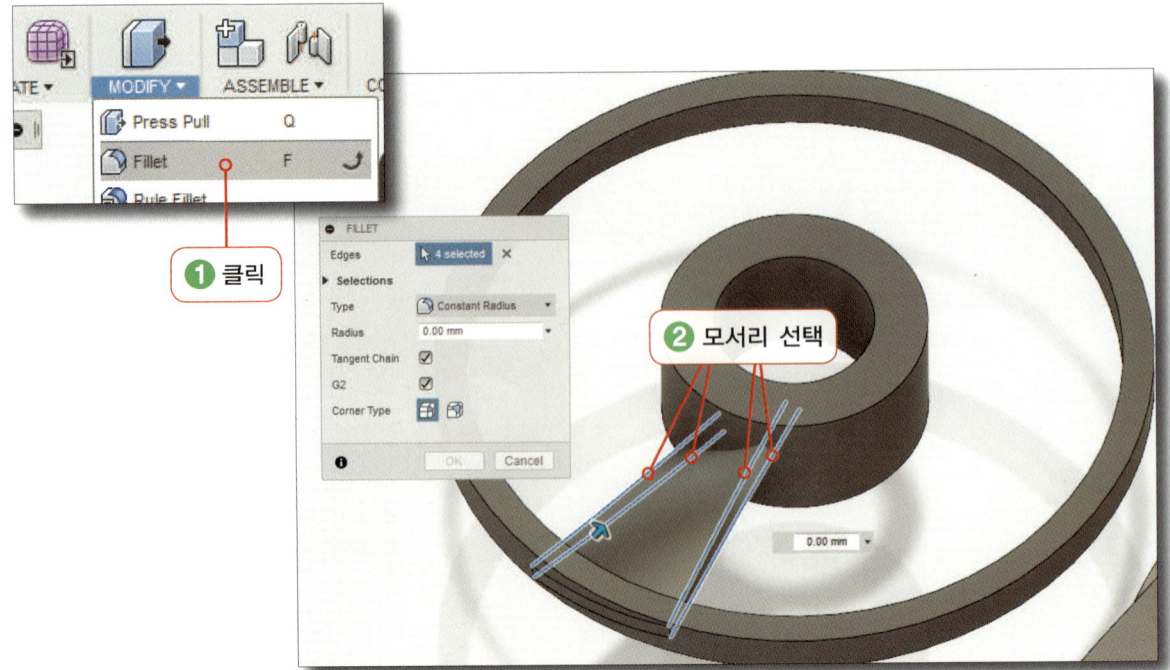

Section05 응용 모델링

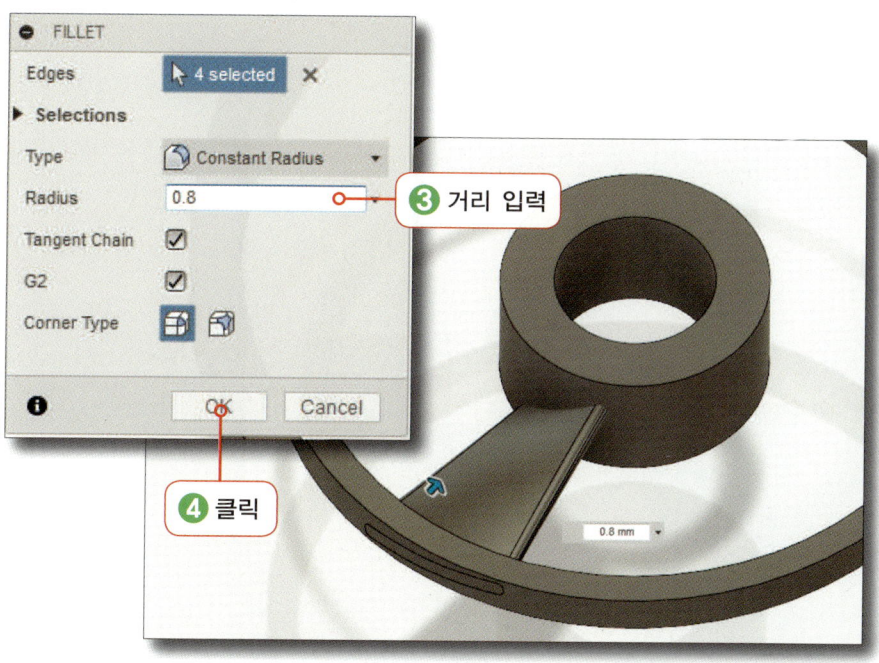

step 10

다음 과정을 통해 FAN 날개를 원형 패턴합니다.

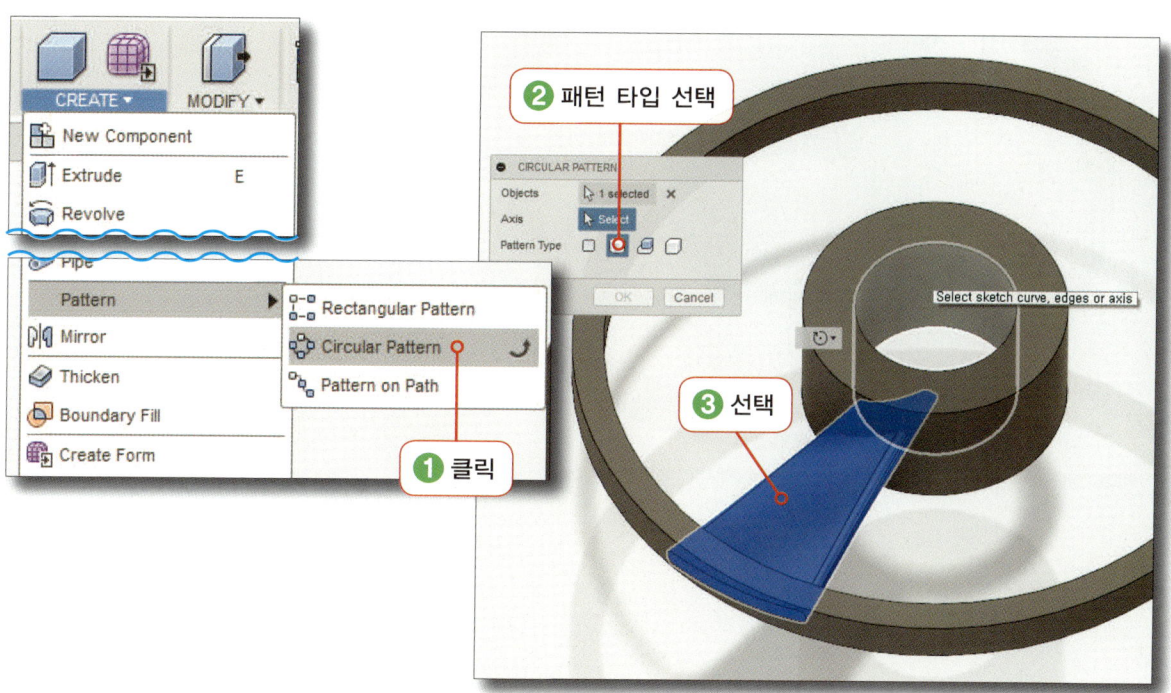

199

03
부품 모델링

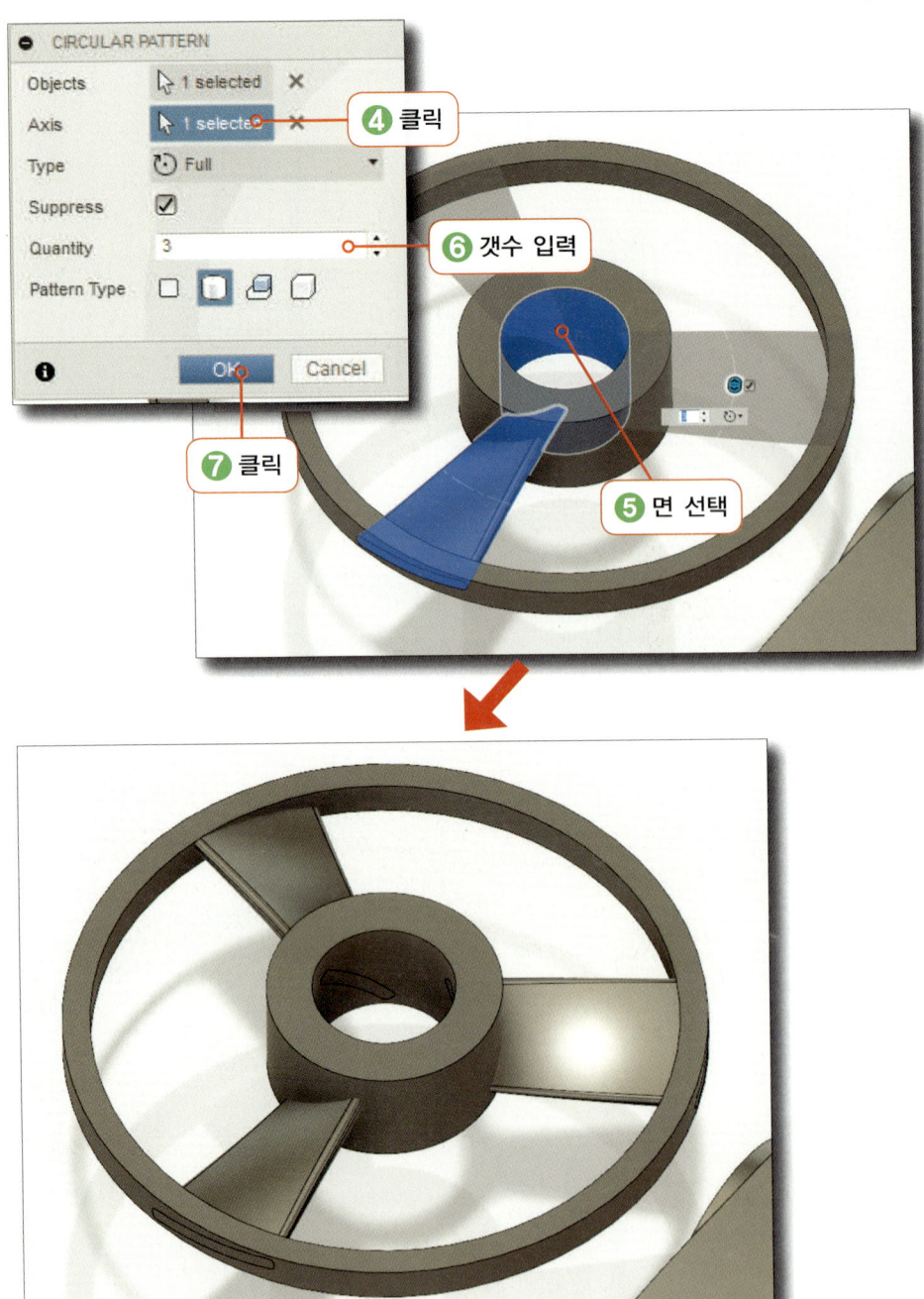

step 11

다음 과정을 통해 FAN 부품을 이루는 바디를 하나로 합칩니다.

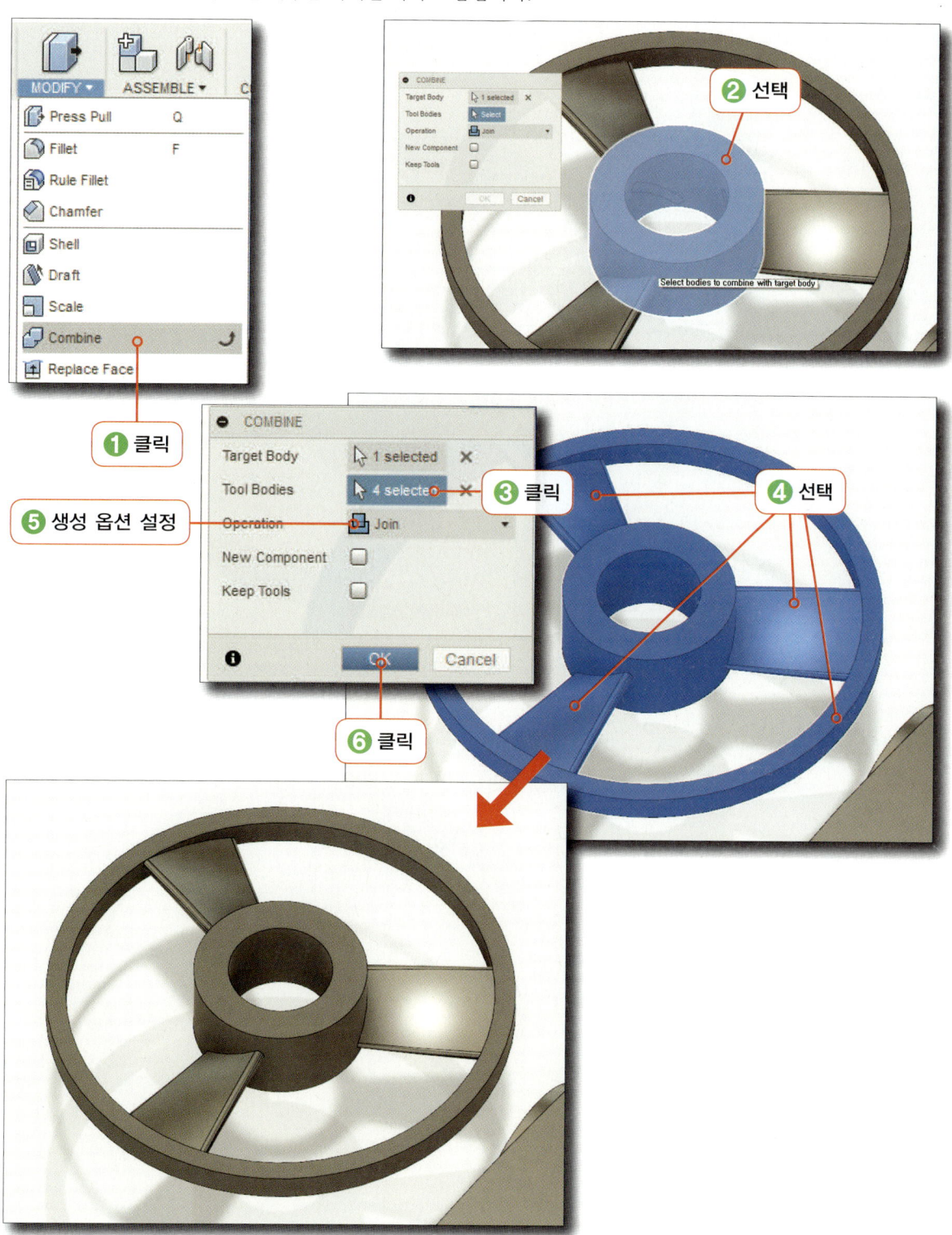

03
부품 모델링

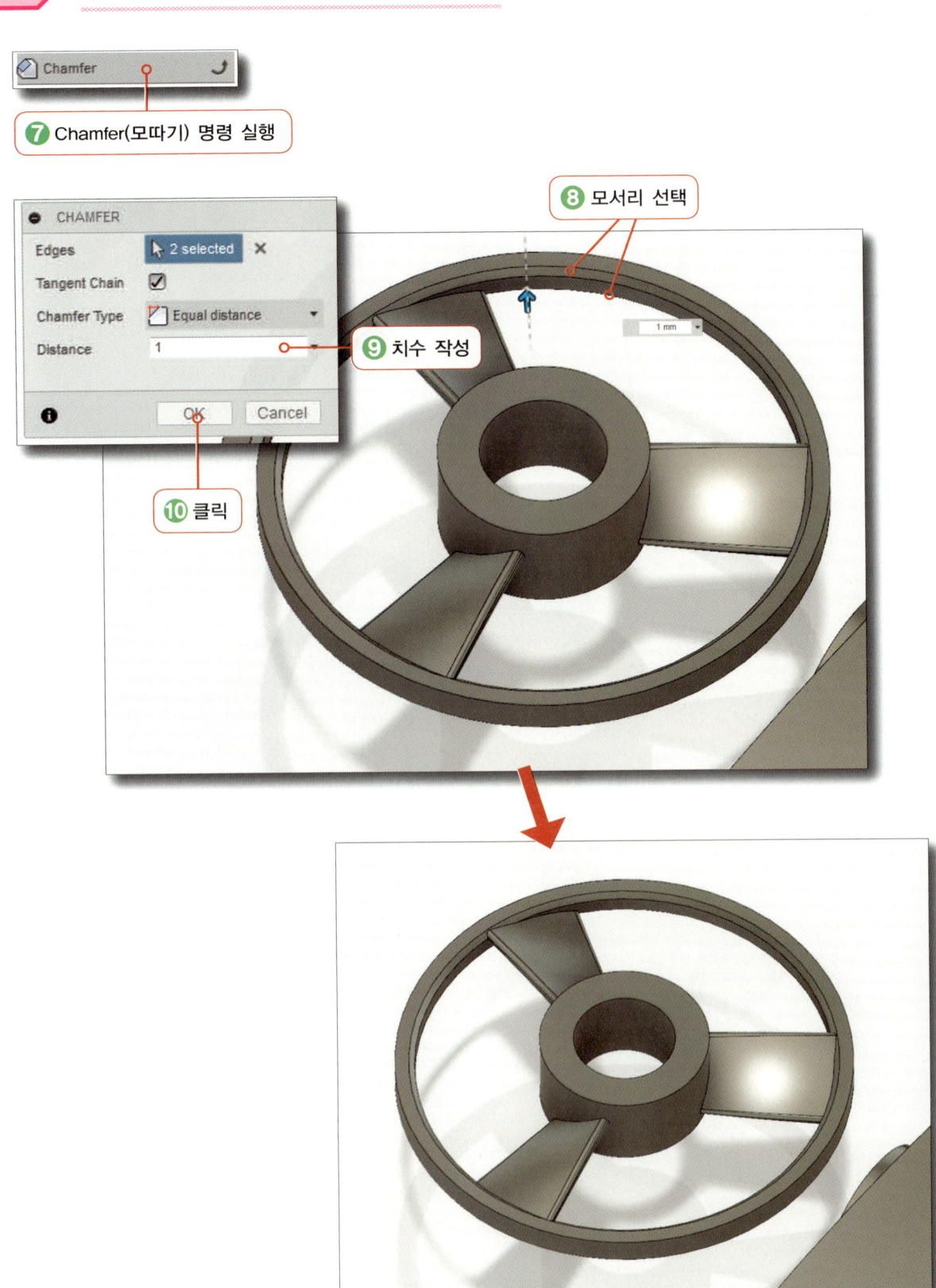

Section05 응용 모델링

CAMERA 부품 모델링하기

Autodesk Fusion 360

전면 카메라부에 해당하는 부품들을 작성해 보도록 하겠습니다.

step 1

다음 과정을 통해 카메라 바디를 작성해 보도록 하겠습니다.

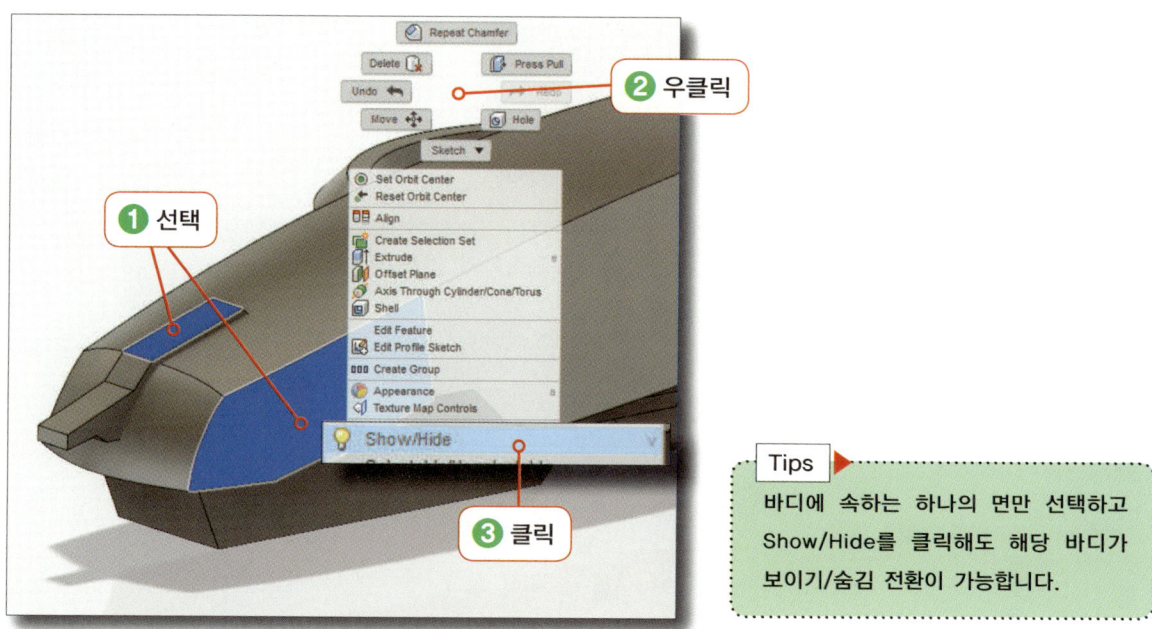

Tips
바디에 속하는 하나의 면만 선택하고 Show/Hide를 클릭해도 해당 바디가 보이기/숨김 전환이 가능합니다.

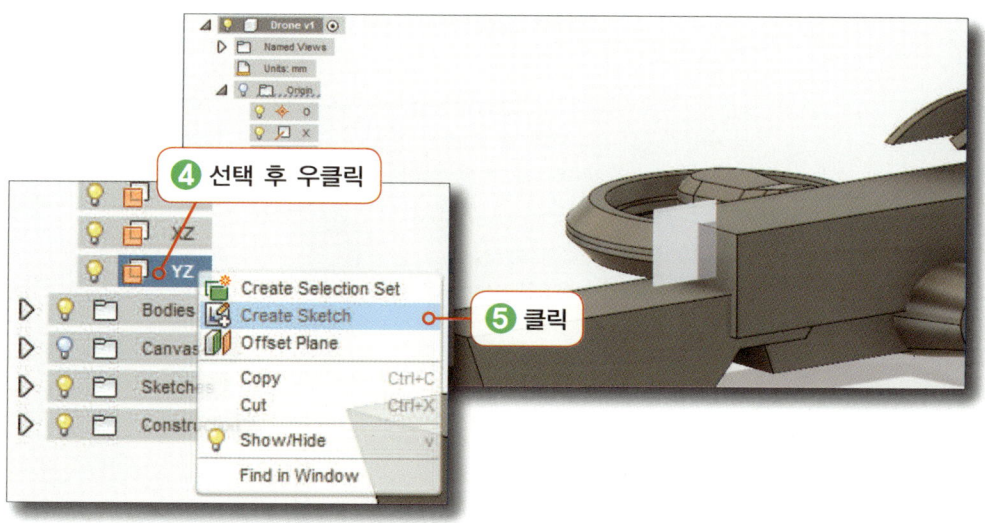

203

⑥ 스케치 작성
100
75
50
35.00

CREATE
MODIFY
New Component
Extrude
E
Revolve
Sweep
⑦ Extrude(돌출) 명령 실행
⑧ 프로파일 선택
⑨ 거리 입력
EXTRUDE
Profile
1 selected
Distance
12
Taper Angle
0.0 deg
Direction
Symmetric
Operation
Cut
Objects To Cut
Auto-Select
Extents
Distance
OK
Cancel
⑩ 방향 설정
⑪ 생성 옵션 설정
⑫ 클릭

⑬ 선택 후 우클릭
Delete
Press Pull
Undo
Redo
Move
Hole
Sketch
Create Selection Set
Create Sketch
Extrude
Offset Plane
Shell
Edit Feature
Edit Profile Sketch
Appearance
Texture Map Controls
⑭ 클릭

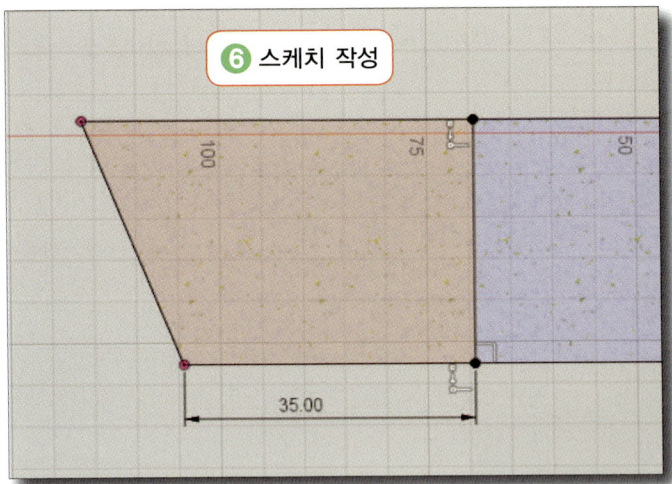

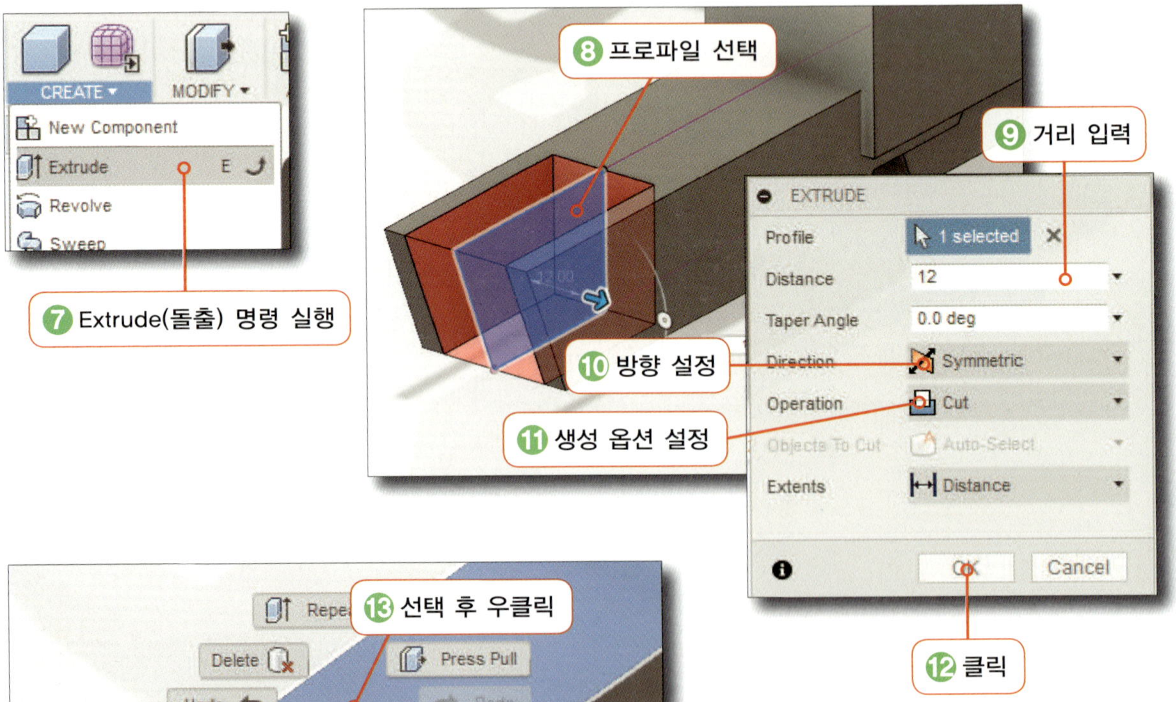

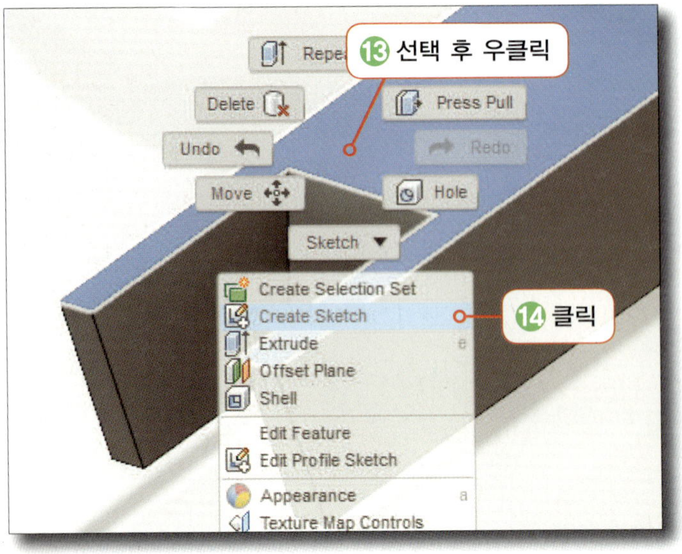

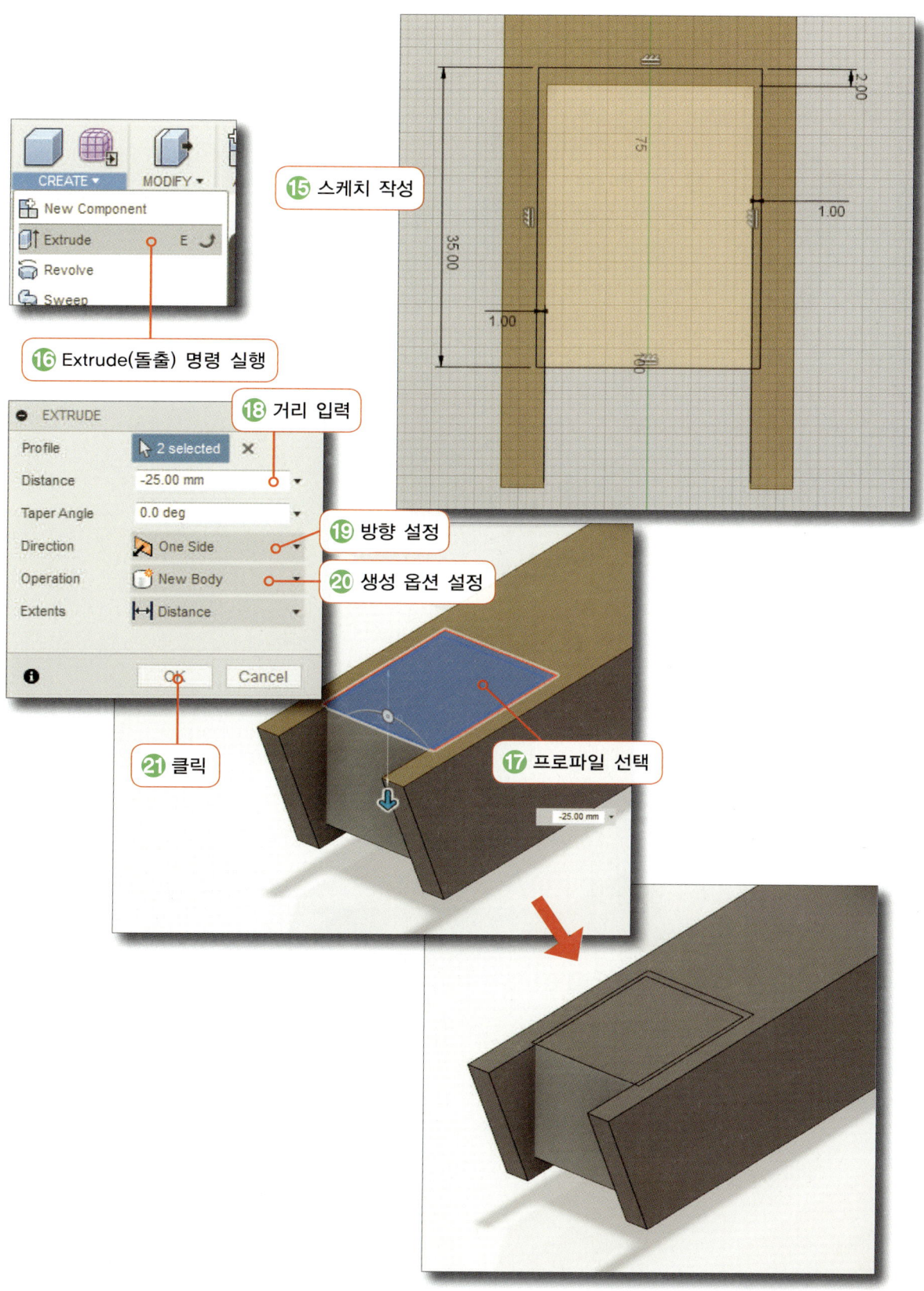

03
부품 모델링

step 2

다음 과정을 통해 카메라 렌즈를 작성해 보도록 하겠습니다.

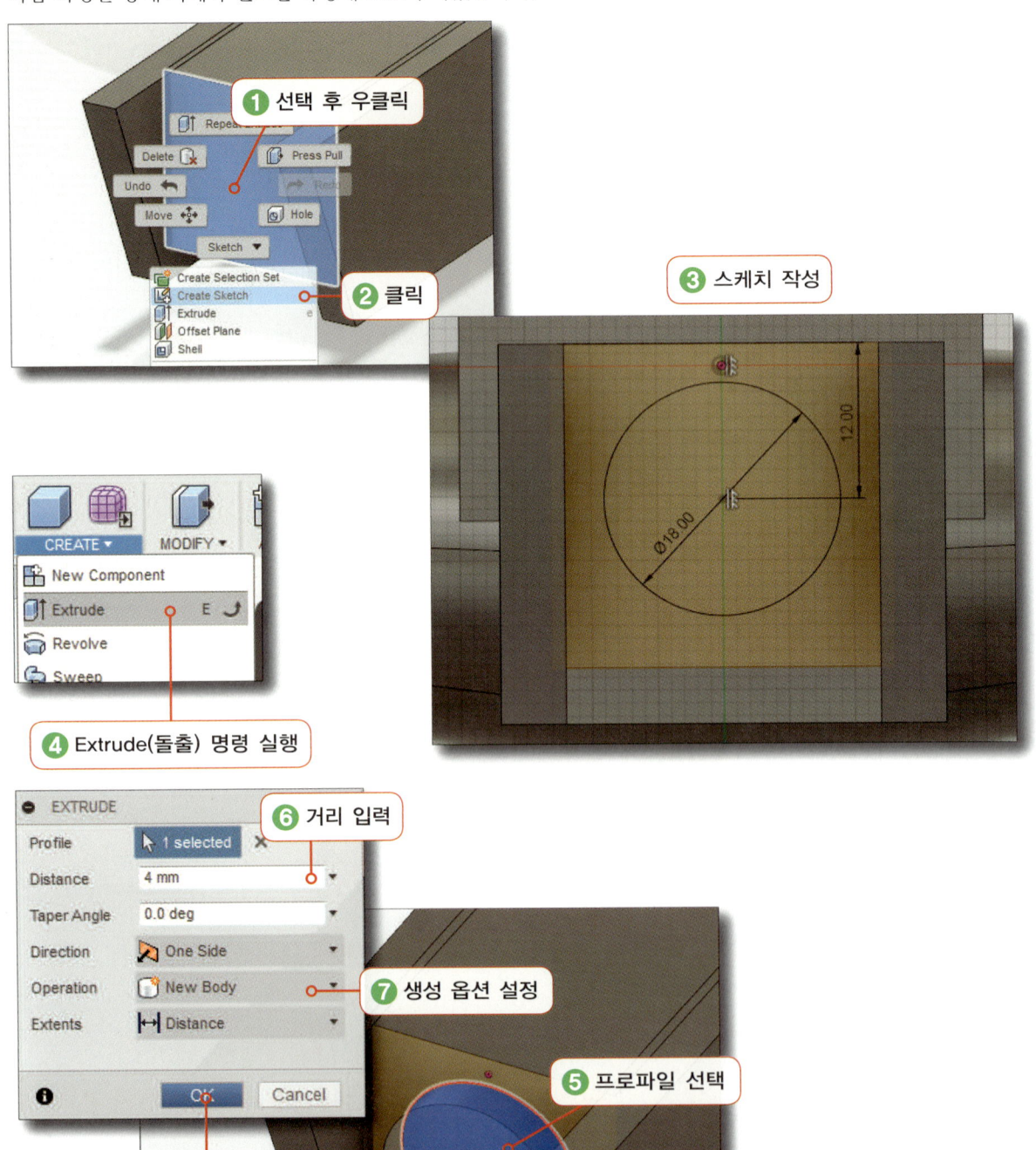

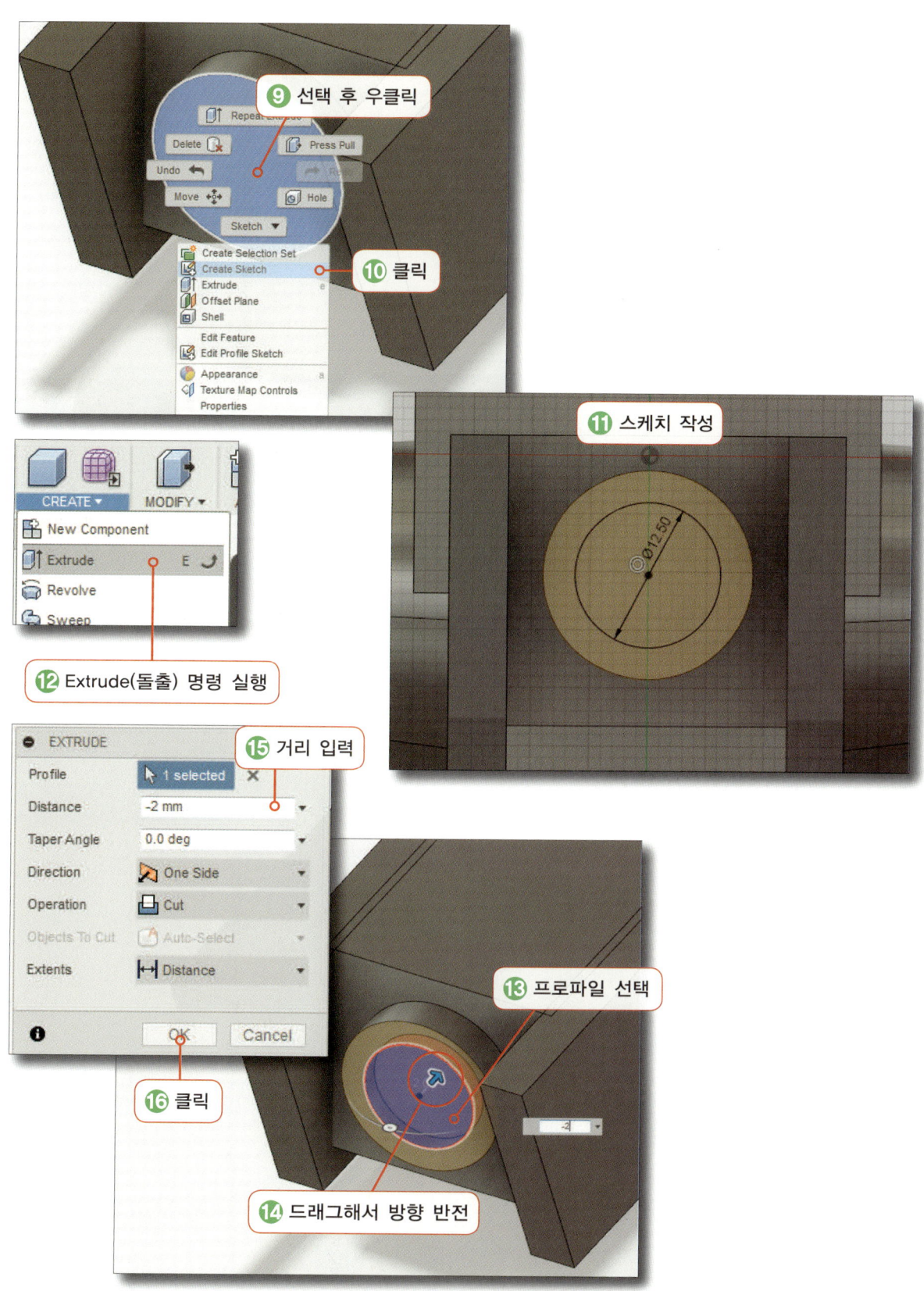

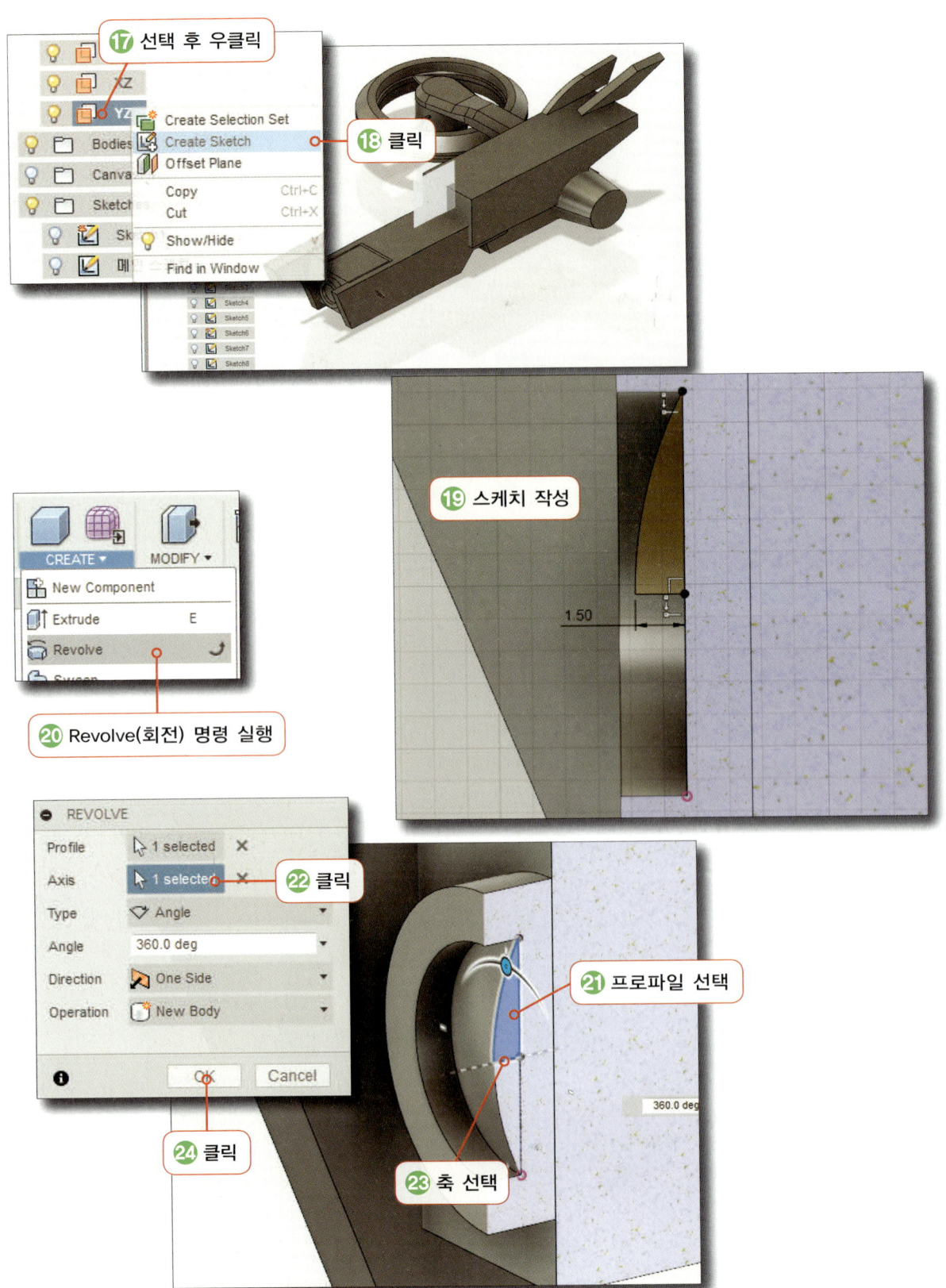

Section05 응용 모델링

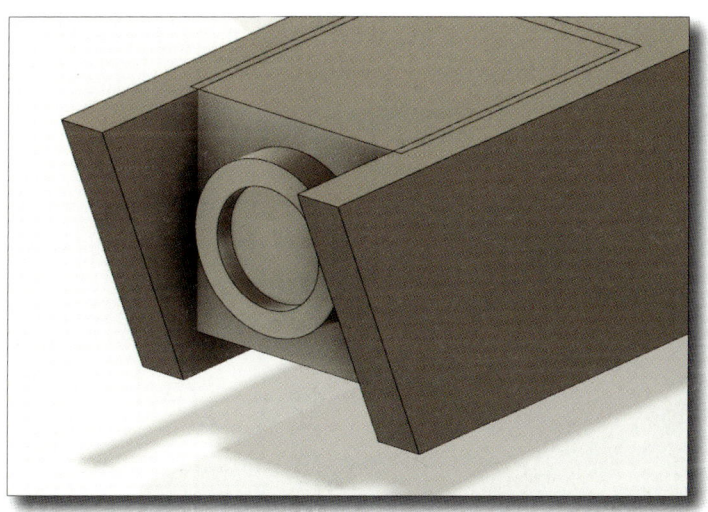

MAIN BODY 부품 다듬기
Autodesk Fusion 360

메인 바디 부품의 형상을 좀 더 디테일하게 다듬어 보도록 하겠습니다.

step 1

다음 과정을 통해 아래쪽 프레임 부품의 형상을 다듬어 보도록 하겠습니다.

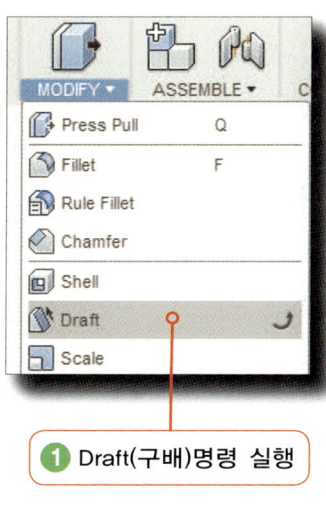

❶ Draft(구배)명령 실행

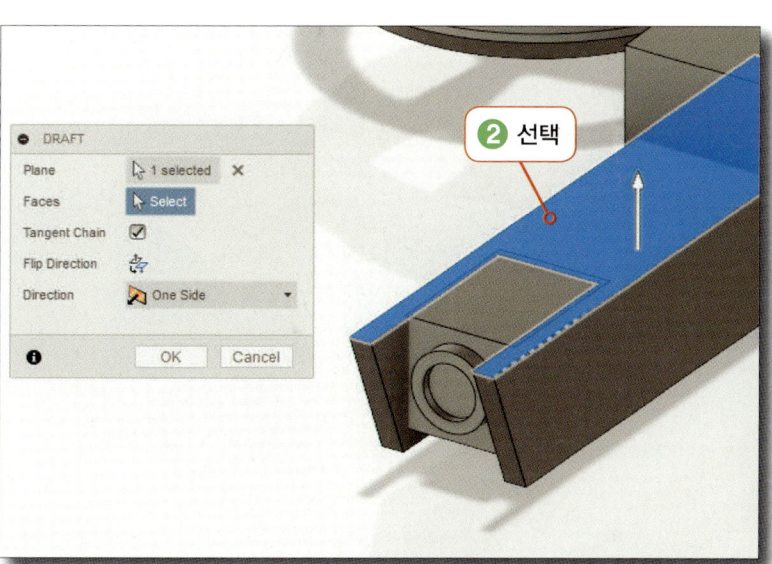

❷ 선택

03 부품 모델링

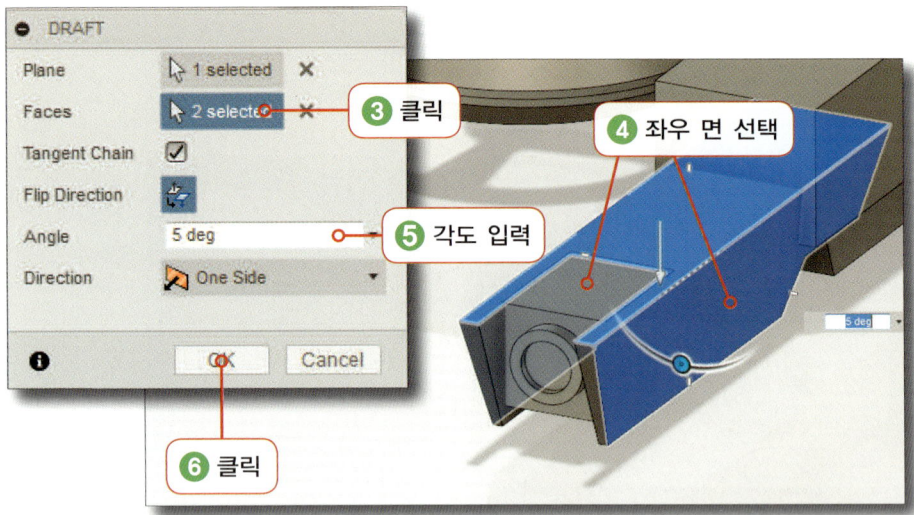

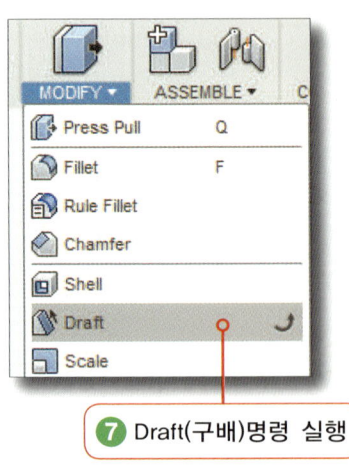
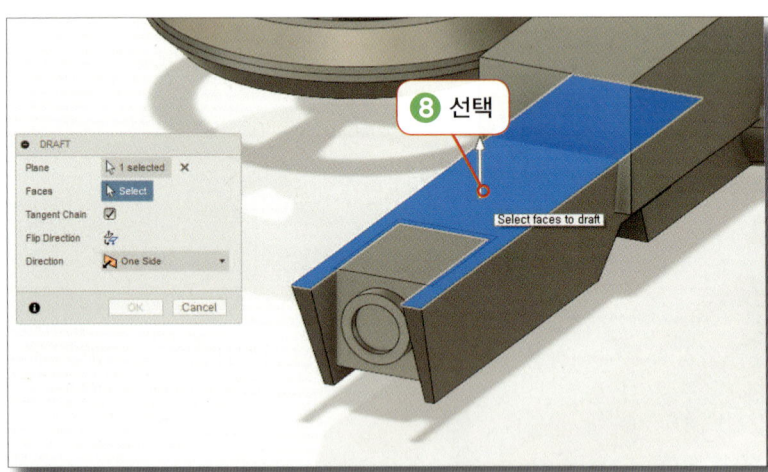

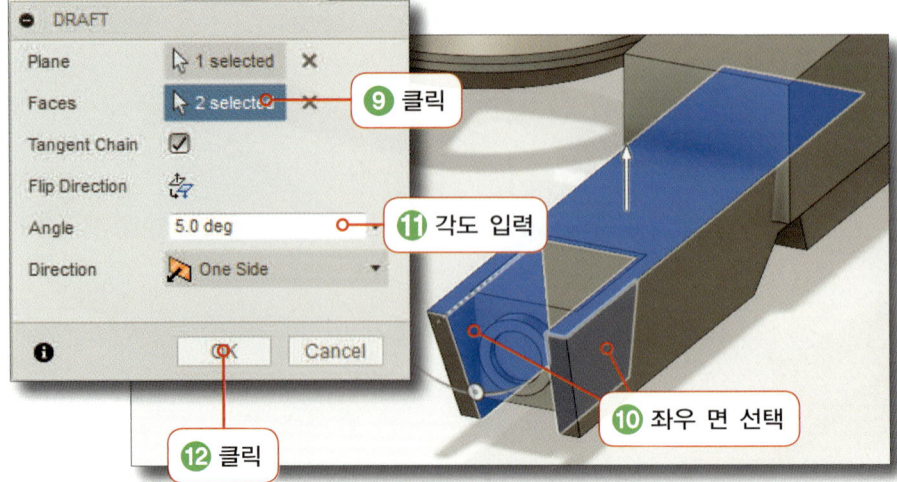

step 2

다음 과정을 통해 메인 바디의 형상을 다듬어 보도록 하겠습니다.

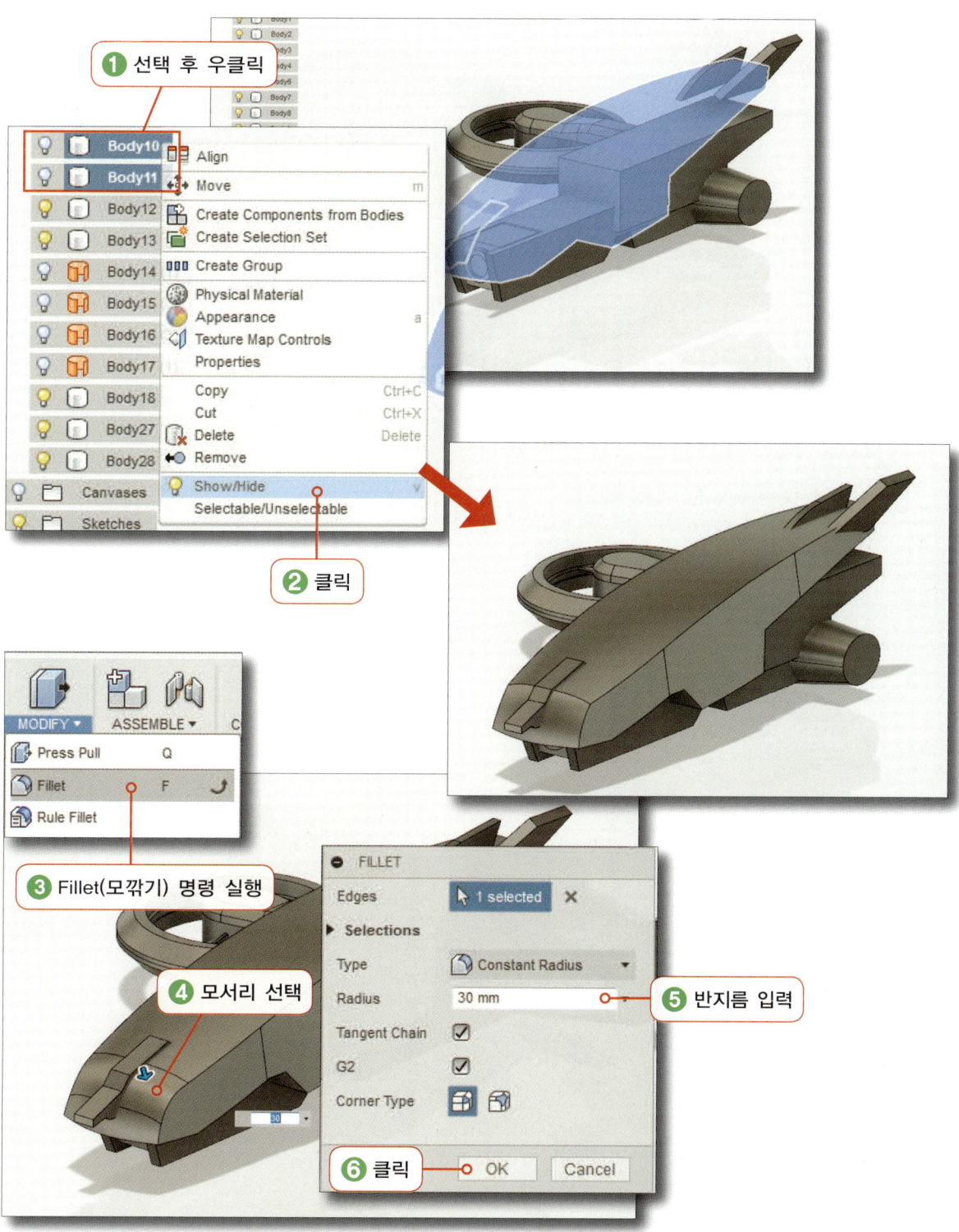

03

부품 모델링

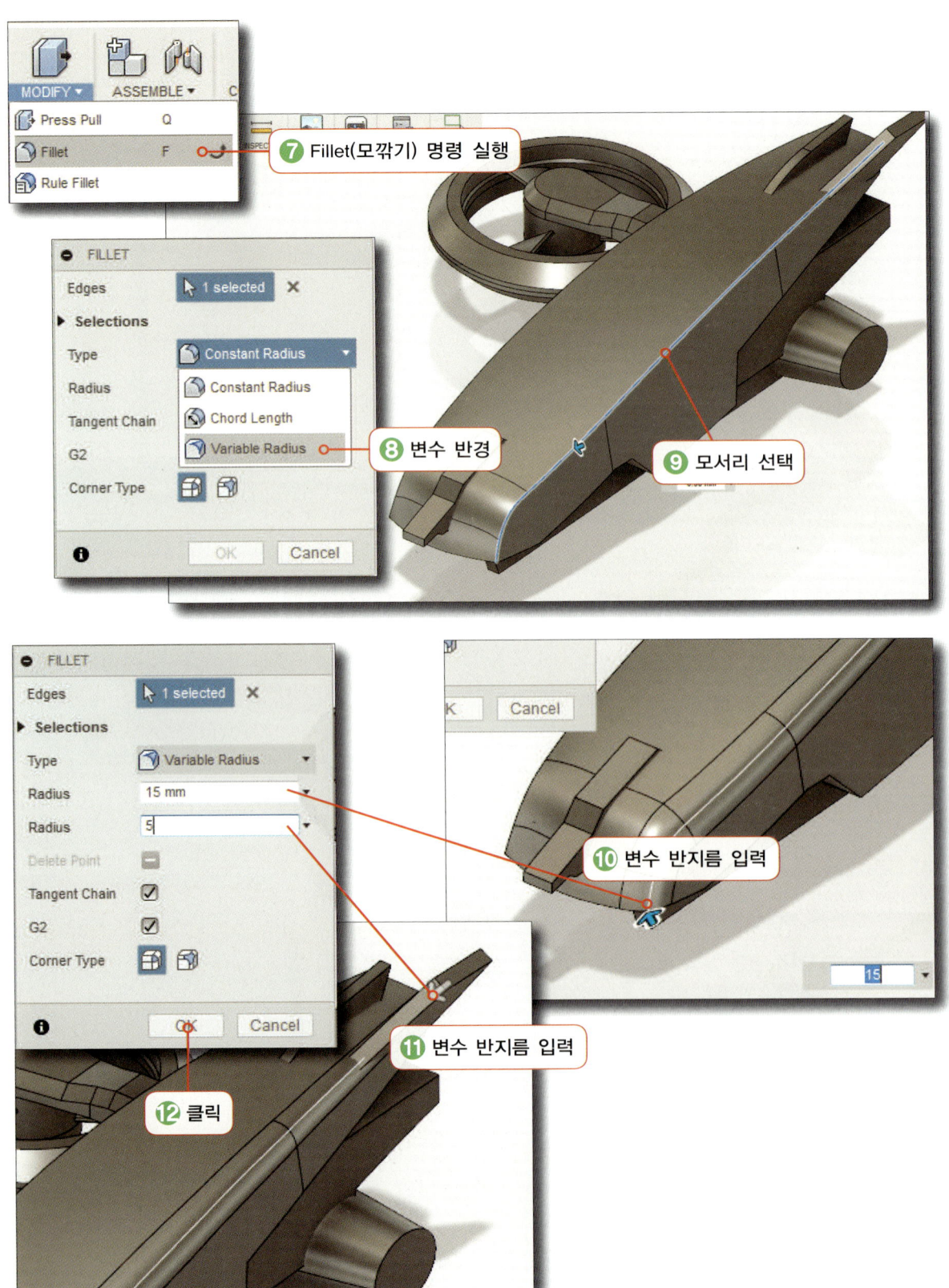

Section05 응용 모델링

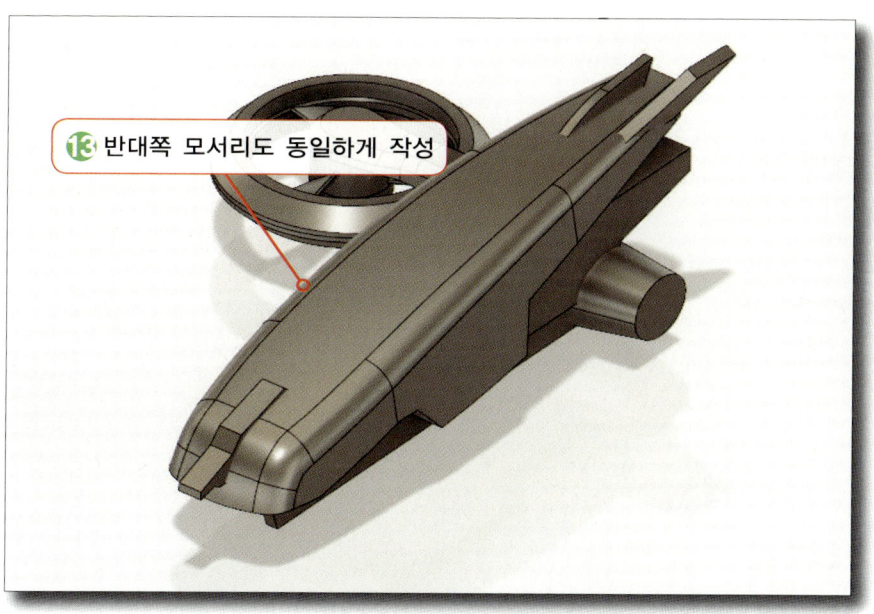

⓭ 반대쪽 모서리도 동일하게 작성

전면부 부품 작성하기
Autodesk Fusion 360

전면부 부품을 작성해 보도록 하겠습니다.

step 1

Draft(구배주기) 명령을 실행해 다음과 같이 작성합니다.

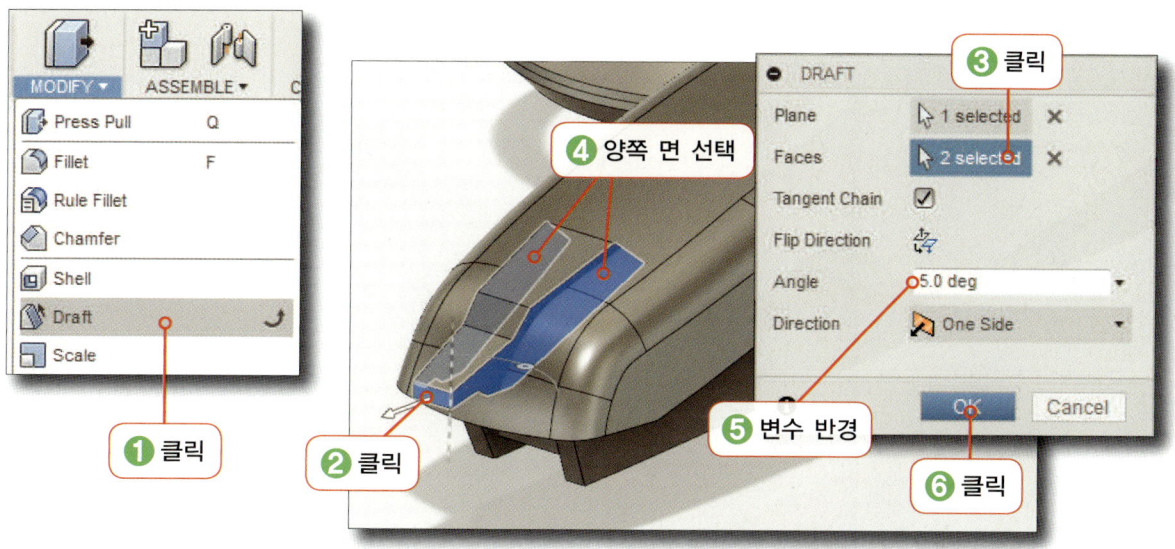

❶ 클릭
❷ 클릭
❸ 클릭
❹ 양쪽 면 선택
❺ 변수 반경
❻ 클릭

213

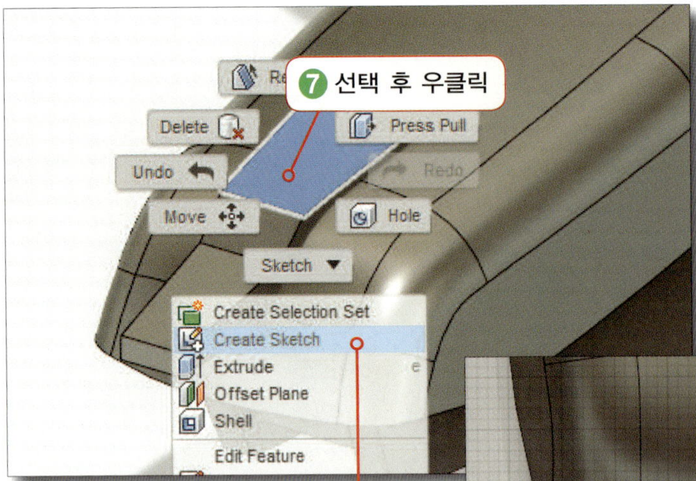

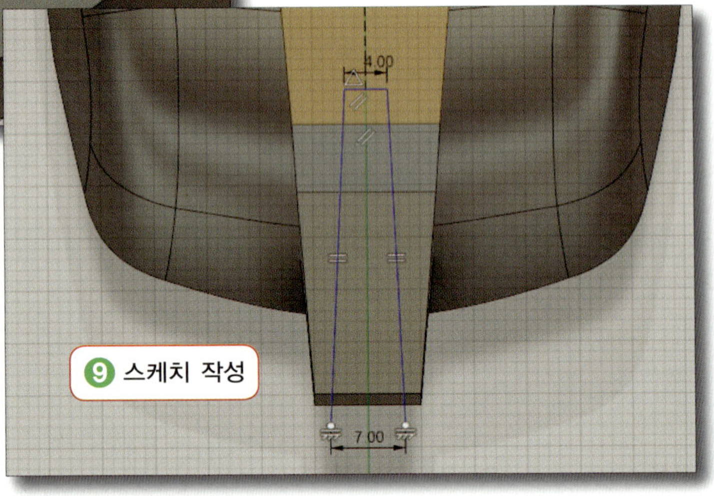

03 부품 모델링

step 2

Split Face(면 분할) 명령을 실행해 다음과 같이 작성합니다.

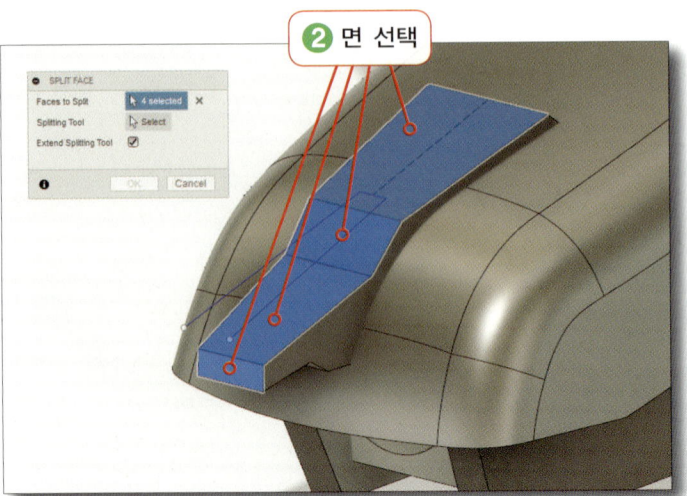

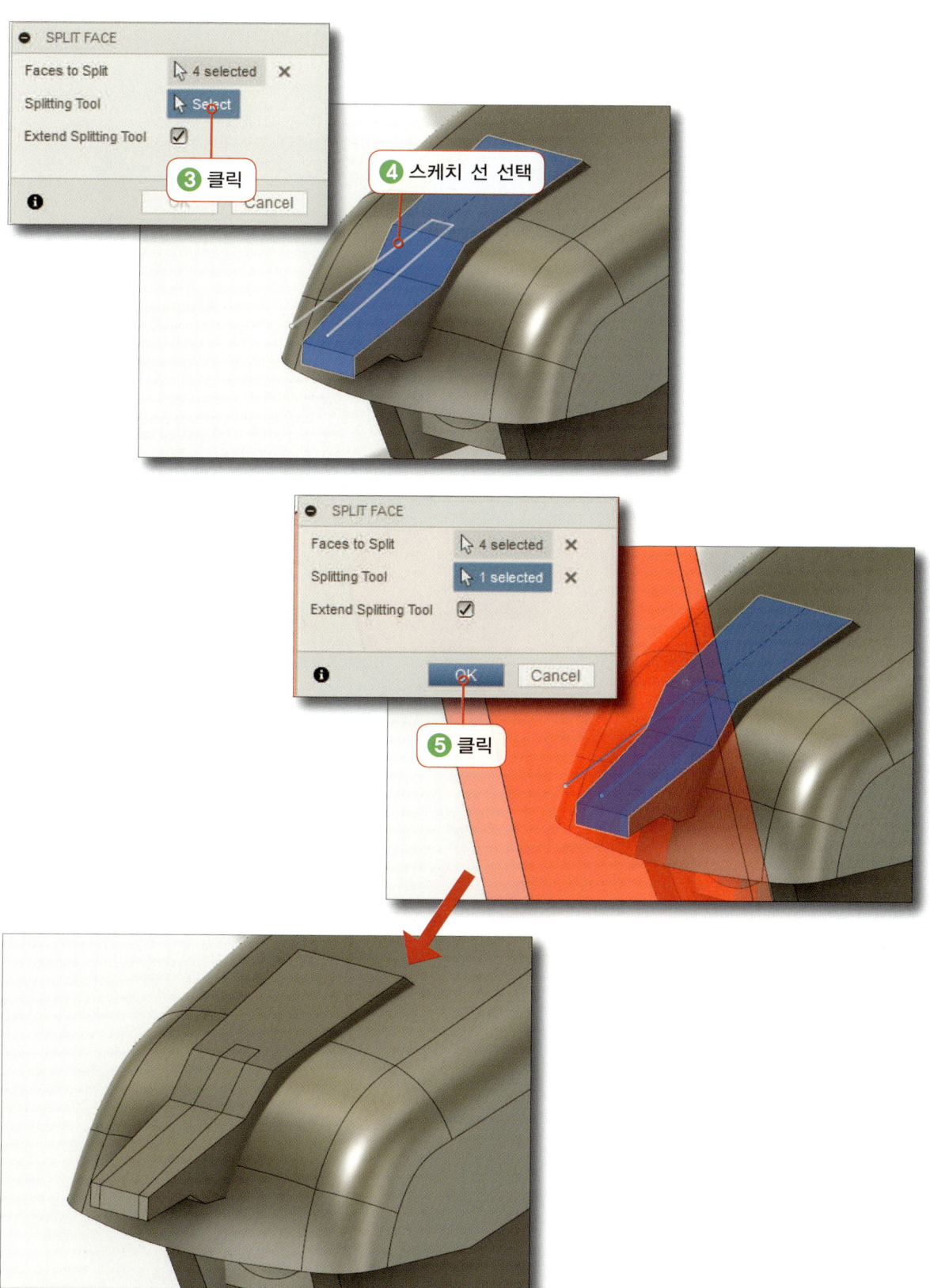

03

부품 모델링

step 3

Press Pull(밀고 당기기) 명령을 실행해 다음과 같이 작성합니다.

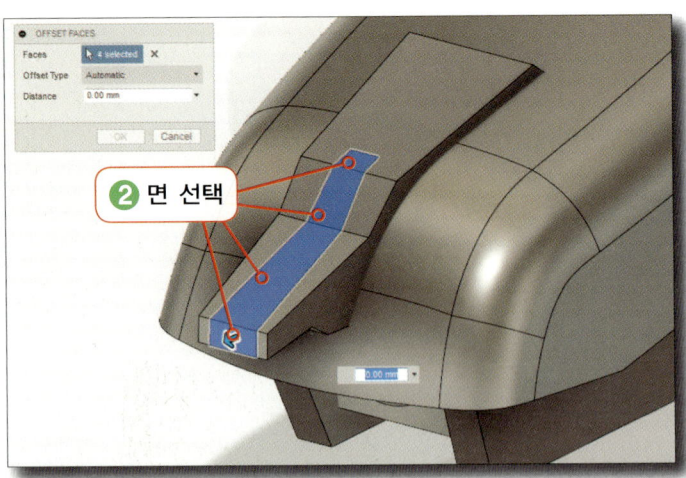

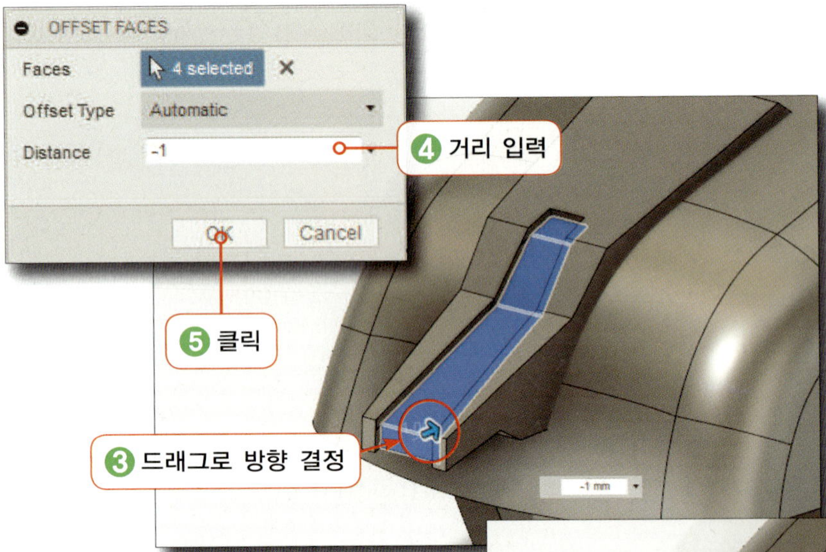

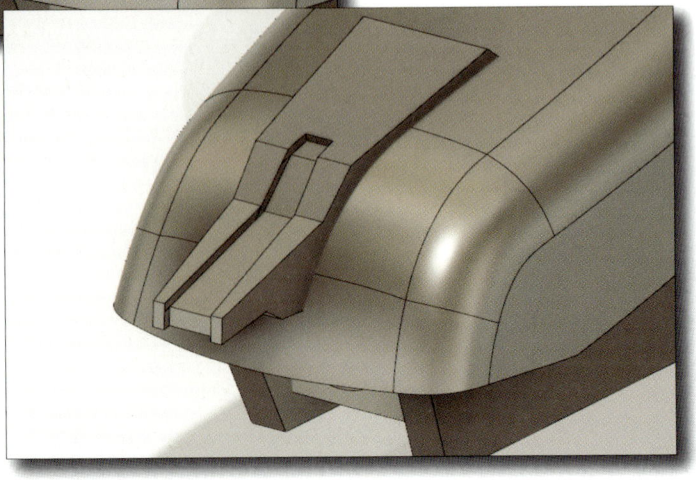

> **Tips**
> Press Pull 명령은 편집 상황에 따라 타입이 바뀝니다.

216

step 4

Chamfer(모따기) 명령을 실행해 다음과 같이 작성합니다.

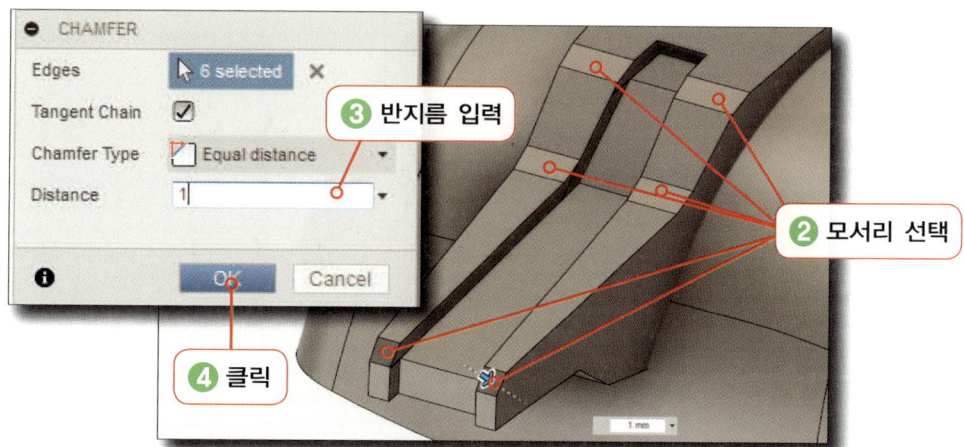

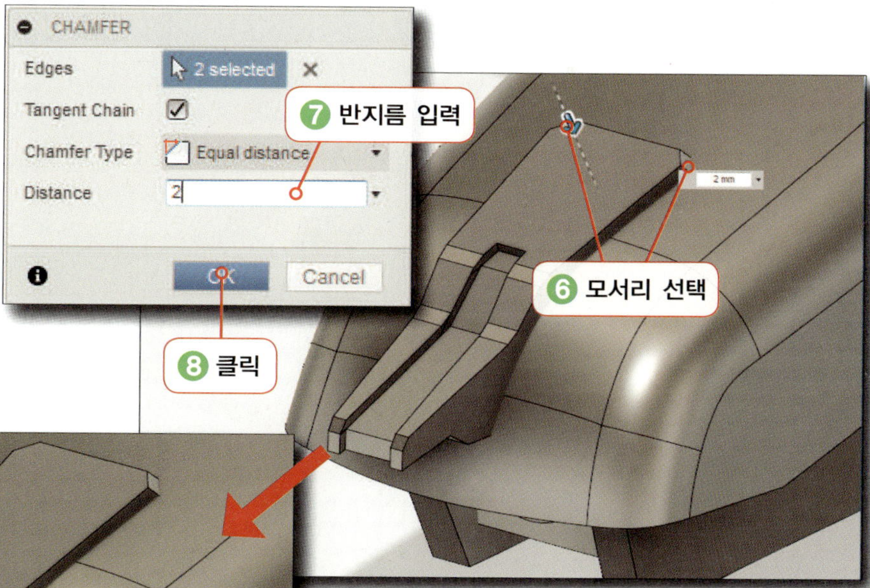

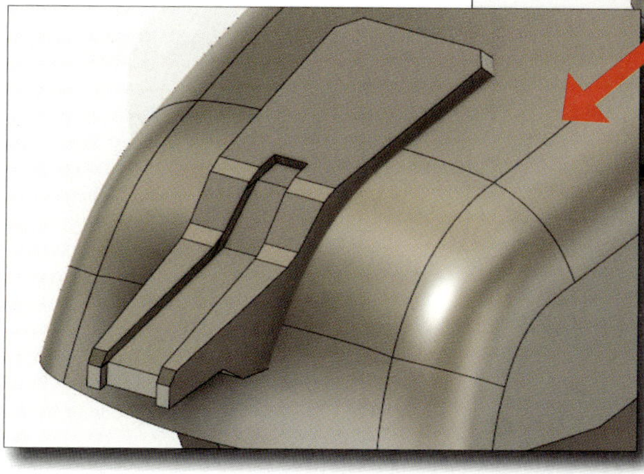

03

부품 모델링

날개 부품 다듬기 　　　　　　　　　　　　　　　Autodesk Fusion 360

날개 부품의 형상을 좀 더 디테일하게 작성하도록 하겠습니다.

step 1

다음 순서에 따라 좌우 측면 날개의 윗면과 아랫면에 스케치를 작성합니다.

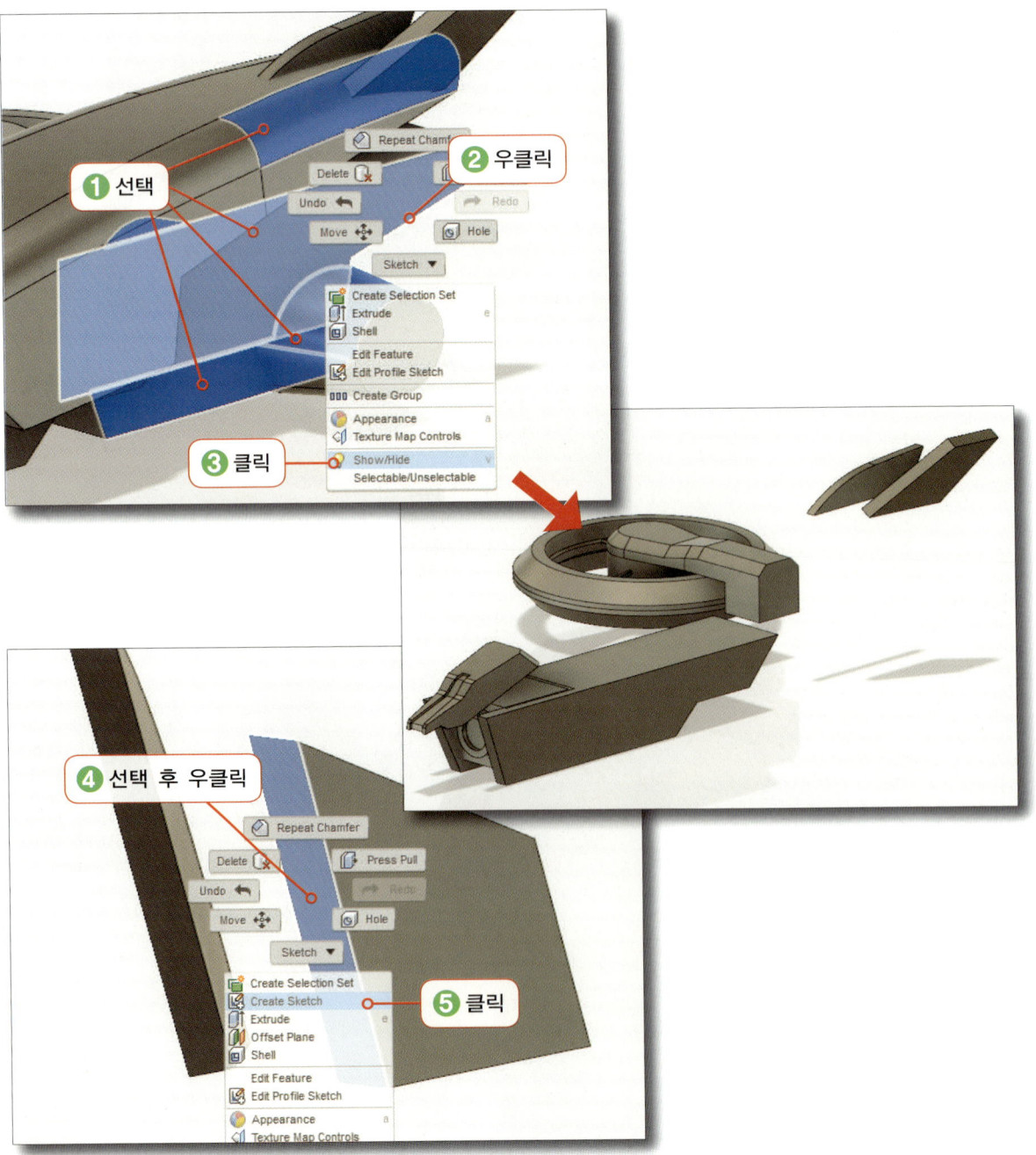

218

Section05 응용 모델링

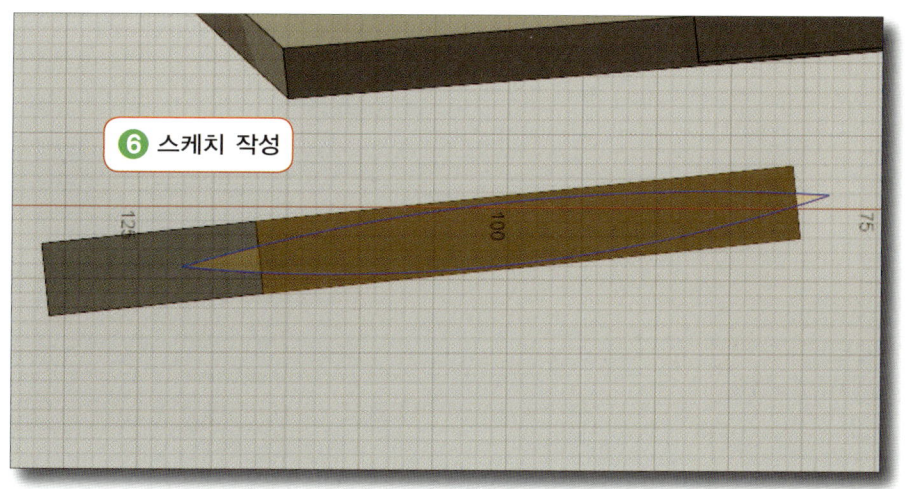

❻ 스케치 작성

❼ 스케치 마무리

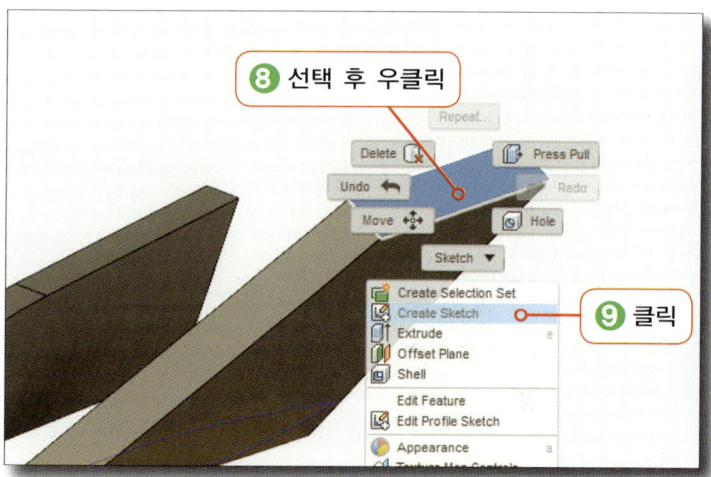

❽ 선택 후 우클릭

❾ 클릭

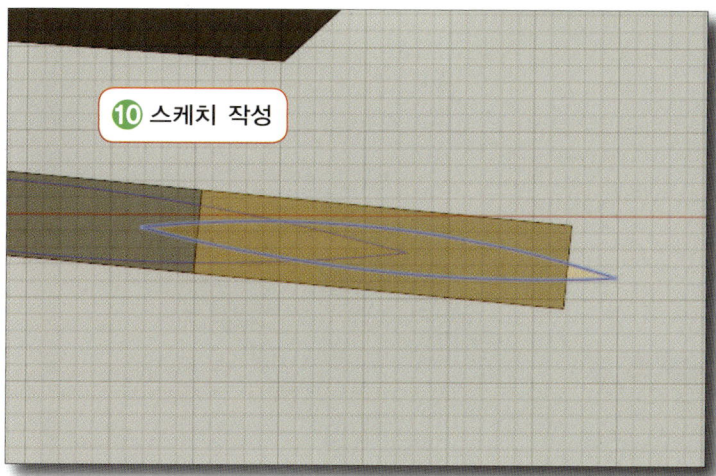

❿ 스케치 작성

⓫ 스케치 마무리

Tips
선택한 면의 비율에 알맞게 호 명령으로 적당하게 스케치 프로파일을 작성합니다.

03

부품 모델링

step 2

Loft(로프트) 명령을 실행해 다음과 같이 작성합니다.

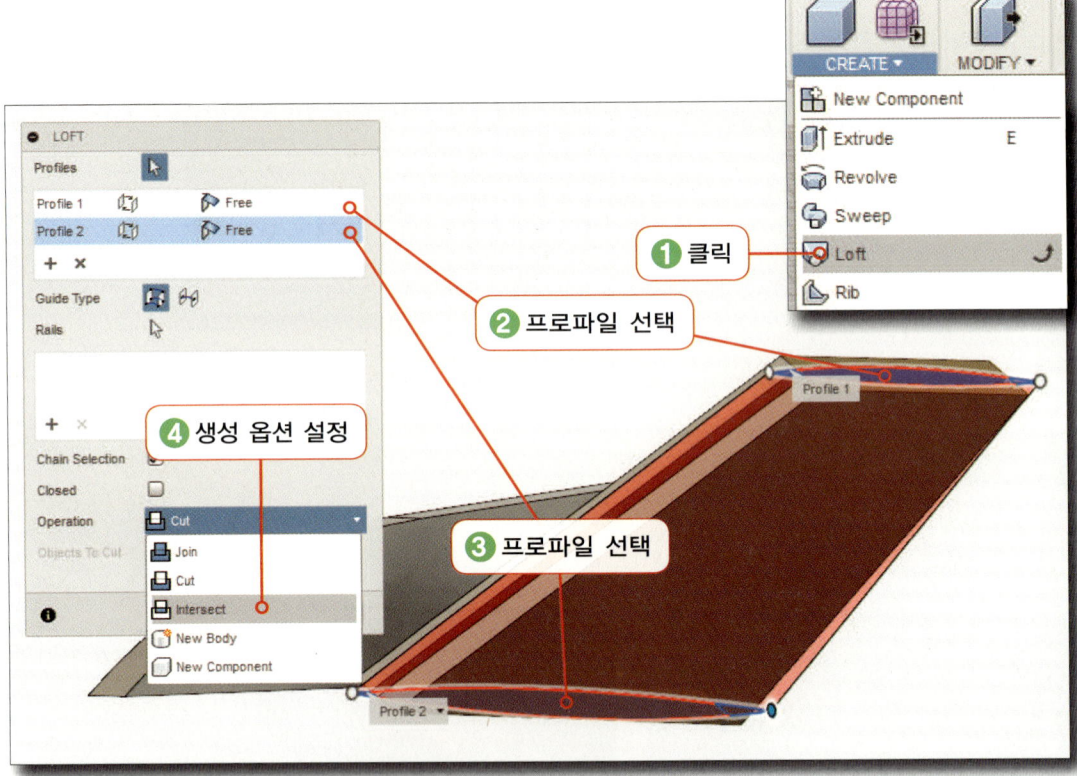

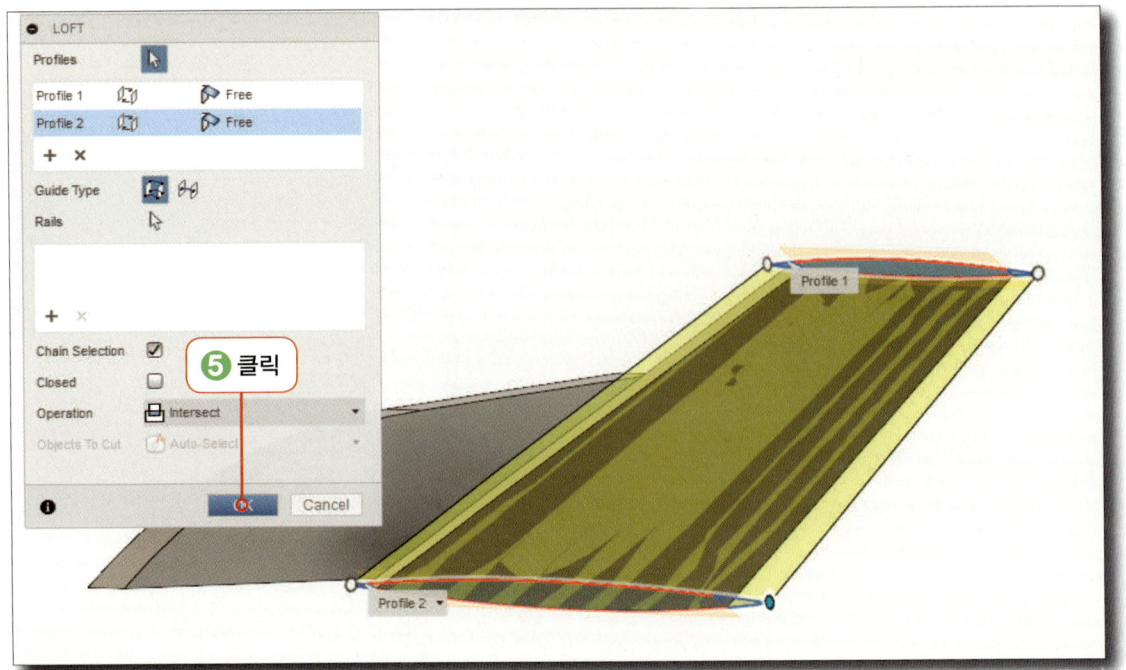

Section05 응용 모델링

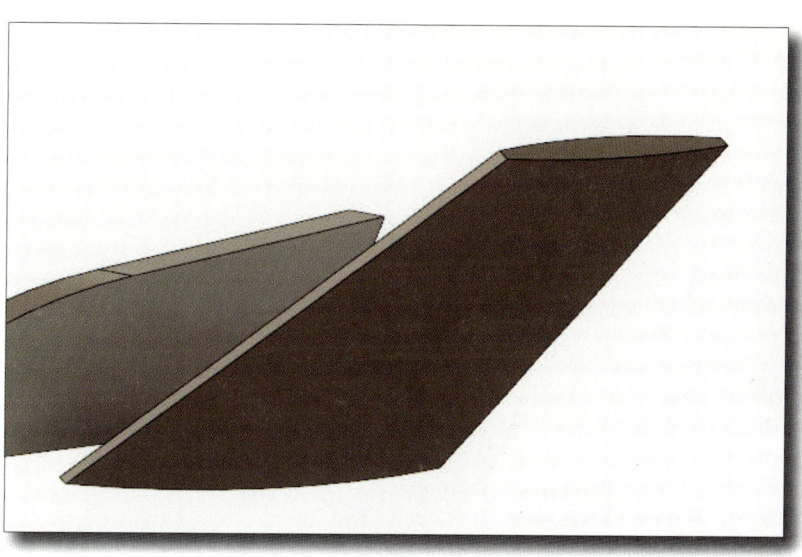

step 3

방향타 날개의 형상을 다음과 같이 작성합니다.

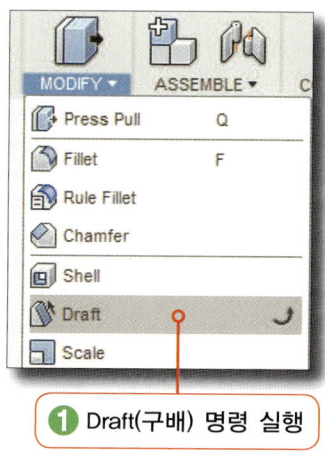

❶ Draft(구배) 명령 실행

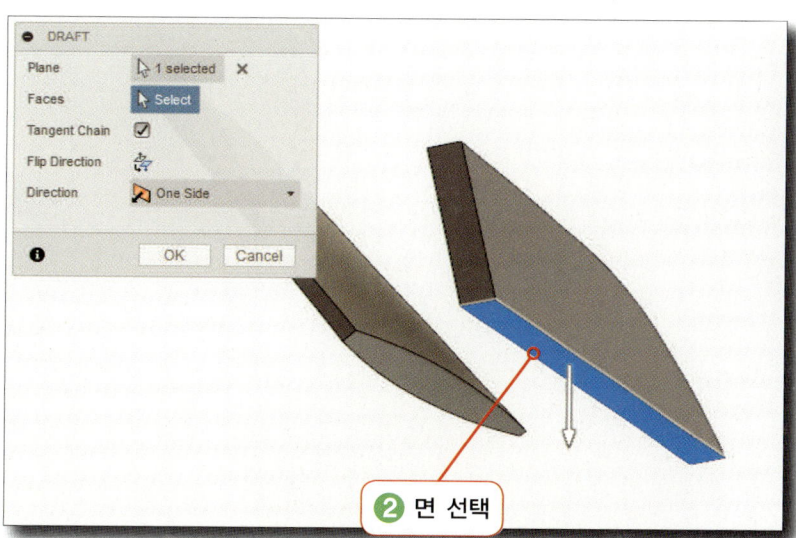

❷ 면 선택

03 부품 모델링

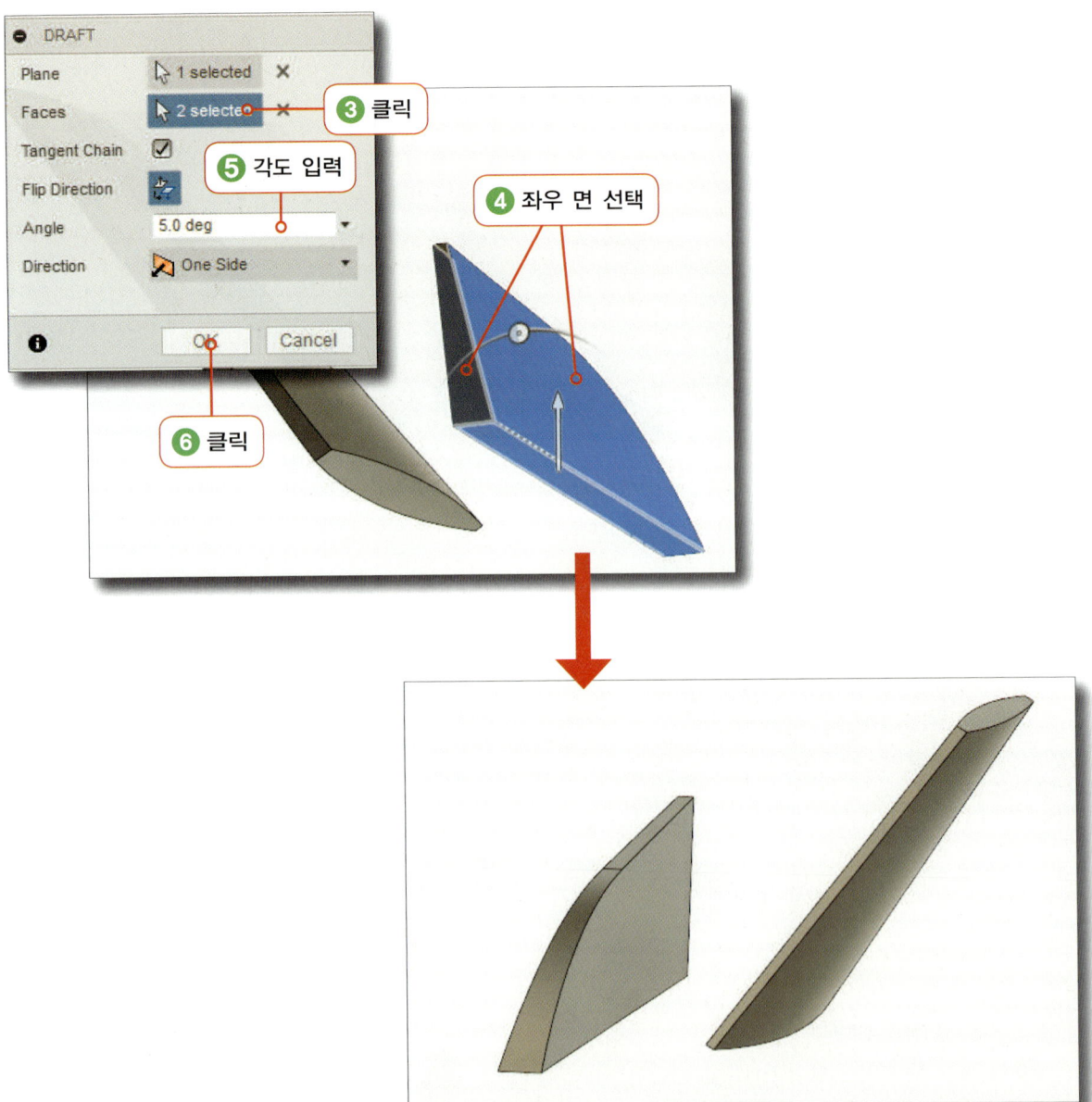

Section05 응용 모델링

각 부품의 세부 디테일 작성하기

Autodesk Fusion 360

각 부품의 세부 디테일을 작성해 보도록 하겠습니다.

step 1

Split Face(면 분할) 명령과 Press Pull(밀고 당기기) 명령을 이용해 다음과 같이 작성합니다.

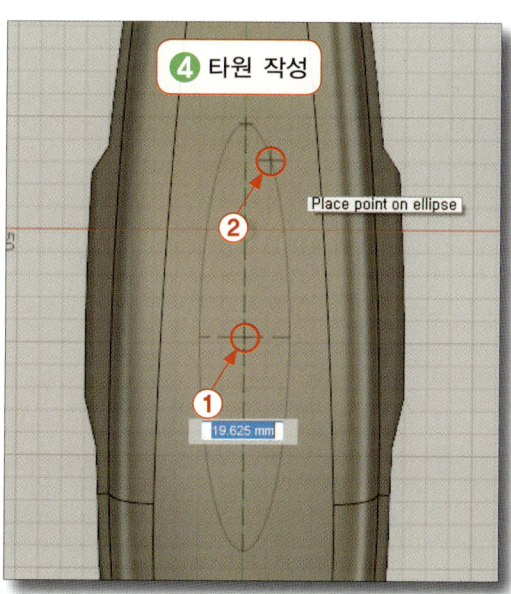

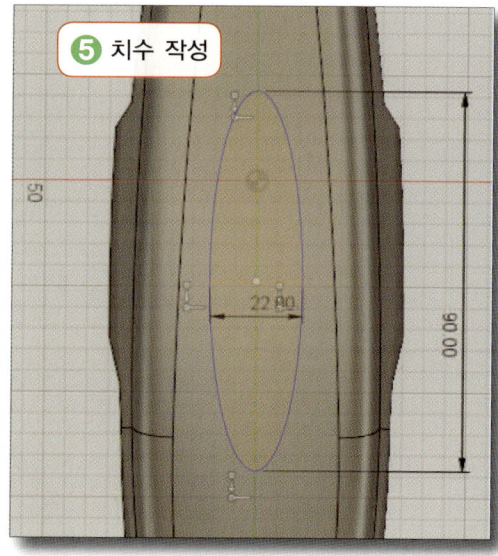

223

03 부품 모델링

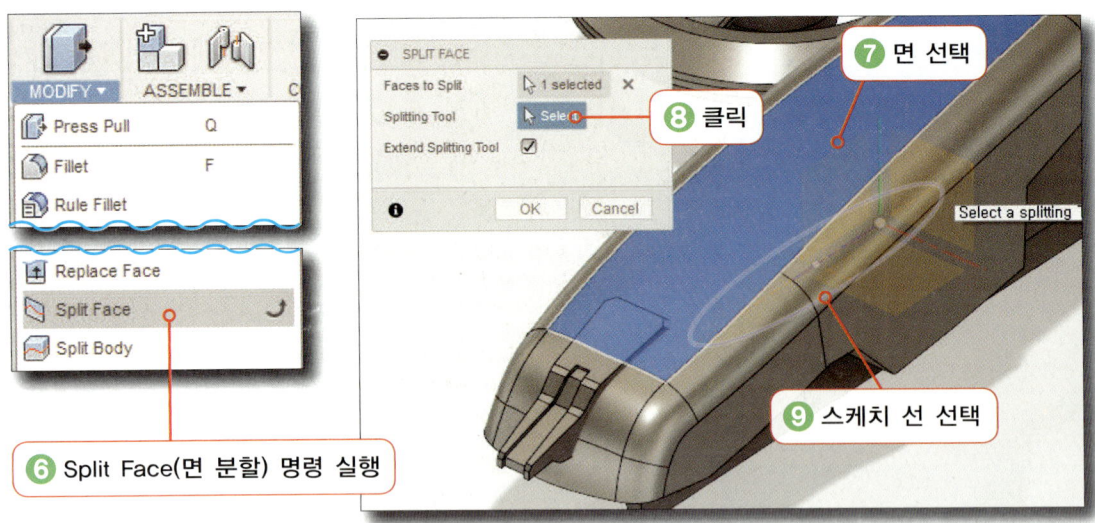

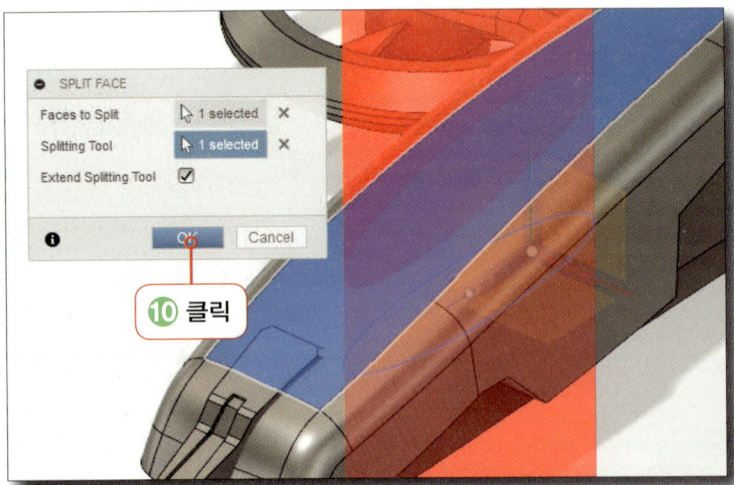

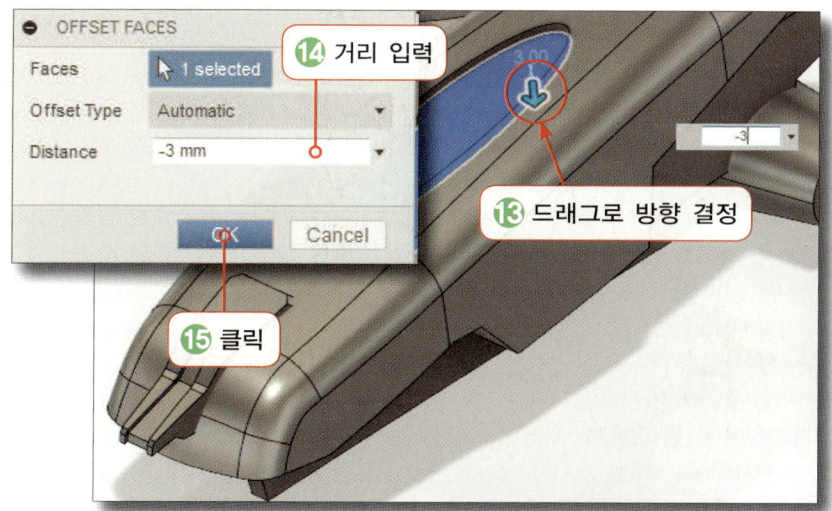
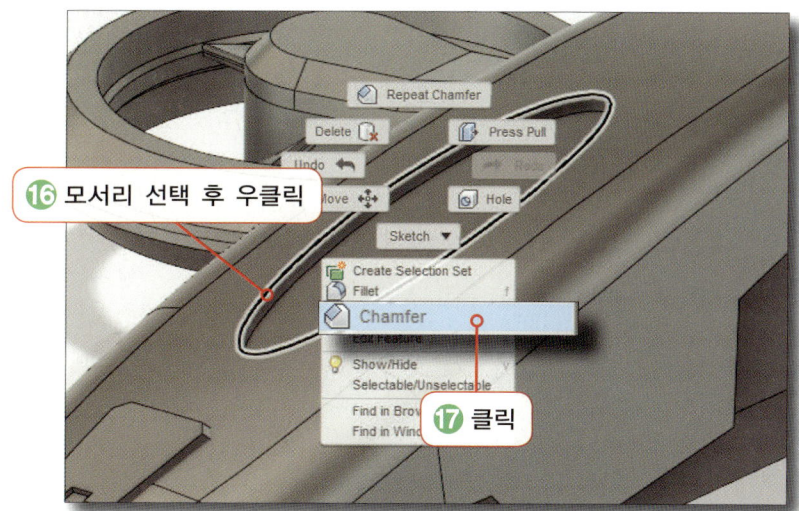
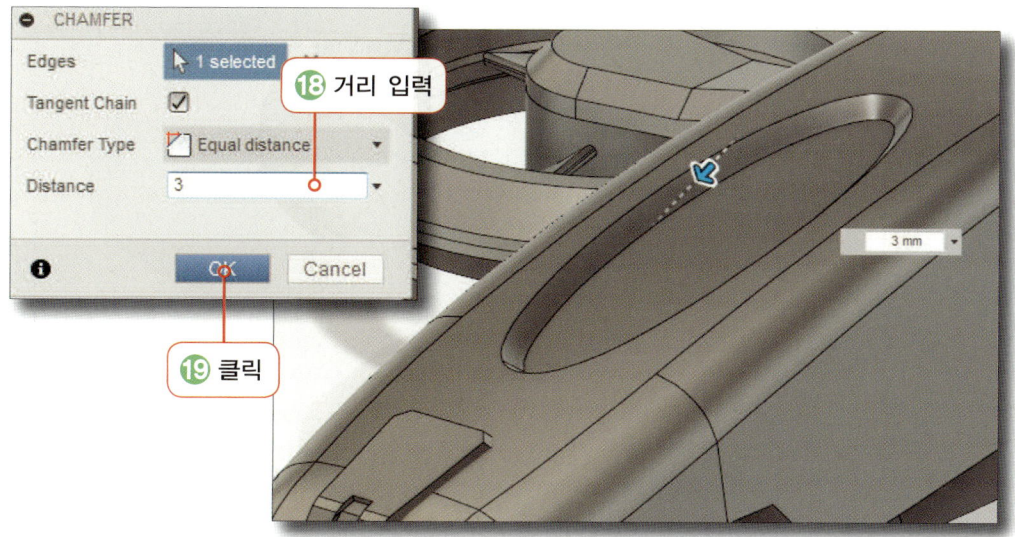

03

부품 모델링

key point : Press Pull (밀고 당기기) 명령의 옵션 알아보기

Press Pull(밀고 당기기) 명령은 여러가지 용도로 쓸 수 있는 명령어입니다. 기본적으로는 면을 밀고 당기는 용도로 쓰이지만 경우에 따라 돌출 명령처럼 쓸 수 있고, 모따기 혹은 모깎기 반지름을 수정하는데 쓰이기도 합니다.

01 Press Pull(밀고 당기기) 명령 알아보기

작성된 면을 밀거나 당깁니다.

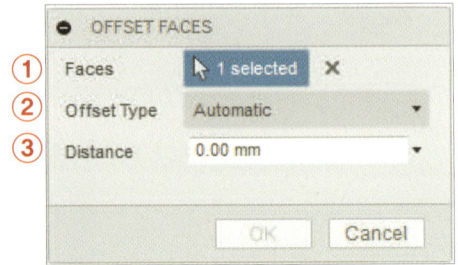

❶ **Faces** : 밀거나 당길 면을 선택합니다.
❷ **Offset Type** : 밀거나 당기기 할 면을 어떠한 타입으로 편집할지 결정합니다.
❸ **Distance** : 밀거나 당길 거리를 설정합니다.

02 Press Pull(밀고 당기기) 명령의 용도

Press Pull(밀고 당기기) 명령은 다음과 같은 용도로 쓰입니다.

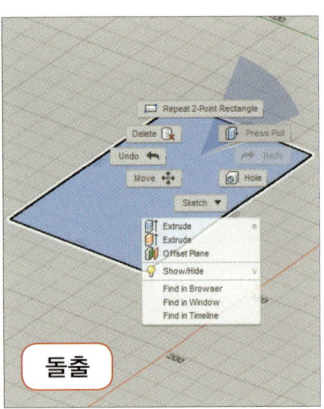

돌출

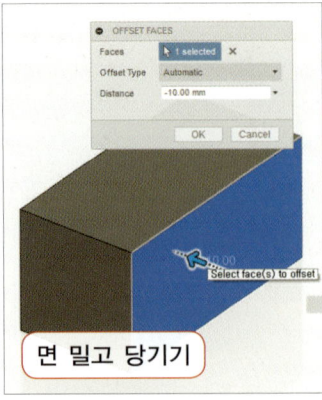

면 밀고 당기기

모따기 및 모깎기 수정

step 2

Split Face(면 분할) 명령과 Press Pull(밀고 당기기) 명령을 이용해 다음과 같이 작성합니다.

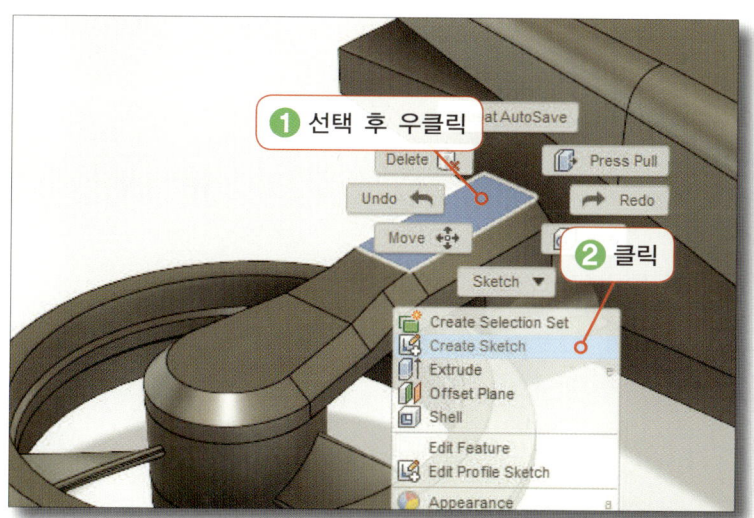

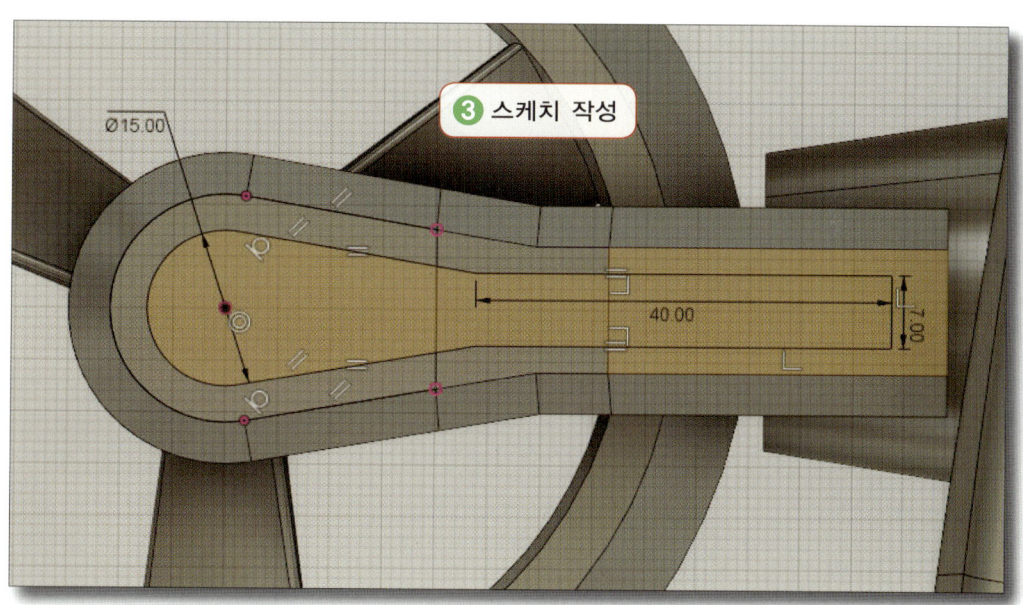

> **Tips**
> Offset(간격띄우기) 명령을 이용해 작성합니다.

03
부품 모델링

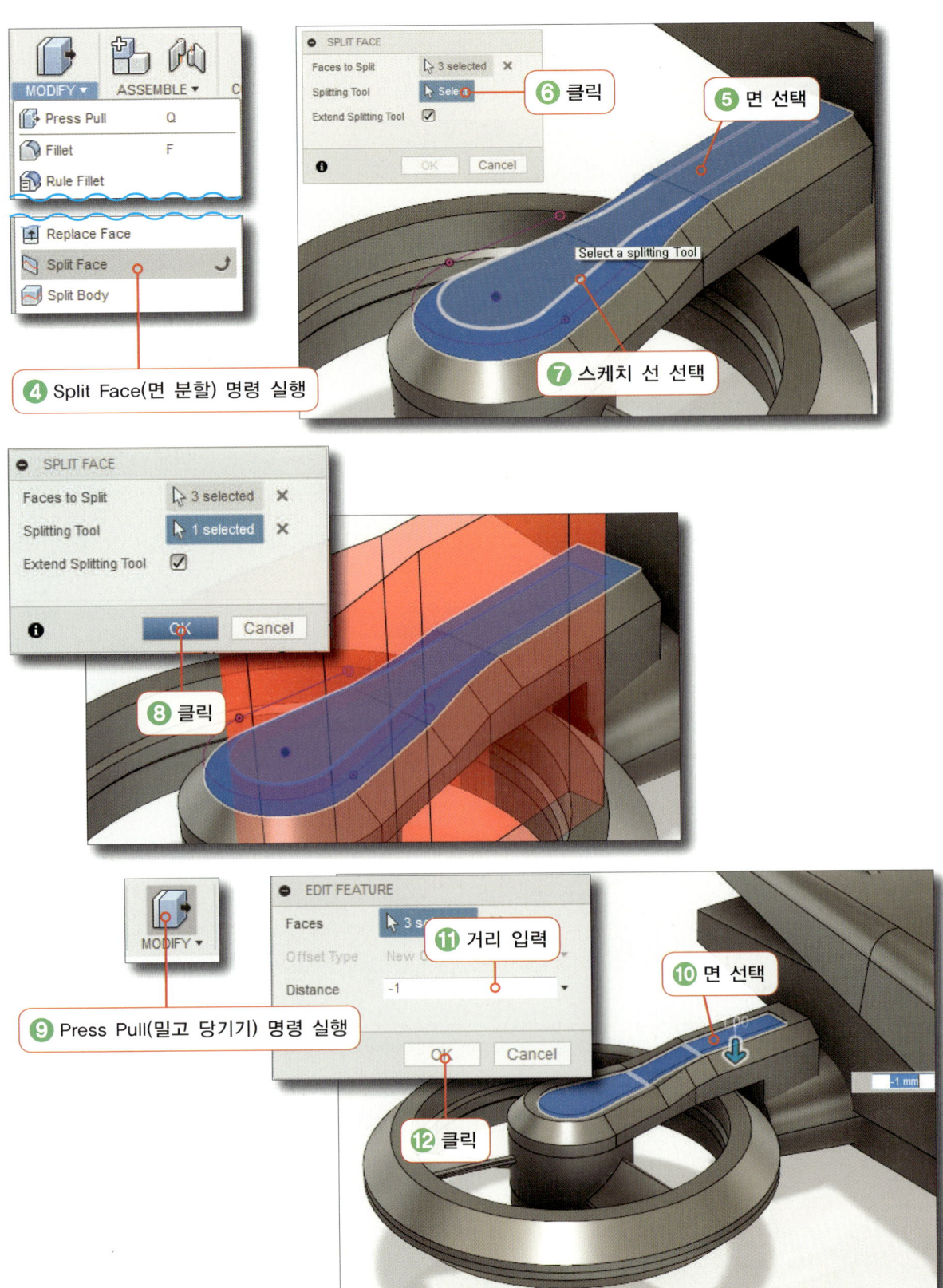

Section05 응용 모델링

step 3

Split Face(면 분할) 명령과 Press Pull(밀고 당기기) 명령을 이용해 다음과 같이 작성합니다.

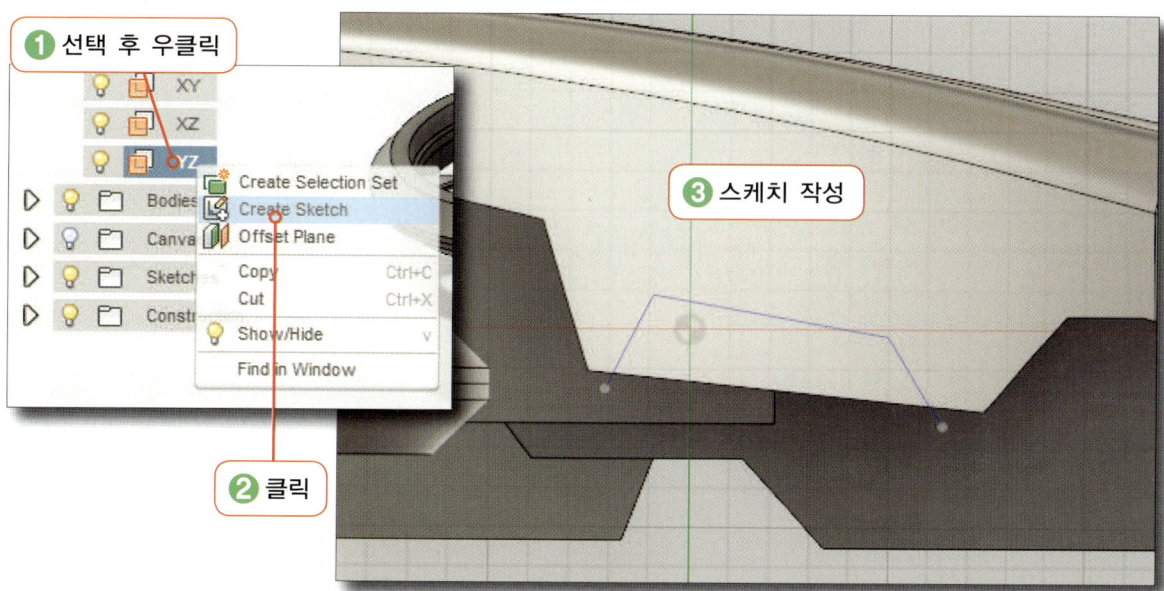

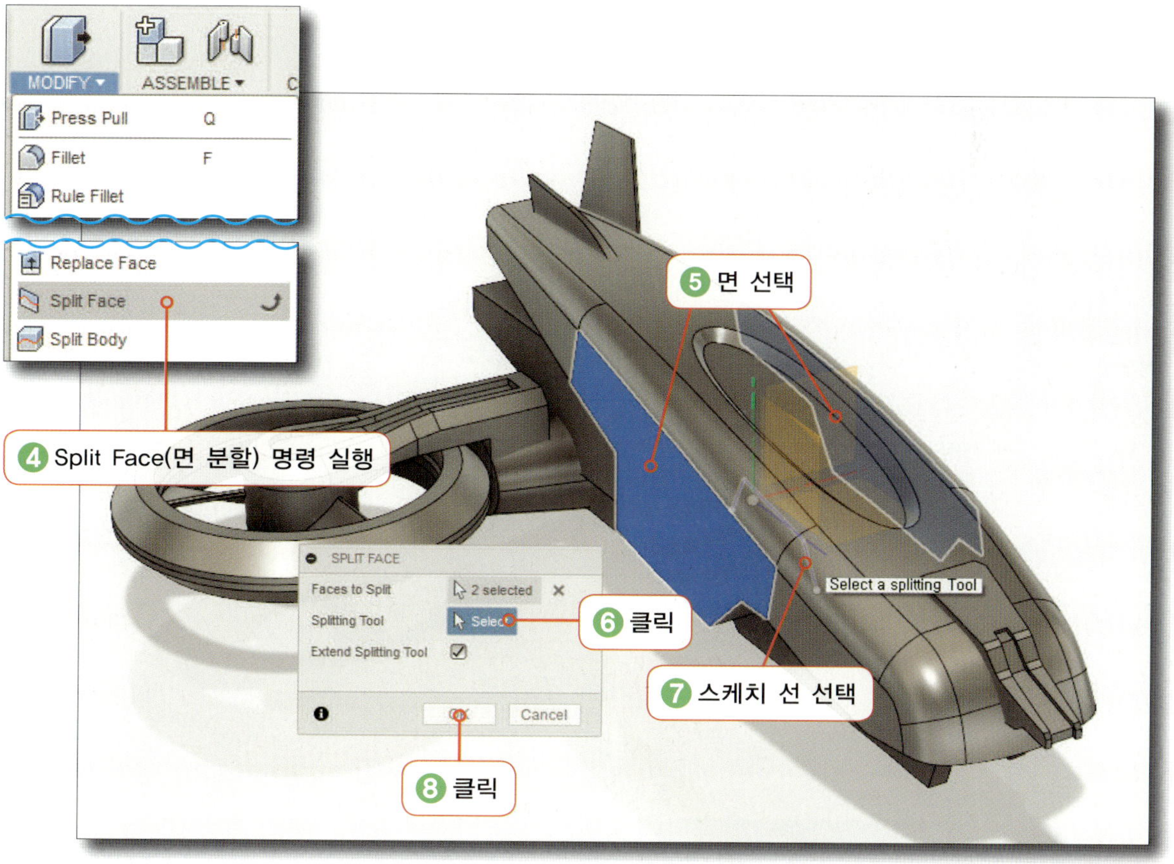

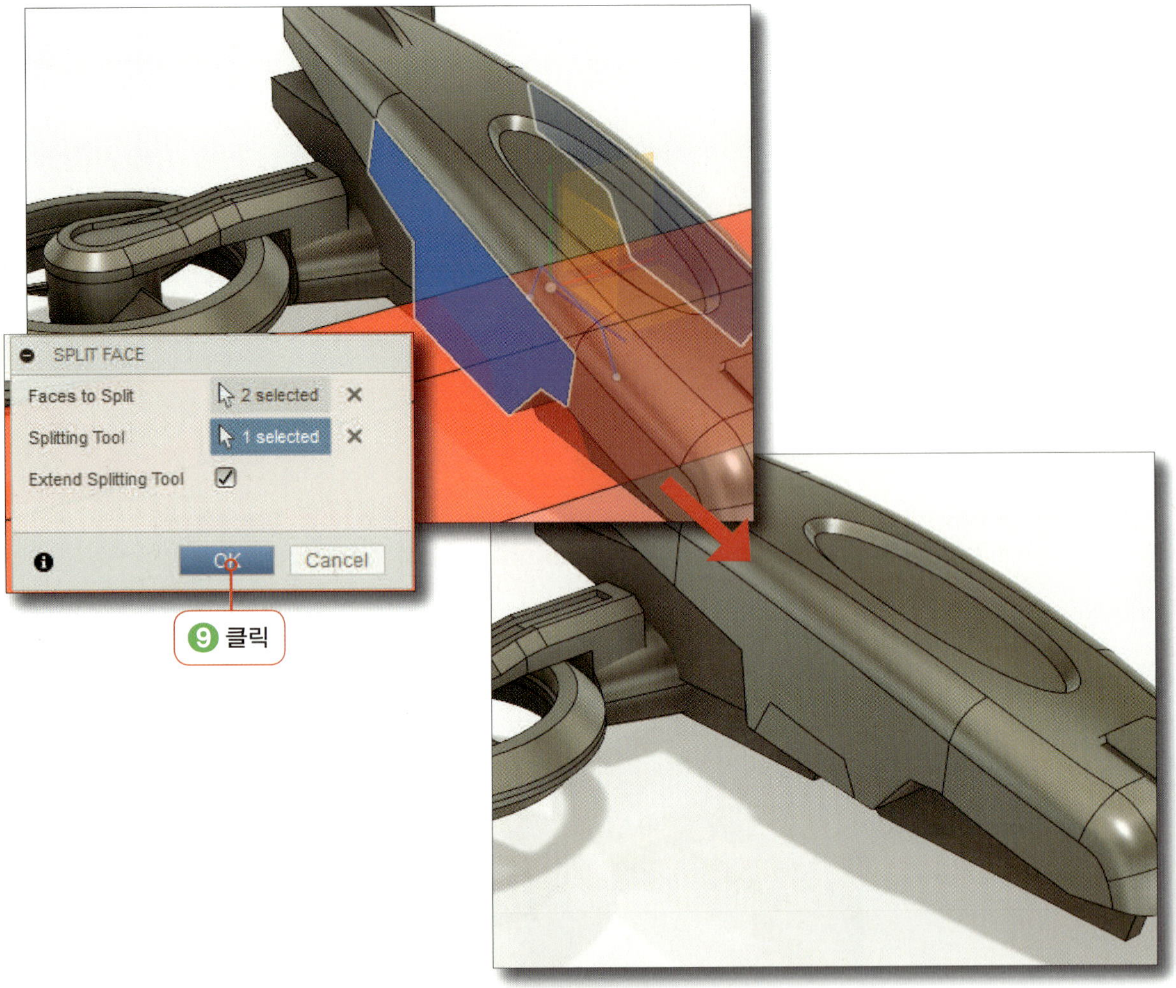

SPLIT FACE
Faces to Split
2 selected
Splitting Tool
1 selected
Extend Splitting Tool
OK
Cancel
⑨ 클릭

MODIFY
⑩ Press Pull(밀고 당기기) 명령 실행
⑪ 면 선택
OFFSET FACES
Faces
2 selected
Offset Type
Automatic
Distance
-1
⑫ 거리 입력
OK
Cancel
⑬ 클릭

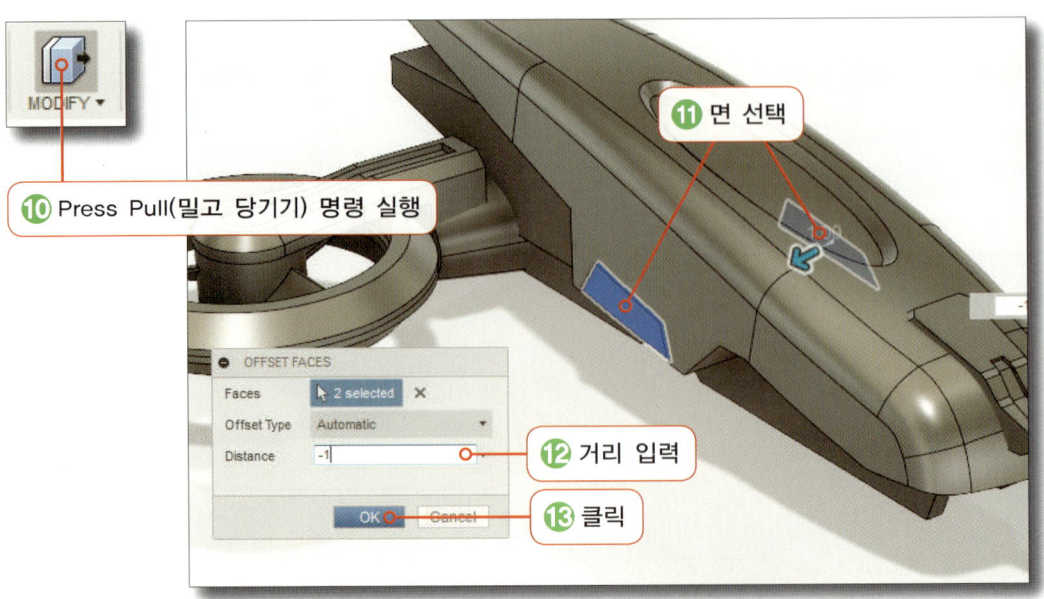

Section05 응용 모델링

Autodesk Fusion 360

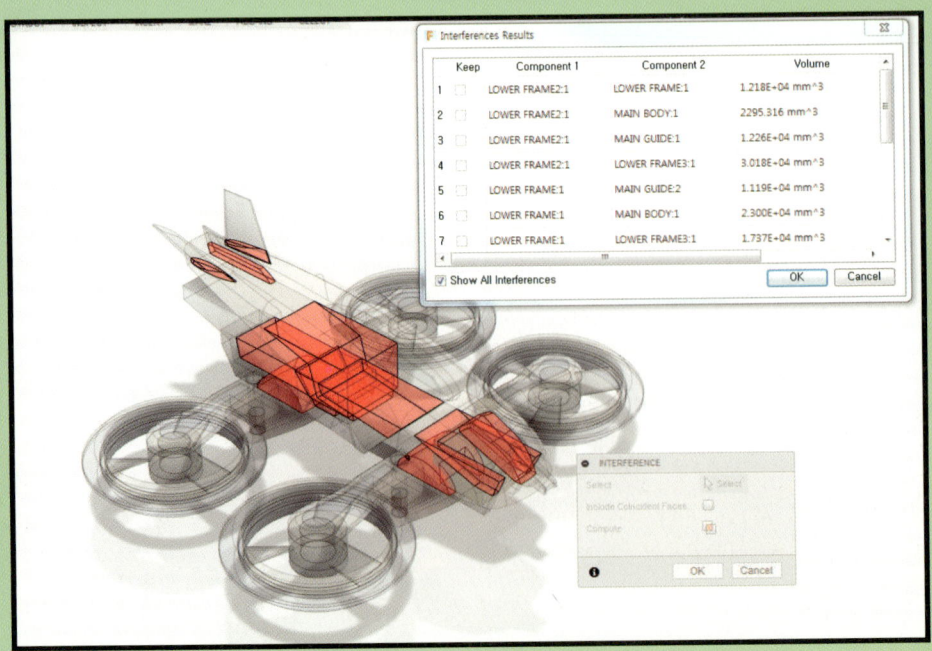

PART 4
조립품 모델링

Section1   색상 입히기

Section2   조립부 모델링 수정하기

Section3   조립품 작성하기

Section4   조인트 작성 및 조립부 모델링하기

04 조립품 모델링

Section 01 색상 입히기

여태까지 작성한 모델의 색상을 입혀 보도록 하겠습니다.

기본 색상 입히기　　　　　　　　　　　　　　　　　　　　　Autodesk Fusion 360

각각의 부품에 다양한 색상을 부여합니다.

step 1

다음 부품에 하얀색 플라스틱 색상을 부여하도록 하겠습니다.

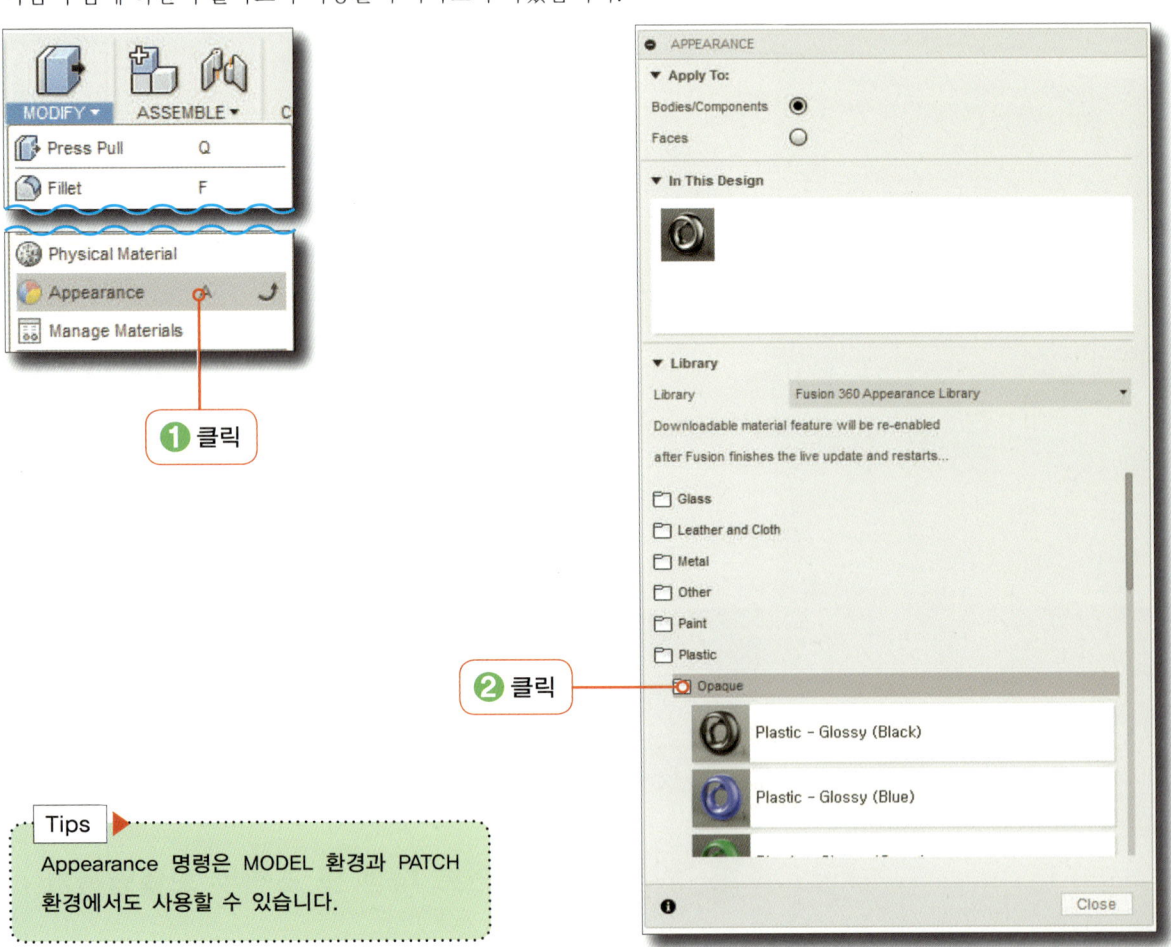

> **Tips**
> Appearance 명령은 MODEL 환경과 PATCH 환경에서도 사용할 수 있습니다.

Section01 색상 입히기

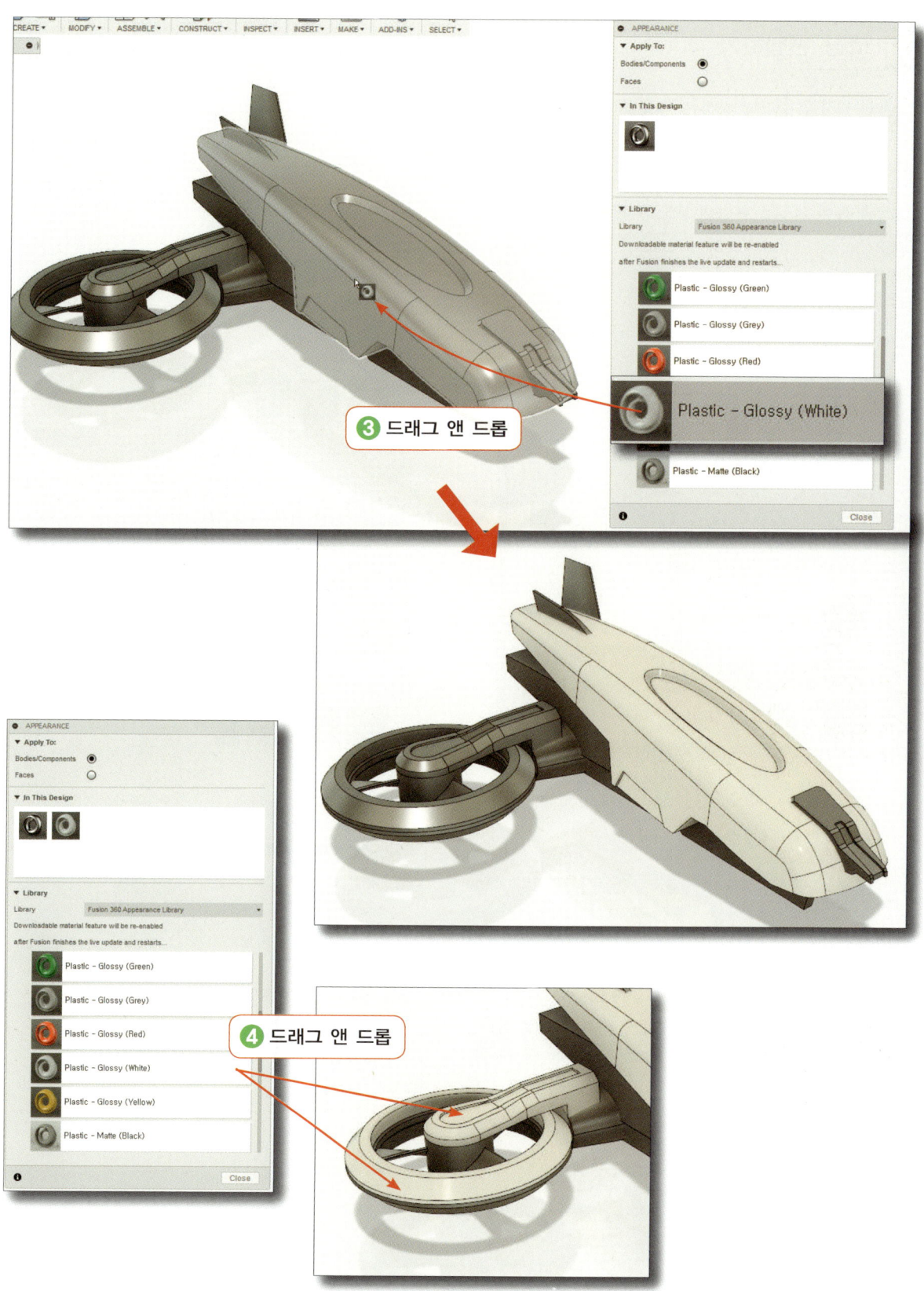

04 조립품 모델링

색상 편집하기
Autodesk Fusion 360

기존의 색상을 편집해 원하는 색상을 작성합니다.

step 1

다음과 같이 색상을 편집해 보도록 하겠습니다.

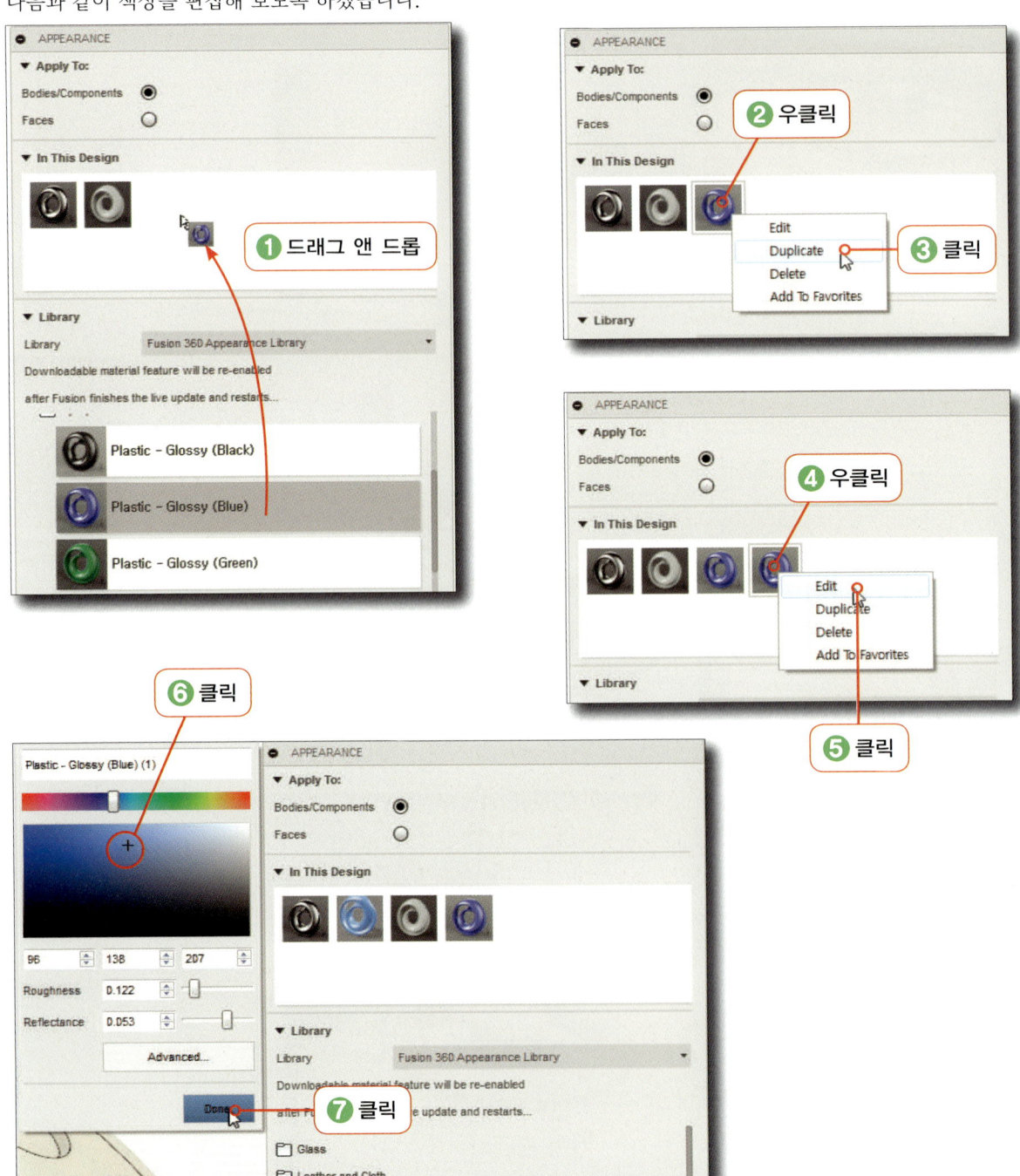

236

Section01 색상 입히기

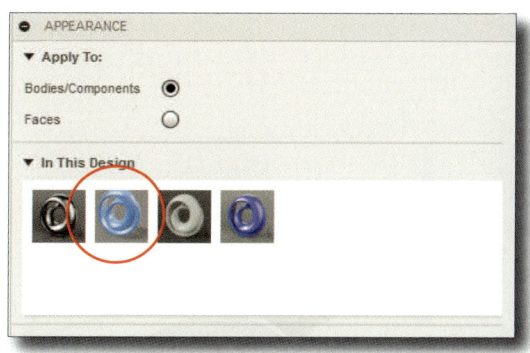

나머지 색상 입히기

Autodesk Fusion 360

기존 색상을 편집해서 작성한 색상을 입혀 보도록 하겠습니다.

step 1

다음과 같이 편집한 색상을 입혀 보도록 하겠습니다.

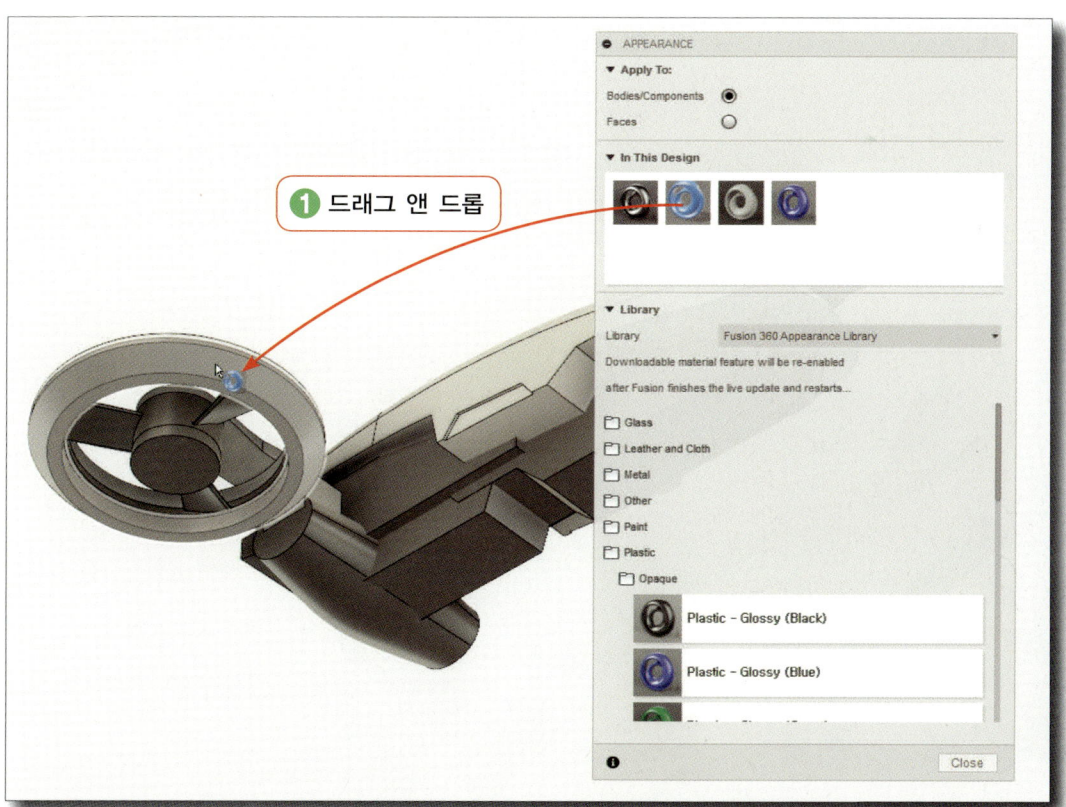

step 2

다른 색상 샘플을 드래그해서 각각의 부품에 입힙니다.

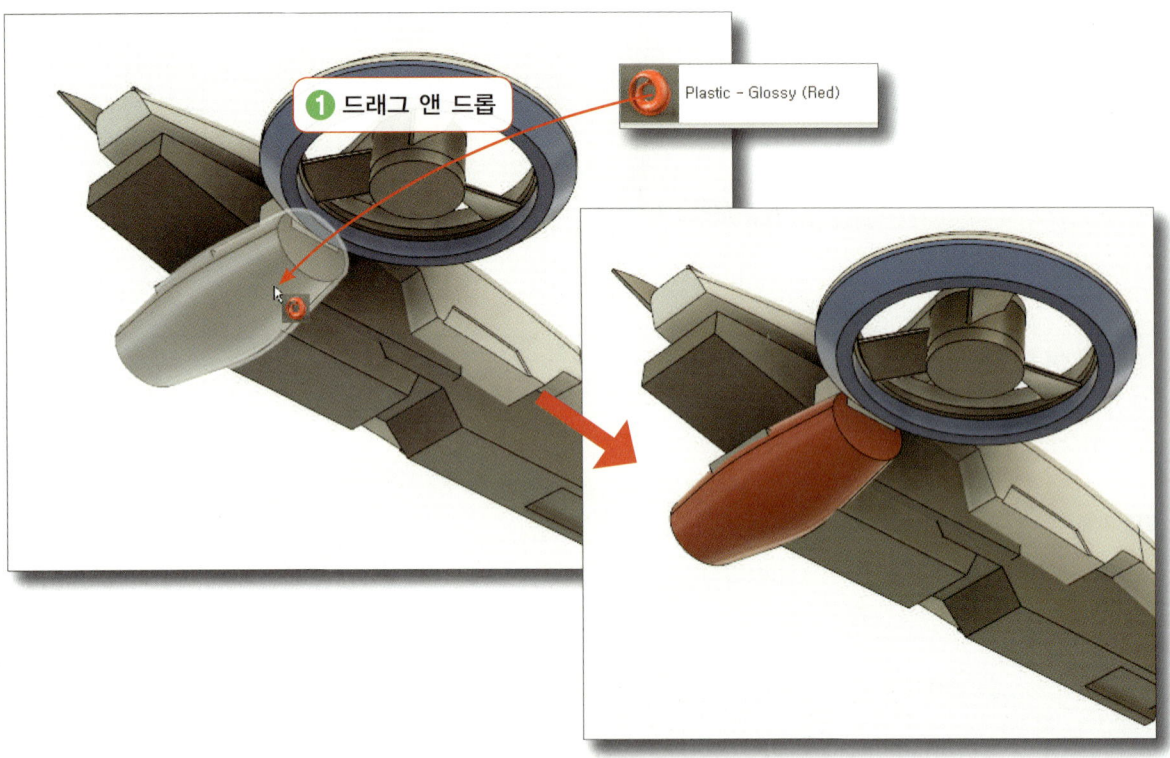

step 3

다음과 같이 개별 면에 색상을 입혀 보도록 하겠습니다.

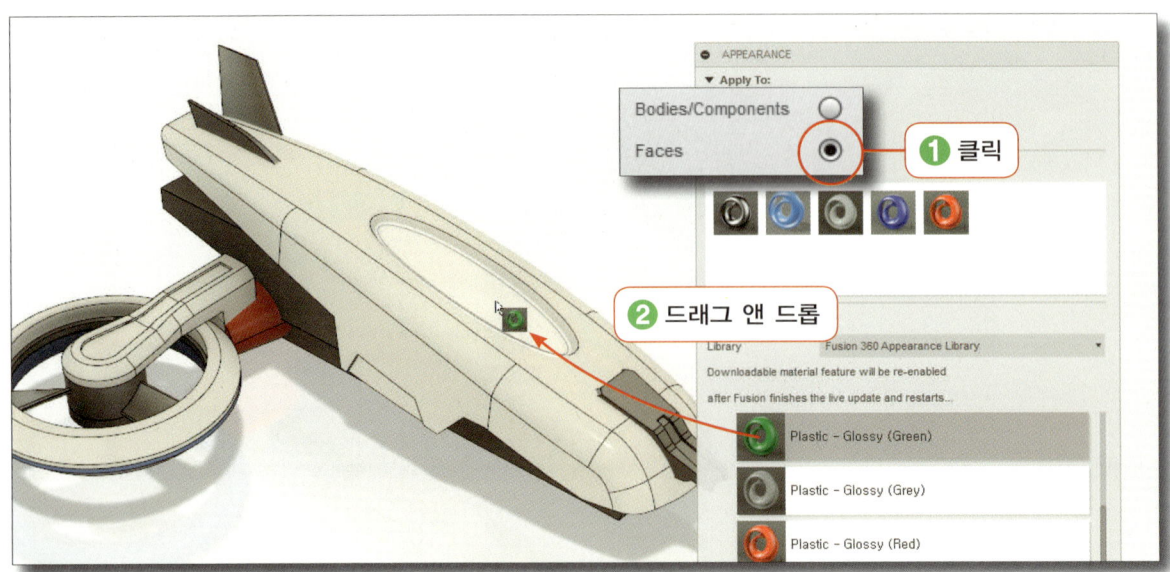

Section01 색상 입히기

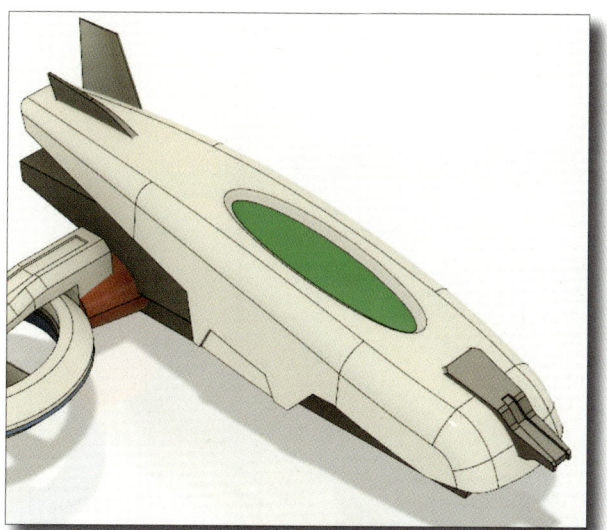

> **Tips**
> Apply To 타입을 Faces로 바꾸면 개별 면에 색상을 부여할 수 있습니다.

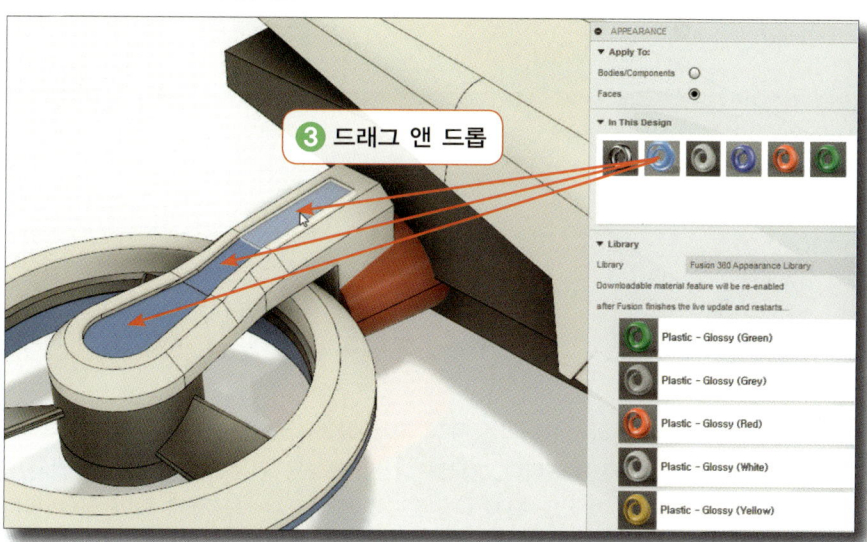

❸ 드래그 앤 드롭

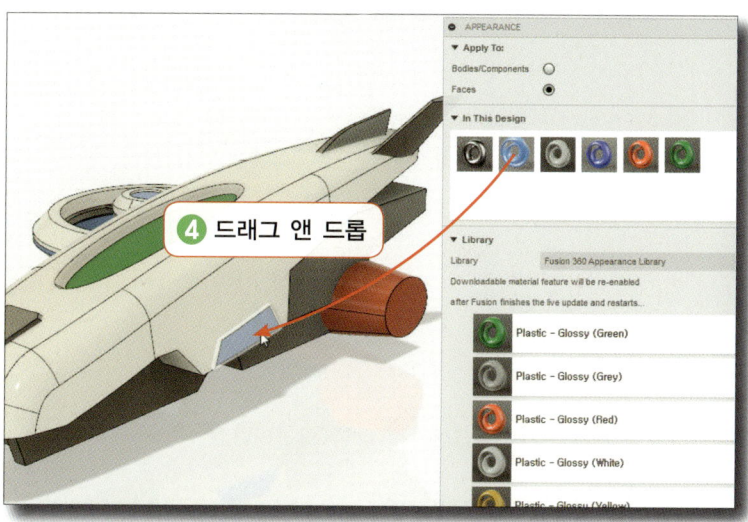

❹ 드래그 앤 드롭

04 조립품 모델링

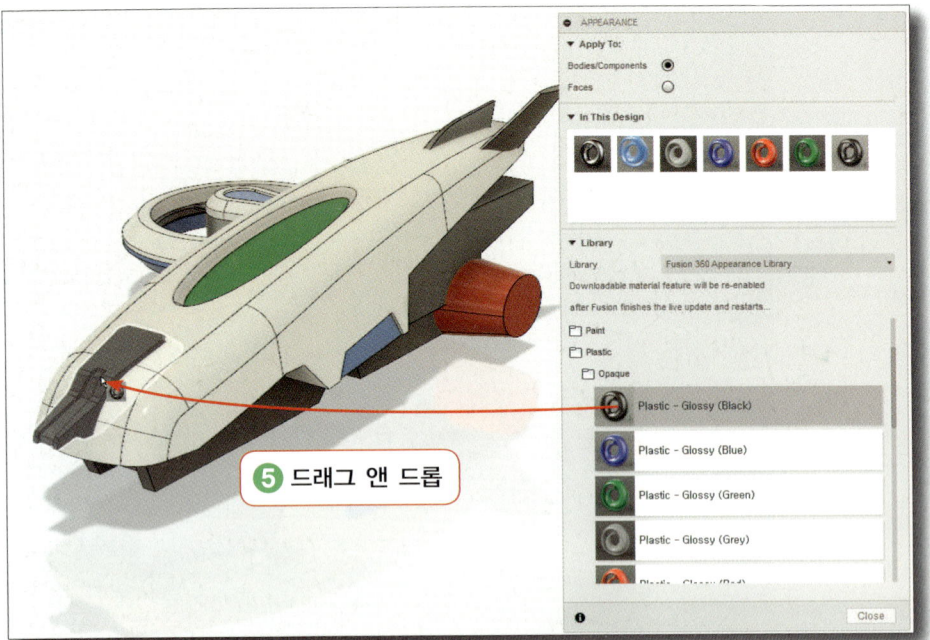

⑤ 드래그 앤 드롭

 **일반 색상과 다운로드 색상의 차이에 대해서**

Fusion 360의 색상 라이브러리는 워낙 그 종류가 다양하다 보니 그 모든 색상 라이브러리 파일을 프로그램이 다 담고 있지 않습니다. 따라서 기본 색상은 기본으로 포함되어 있되, 좀 더 다양한 색상은 다운로드 버튼을 통해 재질을 직접 다운로드를 받아와서 사용하게 되어 있습니다.

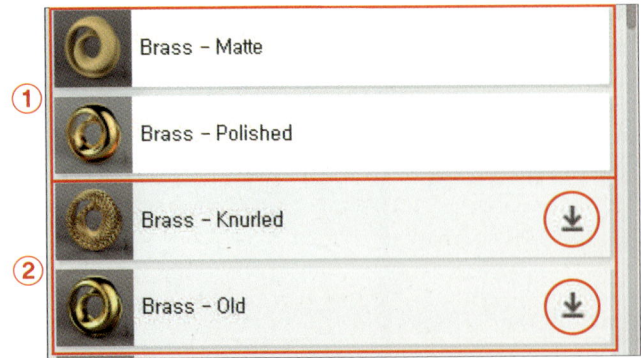

① **일반 재질** : 바로 사용할 수 있는 재질입니다.

② **다운로드 재질** : 다운로드 버튼을 눌러서 재질을 다운받은 후에 사용할 수 있습니다.

Section01 색상 입히기

 면 색상 보존에 대해서

색상을 지정할 때에는 하나의 바디에 하나의 색상을 지정할 때도 있지만 하나의 바디 위에 여러가지의 색상을 지정하는 경우도 있습니다. 예를 들어 색상 지정을 바디 타입으로 지정한 후에 기본 색을 지정하고, 부분적인 색상을 지정할 때 색상 지정을 면 타입으로 지정한 후 다양한 색상을 지정하는 것을 말합니다.

이때 기본 색상을 바꾸고 싶은 경우에 다시 색상 지정을 바디 타입으로 해서 지정하게 되는데 이렇게 되면 해당 바디에 부분적으로 들어가 있는 색상들을 보존할지 초기화 시킬지를 지정하게 됩니다.

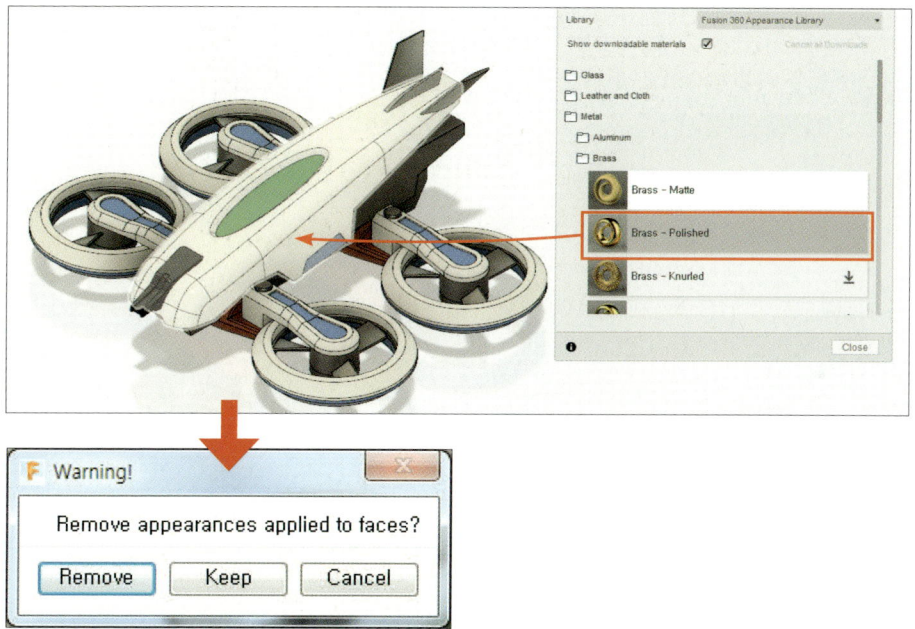

Remove 클릭 시

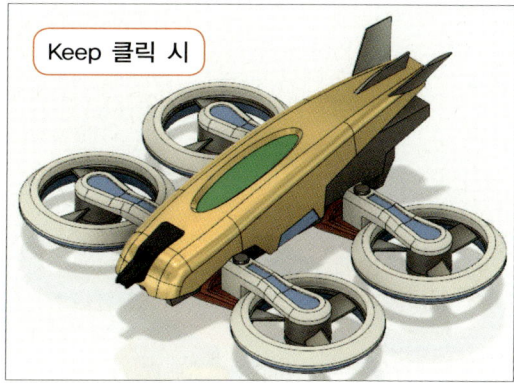
Keep 클릭 시

04 조립품 모델링

Section 02 조립부 모델링 수정하기

서로 조립되는 부분의 모델링을 수정해 보도록 하겠습니다.

링크 간섭부 모델링 수정하기   Autodesk Fusion 360

다음 두 부품간의 간섭 부분을 수정하는 모델링을 진행해 보도록 하겠습니다.

step 1

Split Body(바디 자르기) 명령을 이용해 다음과 같이 작성합니다.

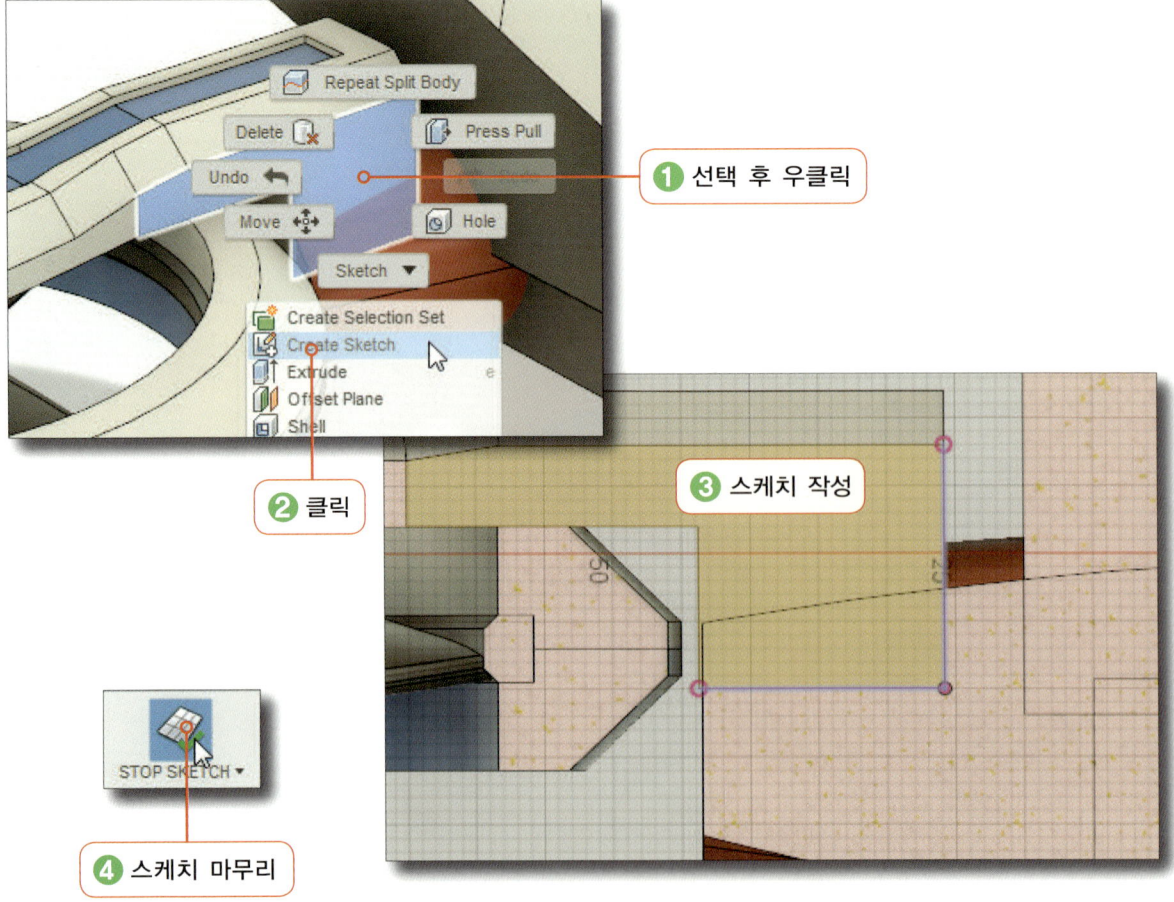

❶ 선택 후 우클릭
❷ 클릭
❸ 스케치 작성
❹ 스케치 마무리

Tips
Project 명령으로 모델의 모서리를 형상투영 합니다.

Section02 조립부 모델링 수정하기

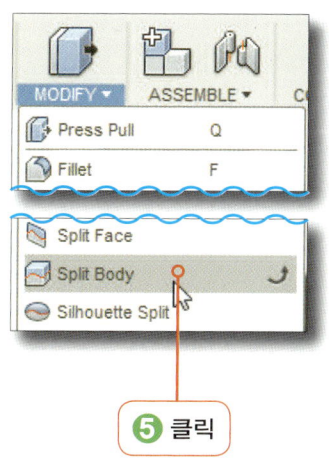

❺ 클릭

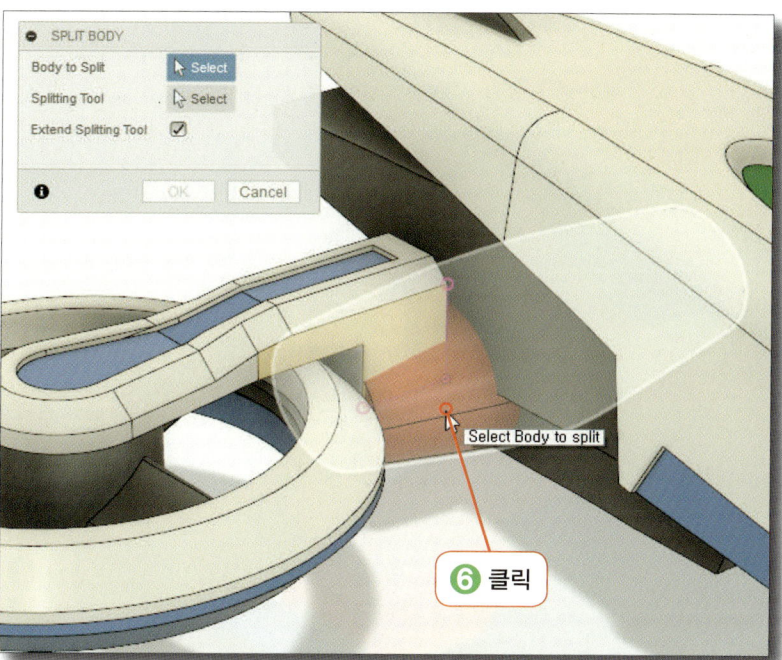

❻ 클릭

❼ 클릭

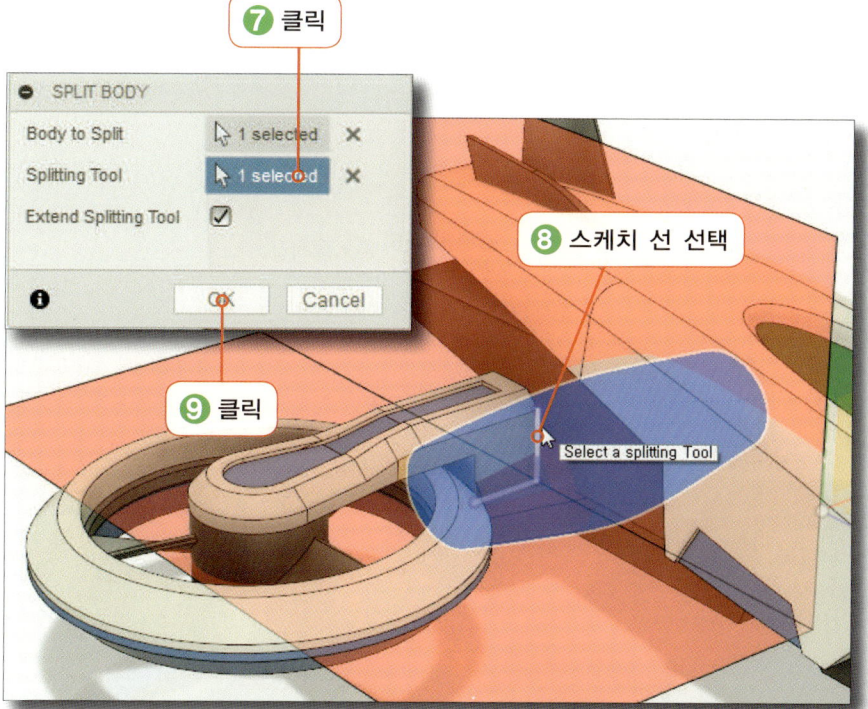

❽ 스케치 선 선택

❾ 클릭

Tips
Extend splitting Tool에 체크하면 자르기하는 기준선의 범위가 무한히 넓어집니다.

243

04 조립품 모델링

step 2

잘라진 부품을 제거해 보도록 하겠습니다.

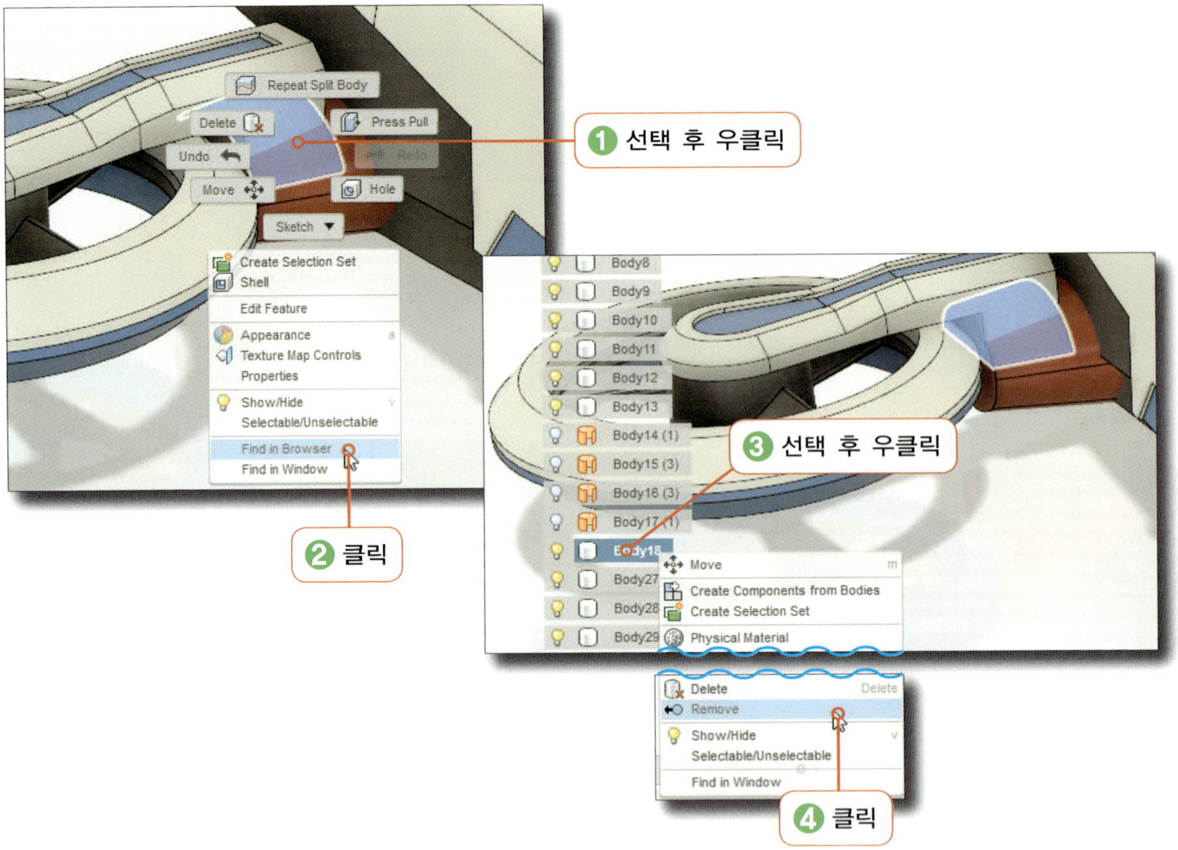

step 3

링크가 회전할 공간을 확보하기 위해서 다음 면을 Press Pull(밀고 당기기) 명령으로 위치 이동을 하도록 하겠습니다.

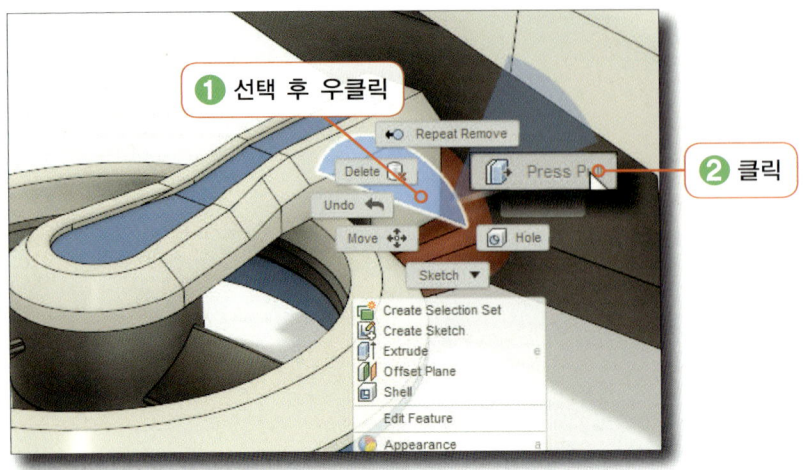

Section02 조립부 모델링 수정하기

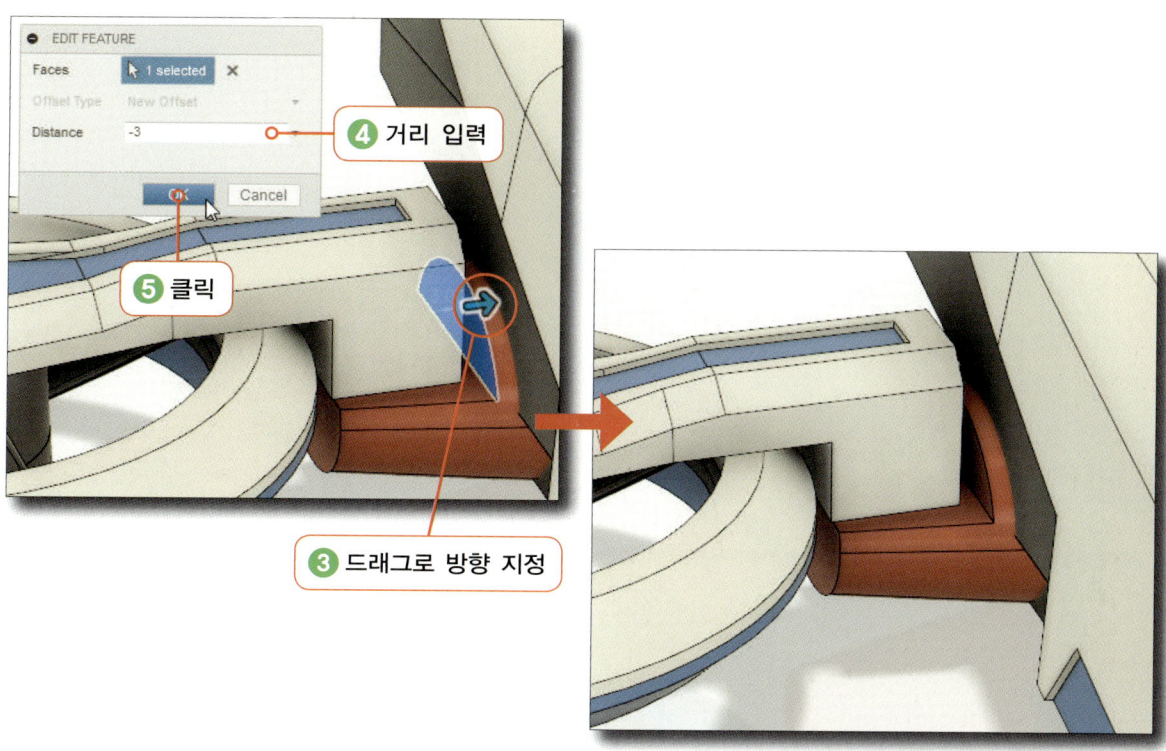

step 4

앞에서 작성한 형태를 Mirror(대칭) 명령을 이용해 반대쪽에 대칭복사 하도록 하겠습니다.

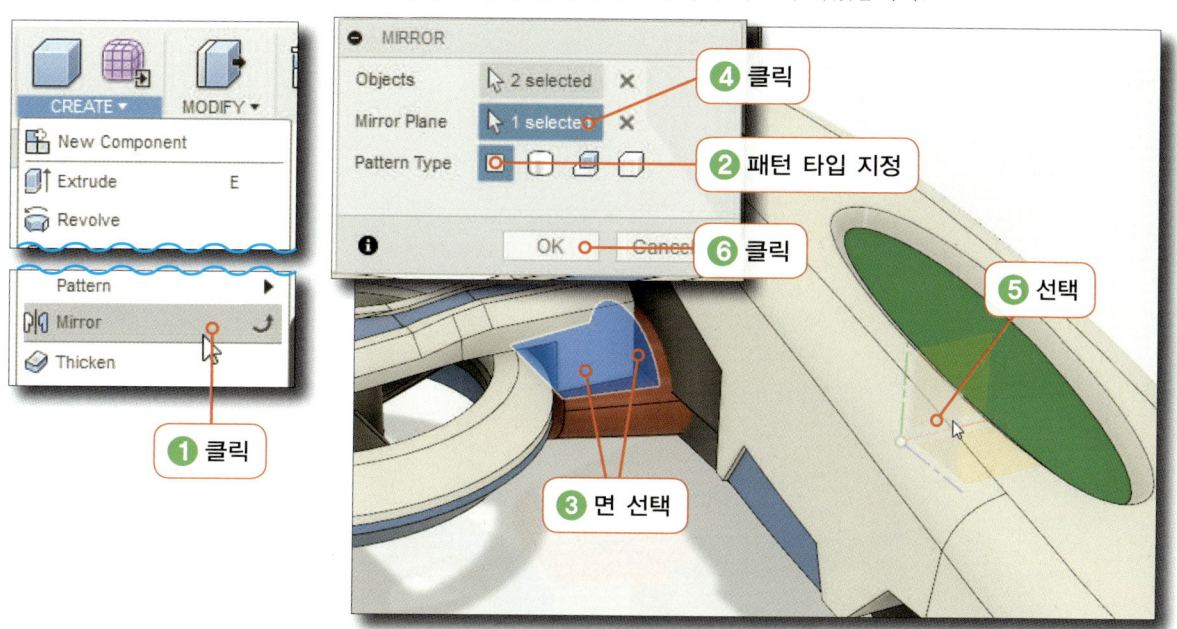

04

조립품 모델링

❼ 대칭 복사 완료

step 5

Move(이동) 명령을 실행해 다음 부품들의 위치를 조정해 보도록 하겠습니다.

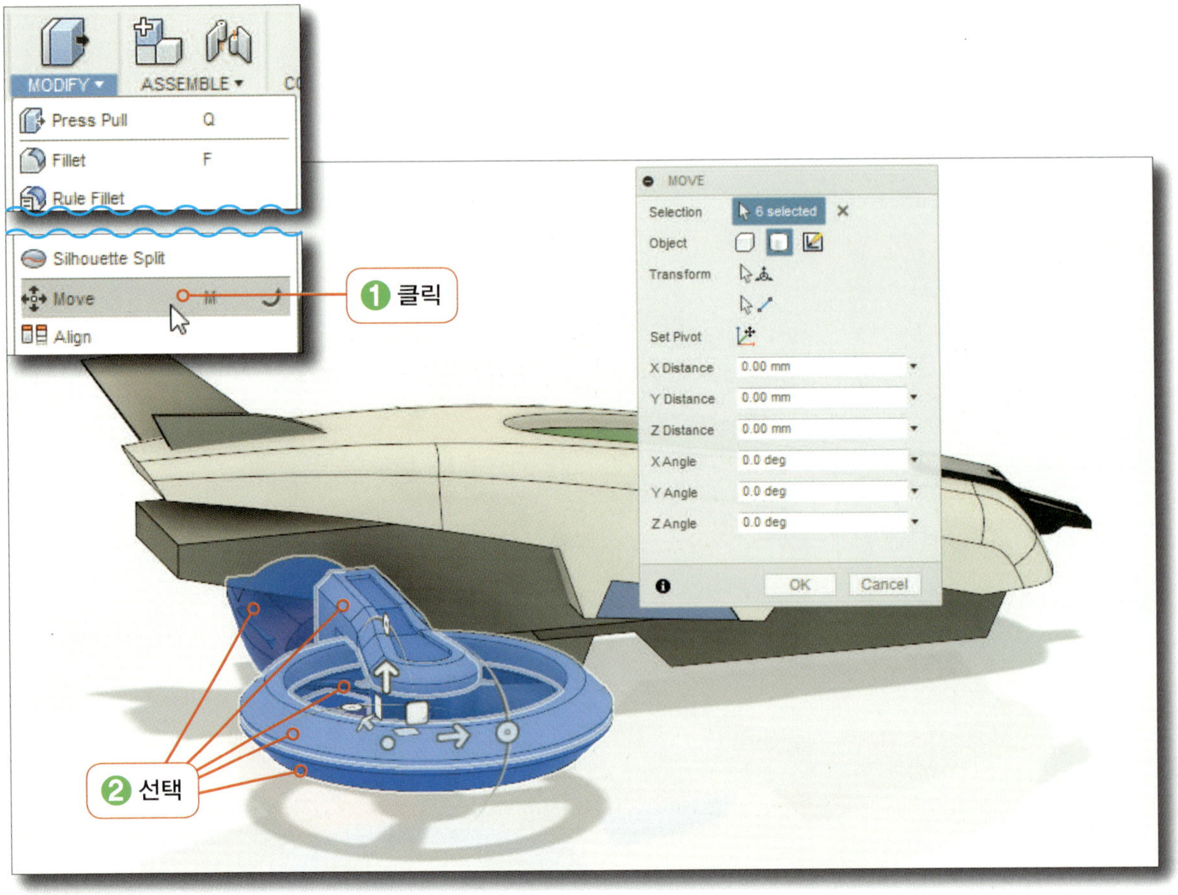

❶ 클릭

❷ 선택

Section02 조립부 모델링 수정하기

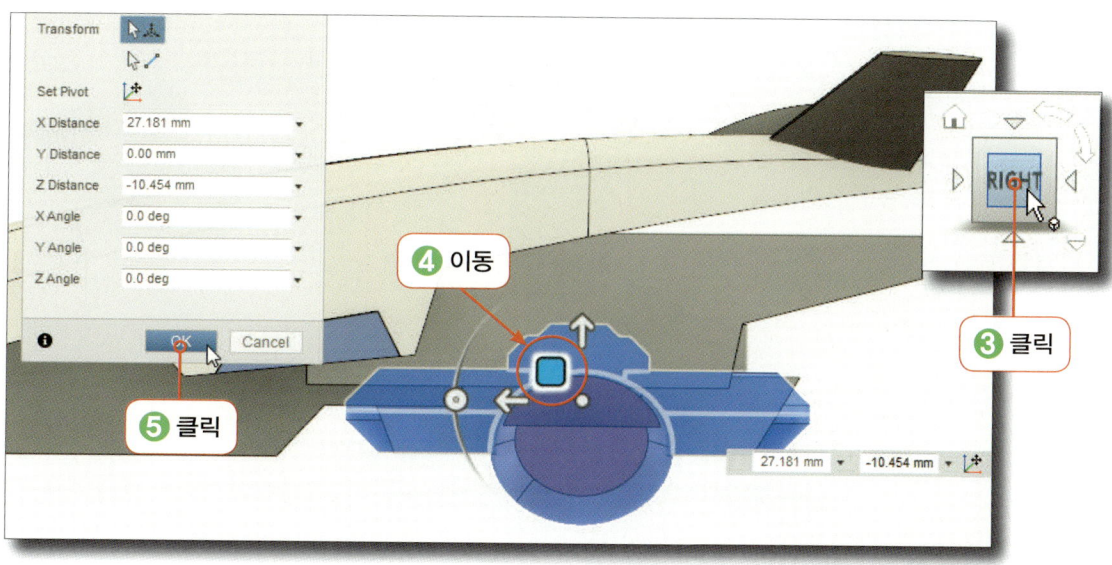

하단 프레임 형태 보강하기

Autodesk Fusion 360

하단 프레임 부품의 형태를 보강하도록 하겠습니다.

step 1

다음 순서에 따라 하단 프레임 부품의 모양을 변경하도록 하겠습니다.

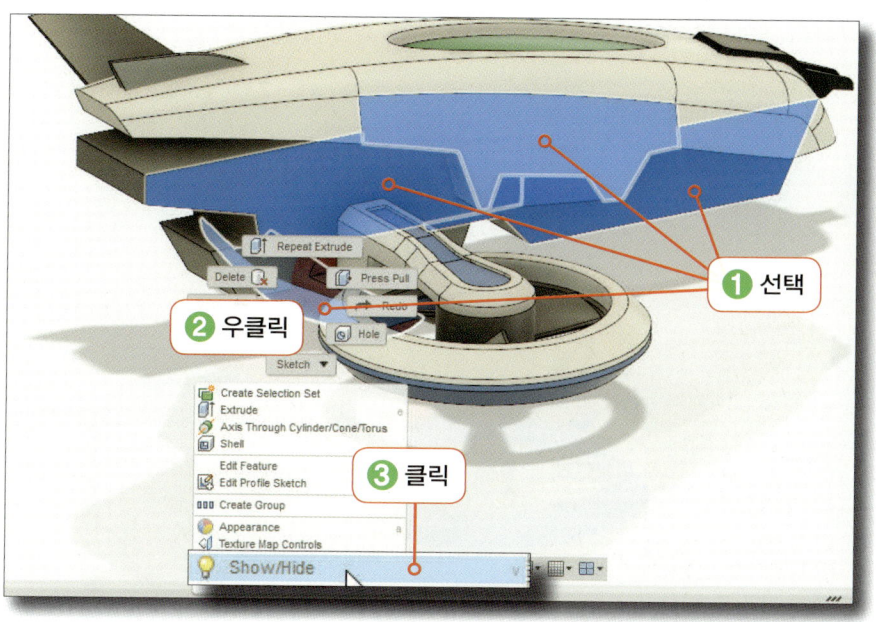

247

④ 선택 후 우클릭
Repeat Extrude
Delete
Press Pull
Undo
Move
Hole
Sketch
Create Selection Set
Create Sketch
Extrude
Offset Plane
Shell
Edit Feature
Edit Profile Sketch
Appearance
Texture Map Controls
⑤ 클릭

⑦ 거리 입력
EXTRUDE
Profile
1 selected
Distance
10.00 mm
Taper Angle
0.0 deg
Direction
One Side
Operation
Join
Extents
Distance
OK
Cancel
⑥ 드래그
10.00 mm
⑧ 클릭

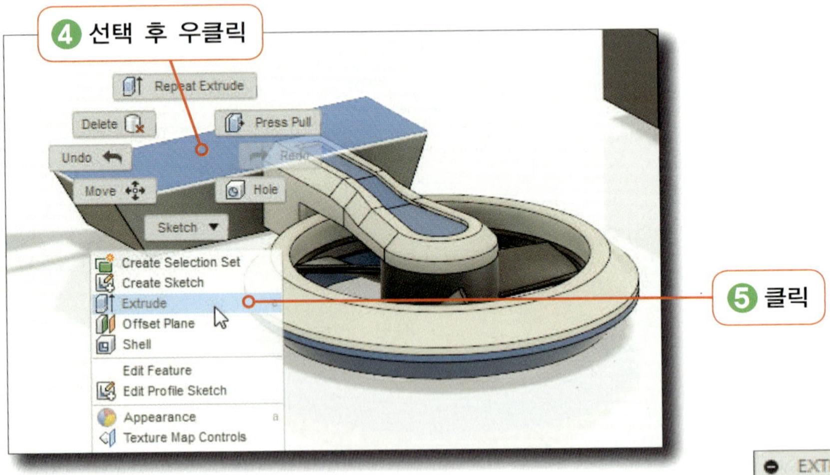

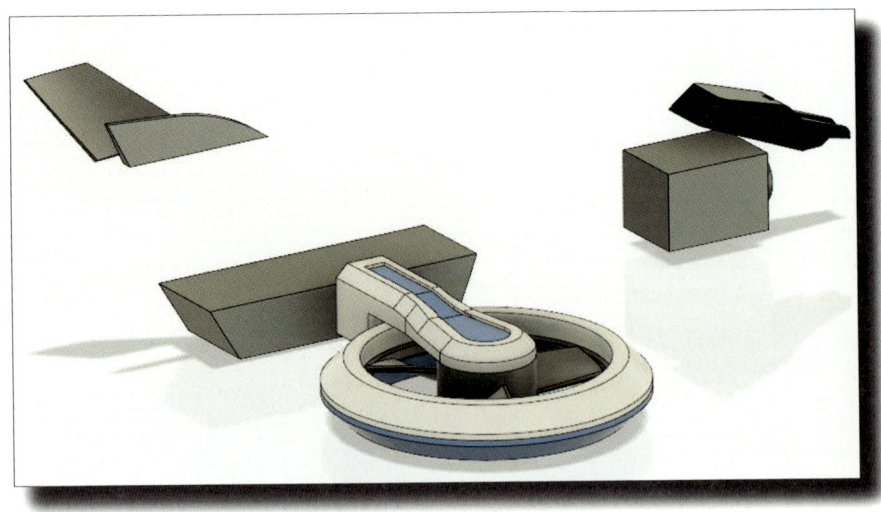

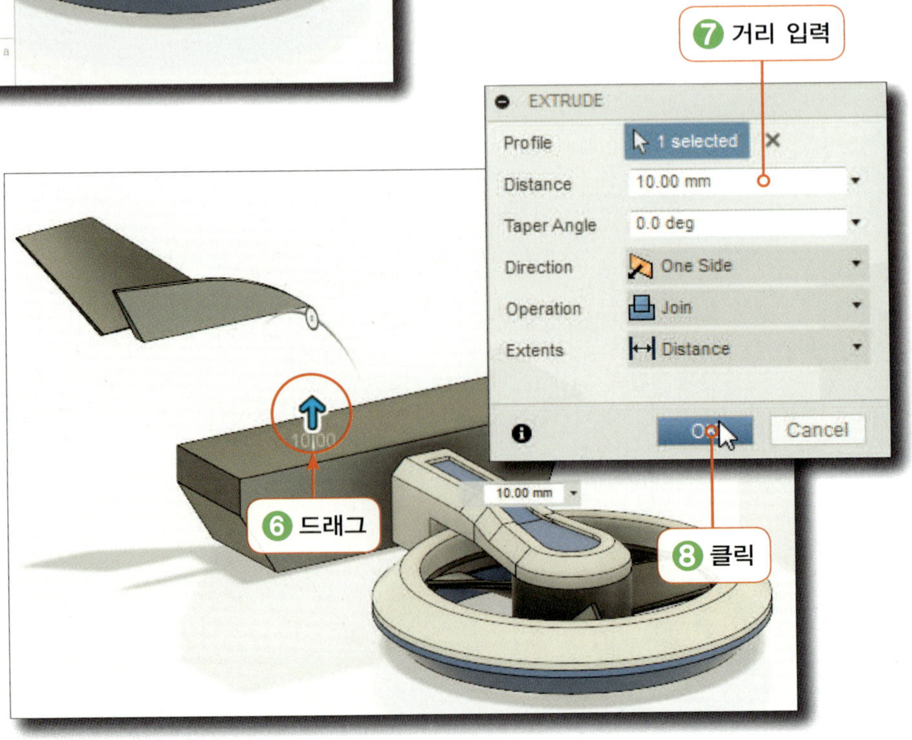

Autodesk Fusion 360
Drone v2*
Drone(시범용) v3*
MODEL
SKETCH
CREATE
MODIFY
ASSEMBLE
CONSTRUCT
INSPECT
INSERT
MAKE
ADD-INS
SELECT
BROWSER
Drone v2
Named Views
Units: mm
Origin
Bodies
Body1
Body2
Body3
Body4
Body6
Body7
Body8
Body9
Body10
Body11
Body12
Body13
Body14 (1)
Body15 (3)
Body16 (3)
Body17 (1)
Body27
Body28
Body29
Canvases
Sketches
Construction
Move
Create Components from Bodies
Create Selection Set
Create Group
Physical Material
Appearance
Texture Map Controls
Remove Appearance Override
Properties
Copy
Ctrl+C
Cut
Ctrl+X
Delete
Delete
Remove
Show/Hide
⑨ 선택 후 우클릭
⑩ 클릭

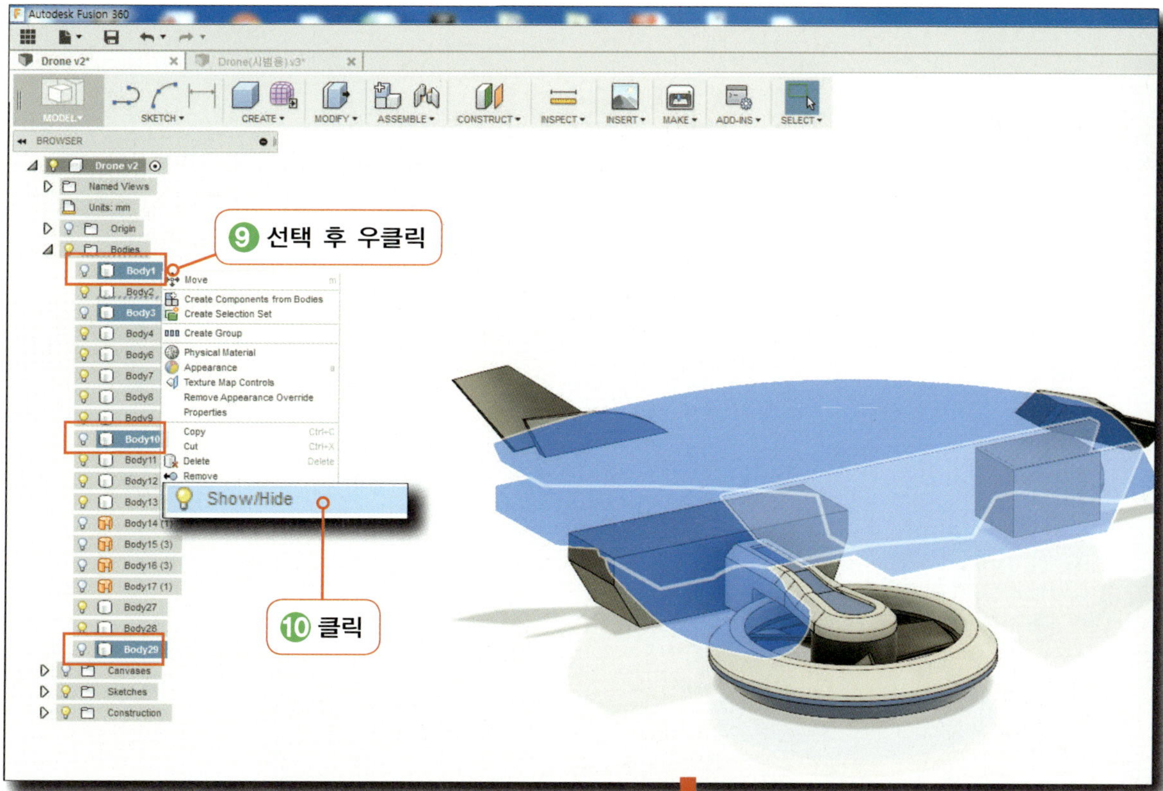

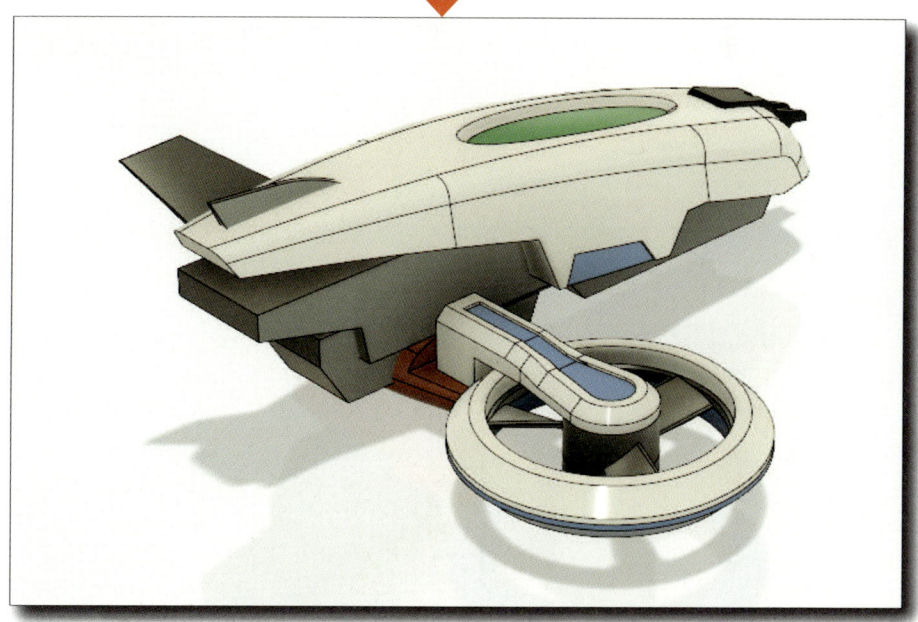

04
조립품 모델링

Section 03 조립품 작성하기

작성한 바디들을 부품으로 변환해 조립품 상태로 전환해 보도록 하겠습니다.

바디를 부품으로 변환하기
Autodesk Fusion 360

다음 바디들을 부품으로 변환해 보도록 하겠습니다.

step 1

다음 바디를 부품으로 변환해 이름을 LOWER FRAME으로 변경합니다.

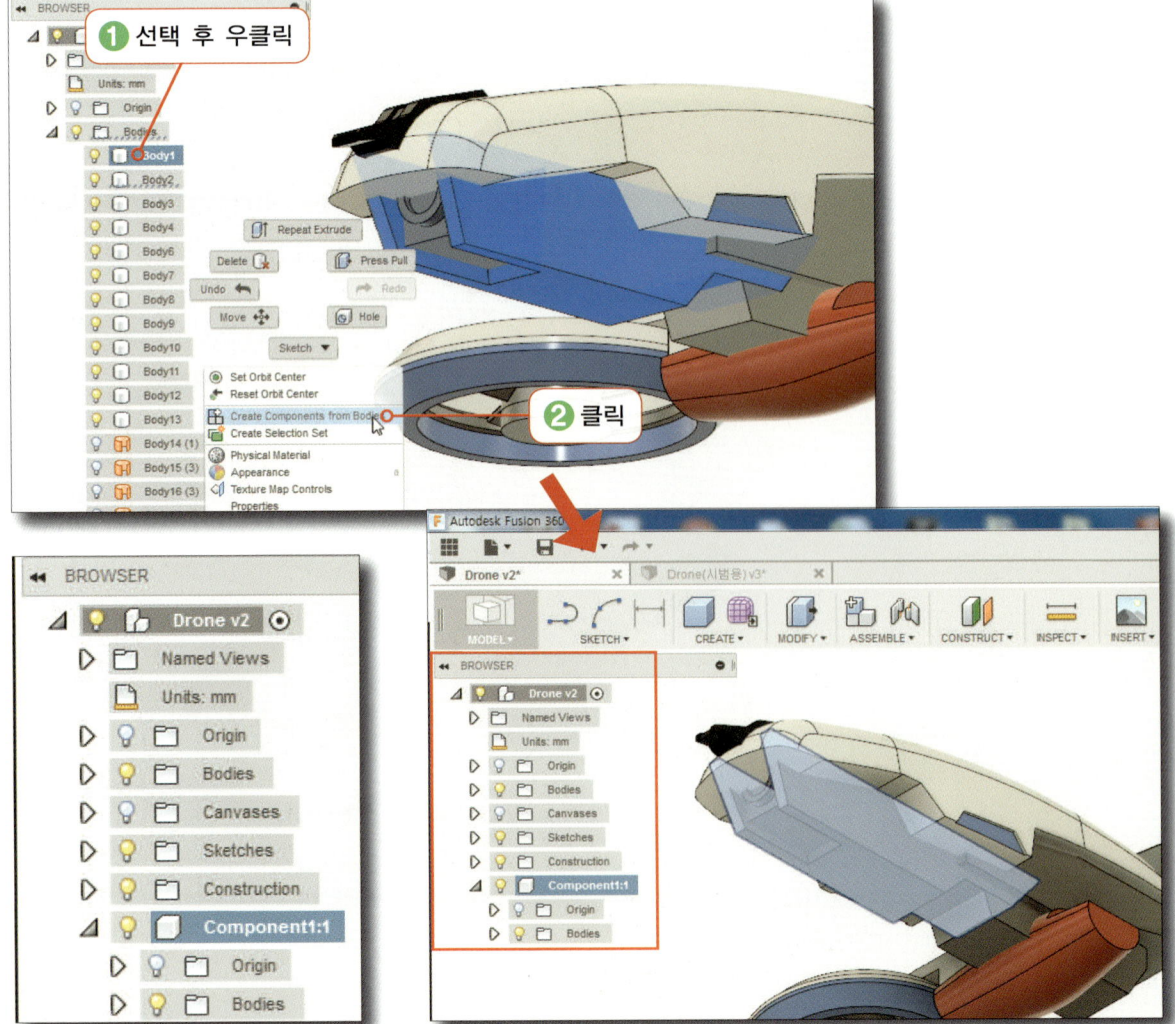

Section03 조립품 작성하기

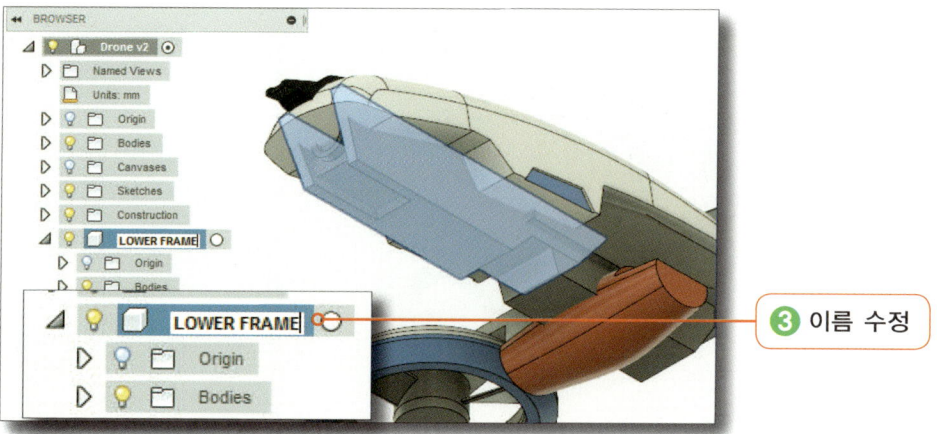
❸ 이름 수정

step 2

마찬가지로 다른 바디들도 부품으로 변경하여 이름을 다음과 같이 지정합니다.

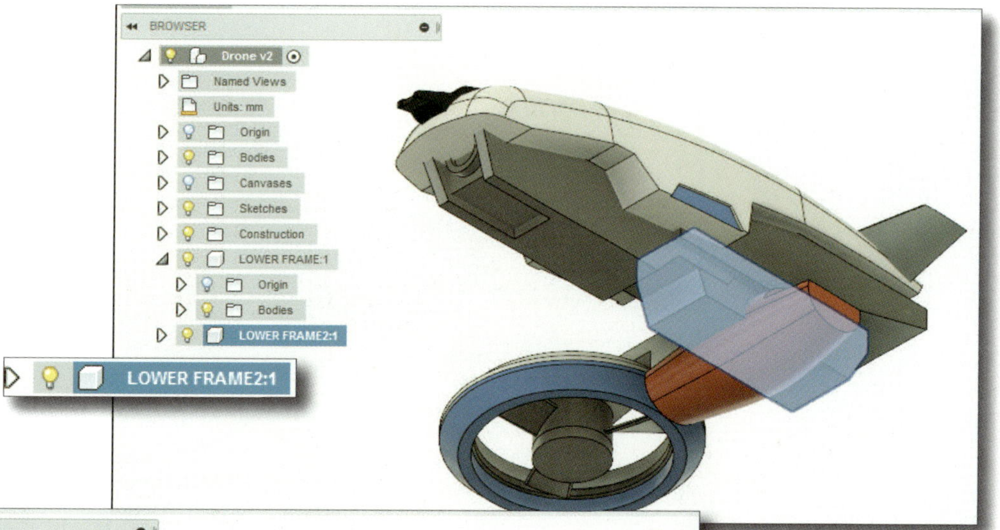

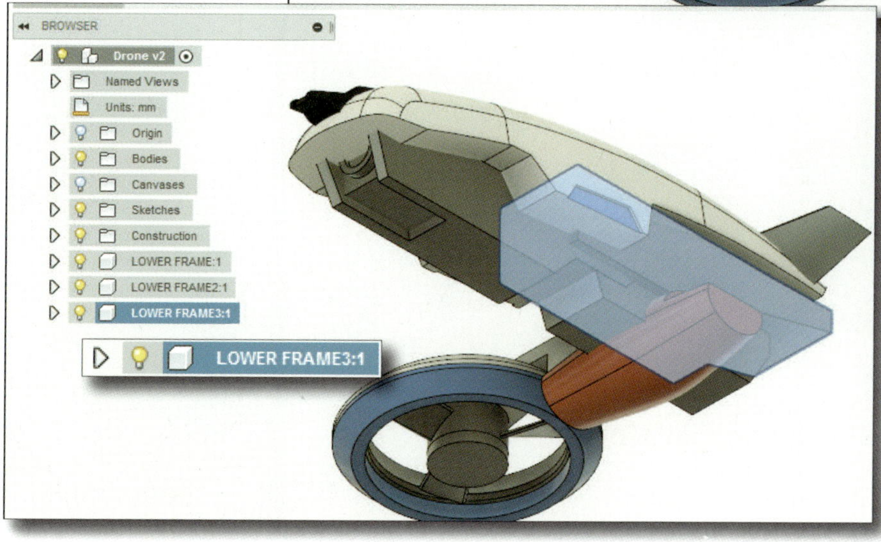

04 조립품 모델링

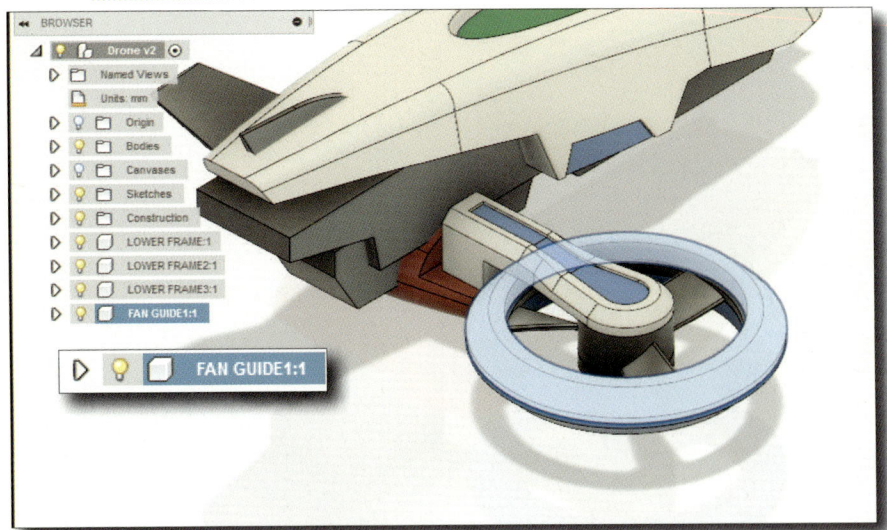

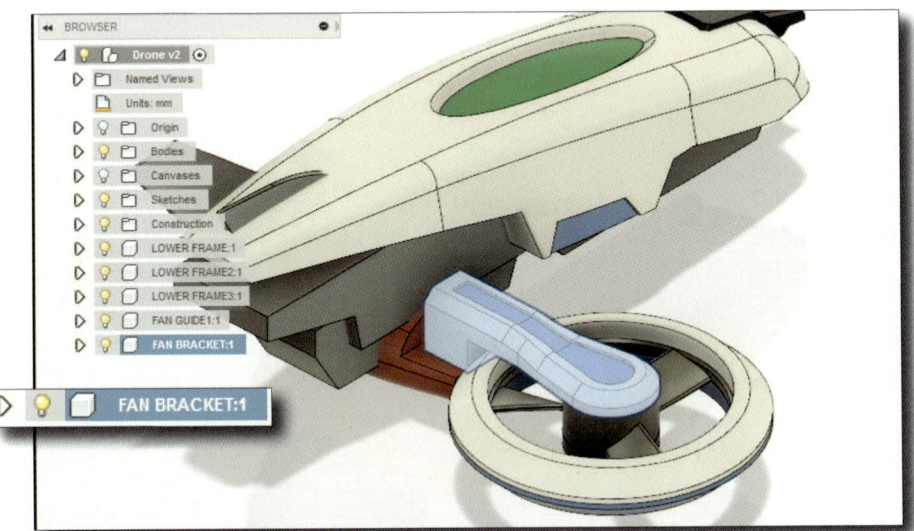

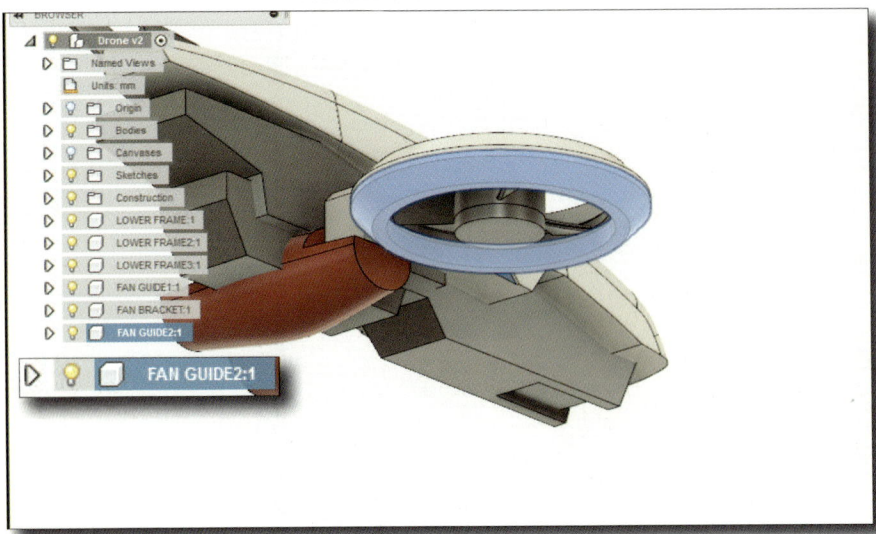

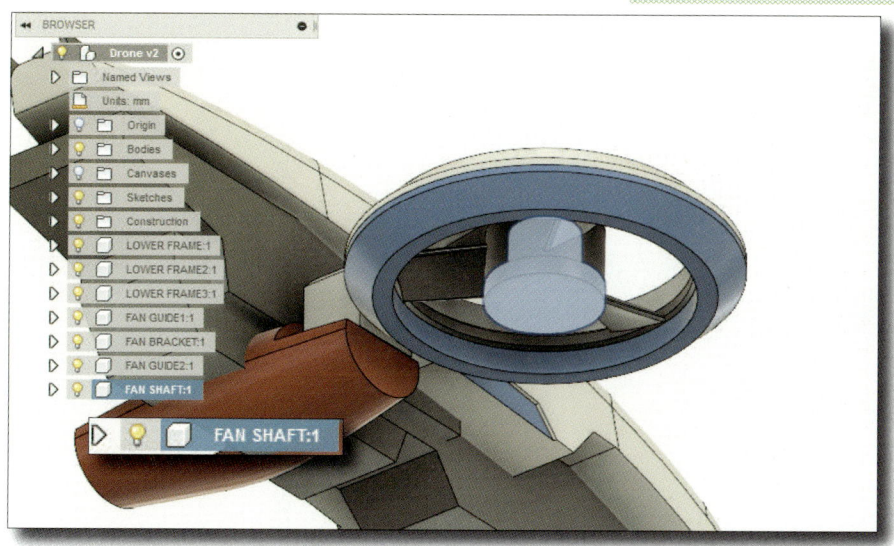

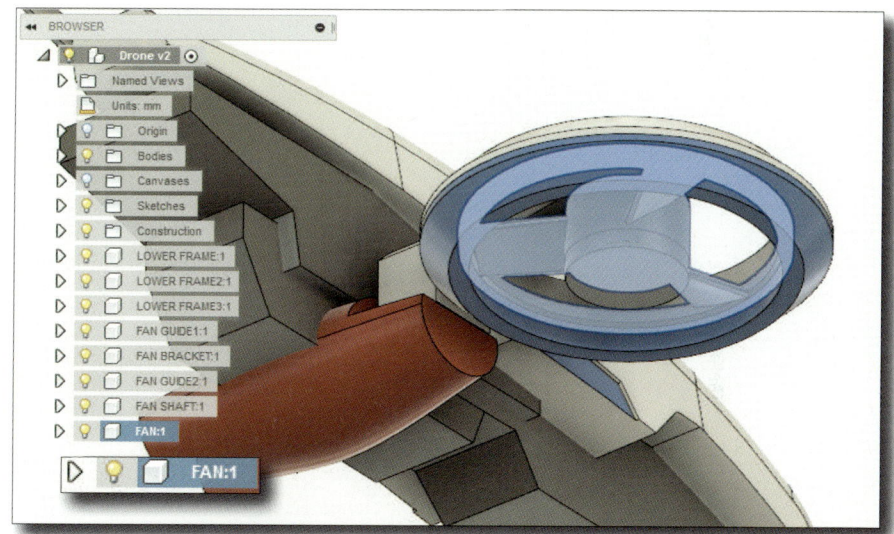

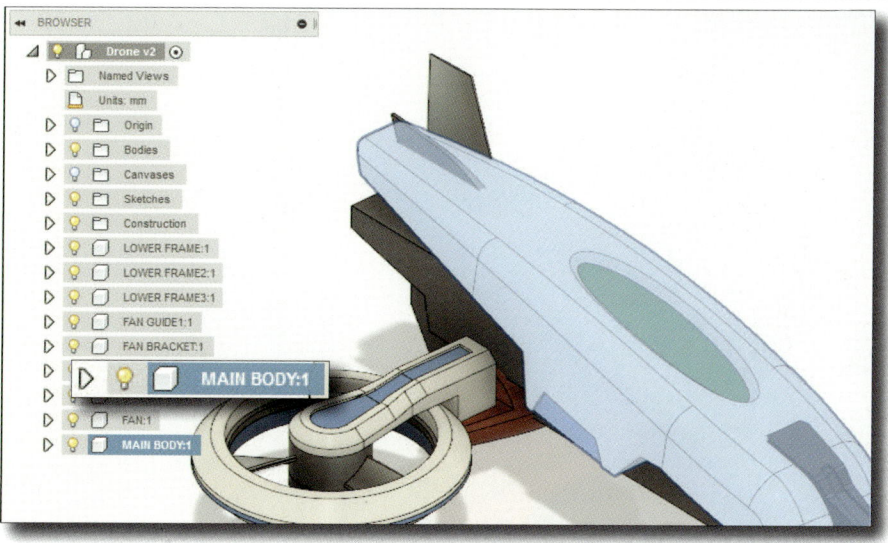

04 조립품 모델링

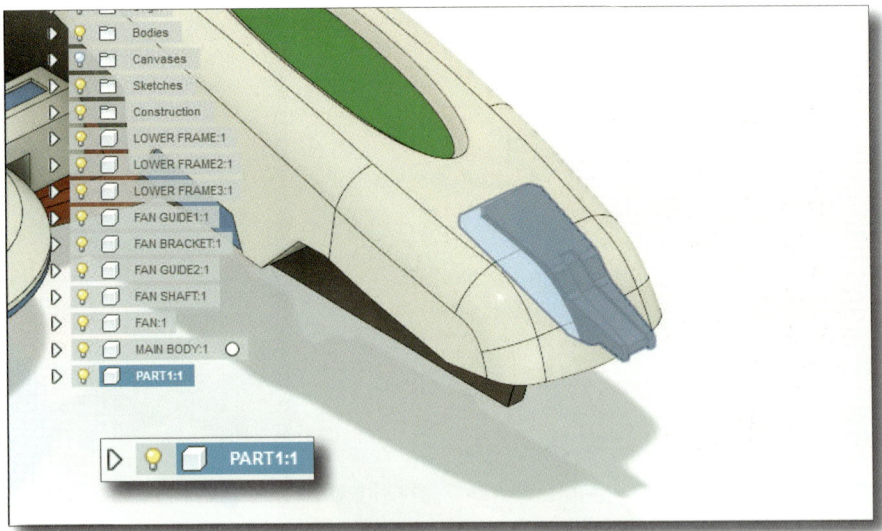

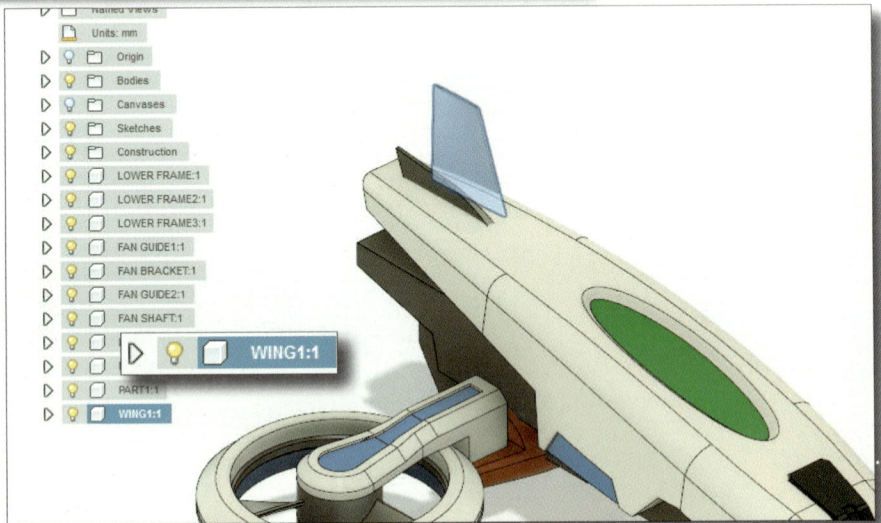

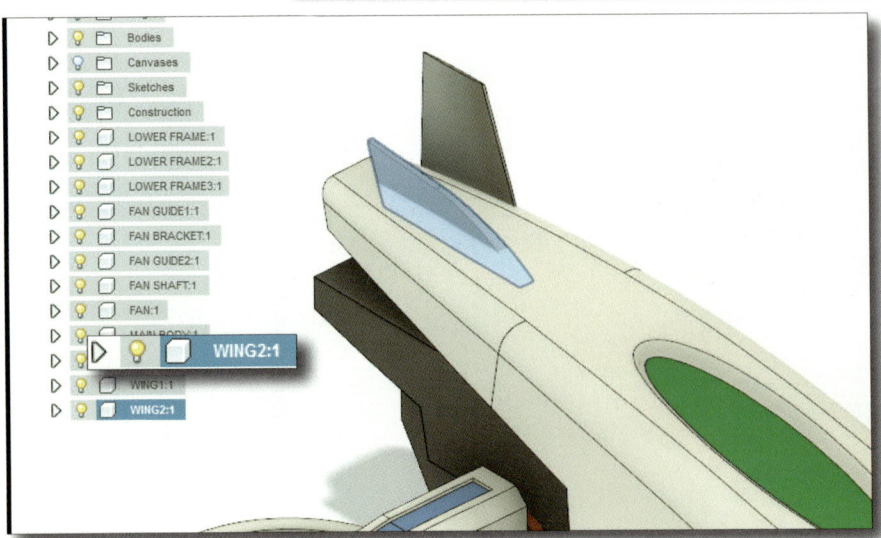

Section03 조립품 작성하기

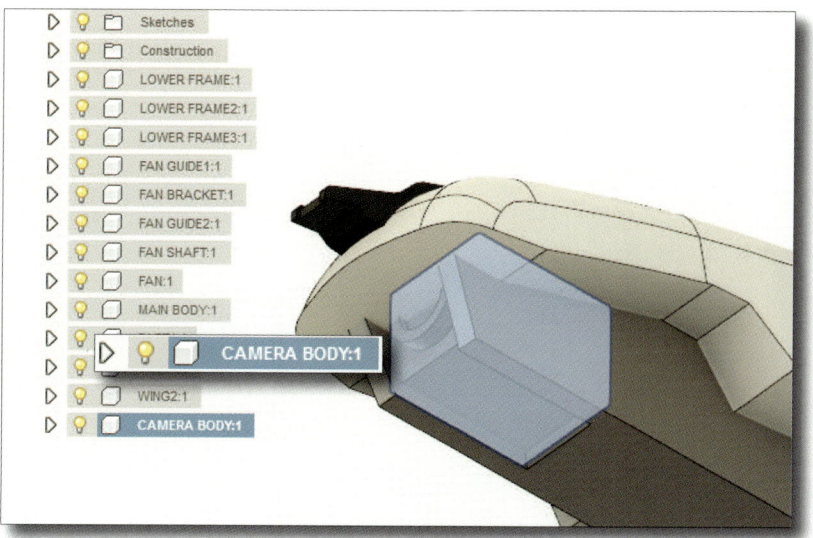

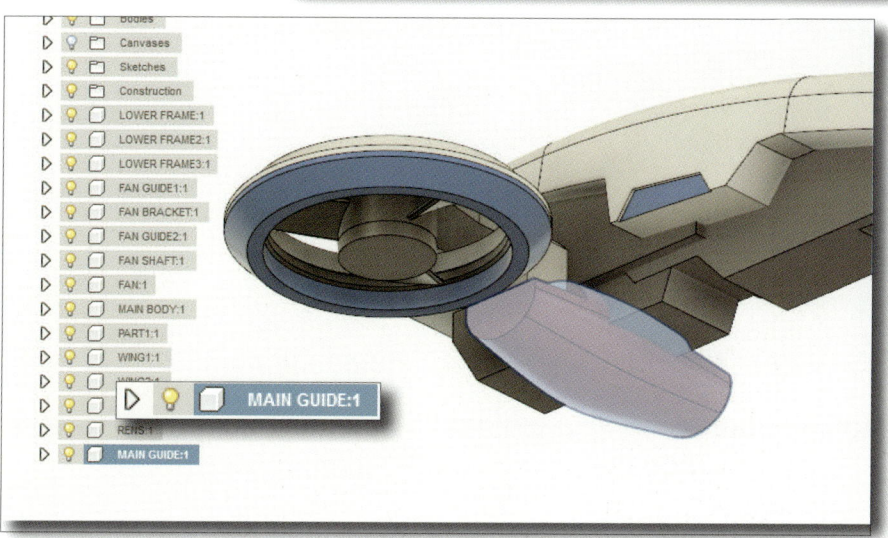

255

04

조립품 모델링

서브 조립품 작성하기　　　　　　　　　　　　　　Autodesk Fusion 360

여러개의 부품들을 모아서 조립품 안의 하위 조립품을 작성해 보도록 하겠습니다.

step 1

다음 순서에 따라서 비어있는 부품 파일을 작성합니다.

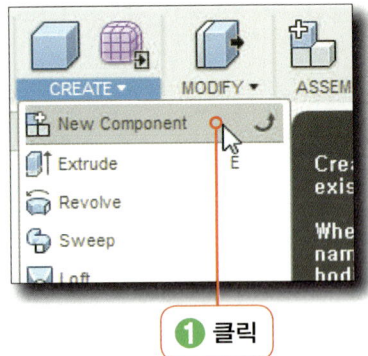

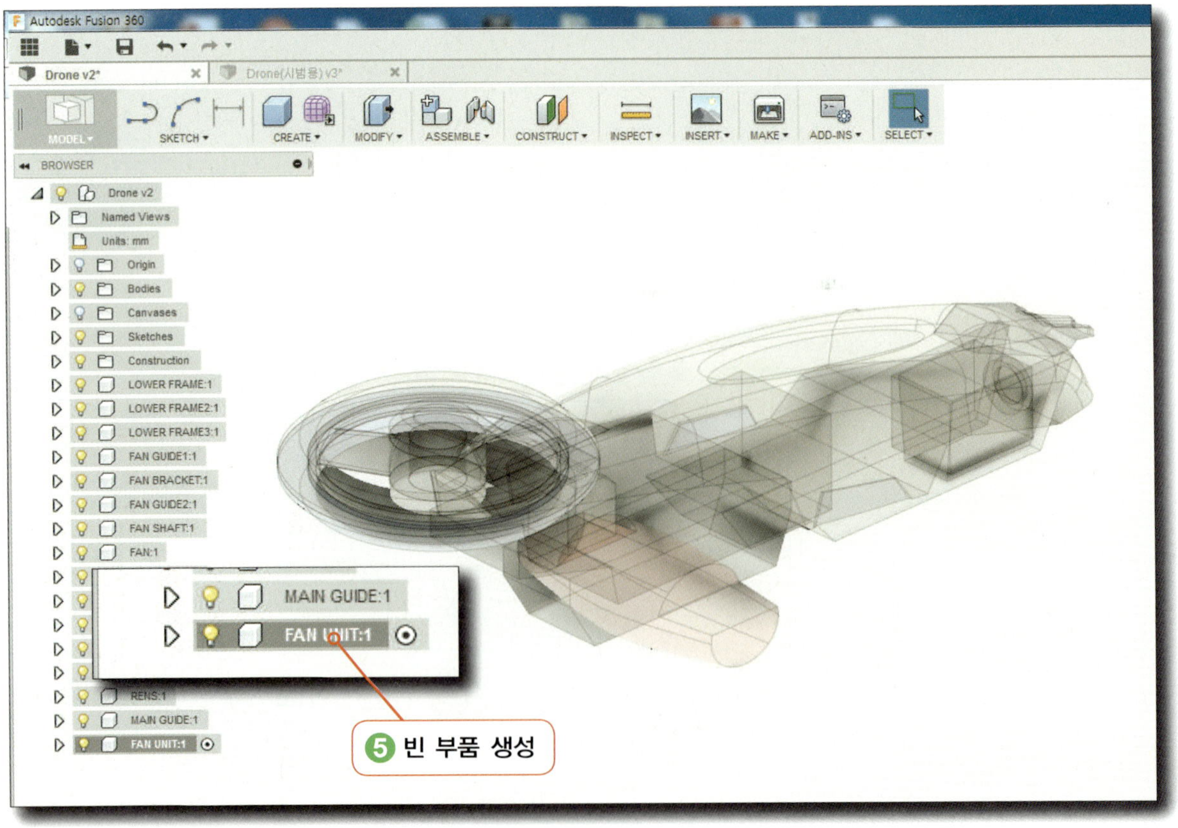

❶ 클릭

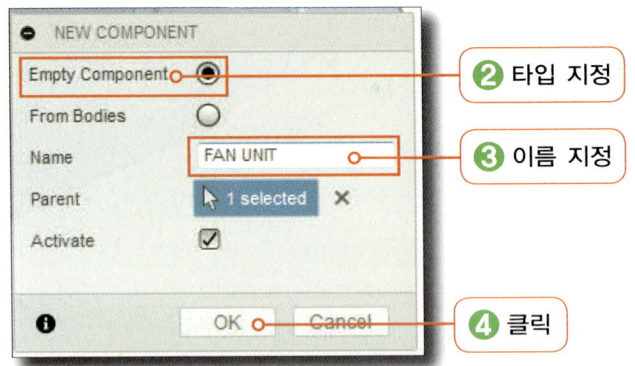

❷ 타입 지정
❸ 이름 지정
❹ 클릭

❺ 빈 부품 생성

Section03 조립품 작성하기

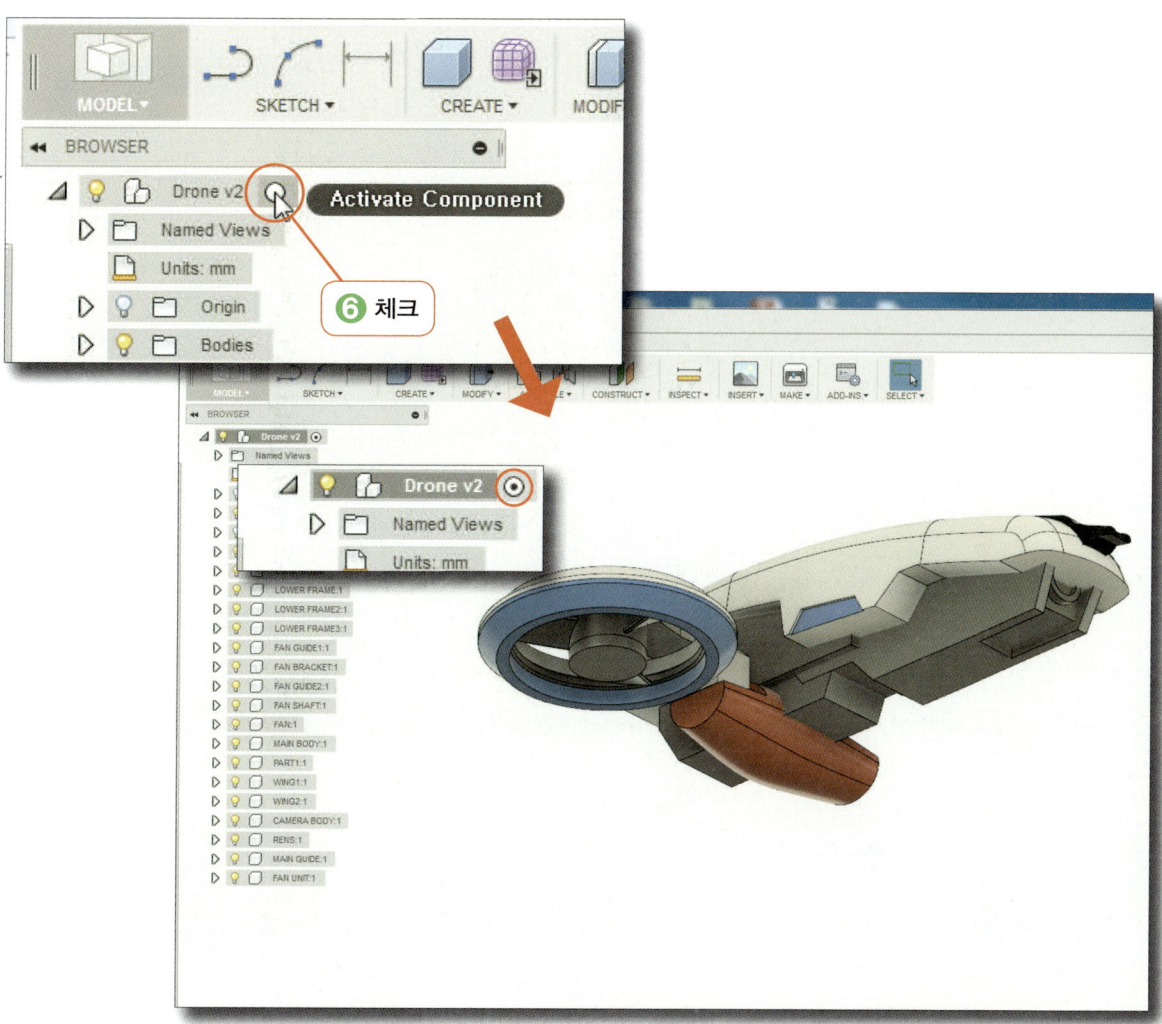

Tips

최종 조립품으로 복귀하려면 해당 조립품 항목 옆의 Activate Component 항목에 체크하면 됩니다.

04 조립품 모델링

step 2

다음 순서에 따라서 하위 조립품으로 묶을 부품들의 위치를 바꿉니다.

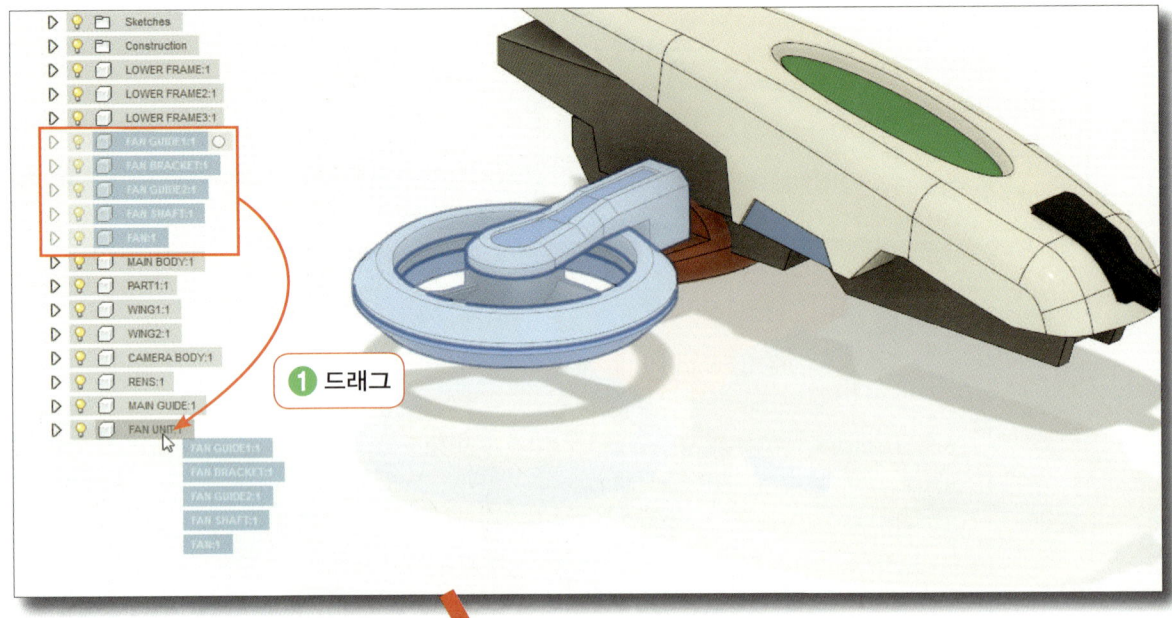

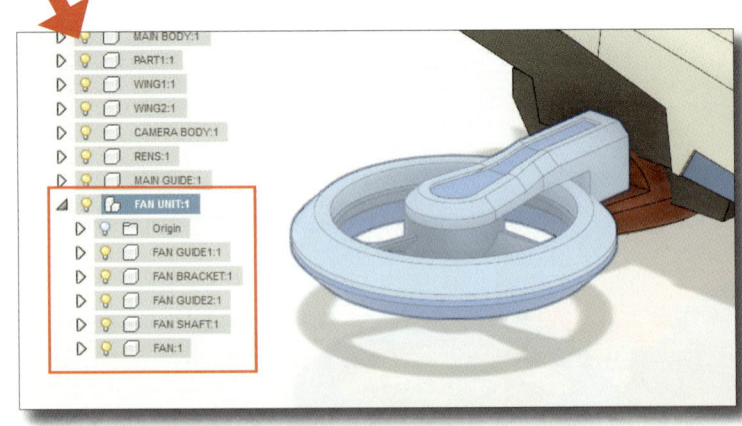

> **Tips**
> 해당 Component 하위에 부품이 추가되면 해당 Component는 자동으로 조립품으로 변경됩니다.

Section03 조립품 작성하기

step 3

다음 순서에 따라서 FAN UNIT 조립품과 MAIN GUIDE 부품을 복제해서 다른 위치에 하나 더 배치합니다.

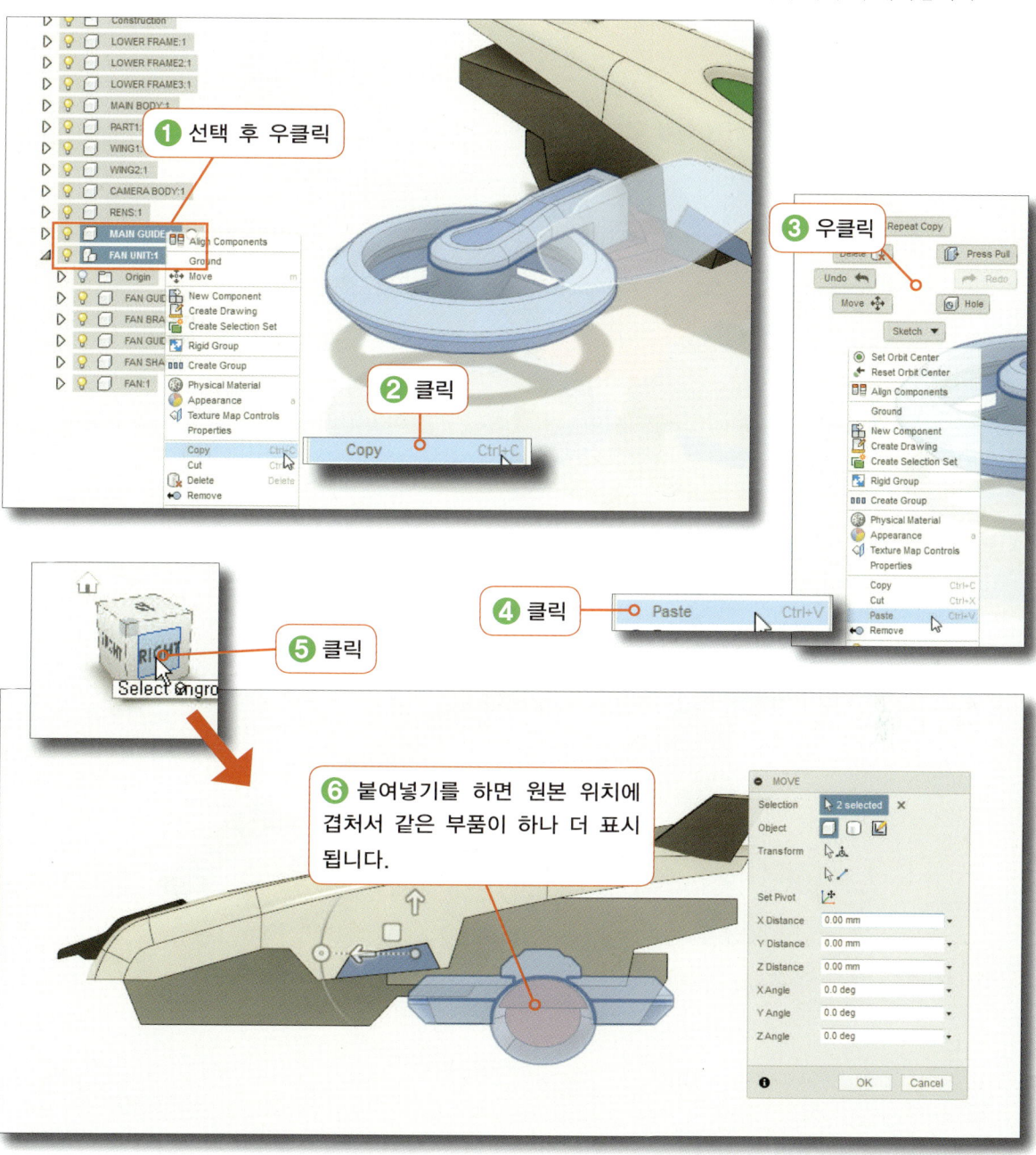

| Tips | 부품을 복사해서 붙여넣으면 붙여넣은 부품의 위치를 결정하기 위한 이동 명령 창이 자동으로 표시됩니다.

04 조립품 모델링

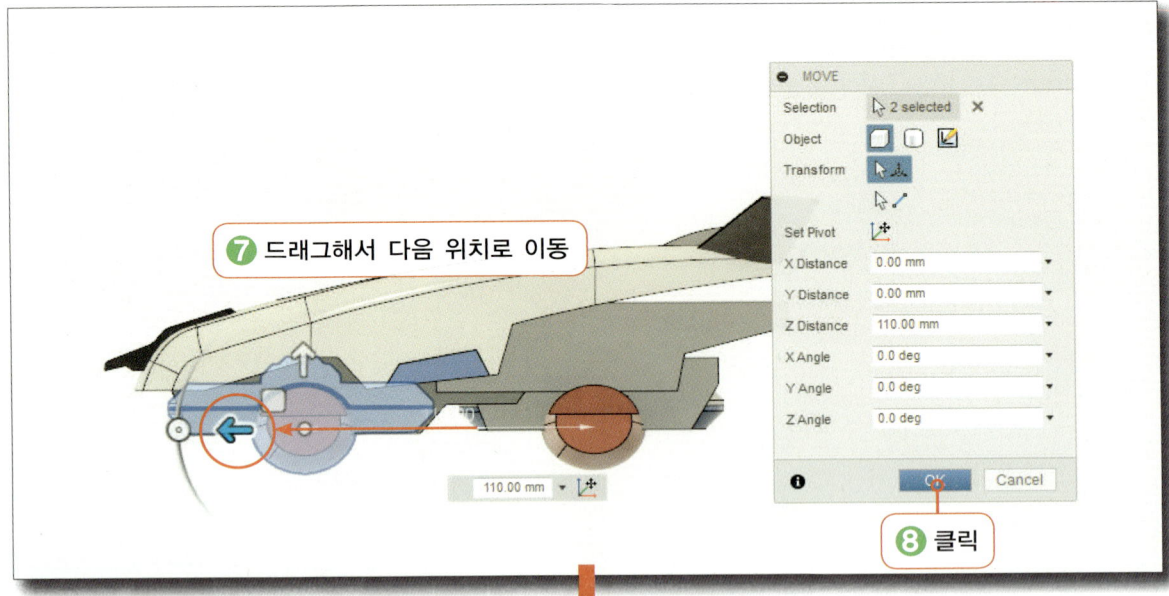

Section03 조립품 작성하기

step 4

다음 순서에 따라서 FAN UNIT 조립품과 MAIN GUIDE 부품의 위치를 수정합니다.

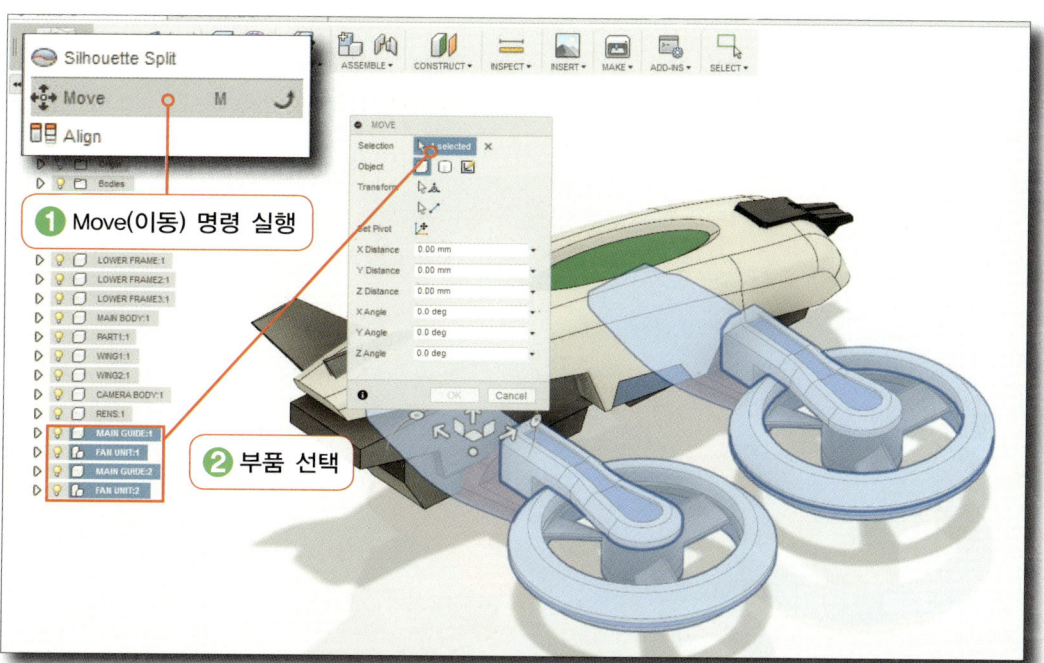

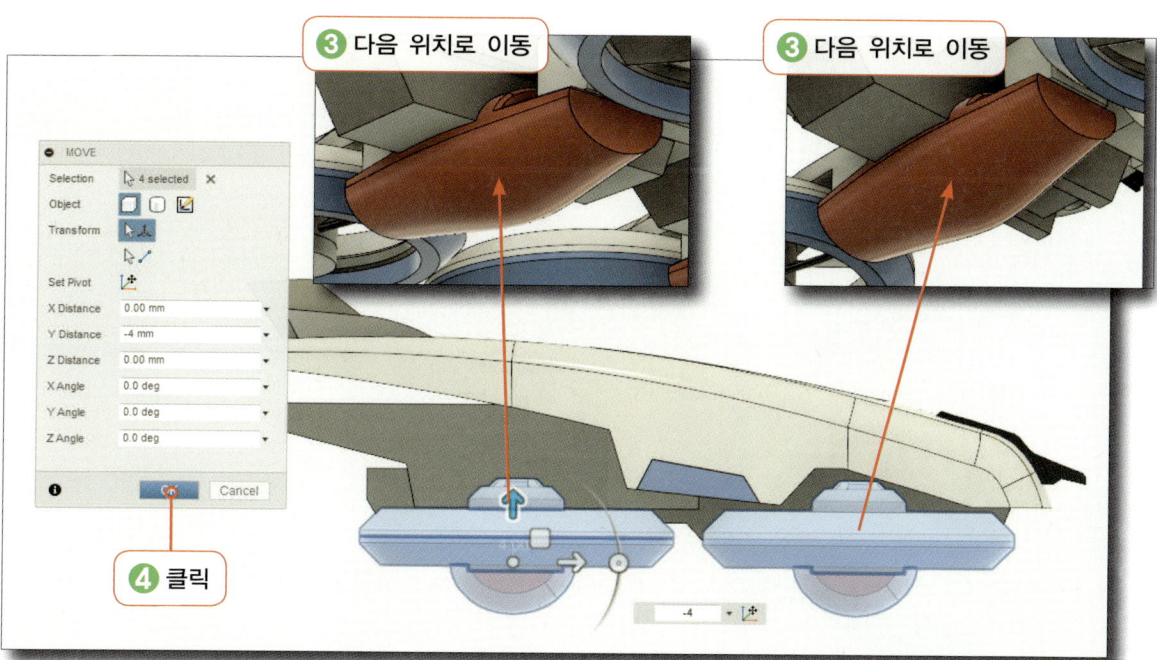

Tips
화면을 여러 각도로 돌려서 Main Guide 부품이 본체와 잘 조립될 위치에 이동합니다.

04
조립품 모델링

가이드 핀 부품 작성하기 Autodesk Fusion 360

FAN UNIT와 MAIN GUIDE를 이어주는 가이드 핀 부품을 작성해 보도록 하겠습니다.

step 1

가이드 핀을 위치시키기 위해 다음 순서에 따라서 FAN BRACKET 부품의 형상을 수정합니다.

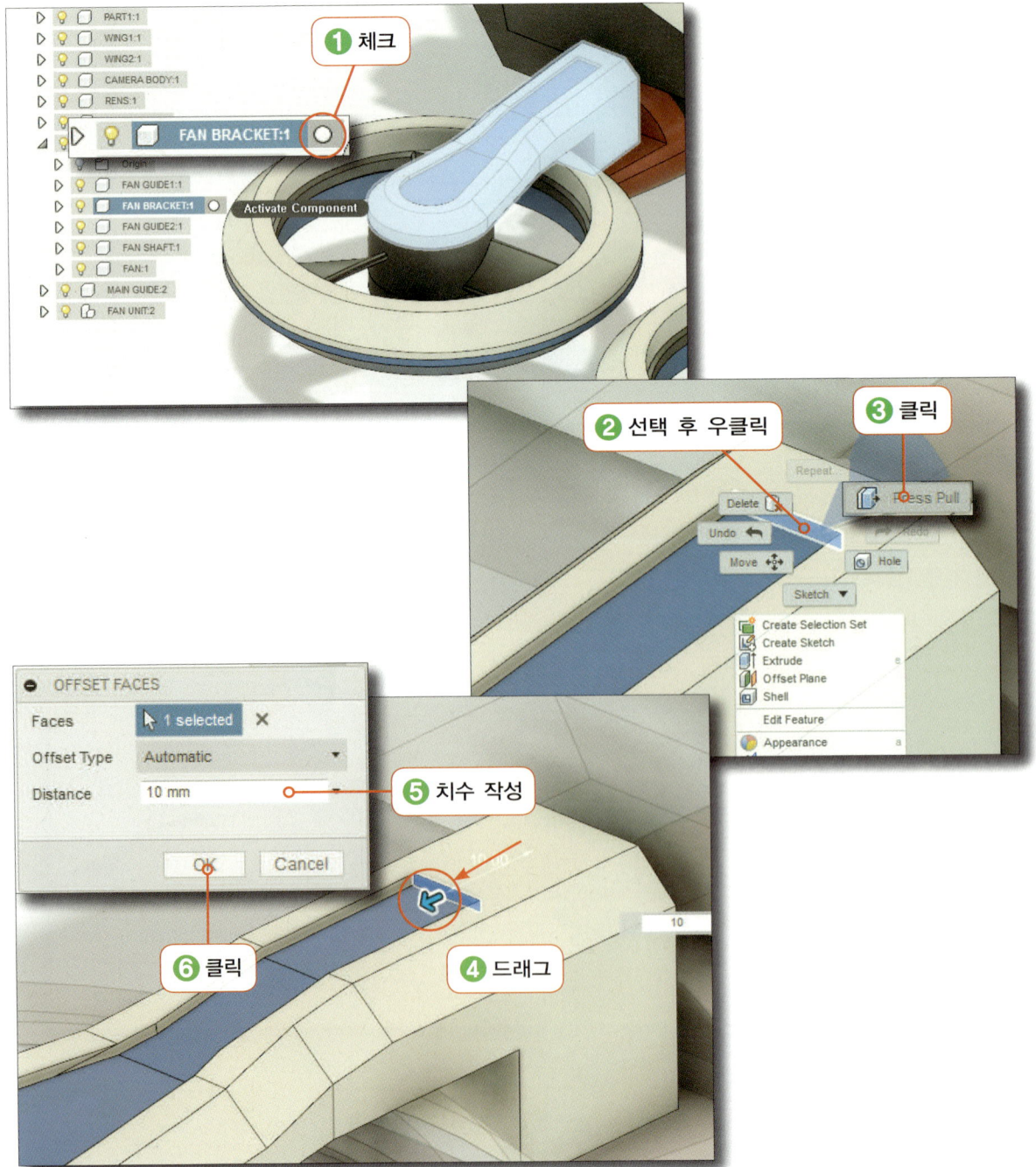

Section03 조립품 작성하기

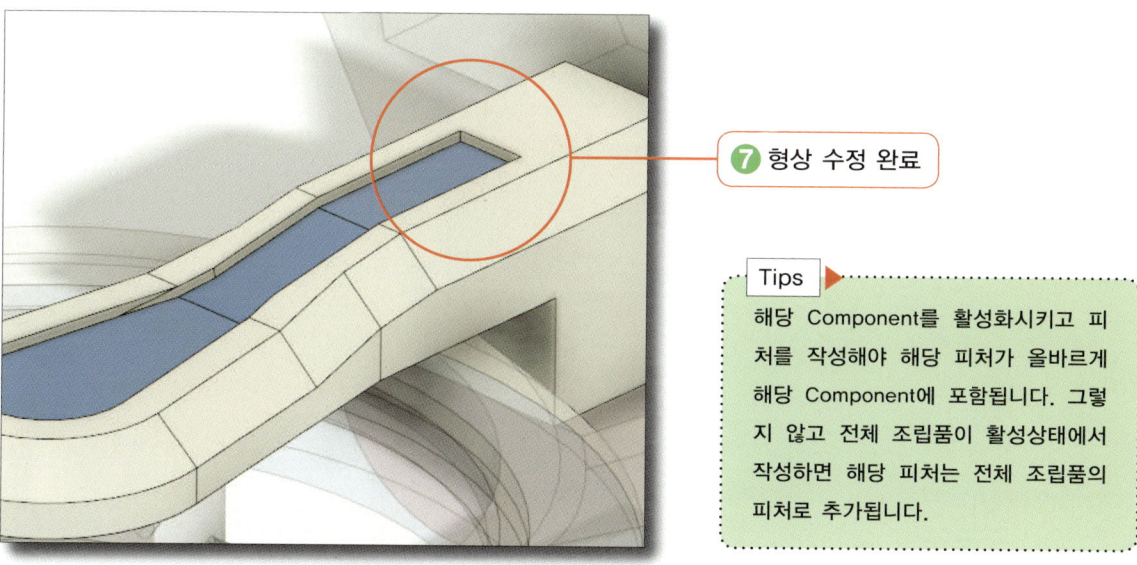

❼ 형상 수정 완료

> **Tips**
> 해당 Component를 활성화시키고 피처를 작성해야 해당 피처가 올바르게 해당 Component에 포함됩니다. 그렇지 않고 전체 조립품이 활성상태에서 작성하면 해당 피처는 전체 조립품의 피처로 추가됩니다.

step 2

다음 순서에 따라 가이드 핀의 형상을 작성합니다.

❶ 체크해서 전체 활성화

❷ 이 면에 스케치 작성

04 조립품 모델링

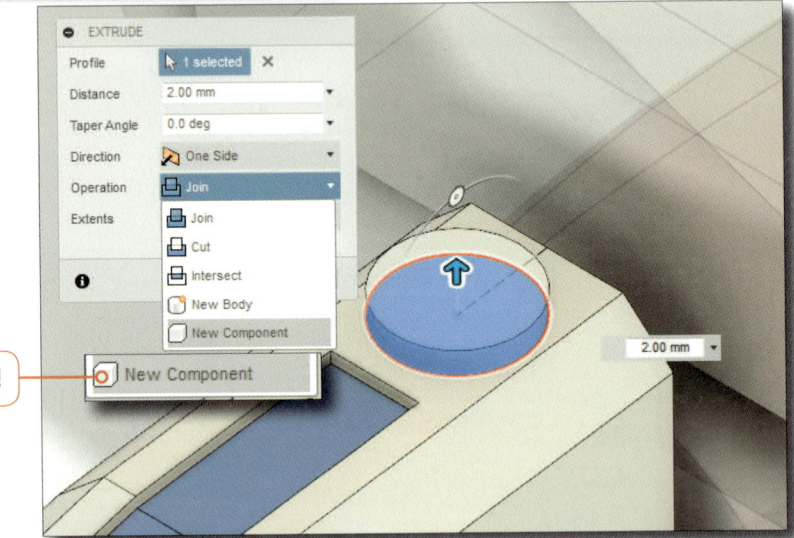

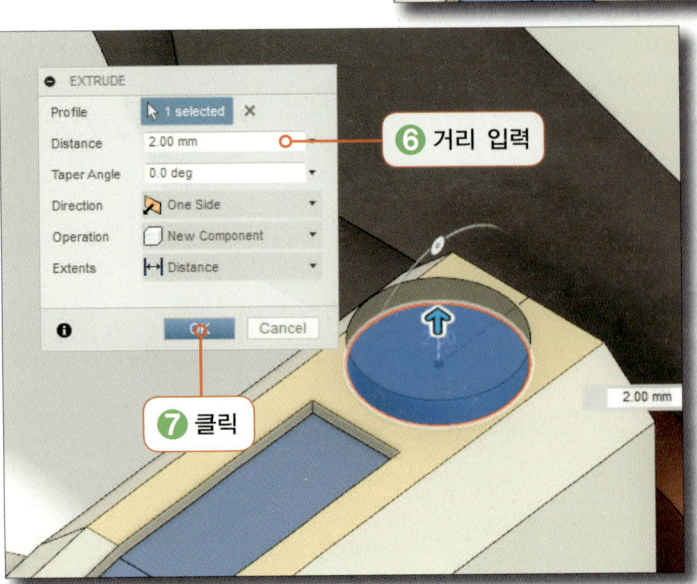

Tips
Operation(생성 옵션)을 New Component(새 부품)으로 하면 작성된 피처가 새로운 부품이 됩니다.

step 3

다음 순서에 따라 가이드 핀 부품을 활성화 해서 나머지 형상을 작성합니다.

❶ 체크해서 활성화

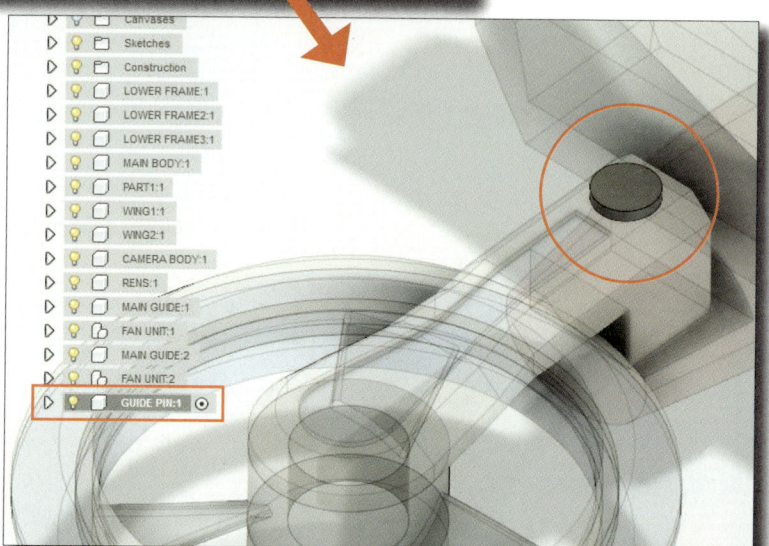

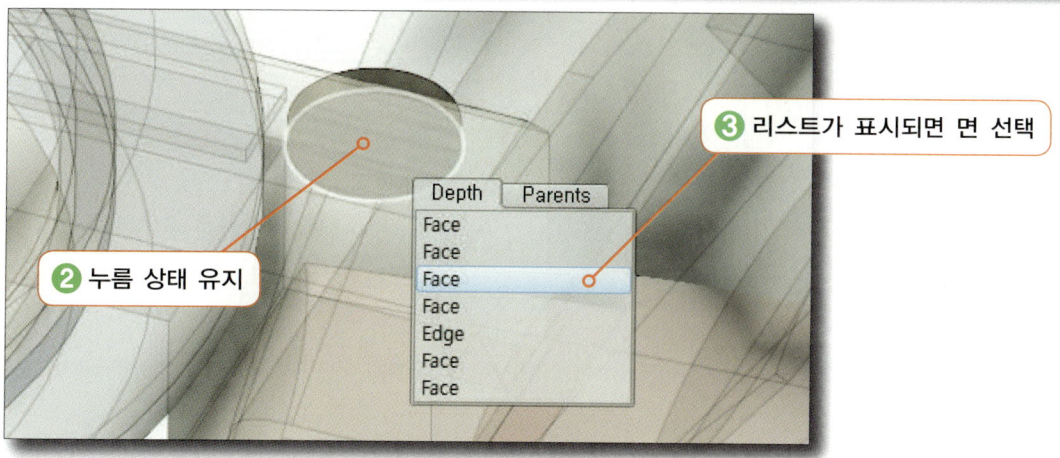

❷ 누름 상태 유지

❸ 리스트가 표시되면 면 선택

04 조립품 모델링

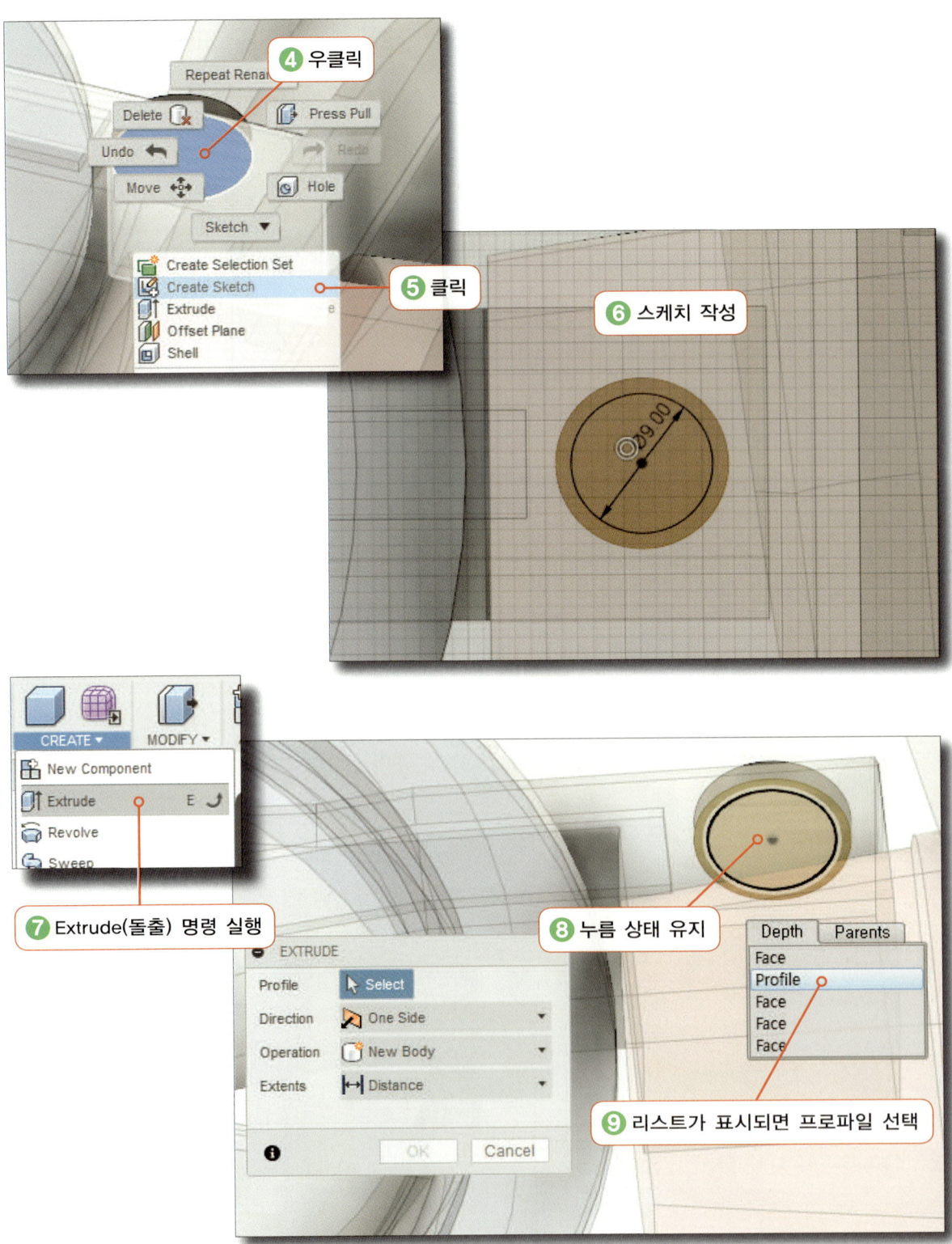

266

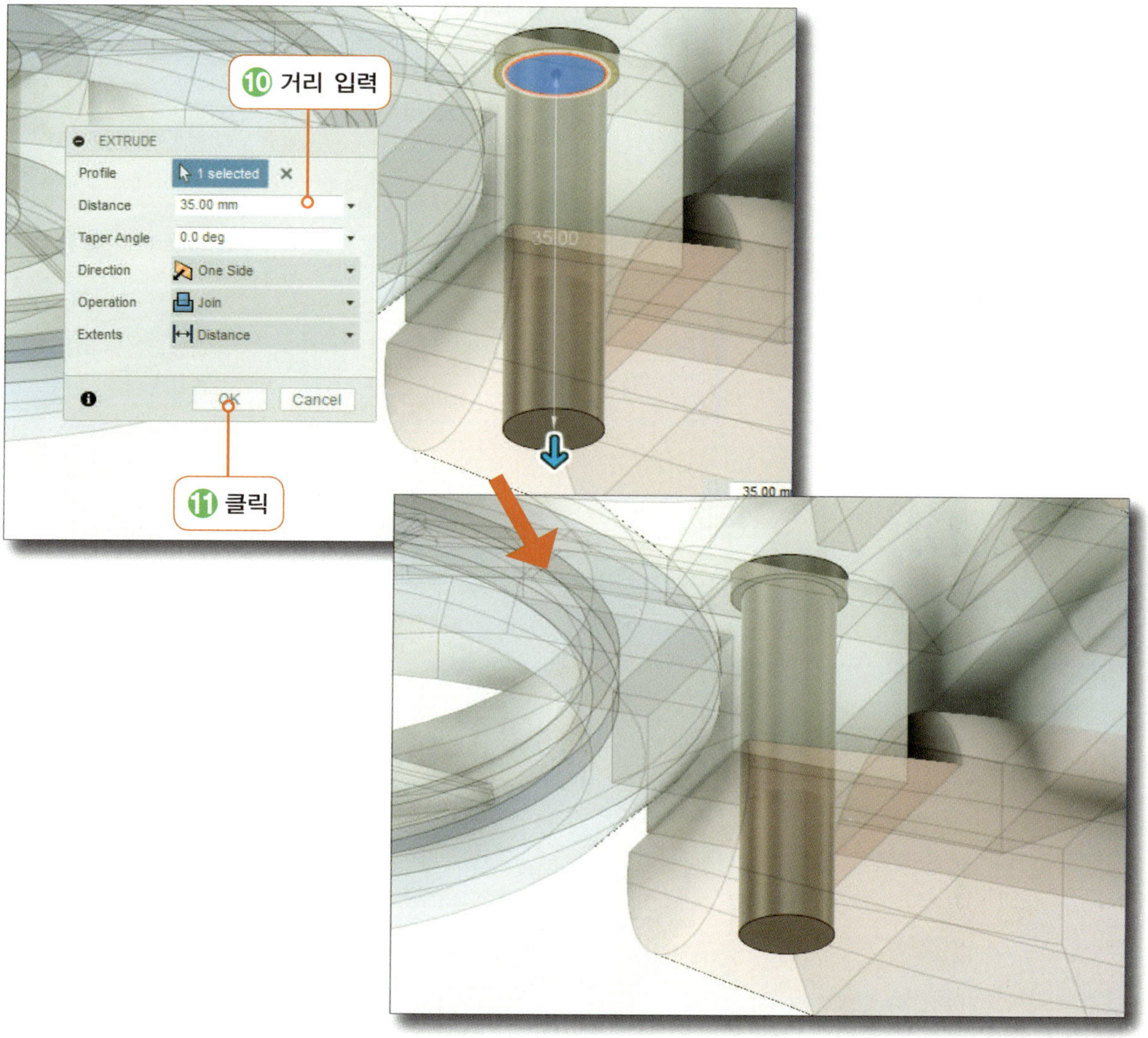
⑩ 거리 입력
EXTRUDE
Profile
1 selected
Distance
35.00 mm
Taper Angle
0.0 deg
Direction
One Side
Operation
Join
Extents
Distance
OK
Cancel
⑪ 클릭

Autodesk Fusion 360
Drone(시범용) v3*
Drone v3*
MODEL
SKETCH
CREATE
MODIFY
ASSEMBLE
BROWSER
Drone v3
Activate Component
Named Views
Units: mm
Origin
Bodies
Canvases
⑫ 체크해서 전체 활성화

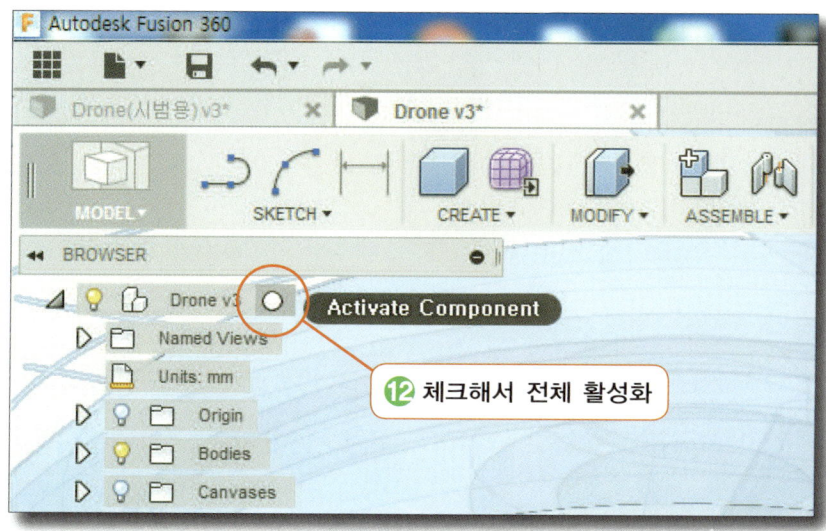

04 조립품 모델링

가이드 핀 조립부 작성하기
Autodesk Fusion 360

가이드 핀과 조립되는 다른 부품들간의 형상을 작성해 보도록 하겠습니다.

step 1

FAN BRACKET 부품과 가이드 핀의 간섭 부분을 제거해서 서로 조립되는 형상을 작성해 보도록 하겠습니다.

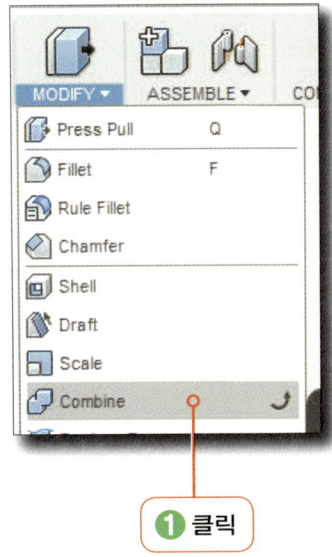

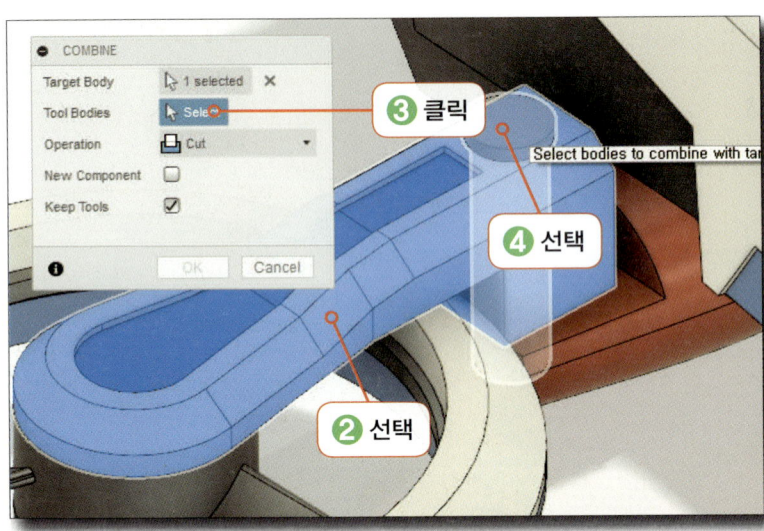

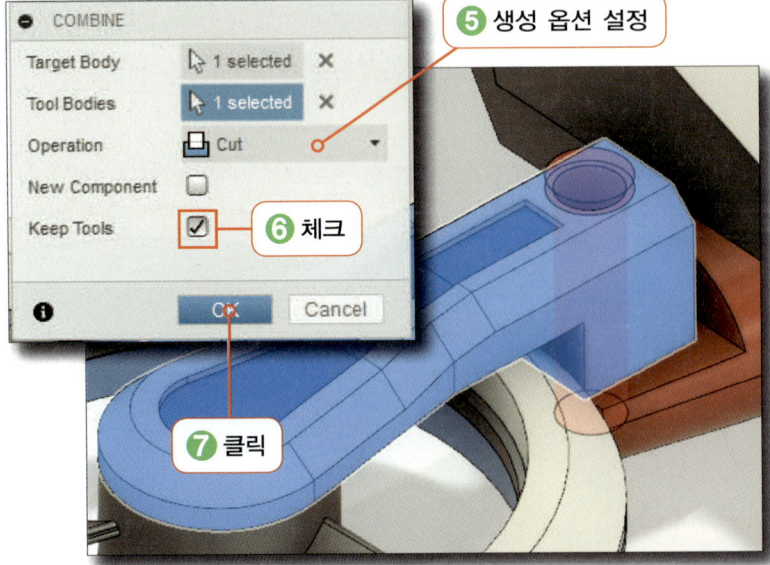

> **Tips**
> Keep Tools 항목에 체크하지 않으면 Tool Bodies로 선택한 항목이 삭제됩니다.

Section03 조립품 작성하기

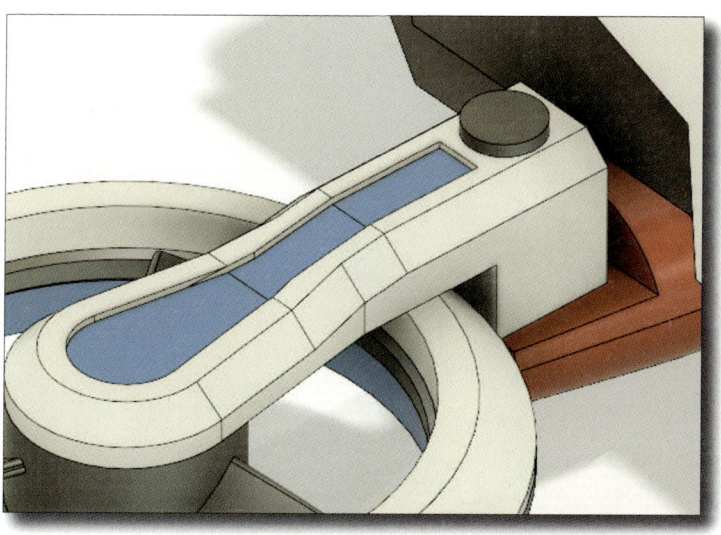

step 2

FAN BRACKET 부품과 가이드 핀의 간섭 부분을 제거해서 서로 조립되는 형상을 작성해 보도록 하겠습니다.

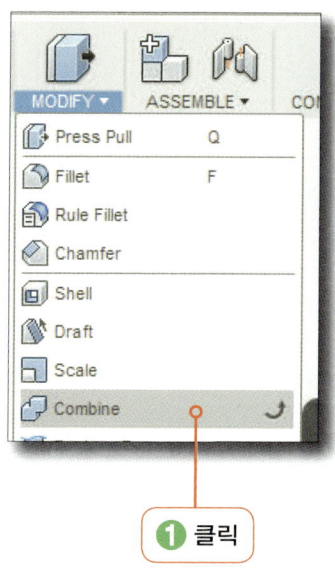
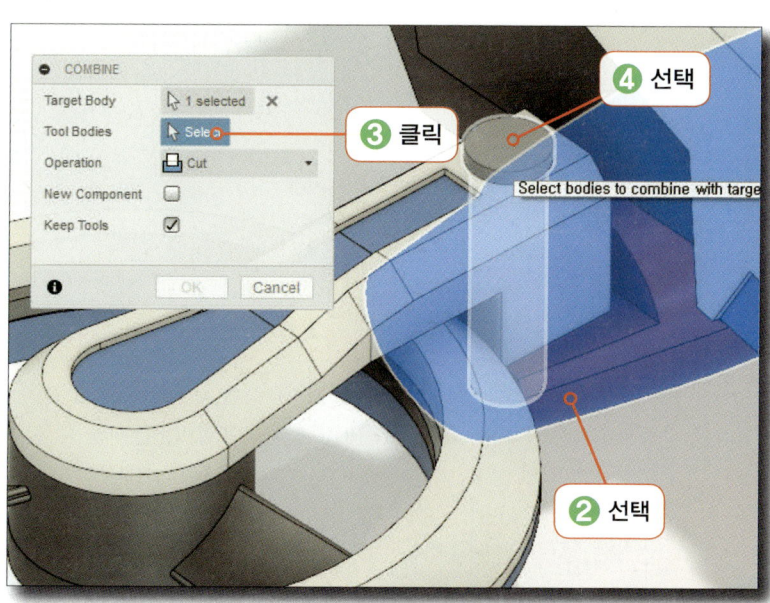

> **Tips**
> Operation 옵션이 Cut(차집합)일 경우에는 Target body와 Tool Bodies를 선택하는 순서가 상당히 중요합니다.

269

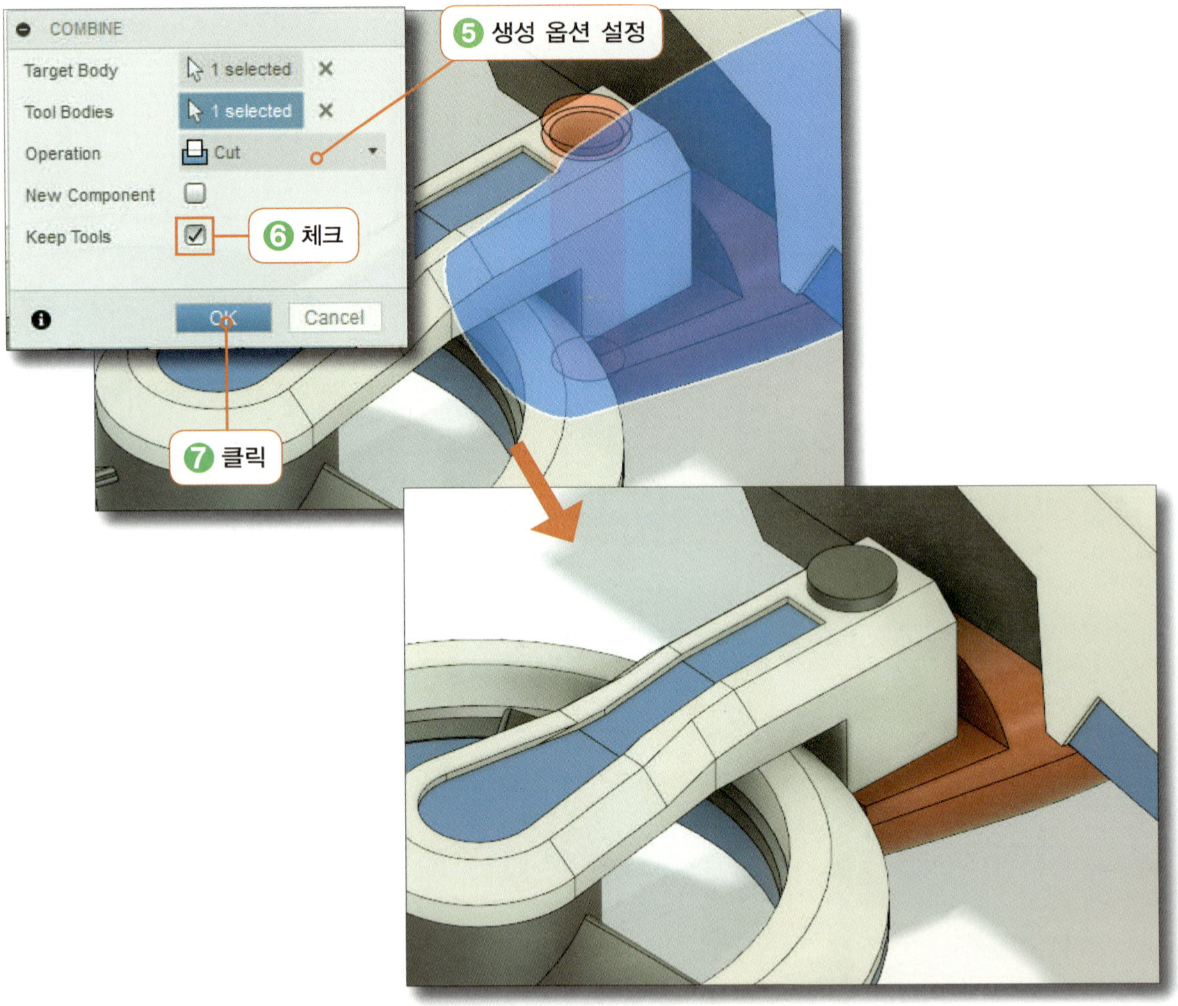

04 조립품 모델링

❺ 생성 옵션 설정

❻ 체크

❼ 클릭

step 3

각각의 부품의 Active 상태에서 Combine 명령을 이용한 형상이 잘 작성되었는지 확인합니다.

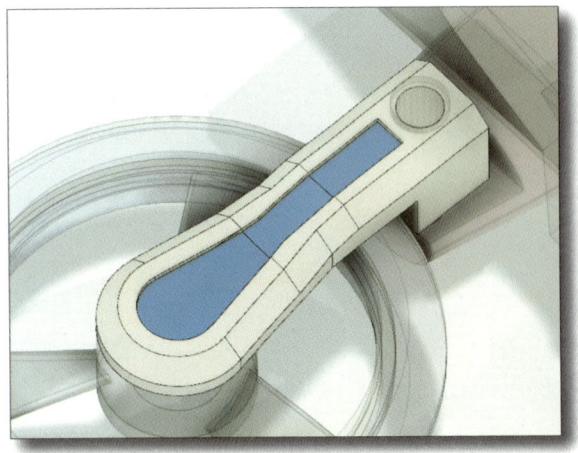
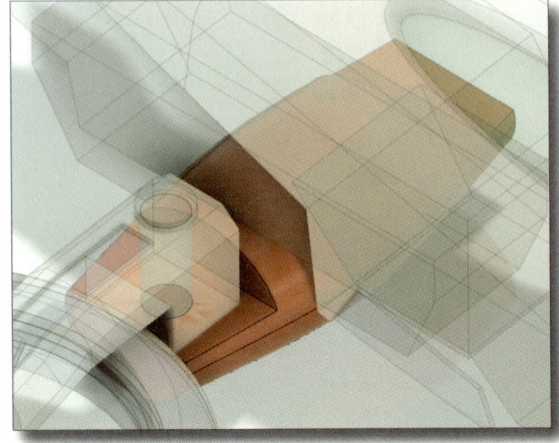

Section03 조립품 작성하기

세부 부품 다듬기

Autodesk Fusion 360

앞서 작성한 형상을 다듬어서 완성된 형상으로 만들어 보도록 하겠습니다.

step 1

다음 순서에 따라 MAIN GUIDE 부품의 형상에 다음과 같이 추가 모델링을 진행합니다.

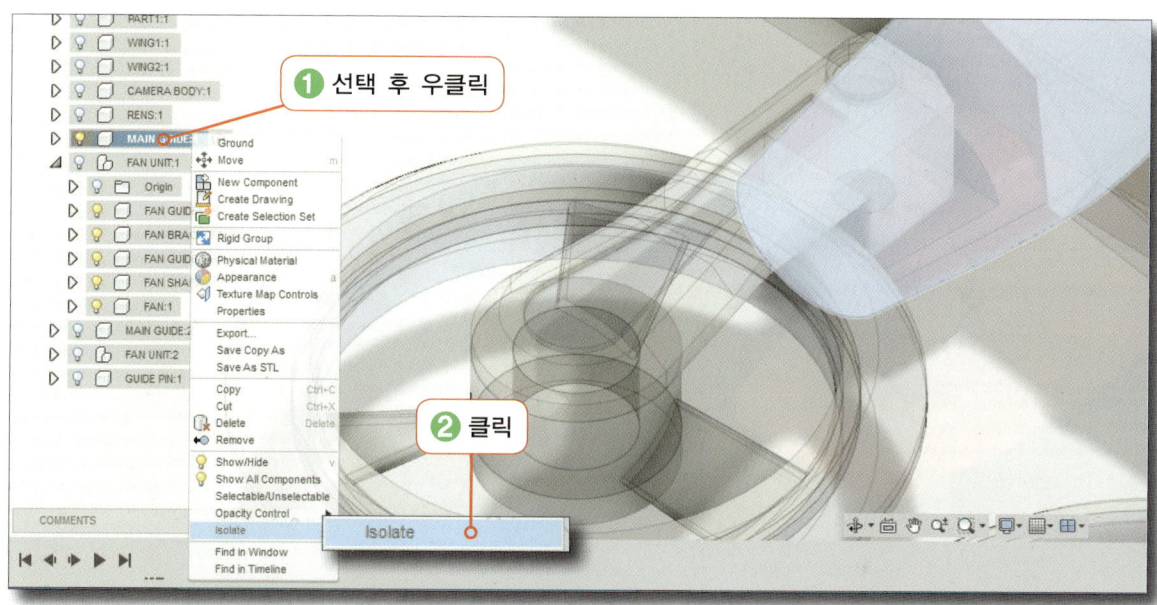

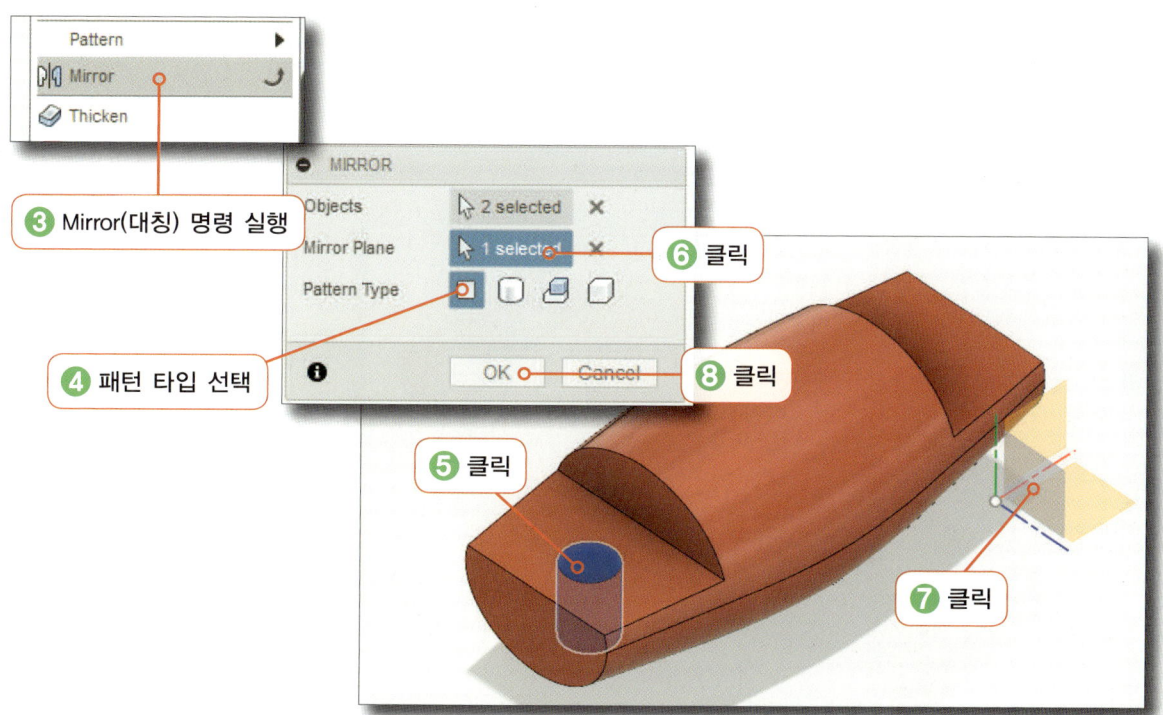

04
조립품 모델링

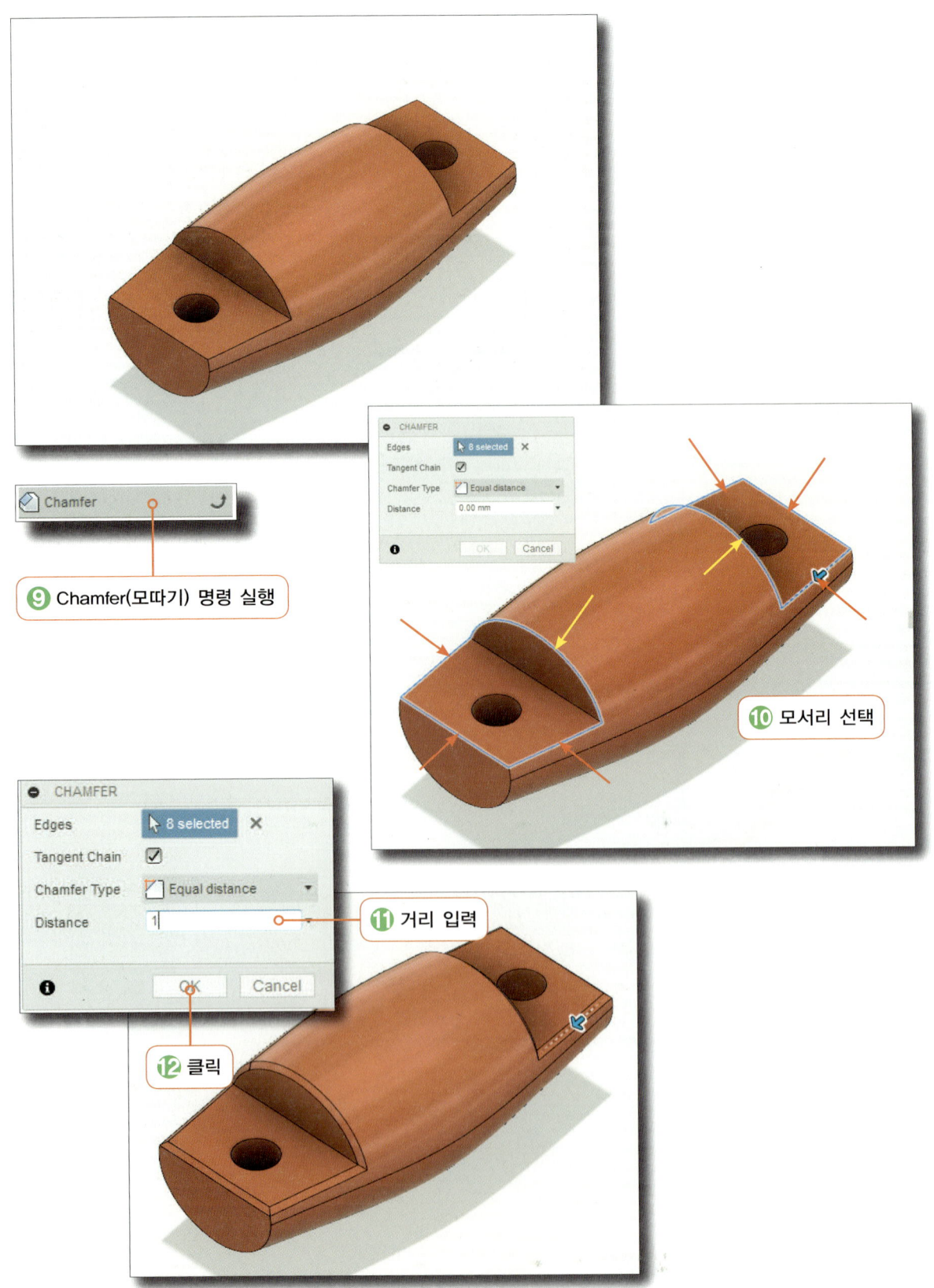

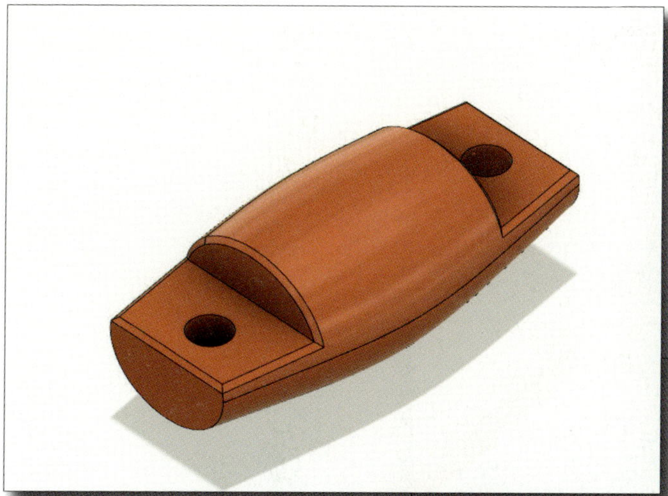

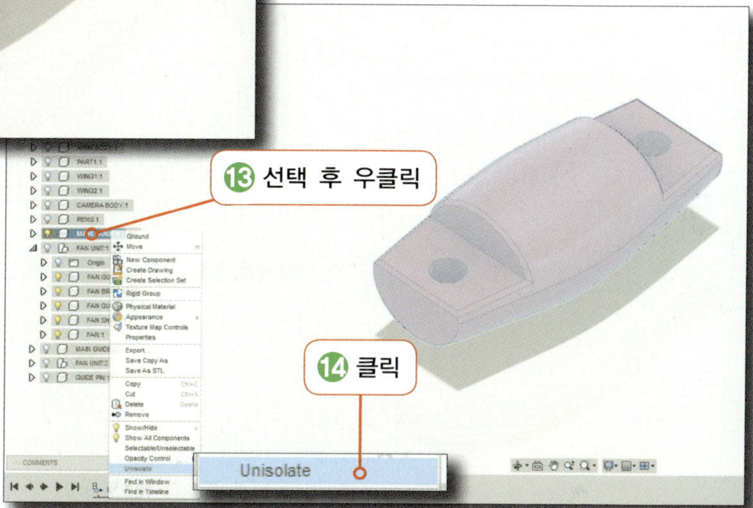

Section03 조립품 작성하기

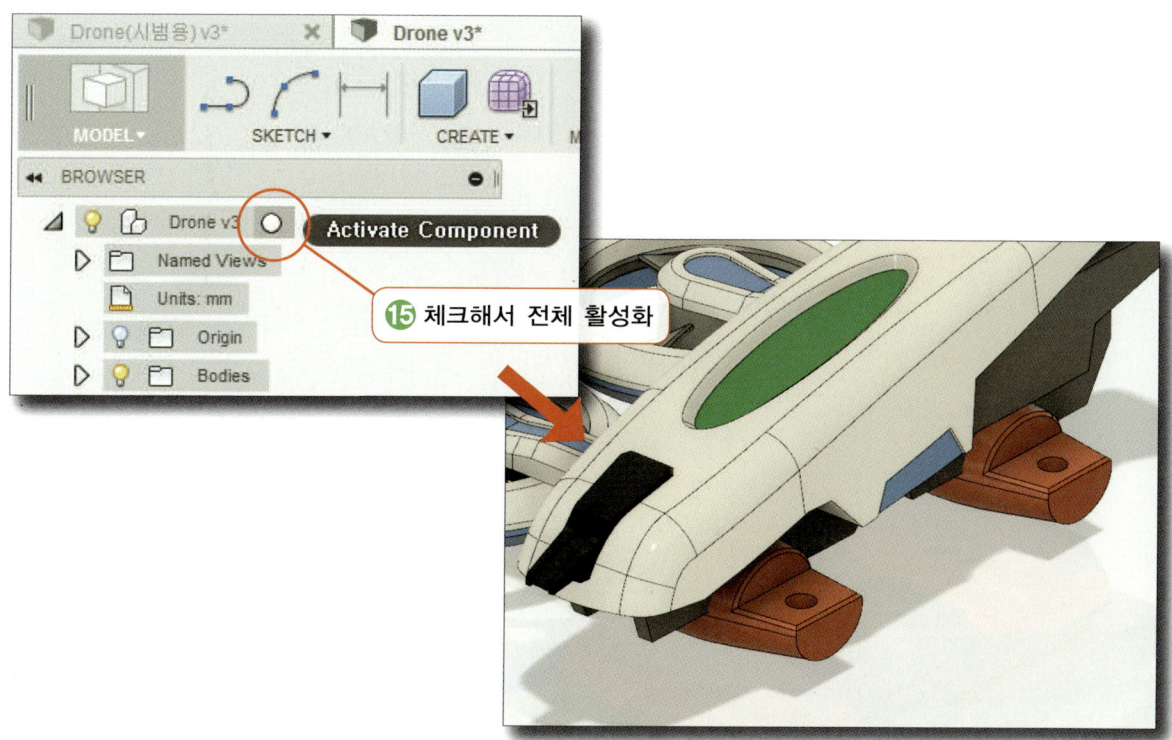

⑬ 선택 후 우클릭

⑭ 클릭

⑮ 체크해서 전체 활성화

step 2

마찬가지 방법으로 가이드 핀에도 다음과 같이 모따기를 추가합니다.

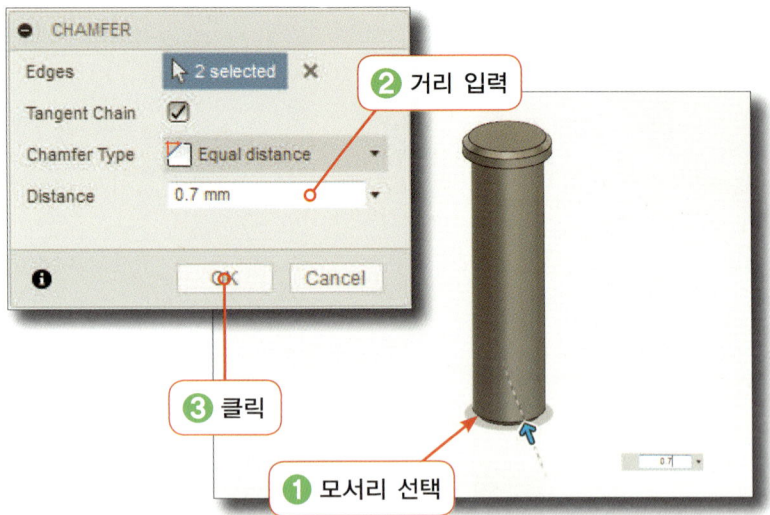

FAN UNIT 조립품 복사 배치하기
Autodesk Fusion 360

FAN UNIT 조립품을 복사해서 반대편에 조립해 보도록 하겠습니다.

step 1

다음 순서에 따라 FAN UNIT 부품을 복사해서 반대편에 배치해 보도록 하겠습니다.

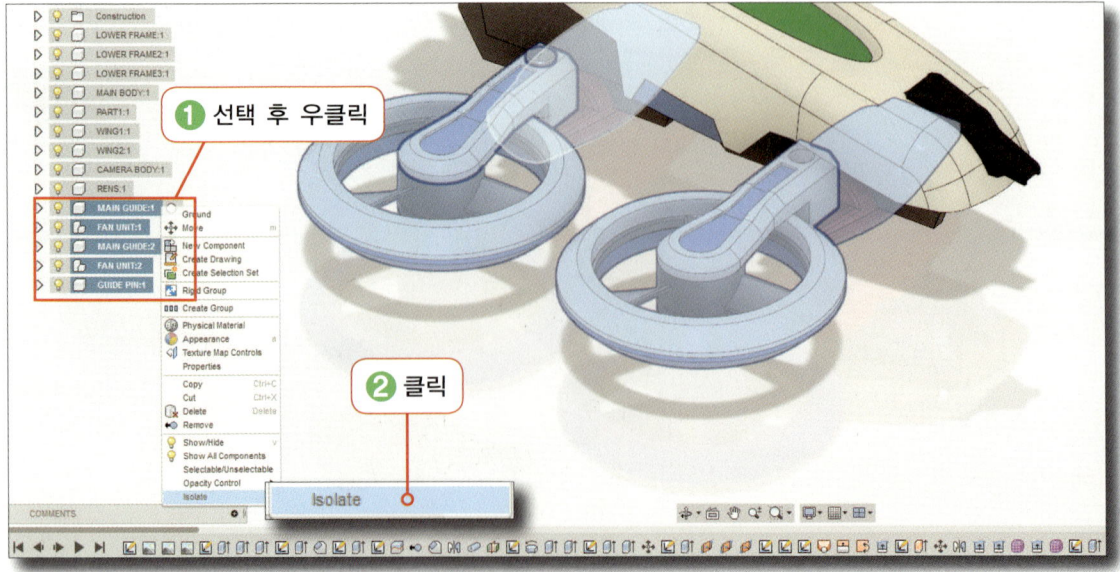

Section03 조립품 작성하기

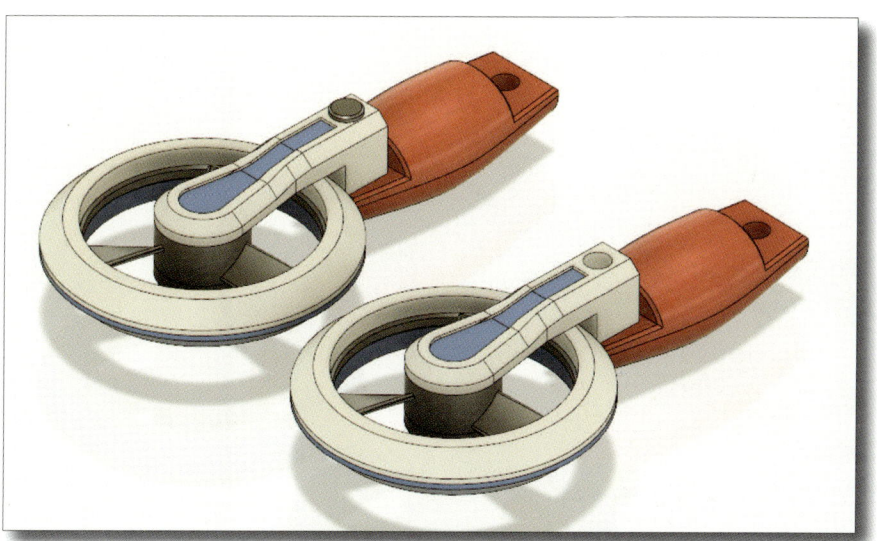

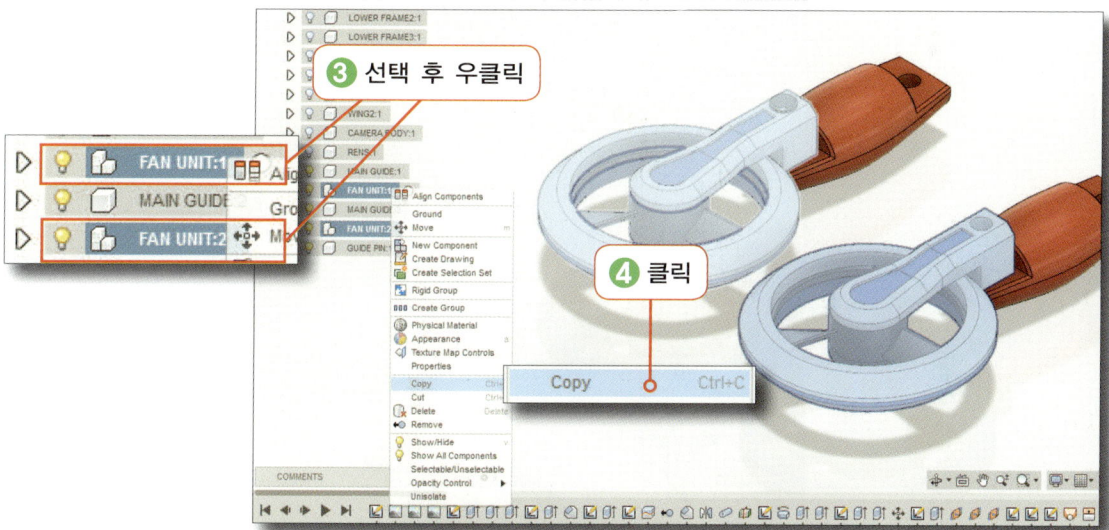

❸ 선택 후 우클릭

❹ 클릭

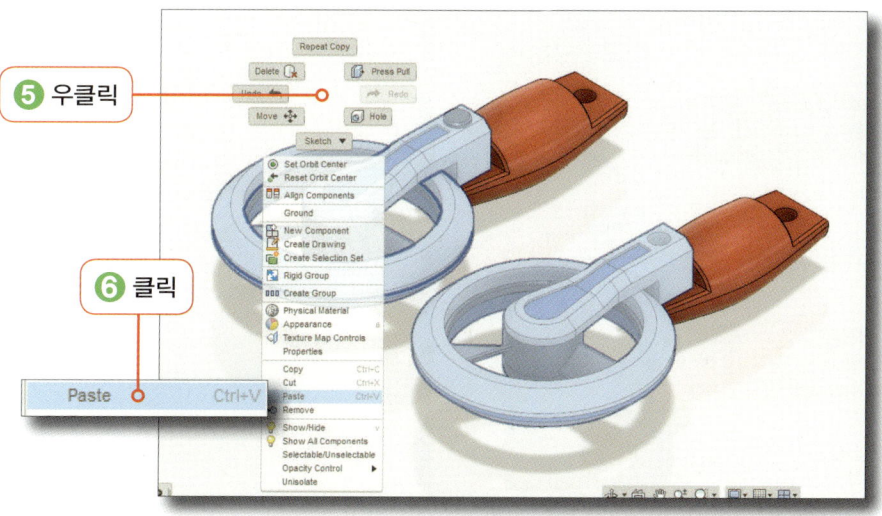

❺ 우클릭

❻ 클릭

04 조립품 모델링

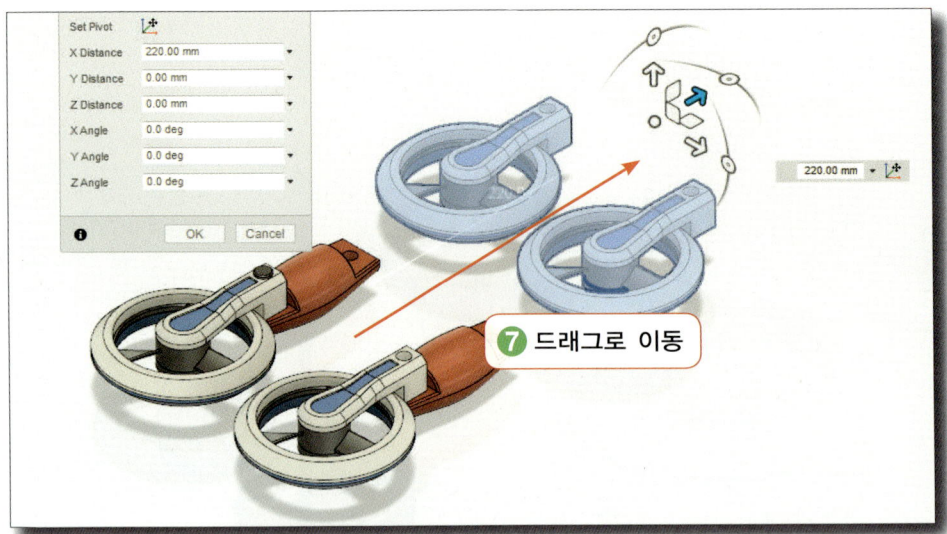

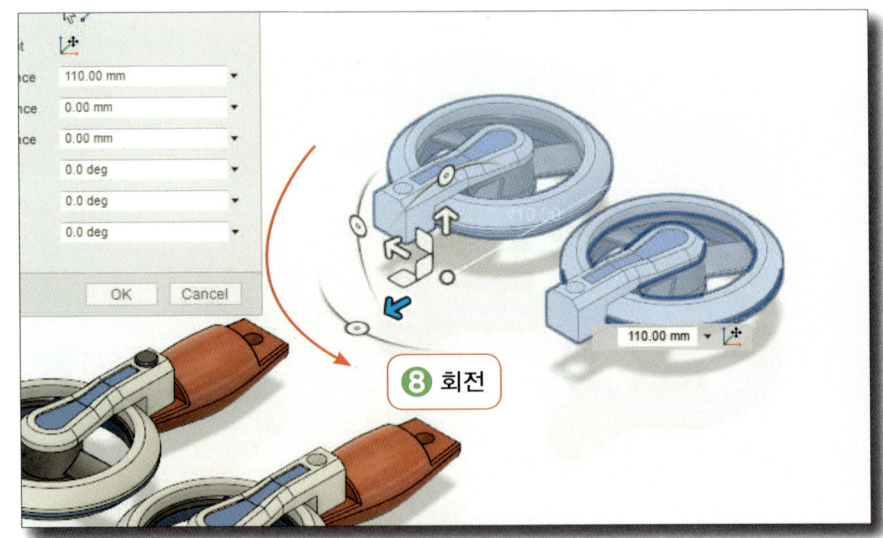

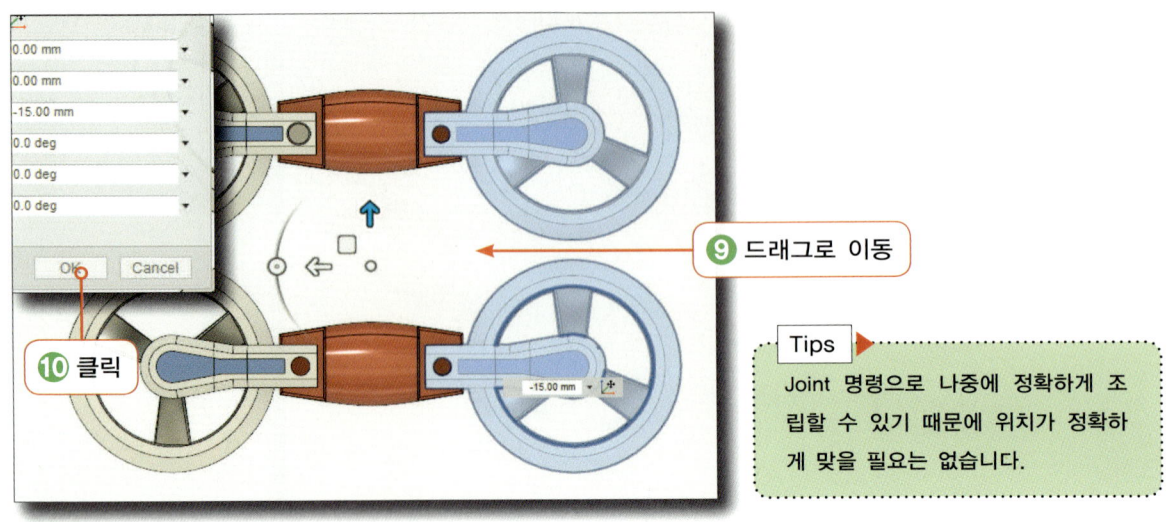

Tips
Joint 명령으로 나중에 정확하게 조립할 수 있기 때문에 위치가 정확하게 맞을 필요는 없습니다.

Section03 조립품 작성하기

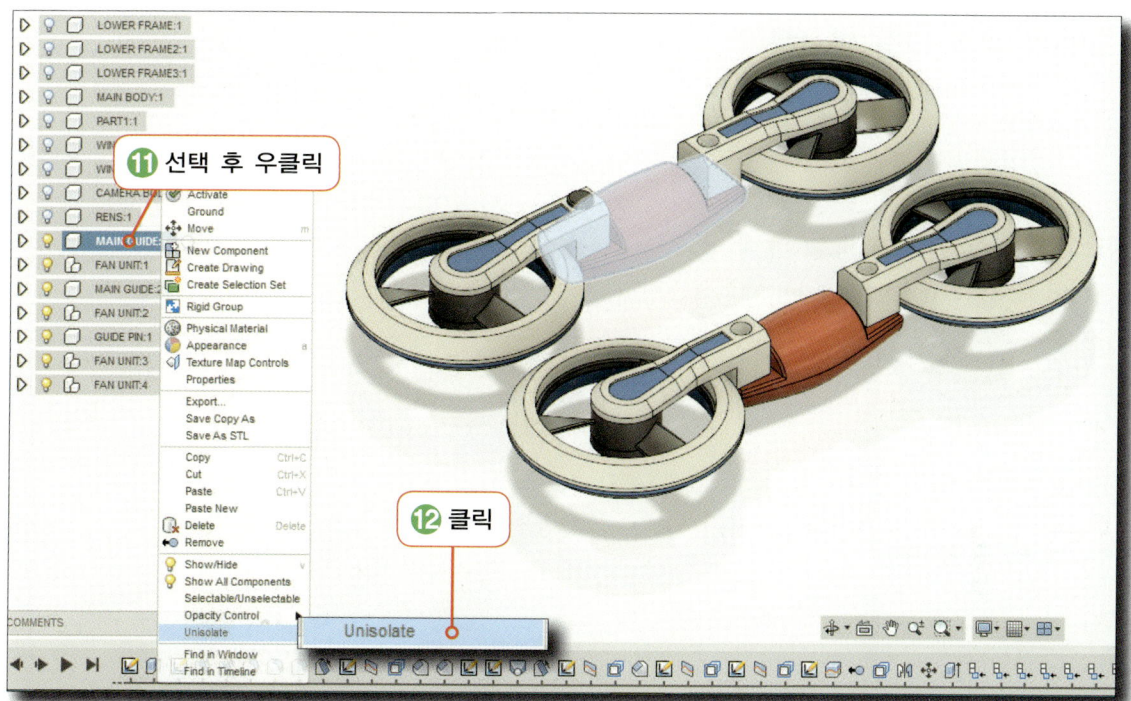

277

04

조립품 모델링

WING 부품 대칭 복사하기
Autodesk Fusion 360

WING 부품을 복사해서 반대편에 조립해 보도록 하겠습니다.

step 1

Mirror 명령을 실행해 WING 부품을 반대편에 조립해 보도록 하겠습니다.

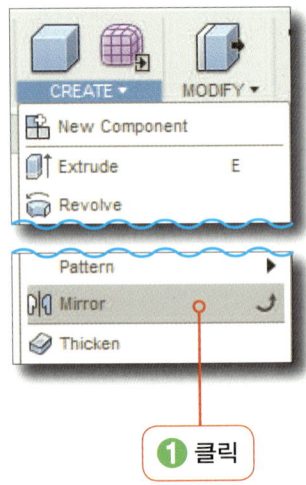
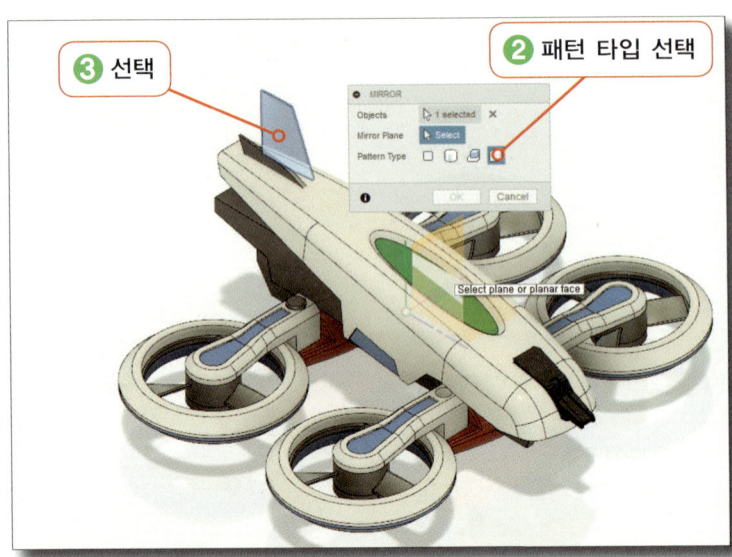

278

Section03 조립품 작성하기

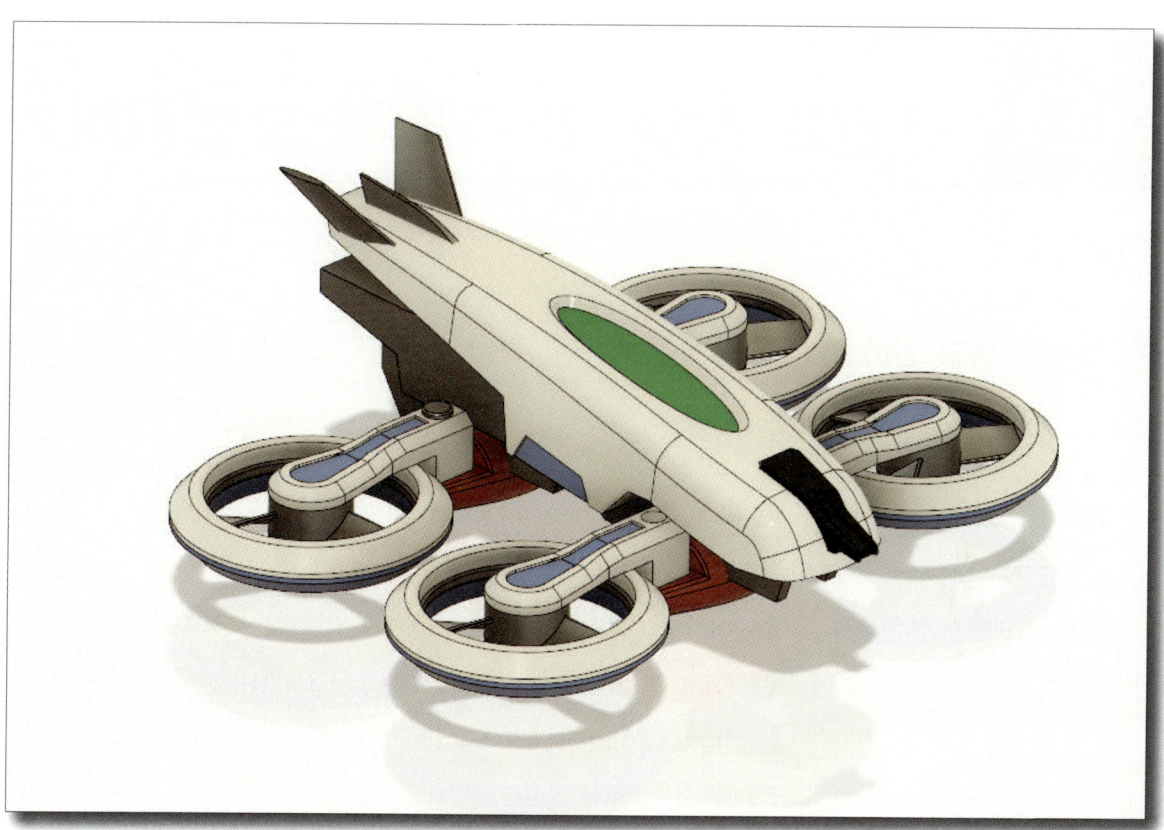

04

조립품 모델링

Section 04 조인트 작성 및 조립부 모델링하기

앞서 작업한 부품들이 서로 구동할 수 있도록 조인트를 작성해 보도록 하겠습니다.

조립품 명령 알아보기   Autodesk Fusion 360

조립품 명령에는 다음과 같은 것들이 있습니다.

① **New Component(새 부품)** : 새로운 부품을 작성합니다.
② **Joint** : 서로 떨어져 있는 부품끼리 조립합니다.
③ **As-built Joint** : 현재 부품이 위치한 상태에서 조립합니다.
④ **Joint Origin** : 조인트를 연결할 지점을 작성합니다.
⑤ **Rigid Group** : 묶음 그룹을 작성합니다.
⑥ **Drive Joints** : 작성된 조인트를 구동합니다.
⑦ **Motion Link** : 조인트끼리 링크합니다.
⑧ **Enable Contact Sets** : 접촉 세트를 활성화합니다.
⑨ **Enable All Contact** : 모든 부품의 접촉을 활성화합니다.
⑩ **Motion Study** : 모션 스터디를 작성합니다.

ADD-INS 명령 알아보기   Autodesk Fusion 360

ADD-INS 명령에는 다음과 같은 것들이 있습니다.

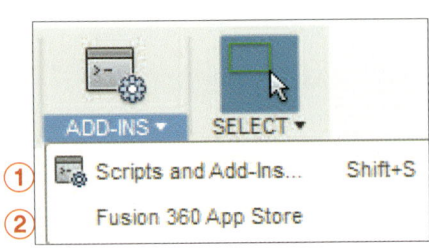

① **Scripts and Add-Ins** : 애드인 관리자 창을 실행합니다.
② **Fusion 360 App Store** : Fusion 360 앱 스토어 웹 사이트로 연결합니다.

Section04 조인트 작성 및 조립부 모델링하기

INSERT(삽입) 명령 알아보기
Autodesk Fusion 360

INSERT(삽입) 명령에는 다음과 같은 것들이 있습니다.

❶ **Decal(데칼)** : 모델에 이미지를 부착합니다.

❷ **Attached Canvas(캔버스 첨부)** : 이미지를 면이나 스케치 평면에 삽입합니다.

❸ **Insert SVG(SVG파일 삽입)** : SVG 파일을 삽입합니다.

❹ **Insert DXF(DXF파일 삽입)** : DXF 파일을 삽입합니다.

❺ **Insert McMaster-Carr Component** : McMaster-Carr가 제공하는 구매품 파일을 삽입합니다.

❻ **Parts4cad** : 파트커뮤니티가 제공하는 구매품 파일을 삽입합니다.

MAKE(제작) 명령 알아보기
Autodesk Fusion 360

MAKE(제작) 명령에는 다음과 같은 것들이 있습니다.

❶ **3D Print** : 작성한 모델을 3D프린트 유틸리티로 전송합니다.

❷ **Get A Quote From Proto Labs** : Get A Quote From Proto Labs 사이트에 출력을 의뢰합니다.

❸ **FATHOM SmartQuote** : FATHOM SmartQuote 사이트에 출력을 의뢰합니다.

❹ **Get Quotes From 100kGarages.com** : Get Quotes From 100kGarages.com 사이트에 출력을 의뢰합니다.

❺ **BriteHub Request Quotes** : BriteHub 사이트에 출력을 의뢰합니다.

❻ **Get Project Resources** : HWTrek 사이트에 출력을 의뢰합니다.

❼ **Get parts made with MakeTime** : MakeTime 사이트에 출력을 의뢰합니다.

281

04 조립품 모델링

고정 그룹 작성하기　　　　　　　　　　　　　　　　Autodesk Fusion 360

기준이 되는 부품들을 고정 그룹으로 만들어 보도록 하겠습니다.

step 1

다음 순서에 따라 기준이 되는 처음 부품을 고정 상태로 만들어 보도록 하겠습니다.

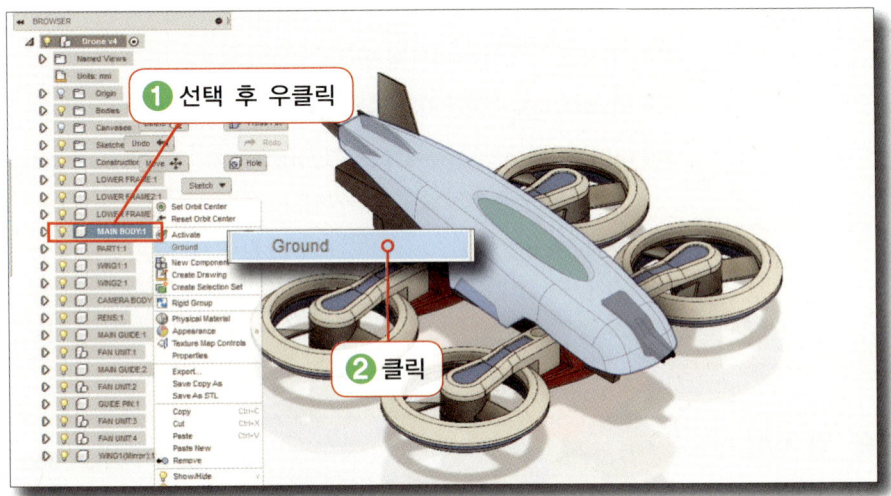

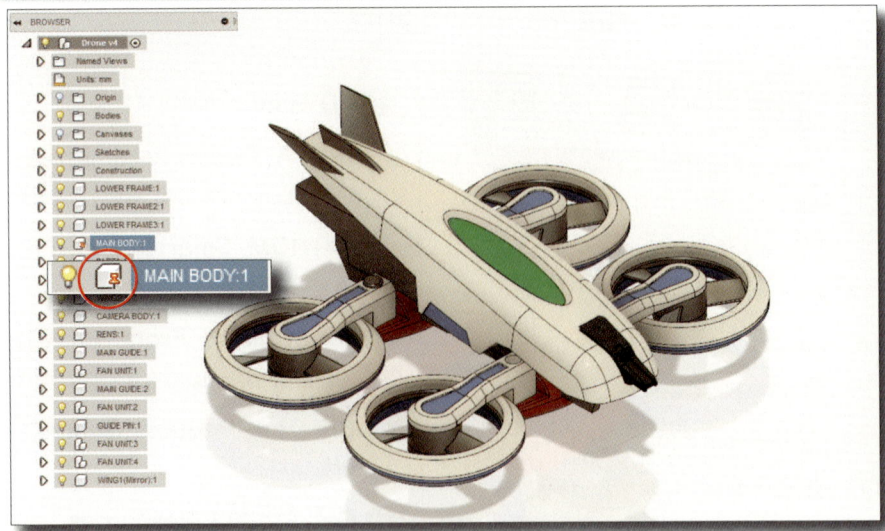

> **Tips**
> 고정 상태의 부품은 고정 상태를 해제할 때까지 절대로 움직이지 않습니다.

Section04 조인트 작성 및 조립부 모델링하기

step 2

다음 순서에 따라 메인 바디 부품들을 고정 그룹으로 만들어 보도록 하겠습니다.

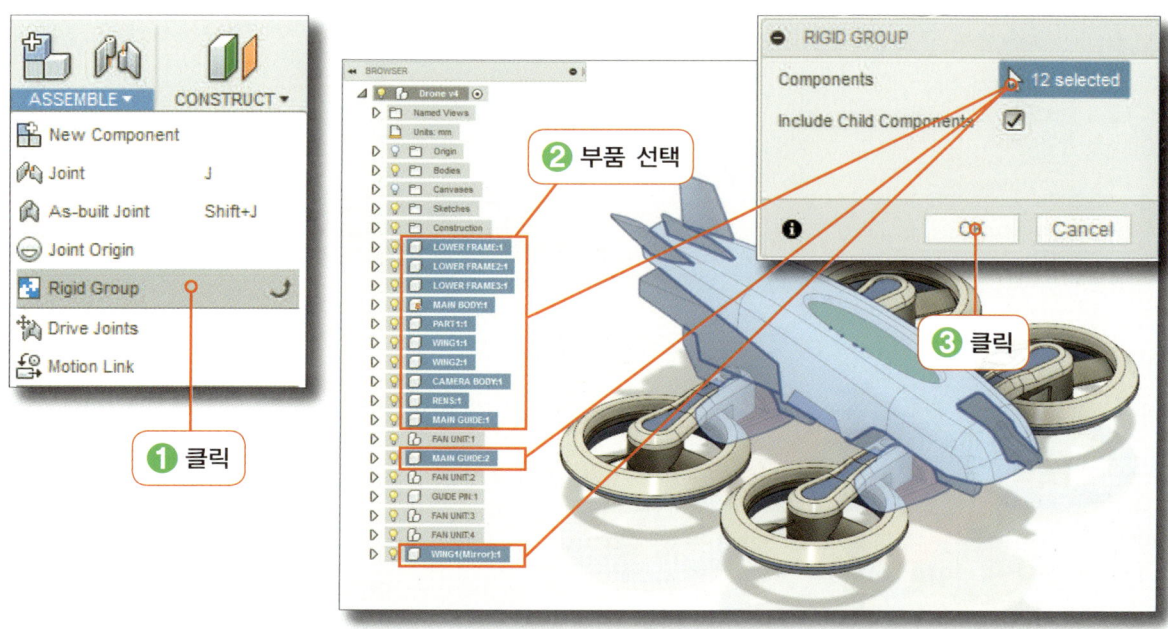

FAN UNIT 조인트 작성하기

Autodesk Fusion 360

FAN UNIT 조립품의 조인트를 작성해 보도록 하겠습니다.

step 1

다음 순서에 따라 FAN UNIT 조립품의 하위 부품 중, 고정 부품에 대해서 Rigid Group을 작성합니다.

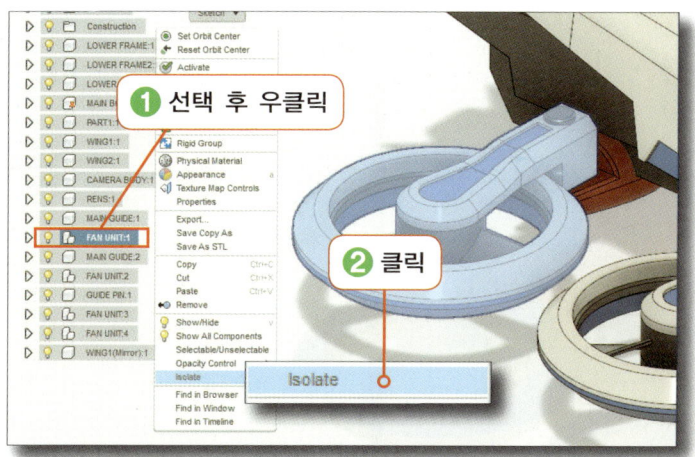

> **Tips**
> Rigid Group 명령은 별도의 조립 조건 없이 선택한 부품들을 현재 그 위치에서 묶습니다.

283

04 조립품 모델링

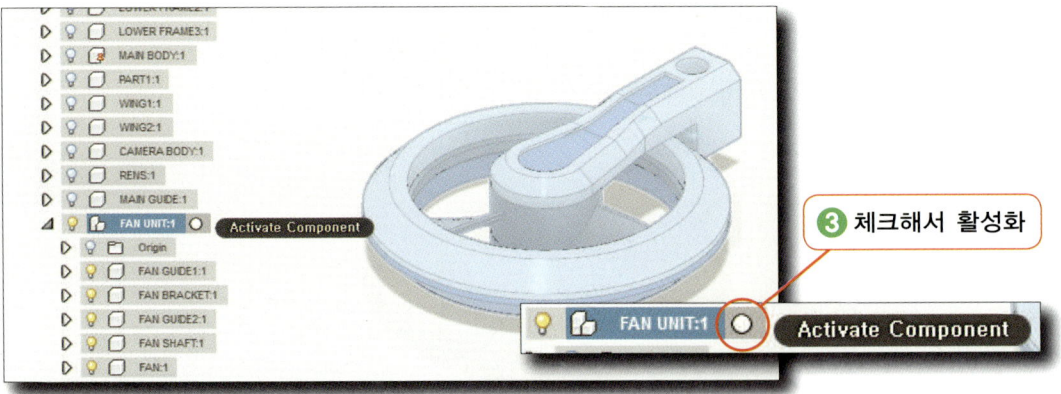

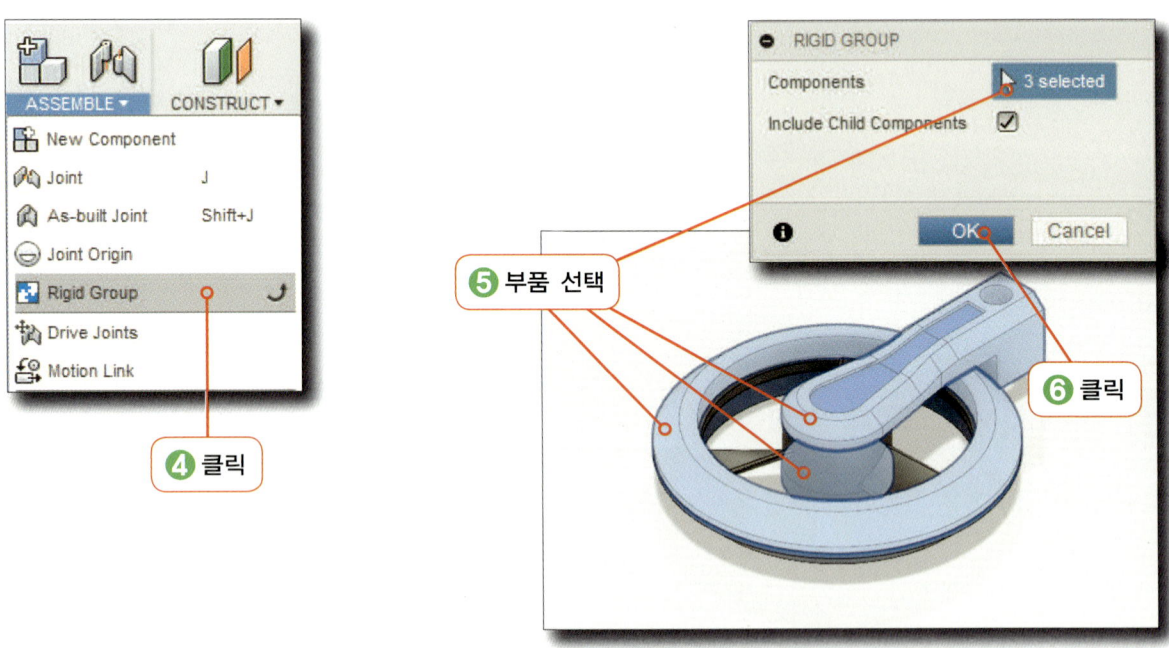

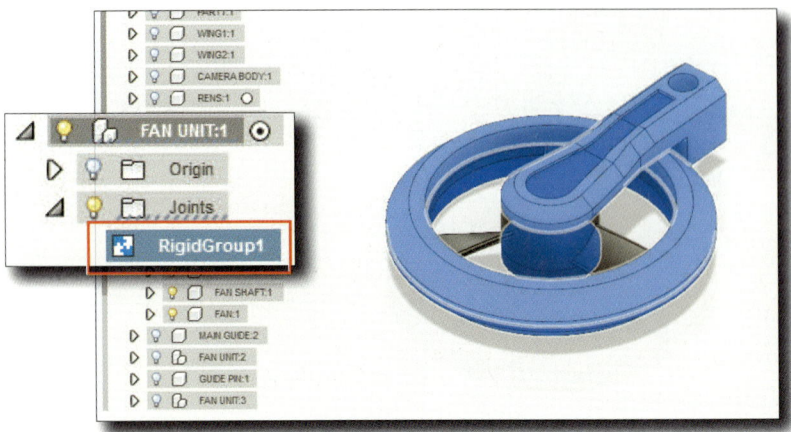

Section04 조인트 작성 및 조립부 모델링하기

step 2

다음 순서에 따라 FAN UNIT 안의 FAN 부품이 회전할 수 있도록 조인트를 작성합니다.

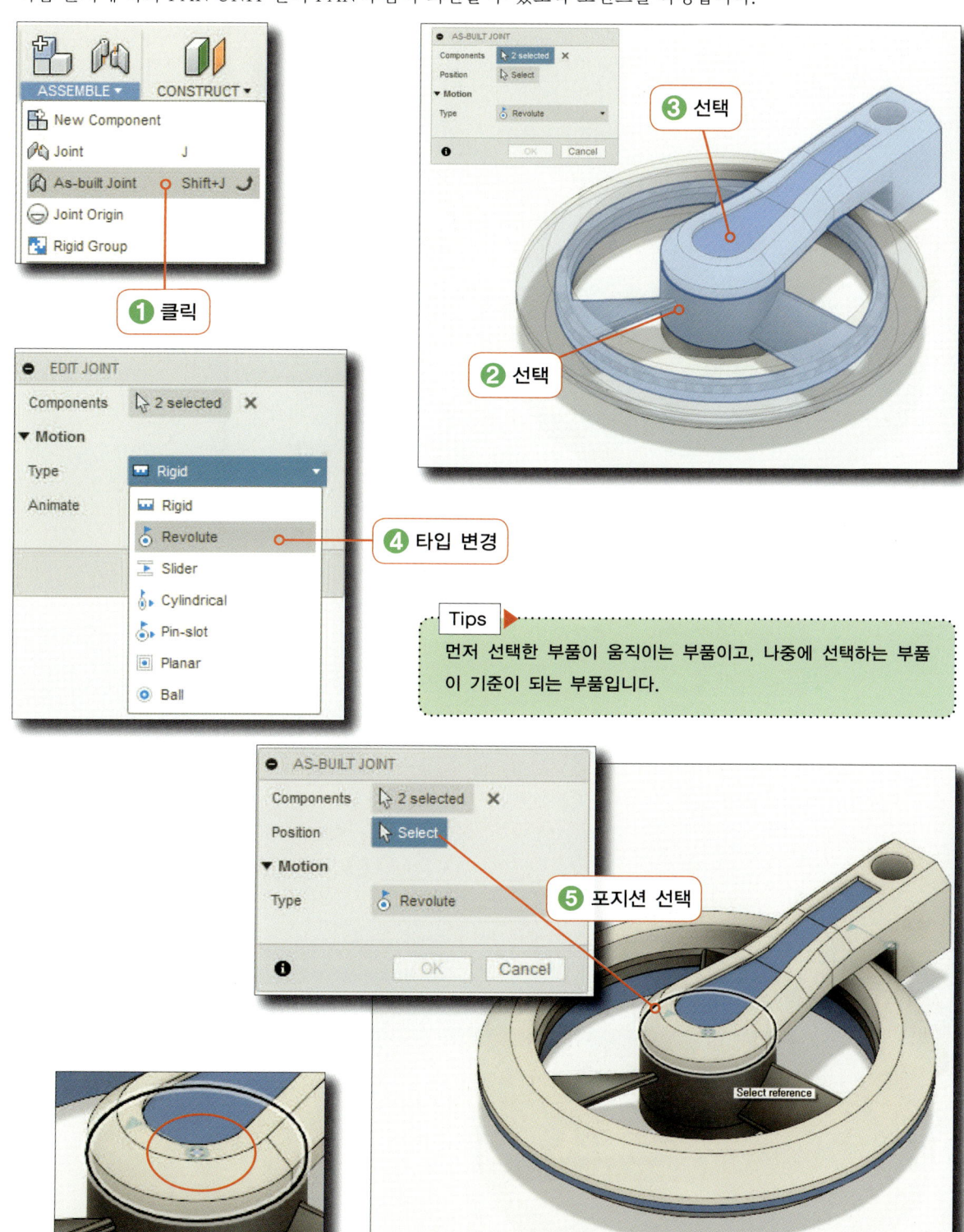

Tips ▶ 먼저 선택한 부품이 움직이는 부품이고, 나중에 선택하는 부품이 기준이 되는 부품입니다.

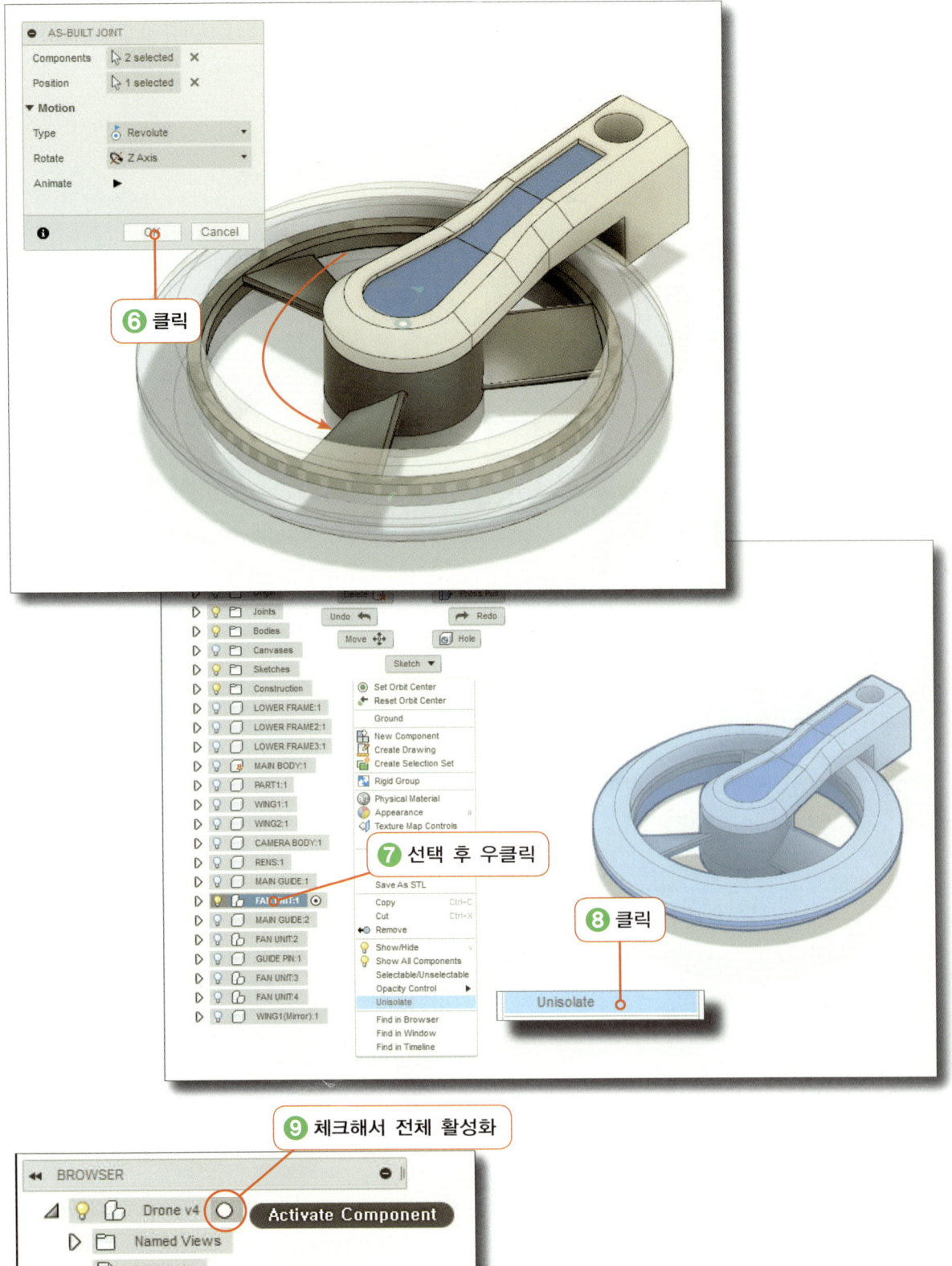

Section04 조인트 작성 및 조립부 모델링하기

 **조인트 타입의 종류**

Fusion 360의 조인트 명령은 일반적인 조립 명령이 아닙니다. 바로 두 부품사이의 운동관계를 고려해서 어떤 관계로 움직일 것인가를 설정하게 됩니다.

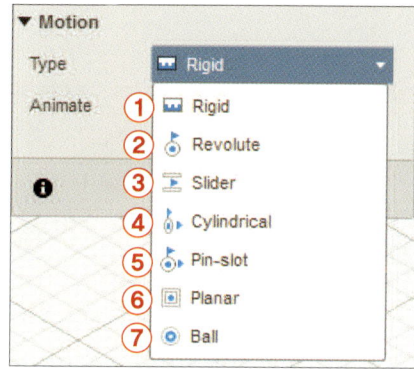

❶ **Rigid(접합)** : 두 부품이 접합된 상태가 됩니다.

❷ **Revolute(회전)** : 축을 기준으로 회전합니다.

❸ **Slider(슬라이더)** : 면을 접한 상태에서 한쪽 축으로 슬라이드 합니다.

❹ **Cylindrical(원통 슬라이드)** : 축 방향으로 슬라이드 되면서 회전합니다.

❺ **Pin-Slot(이동 회전)** : 한쪽 축 방향으로 이동하면서 축에 직각 방향으로 회전합니다.

❻ **Planar(평면 이동)** : 평면에 접한 상태로 문지르듯이 이동합니다.

❼ **Ball(구)** : 공의 중심점을 기준으로 회전합니다.

작성된 조인트는 브라우저 항목에 추가되며 조인트 항목을 마우스 우측 버튼으로 클릭하면 좀 더 세부적인 명령을 실행할 수 있습니다.

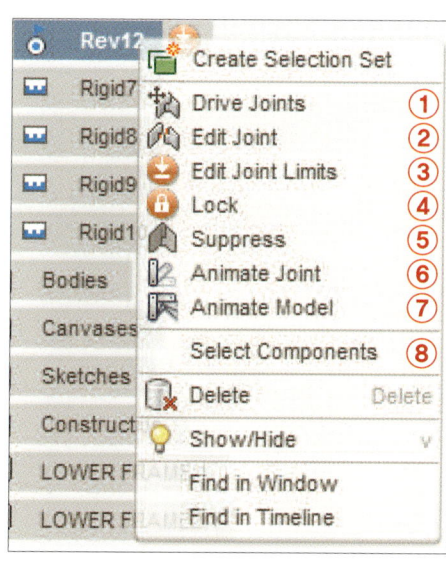

❶ **Drive Joints** : 조인트를 구동합니다.

❷ **Edit Joint** : 조인트를 편집합니다.

❸ **Edit Joint Limits** : 조인트의 구동 한계를 설정합니다.

❹ **Lock** : 조인트가 동작하지 못하도록 동결합니다.

❺ **Suppress** : 조인트의 기능을 잠시 억제합니다.

❻ **Animate Joint** : 조인트를 애니메이션 합니다. 조인트에 관계된 부품만 움직입니다.

❼ **Animate Model** : 조인트를 애니메이션 합니다. 조인트에 관계된 부품외에 전체 모델이 영향을 받아서 움직입니다.

❽ **Select Components** : 현재 조인트가 적용된 부품을 자동으로 선택합니다.

04 조립품 모델링

FAN UNIT와 MAIN GUIDE에 조인트 작성하기   Autodesk Fusion 360

FAN UNIT와 MAIN GUIDE를 연결하는 조인트를 작성해 보도록 하겠습니다.

step 1

다음 순서에 따라 다음 조인트를 작성해 보도록 하겠습니다.

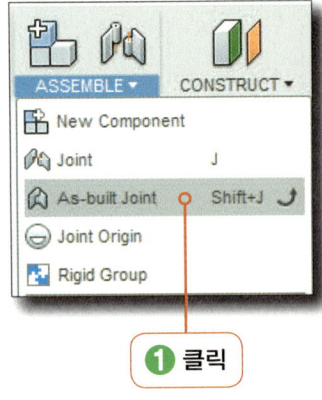
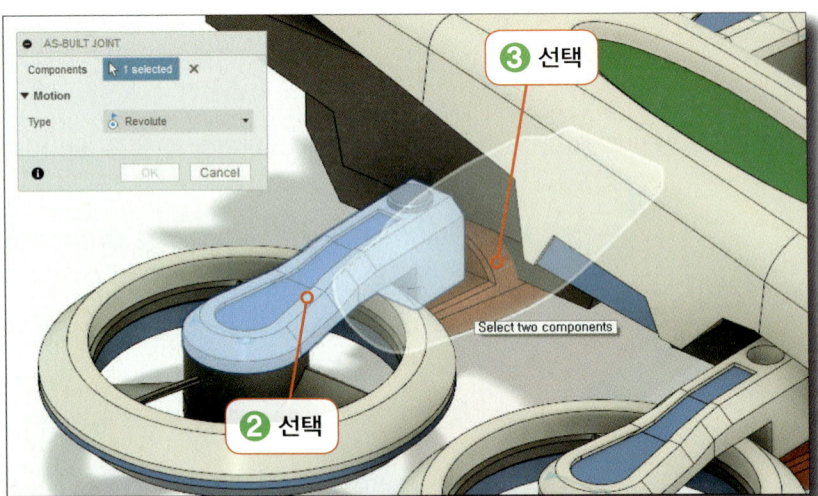

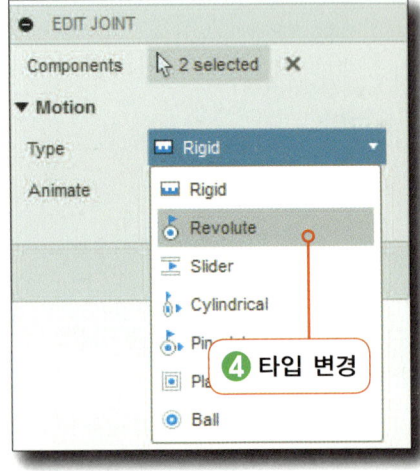
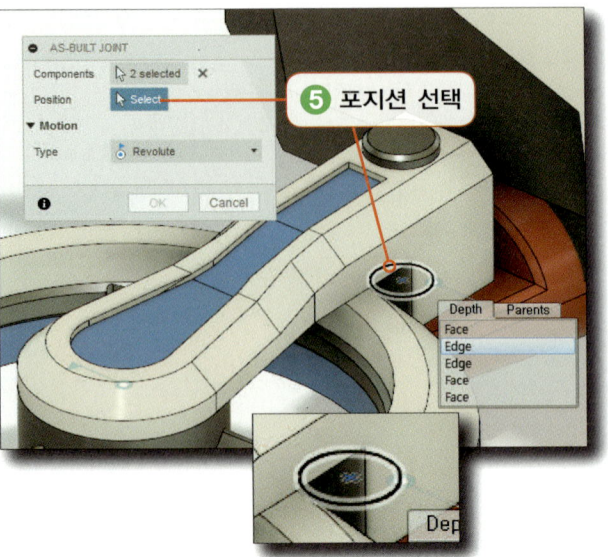

288

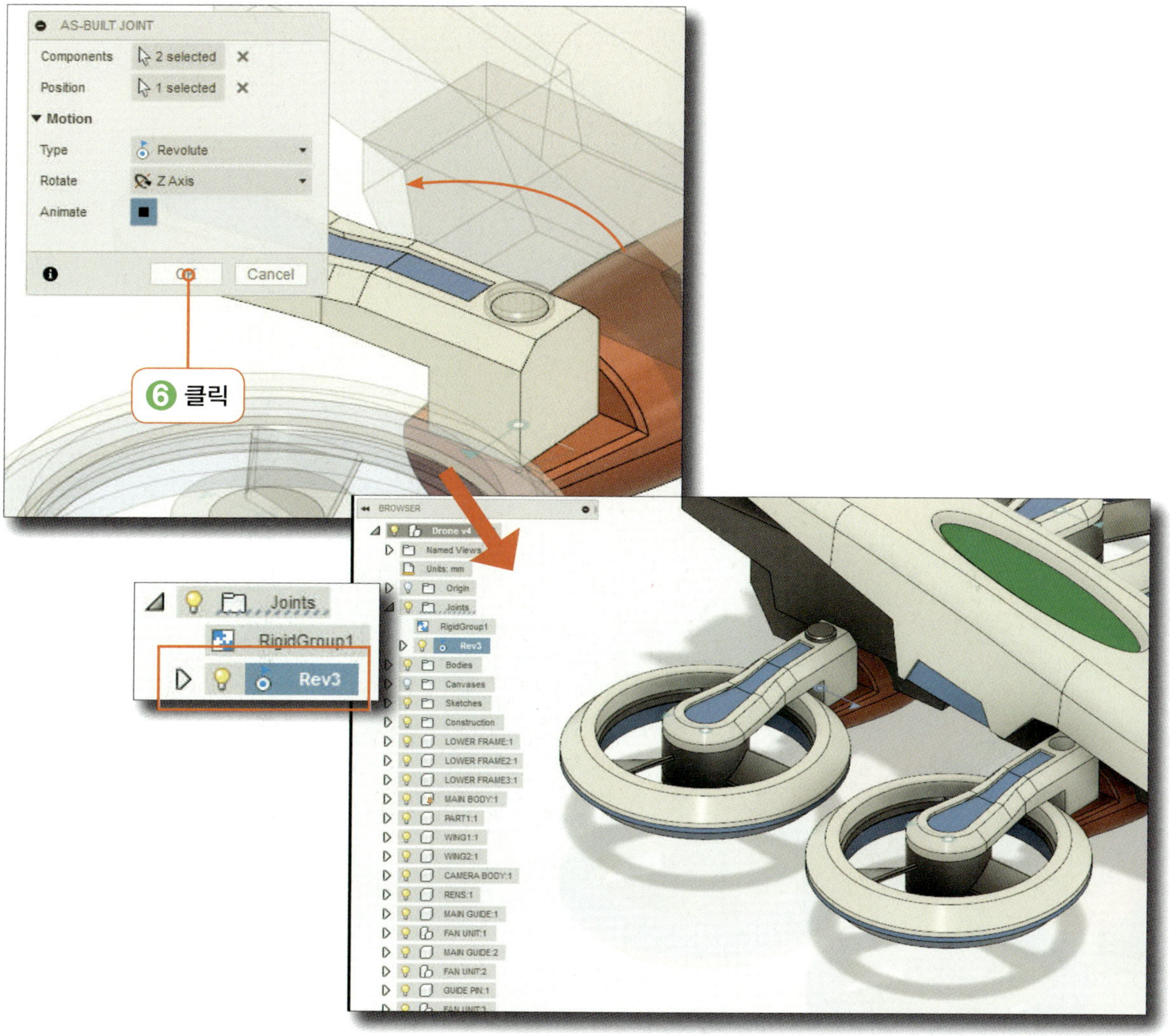

Section04 조인트 작성 및 조립부 모델링하기

step 2

작성한 조인트를 드래그해서 구동 상태를 점검하고 원위치로 돌려놓도록 하겠습니다.

Tips

Revert : 현재 구동상태의 위치를 취소하고 원래 위치로 복귀합니다.
Capture Position : 현재 부품이 움직인 위치 정보를 피처로 작성합니다.

289

04

조립품 모델링

step 3

마찬가지로 다른 부분에도 조인트를 다음과 같이 작성합니다.

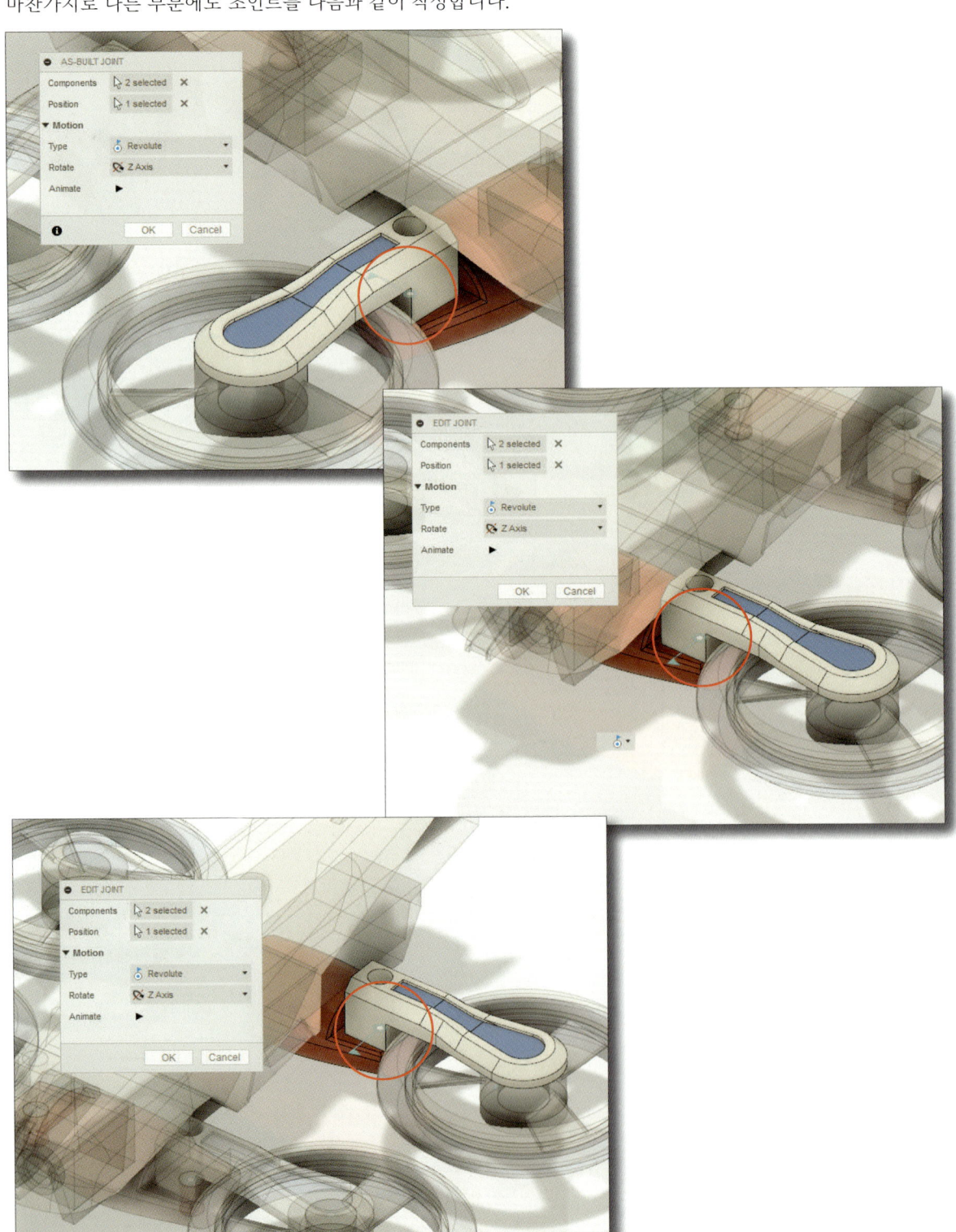

Section04 조인트 작성 및 조립부 모델링하기

step 4

Animate Joint(조인트 구동) 명령과 Animate Model(모델 구동) 명령을 이용해 구동 상태를 점검합니다.

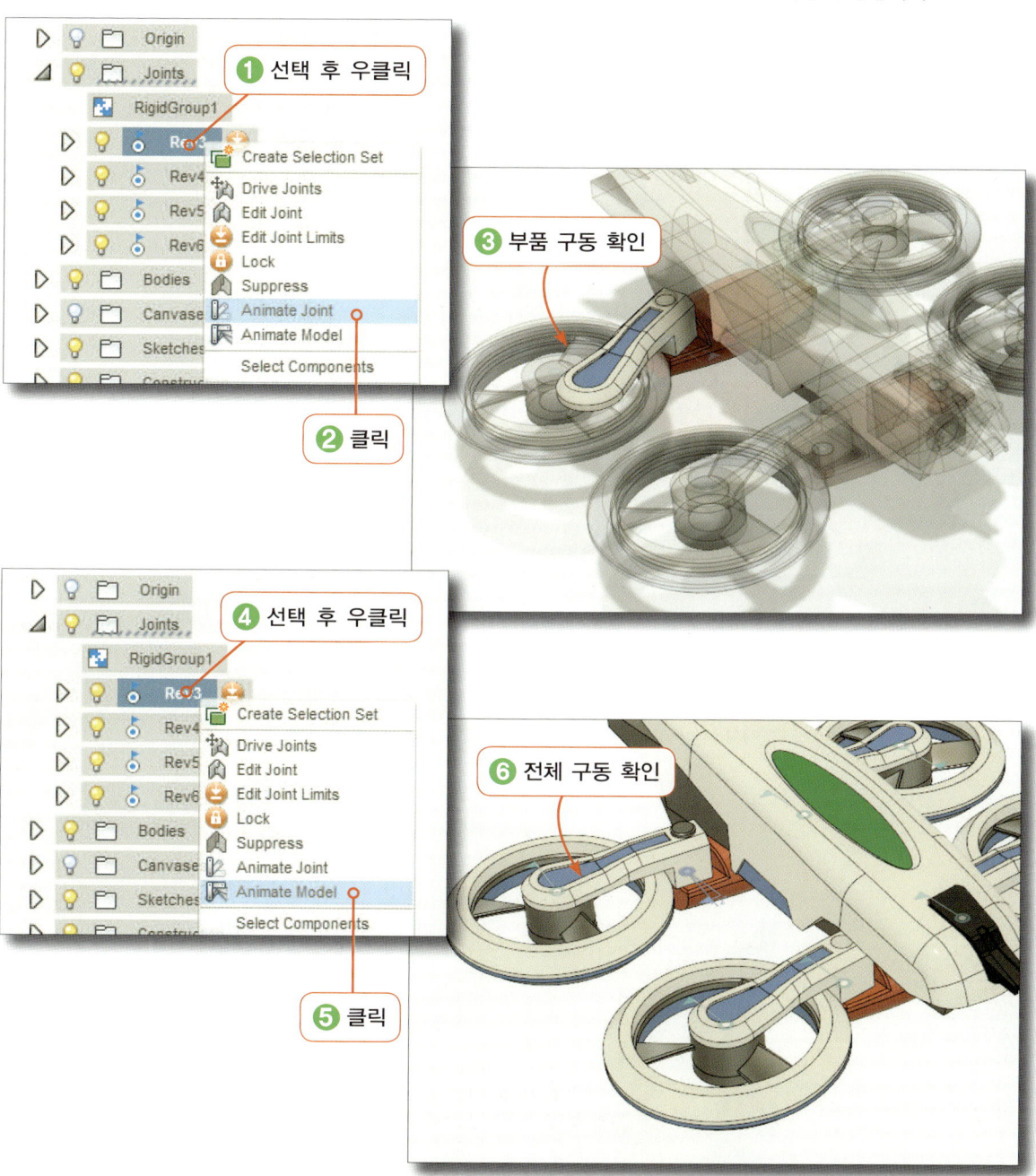

Tips
Animate Joint(조인트 구동) 명령 : 조인트가 부여된 두 부품 사이의 움직임만 표시합니다.
Animate Model(모델 구동) 명령 : 조인트가 부여됨으로써 전체 조립품에 미치는 영향에 대한 움직임을 표시합니다.

04 조립품 모델링

가이드 핀 조립 및 조인트 작성하기   Autodesk Fusion 360

각각의 FAN UNIT에 가이드 핀을 조립하고 조인트를 작성해 보도록 하겠습니다.

step 1

다음 순서에 따라 가이드 핀을 복사해서 다른 위치에 조립해 보도록 하겠습니다.

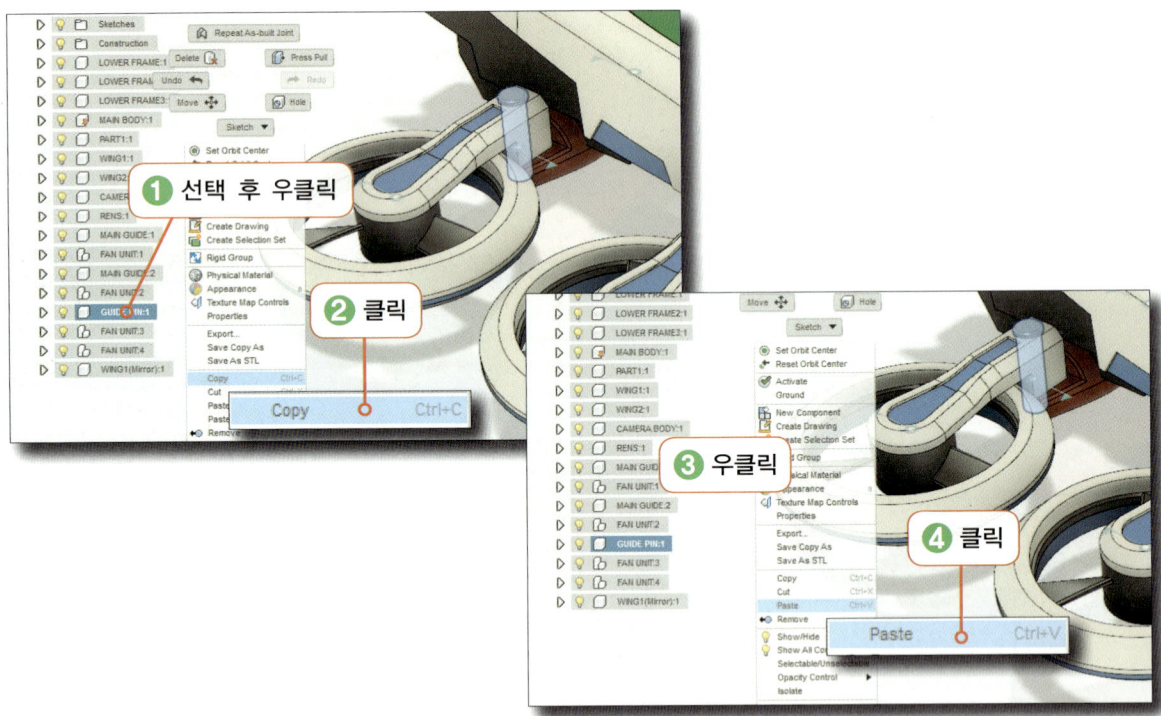

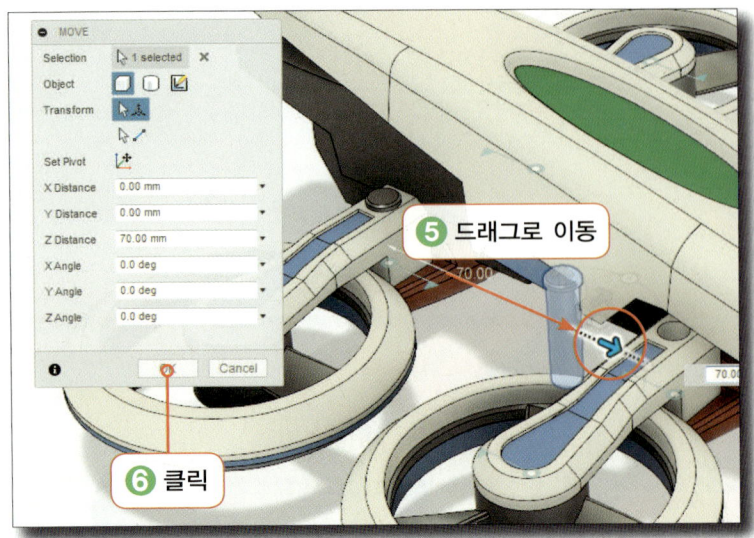

> **Tips**
> Joint 명령으로 위치를 맞출 것이므로 너무 정확하게 이동하지 않아도 됩니다.

Section04 조인트 작성 및 조립부 모델링하기

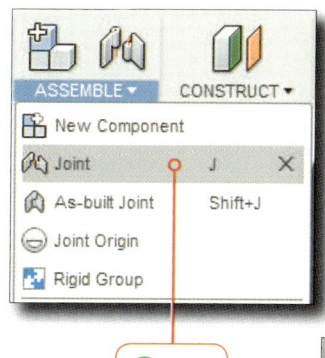

❼ 클릭

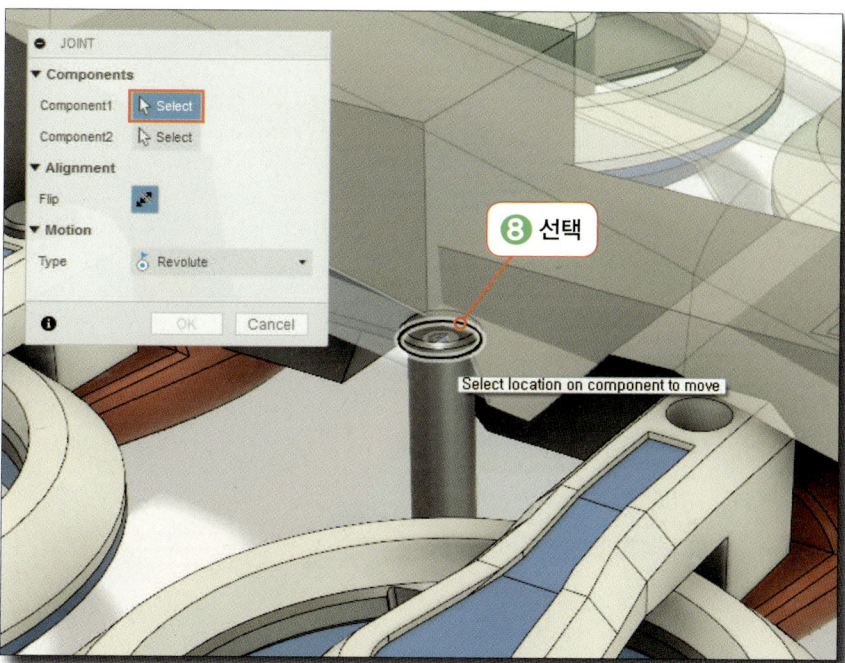

❽ 선택

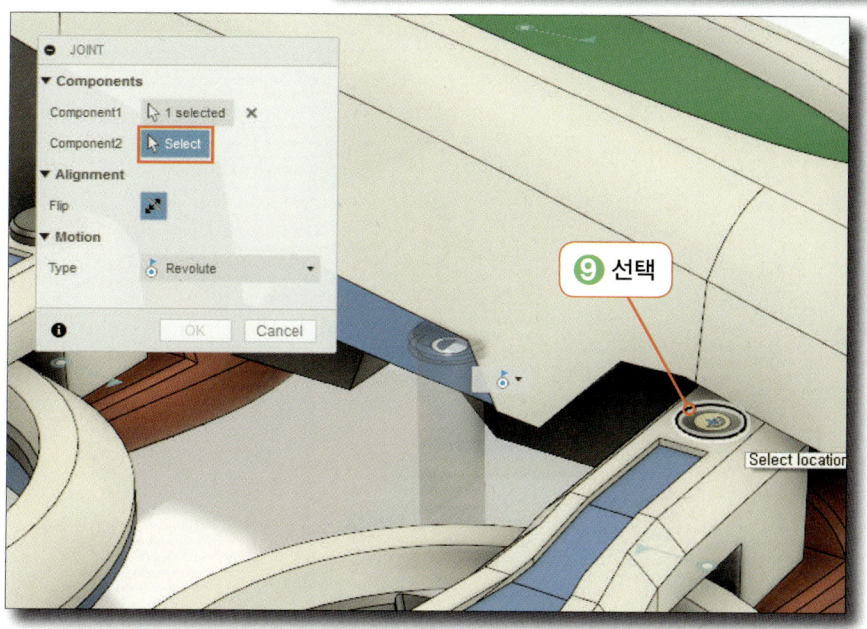

❾ 선택

04 조립품 모델링

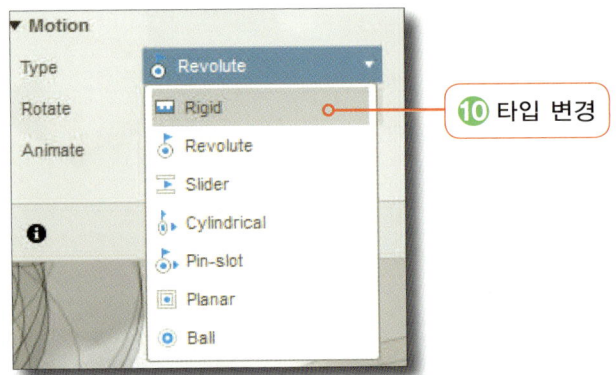
⑩ 타입 변경

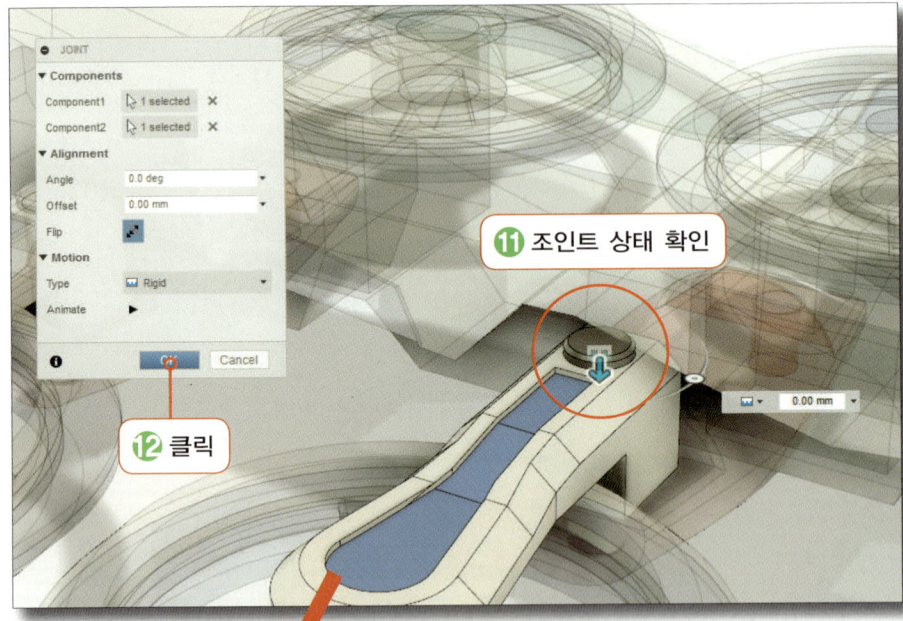
⑪ 조인트 상태 확인
⑫ 클릭

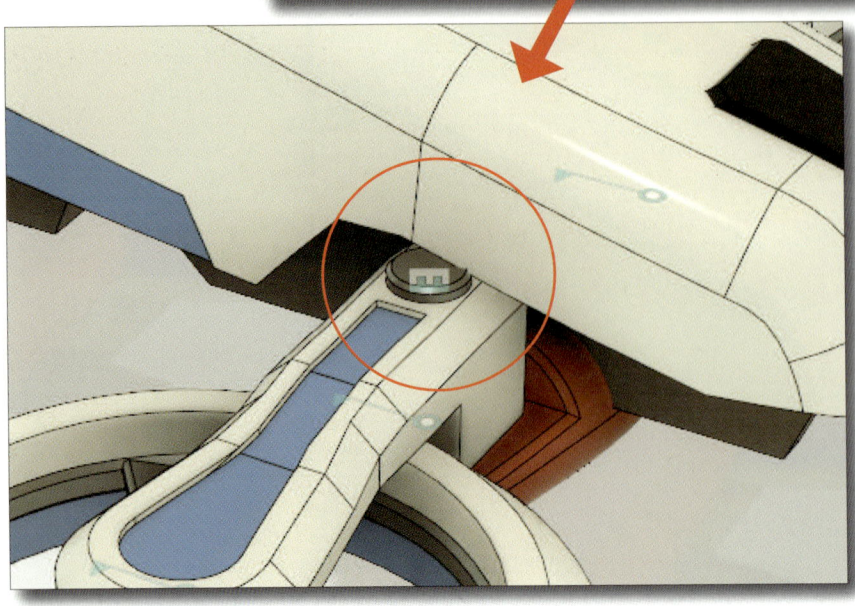

Section04 조인트 작성 및 조립부 모델링하기

step 2

같은 방법으로 다른 요소에도 가이드 핀을 복사해서 조립합니다.

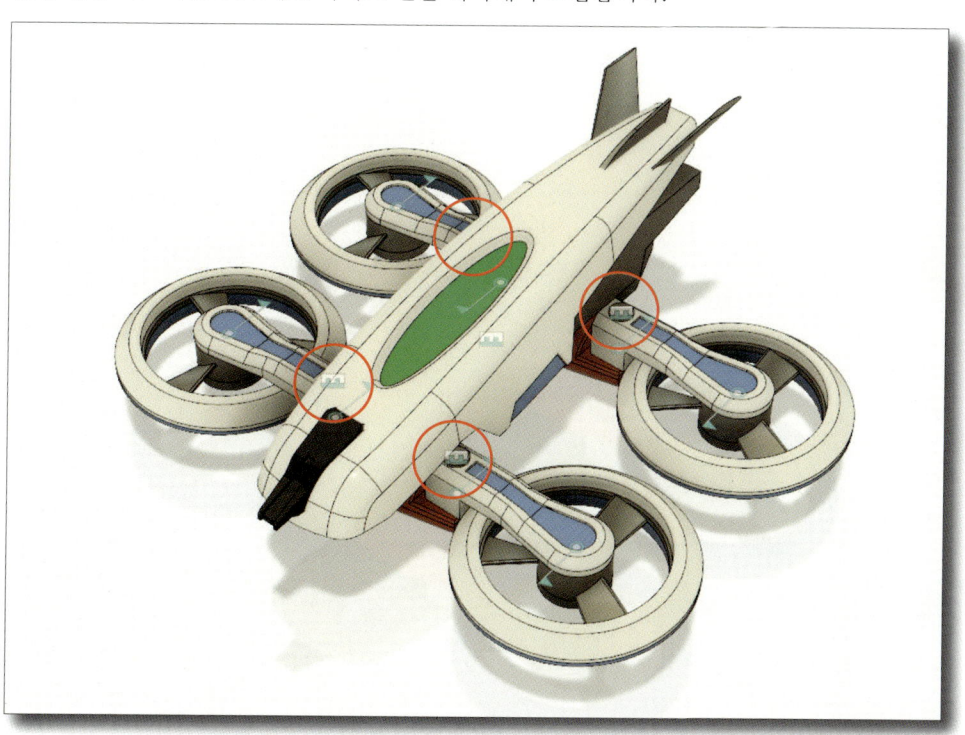

step 3

브라우저에서 조인트 항목의 전구를 끄면 화면에서 조인트 표시가 숨김 상태가 됩니다.

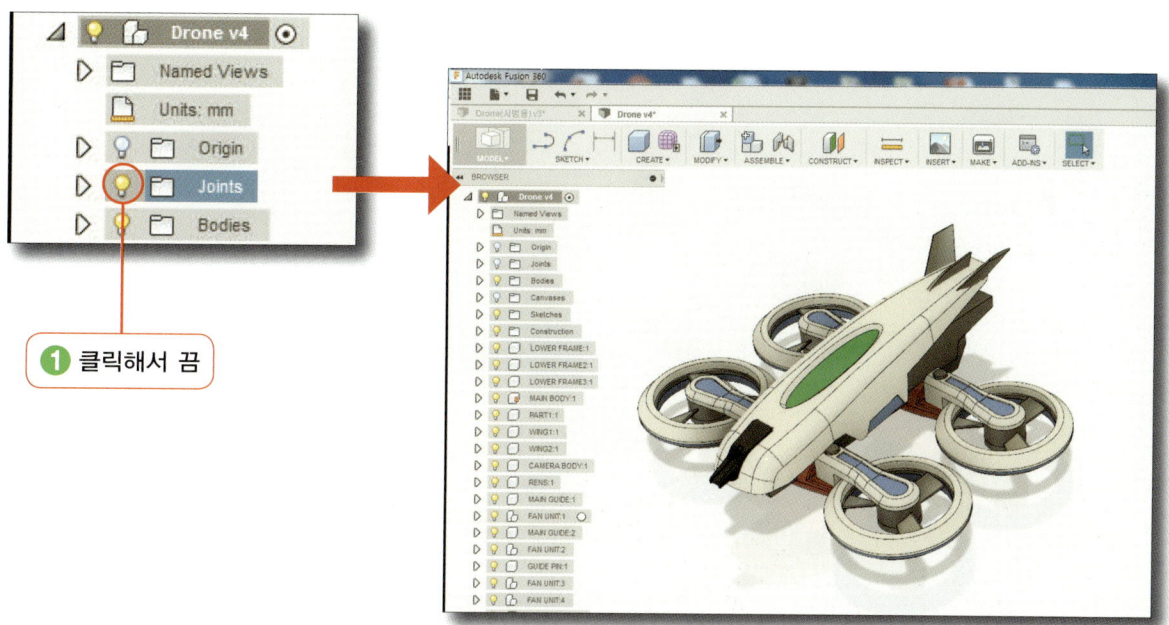

① 클릭해서 끔

295

04 조립품 모델링

접촉 검사 및 부품 수정하기　　　　　　　　　Autodesk Fusion 360

각 부품들끼리의 접촉 상태를 검사하여 수정할 부품을 수정합니다.

step 1

다음 순서에 따라 부품끼리의 접촉 검사를 수행합니다.

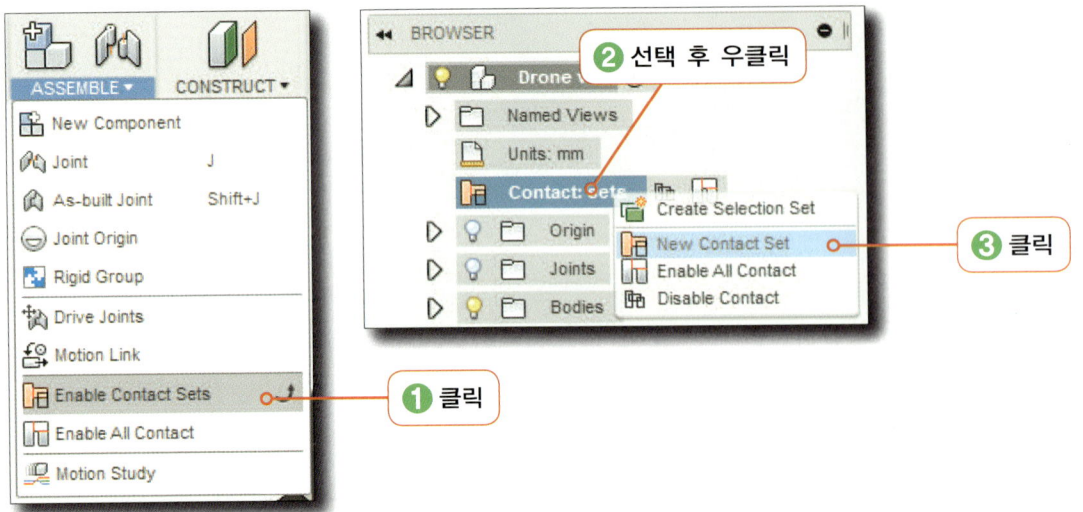

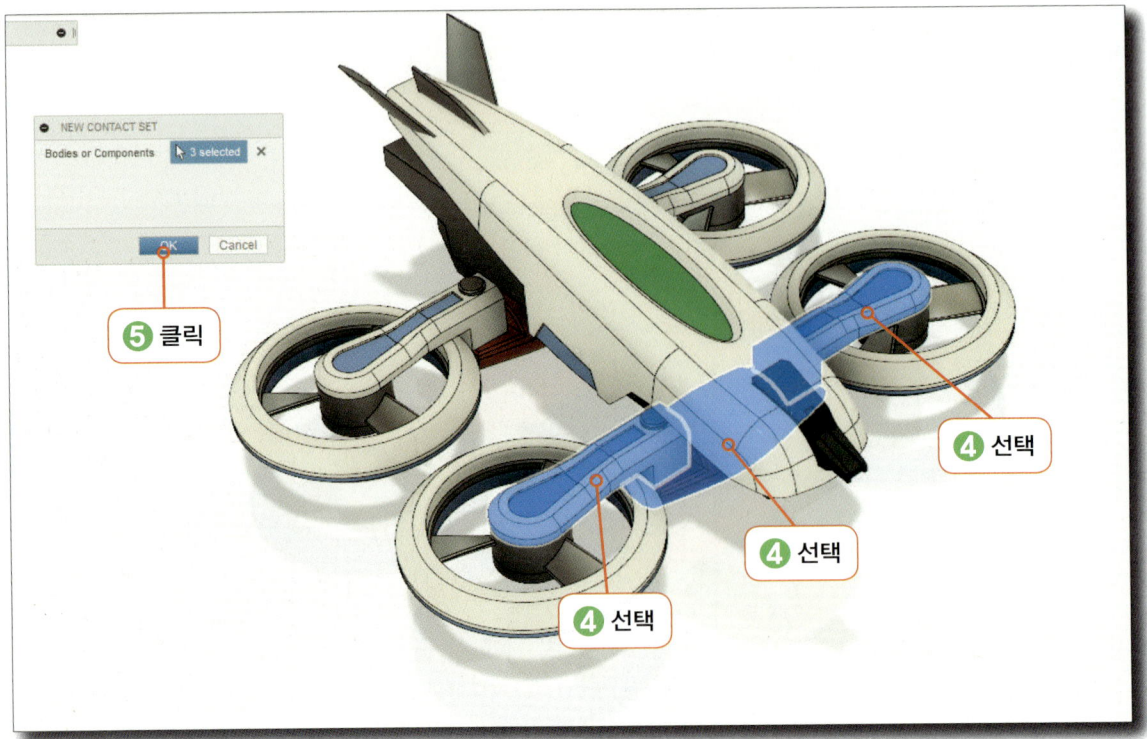

Section04 조인트 작성 및 조립부 모델링하기

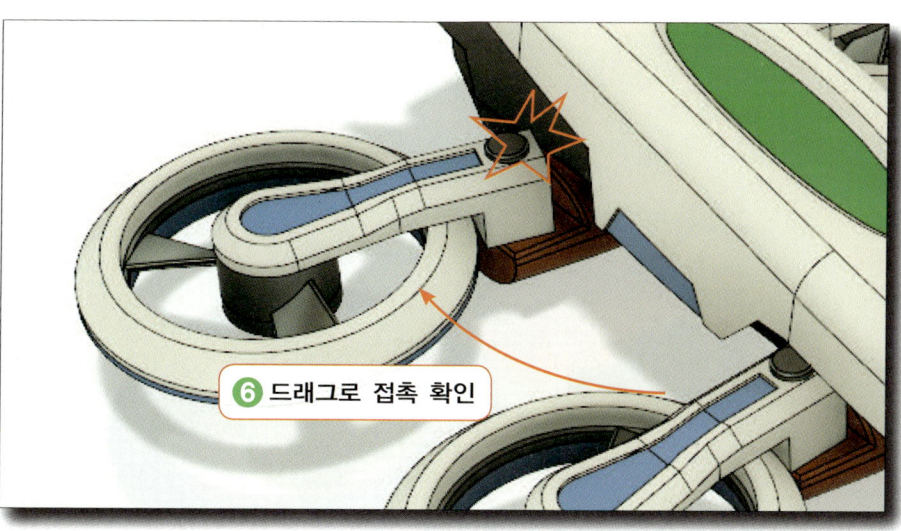

❻ 드래그로 접촉 확인

step 2

가동 범위를 확장하기 위해 다음 순서로 부품을 수정합니다.

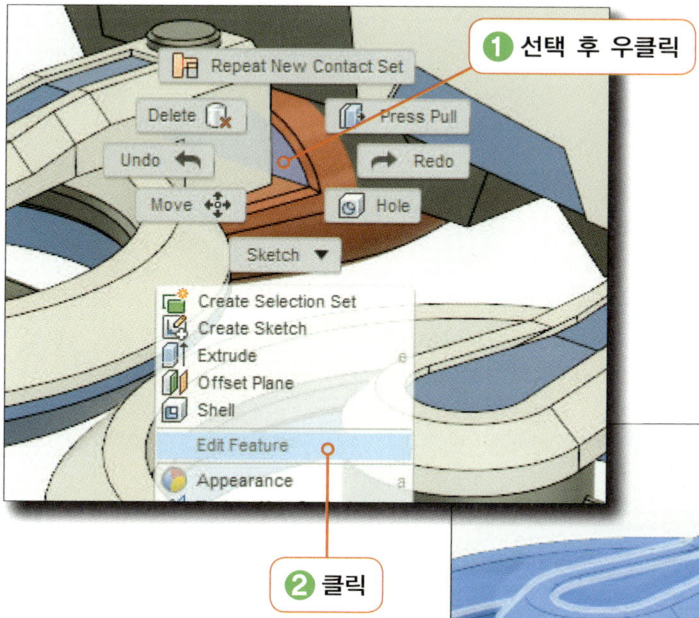

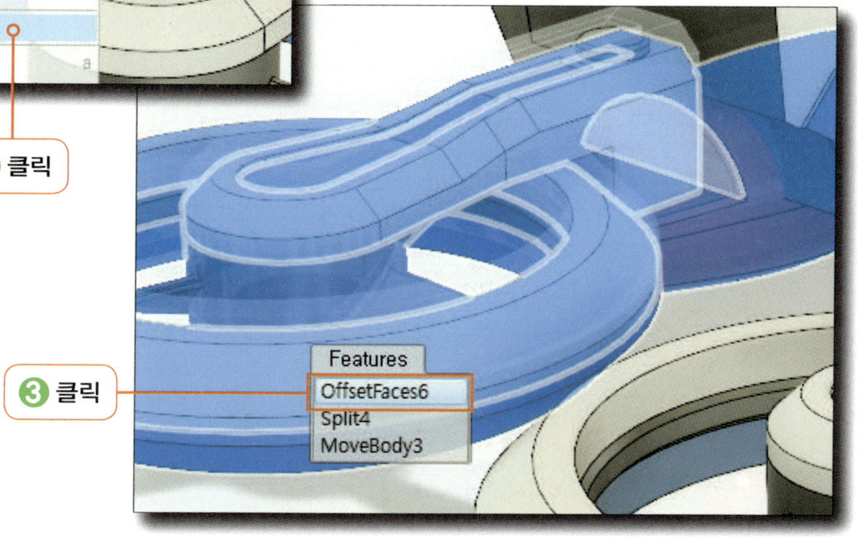

❶ 선택 후 우클릭

❷ 클릭

❸ 클릭

297

04

조립품 모델링

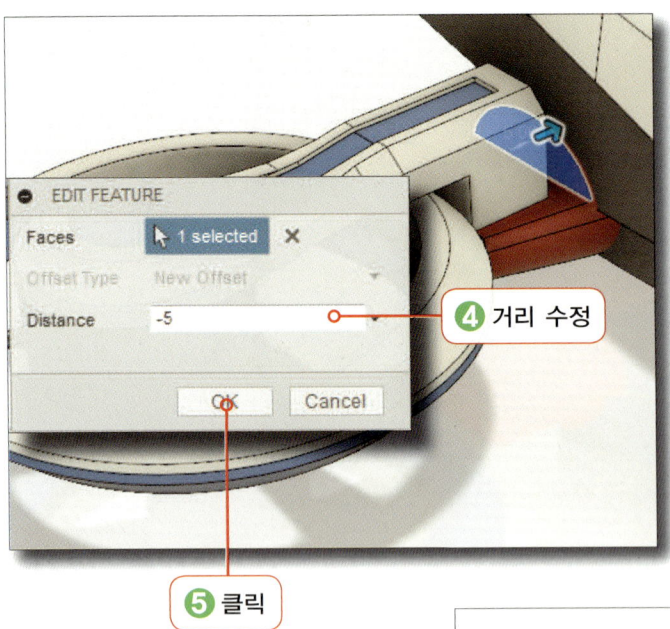

❹ 거리 수정

❺ 클릭

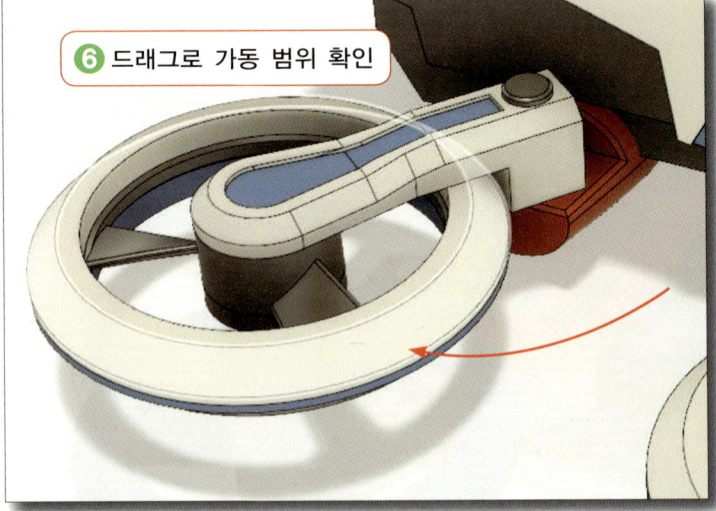

❻ 드래그로 가동 범위 확인

> **Tips**
> 부품을 수정하기 위해서 기존의 피처를 수정하는 방법도 있지만 현재 상태에서 새로운 피처를 작성해 부품을 수정하는 방법도 있습니다.

Section04 조인트 작성 및 조립부 모델링하기

간섭 분석 및 부품 수정하기

Autodesk Fusion 360

각 부품들간의 간섭을 체크한 다음 그에 따라 부품을 수정합니다.

step 1

다음 순서에 따라 부품끼리의 간섭 검사를 수행합니다.

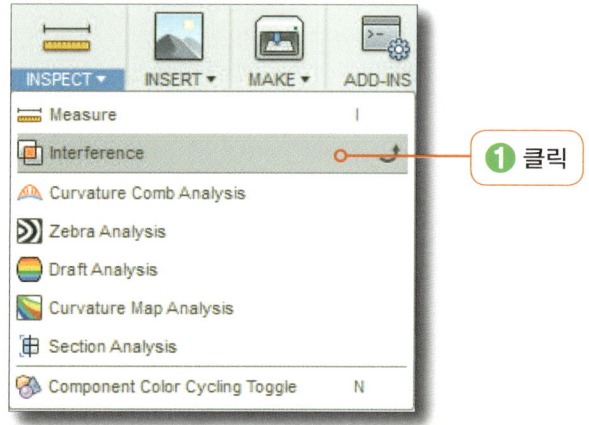

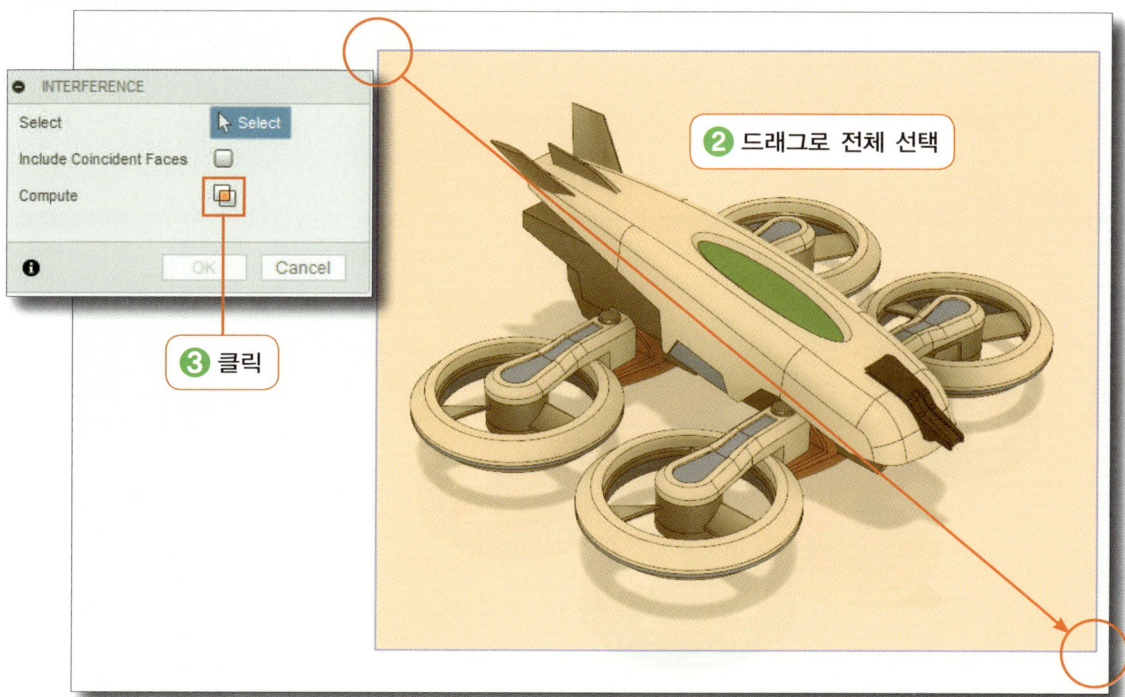

04 조립품 모델링

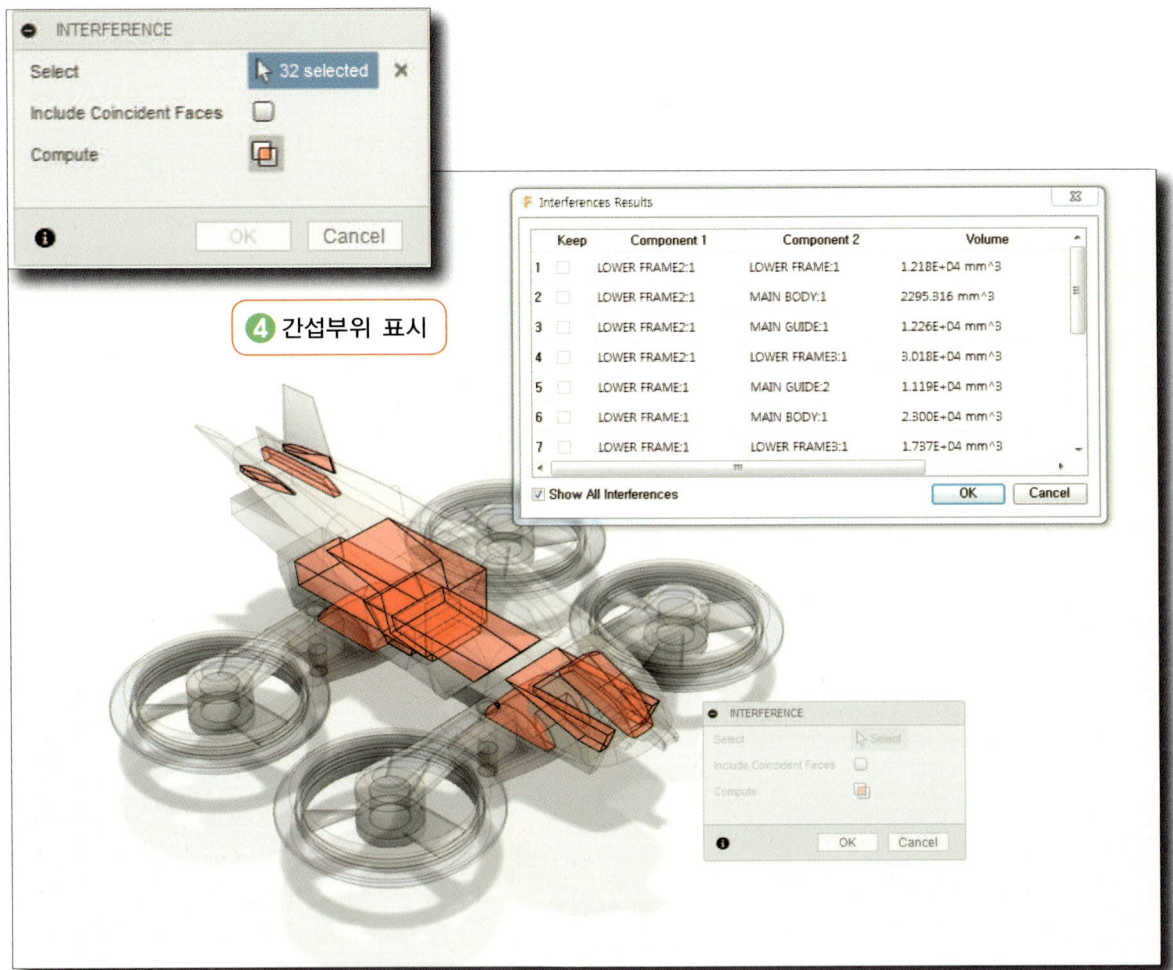

❹ 간섭부위 표시

> **Tips**
> 간섭 검사 결과는 해당 부품간의 간섭을 표시할 뿐 간섭을 해결하지는 못합니다.

step 2

Combine(합치기) 명령을 이용해 각 부품간의 간섭 부분을 다음과 같이 잘라냅니다.

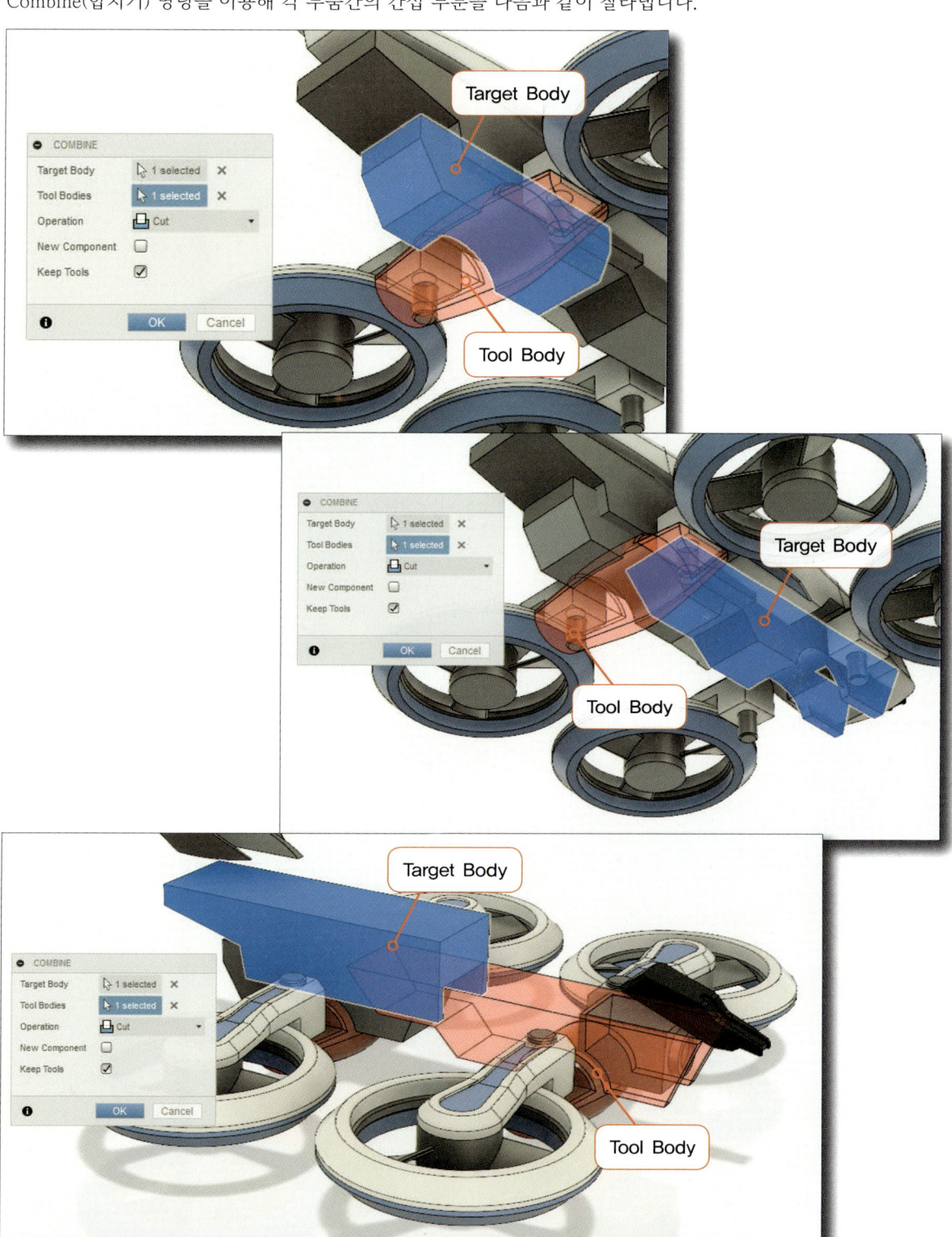

04 조립품 모델링

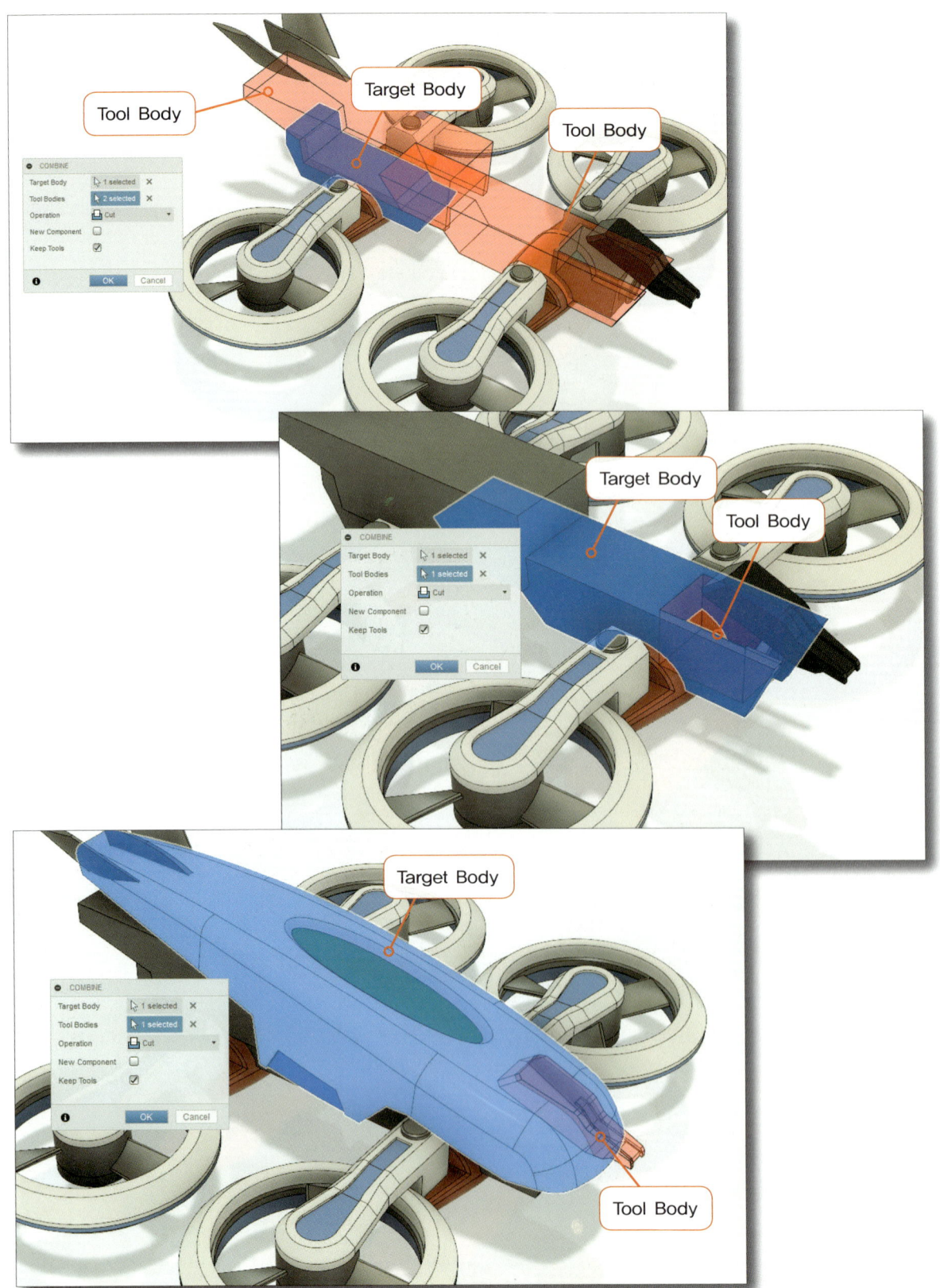

Section04 조인트 작성 및 조립부 모델링하기

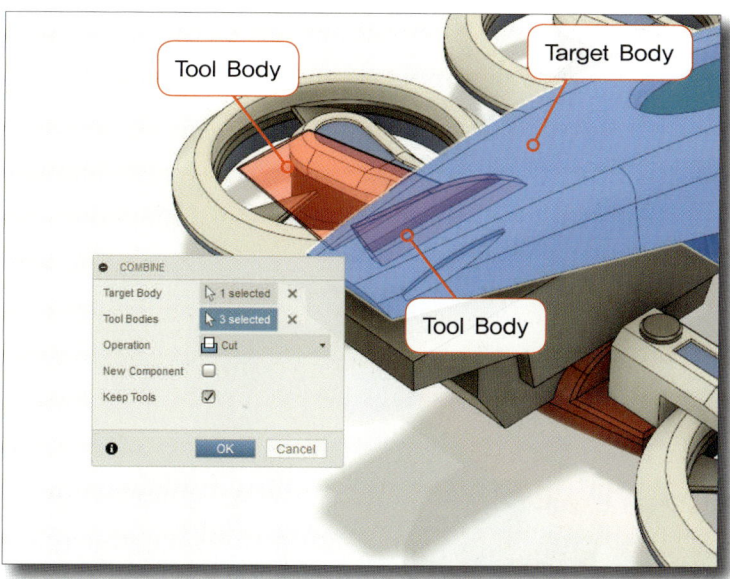

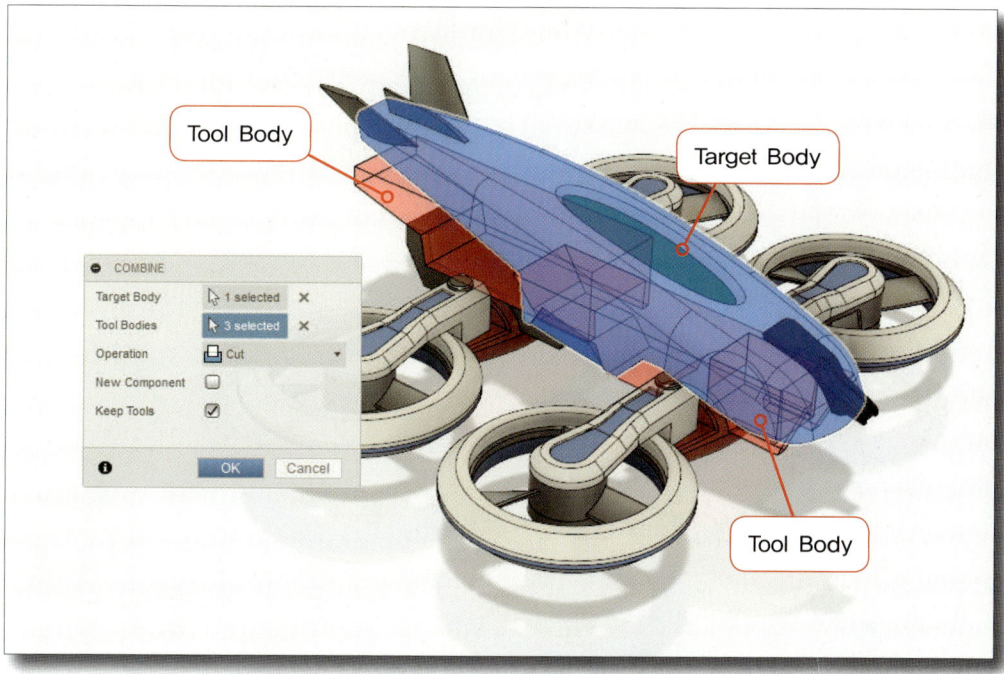

303

04 조립품 모델링

메인 바디 부품 수정하기　　　　　　　　　　　Autodesk Fusion 360

카메라 시야 확보를 위한 메인 바디를 수정해 보도록 하겠습니다.

step 1

다음 순서에 의해 메인 바디 부품을 활성화 한 후, 격리 모드로 바꿉니다.

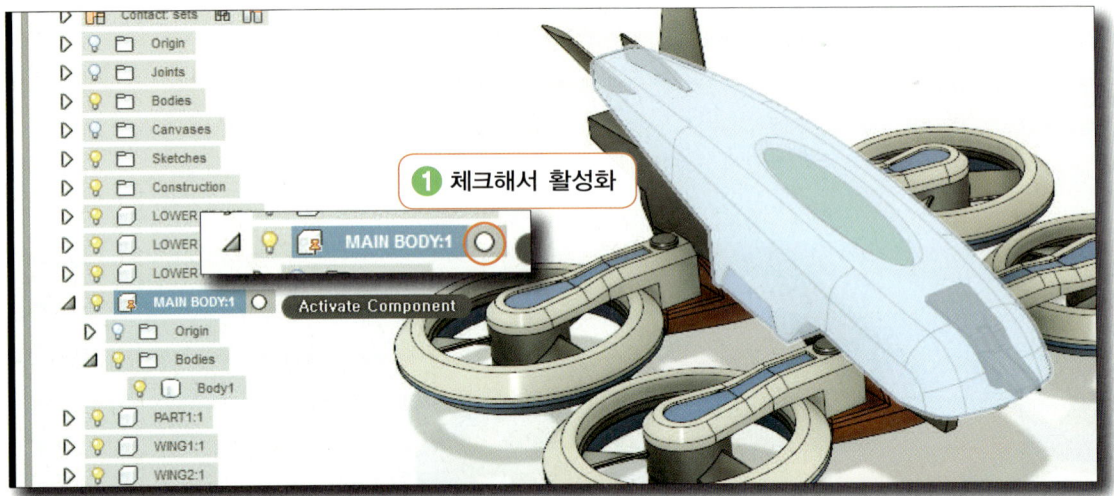

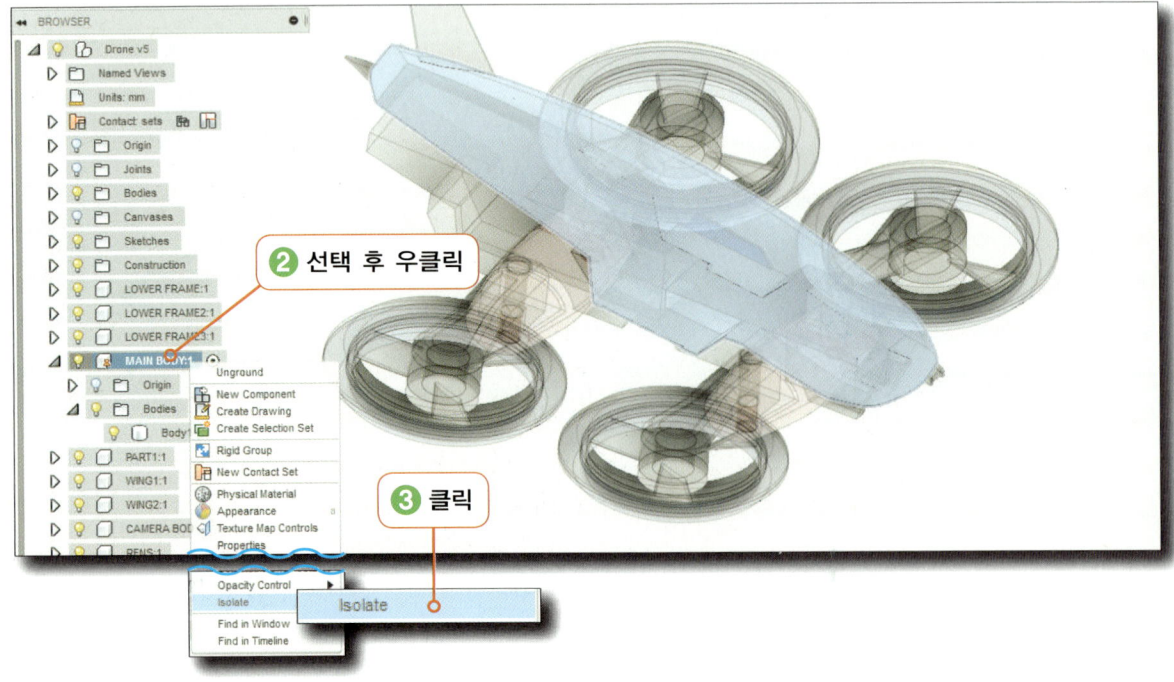

step 2

다음과 같이 메인 바디 부품을 수정합니다.

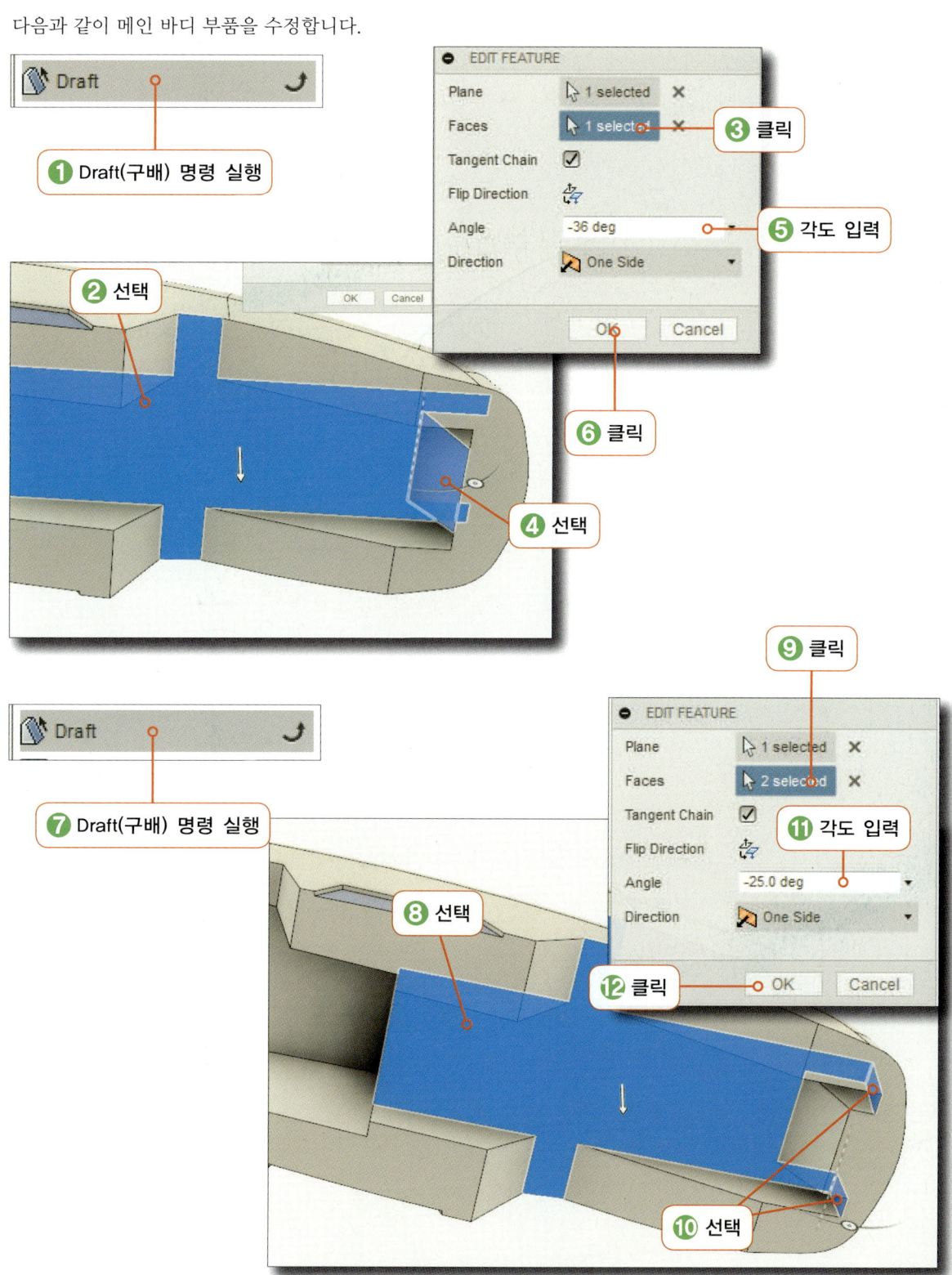

04 조립품 모델링

step 3

카메라 바디 시야를 위해 메인 바디 전면부의 형상을 다음과 같이 변경합니다.

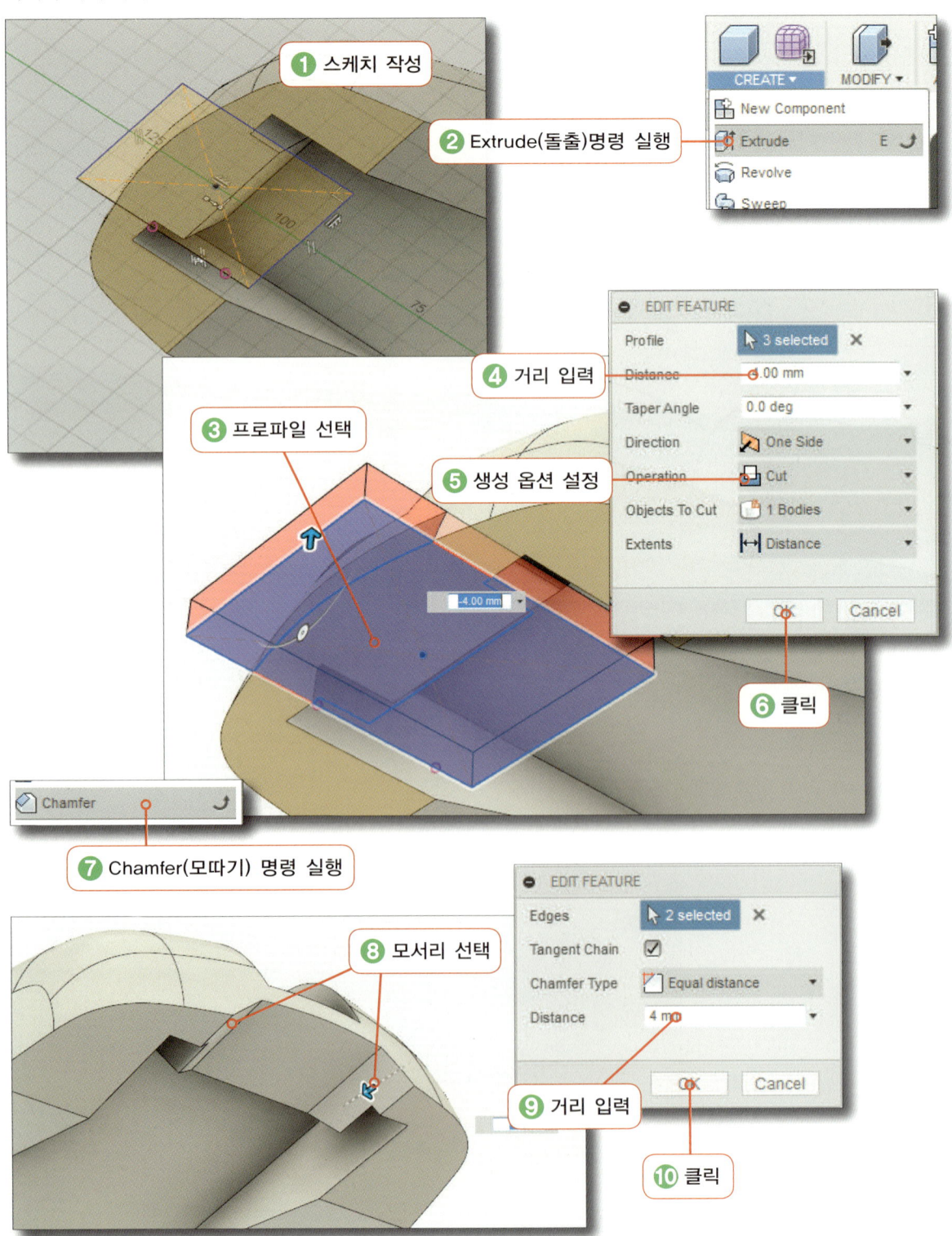

Section04 조인트 작성 및 조립부 모델링하기

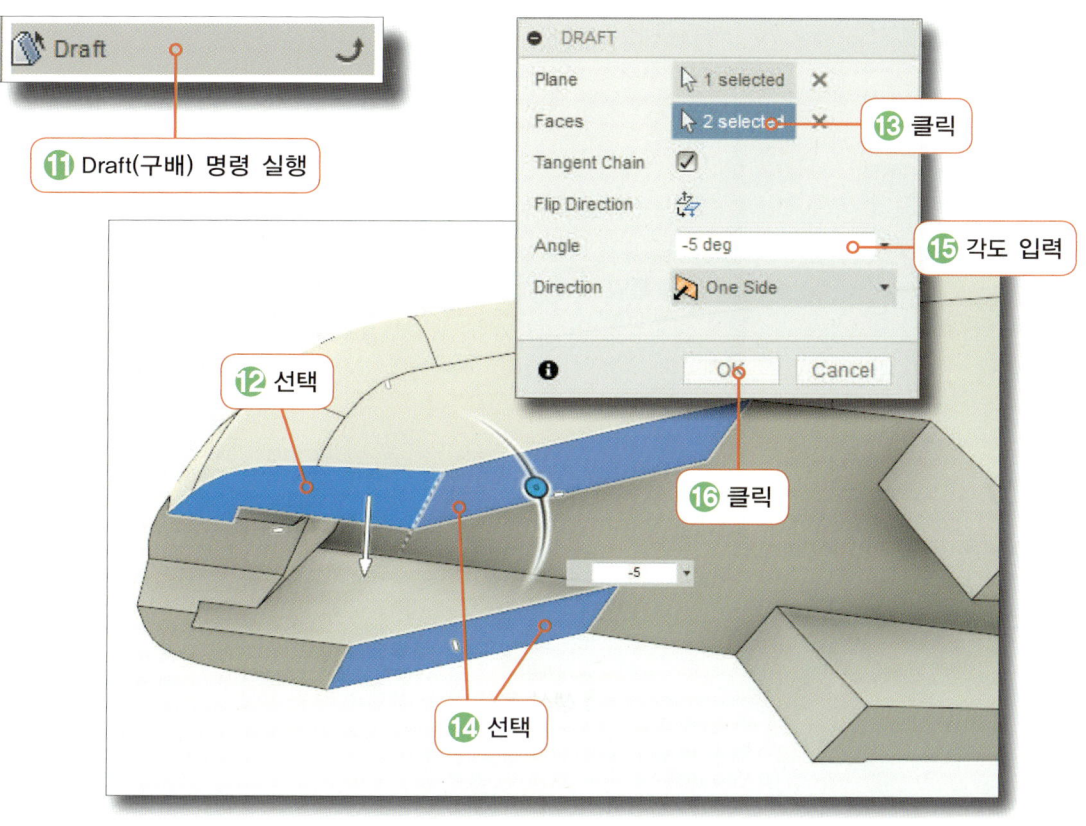

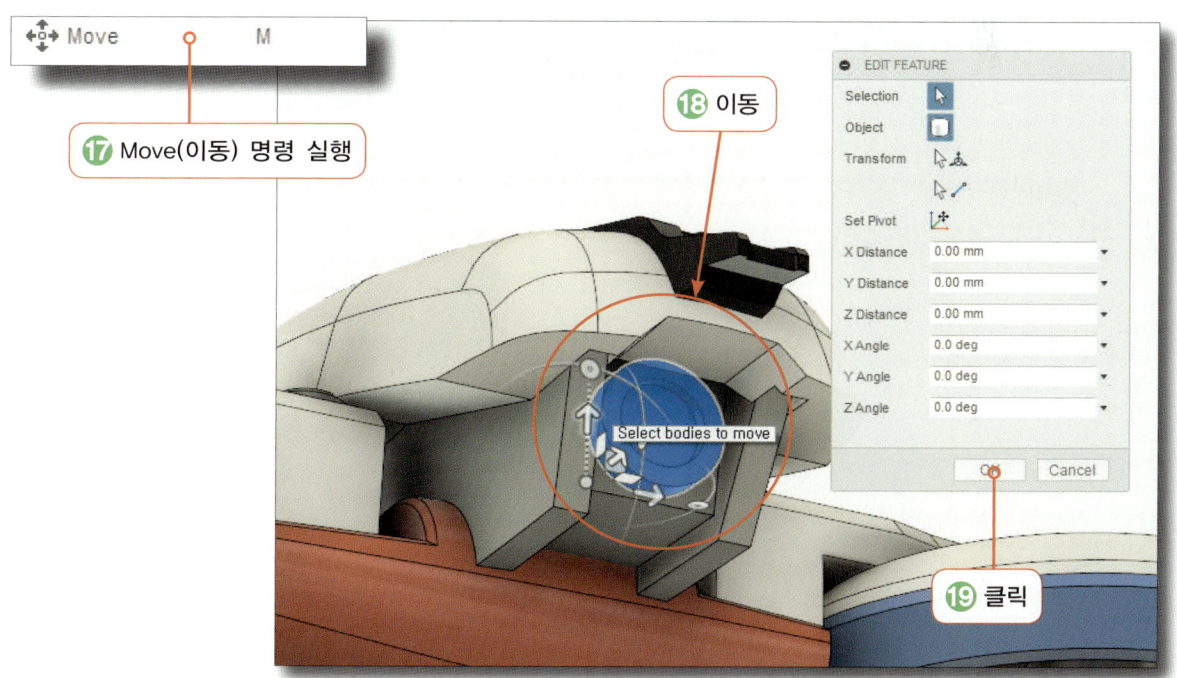

307

04

조립품 모델링

step 4

마지막으로 부품끼리의 간섭 검사를 수행해 간섭 유무를 최종 체크합니다.

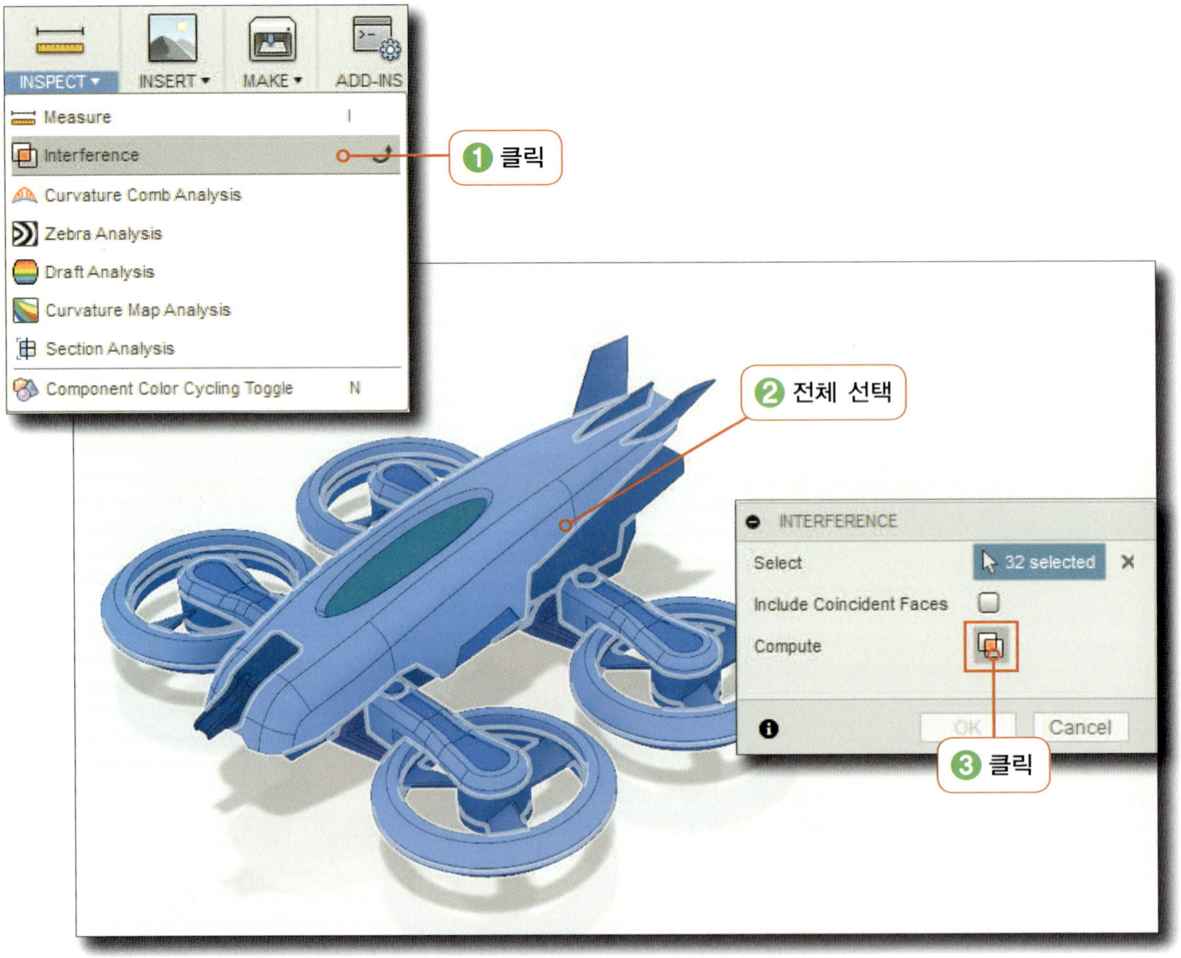

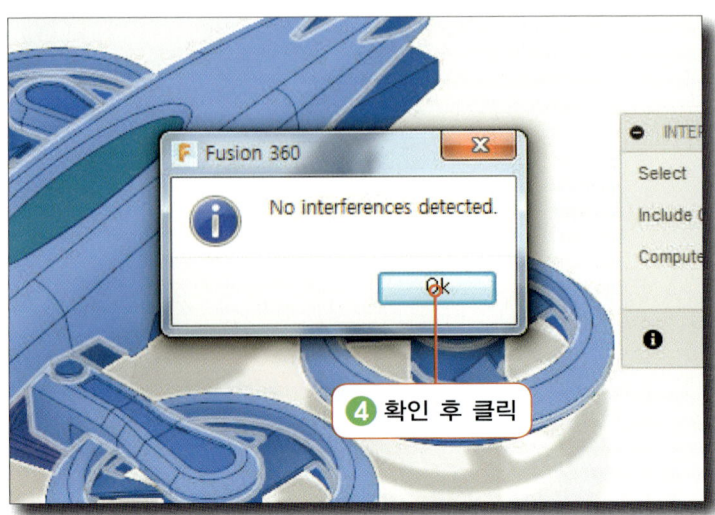

Snapshot(스냅샷)과 Revert(리버트)에 대해서

1. Snapshot(스냅샷)이란?

이동 명령이나 드래그로 부품을 이동하였을 때에 그 부품의 이동 내역을 피처로 작성하는 명령입니다.

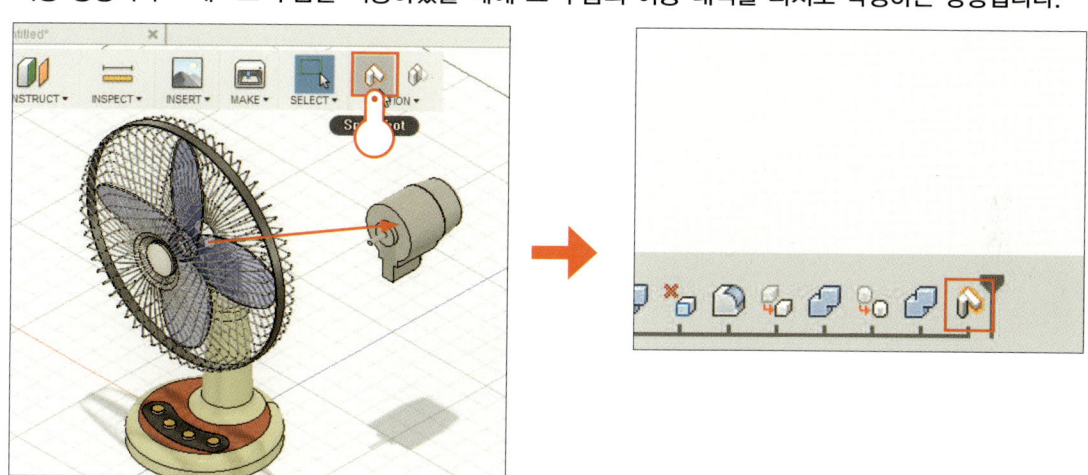

2. Revert(리버트)란?

이동 명령이나 드래그로 부품을 이동하였을 때에 그 부품을 원래 위치로 복귀시키는 명령입니다.

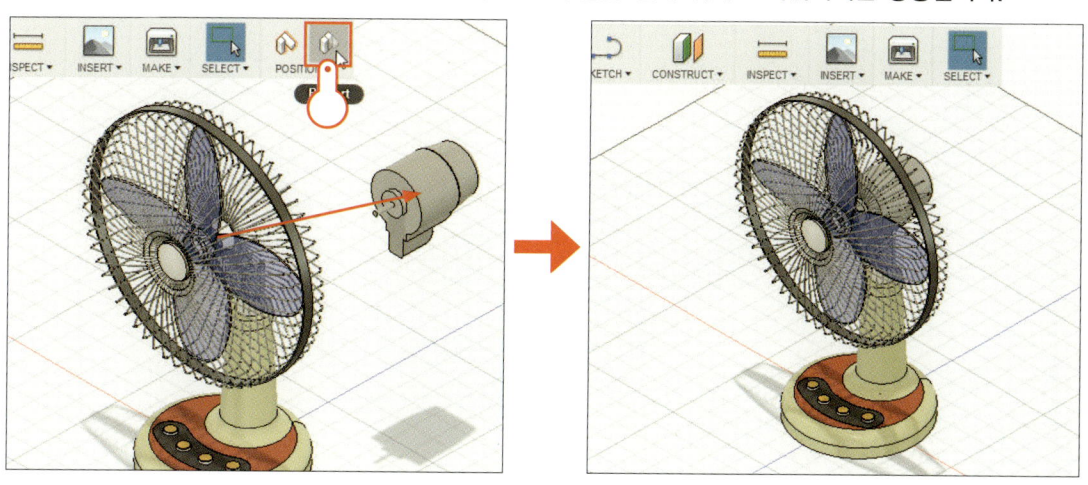

Autodesk Fusion 360

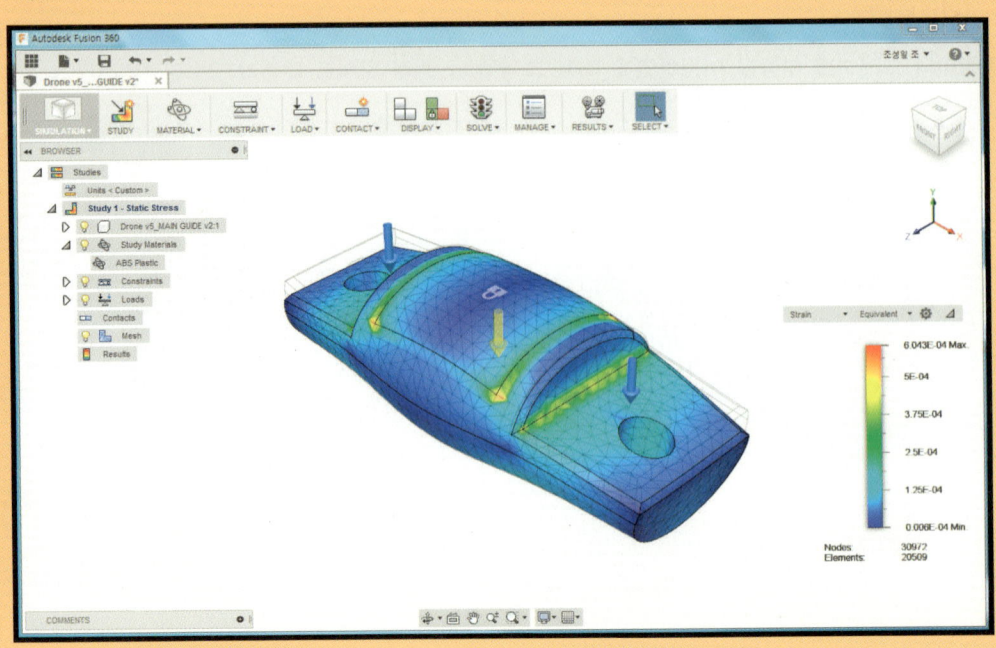

PART 5
ETC Application

Section1   렌더링 환경

Section2   애니메이션 환경

Section3   시뮬레이션 환경

Section4   도면 환경

05 ETC Application

Section 01 렌더링 환경

앞서 모델링한 드론을 렌더링 이미지로 작성해 보도록 하겠습니다.

렌더 명령 알아보기
Autodesk Fusion 360

렌더 명령에는 다음과 같은 것들이 있습니다.

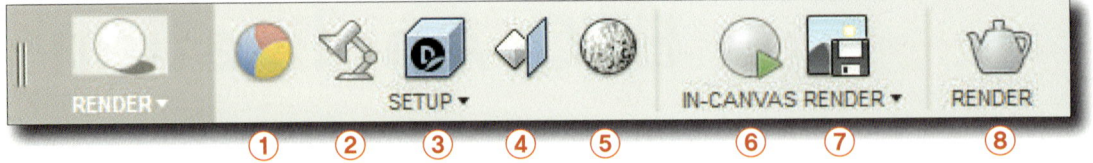

❶ **Appearance(모양)** : 모델에 색상을 부여합니다.

❷ **Scene Settings(장면 세팅)** : 렌더 환경의 전체적인 세팅을 합니다.

❸ **Decal(데칼)** : 작성된 부품에 이미지를 부착합니다.

❹ **Texture Map Controls(텍스쳐 맵 조정)** : 재질이 모델에 맵핑된 포지션을 조정합니다.

❺ **Physical Material(물리적 재료)** : 부품에 재질을 부여하는 물리적 재료 창을 표시합니다.

❻ **Enable/Disable In-canvas Render(시작/끔)** : Stand Alone 렌더링을 시작 혹은 끝냅니다.

❼ **Capture Image(이미지 캡처)** : 렌더링한 장면을 이미지 파일로 저장합니다.

❽ **Render(렌더)** : 클라우드 렌더링을 합니다.

물리적 재질 창 알아보기

Autodesk Fusion 360

물리적 재질은 현재 작성한 모델에 실제 물성치를 가지는 재질을 부여합니다.

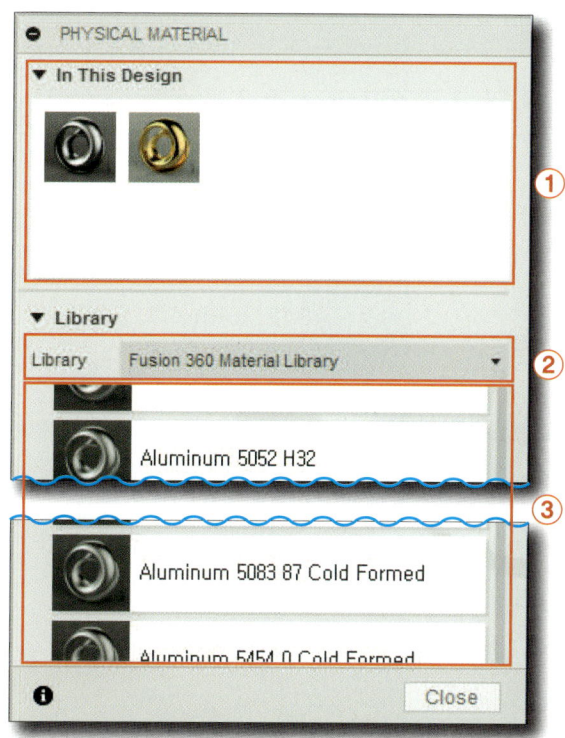

① **In This Design** : 현재 사용하는 재질을 나열합니다.

② **Library** : Fusion 360에서 쓸 수 있는 재질 라이브러리를 표시합니다.

③ **Library Tree** : 현재 라이브러리에 수록되어 있는 재질의 목록을 표시합니다.

해당 재질은 다음과 같은 정보를 포함하고 있습니다.

① **Identity** : 재질의 이름과 타입 등 일반적인 정보를 표시합니다.

② **Appearance** : 재질이 가지고 있는 색상을 표시합니다.

③ **Physical** : 재질이 가지고 있는 물성치를 표시합니다.

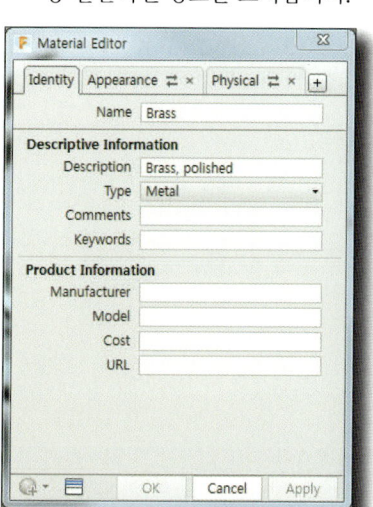  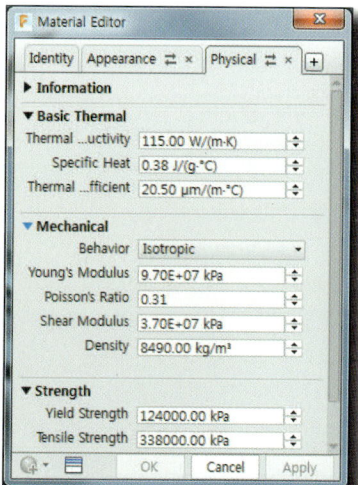

05 ETC Application

렌더 환경 전환하기   Autodesk Fusion 360

다음과 같이 렌더 환경으로 전환합니다.

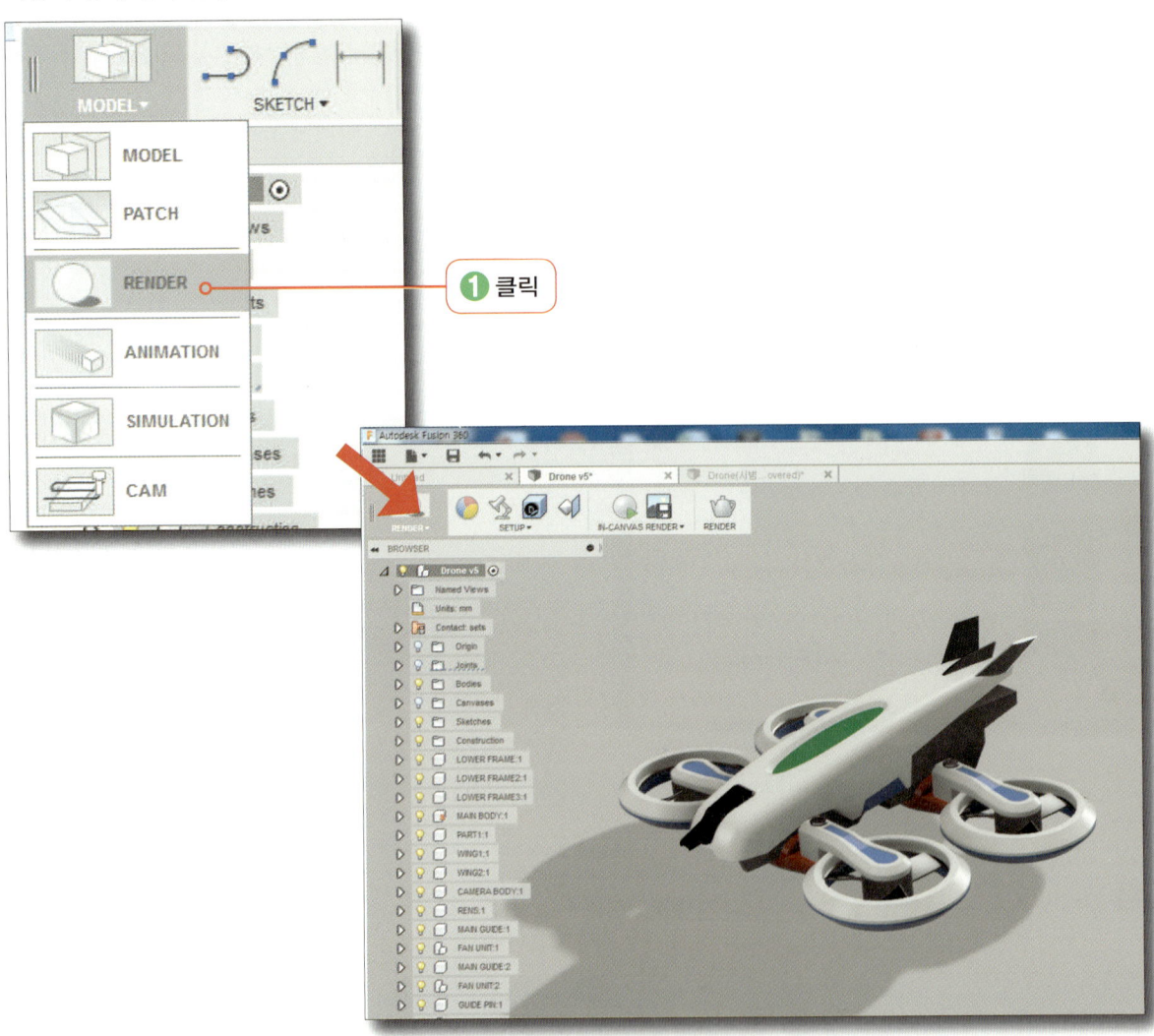

> **Tips**
> 렌더 상태가 되면 자동으로 화면이 음영 상태로 전환됩니다.

환경 설정하기

Autodesk Fusion 360

Scene Settings(장면 설정) 명령으로 렌더 옵션에 대한 환경 설정을 해 보도록 하겠습니다.

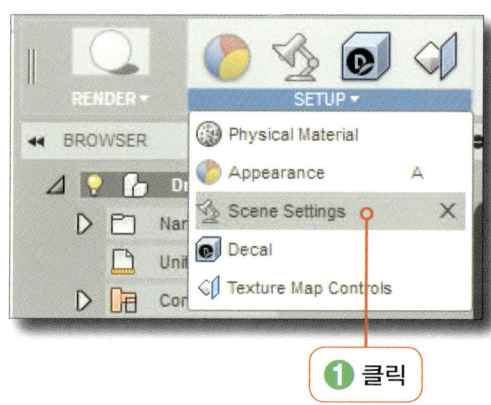

❶ 클릭

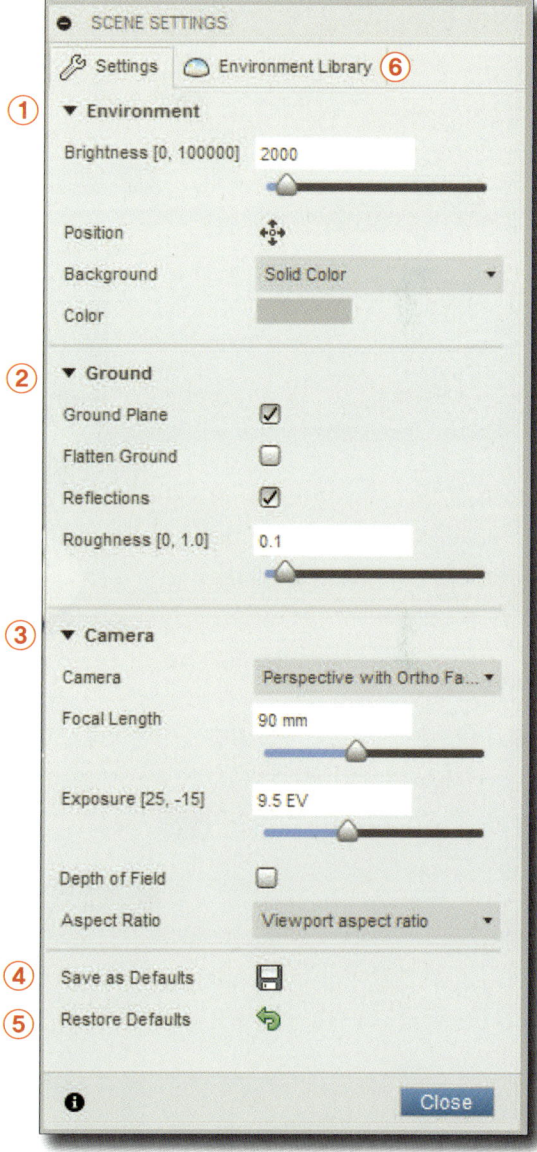

❶ **Environment** : 렌더 환경의 밝기 및 배경 색 또는 이미지를 설정합니다.

❷ **Ground** : 바닥면에 대한 표시 상태 혹은 반사, 거칠기 등을 지정합니다.

❸ **Camera** : 카메라의 표시 상태, 광각, 심도 등을 조절합니다.

❹ **Save as Defaults** : 현재의 설정 상태를 기본으로 저장합니다.

❺ **Restore Defaults** : 초기 설정 상태로 돌아갑니다.

❻ **Environment Library** : 백그라운드 이미지를 설정할 수 있는 라이브러리 창으로 이동합니다.

> **Tips**
> 기본적인 밝기(Brightness)는 2000 이상이 좋습니다.

05 ETC Application

렌더링 이미지 작성하기　　　　　　　　　Autodesk Fusion 360

다음과 같이 렌더링 이미지를 작성합니다.

step 1

다음과 같이 렌더링을 시작합니다.

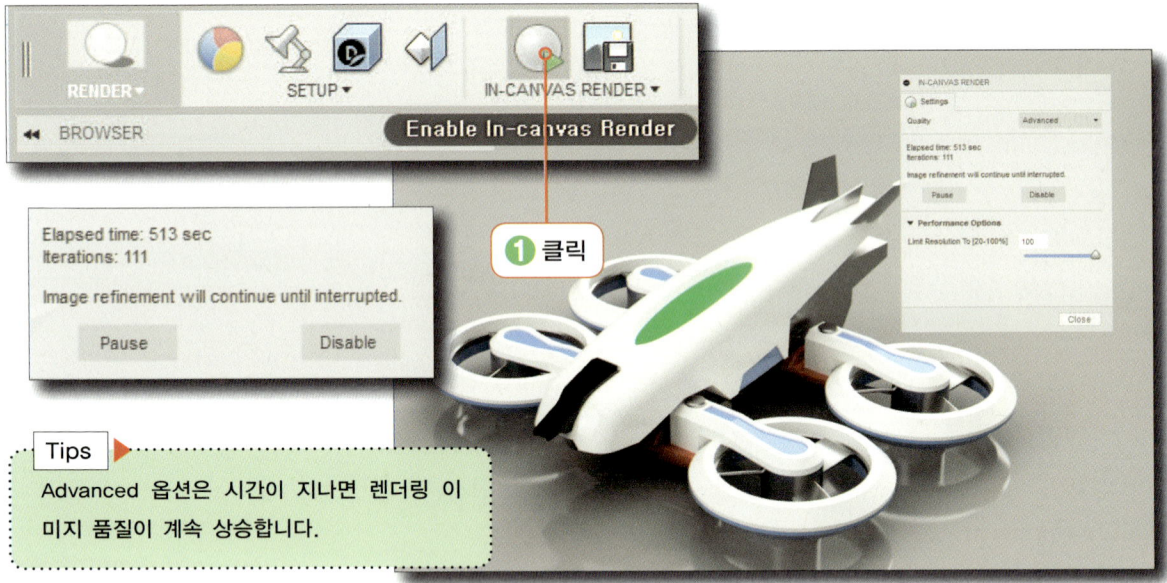

> **Tips**
> Advanced 옵션은 시간이 지나면 렌더링 이미지 품질이 계속 상승합니다.

step 2

렌더 버튼을 다시 눌러 렌더링을 중지합니다.

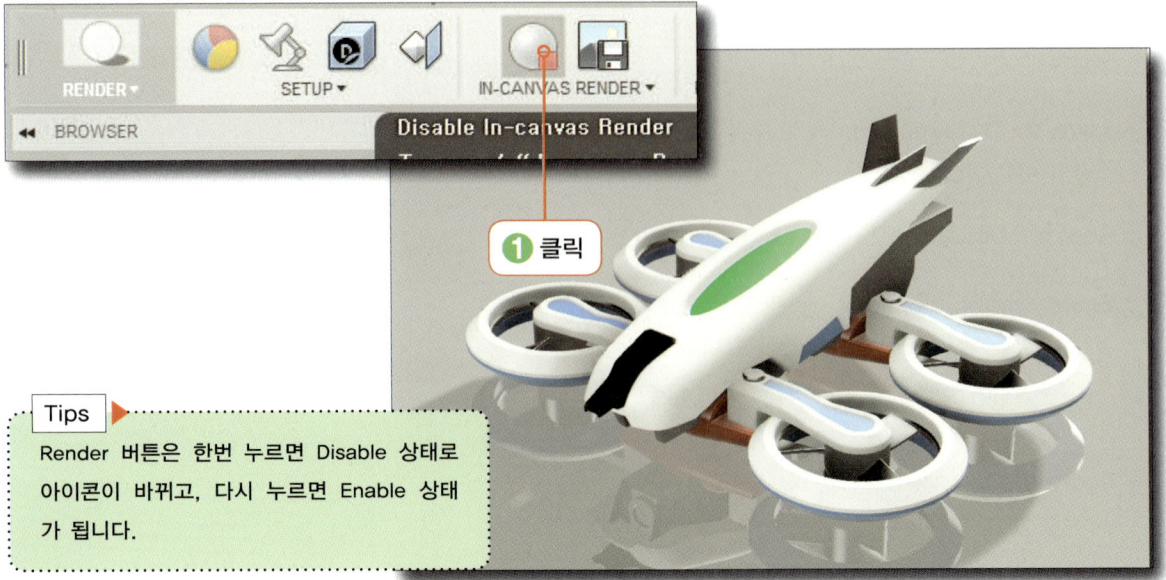

> **Tips**
> Render 버튼은 한번 누르면 Disable 상태로 아이콘이 바뀌고, 다시 누르면 Enable 상태가 됩니다.

Section01 렌더링 환경

Environment(환경) 옵션 설정하기
Autodesk Fusion 360

환경 옵션 설정으로 렌더링 이미지의 스타일을 바꿔 보도록 하겠습니다.

step 1

다음과 같은 순서로 환경 옵션에서 라이브러리를 바꿔 렌더링 이미지의 스타일을 바꿔 보도록 하겠습니다.

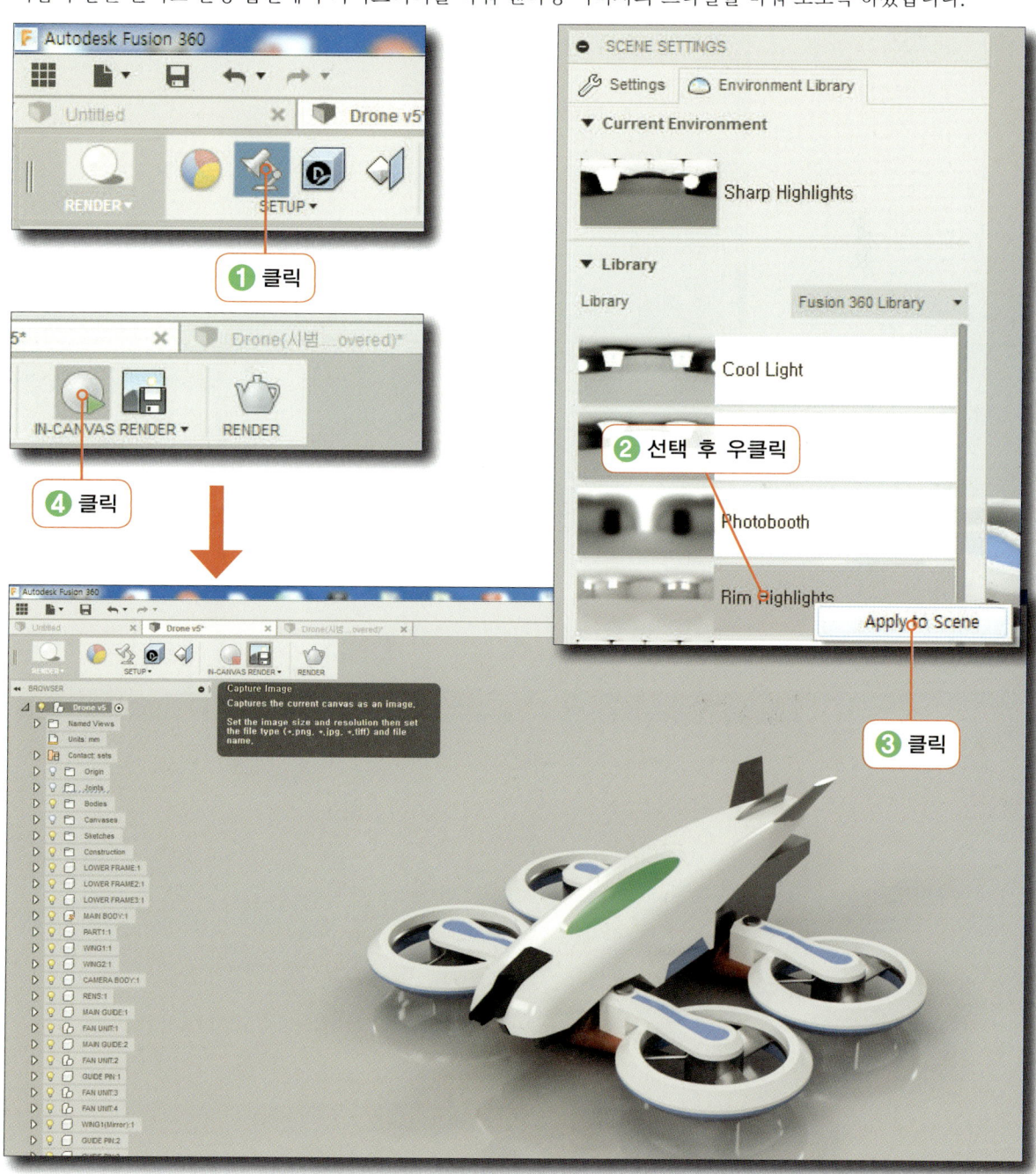

05

ETC Application

step 2

다음과 같은 순서로 렌더링된 이미지를 파일로 저장해 보도록 하겠습니다.

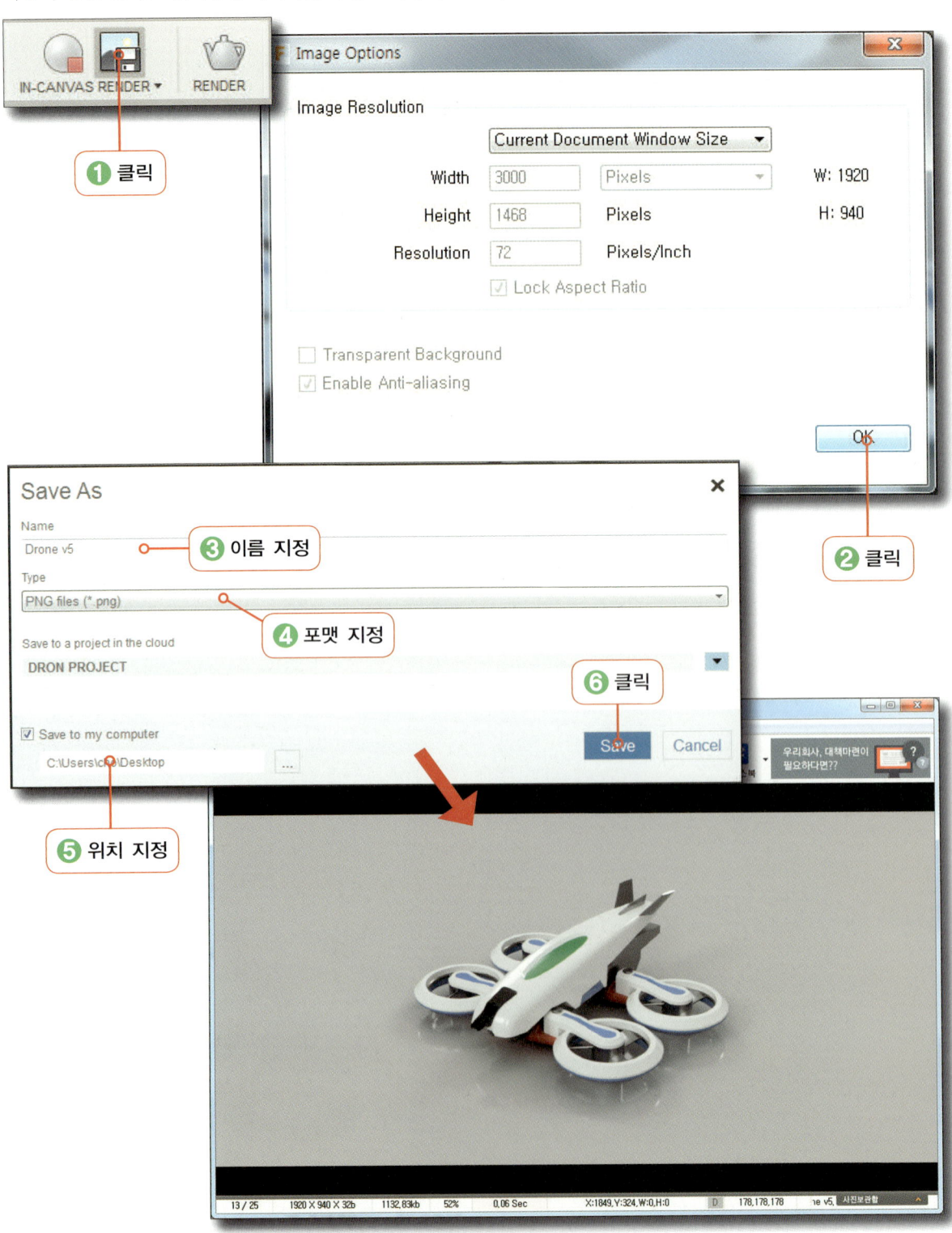

318

Section01 렌더링 환경

step 3

HDRI 이미지를 이용해 렌더링 스타일을 사용자가 원하는 대로 바꾸어 보도록 하겠습니다.

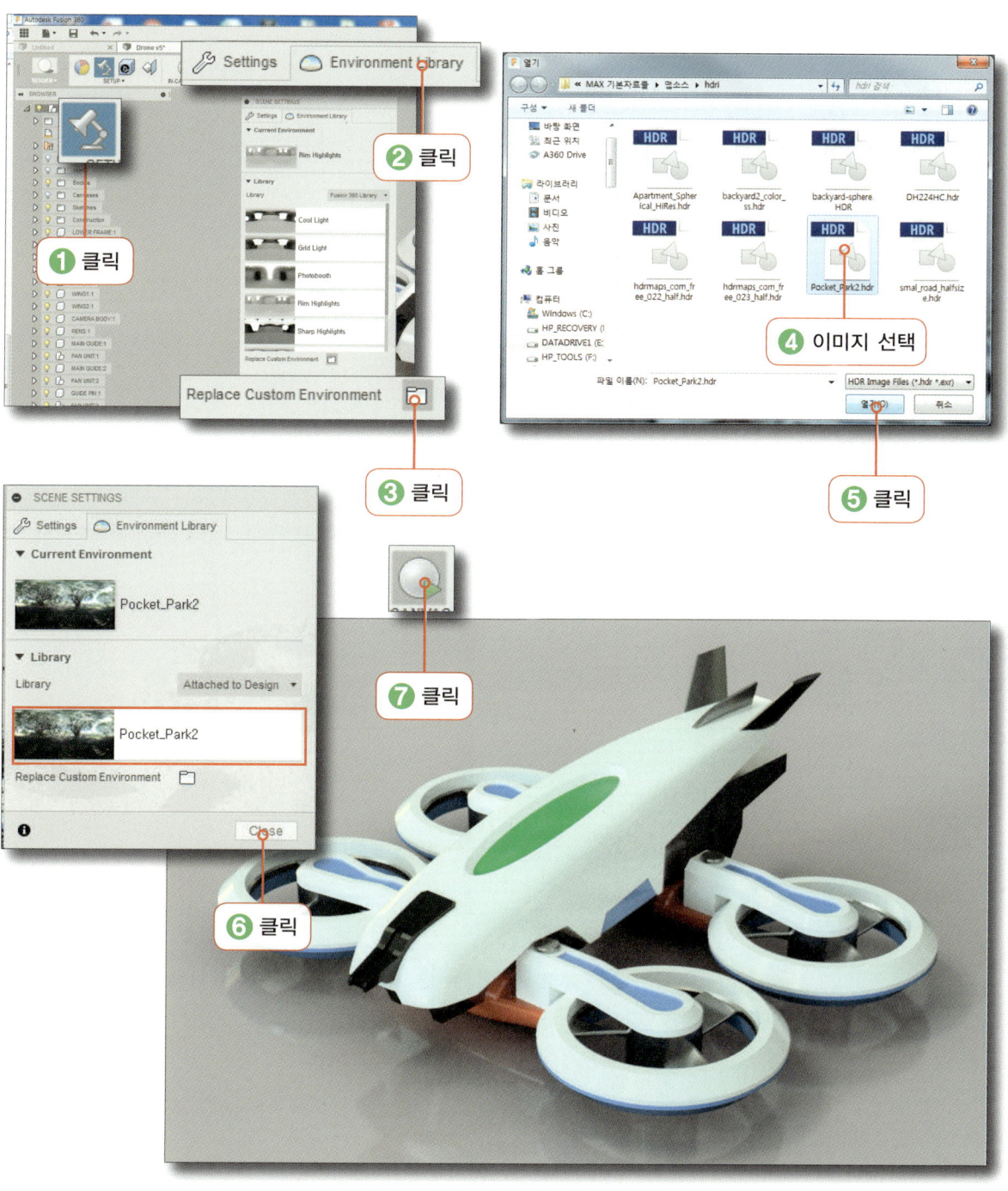

Tips
다양한 HDRI 이미지를 적용하면 사용자가 원하는 대로 그 분위기를 바꿀 수 있습니다.

05 ETC Application

클라우드 렌더링 하기
Autodesk Fusion 360

클라우드 서버를 이용해 렌더링을 해 보도록 하겠습니다.

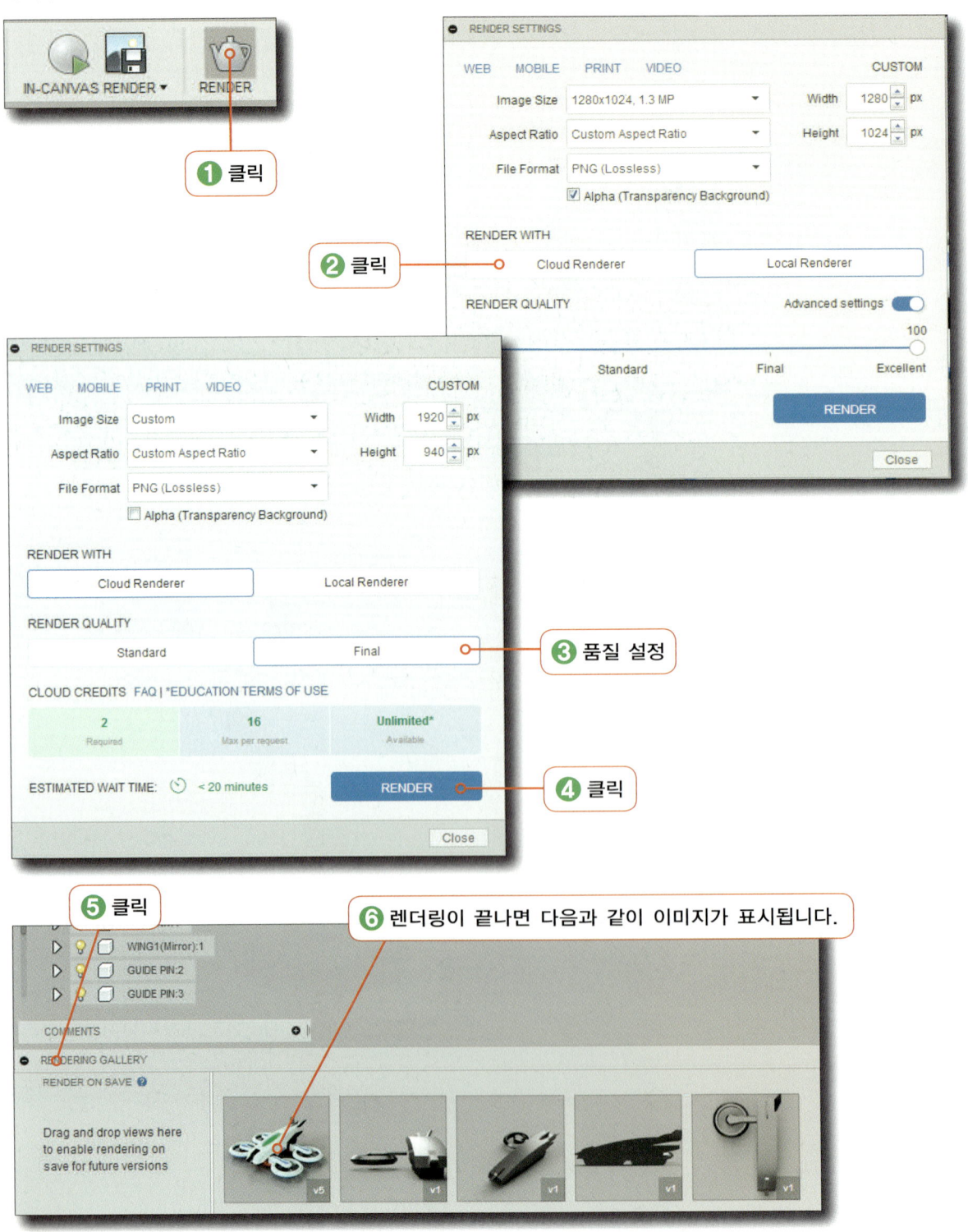

Section01 렌더링 환경

7 더블클릭하면 다음과 같이 이미지를 표시합니다.

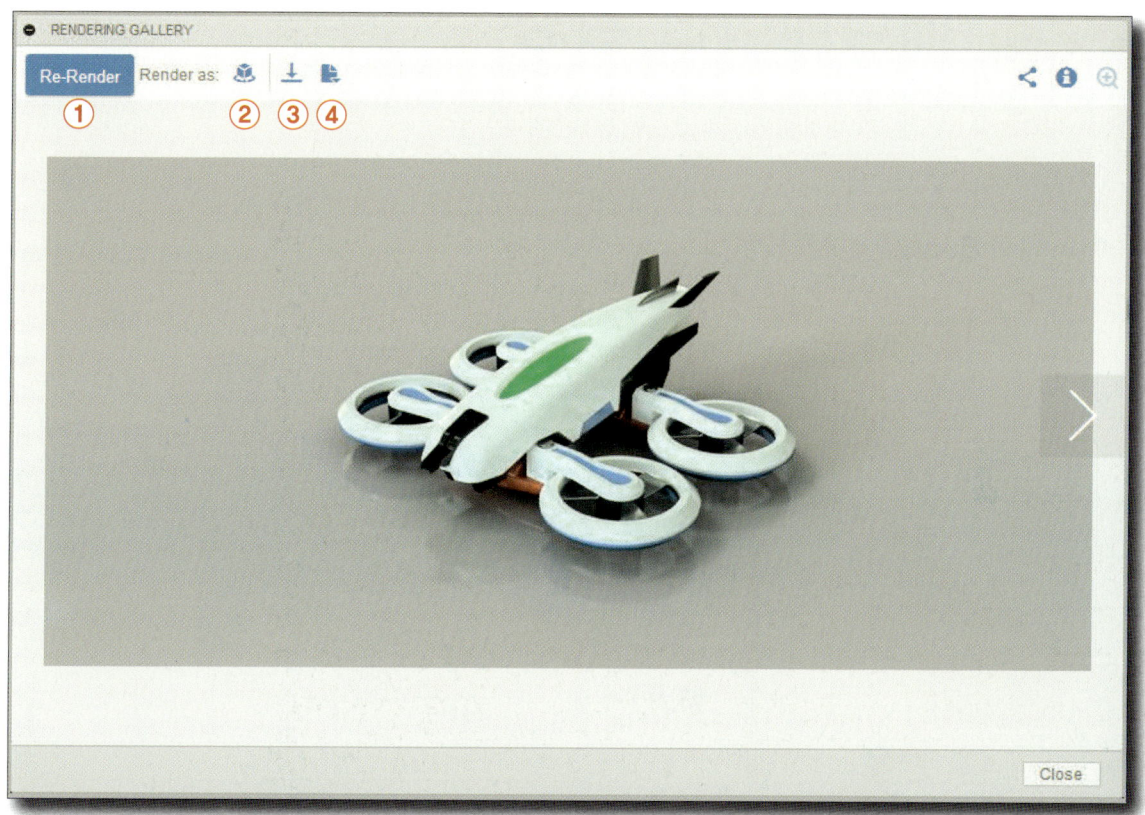

❶ Re-Render : 클라우드 렌더링을 다시 수행합니다.

❷ Turntable : 렌더링할 객체를 회전시키는 애니메이션 렌더링을 수행합니다.

❸ Download : 렌더링 이미지를 파일로 저장합니다.

❹ Actions : 이미지를 삭제하거나 밝기를 조절합니다.

> Tips
> 클라우드 렌더링으로 작성한 이미지는 계속 RENDERING GALLERY에 남아있습니다.

05 ETC Application

Section 02 애니메이션 환경

앞서 모델링한 드론으로 애니메이션을 작성해 보도록 하겠습니다.

애니메이션 환경 전환하기
Autodesk Fusion 360

다음과 같이 애니메이션 환경으로 전환합니다.

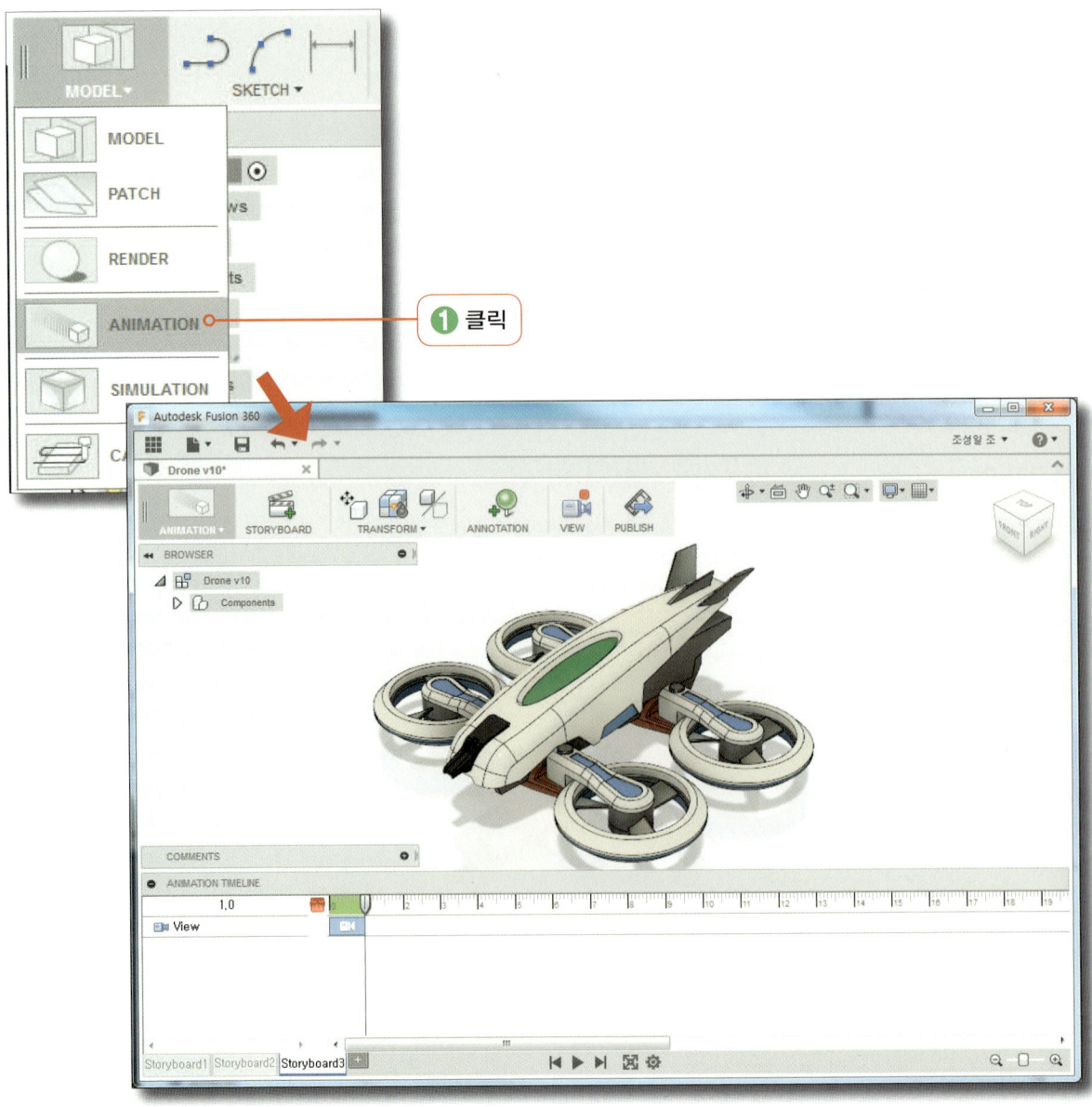

322

애니메이션 명령 알아보기   Autodesk Fusion 360

애니메이션 명령에는 다음과 같은 것들이 있습니다.

❶ **Storyboard(스토리 보드)** : 새로운 스토리 보드를 생성합니다.
❷ **Transform(이동)** : 부품의 여러가지 애니메이션을 작성합니다.
❸ **Annotation(주석)** : 애니메이션 안에 주석을 작성합니다.
❹ **View(뷰)** : 카메라 뷰를 녹화/녹화 해제합니다.
❺ **Publish(동영상 게재)** : 외부 동영상 파일로 추출합니다.

애니메이션 작성하기   Autodesk Fusion 360

작성한 드론 모델링을 이용하여 애니메이션을 작성합니다.

step 1

다음 순서에 따라 카메라 캡처 애니메이션 기능을 끄도록 하겠습니다.

Tips
이 기능을 끄지 않으면 화면을 이동하거나 회전할 때, 그 위치가 애니메이션 키로 자동으로 잡히게 됩니다.

step 2

다음 순서에 따라 팬 회전 애니메이션을 작성해 보도록 하겠습니다.

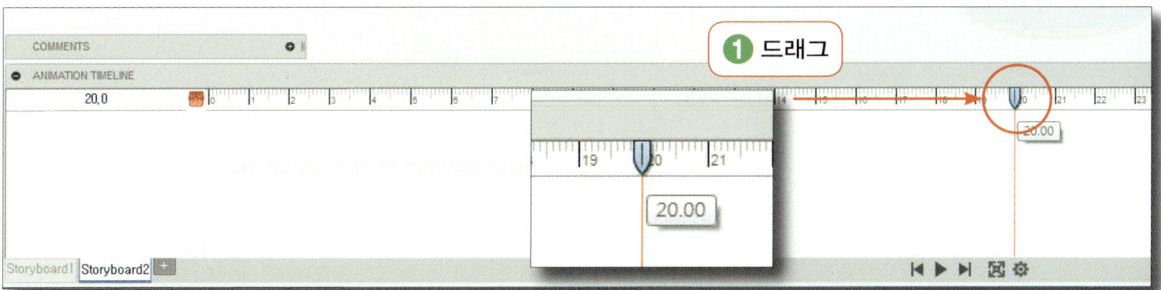

05
ETC Application

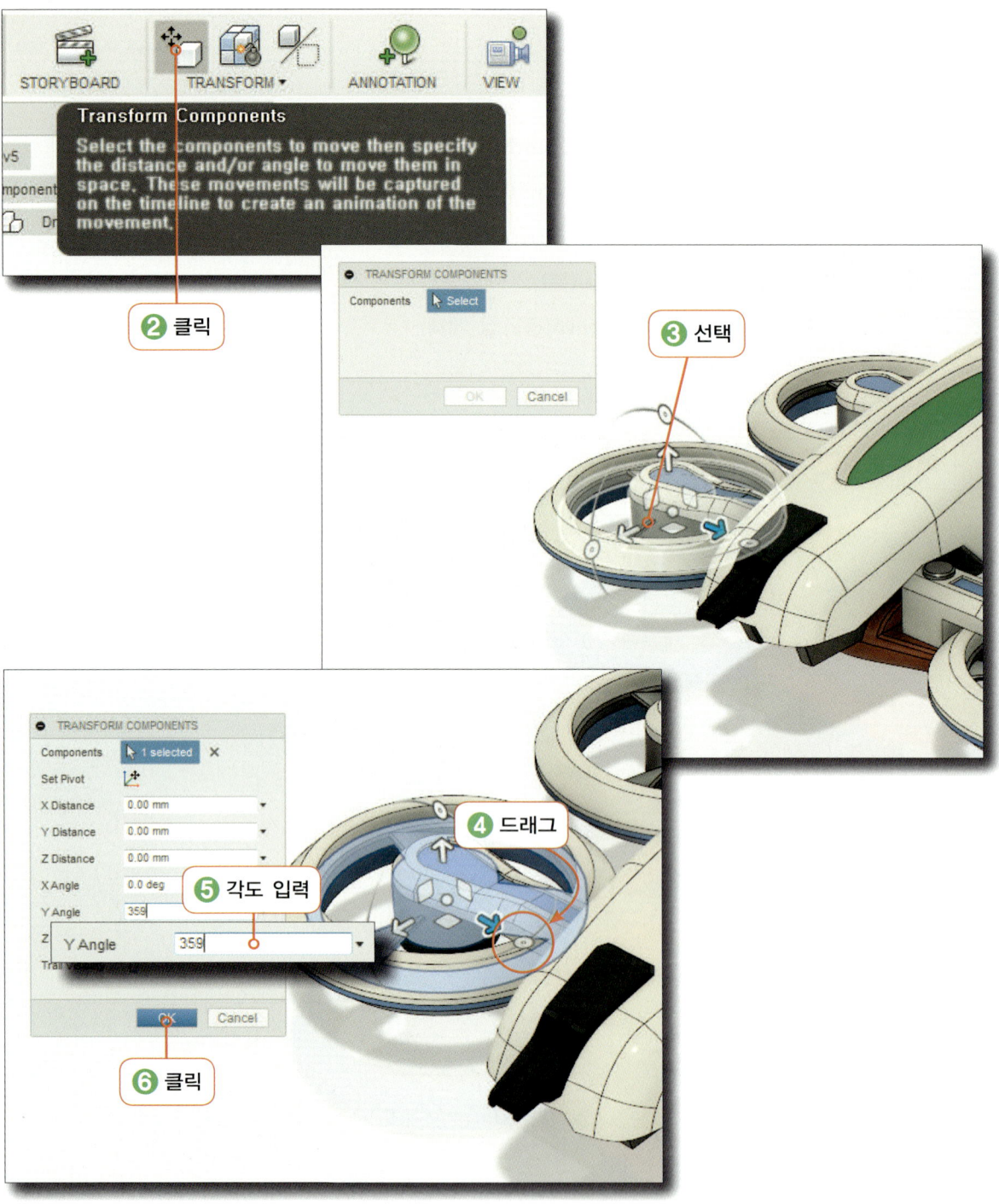

> **Tips**
> 회전 각도는 360도 이상을 지원하지 않습니다.

Section02 애니메이션 환경

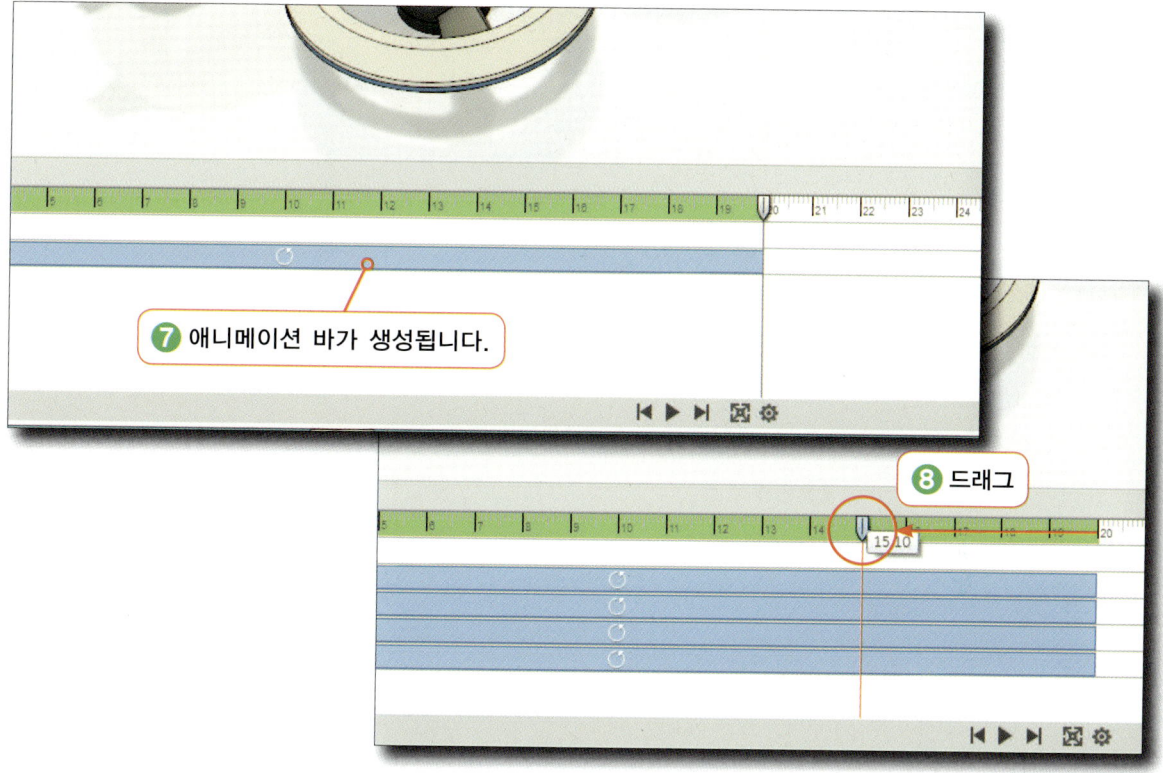

step 3

다음 순서에 따라 본체 이동 애니메이션을 작성해 보도록 하겠습니다.

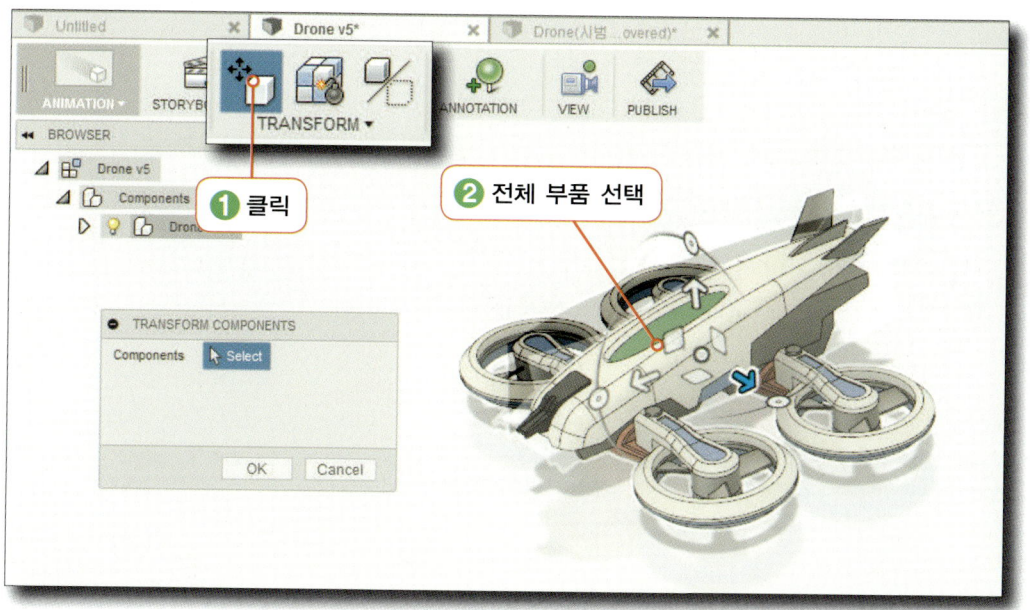

05
ETC Application

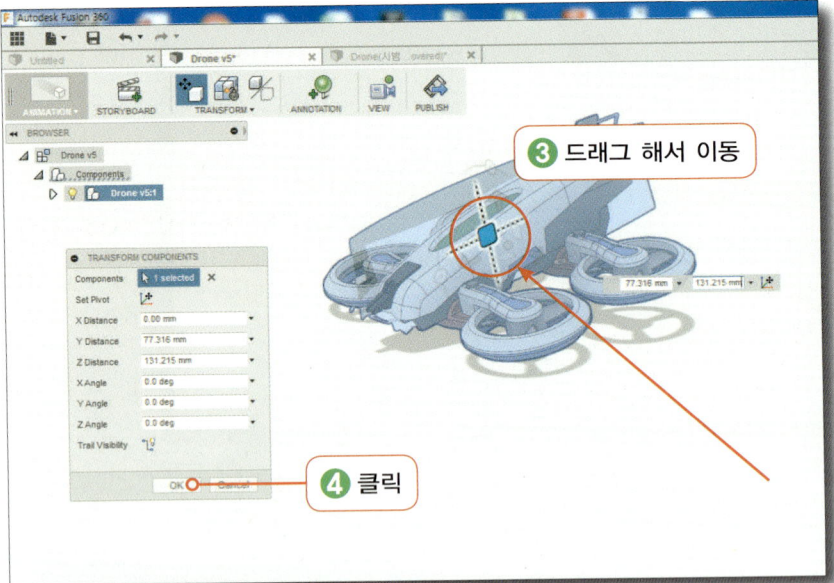

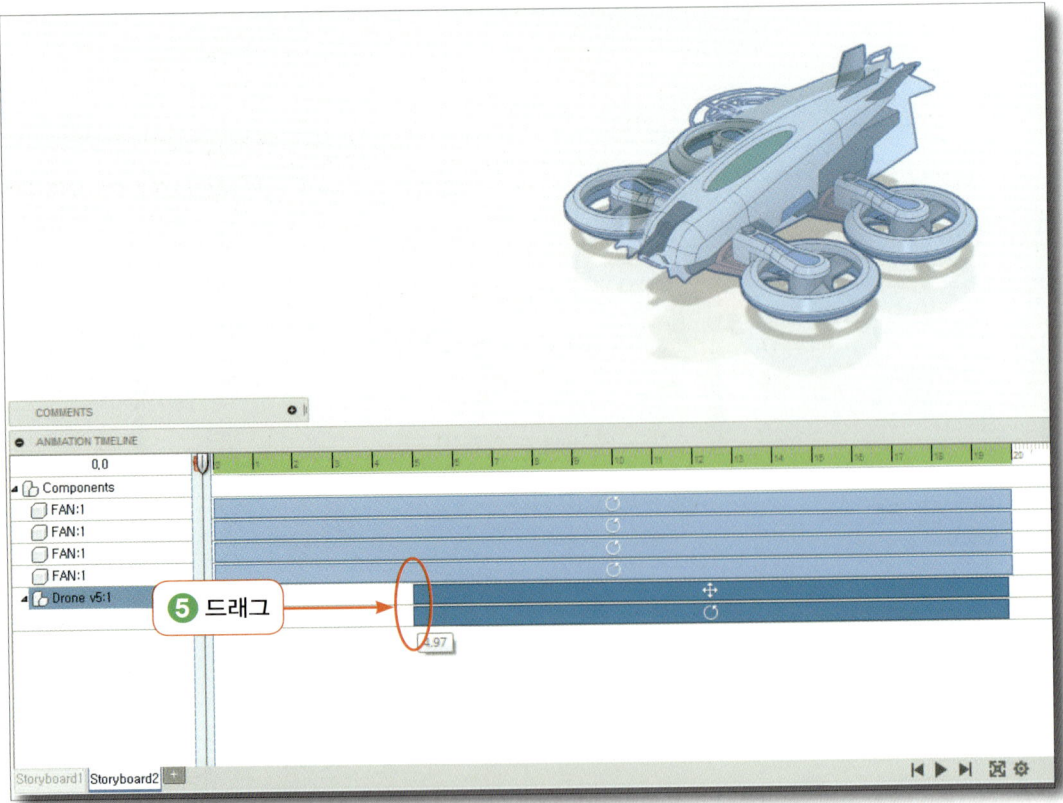

step 4

다음 순서에 따라 카메라 시점 애니메이션을 작성해 보도록 하겠습니다.

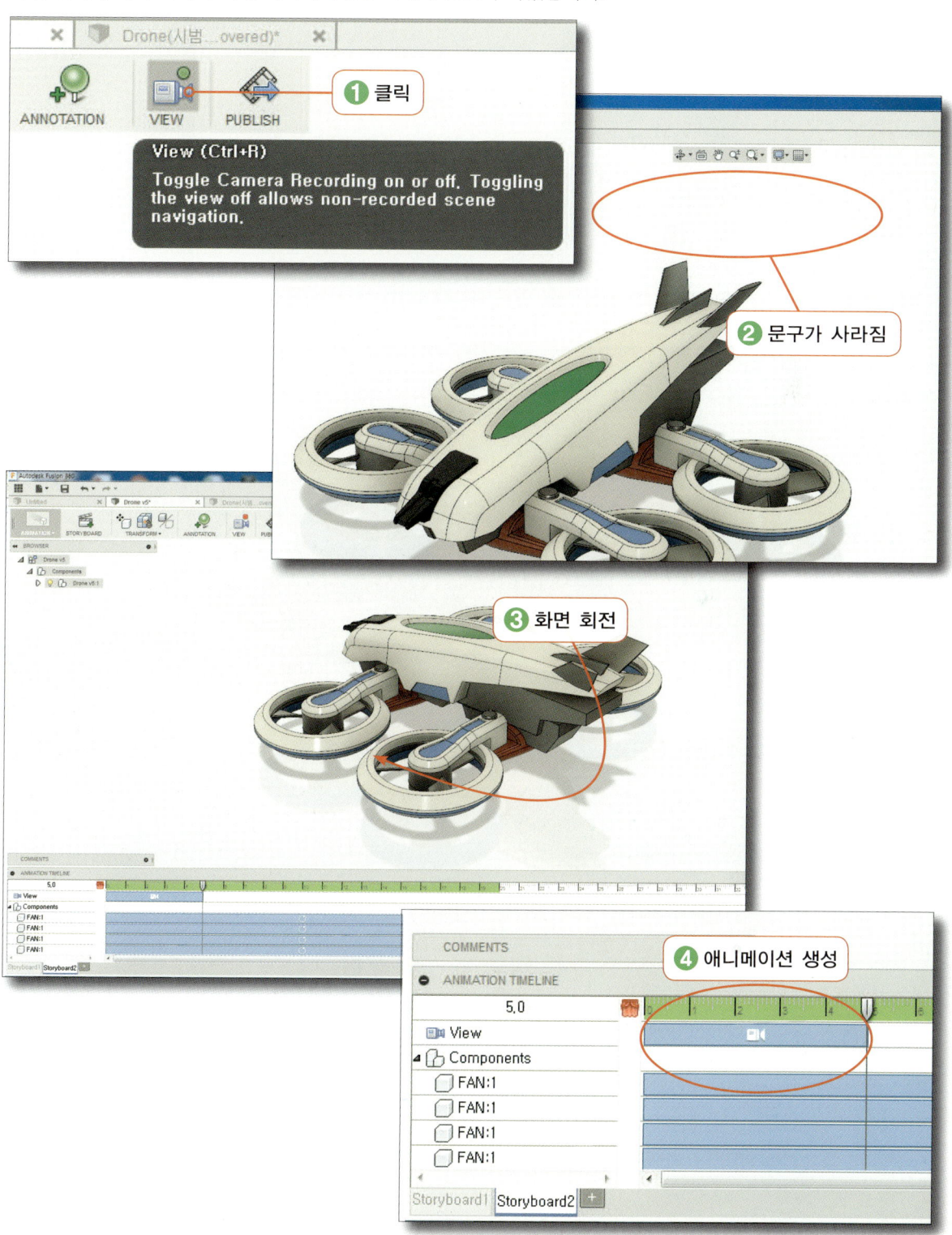

05
ETC Application

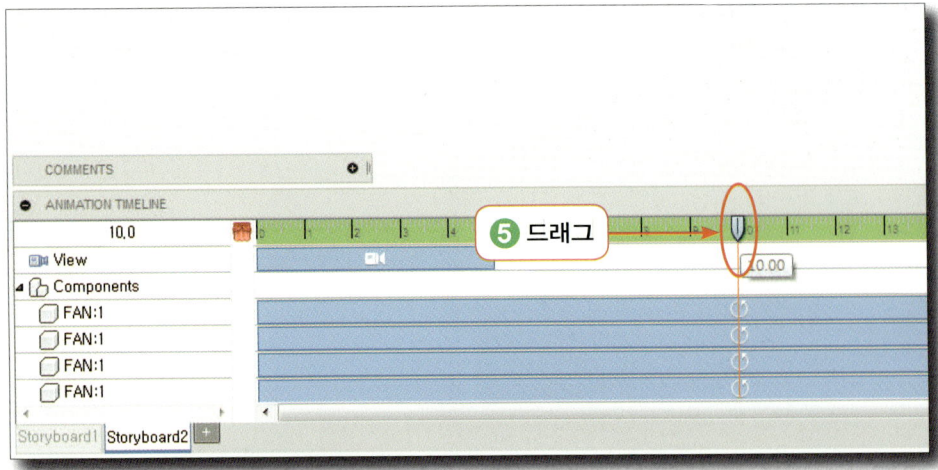

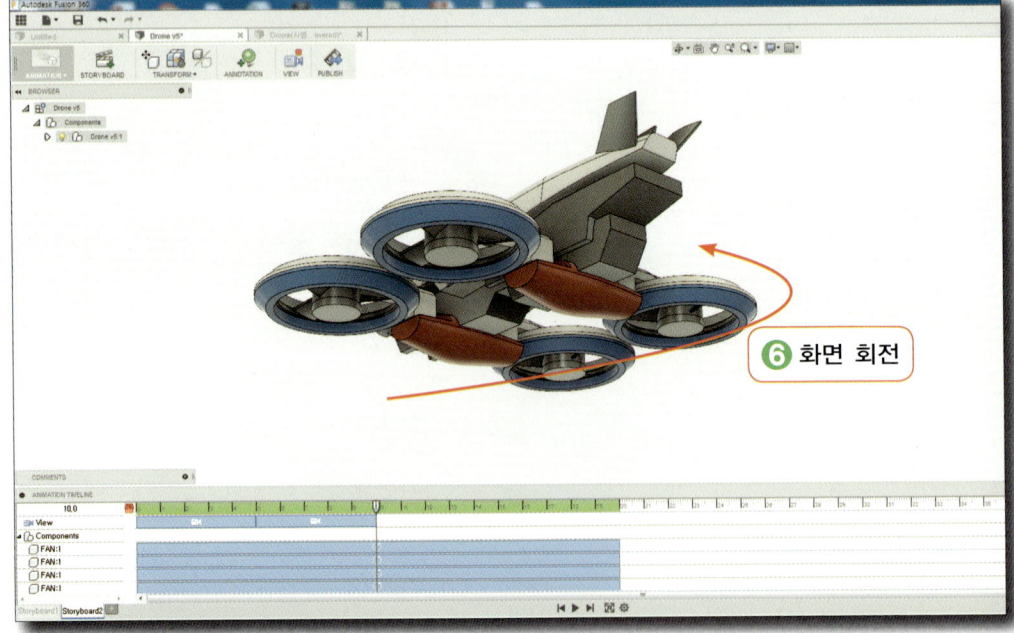

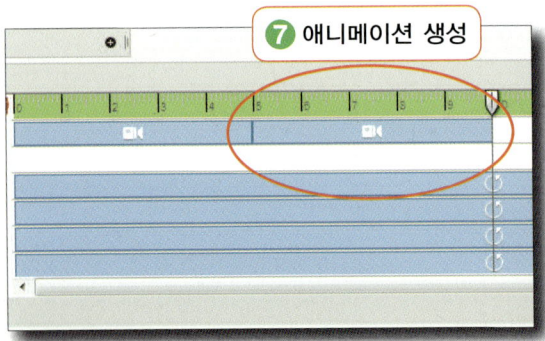

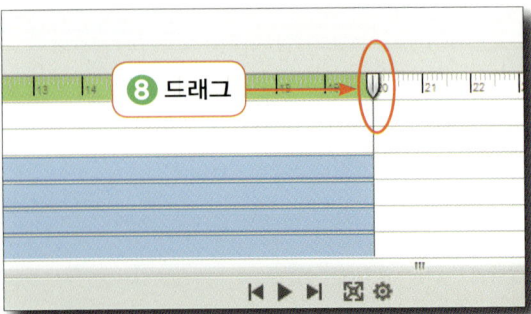

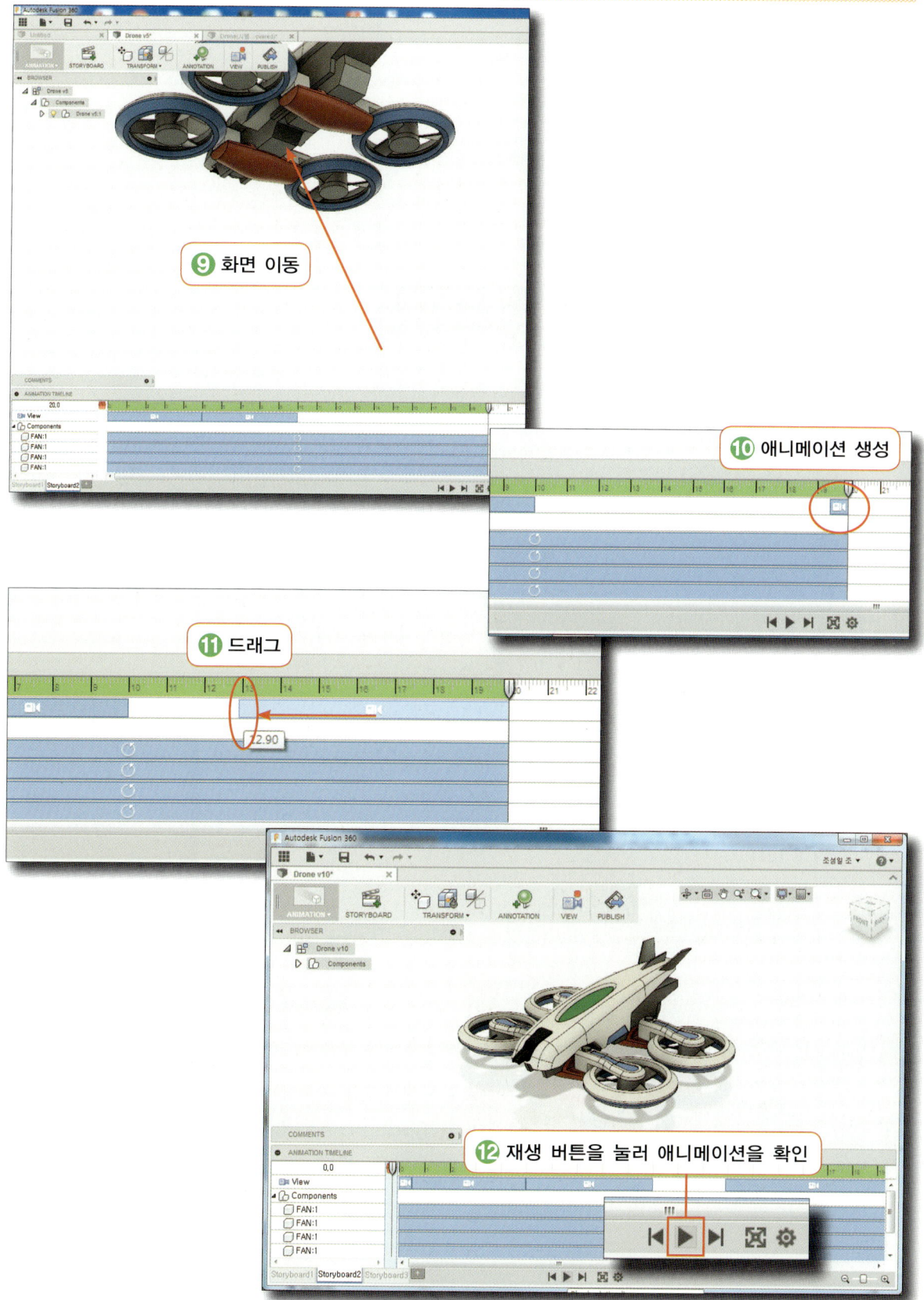

05 ETC Application

동영상 파일로 게시하기
Autodesk Fusion 360

작성한 애니메이션을 동영상 파일로 내보내 보도록 하겠습니다.

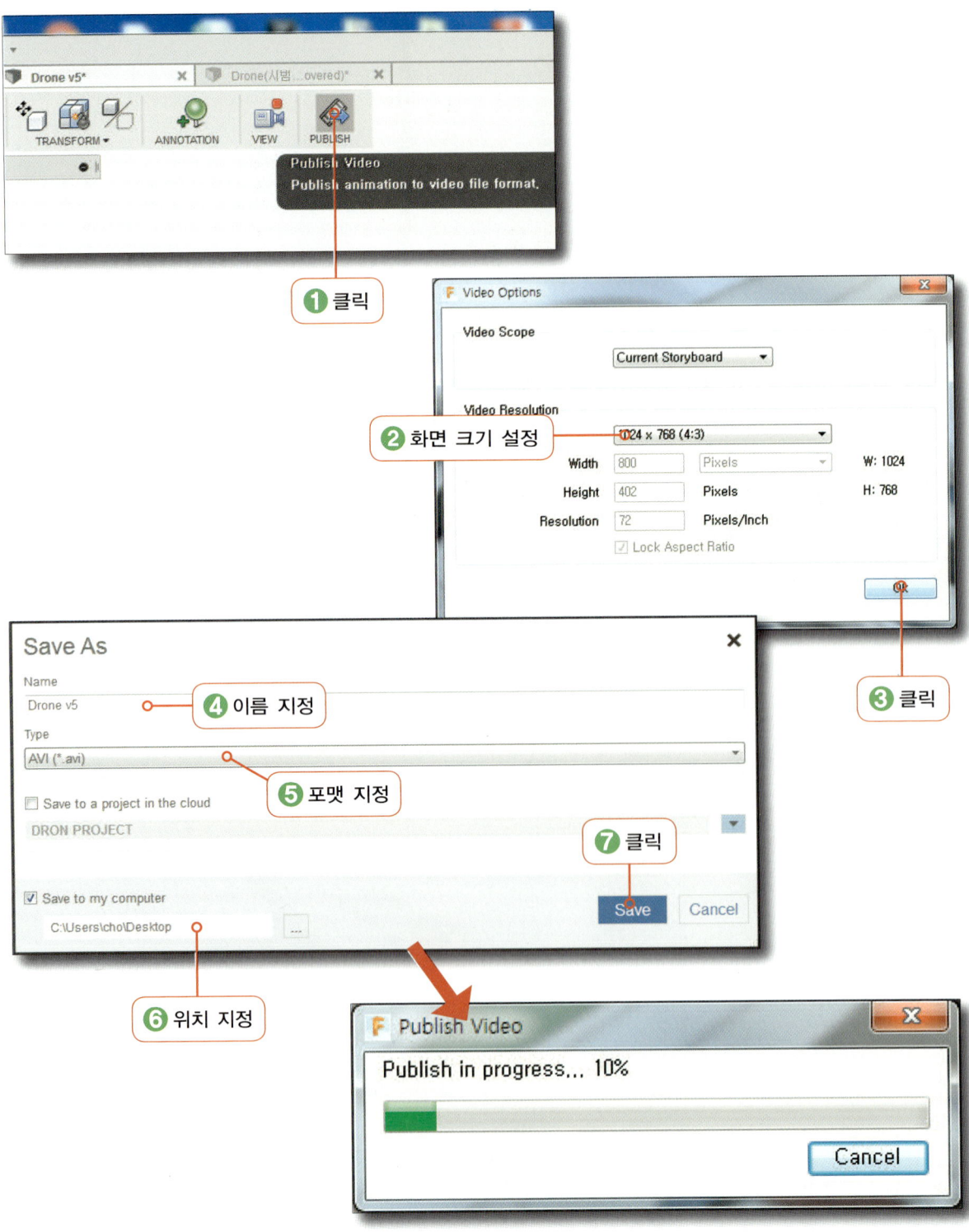

❽ 작성된 동영상 파일을 실행해 애니메이션을 확인합니다.

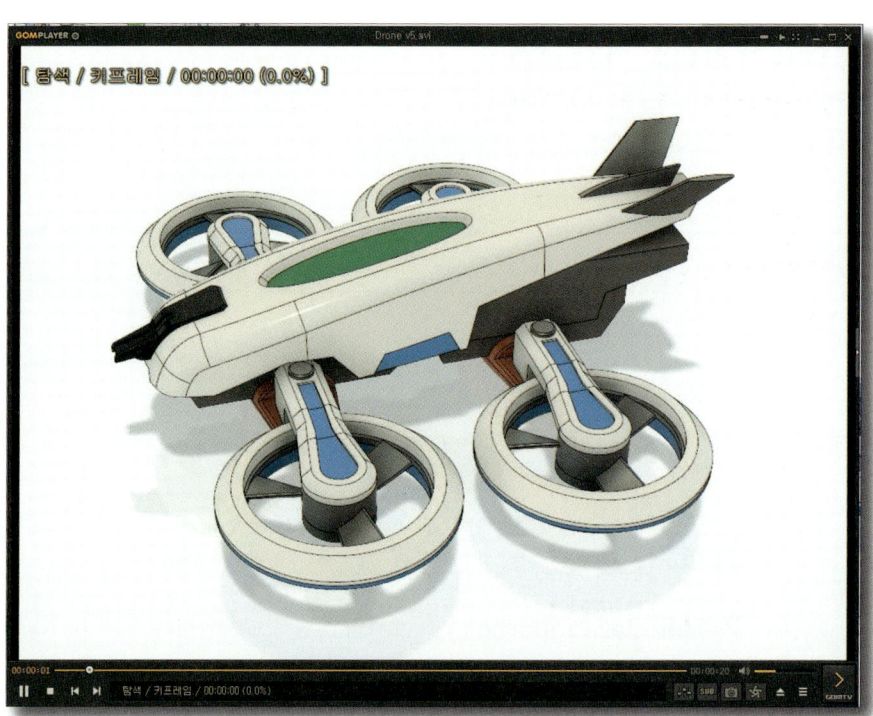

05 ETC Application

Section 03 시뮬레이션 환경

앞서 모델링한 드론 부품 중 하나에 대해서 시뮬레이션을 작성해 보도록 하겠습니다.

시뮬레이션 명령 알아보기   Autodesk Fusion 360

시뮬레이션 환경에는 다음과 같은 명령들이 있습니다.

01 MATERIAL(재질) 명령

작성 명령에는 다음과 같은 것들이 있습니다.

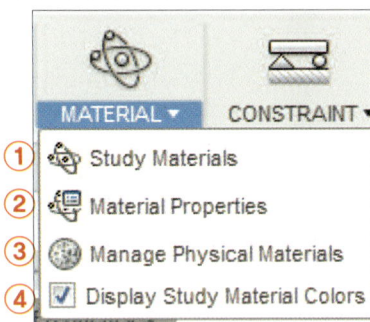

① **Study Materials** : 각 부품에 해석용 재질을 지정합니다.

② **Material Properties** : 각 재질의 특성을 표시합니다.

③ **Manage Physical Materials** : 물리적 재질을 제어합니다.

④ **Display Study Material Colors** : 현재 부품이 가지고 있는 재질 색상을 화면상에 표시합니다.

02 CONSTRAINT(구속) 명령

구속 명령에는 다음과 같은 것들이 있습니다.

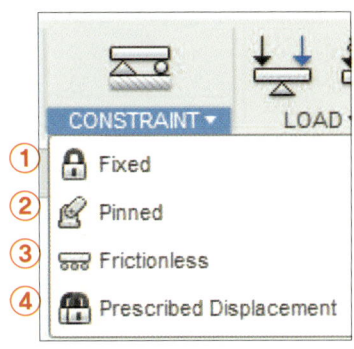

① **Fixed** : 선택한 면을 고정하는 구속을 부여합니다.

② **Pinned** : 선택한 면에 핀 고정 상태의 구속을 부여합니다.

③ **Frictionless** : 선택한 면에 무마찰 상태의 구속을 부여합니다.

④ **Prescribed Displacement** : 선택한 면에 소정의 변위를 제외한 구속을 부여합니다.

03 LOAD(하중)

하중 명령에는 다음과 같은 것들이 있습니다.

❶ **Force** : 힘 하중을 부여합니다.

❷ **Pressure** : 압력 하중을 부여합니다.

❸ **Moment** : 비틀림 하중을 부여합니다.

❹ **Remote Force** : 하중을 부여하는 위치와 방향을 사용자가 임의로 제어할 수 있습니다.

❺ **Applied Temperature** : 선택한 객체에 열 조건을 부여합니다.

❻ **Surface Heat** : 면 객체에 열 조건을 부여합니다.

❼ **Convection** : 열전달 조건을 추가해 열 조건을 부여합니다.

❽ **Internal Heat** : 내부 열 조건을 부여합니다.

❾ **Radiation** : 열 조건을 방사 타입으로 부여합니다.

❿ **Toggle Gravity On/Off** : 중력 조건을 On/Off 합니다.

⓫ **Edit Gravity** : 중력 조건을 편집합니다.

⓬ **Point Mass(Manual)** : 지정된 포인트에 질량 조건을 추가합니다.

04 CONTACT(접촉) 명령

접촉 명령에는 다음과 같은 것들이 있습니다.

❶ **Automatic Contacts** : 모든 부품에 자동으로 접촉을 부여합니다.

❷ **Bonded** : 두 부품에 본드 접촉을 부여합니다.

❸ **Separation(No Sliding)** : 두 부품에 분리(미끄럼 없음) 접촉을 부여합니다.

❹ **Sliding(No Separation)** : 두 부품에 미끄럼(분리 없음) 접촉을 부여합니다.

❺ **Separation + Sliding** : 두 부품에 분리 + 미끄럼 없음 접촉을 부여합니다.

05 ETC Application

05 Display(표시) 명령

표시 명령에는 다음과 같은 것들이 있습니다.

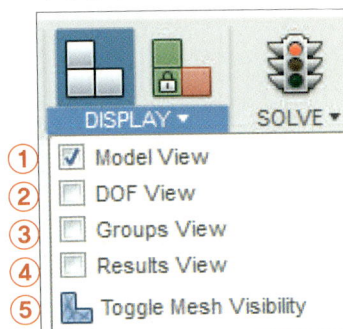

① **Model View** : 모델링 상태의 뷰를 표시합니다.

② **DOF View** : 모델의 자유도 상태를 표시합니다.

③ **Groups View** : 모델의 그룹 상태의 뷰를 표시합니다.

④ **Results View** : 해석 결과 뷰를 표시합니다.

⑤ **Toggle Mesh Visibility** : 현재 상태에 메시 뷰를 추가로 표시합니다.

06 SOLVE(해석) 명령

해석 명령에는 다음과 같은 것들이 있습니다.

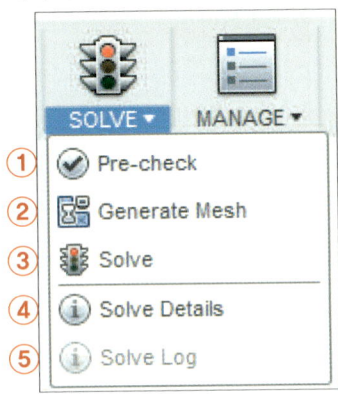

① **Pre-check** : 정상적으로 해석이 가능한지 미리 데이터를 검토합니다.

② **Generate Mesh** : 메시를 작성합니다.

③ **Solve** : 해석을 수행합니다.

④ **Solve Details** : 해석 결과의 디테일을 표시합니다.

⑤ **Solve Log** : 해석을 수행한 로그를 표시합니다.

07 MANAGE(관리) 명령

관리 명령에는 다음과 같은 것들이 있습니다.

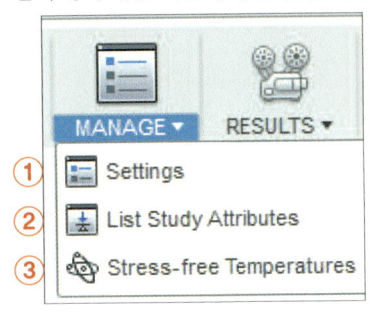

① **Settings** : 해석 옵션을 설정합니다.

② **List Study Attributes** : 스터디의 특성을 표시합니다.

③ **Stress-free Temperatures** : 일반 상태에서의 각 부품의 기본 열을 부여합니다.

334

08 RESULTS(결과) 명령

결과 명령에는 다음과 같은 것들이 있습니다.

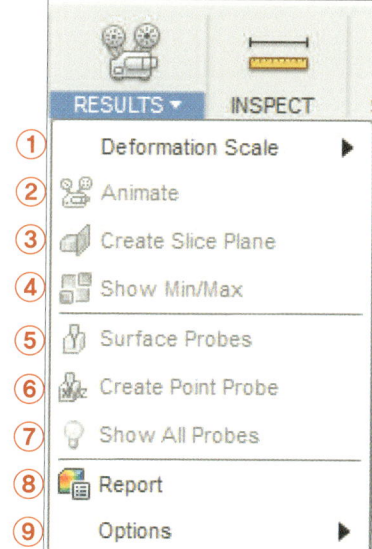

① **Deformation Scale** : 변형 스케일을 표시합니다.

② **Animate** : 해석에 의한 변형 상태를 애니메이션으로 표시합니다.

③ **Create Slice Plane** : 모델의 단면을 잘라내 단면의 해석 결과를 보여줍니다.

④ **Show Min/Max** : 해석의 최대값과 최소값을 화면에 표시합니다.

⑤ **Surface Probes** : 지정한 면에 대해서 해석값을 표시합니다.

⑥ **Create Point Probe** : 지정한 지점에 프로브를 작성합니다.

⑦ **Show/Hide All Probes** : 화면에 표시된 모든 프로브를 보여주거나 숨깁니다.

⑧ **Report** : 해석 리포트를 작성합니다.

⑨ **Options** : 결과값 표시에 대한 옵션을 설정합니다.

05 ETC Application

부품 선별 및 저장하기 Autodesk Fusion 360

시뮬레이션을 적용할 부품을 저장한 후 시뮬레이션 환경으로 전환해 보도록 하겠습니다.

step 1

다음 순서에 따라 메인 가이드 부품을 독립적인 부품 파일로 저장해 보도록 하겠습니다.

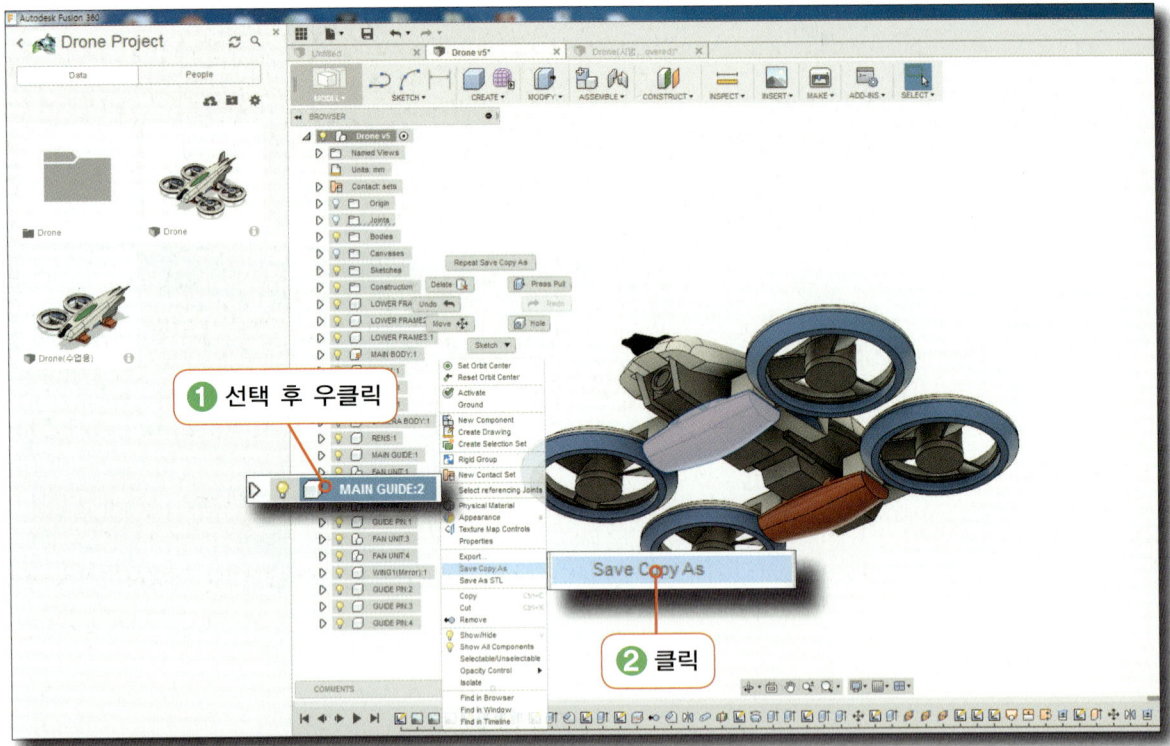

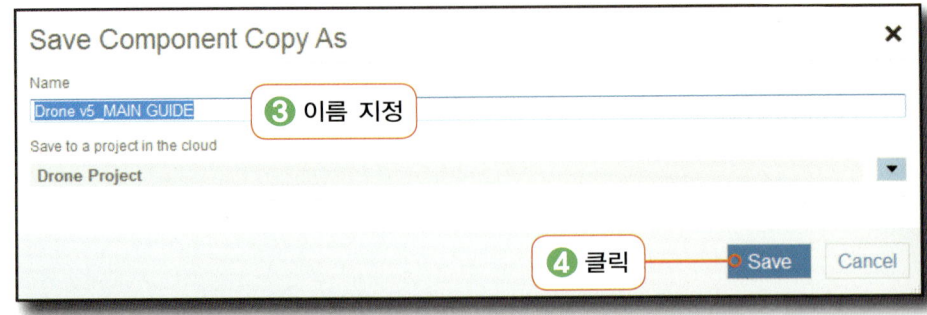

Section03 시뮬레이션 환경

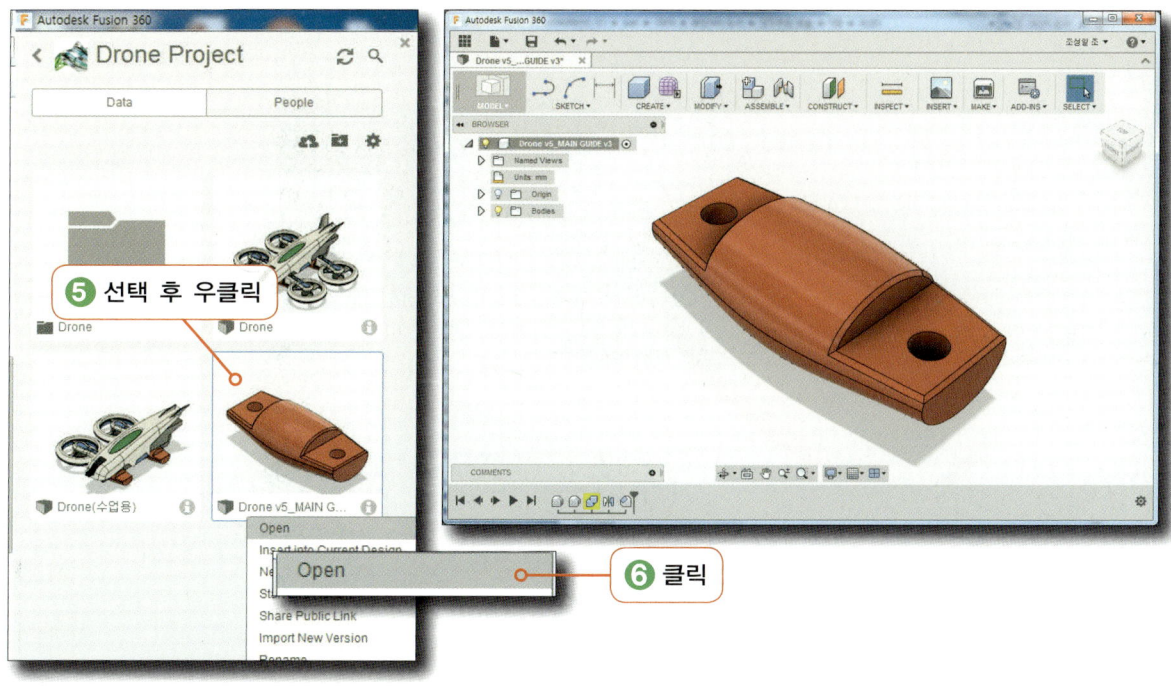

시뮬레이션 작성을 위한 추가 모델링하기
Autodesk Fusion 360

시뮬레이션을 적용하기 위해서 추가 모델링을 해 보도록 하겠습니다.

step 1

다음 순서에 따라 시뮬레이션 환경으로 가서 스터디를 작성해 보도록 하겠습니다.

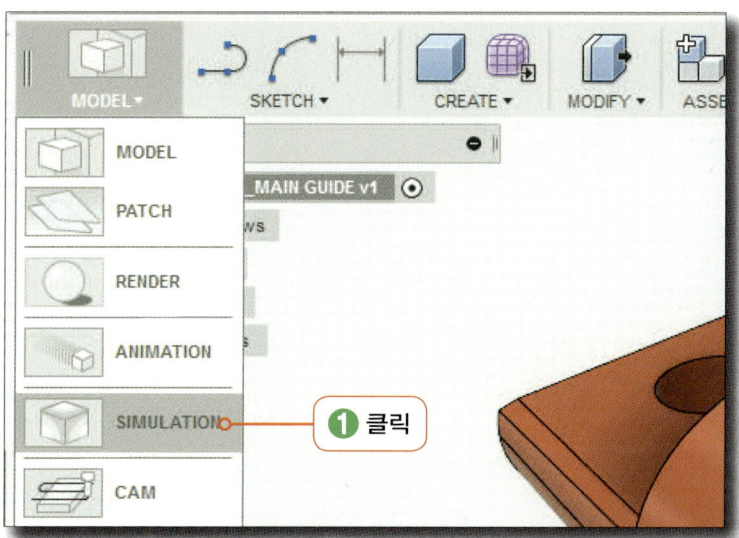

337

05 ETC Application

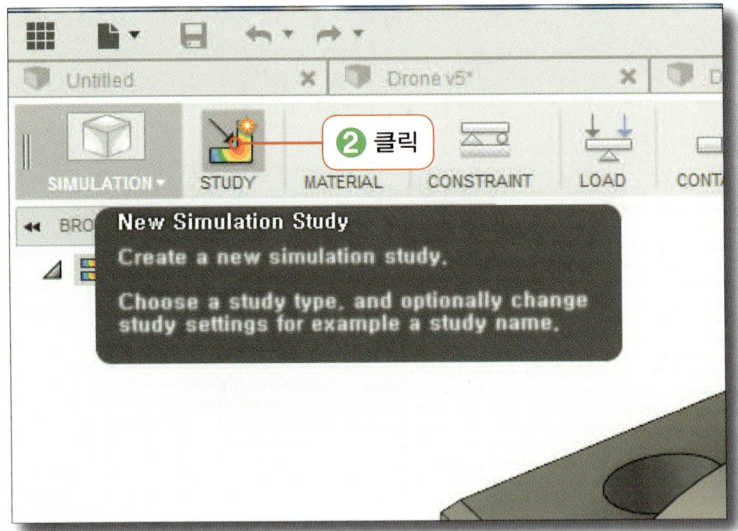

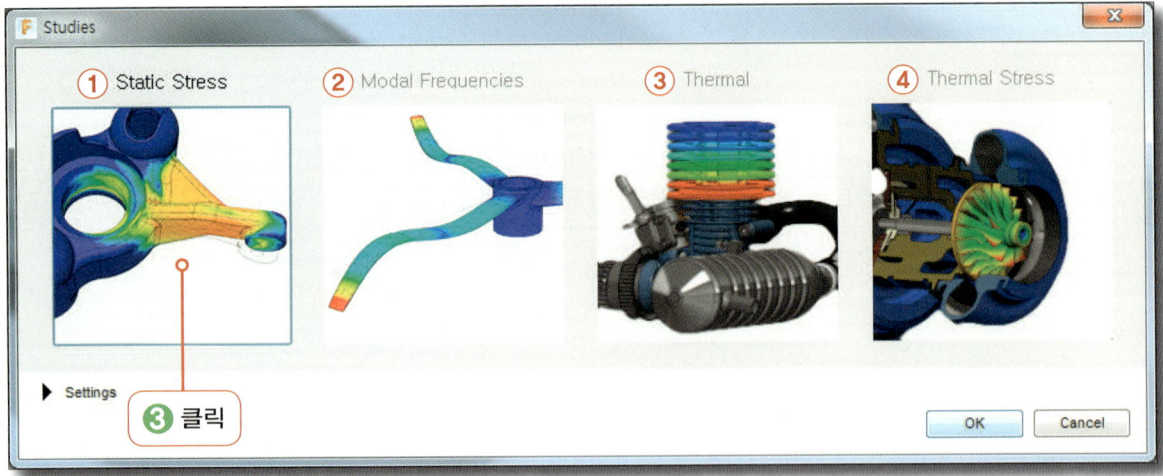

❶ **Static Stress** : 정적 구조해석을 수행합니다.

❷ **Modal Frequencies** : 진동 해석을 수행합니다.

❸ **Thermal** : 열 해석을 수행합니다.

❹ **Thermal Stress** : 열 응력 해석을 수행합니다.

Section03 시뮬레이션 환경

step 2

다음 순서에 따라 모델에 재질을 부여합니다.

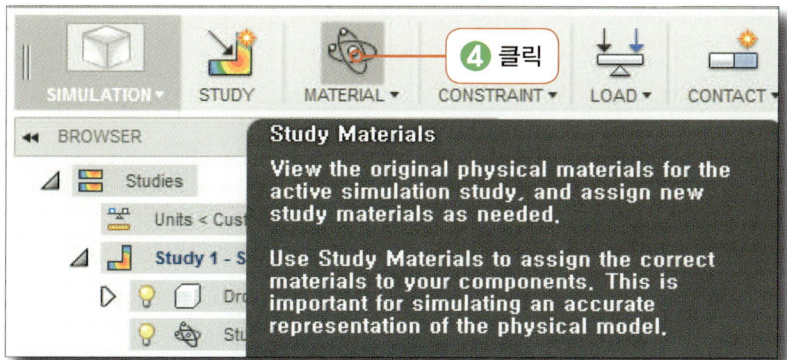

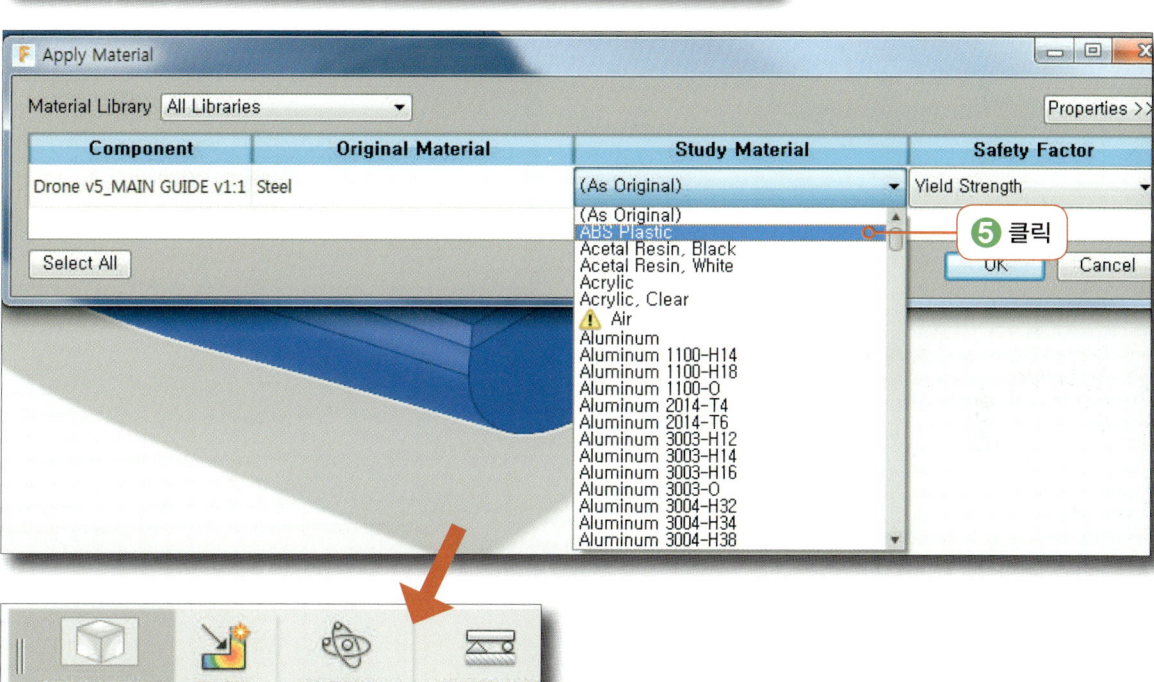

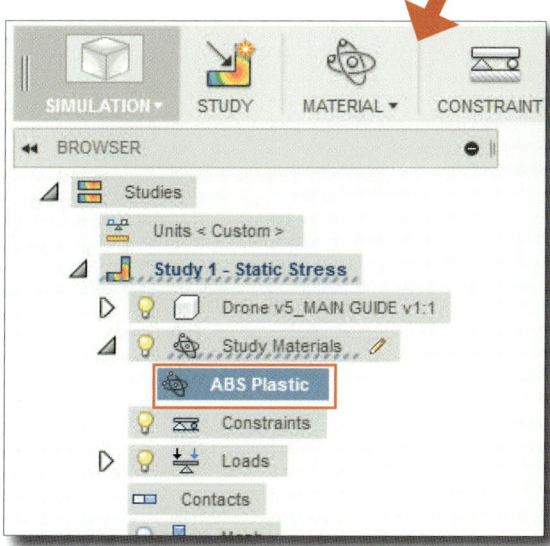

> Tips
> 시뮬레이션에 부적합한 재질은 경고표시가 재질 앞에 표시됩니다.

05 ETC Application

step 3

다음 순서에 따라 고정 평면을 주기 위한 추가 모델링을 실시합니다.

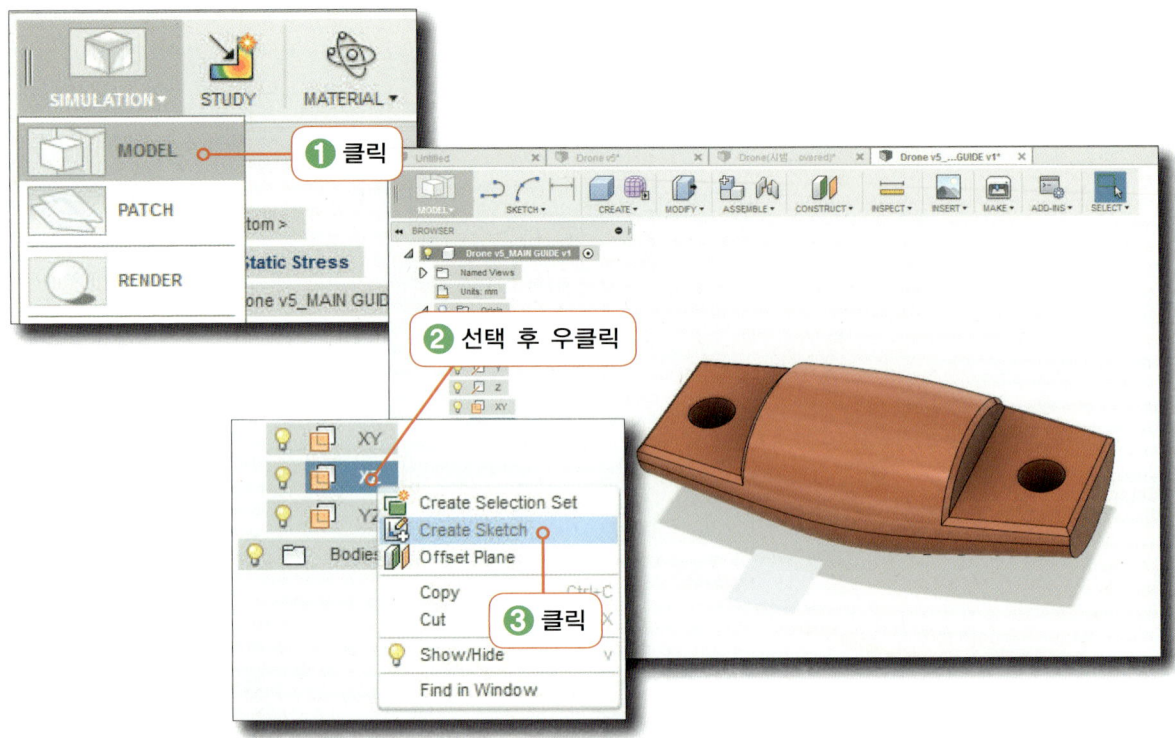

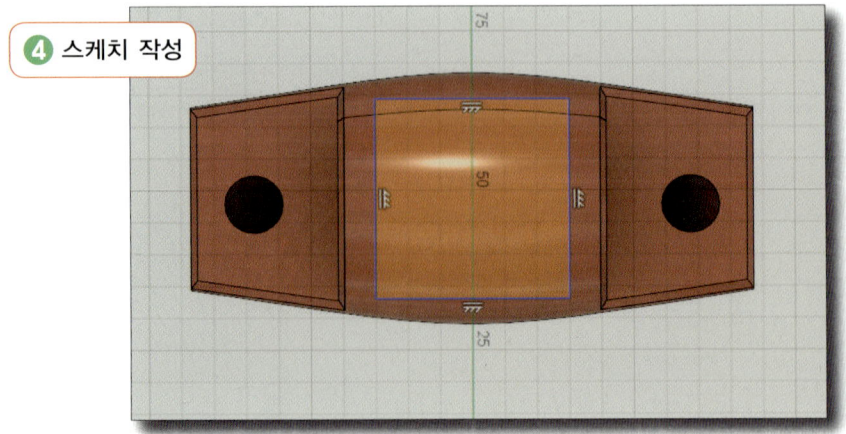

> **Tips**
> 사각형은 드론 몸체와 접촉하는 부분만큼 작성합니다.

MODIFY
ASSEMBLE
Press Pull Q
Fillet F
Rule Fillet
Chamfer
Shell
Draft
Scale
Combine
Replace Face
Split Face
Split Body
Silhouette Split
1 selected
Select
OK
Cancel
Select a splitti
⑥ 선택
⑤ 클릭

SPLIT FACE
Faces to Split
1 selected
Splitting Tool
1 selected
Extend Splitting Tool
OK
Cancel
⑦ 클릭
⑧ 스케치 선택
⑨ 클릭

MODEL
SKETCH
MODEL
SIMULATION
⑩ 클릭해서 시뮬레이션 환경으로 복귀

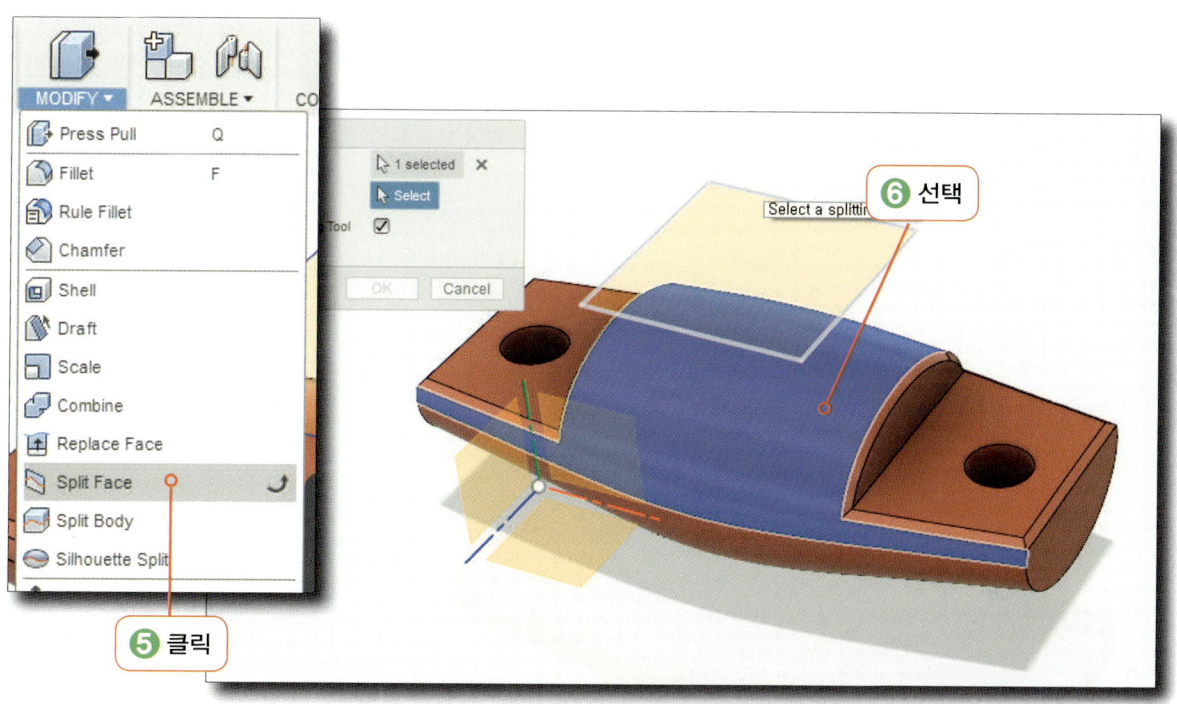

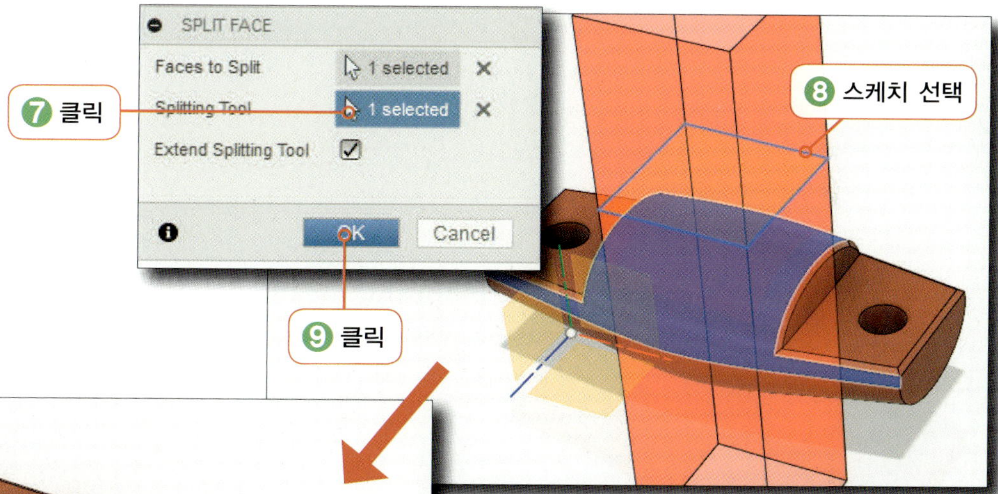

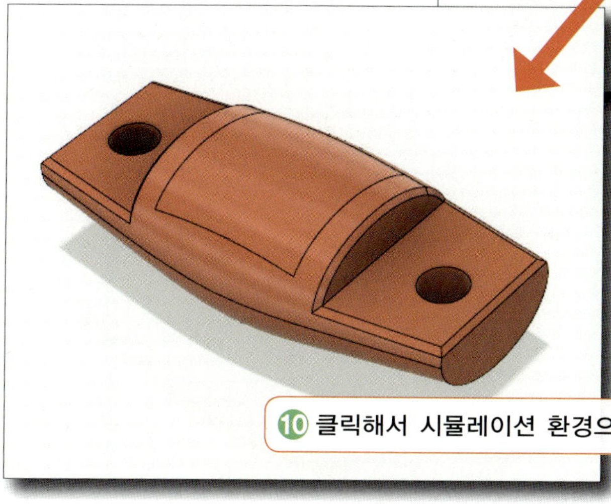

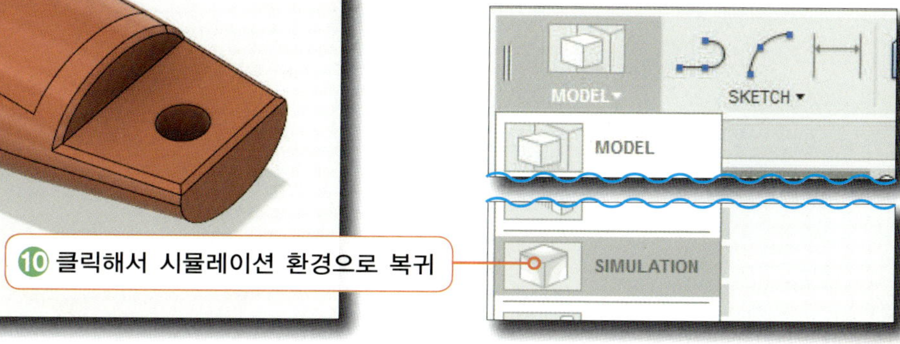

05 ETC Application

시뮬레이션 작성하기
Autodesk Fusion 360

다음과 같이 여러가지 조건을 부여해서 시뮬레이션을 작성해 보도록 하겠습니다.

step 1

다음 순서에 따라 원하는 면에 고정 구속조건을 부여합니다.

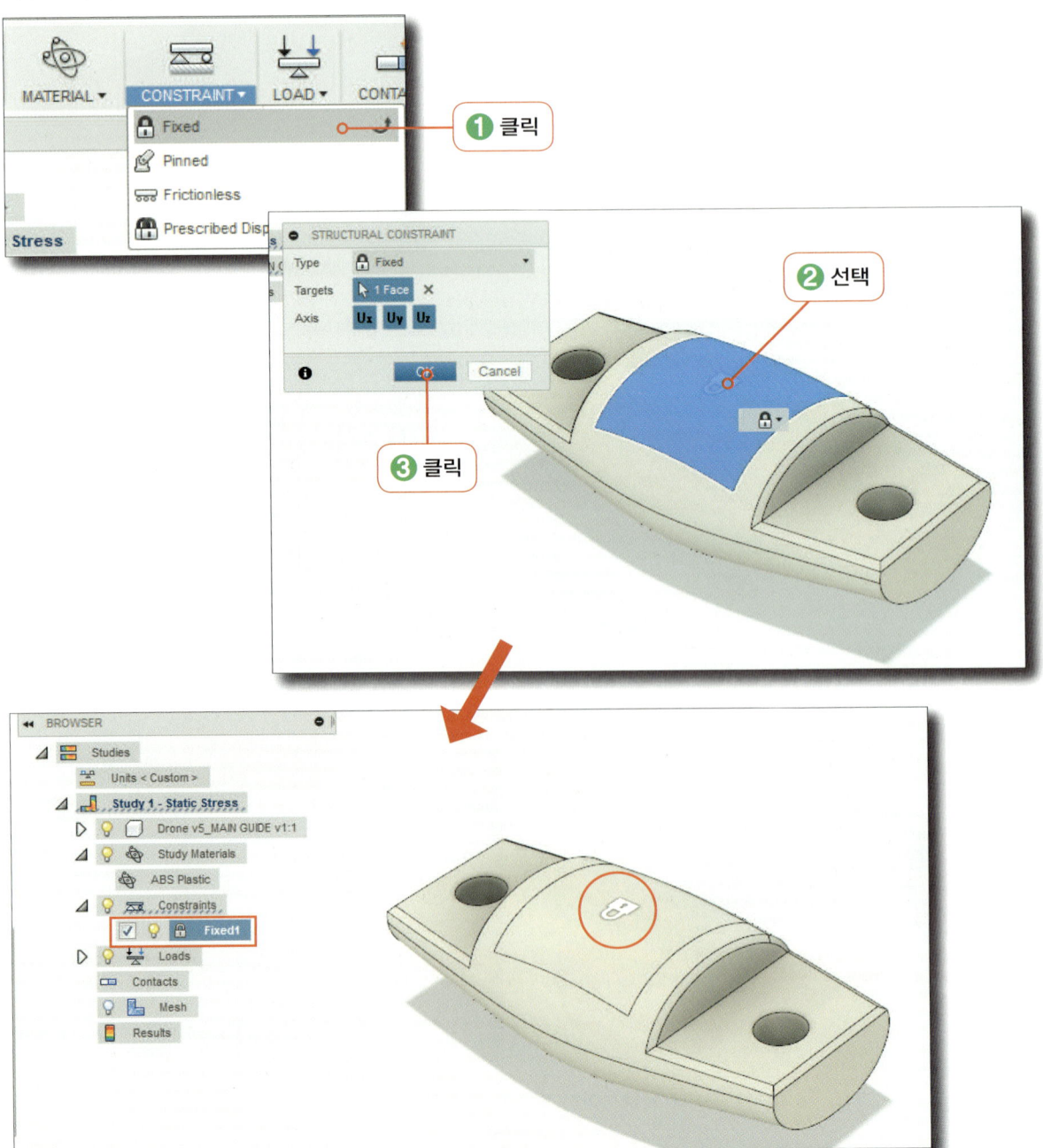

step 2

다음 순서에 따라 원하는 면에 힘 조건을 부여합니다.

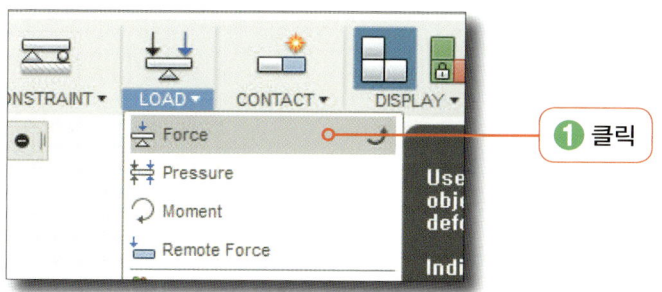

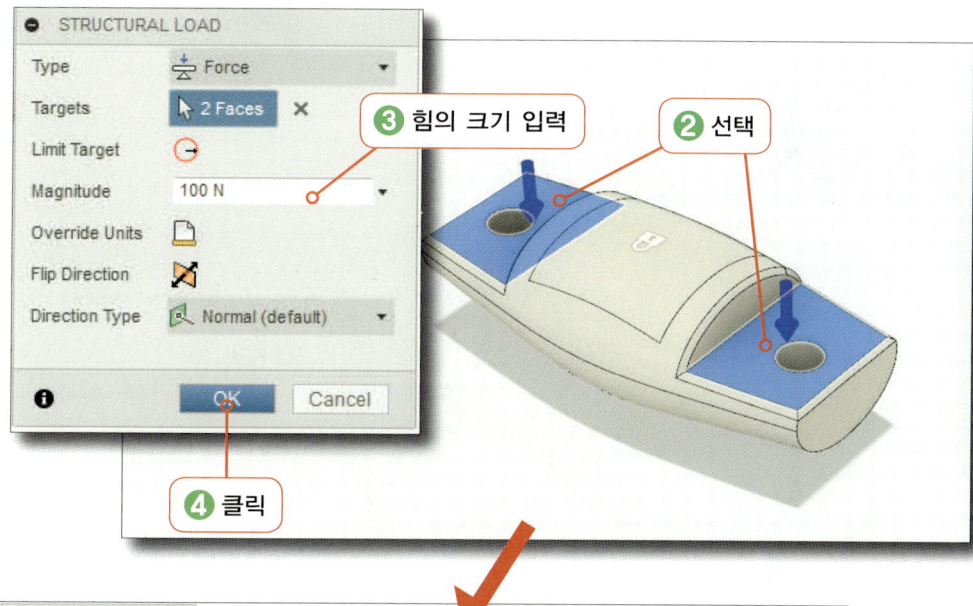

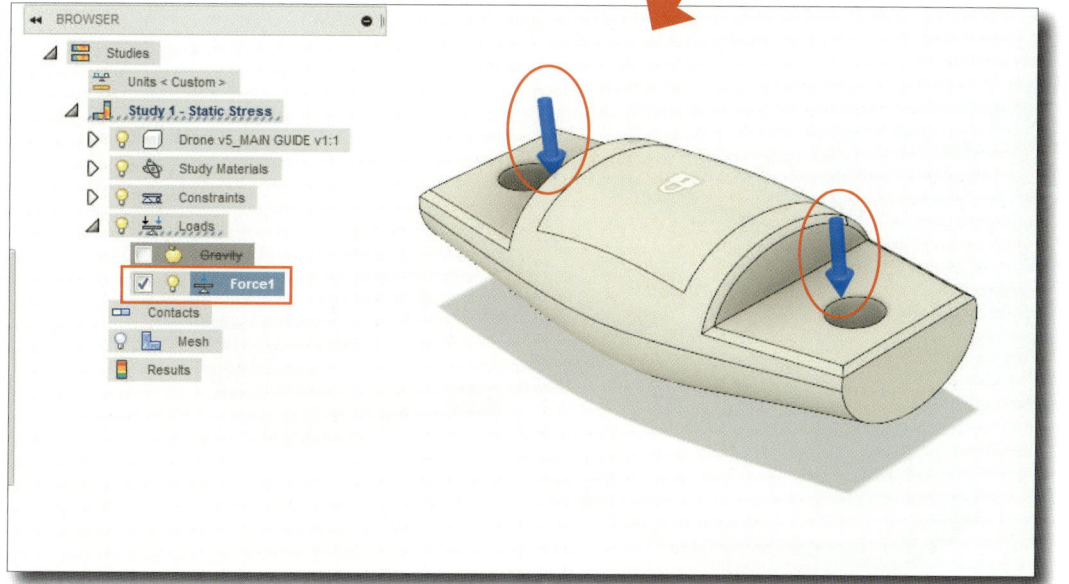

05 ETC Application

step 3

다음 순서에 따라 메시 작성을 실행합니다.

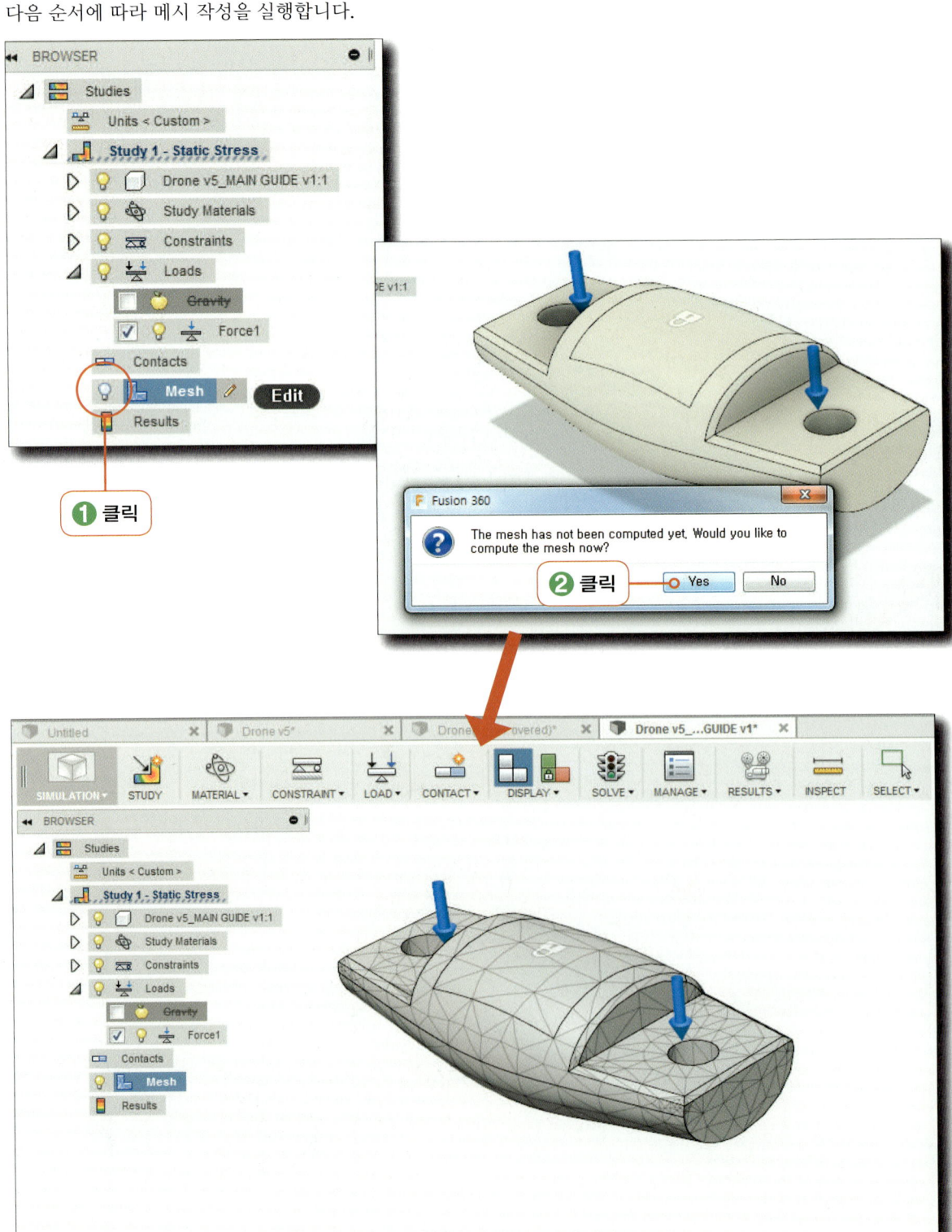

Section03 시뮬레이션 환경

step 4

다음 순서에 따라 해석을 실행합니다.

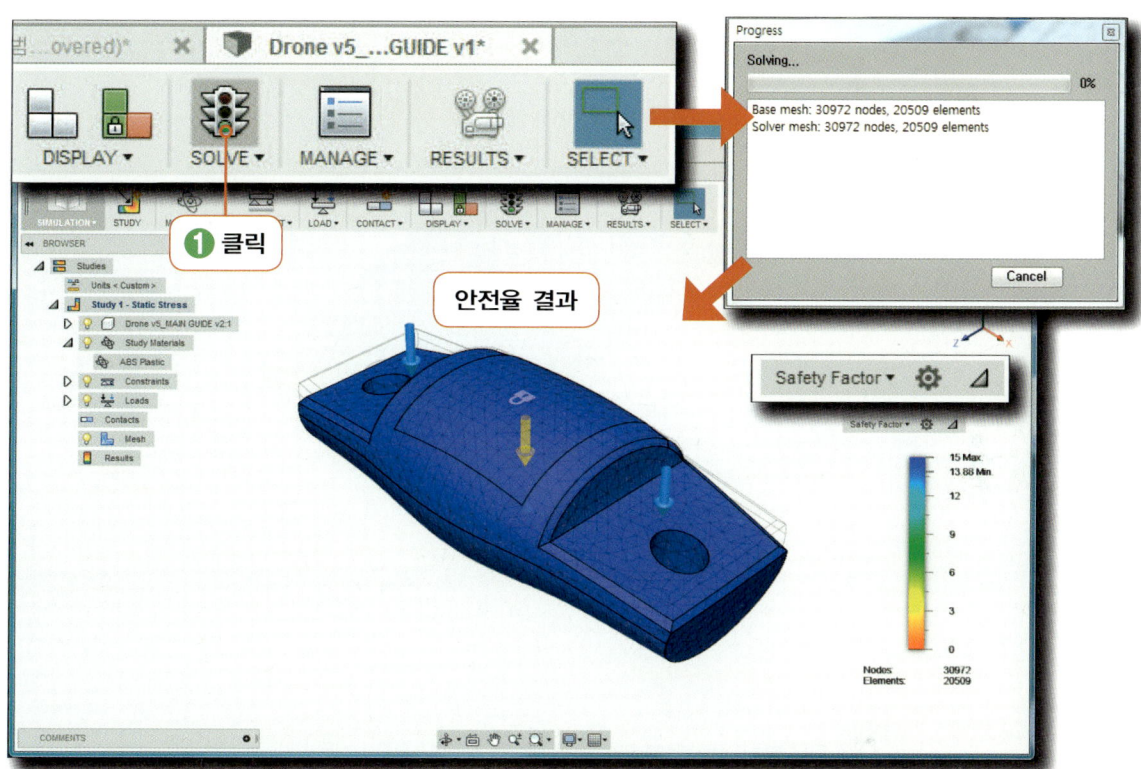

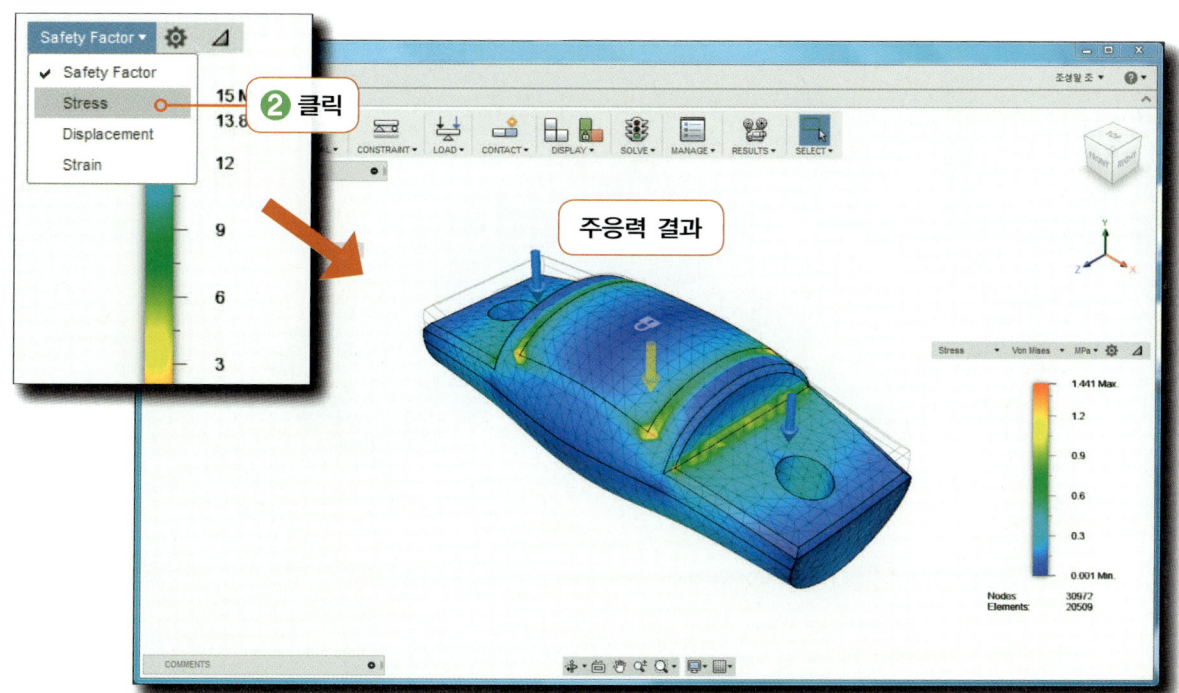

345

05 ETC Application

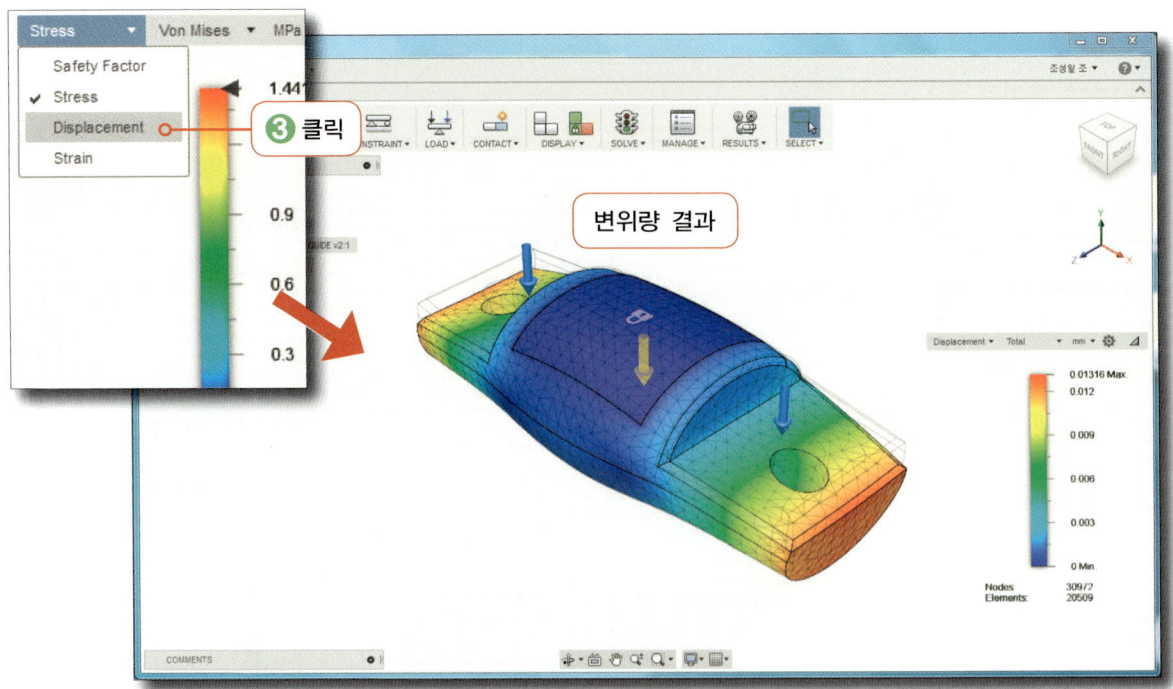

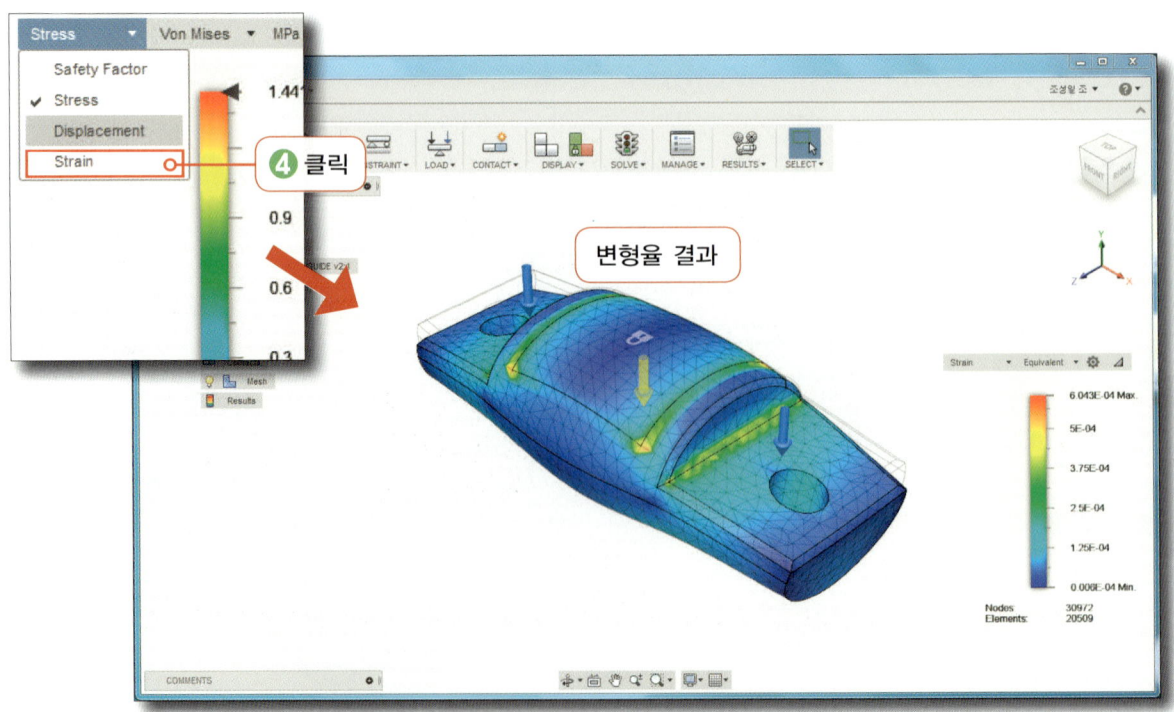

시뮬레이션 결과 보기

Autodesk Fusion 360

시뮬레이션 결과를 보는 법에 대해서 알아보도록 하겠습니다.

step 1

다음 순서대로 결과를 애니메이션으로 보도록 하겠습니다.

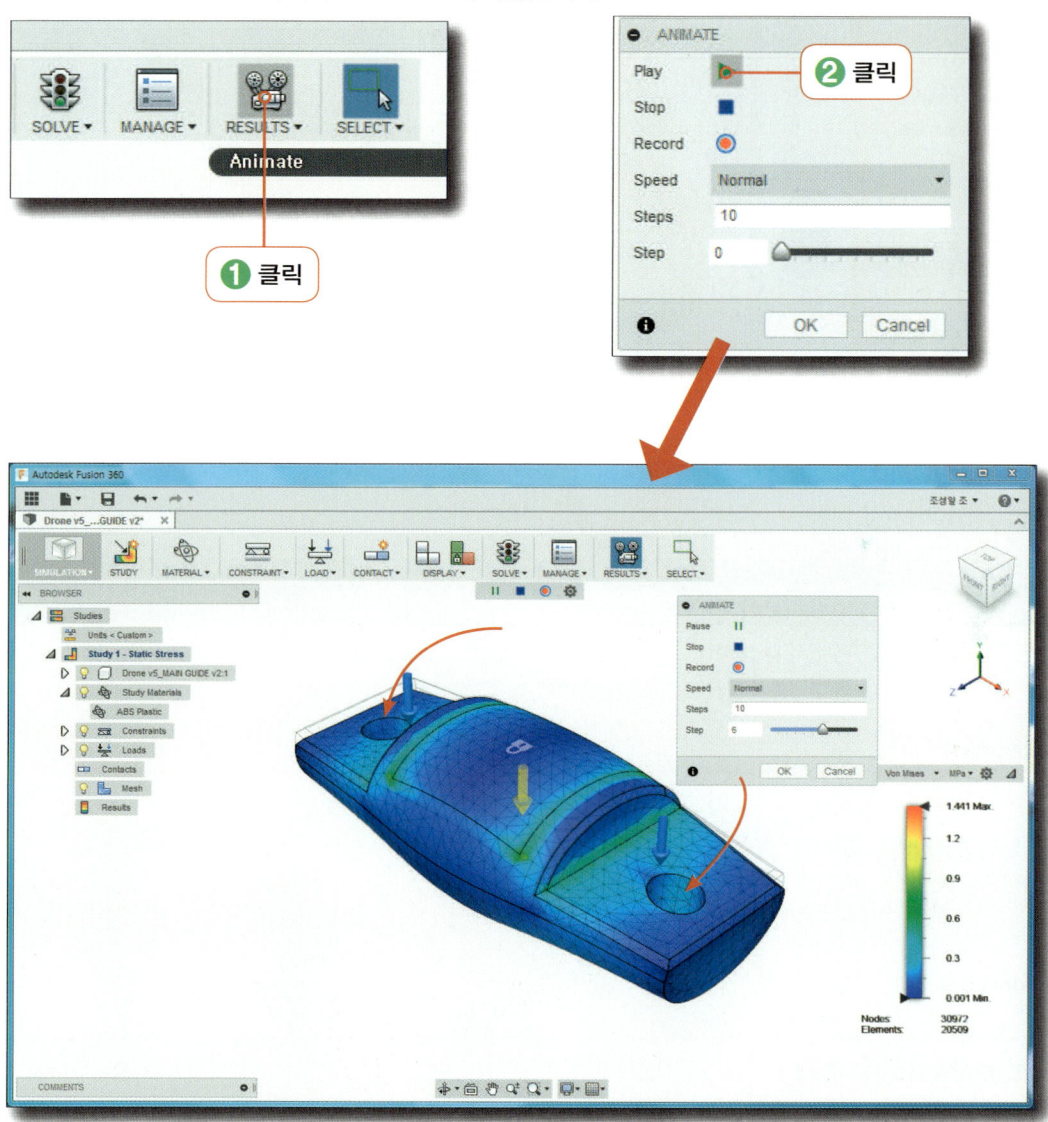

05 ETC Application

step 2

다음 순서대로 해석 결과에 대한 리포트를 작성하도록 하겠습니다.

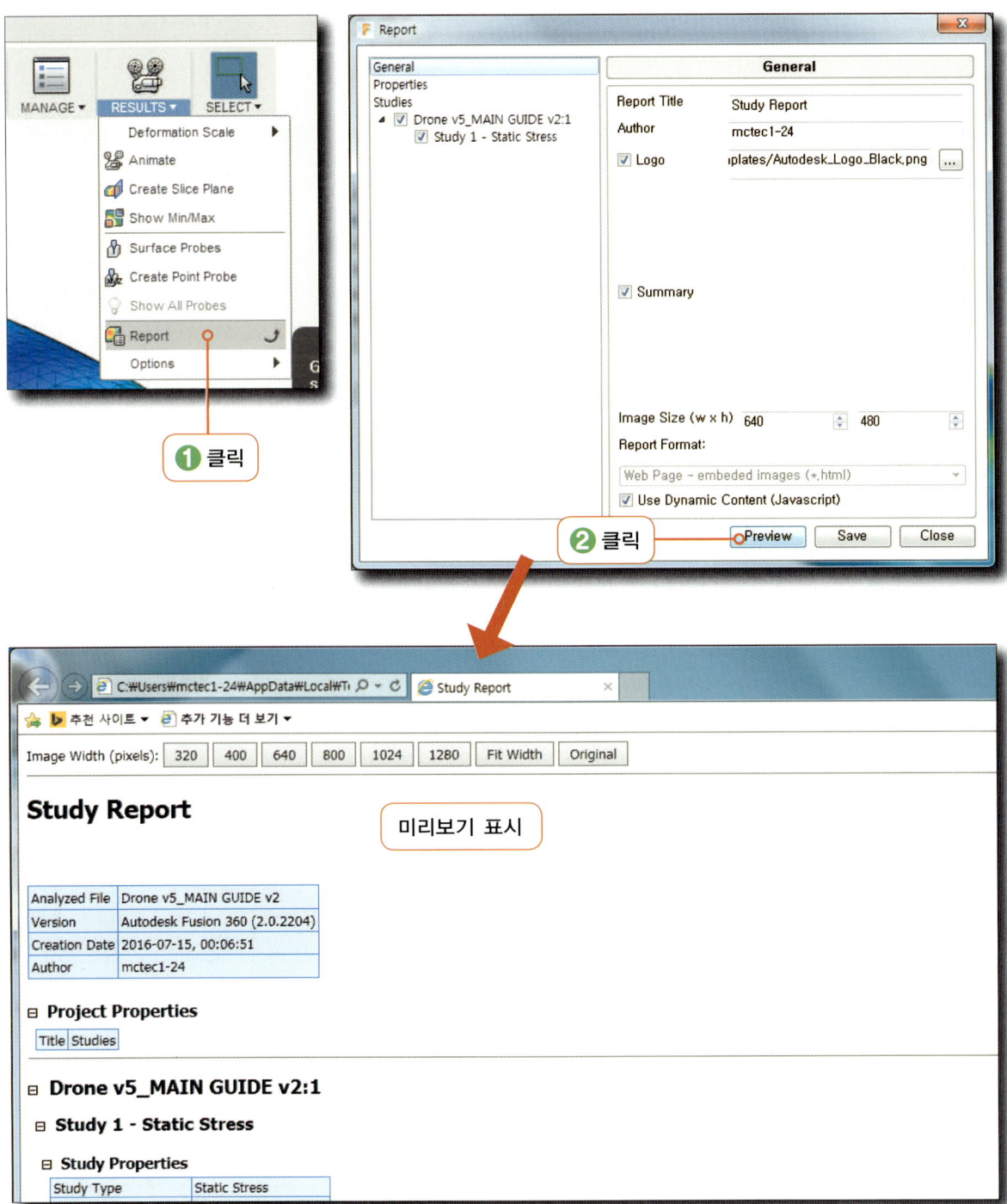

Section03 시뮬레이션 환경

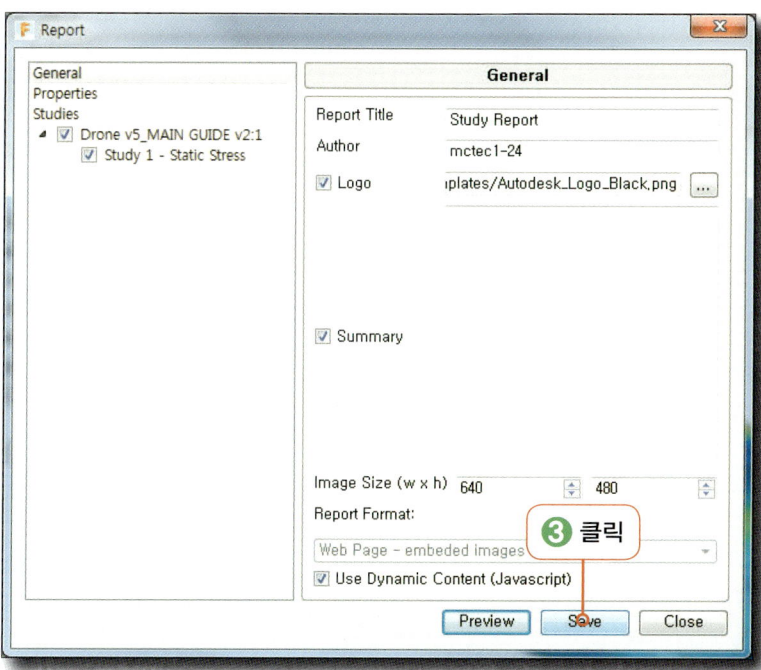

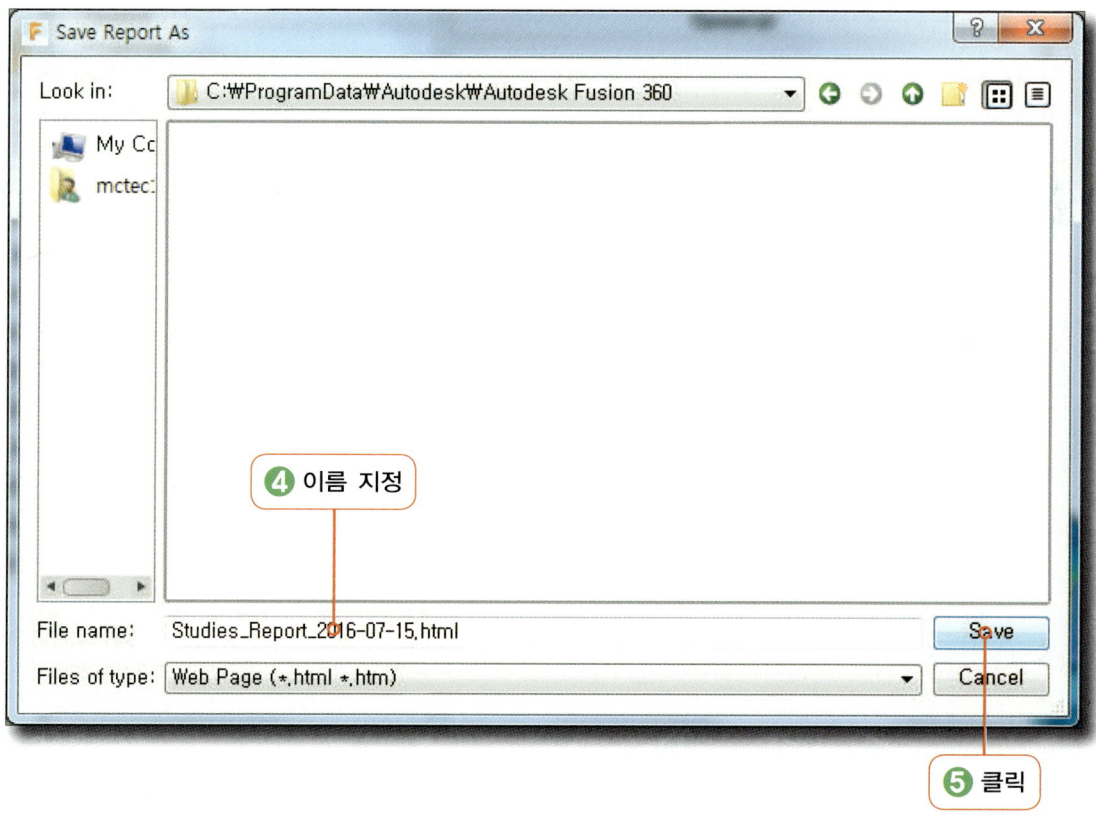

05 ETC Application

Section 04 도면 환경

앞서 모델링한 드론을 2D 도면으로 작성해 보도록 하겠습니다.

도면 명령 알아보기　　　　　　　　　　　　　　　Autodesk Fusion 360

도면 환경에는 다음과 같은 명령어들이 있습니다.

01 DRAWING VIEWS(도면 뷰)

도면 뷰 명령에는 다음과 같은 것들이 있습니다.

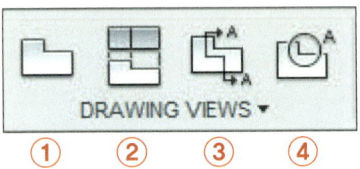

❶ **Base View** : 기준 뷰를 작성합니다.

❷ **Projected View** : 투영 뷰를 작성합니다.

❸ **Section View** : 단면 뷰를 작성합니다.

❹ **Detail View** : 상세 뷰를 작성합니다.

02 MODIFY(수정)

수정 명령에는 다음과 같은 것들이 있습니다.

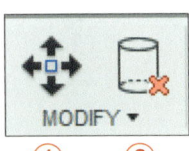

❶ **Move** : 뷰를 이동합니다.

❷ **Delete** : 뷰를 삭제합니다.

03 CENTERLINES(중심선)

중심선 명령에는 다음과 같은 것들이 있습니다.

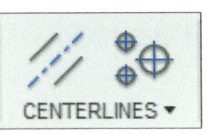

❶ **Centerline** : 중심선을 작성합니다.

❷ **Center Mark** : 중심표식을 작성합니다.

04 DIMENSIONS(치수)

치수 명령에는 다음과 같은 것들이 있습니다.

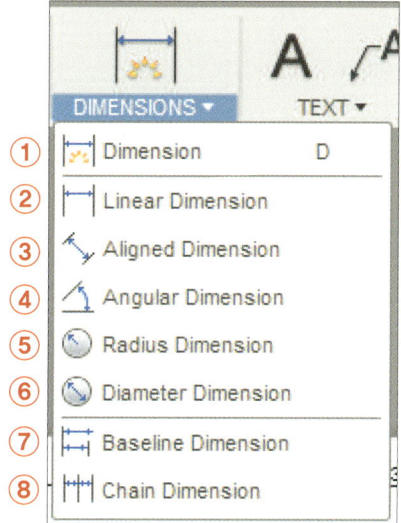

① **Dimension** : 지능형 치수를 작성합니다.

② **Linear Dimension** : 직선 치수를 작성합니다.

③ **Aligned Dimension** : 정렬 치수를 작성합니다.

④ **Angular Dimension** : 각도 치수를 작성합니다.

⑤ **Radius Dimension** : 반지름 치수를 작성합니다.

⑥ **Diameter Dimension** : 지름 치수를 작성합니다.

⑦ **Baseline Dimension** : 누적 치수를 작성합니다.

⑧ **Chain Dimension** : 연속 치수를 작성합니다.

05 TEXT(문자)

문자 명령에는 다음과 같은 것들이 있습니다.

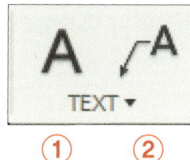

① **Text** : 문자를 작성합니다.

② **Leader** : 지시선 문자를 작성합니다.

06 SYMBOLS(기호)

기호 명령에는 다음과 같은 것들이 있습니다.

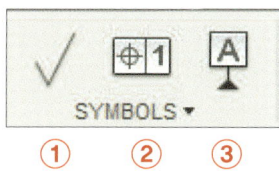

① **Surface Texture** : 다듬질 기호를 작성합니다.

② **Feature Control Frame** : 형상공차 기호를 작성합니다.

③ **Datum Identifier** : 데이텀 기호를 작성합니다.

05 ETC Application

07 BOM(Bill of Material)

BOM 명령에는 다음과 같은 것들이 있습니다.

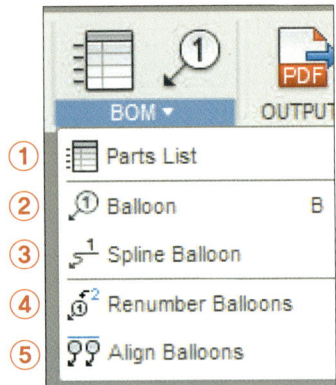

① **Parts List** : 부품 리스트를 작성합니다.

② **Balloon** : 부품 번호 풍선을 작성합니다.

③ **Spline Balloon** : 곡선 형태의 지시선을 가진 부품 번호 풍선을 작성합니다.

④ **Renumber Balloons** : 화면에 작성된 부품 번호 풍선의 숫자를 1번 부터 다시 지정합니다.

⑤ **Align Balloons** : 화면에 작성된 부품 번호 풍선의 위치를 정렬합니다.

08 OUTPUT(내보내기)

내보내기 명령에는 다음과 같은 것들이 있습니다.

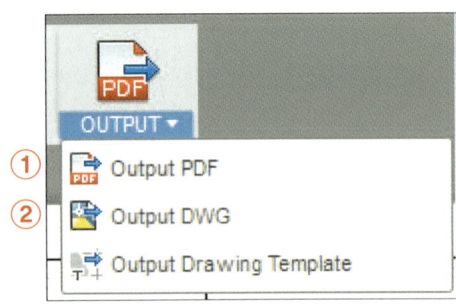

① **Output PDF** : 작성한 도면을 PDF 파일로 내보냅니다.

② **Output DWG** : 작성한 도면을 DWG 파일로 내보냅니다.

③ **Output Drawing Template** : 현재 도면의 템플릿을 별도 파일로 저장합니다.

Section04 도면 환경

도면 환경으로 전환하기

Autodesk Fusion 360

작성한 모델을 도면 환경으로 전환하는 방법에 대해서 알아보도록 하겠습니다.

step 1

다음 순서에 따라 드론 모델링을 도면으로 변환해 보도록 하겠습니다.

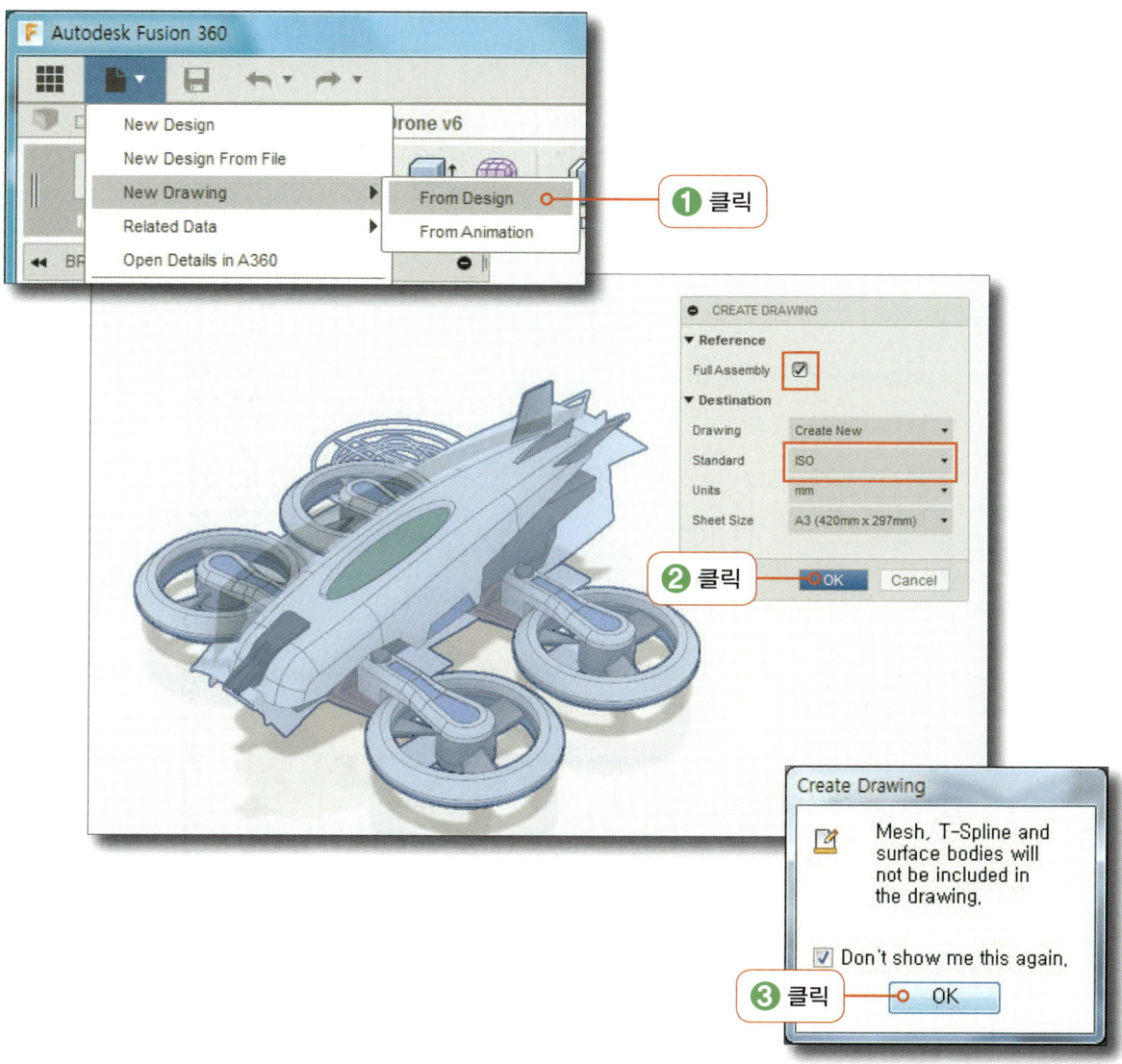

Tips ▶ Full Assembly를 체크 해제하면 도면에 나타내고 싶은 부품만 선택해서 시작할 수 있습니다.

353

05 ETC Application

 도면 환경에서의 설정법

1. 최초 환경 설정

최초에 도면을 작성할 때 다음과 같이 설정할 수 있습니다. 최초에 설정한 규격은 변경이 불가능합니다.

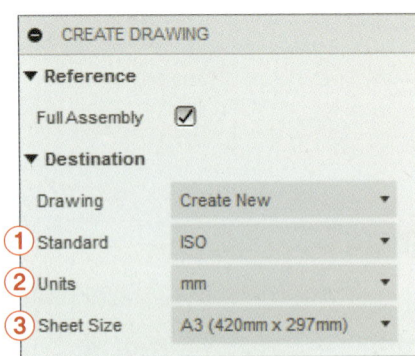

① **Standard(규격)** : 도면에 적용할 규격을 결정합니다.

② **Units(단위)** : 도면의 기본 단위를 설정합니다.

③ **Sheet Size(도면 크기)** : 도면의 기본 크기를 결정합니다.

2. Annotation Settings(도면 주석 세팅)

도면 주석에 대한 사항을 세팅합니다.

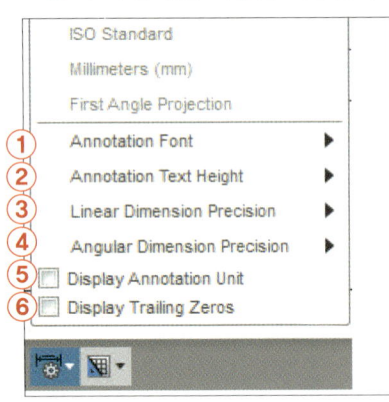

① **Annotation Font(주석 글꼴)** : 주석 글꼴을 설정합니다.

② **Annotation Text Height(주석 글자 높이)** : 주석 글꼴의 높이를 설정합니다.

③ **Linear Dimension Precision(선형 치수 정밀도)** : 선형 치수의 정밀도를 설정합니다.

④ **Angular Dimension Precision(각도 치수 정밀도)** : 각도 치수의 정밀도를 설정합니다.

⑤ **Display Annotation Unit(주석 단위 표시)** : 주석 단위를 표시합니다.

⑥ **Display Trailing Zeros(후행 제로 표시)** : 소수점 이하의 0 을 표시합니다.

3. 시트 크기

시트 크기를 설정합니다.

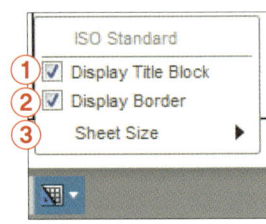

① **Display Title Block(제목 블록 표시)** : 제목 블록을 표시합니다.

② **Display Border(도면 틀 표시)** : 도면 틀을 표시합니다.

③ **Sheet Size(시트 크기)** : 시트 크기를 변경합니다.

Section04 도면 환경

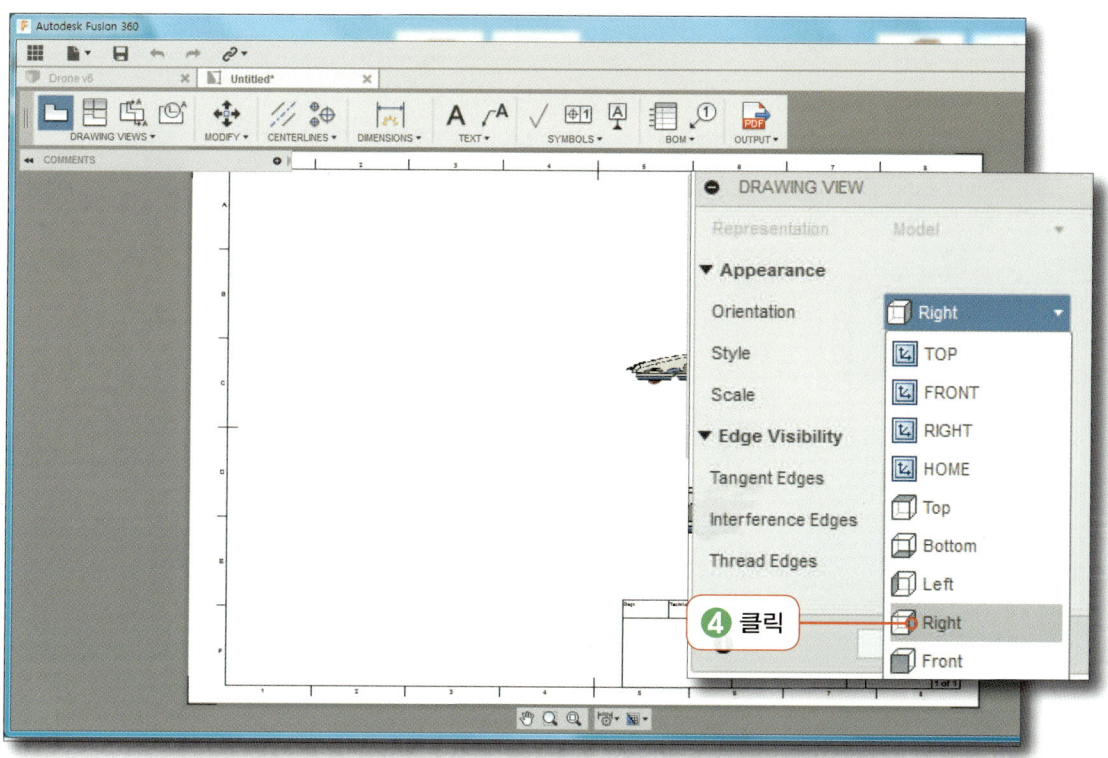

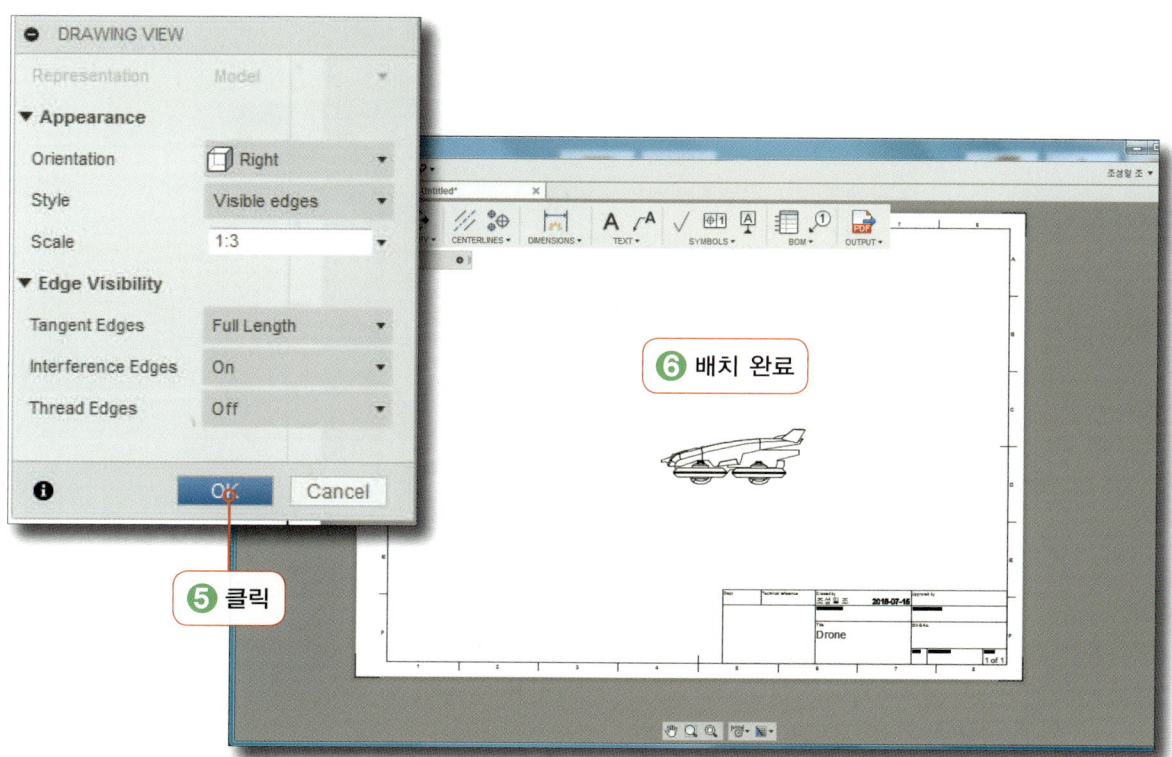

step 2

투영 뷰 명령으로 우측면도, 평면도, 등각투상도를 배치해 보도록 하겠습니다.

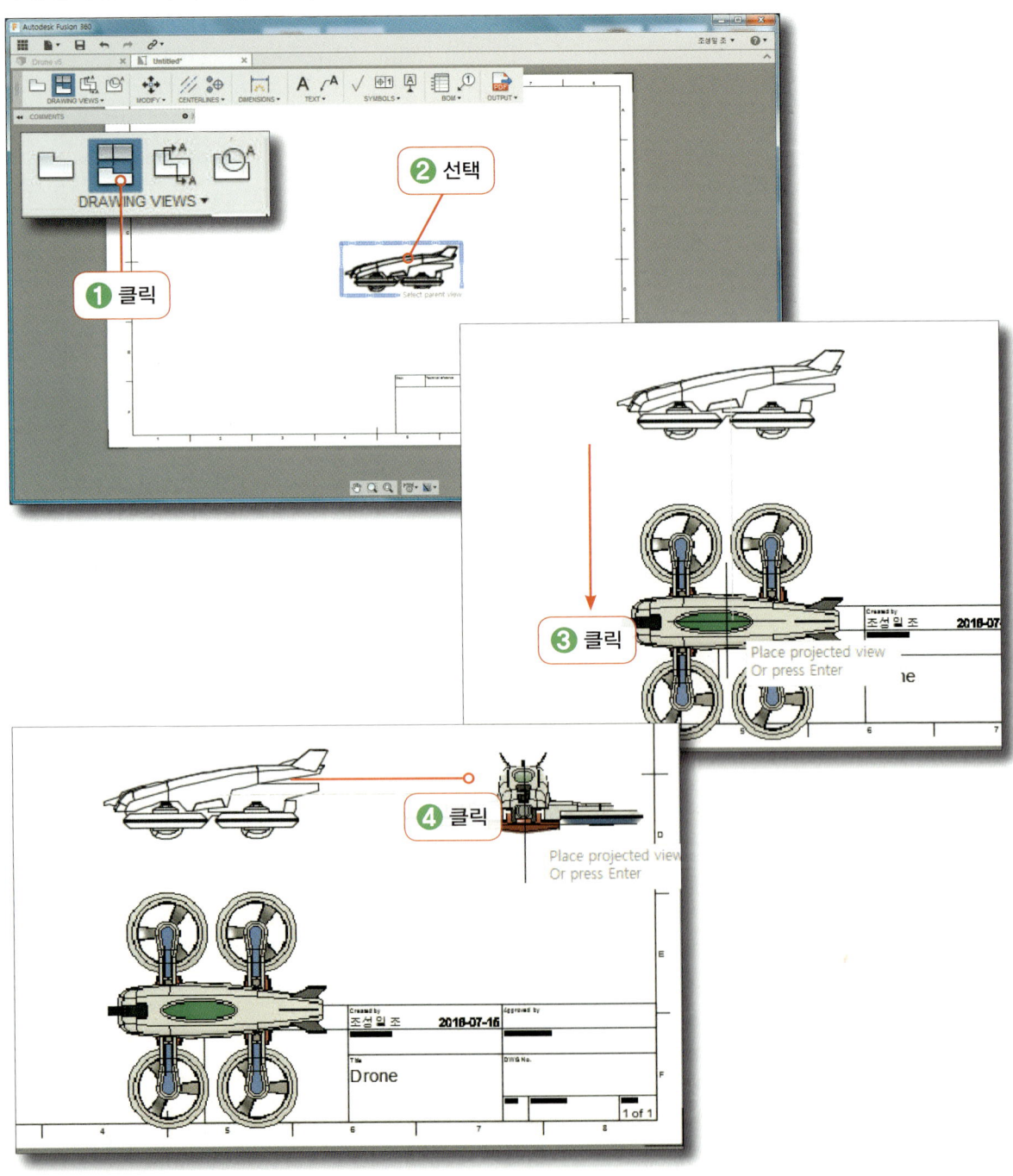

> **Tips**
> 도면 표준을 ISO로 시작하게 되면 1각법이 적용됩니다.

Section04 도면 환경

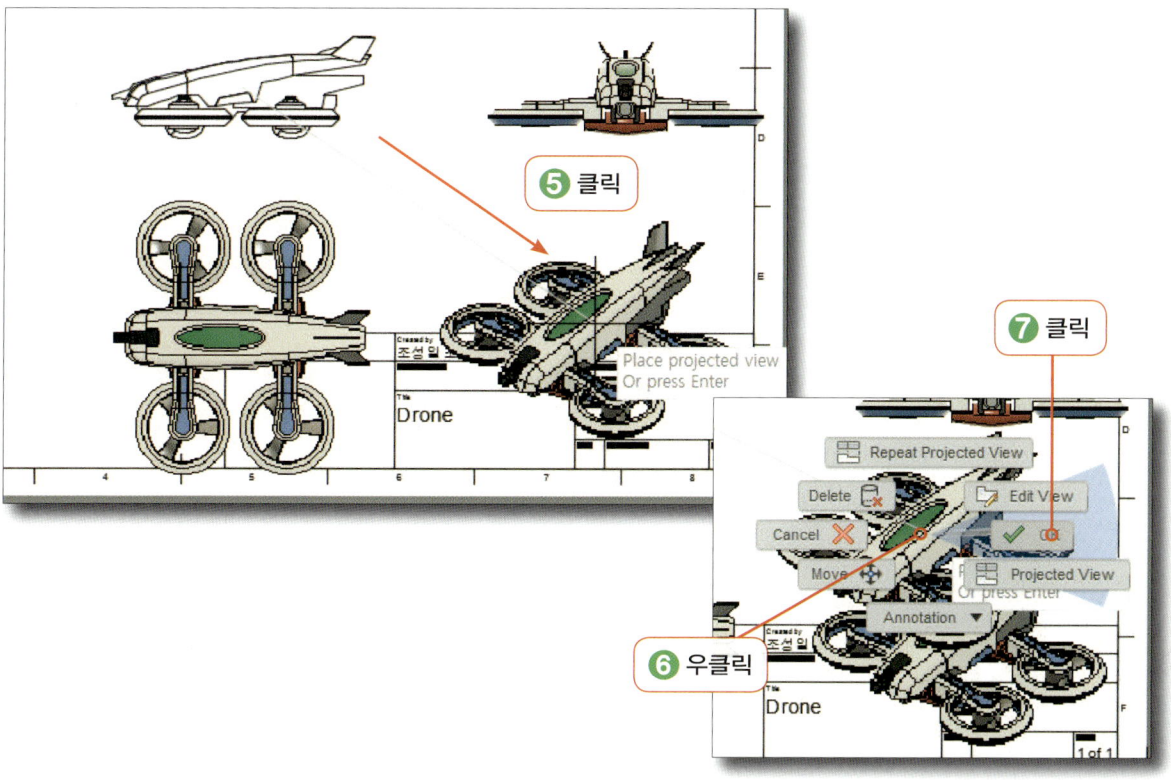

step 3

다음과 같이 뷰를 이동해서 원하는 위치에 배치하도록 하겠습니다.

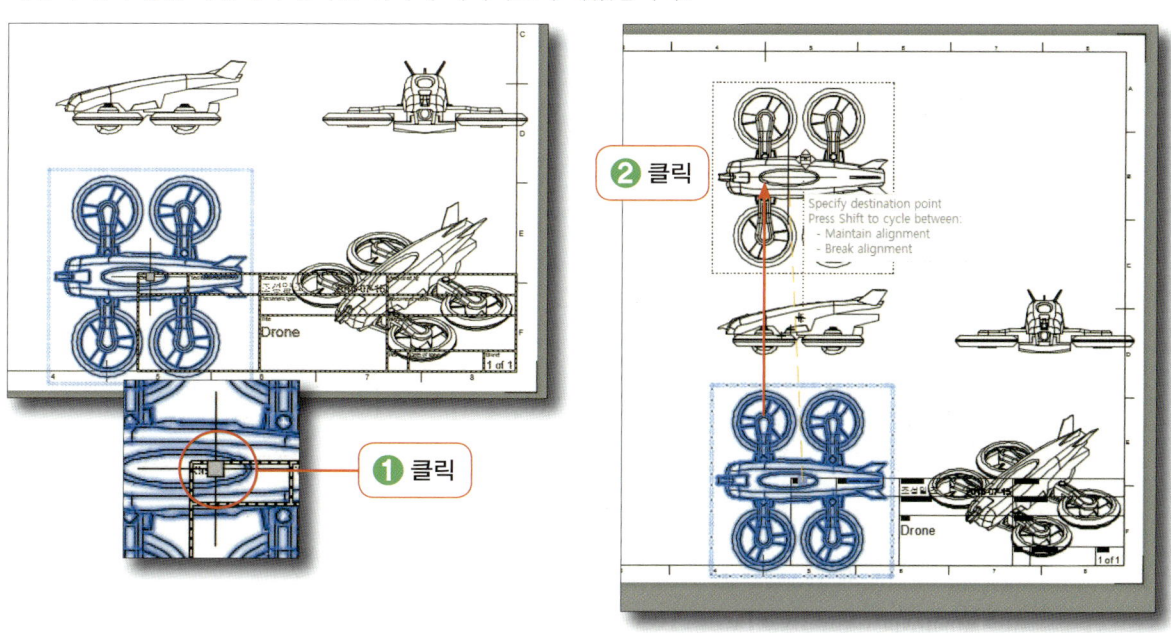

05 ETC Application

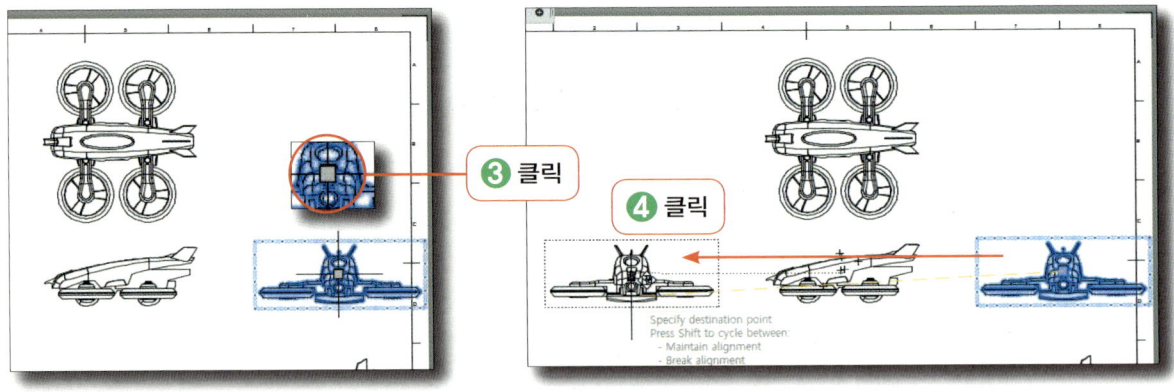
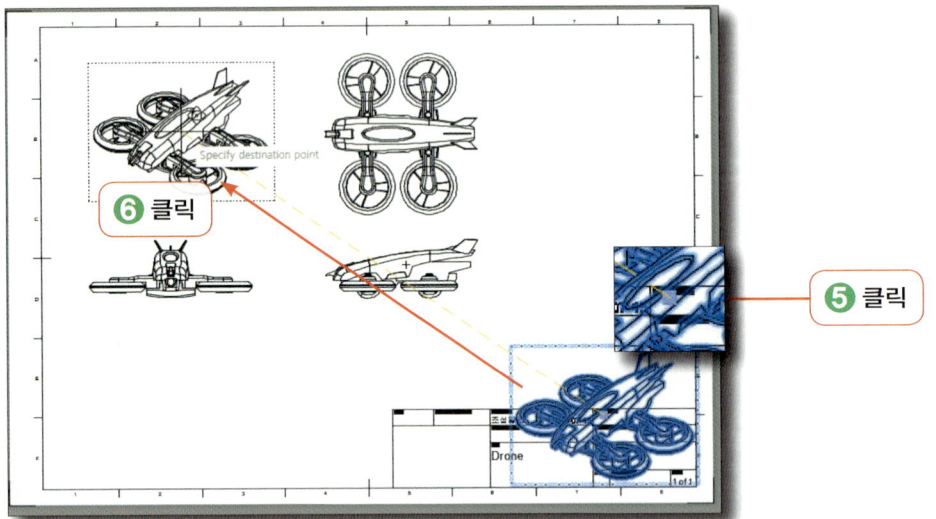
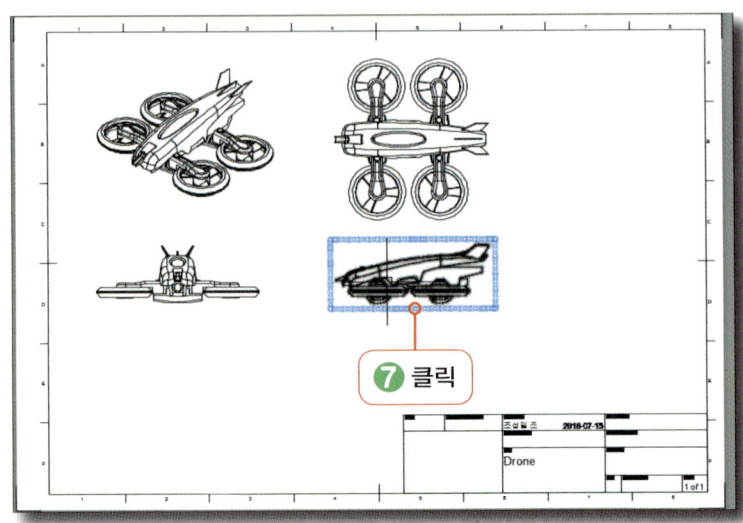

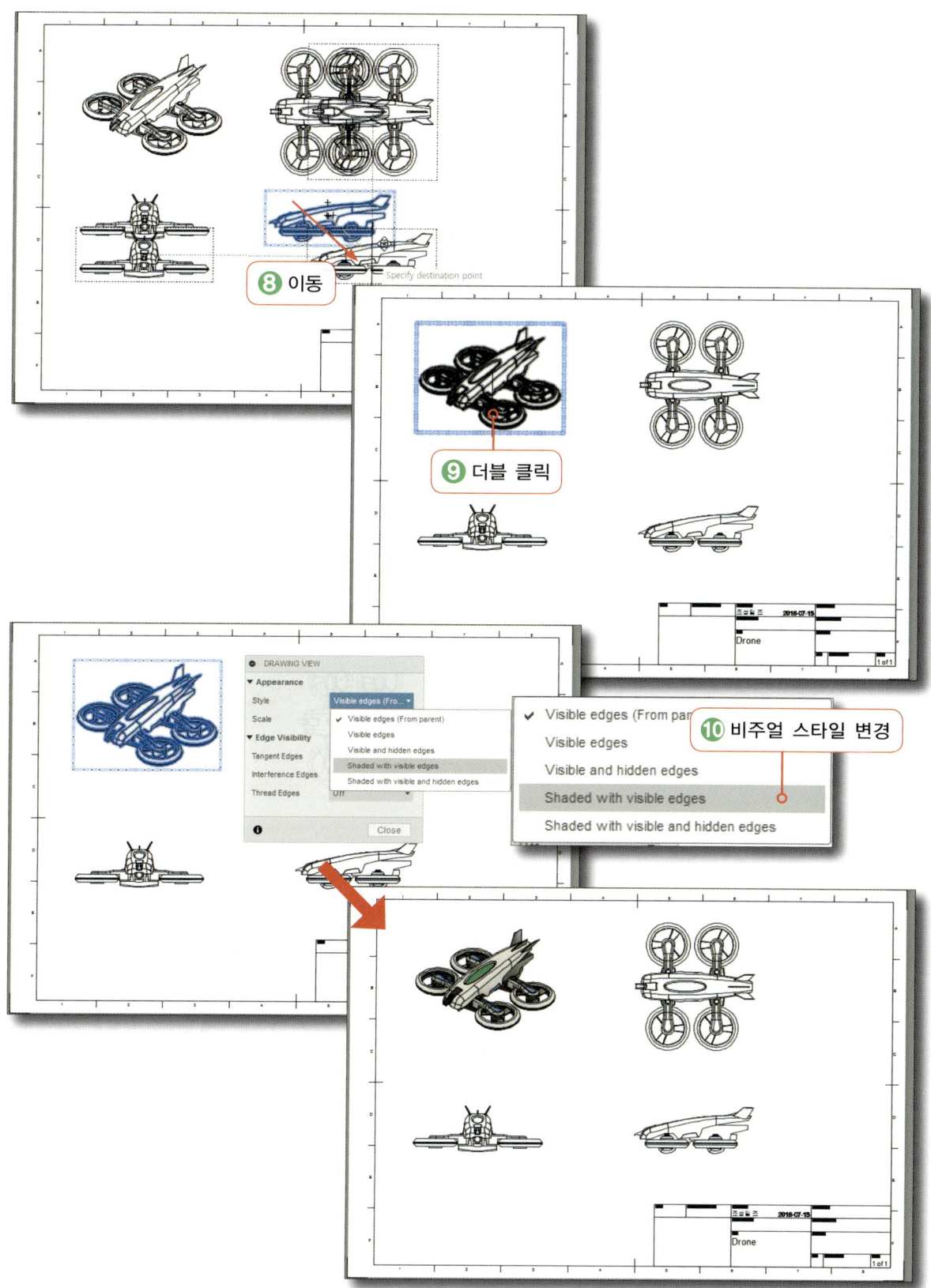

05 ETC Application

여러가지 뷰 작성하기
Autodesk Fusion 360

여러가지 뷰 명령으로 다양한 뷰를 작성해 보도록 하겠습니다.

step 1

Section View(섹션 뷰) 명령을 실행해 다음과 같이 작성합니다.

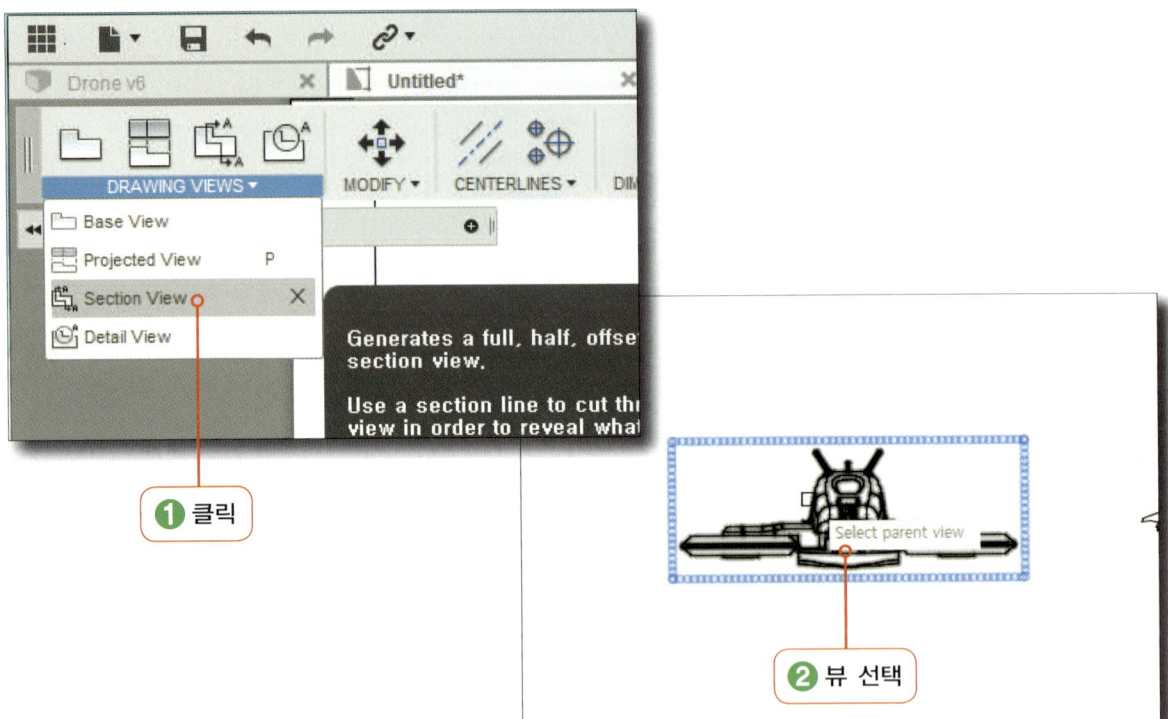

> **Tips**
> 모든 뷰 명령은 기준 뷰가 이미 작성이 되어 있어야 됩니다.

Section04 도면 환경

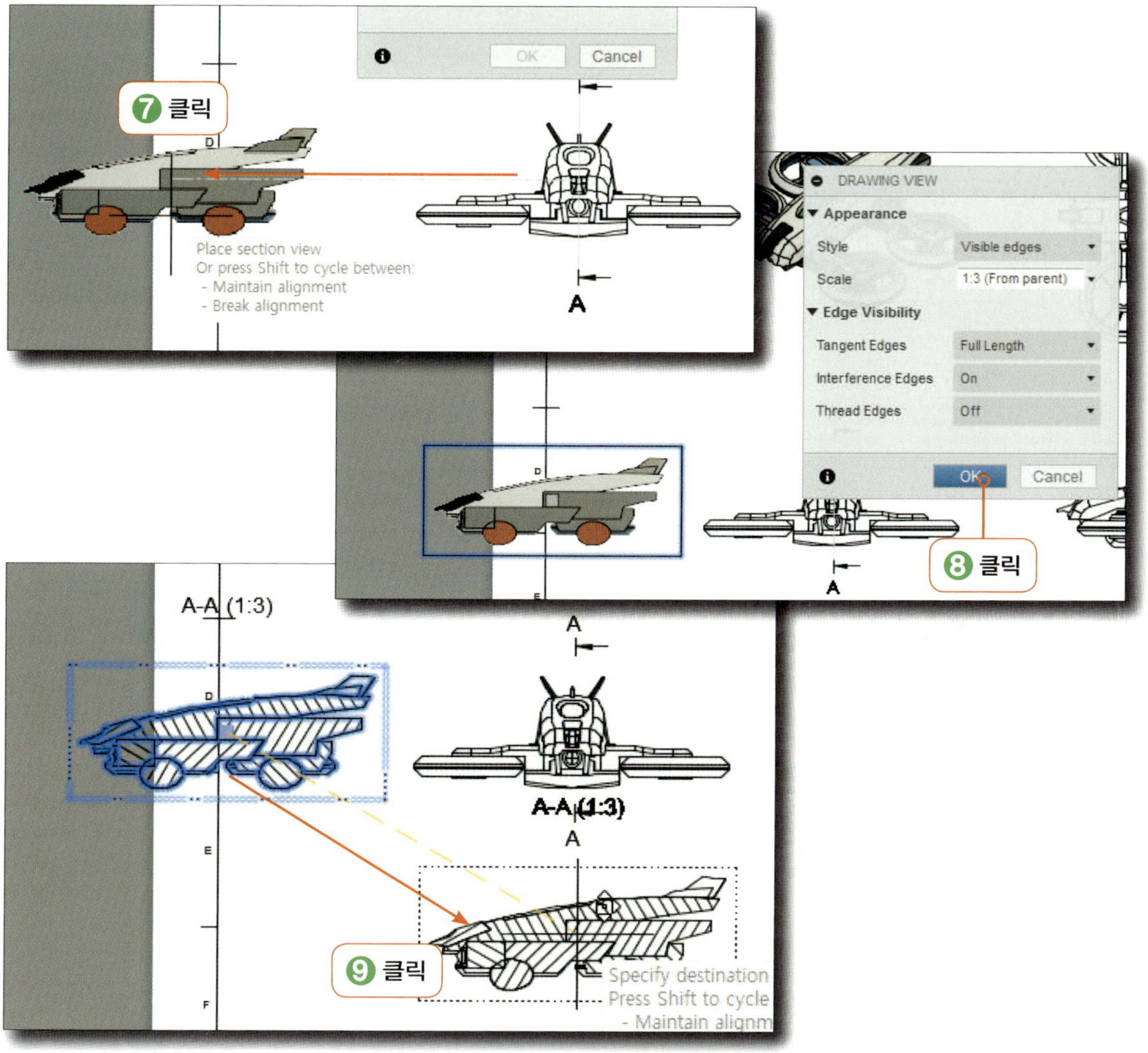

PART5 ETC Application

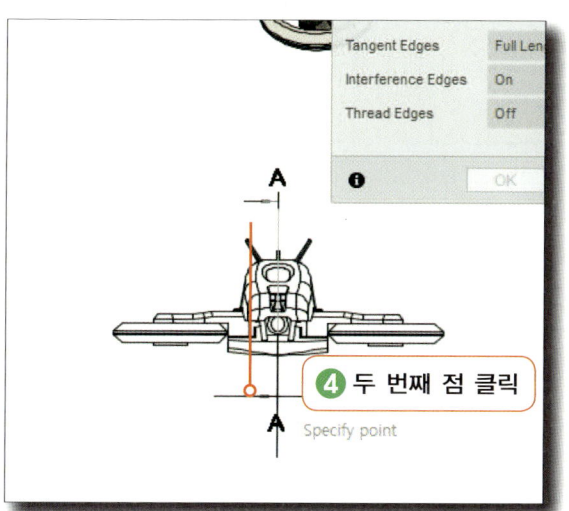
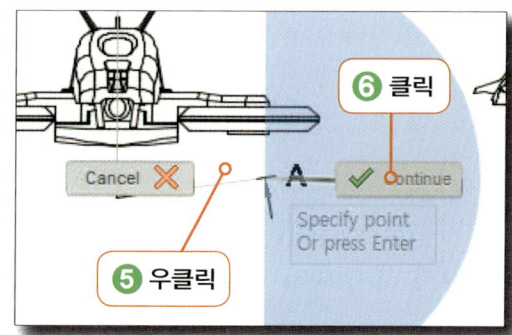

05 ETC Application

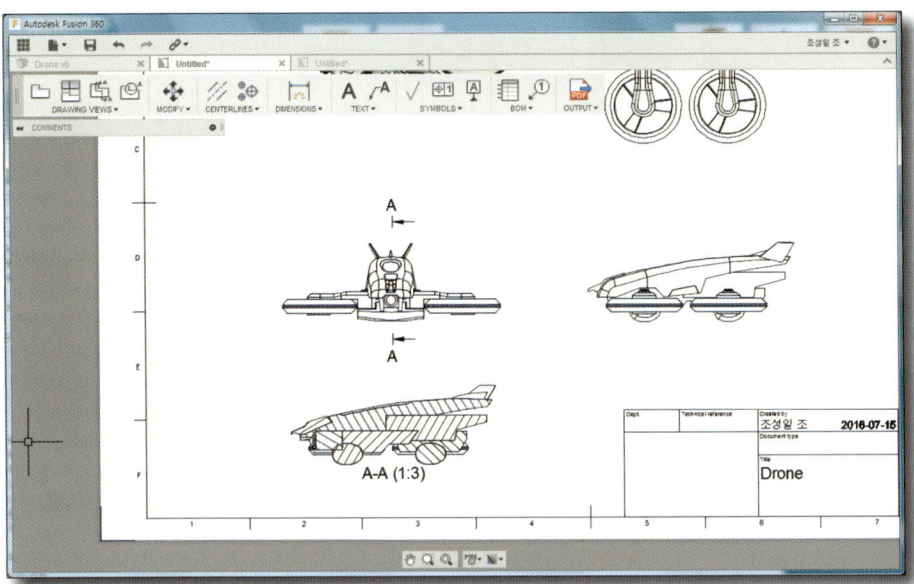

step 2

Detail View(디테일 뷰) 명령을 실행해 다음과 같이 작성합니다.

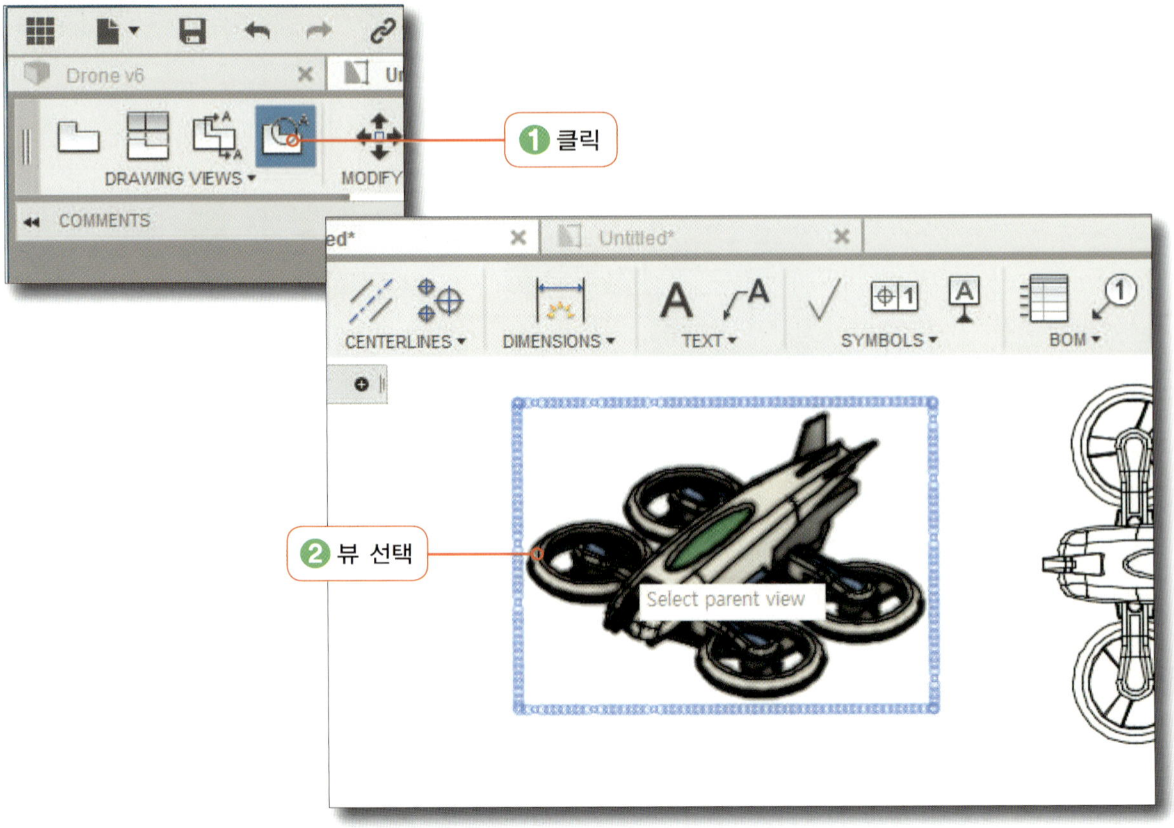

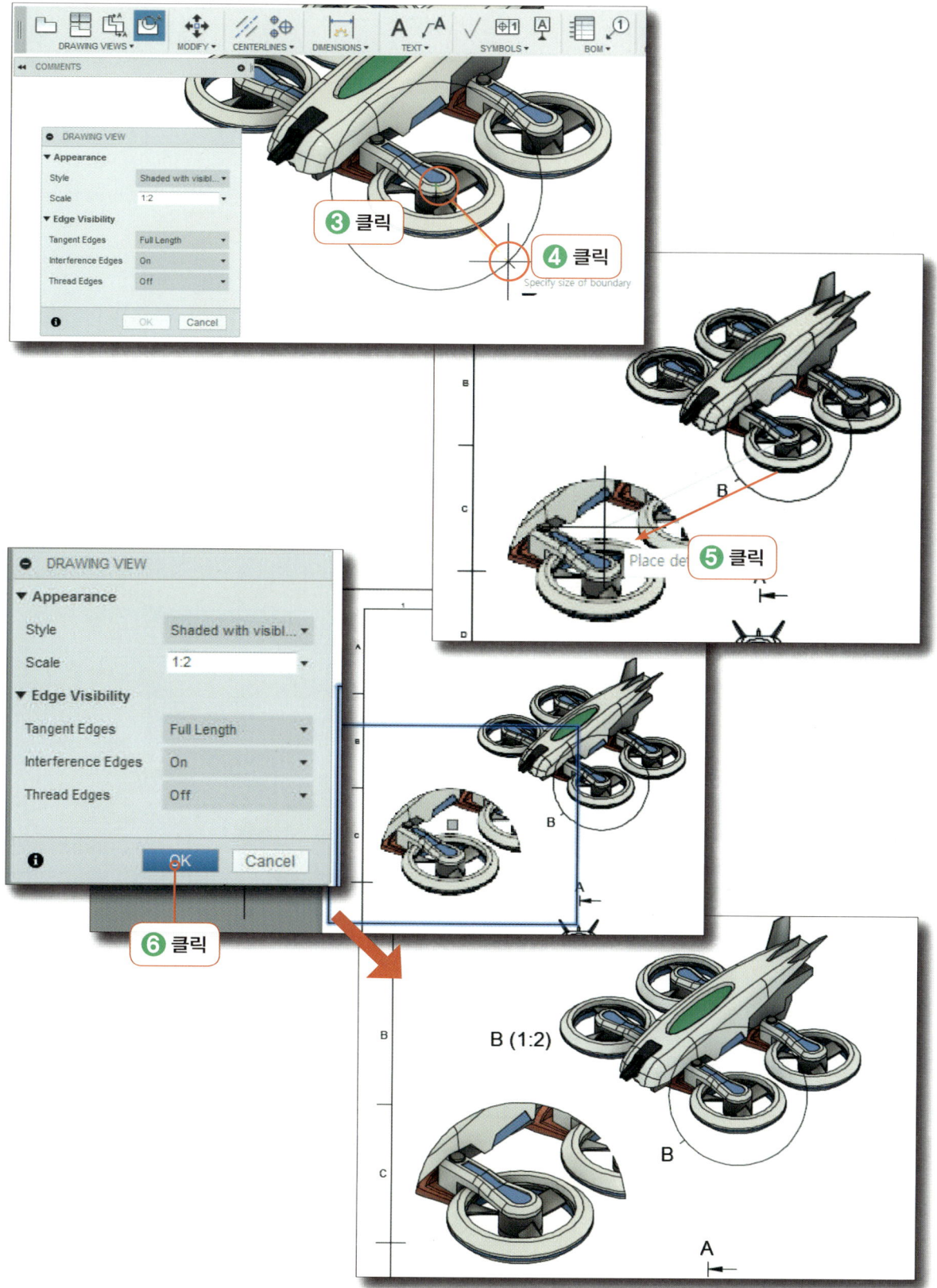

05 ETC Application

주석 작성하기　　　　　　　　　　　　　　　　Autodesk Fusion 360

다음과 같이 뷰에 여러가지 주석을 작성해 보도록 하겠습니다.

step 1

Linear Dimension(선형 치수) 명령을 실행해 다음과 같이 작성합니다.

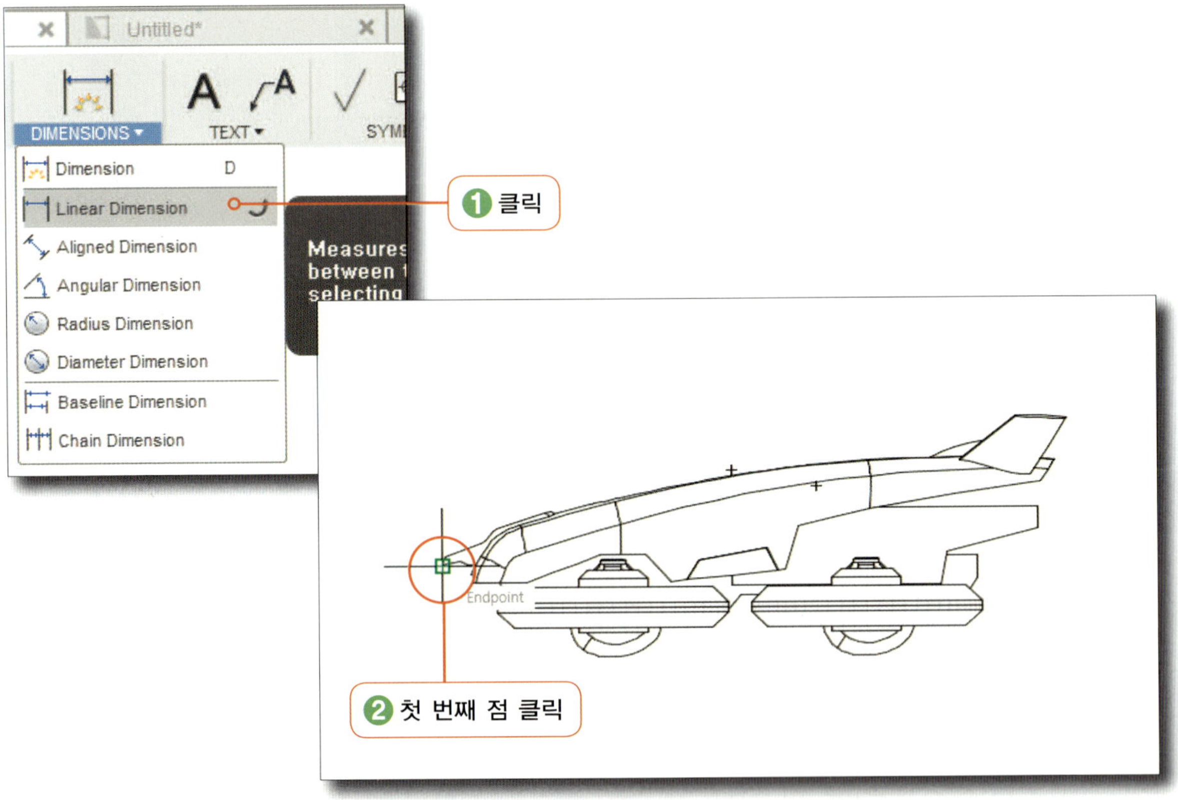

① 클릭

② 첫 번째 점 클릭

③ 두 번째 점 클릭

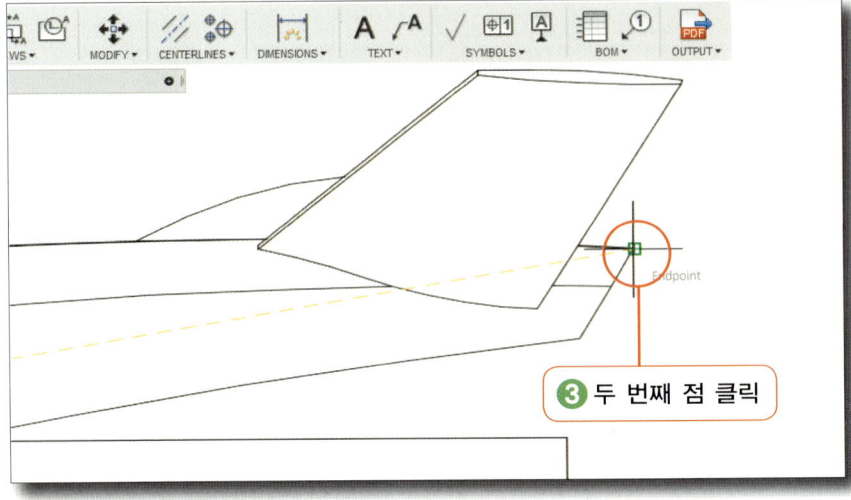

364

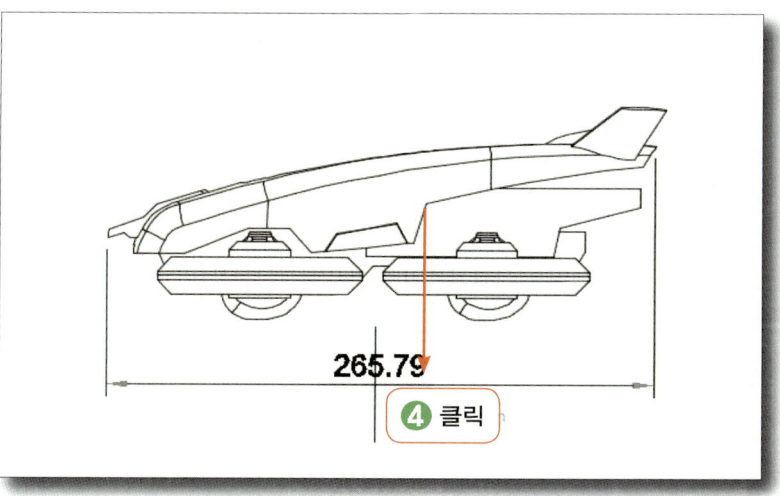

step 2

Diameter Dimension(지름 치수) 명령을 실행해 다음과 같이 작성합니다.

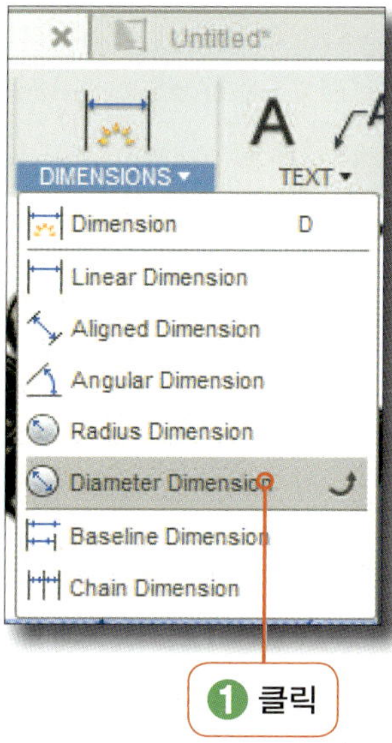

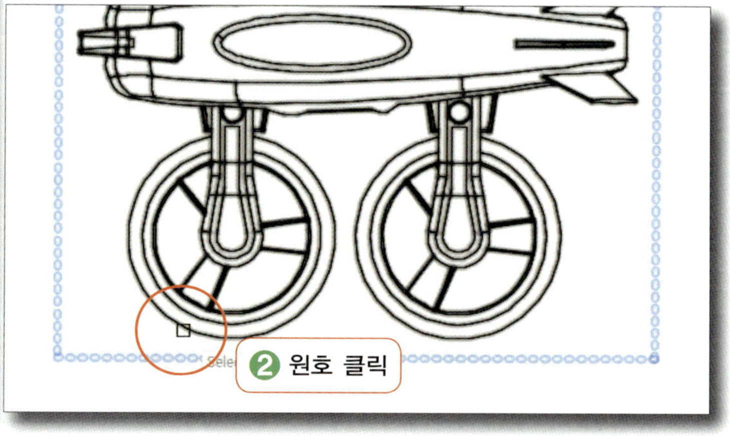

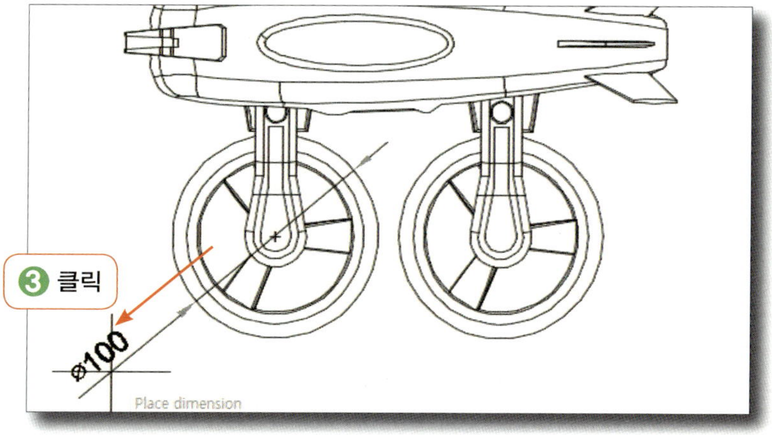

05

ETC Application

부품 리스트 작성하기

Autodesk Fusion 360

다음과 같이 도면에 부품 리스트를 작성해 보도록 하겠습니다.

step 1

Bom(Bill of Material) 명령을 실행해 다음과 같이 작성합니다.

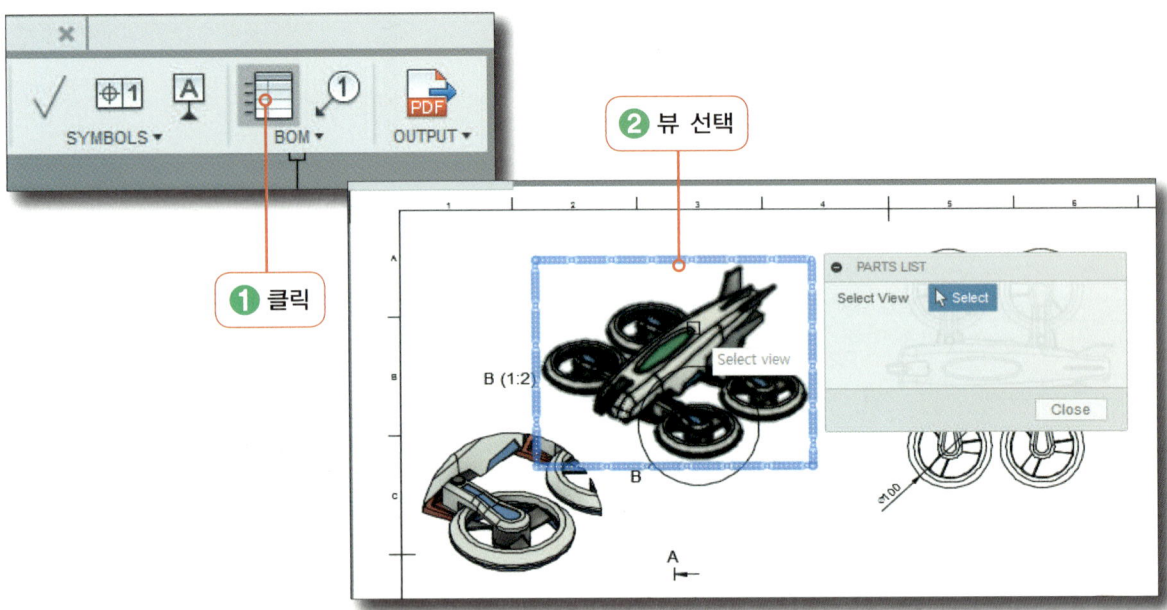

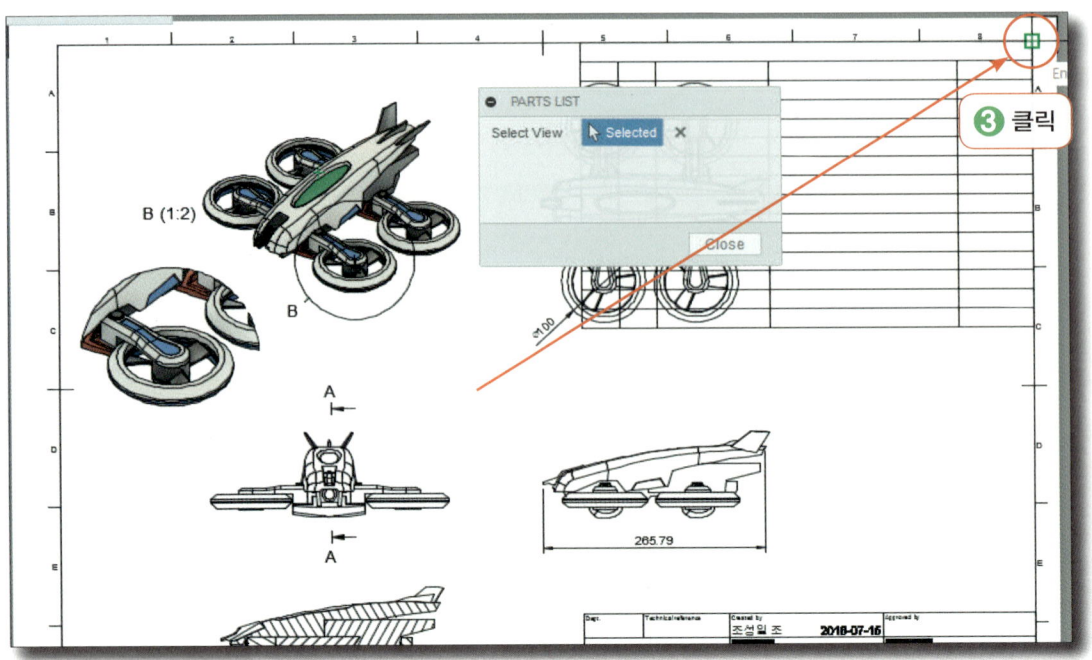

366

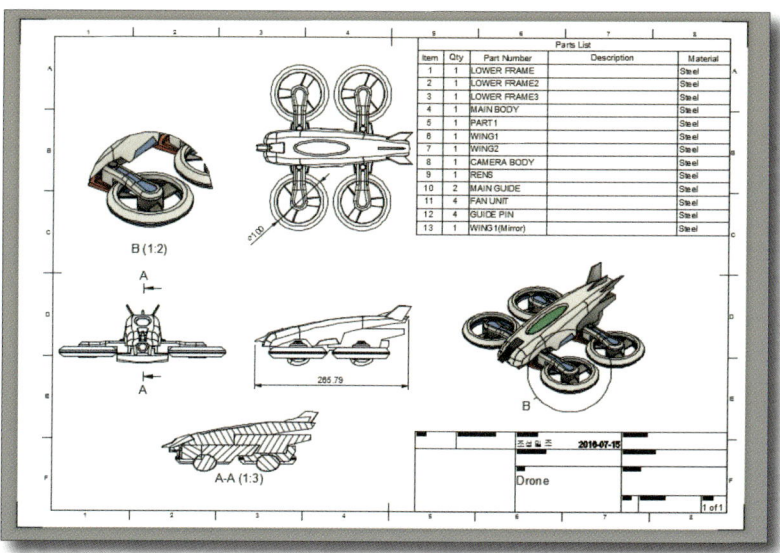

step 2

Balloon(부품 번호) 명령을 실행해 다음과 같이 작성합니다.

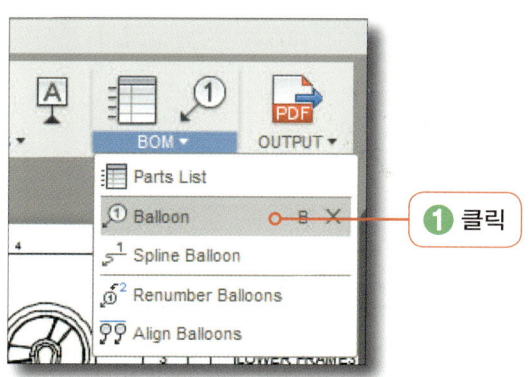

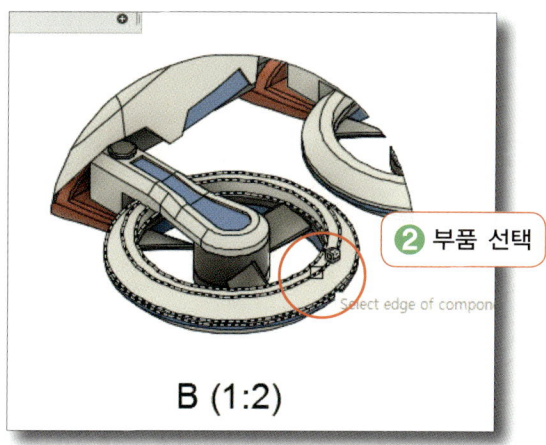

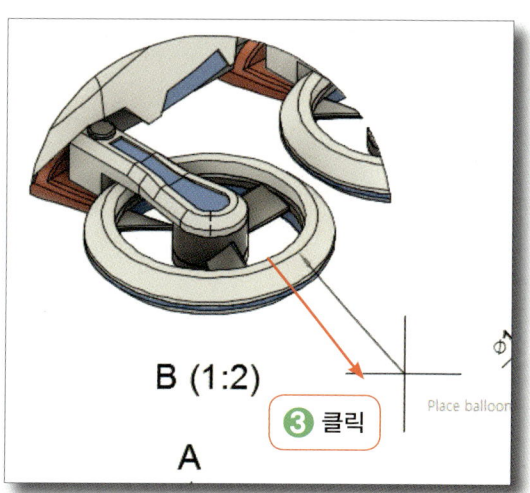

05
ETC Application

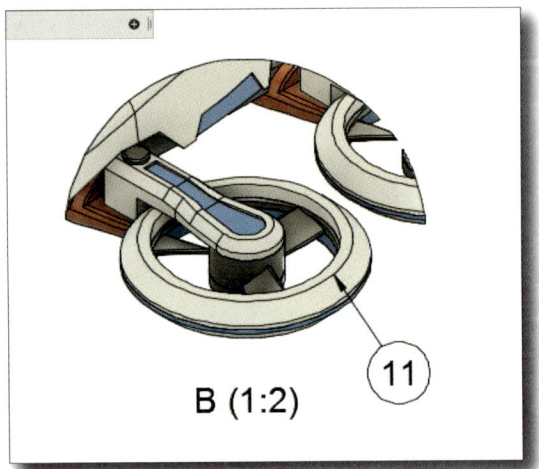

step 3

다른 부품번호도 다음과 같이 작성해 도면을 완성합니다.

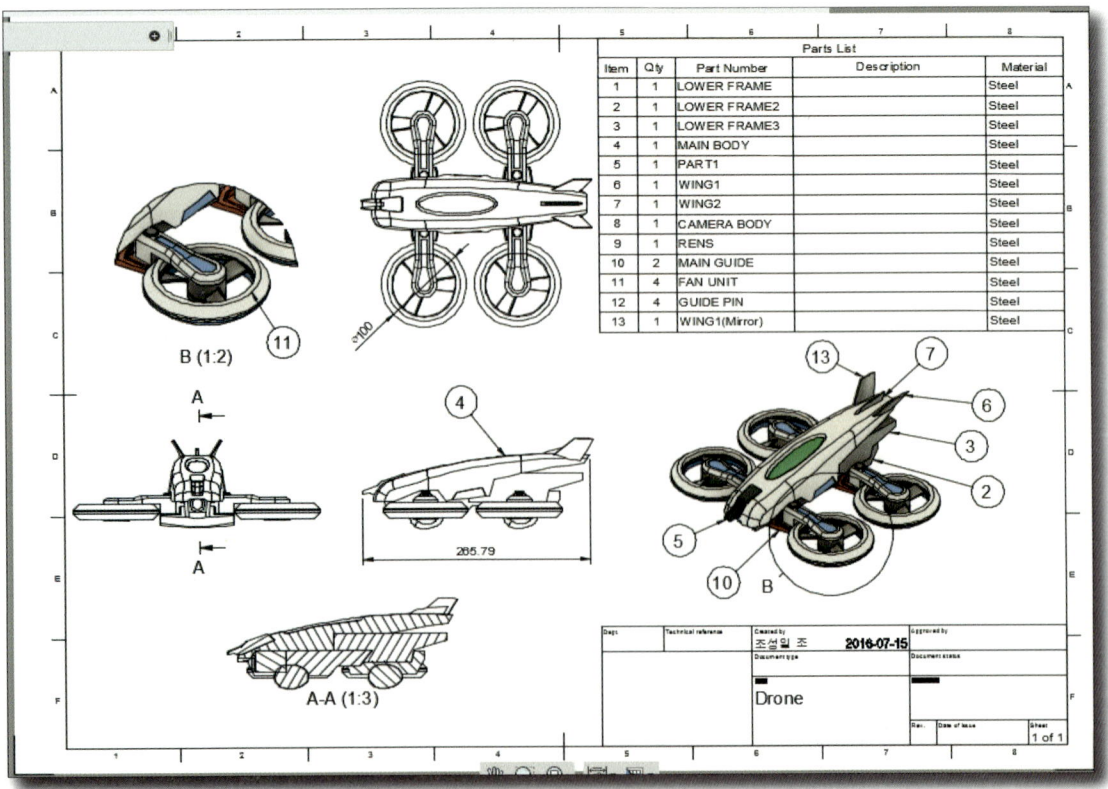

Section04 도면 환경

도면 내보내기

Autodesk Fusion 360

다음과 같이 도면을 여러가지 형태의 외부 파일로 내보내도록 하겠습니다.

step 1

Output PDF(PDF로 내보내기) 명령을 실행해 다음과 같이 작성합니다.

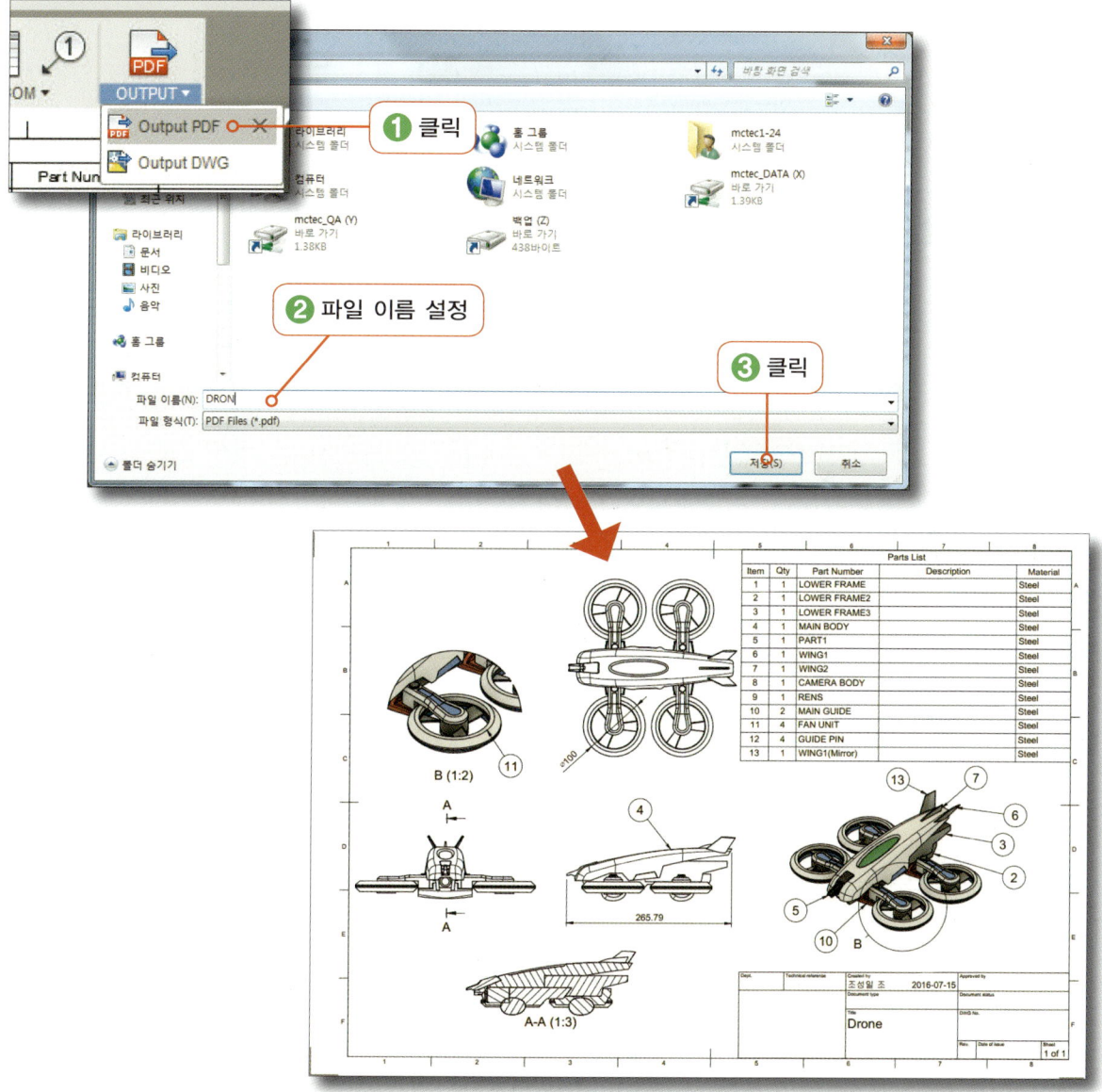

> **Tips**
> Output DWG(DWG 파일로 내보내기) 명령을 사용하면 AutoCAD에서 열 수 있는 파일로 내보내기가 됩니다.

Autodesk Fusion 360

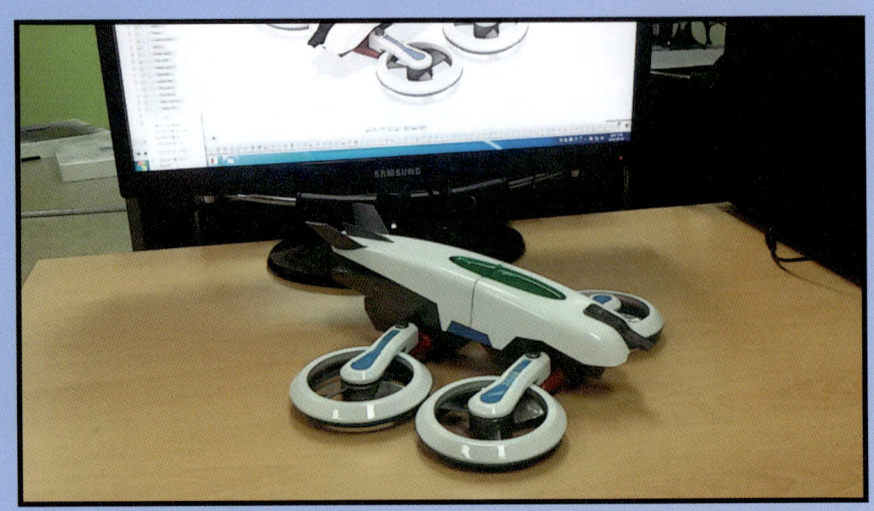

PART 6
3D 프린터 활용하기

Section1	STL 파일로 내보내기
Section2	G-code 파일로 변환하기
Section3	3D 프린터로 출력하기
Section4	후처리하기

06

3D 프린터 활용하기

Section 01 STL 파일로 내보내기

조립부 추가 모델링하기

Autodesk Fusion 360

step 1

완성된 각각의 드론 부품이 서로 조립될 수 있도록 Combine(합치기) 명령과 Press Pull(밀고 당기기) 명령을 이용해 다음과 같이 추가로 모델링을 진행합니다.

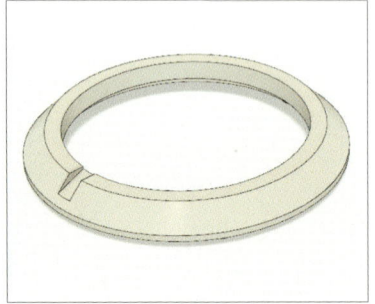

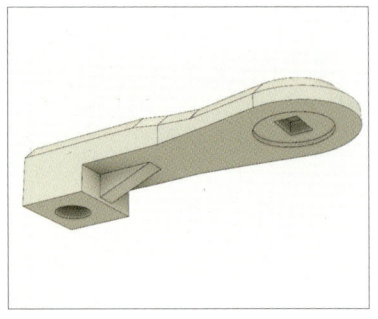

Section01 STL 파일로 내보내기

STL 파일로 내보내기

Autodesk Fusion 360

step 1

부품의 조립 상태를 검사하기 위해서 INSPECT (검사) 항목의 Section Analysis(단면 검사) 명령을 클릭합니다.

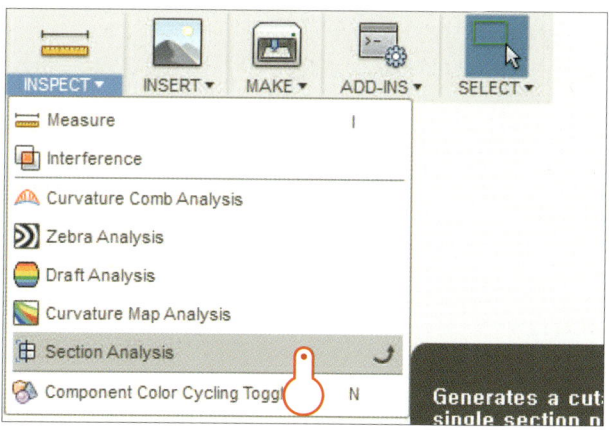

step 2

정면도를 선택해 다음과 같이 단면 상태를 확인합니다.

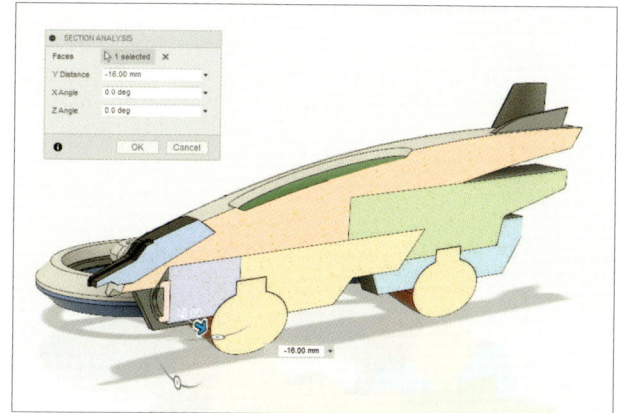

step 3

각각의 부품을 브라우저에서 선택해서 마우스 우측 버튼을 클릭해 Save As STL 명령을 클릭합니다.

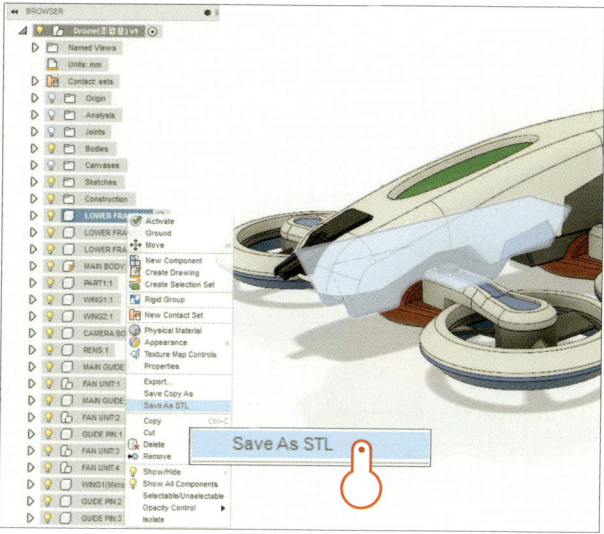

373

06 3D 프린터 활용하기

step 4

메시 상태를 미리보기 위해 Preview Mesh(메쉬 미리보기) 명령을 클릭합니다.

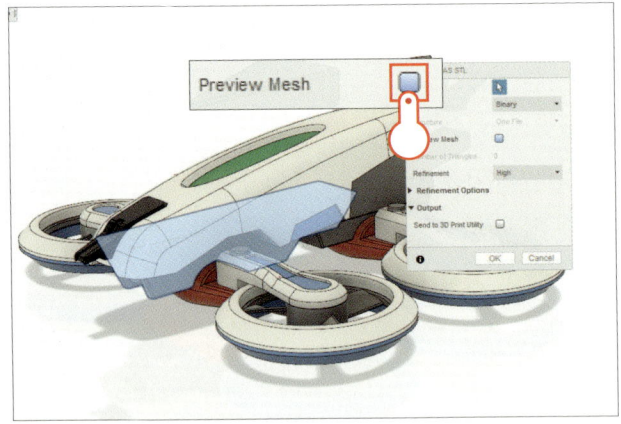

step 5

다음과 같이 메시 상태가 미리보기가 되면 OK 버튼을 클릭합니다.

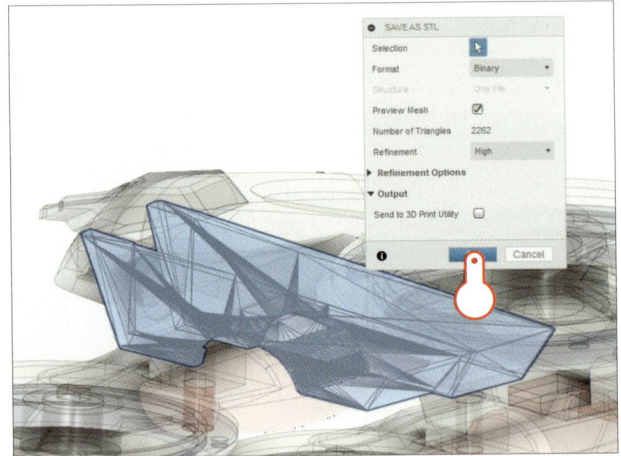

step 6

다음과 같이 원하는 이름으로 STL 파일을 저장합니다.

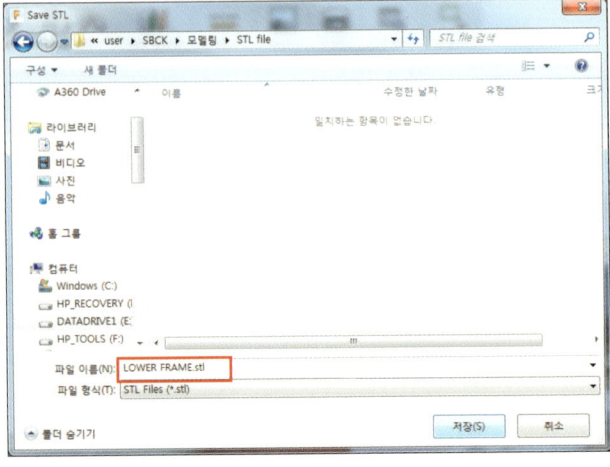

> **Tips**
> 파일 이름은 부품 이름과 동일하게 하는 것이 좋습니다.

step 7

마찬가지로 다른 부품들도 다음과 같이 STL 파일로 변환합니다.

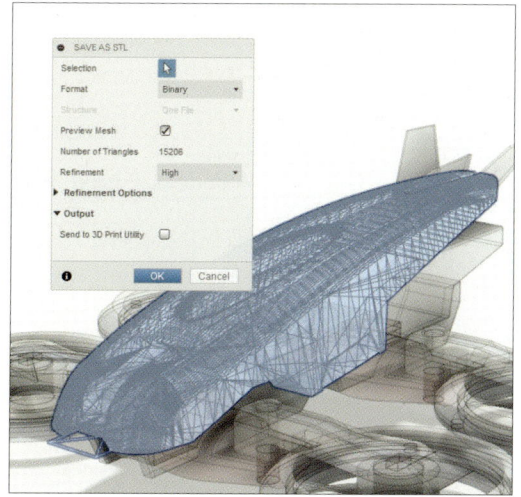 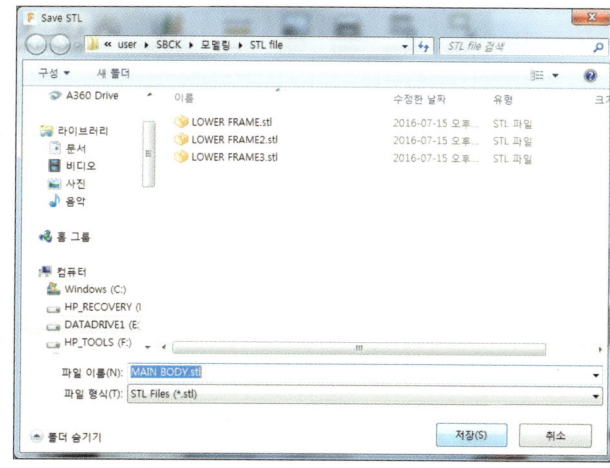

step 8

다음과 같이 드론의 모든 부품을 STL 파일로 저장합니다.

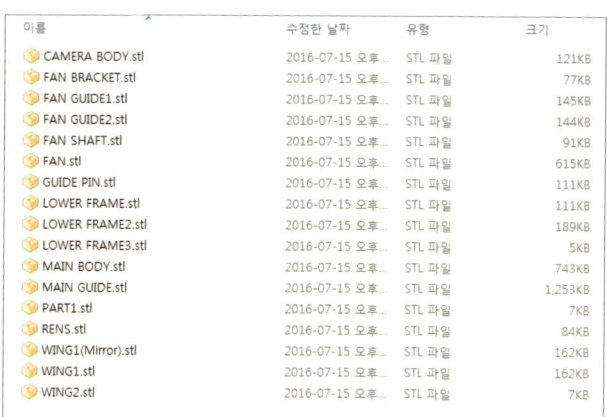

06 3D 프린터 활용하기

Section 02 G-code 파일로 변환하기

큐라 다운로드 받기 (win/mac)　　　　　　　　　　　　　　　Autodesk Fusion 360

Cura프로그램은 오픈 소스(공개)프로그램이며, 사용에 제약이 없습니다. 다음 순서에 따라 소프트웨어를 설치하시기 바랍니다. 대부분의 3D프린터 제조사에서는 자사 제품에 맞게 소프트웨어를 기본적으로 무상지원합니다.

01 Cura CREATABLE Edition 설치 – Windows

step 1

크리에이터블 홈페이지 > 서포트 (http://creatablelabs.com/support) 에서 OS를 확인한 후 Cura CREATABLE Edition 설치 파일을 다운로드합니다.

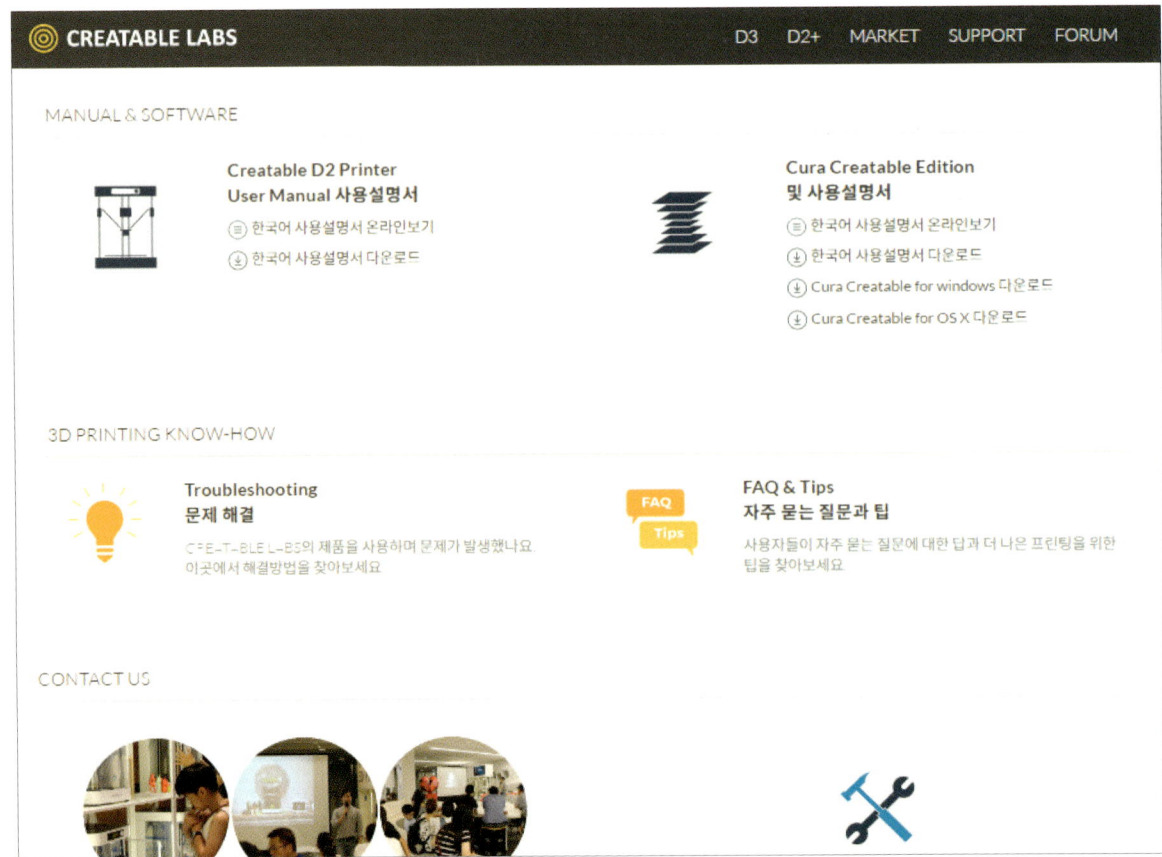

Section02 G-code 파일로 변환하기

step 2
다운받은 파일을 실행합니다.

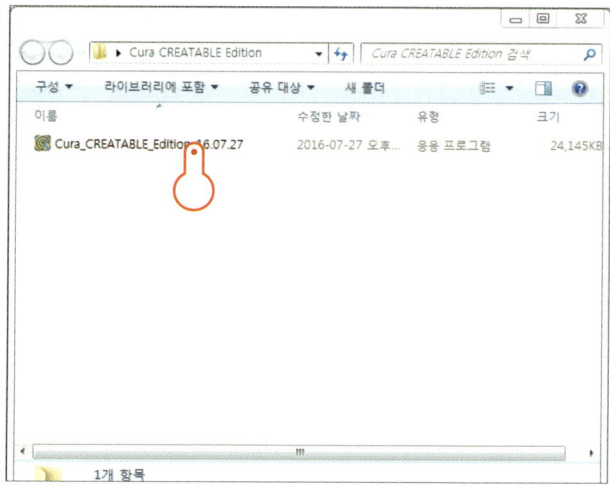

step 3
Next 버튼을 클릭합니다.

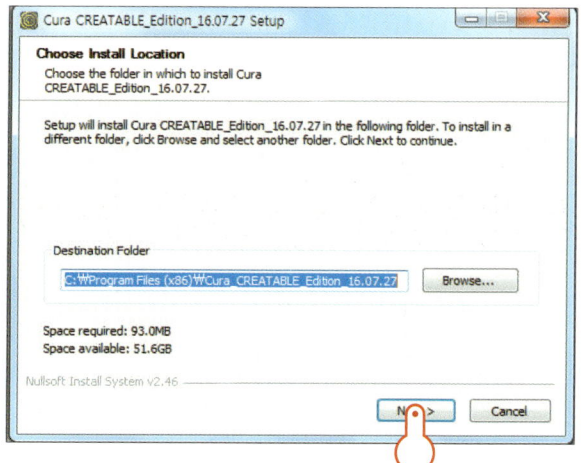

step 4
Install 버튼을 클릭합니다.

> **Tips**
> - Arduino Drivers는 D2와 PC의 연결을 위한 필수 드라이버 입니다.
> - SiliconLabs Drivers는 D3와 PC의 연결을 위한 필수 드라이버 입니다.

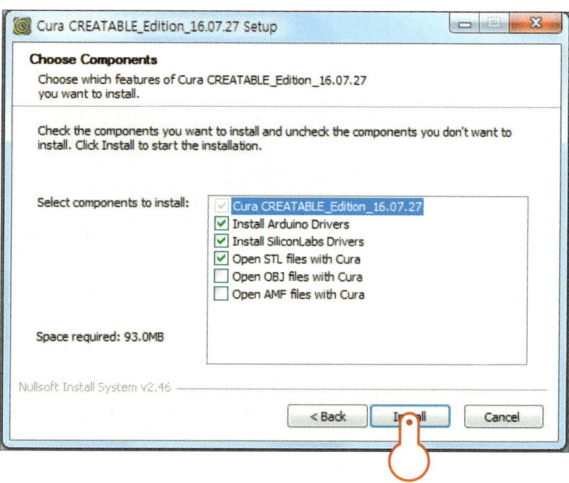

377

step 5

설치가 진행됩니다.

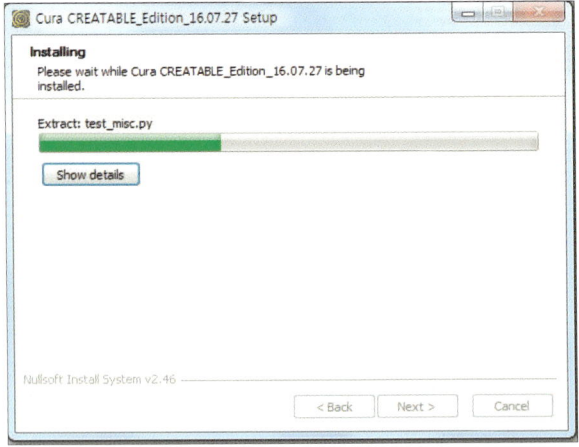

step 6

장치 드라이버 설치 마법사 시작 창이 뜨면 다음을 클릭합니다.

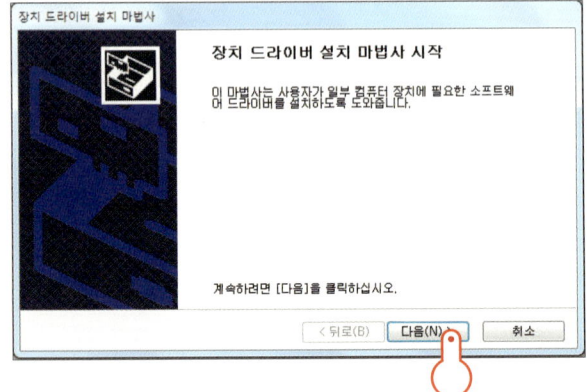

step 7

장치 드라이버 설치 마법사 완료 창이 뜨면 마침을 클릭합니다.

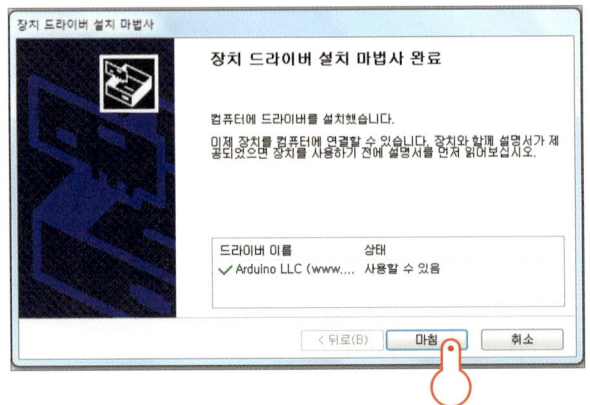

Section02 G-code 파일로 변환하기

step 8

드라이버 설치창이 뜨면 다음을 클릭합니다.

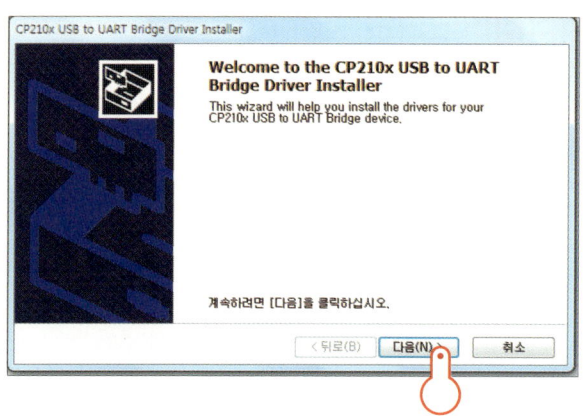

step 9

사용권 계약 동의함에 체크하고 다음을 클릭합니다.

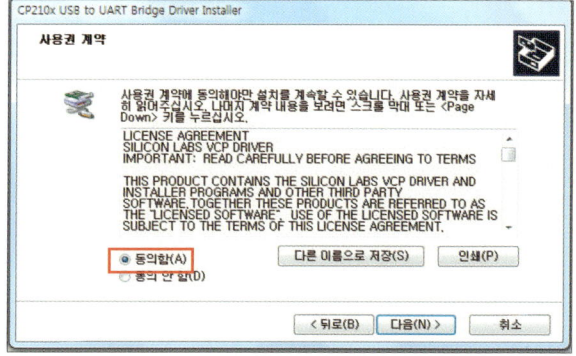

step 10

드라이버 설치 완료 창이 뜨면 마침을 클릭합니다.

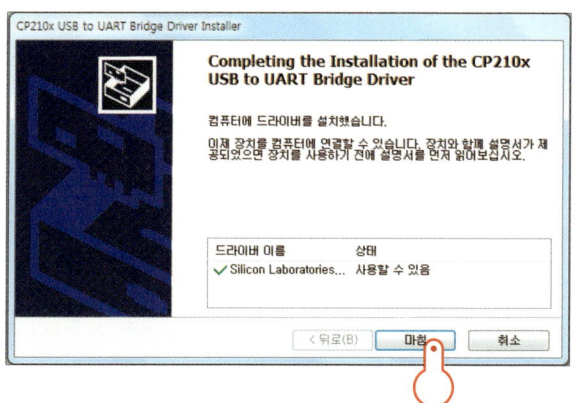

3D 프린터 활용하기

step 11

Cura 설치가 완료되면 Next 버튼을 클릭합니다.

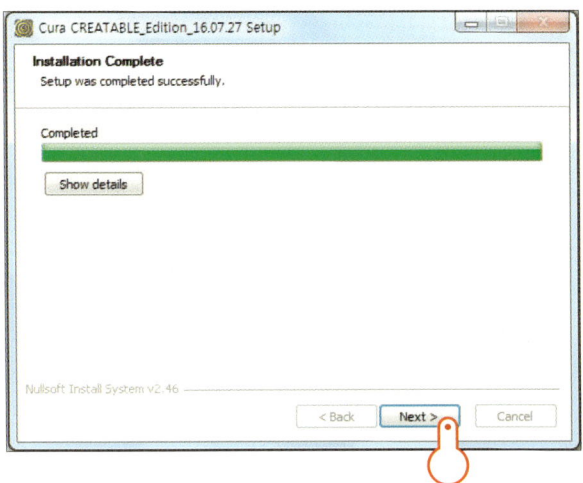

step 12

Start Cura에 체크하고 Finish 버튼을 누르면 프로그램이 실행됩니다.

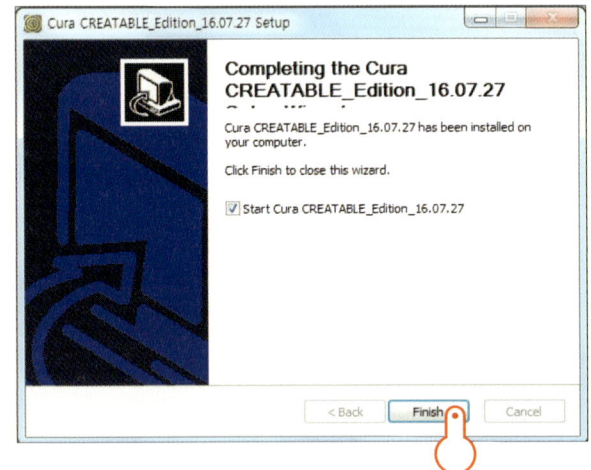

step 13

Cura 프로그램이 실행됩니다.

Section02 G-code 파일로 변환하기

step 14

언어를 선택하고 Next를 클릭합니다.

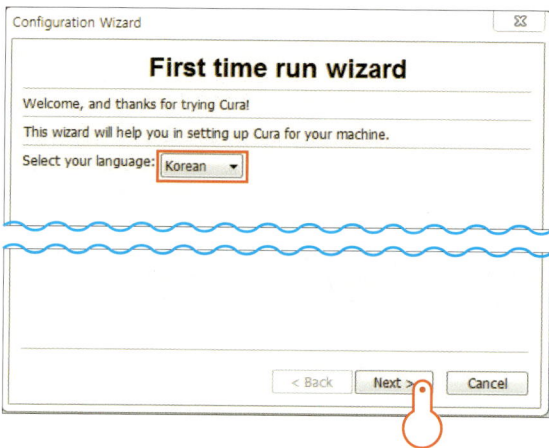

step 15

CREATABLE D3을 선택하고 Next를 클릭합니다.

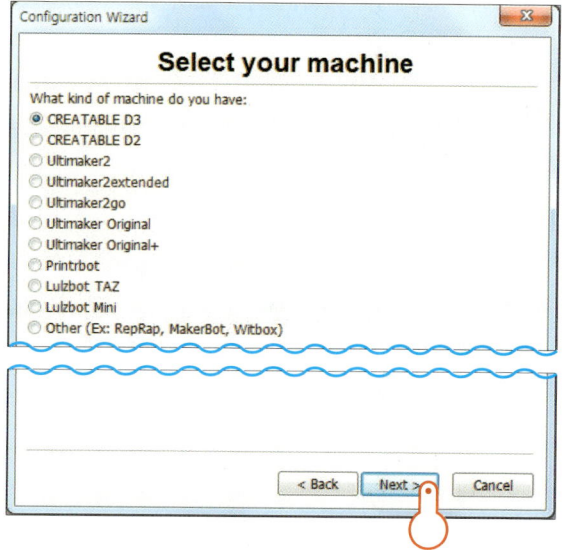

step 16

Finish 버튼을 클릭하면 3D 프린터를 사용할 준비가 완료됩니다.

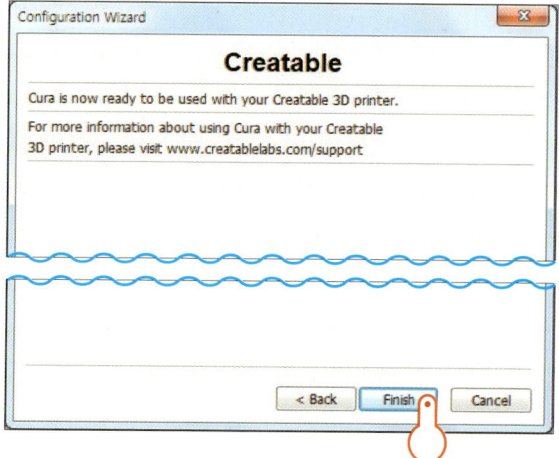

06 3D 프린터 활용하기

02 Cura CREATABLE Edition 설치 - MacOS

step 1

크리에이터블 홈페이지 〉 서포트 (http://creatablelabs.com/support) 에서 OS를 확인한 후 Cura CREATABLE Edition 설치 파일을 다운로드합니다.

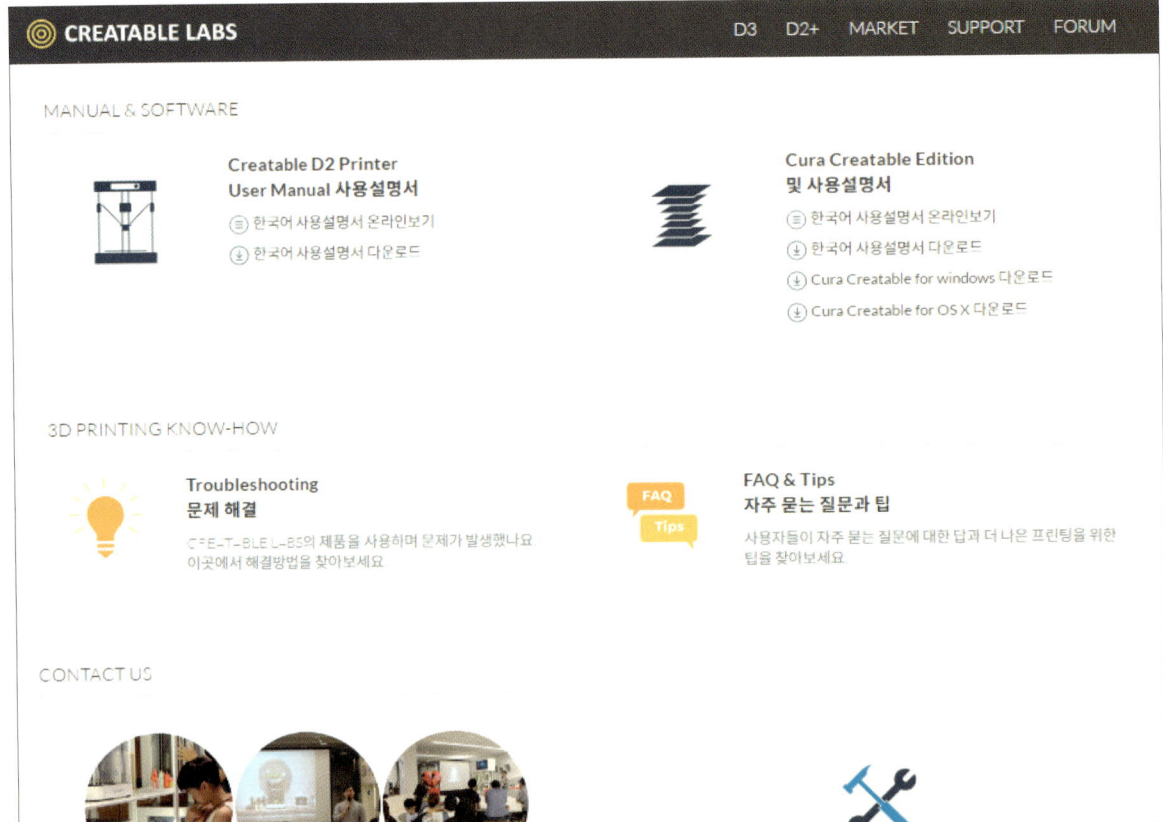

step 1

다운받은 파일을 실행합니다.

Section02 G-code 파일로 변환하기

step 2

dmg 파일을 더블클릭하여 마운트 시킵니다.

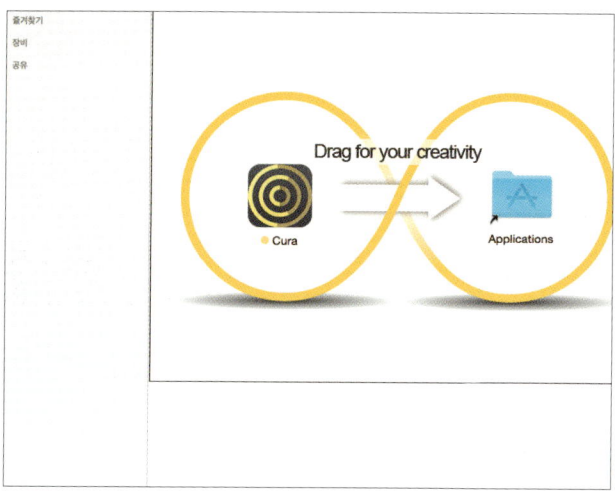

step 3

마운트 된 장치에서 Cura 폴더를 Applications 폴더로 드래그하여 설치합니다.

step 4

Applications에서 Mac_OSX_VCP_Driver 폴더에 들어갑니다.

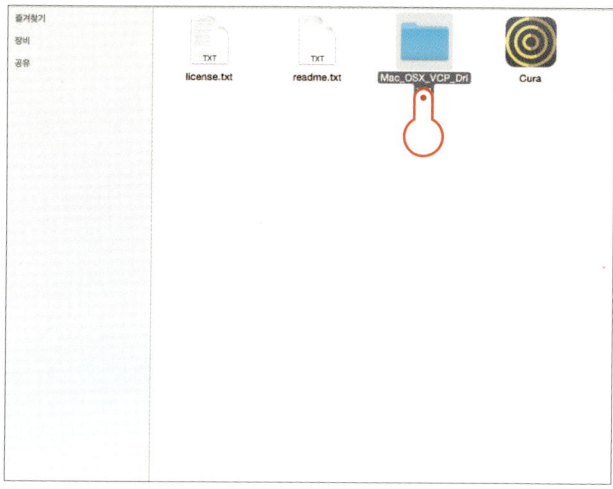

06
3D 프린터 활용하기

step 5

Silicon Labs VCP Driver.pkg 파일을 실행시켜 CREATABLE D3와 컴퓨터를 연결하는데 필요한 드라이버를 설치합니다.

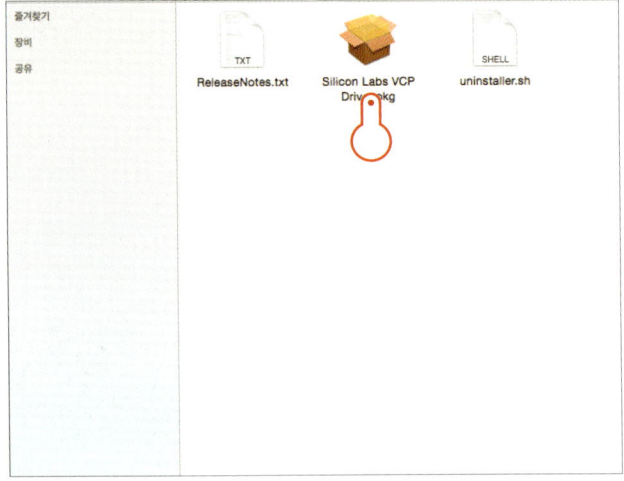

step 6

Cpplications에서 Cura폴더를 찾아 들어가 Cura를 실행시킵니다.

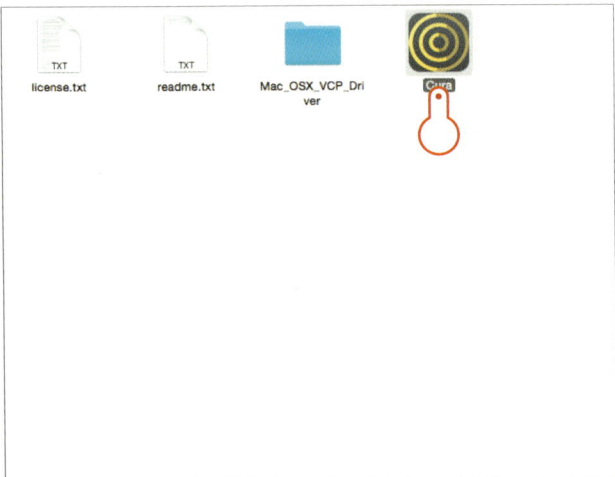

Section02 G-code 파일로 변환하기

G-code 파일로 내보내기 – Cura
Autodesk Fusion 360

step 1

Cura를 실행하면 아래와 같은 화면을 볼 수 있습니다.

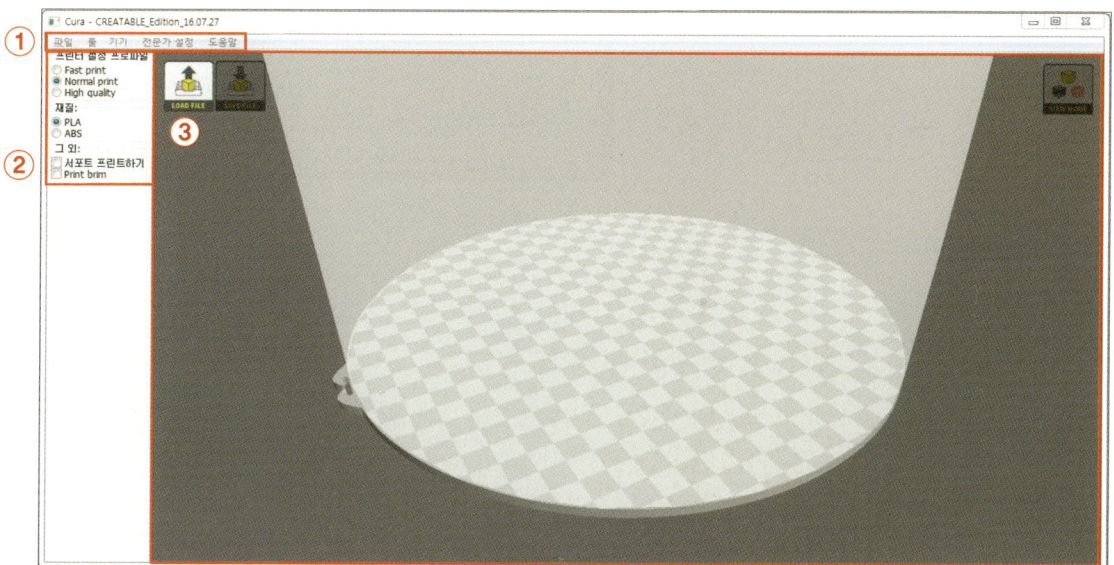

❶ **풀다운 메뉴** : Cura 프로그램의 모든 명령어를 표시합니다.

❷ **설정 탭** : G-code 파일을 설정합니다.

❸ **작업창** : G-code 파일의 변환을 그래픽으로 표시합니다.

> Tips
> 위 화면은 Creatablelabs의 D3용 Cura화면입니다. 일반 Cura화면과 작업 창에서의 그래픽이 다를 수 있습니다만, 일반적인 사용방법에는 큰 차이가 없습니다.

step 2

Load File 버튼을 클릭합니다.

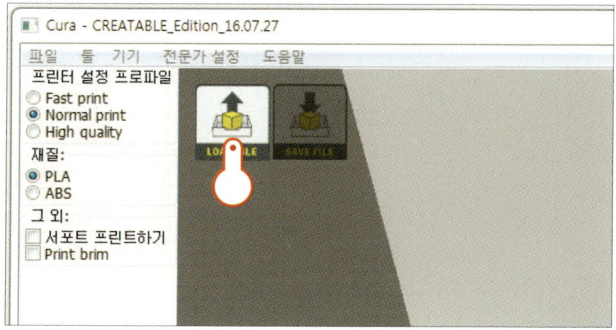

06
3D 프린터 활용하기

step 3

출력하고자 하는 STL파일을 선택해서 열기를 클릭합니다.

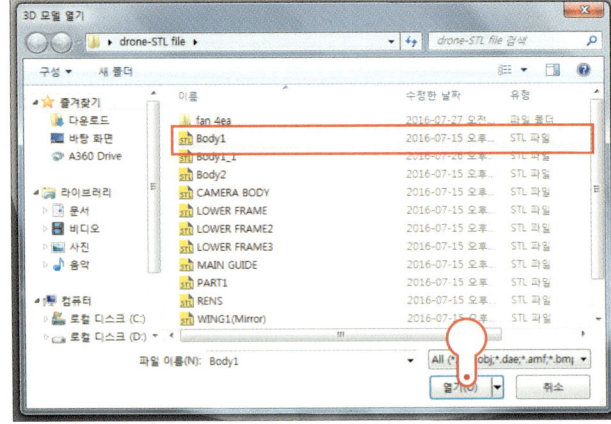

step 4

STL 파일이 작업창에 표시됩니다.

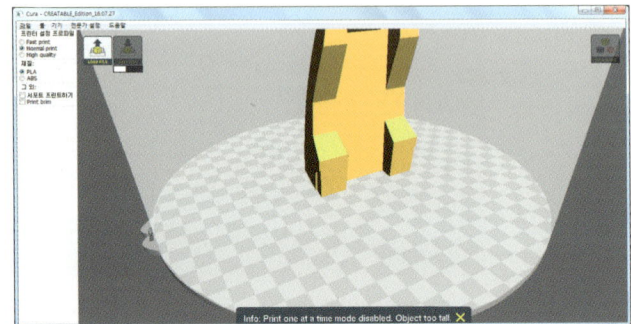

step 5

불러온 모델을 클릭하면 하단에 모델을 컨트롤 할 수 있는 메뉴가 표시됩니다.

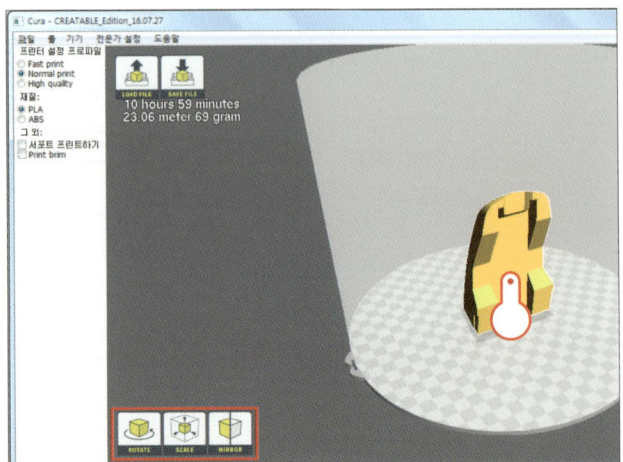

Section02 G-code 파일로 변환하기

step 6

Rotate 메뉴를 클릭하면 모델을 회전할 수 있습니다. Lay flat 버튼을 누르면 모델의 평평한 면이 바닥을 향하게 됩니다.

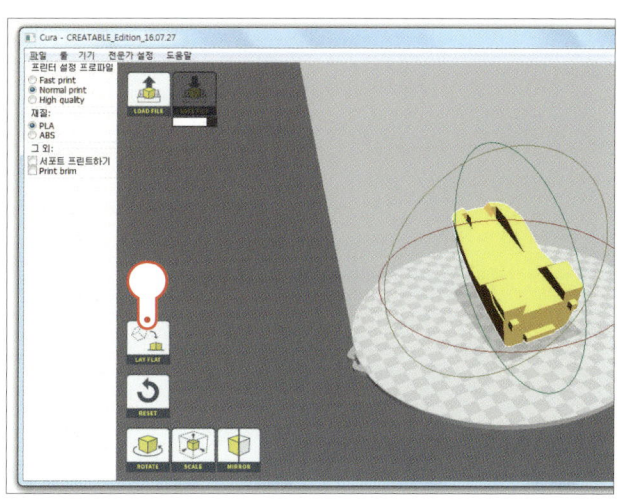

step 7

Scale 메뉴를 클릭하면 모델의 축척을 설정할 수 있습니다.

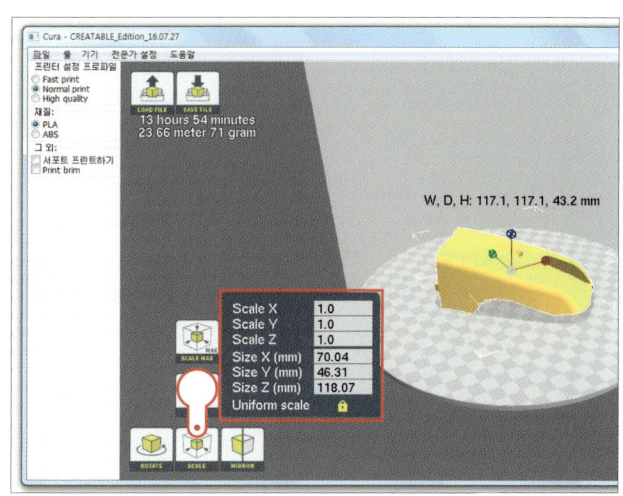

step 8

왼쪽 설정 창에서 출력 옵션을 선택할 수 있습니다.

① **프린터 설정 프로파일** : 출력소요 시간과 출력물의 품질을 결정합니다.

② **재질** : 대표적인 필라멘트 소재인 PLA와 ABS 중 선택합니다(필라멘트 제조사에 따라 적합한 전문가 설정이 필요할 수 있습니다.).

③ **그 외** : 출력물의 형태에 따라서 적합한 서포트를 함께 출력할지 설정합니다.

387

3D 프린터 활용하기

step 9

출력 설정이 완료되면 우측 상단의 View mode 버튼을 클릭하고 Layers 버튼을 클릭합니다.

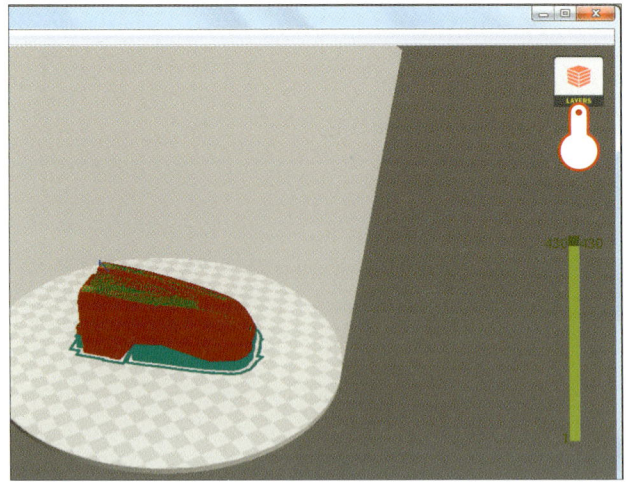

step 10

다음과 같이 모델이 적층되는 과정이 표시됩니다. 우측의 적층 바를 위 아래로 끌어서 적층되는 과정을 확인할 수 있습니다.

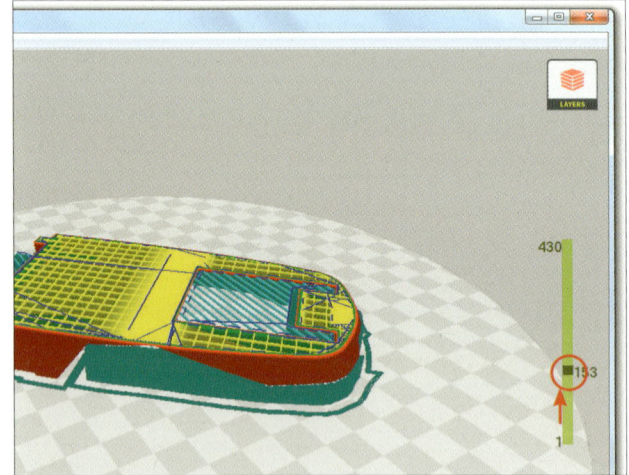

step 11

Save file 버튼을 클릭하면 G-Code를 저장할 수 있는 메뉴가 열립니다. SD카드를 삽입한 후에 해당 위치에 맞게 선택한 후 원하는 이름으로 저장합니다.

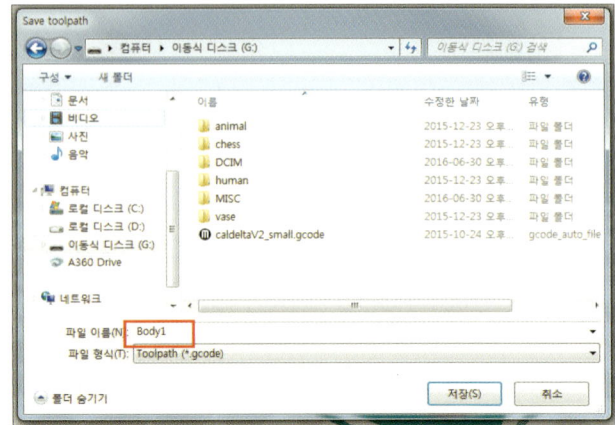

step 12

프로그램 하단에 파일이 저장된 정보가 표시됩니다.

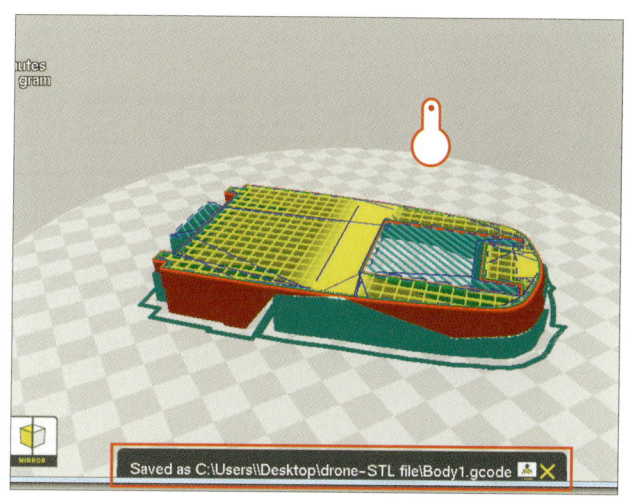

> **Tips**
> 자세한 Cura 사용법 및 상세한 전문가 설정 정보는 Creatablelabs.com – Suport – Cura Creatable Edition 및 사용설명서에서 확인하실 수 있습니다.

06
3D 프린터 활용하기

Section 03   3D 프린터로 출력하기

CREATABLE D3 프린터로 출력하기   Autodesk Fusion 360

(주)에이팀벤처스에서 개발한 CREATABLE D3 프린터로 G-code로 변환한 파일을 출력해 보도록 하겠습니다.

step 1

3D 프린터를 준비합니다.

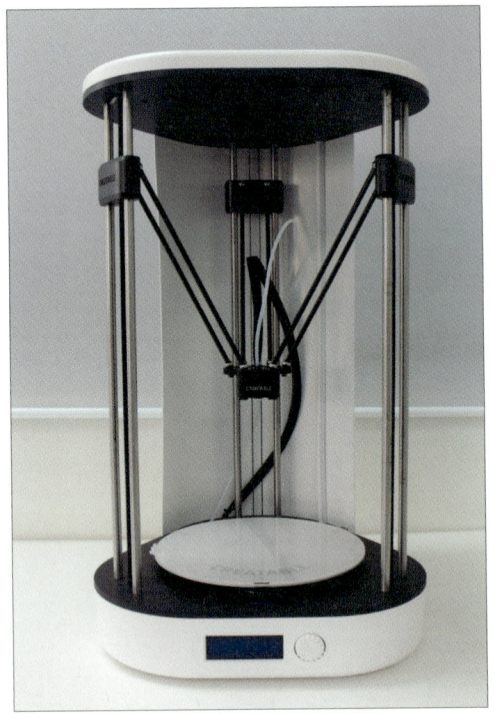

step 2

CREATABLE D3 본체 오른쪽 단자에 전원 케이블을 연결하고, 전원버튼을 눌러 프린터를 켭니다.

Section03 3D 프린터로 출력하기

step 3

레버를 끝까지 누른 후 레버 구멍에 필라멘트를 넣어줌으로써 필라멘트 로딩을 완료합니다.

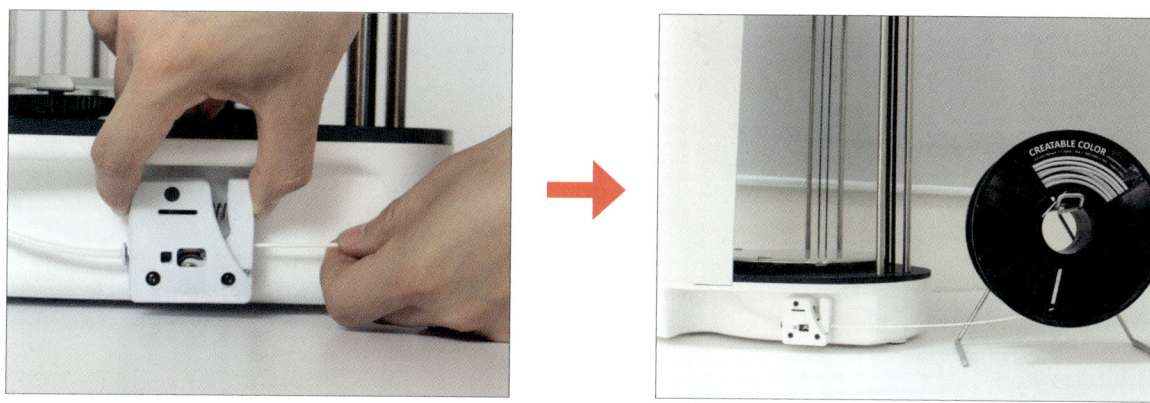

> **Tips**
> 필라멘트가 기어와 베어링 사이에 잘 위치하는지 확인하면서 끝 부분이 피더 반대편의 튜브로 나올 때까지 밀어줍니다.

step 4

메뉴에서 FILAMENT 〉 CHANGE FILANET 〉 LOAD FILAMENT 를 선택해줍니다.

-노즐이 설정 온도까지 가열되면 피더가 필라멘트를 노즐 근처까지 로딩합니다. 컨트롤 휠을 충분히 돌려서 노즐 끝으로 필라멘트가 녹아나오면 로딩이 완료된 상태입니다.

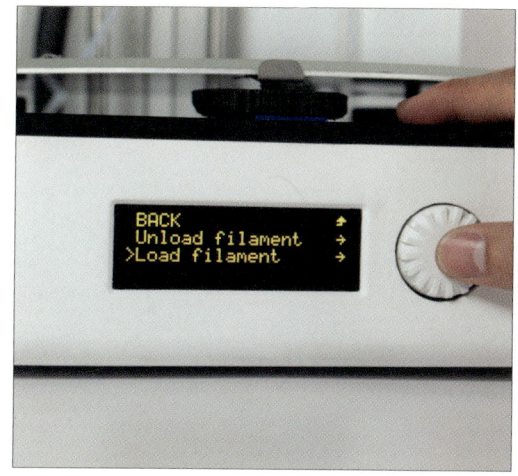

391

06
3D 프린터 활용하기

> **Tips**
>
> -필라멘트를 교체하고 싶을 때
>   메뉴에서 FILAMENT 〉 CHANGE FILAMENT 〉
>   UNLOAD FILAMENT를 선택해줍니다.

step 5

출력하고자 하는 G-Code가 저장된 SD카드를 슬롯에 삽입해줍니다.

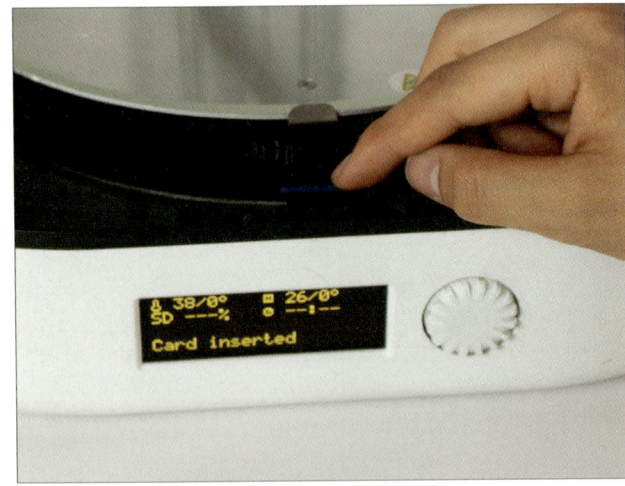

step 6

"CARD INSERTED" 문구가 표시되면 출력 준비 완료된 상태입니다.

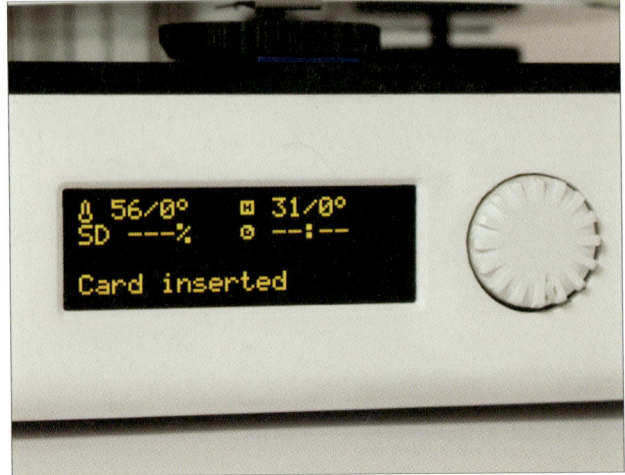

step 7

메뉴의 PRINT FROM SD에서 출력하고자 하는 파일을 선택합니다.

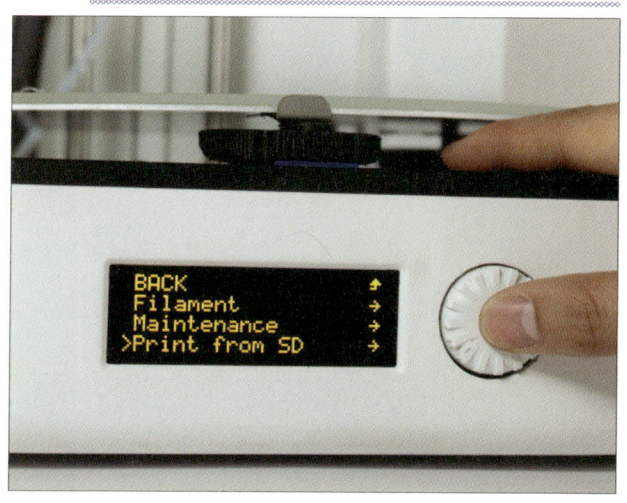

step 8

프린트가 진행되면서 히트베드와 노즐이 설정된 온도까지 가열됩니다.

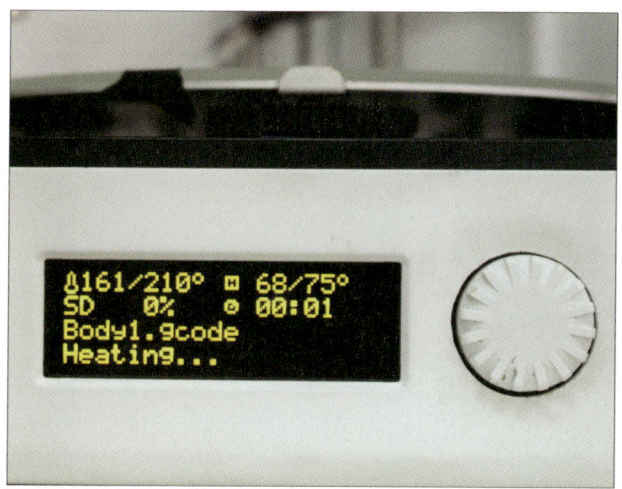

step 9

적정 온도까지 가열되면 프린트를 시작합니다.

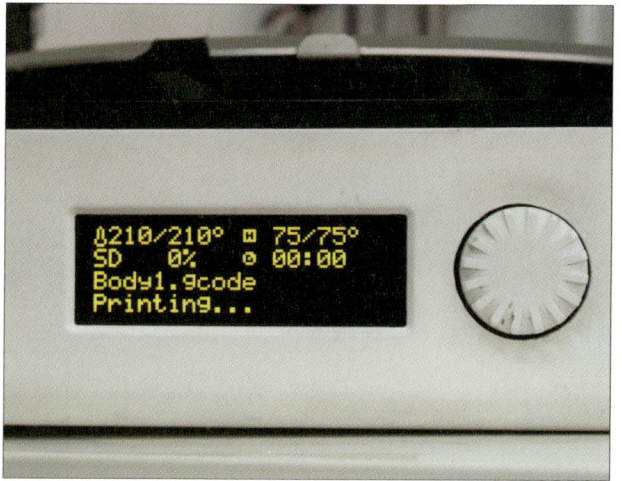

3D 프린터 활용하기

step 10

출력이 시작되면 첫 레이어가 출력이 잘 되고 있는지 확인합니다.

step 11

노즐이 이동하면서 소재를 압출하여 적층합니다.

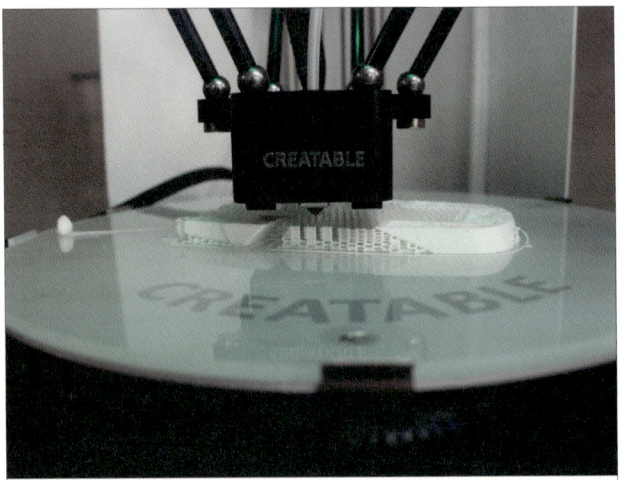

step 12

출력이 완료되었습니다.

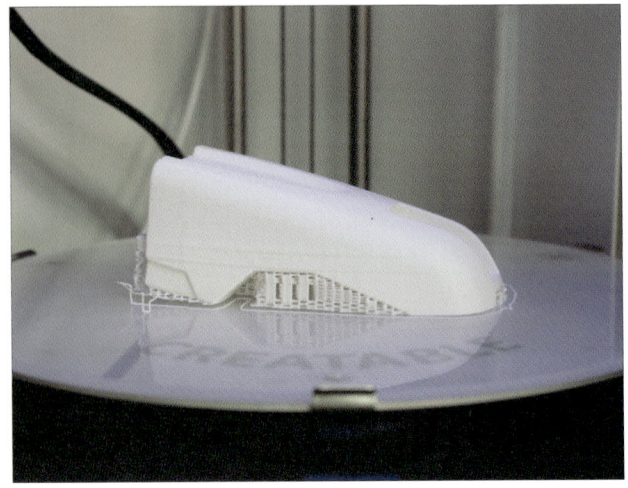

step 13

베드의 온도를 확인하고 충분히 식은 후 분리주걱으로 결과물을 제거합니다.

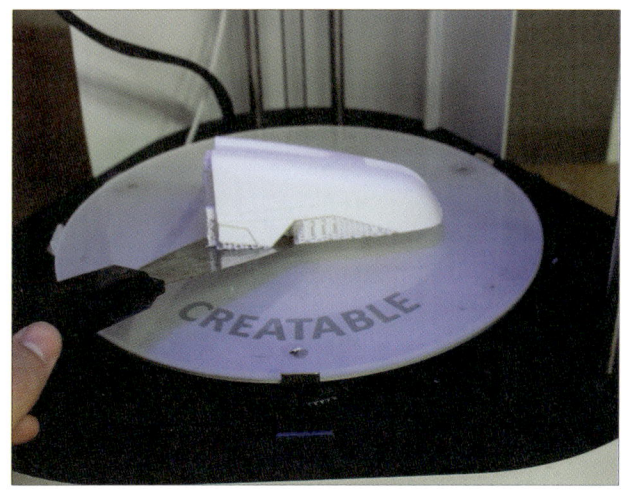

06 3D 프린터 활용하기

Section 04 후처리하기

서포트 제거 및 사포질하기 Autodesk Fusion 360

다음과 같이 출력물의 서포트 제거 및 사포질을 해 보도록 하겠습니다.

step 1

다음과 같이 출력된 파일의 부품 누락을 확인합니다.

step 2

다음과 같이 서포트를 제거합니다.

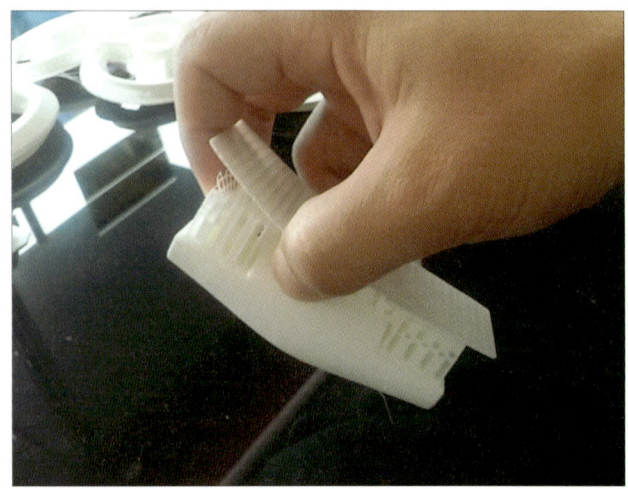

step 3

서포트가 제거되었습니다.

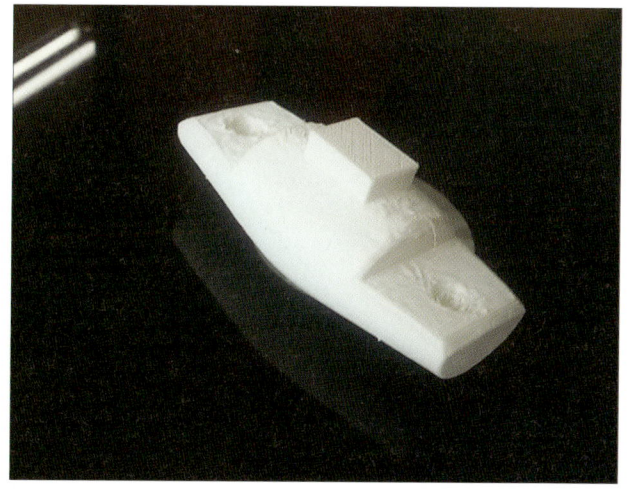

step 4

거친 부분은 쇠줄을 이용해 대략적으로 제거합니다.

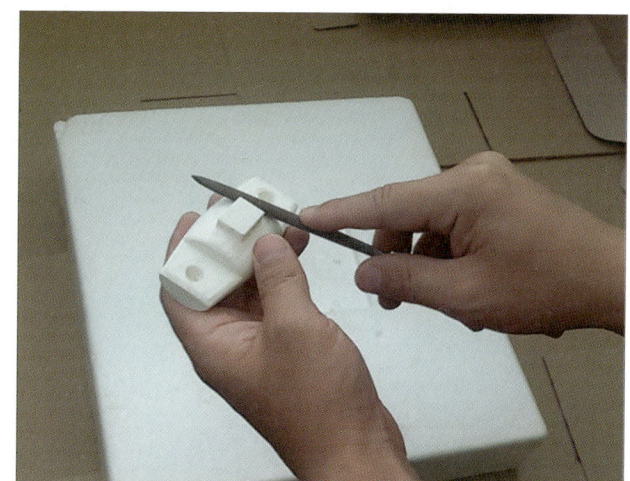

step 5

다음 순서로 거친 사포부터 부드러운 사포 순으로 차례대로 사포질을 합니다.

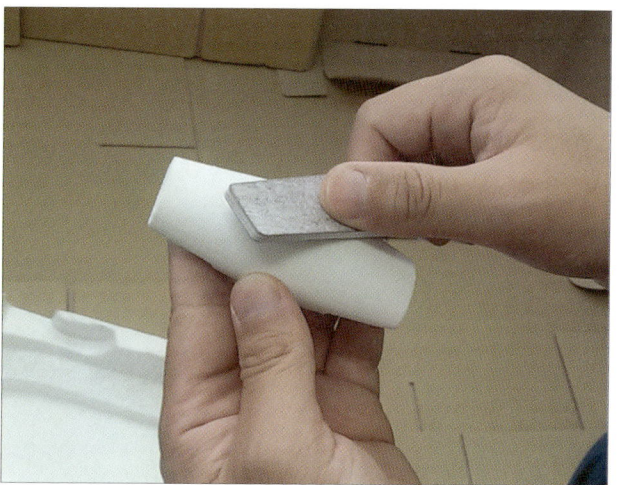

06
3D 프린터 활용하기

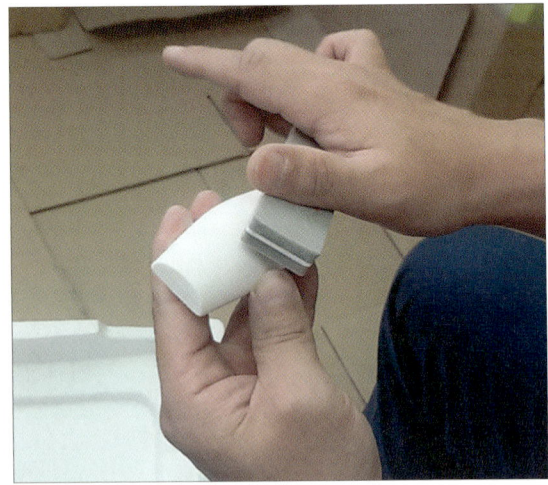

step 6

다른 부품들도 마찬가지로 사포질을 합니다.

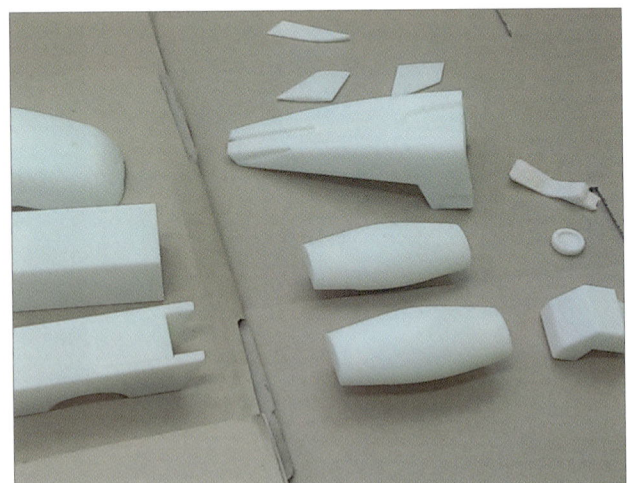

step 7

사포질이 끝난 후 부품들을 임시로 조립해 봅니다.

서페이서 올리기

도료를 올리기에 앞서 서페이서를 올려 보도록 하겠습니다.

step 1

다음과 같이 부품을 악어집게에 꽂아서 스티로폼 판에 꽂습니다.

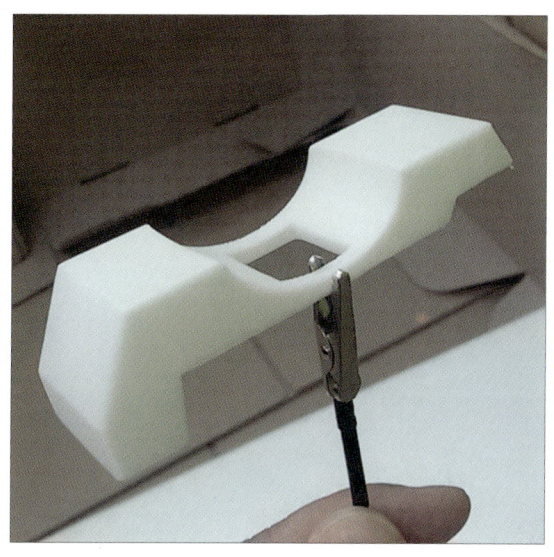
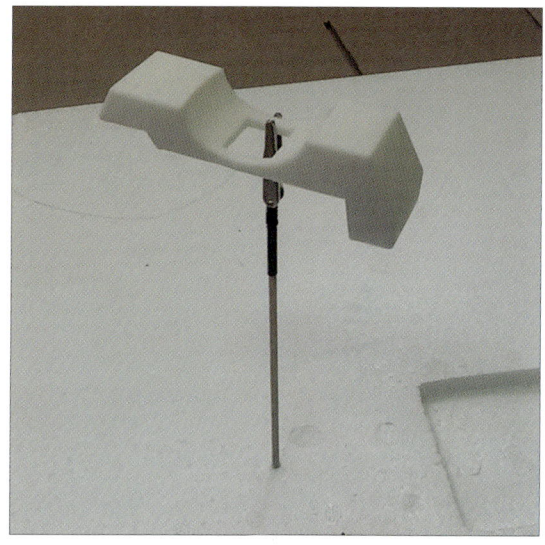

step 2

마찬가지로 다른 부품들도 악어집게에 꽂아서 스티로폼 판에 배열합니다.

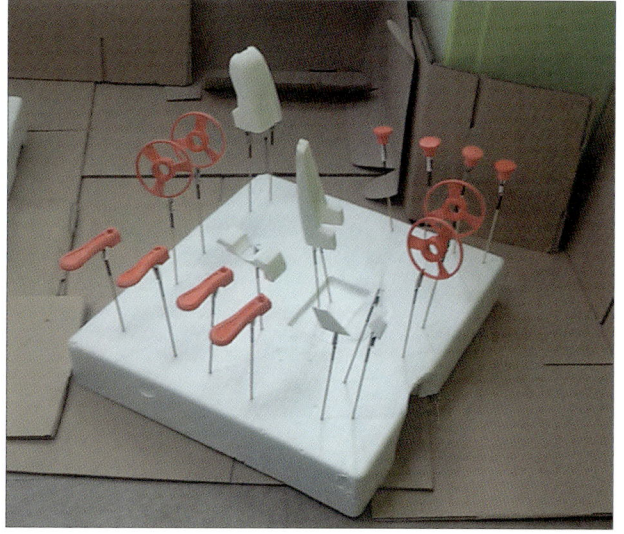

step 3

캔 타입의 서페이서를 준비합니다.

step 4

각각의 부품에 서페이서를 올립니다.

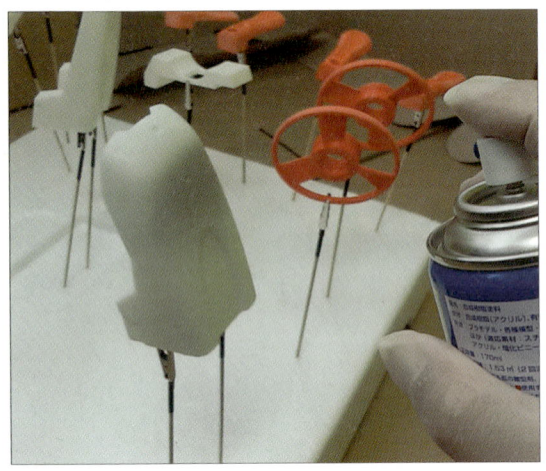
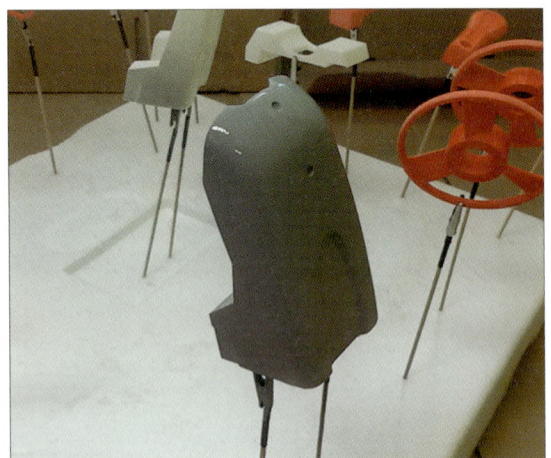

step 5

다음과 같이 다른 부품에도 서페이서를 올립니다.

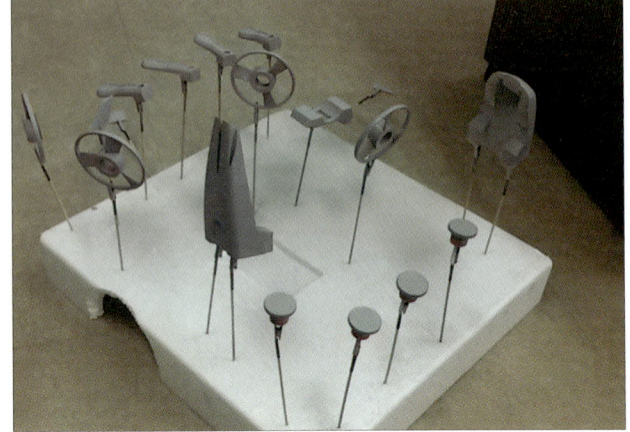

Section04 후처리하기

도료 올리기

Autodesk Fusion 360

각각의 부품에 도료를 올려 보도록 하겠습니다.

step 1

다음과 같이 캔 타입의 도료를 준비합니다.

step 2

다음과 같이 각 부품의 색상에 맞게 도료를 올립니다.

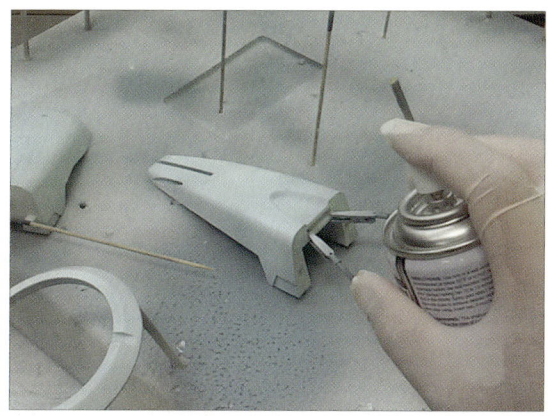
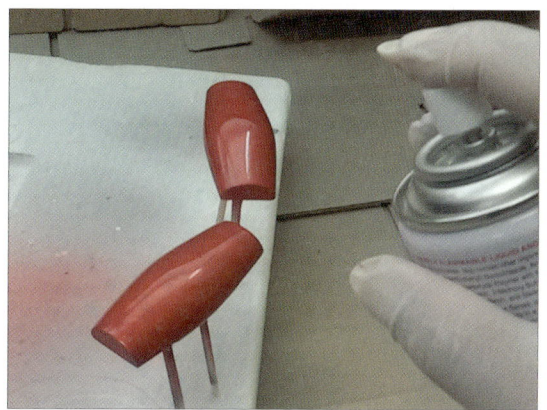
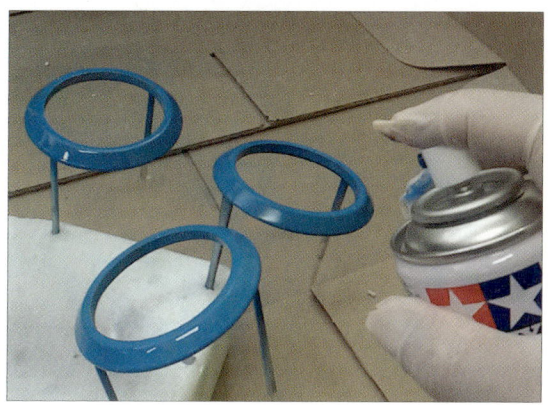

마스킹 작업하기

Autodesk Fusion 360

하나의 부품에 여러가지 색을 칠하기 위한 마스킹 작업을 실시합니다.

step 1

다음과 같이 마스킹 테이프를 준비합니다.

step 2

적절한 길이로 마스킹 테이프를 잘라냅니다.

step 3

다음 부분을 꼼꼼히 감아줍니다.

Section04 후처리하기

step 4

다음과 같이 다른 색의 도료를 올립니다.

step 5

도료가 적절히 마른 다음 테이프를 제거합니다.

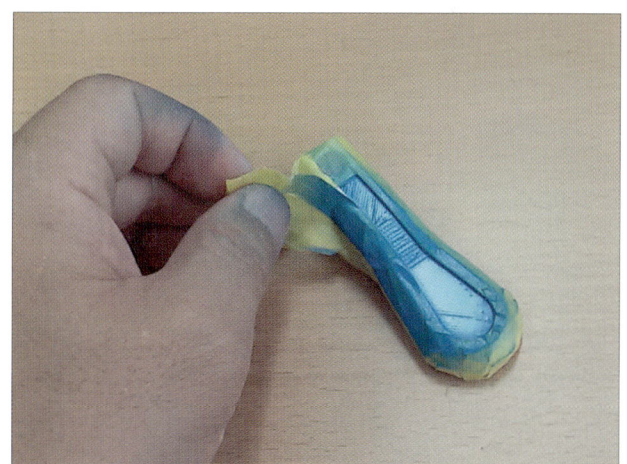

step 6

다음과 같이 마스킹 작업으로 인한 부분 도색이 완료됩니다.

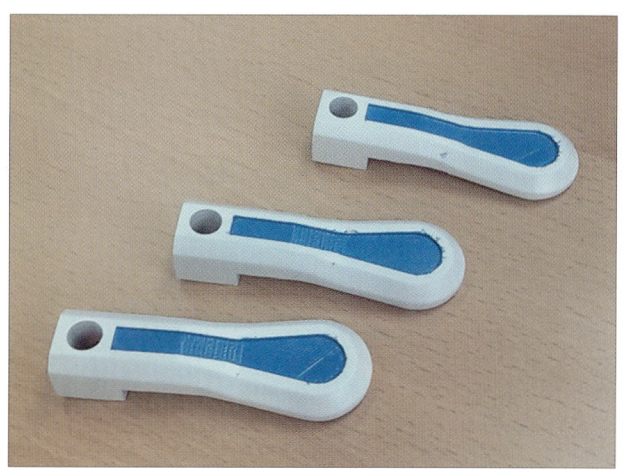

403

마감제 올리기

Autodesk Fusion 360

도료의 보호와 마감 상태를 결정하기 위한 마감제 작업을 해 보도록 하겠습니다.

step 1

다음과 같이 캔 타입의 유광 마감제를 준비합니다.

step 2

다음과 같이 각각의 부품에 마감제를 올립니다.

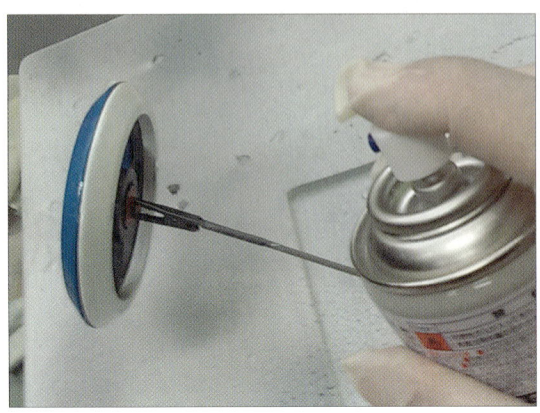
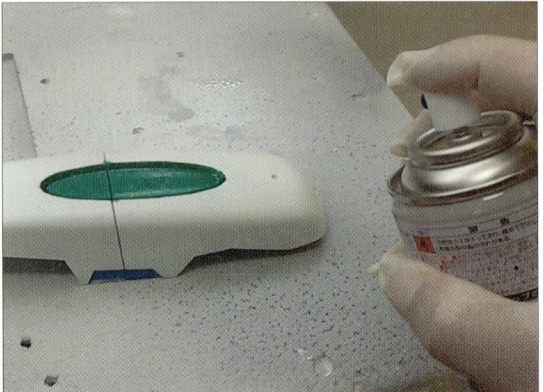

Section04 후처리하기

최종 조립하기

Autodesk Fusion 360

도색이 끝난 부품을 조립해서 완성합니다.

step 1

다음과 같이 접착제를 이용해 부품들을 조립합니다.

step 2

드론 조립이 완료됩니다.

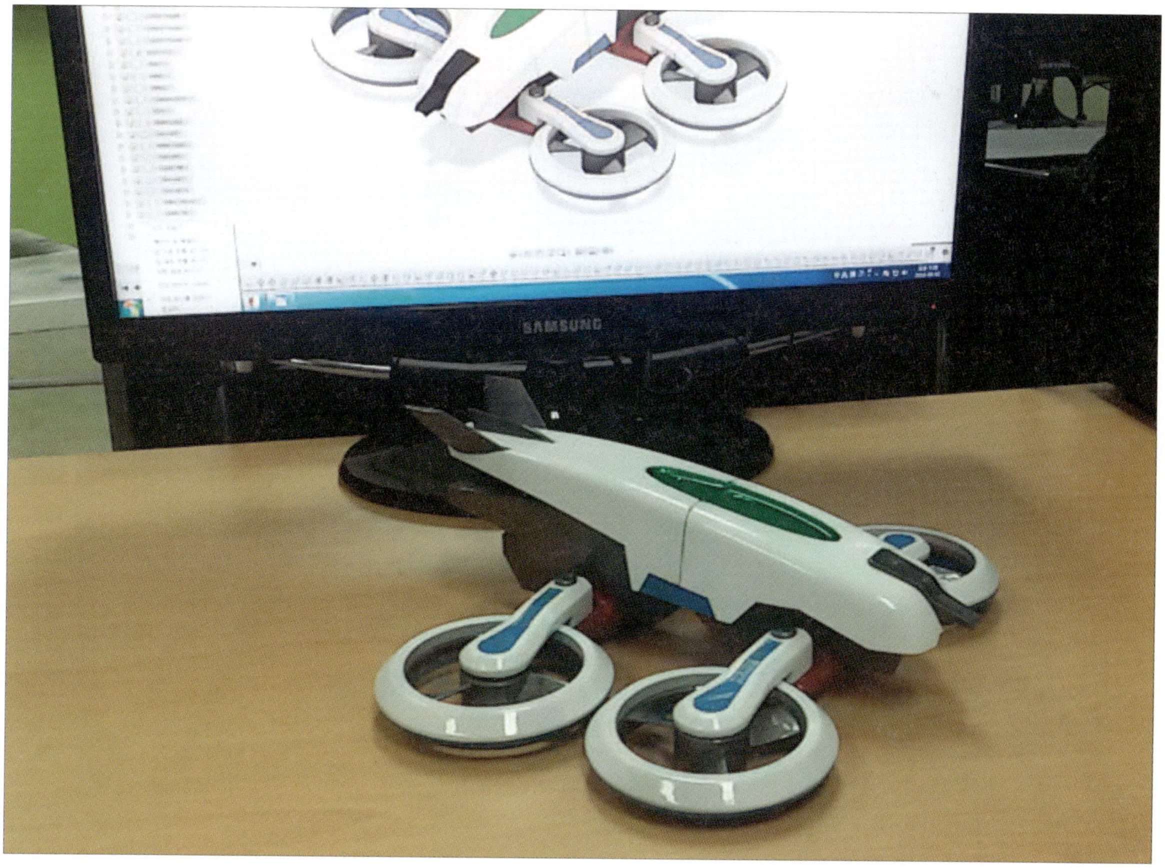

405

CREATABLE
D3

The Perfect Balance
for Beginners, Educators, and Experts.

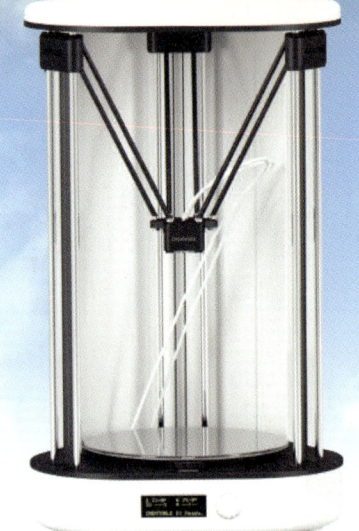

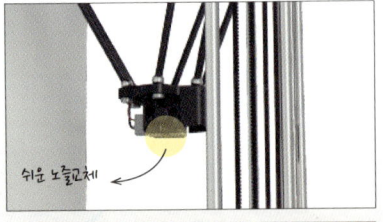
쉬운 노즐교체

쉽고 정교한
타이밍벨트 텐션조절

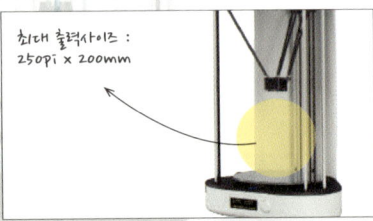
최대 출력사이즈 :
250pi x 200mm

Key Features
Advanced Technology focused on usability

마그네틱 조인트
자석으로 연결된 조인트는
진동이 없는 부드러운 움직임과 확장된 모션 자유도를 통해
최상의 출력 해상도와 증가된 프린팅 사이즈를 구현합니다.

정교한 벨트 텐션 조절
타이밍벨트 텐션 조절이 간단하게 설계되어 있어
최상의 프린팅 퀄리티를 항상 유지할 수 있습니다.

열역학적으로 최적화된 헤드
CREATABLE D3의 헤드는 프리미엄급의 출력 해상도를
구현할 수 있도록 열역학적으로 최적화되어 있습니다.

교체 가능한 노즐
0.25, 0.4, 0.6, 0.8mm 등 다양한 사이즈의 노즐을 쉽게 교체할 수 있도록
설계되어 있습니다.

A · TEAM VENTURES 홈페이지 (http://creatablelabs.com/)

CREATABLE LABS
D3   D2+   MARKET   SUPPORT   FORUM

MANUAL & SOFTWARE

Creatable D2 Printer User Manual 사용설명서
- 한국어 사용설명서 온라인보기
- 한국어 사용설명서 다운로드

Cura Creatable Edition 및 사용설명서
- 한국어 사용설명서 온라인보기
- 한국어 사용설명서 다운로드
- Cura Creatable for windows 다운로드
- Cura Creatable for OS X 다운로드

3D PRINTING KNOW-HOW

Troubleshooting 문제 해결
CREATABLE LABS의 제품을 사용하며 문제가 발생했나요 이곳에서 해결방법을 찾아보세요.

FAQ & Tips 자주 묻는 질문과 팁
사용자들이 자주 묻는 질문에 대한 답과 더 나은 프린팅을 위한 팁을 찾아보세요

CONTACT US

Technical Education 교육서비스
학교나 기관을 대상으로 3D Printer 교육 서비스를 제공합니다.
이메일로 문의해주세요.
support@creatablelabs.com

A/S Center 문의하기
고장 문의 / 소프트웨어 에러 / 배송 문의 등 빠르게 답변해 드리겠습니다.
이메일로 문의해주세요.
support@creatablelabs.com

A·TEAM VENTURES

A·TEAM VENTURES | 101-86-83458 | CEO : San Ko
6th Fl. 187 Yulgok-ro, Jongno-gu, Seoul, Korea
E-mail : support@creatablelabs.com / Phone : +82 2 743 6322 / Fax : +82 2 6442 5450
©Ateam Ventures 2016 Privacy Policy – Terms of Serivce

SBCK 홈페이지 (http://www.sbck.com/)

■ SBCK EDU 페이지 (http://www.sbeducation.co.kr)

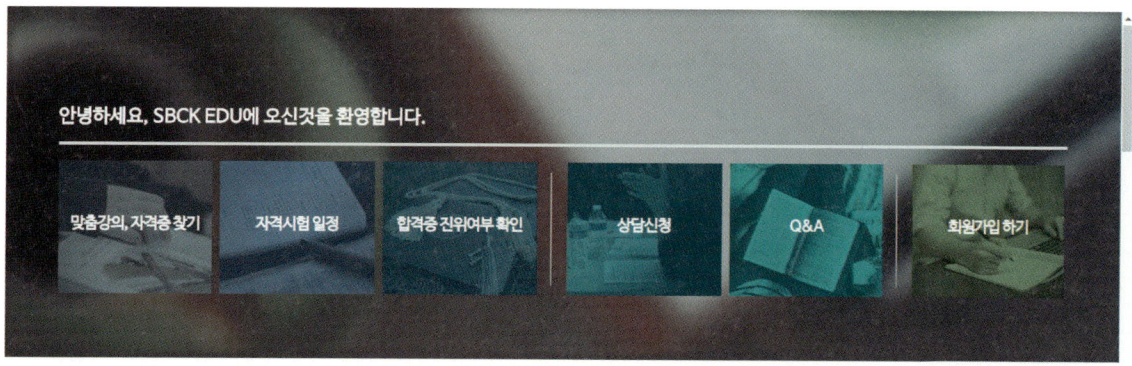

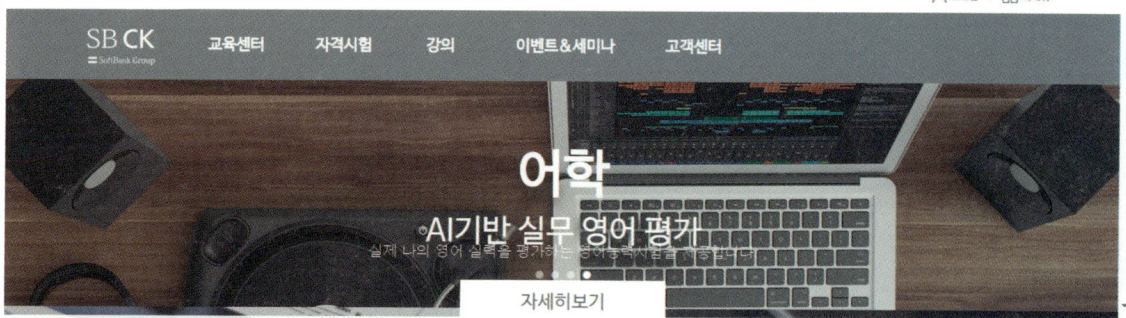

 정보혁명으로 인류를 행복하게

소프트뱅크의 경영이념인
정보혁명으로 인류를 행복하게는
SBCK Education이 추구하는 교육의 길입니다.

 국제인증자격증

실무 실력을 평가하고 성취감을 향상 시키며.
실제 취업 시 도움이 될 수 있는
국제인증자격증 프로그램을 제공 합니다.

 인턴쉽 및 취업/창업

인턴쉽 및 경진대회 뿐만 아니라
취업 연계, 창업 멘토링 등의
폭넓은 프로그램을 제공합니다.

자격시험

디자인
ACA
Adobe Certified Associate

Adobe사가 인증하는
그래픽 툴 인증시험

국제인증 준전문가

프로그래밍

디자인
ACU
Autodesk Certified User

Autodesk사가 인증하는
2D/3D 설계 및 디자인 툴 견문가 인증시험

국제인증 준전문가

프로그래밍

■ 메카피아닷컴 (http://www.mechapia.com/)

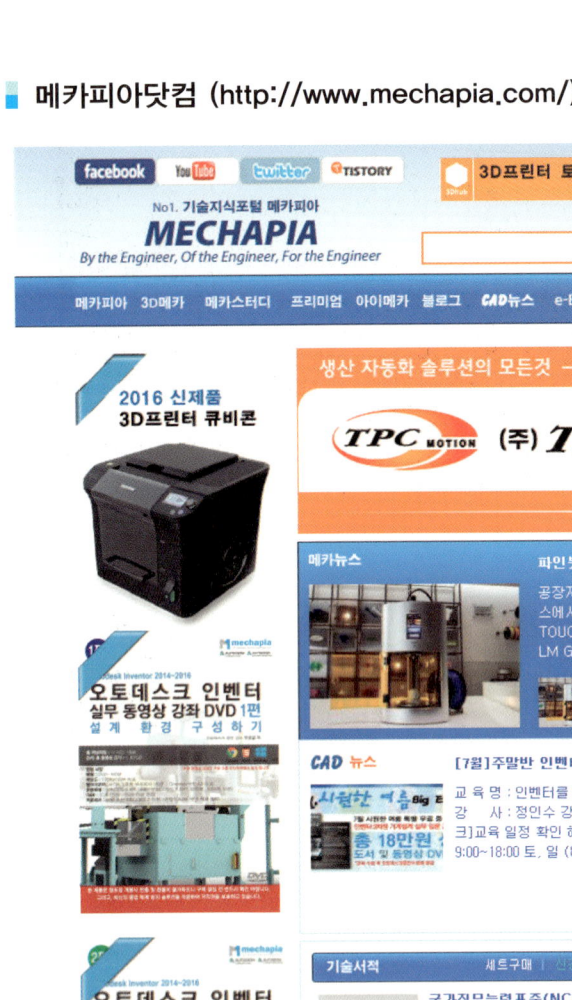

메카피아창도기술교육원 (http://cafe.naver.com/mechapiaedu)

■ 오토데스크 코리아 (http://www.autodesk.co.kr/)

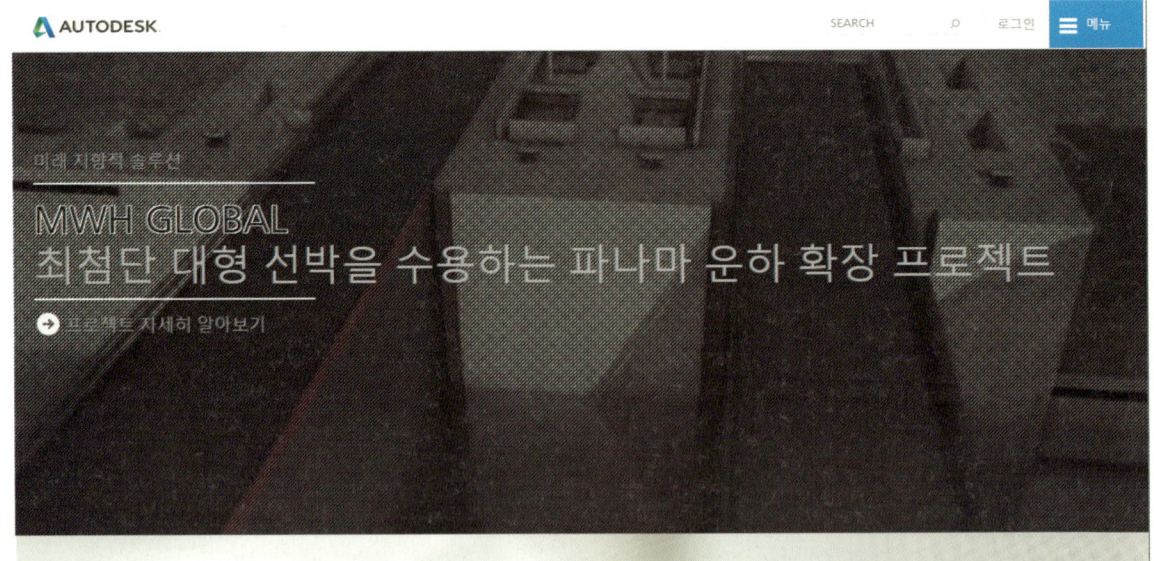

현재와 미래의 요구 사항을 충족하는 솔루션

업무에 필수적인 소프트웨어와 서비스를 하나의 패키지로 제공하는 오토데스크 인더스트리 컬렉션은 최신 기술이 발전함에 따라 지속적으로 업데이트됩니다.

➔ 인더스트리 컬렉션에 대해 자세히 알아보기

최신 오토데스크 기술로 앞선 경쟁력 유지

오토데스크 멤버쉽에 가입하면 원하는 기간 동안 경제적인 비용으로 모든 프로젝트 팀 구성원이 최신 소프트웨어를 사용하고 사용한 만큼 지불하는 유용한 비용 옵션이 제공됩니다.

➔ 오토데스크 멤버쉽에 가입하기

오토데스크 유니버시티

Fusion 360 메인 페이지 (http://www.autodesk.com/products/fusion-360/)

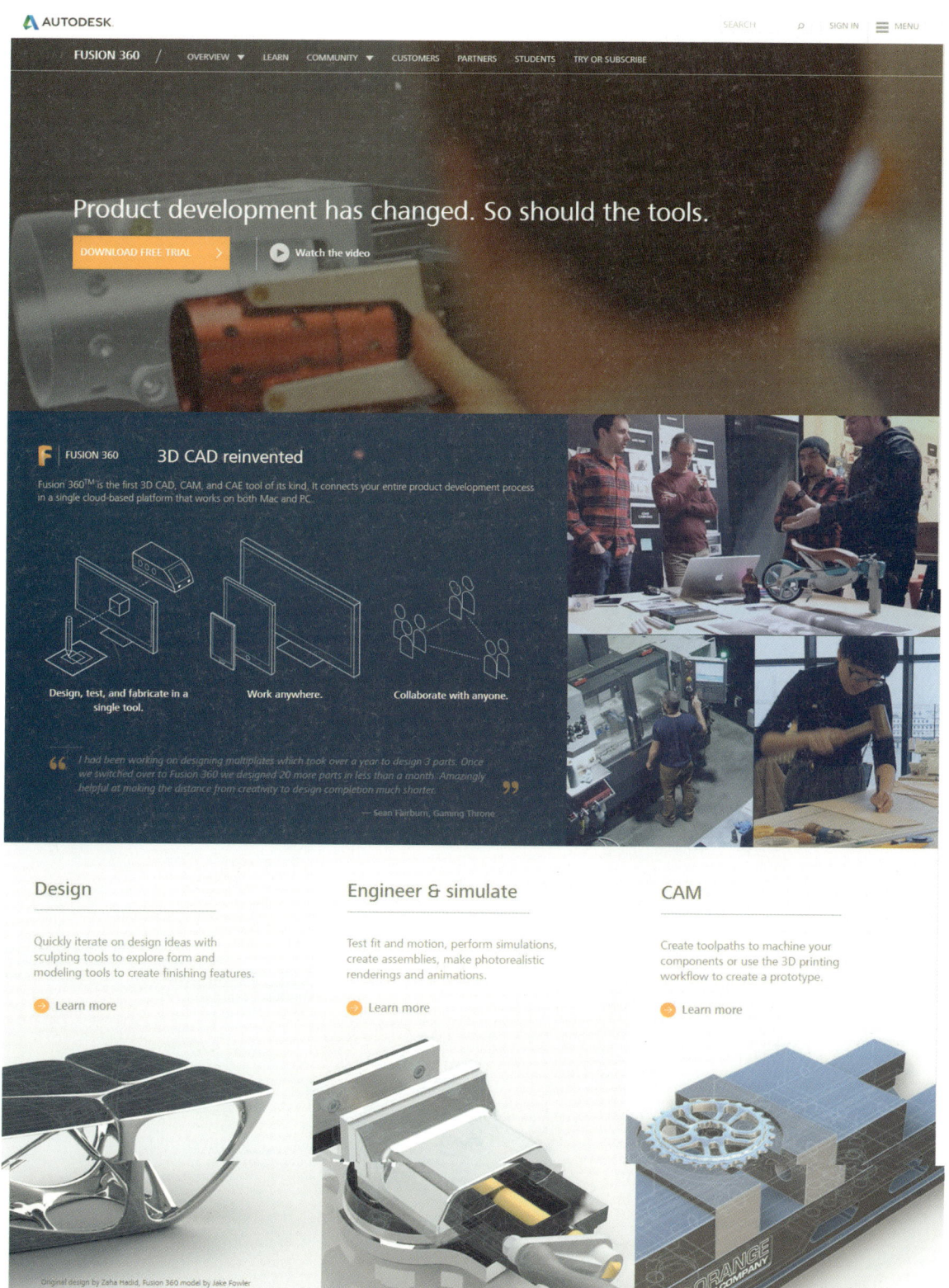

오토데스크 교육 커뮤니티 (http://www.autodesk.co.kr/education/)

교육 커뮤니티
홈

교육 홈
무료 소프트웨어
학습 및 교육
경진대회 및 이벤트
개발 및 창작
지원
오토데스크 교육 소개

전 세계 학생, 교사 및 교육 기관은 오토데스크 소프트웨어를 무료로* 이용할 수 있습니다. 네 그렇습니다. 무료입니다. 이것이 오토데스크의 교육에 대한 신념입니다.

무료 소프트웨어 다운로드
학생 및 교사
교육 기관

학습 및 교육
무료 온라인 학습 자료
무료 교육 계획 및 프로젝트

개발 및 창작
인증, 프로그램 및 경진대회

오토데스크의 교육에 대한 투자

오토데스크는 여러분들이 학문적인 성과를 얻고 성공적인 이력을 쌓는 데 필요한 도구와 자료를 부족함 없이 제공하기 위해 많은 노력을 기울이고 있습니다.

세계 최고의 기업들이 사용하고 있는 것과 동일한 디자인 소프트웨어 및 크리에이티브 앱을 활용하여 더 나은 세계를 상상하고, 설계하고, 구현해 보십시오.

학생
디자이너, 엔지니어, 디지털 아티스트 또는 제작자의 꿈을 꾸고 있습니까? 오토데스크는 여러분의 꿈을 응원하기 위해 성공에 필요한 도구를 무료로 이용할 수 있도록 지원합니다.
오토데스크 소프트웨어를 사용해 보세요!

두 명의 젊은 디자이너가 큰 꿈을 꾸면서 아이디어를 비즈니스에 접목시켜 나가고 있습니다.

교사
무료로 제공되는 오토데스크 소프트웨어 및 교육 리소스를 활용하여 학생들이 학문적인 성과를 이루고 성공적인 이력을 쌓아 나가는 과정을 지원할 수 있습니다.
교사들이 이 기회를 어떻게 활용하고 있는지 알아보십시오.
소프트웨어 다운로드

네덜란드의 Christelijk Harderwijk에서 디자인과 혁신을 가르치는 교사 Erik Hofman 씨가 디자인 프로세스를 통해 어떻게 혁신을 일구어 낼 수 있는지 보여 줍니다.

교육 기관
학생들이 잠재력을 최대한 발휘하여 우수한 능력을 갖추고 고등학교와 대학을 졸업할 수 있도록 동기를 부여하고, 적극적인 참여를 유도하고, 지원을 제공하십시오. 지금 커리큘럼에 오토데스크 소프트웨어 및 리소스를 도입해 보세요.
교육 기관을 위한 무료 소프트웨어에 대해 자세히 알아보고 직접 활용해 보십시오.

Virginia Tech 교수진이 디자인 프로세스에 Autodesk Fusion 360 ™ 클라우드 서비스를 통합하면서 산업 디자인 학생들은 프로젝트 초기부터 보다 현명한 결정을 내릴 수 있게 되었습니다.

도움말 보기

 가상 지원 받기(영문)
 동료에게 질문하기 (영문)
 설치 및 라이센스에 대해 질문하기 (영문)
 오토데스크 파트너 찾기 (영문)

팔로우하기

오토데스크 학생 전문가 네트워크 (http://www.studentexpert.net/en/)

Become an Autodesk Student Expert

Join the Autodesk Education Expert Network to connect with students who are passionate about design and using Autodesk technology to imagine, design, and create a better world.

How it works
Earn Experts Points by contributing to the network, learning new skills, and hosting local events to become a recognized Autodesk Student Expert.

- **Join** by creating an account. Any student over 13 years old who is enrolled in an accredited educational institution is eligible. At least one year of experience using Autodesk software is recommended.
- **Contribute:** Share your work, answer questions, and recruit new members. The more you do, the more visible you are to a global network of future influencers in design.
- **Earn** points when you contribute online, become certified, attend workshops, and teach others. Advance your status as you do what you love: use Autodesk technology to create cool designs and share them.
- **Get rewarded** with exclusive opportunities, high score status, and partner discounts. Invitations to present at and participate in industry events top the list of our exclusive rewards.

join now

Rewards and recognition
The more Expert Points you earn, the more recognition and rewards you unlock.

Member	Register to be part of an exclusive, connected community:
	- Connect to students, educators, alumni, Autodesk partners, and Autodesk staff members
	- Access the community, job postings, forums, and groups
	- Earn expert points for learning, sharing, and advancing your skills
Standard	Earn 750 points to achieve Student Expert Membership.

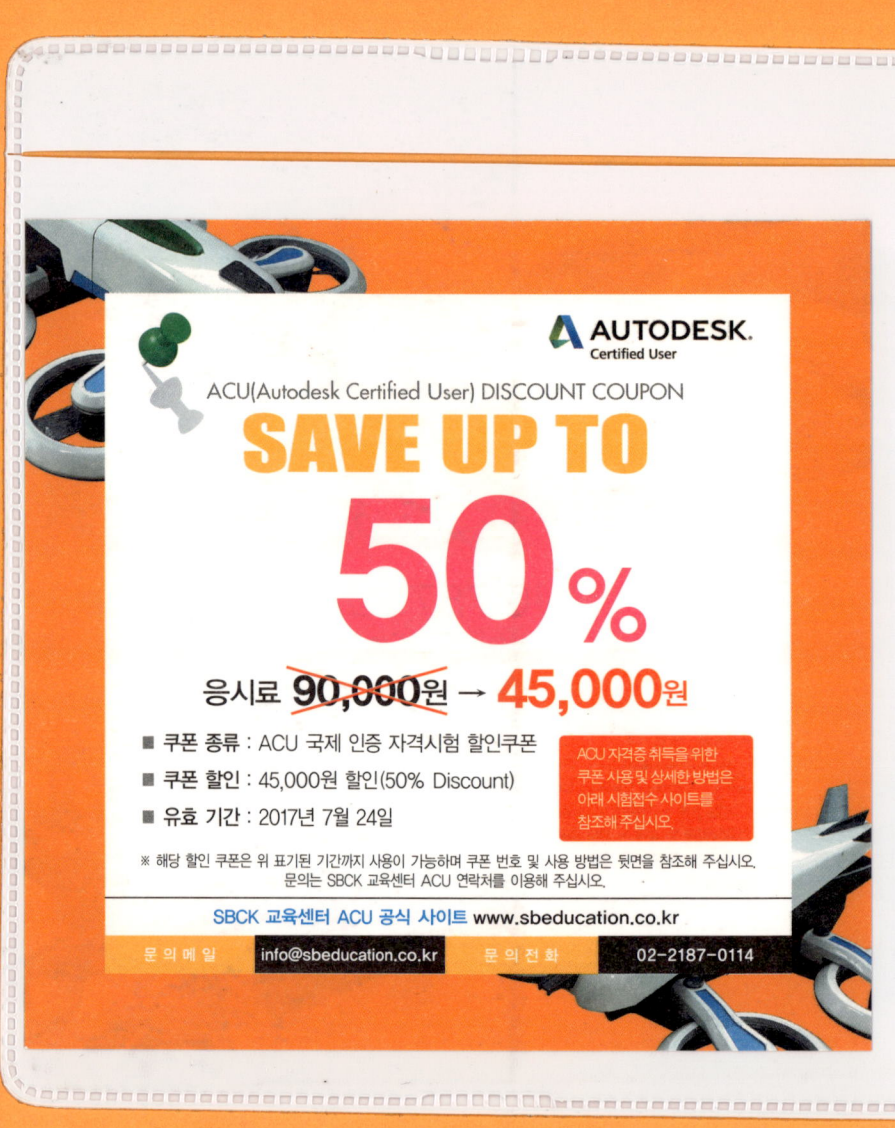